한국 신석기시대 연구

• 안승모 安承模

서울대학교 고고학과 졸업

서울대학교 대학원 고고미술사학과 문학석사

University College London, Ph.D.

국립중앙박물관 고고부 학예연구사, 학예연구관

국립전주박물관 학예연구실장

국립대구박물관 관장

원광대학교 고고 · 미술사학과 교수(1998.3~2016.8)

원광대학교 마한백제연구소장(2010.3~2016.8)

원광대학교 명예교수(2016.9~)

한국신석기학회 회장, 호남고고학회 회장 역임

• 저서

동아시아 선사시대 농경과 생업(1998, 학연문화사)

아시아 재배벼의 기원과 분화(1999, 학연문화사)

한국의 농기구(공저, 2001, 일조각)

환경고고학(역서, 2006, 학연문화사)

선사 농경 연구의 새로운 동향(편저, 2009, 사회평론)

농업의 고고학(공저, 2013, 사회평론)

韓國 新石器時代 研究

한국 ·
신석기시대
연구

초판인쇄일   2016년 12월 30일
초판발행일   2016년 12월 31일
지 은 이   안승모
발 행 인   김선경
책 임 편 집   김소라
발 행 처   도서출판 서경문화사
          주소 : 서울시 종로구 이화장길 70-14 105호
          전화 : 743-8203, 8205 / 팩스 : 743-8210
          메일 : sk8203@chol.com
등 록 번 호   제300-1994-41호
ISBN   978-89-6062-191-6   93900
ⓒ 안승모, 2016

정가 35,000

한국 신석기시대 연구

안승모 지음

서경문화사

이 책은 필자가 원광대학교 고고·미술사학과 교수 재직 중(1998.3~2016.8) 신석기문화와 관련하여 발표된 글들을 편집한 것으로 부록에는 원광대학교 재직 중의 동료와 제자의 회고담을 실었다.

책에 실린 글을 소개하기에 앞서 신석기문화가 필자의 전공이 된 계기를 다소 장황하지만 기록으로 남긴다. 서울대학교 고고학과 4학년이던 1978년 봄에 지도교수인 김원용 교수님께서 졸업논문 주제로 서해안 즐문토기를 배정해 주셨다. 4학년이 되면서야 고고학을 전공하기로 마음먹었기에 교수님들 인정을 받기 위해 나름 열심히 졸업논문을 준비하였다. 연도리의 횡주어골문이 전면에 시문된 첨저 토기가 즐문토기의 가장 고식이라는 기존 학설을 절대불변의 진리로 알고 논문을 작성하고 있었는데 같은 해에 국립중앙박물관 고고부의 한영희 선생님이 석사학위 논문 심사에서 필자와 거의 동일한 주제인 중서부 신석기문화를 발표하면서 기존 편년과 완전히 반대되는 주장을 하여 필자를 한동안 패닉에 빠뜨렸으나 덕분에 한영희 선생님과 인연을 맺을 수 있었다. 그 해 가을에 서울대학교 박물관에서 시화지구 초지리 별망패총을 발굴하였는데 이때 필자도 처음으로 발굴 전 과정에 참여할 수 있었다. 김원용 교수님이 패총 출토 즐문토기의 기술과 고찰을 필자에게 맡기면서 작성한 원고가 교수님의 인정을 받아 발굴보고서에 그대로 실리는 영광도 얻었다. 필자의 졸업 논문에 별망 조사 내용도 추가하여 학부 학위를 받을 수 있었다. 결국 졸업논문과 별망패총 발굴로 인하여 신석기가 농경과 함께 필자의 평생 관심 분야가 되었다.

제대 후 대학원으로 복학한 1982년도에 최몽룡 교수님의 배려로 서해 5도 학술조사에 참여하면서 즐문토기유적을 찾고 그 조사 결과를 논문으로 작성하여 필자의 이름이 최초로 학술지에 올라갔다(최몽룡·노혁진·안승모, 1982, 「백령·연평도의 즐문토기유적」, 『한국문화』 3, 서울대학교 한국문화연구소). 같은 해에 국립중앙박물관 고고부로 취업하면서 1983년과 1984년에 걸쳐 덕적도, 소야도, 굴업도, 영흥도, 대부도, 선재도 등 서해도서를 지표 조사하여 신석기시대 패총과 토기를 찾고 그 결과를 국립중앙박물관 발굴보고서에 수록하였다.

그러나 당시에는 선사농경에 대한 관심이 커서 '중국 북부지방 선사 농기구'와 '반월형석도'를 석사학위논문 주제로 삼으면서 우리 신석기문화는 거의 연구하지 않았다. 그럼에도 학부논문 때문에 신석기 관련 글 청탁이 필자에게 지속적으로 들어왔다. 1986년 한림대 노혁진 교수의 권유로 강원도의 신석기문화 개요를 집필하였고 이때 교동 동굴 출토 석기에서 오산리식 조침이 존재함을 처음으로 언급하였다(「신석기문화」, 「강원도의 선사문화」, 한림대학교 아시아문화연구소). 1987년에는 최몽룡 교수님의 한강유역사 연구 사업에서 신석기문화를 담당하게 되어 1988년 초에 완성된 원고를 제출하였으나 다른 공동연구자의 작업이 늦어져 책은 1993년에야 발간되었다(최몽룡·이선복·안승모·박순발 저, 「한강유역의 신석기문화」, 「한강유역사」, 민음사). 1988년에는 김원용 교수님이 한국 고고학의 연구 성과 집필을 젊은 연구자들에게 쓰도록 하면서 한영희 선생님 대신에 필자가 신석기문화를 집필하게 되었다(「신석기시대」, 「한국고고학보」 21). 같은 해 10월에 공무원 장기해외연수의 일환으로 런던대학교 고고학연구소로 유학하면서 환경고고학에 대한 공부를 하고 박사학위논문 작성을 위해 도작 기원 연구에 전념하면서부터 한동안 신석기 관련 글을 집필하지 않았다. 1995년에서야 강릉대 백홍기 교수님의 부탁으로 강원도의 신석기문화를 소개하는 글을 작성하였다(「신석기시대의 강원지방」, 「江原道史−歷史編」, 강원도). 결과적으로 국립박물관 근무 시절에는 신석기문화에 대한 새로운 연구결과를 발표한 적은 없고 단순히 유적, 유물의 소개나 다른 연구자들의 연구 성과를 소개하는 글을 발표하는데 그쳤다.

신석기문화에 대한 본격적 연구는 원광대학교 교수로 재직하면서 노래섬패총과 갈머리유적 조사 성과를 토대로 이루어진다. 1993년 국립전주박물관 학예연구실장으로 부임하니 당시 전북대 고고인류학과 윤덕향 교수님이 군산 노래섬패총이나 호남고속도로 확장구간의 곡성 고인돌 발굴에 참여할 것을 권유하였다. 국립전주박물관 이호관 관장님이 위험하다고 섬 조사에 반대하여 필자의 희망사항이었던 노래섬패총 조사는 포기하게 된다. 결국 노래섬패총 조사는 원광대학교 박물관과 마한백제문화연구소로 넘어가 최완규 교수 주도로 3차에 걸쳐 발굴이 진행되면서 이영덕을 위시하여 원광대학교에 신석기 전공자가 배출되는 계기가 되었다. 국립전주박물관에 근무하면서 최완규 교수를 처음 만나 교류를 하였고 어찌하다보니 1998년에 원광대학교 고고미술사학과 교수로 전직하였다. 노래섬패총 발굴보고서 발간에 힘을 보태려 하였으나 직접 발굴에 참여하지 않은 관계로 많은 한계가 있었다. 노래섬패총 유물 정리와 보고서 발간은 당시 마한백제문화연구소 연구원이던 이영덕이 주도하였고 이영덕과의 대화와 토론을 통해 노래섬패총 토기에 대한 새로운 정보를 많이 확보할 수 있었다.

원광대학교에 재직하면서 처음 발표한 신석기 논문이 「서해안 신석기시대의 편년 문제」(「고문화」 54, 1999)이다. 이 글에서는 횡주어골문토기와 구분계토기의 기원과 편년에 대한 쟁점들을 소개하고 군산 노래섬패총을 포함하여 그동안 증가한 방사성탄소연대 자료를 이용하여 토기 형식에 의존한 기존 서해안 신석기 편년(특히 중기)이 안고 있는 문제점들을 검토하였다. 기존에 후기로 편년되던 시도식의 횡주어골문토기유적 연대가 중기 이전으로 소급될 가능성, 구분계와 동일계, 전면시문과 부분시문이 단순한 선후관계가 아니라 부분적으로 공존할 가능성을 제시하였다.

필자는 한영희 선생님의 급작스러운 서거로 어쩔 수 없이 2000년 1월 29일 한국신석기연구회 회장으로 취임하여 2003년도까지 4년간 회장직을 수행하였는데 홈페이지 구축과 학보 발간이 나름 성과이고 신석기 연구에 보다 더 많은 관심을 갖게 된 계기가 되었다.

군산 노래섬과 가도패총 발굴 결과 금탄리 I 식토기의 정의와 연대에 대한 혼란이 발생하였다. 두 유적에서 출토된 단사선문과 조대문이 전면에 반복 시문되는 토기 형식을 금탄리 I 식토기에 포함시킬 수 있는지와 그 연대 문제이다. 필자의 1999년도 논문에서는 노래섬패총 출토 단사선문토기는 후기로, 단사선문과 조대문의 반복시문 토기는 금탄리 I 식토기로 파악하였다. 그러나 이영덕의 노래섬 토기에 대한 정리가 마무리되면서 필자의 기존 인식에 오류가 있음을 확인하였다. 「금탄리 I 식토기의 재검토」(『한국신석기연구』 4, 2002)는 금탄리 I 식토기와 노래섬의 대상반복문토기를 모두 "구획반복문"토기로 통합하여 양자의 관계와 계통을 다시 살펴본 글이다. 대상반복문토기는 자돌문 구획의 I류, 띠대문 구획의 II류, 단사선문 구획의 III류로 분류하고, 관련된 유적에서 보고된 서기전 4천년기 전반(미보정연대 5000~4500BP)의 방사성탄소연대에 기초하여 중서부 구획문토기와 암사동식 구분문계 토기, 금탄리식토기(구획반복문토기), 영선동식토기의 동시기성을 주장하였다. 또한 중서부의 구획반복문토기는 남해안 영선동식토기의 영향으로 발생하였고 중기 설정의 기준이 될 수 있다는 다소 모험적인 가설을 제기하였다. 이 글은 원래 아이디어를 제공한 이영덕과 함께 작성할 계획이었으나 호남문화재연구원으로 전직한 이영덕의 개인적 사정으로 결국 단독으로 발표한 아쉬움이 남는다.

한편 이영덕은 노래섬패총 조사 성과를 「노래섬 가지구패총 출토 즐문토기」(『선사와 고대』 13, 1999)로 발표하였고 2001년에는 『군산 노래섬 유적의 신석기시대 토기 연구』로 단국대학교 석사학위논문을 취득하였는데 필자도 논문 심사에 참여하였다. 노래섬유적에서 청동기시대 이후가 중심인 나~마지구 패총의 조사결과는 발굴보고서(『노래섬(1)』, 2002)로 간행되었으나 신석기 패총인 가지구와 마지구 보고서는 무기한 연기되었다. 이후 필자의 지도 아래 노래섬패총 연구로 석기류와 패류를 분석한 두 편의 석사학위논문(곽진선, 2006, 『군산 노래섬유적의 신석기시대 석기 연구』; 신숙현, 2013, 『군산 오식군도의 신석기–청동기시대 해양자원 이용 연구』)이 나왔으나 신석기 관련 발굴보고서 자체는 아직까지도 발간되지 못하여 많은 아쉬움이 남는다.

원광대학교에 재직하면서 필자가 직접 발굴한 유적은 2000년도의 진안 갈머리유적이 유일하나 이 마저도 발굴기관 기관장을 하지 않으면 원광대학교 명의로 조사할 수 없어서 호남문화재연구원 위탁 사업으로 진행하였다. 조사단장은 호남문화재연구원 윤덕향 원장, 책임조사원은 필자이고 현장은 이영덕이 상주하였다. 갈머리유적에서는 주거지 3기와 타원형수혈 1기, 적석유구 53기, 특수유구 3기가 발견되었고 출토 유물 정리에 시간이 많이 소요되어 발굴보고서는 2003년도에 간행되었다(안승모·이영덕·김대성, 『갈머리유적』, 호남문화재연구원). 발굴보고서에서 조사경과, 유구, 고찰의 문양분류는 이영덕, 유물의 복원, 도면과 기술은 김대성, 석기는 곽진선, 토기(특히 능형조대문)는 이창욱이 정리하고 고찰은 필자가 작성하였다. 갈머리의 신석기 유구는 단사집선문, 조대문, 뇌문, 조우문, 능격문이 시문된 주거지와 특수유구의 갈머리 1기(서기전 4천년기 후반), 격자문과 점열문이 시문된 봉계리식토기가 사용된 적석유구의 갈머리 2기(서기전 3천년기 전반), 이중구연 계열의 토기가 출토된 적석유구의 갈머리 3

기(서기전 3천년기 후반)로 편년하였고 이를 남해안 신석기 중기, 후기, 말기에 대응하였다. 필자는 암사동, 시도 등 중서부 토기를 주로 실견하였고 남부지방 토기에는 다소 문외한이었는데 갈머리유적 출토 토기를 관찰하면서 많은 공부를 할 수 있게 되었다. 갈머리 적석유구의 기능을 밝히기 위해 국립중앙박물관 보존과학실 유혜선 선생에게 지방산분석을 의뢰하고 그 결과를 한국신석기학회에는 보고하였으나 발굴보고서에는 실수로 누락되었다(안승모·유혜선, 2002, 「진안 갈머리 적석유구에 대한 잔존지방산분석」, 『한국신석기연구』 3). 상기 분석논문은 연구비 문제로 필자가 제1저자로 되어 있으나 실제로는 분석을 담당한 유혜선이 제1저자가 되어야 마땅하며 분석 결과에 약간의 고찰만 더하였기에 이번 책에는 수록하지 않는다. 한편 갈머리 보고서 작업으로 많이 고생한 김대성과 이창욱은 조그만 내용을 보태면 석사논문을 제출할 것 같았으나 필자의 지도 부족으로 무위에 그쳤다.

필자는 갈머리유적의 발굴성과를 이용하여 두 편의 논문을 별도로 발표하게 된다. 이영덕과 같이 작성한 「용담댐 수몰지구의 신석기문화」(『호남고고학보』 19, 2004)는 필자가 호남고고학회에서 같은 제목으로 발표한 글을 보완한 것으로 갈머리유적을 중심으로 용담댐 수몰지구 신석기문화의 특징과 성격을 밝힐 목적으로 작성되었다. 갈머리유적은 소규모 식물재배의 정주취락이 형성된 신석기 중기의 남강유역 자연제방에 형성된 母村에서 남부 내륙을 거쳐 일종의 子村 형식으로 금강 상류로 확산되었다고 추정하고 단기정착적이면서도 이동적 성격이 강한 소규모집단이 남긴 유적으로 보았다.

쌍청리 보고서에서 처음 설정된 금강식토기는 갈머리, 노래섬 두 유적 모두에서 출토되었는데 최초 명명자(신종환)의 의도와 달리 연구자에 따라서 정의가 달라지고 문양에 대한 명칭도 통일되어 있지 못하였다. 필자는 「금강식토기와 능격문의 형성과정에 대한 예비적 고찰」(『호남고고학보』 17, 2003)에서 작은 능형의 문양단위를 斜格子狀으로 배치한 문양을 菱格紋으로 부르고 여기에 금강식토기 문양을 포함시켜 능격문의 발생과 변천과정에 대한 분석을 시도하였다. 능격문은 시문방법과 문양의 형성과정을 고려하여 短斜線式 鳥羽紋과의 유사성을 보이는 多段式, 단사선문을 비스듬하게 연속적으로 누른 短斜線式, 전형적 금강식토기의 문양인 廣幅(菱形)押引式, 퇴화형식인 方点式으로 분류하였다. 다단식 능격문은 남부 내륙의 뇌문이 단위문양화하면서 단사선식 조우문과 함께 발생하였고, 중남부 해안의 斜行短斜線紋이 능형의 문양단위를 이루면서 연속압날의 단사선식 능격문이 나타나고 후자의 시문기법이 押引으로 바뀌면서 광폭압인의 능격문이 출현하였으며 方点式은 다단식과 광폭압인식이 退化 또는 便化된 양식으로 추정하였다. 능격문의 다단식과 단사선식은 기원전 4천년기 후반에 太線沈線紋土器의 전통에서 출현하였기에 후기가 아닌 중기로 편년하였다.

시문구를 기면에서 떼지 않고 연속적으로 시문하는 수법을 필자는 연속 押引으로 보았으나 신종환을 비롯한 대부분의 영남지방 연구자들은 연속 압날로 정의하고 있고 이 명칭이 대세가 되고 있다. 금강식토기는 쌍청리식토기가 더 합당한 용어이고 능격문토기에 포함시켜야한다는 필자의 주장에 대한 반박이 금강식토기란 용어를 처음 만든 신종환 선생에 의해 제시되었다. 그는 금강식토기는 문화

복합체적 인식에서 설정한 형식명칭으로 여전히 유효한 개념이라 하였는데 필자는 그의 경북대학교 석사학위논문(『금강식토기의 성립과 전개과정 연구』, 2004)은 읽지 못하였다. 대신 『한국 신석기시대 토기와 편년』(중앙문화재연구원 편, 2014, 진인진)에 실린 「금강식토기의 성립과 전개」는 필자 연구의 부족한 부분이 많이 메꾸어지고 있다. 신종환 선생은 필자가 능격문의 조형으로 추정하였던 상촌리의 ㄹ자형 단사선식 뇌문을 조우문의 하나로 파악하고 능형집선문에서 조우문이 출현하는 과정에서 능격문이 발생하였다고 보았다. 갈머리유적의 능격문토기는 금강식의 한 아종으로 갈머리식토기라는 형식 명칭을 부여하였다. 또한 금강식토기의 출현과 그 확산과정을 생업에서 재배곡물에 대한 의존도가 높아지면서 곡물의 조리와 저장에 유리한 형태로 변화한데서 찾았다. 경청할 만한 주장이다.

필자가 원광대학교 명의로 발굴한 유일한 신석기시대 유적이 2012년에 조사한 익산 신용리 갓점 유적이다. 유적에서는 청동기, 마한, 조선시대 유구와 더불어 신석기시대 주거지 2기가 발견되었는데 이중 1호 주거지는 면적 146.7m²의 대천리식주거지로 한반도 신석기 주거지 중 가장 큰 규모이다, 유구가 처음 드러났을 때는 대천리유적처럼 많은 유물이 출토될 것으로 기대하였는데 발굴해보니 토기 몇 편만 출토되었고 토양 부유선별에서도 조나 기장이 검출되리란 기대와 달리 탄화종자는 전혀 검출되지 않았다(마한백제문화연구소, 2014, 『익산 신용리 갓점 유적』). 유구 성격이 단순하고 출토유물도 거의 없어 필자는 약간의 자문을 제외하고는 보고서 작업에 거의 관여하지 않았고 대신 마한백제문화연구소 연구원인 김성욱이 신석기 유구와 유물에 대한 고찰을 작성하고 이를 별도의 논문으로도 발표하였다(김성욱, 2014, 「익산 신용리 갓점유적의 신석기시대 주거지에 대한 소고」, 『마한 · 백제문화』 24).

노래섬, 갈머리 자료를 이용한 앞의 논문보다 2002년에 발간된 『한국의 학술연구-고고학(남한 선사시대)』(인문 · 사회과학편 제3집, 대한민국 학술원)에 수록된 「신석기시대」는 필자가 가장 많은 시간과 노력을 투자하여 작성한 글로 신석기문화를 제대로 공부할 수 있었던 귀중한 기회였다. 글은 신석기 문화의 성립과 전개, 유적, 유물, 생업과 사회, 편년과 연대의 다섯 장으로 구성되었으며 글을 작성하는 과정에서 만들어진 기초 자료들은 한국신석기학회 홈페이지 자료실에 올려 신석기 연구자와 공유하려 하였다. 이 글에서 신석기시대는 융기문토기의 조기(~6천년기), 압문토기의 전기(~5천년기), 태선침선문의 중기(~4천년기), 문양이 간략/퇴화하는 후기(~3천년기, 말기 포함)로 편년하였다. 남부에서 전기와 중기의 구분은 암사동식토기가 남부에 미치는 시점을 기준으로, 즉 영선동식토기 단계에서 단사선문이 출현하는 시기는 중기 전엽으로 편년하였으며, 중서부에서는 점열+종주어골의 삼거리를 전기에 위치하고 반복구획문은 중기 전반으로, 독립된 문양으로서의 횡주어골문토기는 중기 후반부터 출현한다고 보았다. 필자는 형식 분류에 가장 취약하기에 신뢰할 수 있는 편년은 아니며, 특히 중기 기준에 대해서는 계속 생각이 바뀌고 있다. 이 논문은 원고 양도 많고 대부분 기존 연구 성과를 종합한 수준이라서 본 책에는 수록하지 않는다.

「신석기문화의 성립과 전개」(『한국 신석기문화 개론』, 서경문화사, 2011)는 상기 논문의 신석기문화의 성립과 전개를 기본으로 하되 신석기시대 정의를 추가하고 자연환경의 연구 성과와 편년을 보완하여 작성된 글이다. 특히 자연환경의 내용이 대폭 보강되었는데 기존의 해수면 변동, 기후와 식생에 더하여 지구적 규모의 홀로세 기후변화와 신석기시대 문화 변동은 완전히 새로운 글이다. 후자에서는 홀로세의 주기적 한랭·건조 변동인 본드 이벤트에 주목하여 일본, 중국, 유럽과 북대서양의 기후 자료를 종합하여 주기적 기후변동과 연결된 신석기문화의 변동과정에 대한 가설을 제시하였다. 토기로 본 신석기시대 문화권의 형성과 전개도 대폭 수정하였는데 그 내용을 요약하면 한반도 신석기문화는 연해주-동해안-구주로 이어지는 환동해권의 어로 중심 신석기문화에 속하는 융기문·자돌압날문토기가 먼저 형성되고 이어서 요하유역 또는 발해만의 잡곡재배를 수반하는 정주성 복합수렵채집문화가 한반도로 파급되어 전형적 즐문토기문화를 형성한 두 갈래로 이해하였다. 또한 편년에서 오산리식평저토기를 융기문토기의 조기에 통합하였다. 상기 논문에서 언급한 홀로세 기후변화와 신석기시대 문화 변동에 대한 가설은 방사성탄소연대와 주거지 자료를 통합하여 해외저널에 발표하였으나 본 책에는 수록하지 않았다(Sung-Mo Ahn, Jangsuk Kim, Jae Hoon Hwang. 2015. Sedentism, settlements, and radiocarbon dates of Neolithic Korea. Asian Perspectives 54(1). the University of Hawai'i Press).

지금까지 소개한 논문 외에도 생업과 연구사적 검토와 관련된 글도 여러 편 발표하였다. 농경을 포함한 생업과 관련된 글들은 별도의 단행본으로 발간할 예정이고 여기서는 신석기시대가 중심인 4편의 논문만 수록한다. 「신석기시대 식물성식료(1)-야생식용식물자료-」(『한국 신석기시대의 환경과 생업』, 동국대학교 매장문화재연구소 편, 애드웨이, 2002)는 식물유체 보존의 한계성을 극복할 수 있는 민족지적 연구의 일환으로 일제강점기 구황식물과 그 식용방법에 대한 자료를 소개하면서 신석기시대 식물성 식료에 대한 복원을 시도하였다. 당시에는 산림경제, 구황촬요 등 조선시대 문헌자료를 이용하여 신석기시대 식물성식료(2)를 추가로 집필할 계획하였으나 필자의 나태로 더 이상 진행되지 않았다.

「한국 남부지방 신석기시대 농경연구의 현상과 과제」(『한국신석기연구』 10, 2005)에서는 농경 채용의 배경으로 환경변화, 인구증가와 사회복합성 증가를 검토하였다. 그 결과 서기전 3500년경 한랭화와 해수면 하강과 결부된 급격한 환경변화로 생산성이 크게 저하된 남해안 압인문토기 집단에서 기존의 사회적 복합성을 유지하기 위해 작물 재배와 강안 자원 활용 기술을 비롯한 새로운 생업경제 시스템을 수용하면서 중기의 태선침선문토기문화가 탄생하였다고 주장하였다.

「암사동 신석기시대 주민의 식생활」(『땅속에서 찾은 옛 흔적들: 암사지구 출토유물 기획전』, 경희대학교 중앙박물관, 2010)은 민족지적, 자원영역과 동식물유체 자료를 이용하여 암사동 신석기 주민의 식재료와 생업을 추정하면서 당시의 주민은 다양한 동식물 자원을 활용하는 광범경제 틀 속에서도 잉어과 물고기 포획과 잡곡 재배에 보다 중점을 둔 생업경제를 영위하였다고 보았다.

「서기전 6~5천년기 한반도 남해안과 양쯔강 하류역의 생업 비교」(『한국신석기연구』 27, 2014)는 서기전 6~5천년기에 난대성 기후대의 남쪽과 북단에 위치한 콰후차오·허무두 문화와 융기문토기 문화의 생업을 동식물유체를 중심으로 비교하고 변화되는 환경 속에서 두 문화가 선택한 생업전략의 공통성과 차별성을 살펴보았다. 두 지역 모두 동식물자원을 광범위하게 활용하는 광범 생업 전략을 선택하면서 자원 종류에 따라 집중적 획득 전략도 병행하였다.

책의 마지막 장에 수록된 「신석기시대 지역성과 지역 분류에 대한 연구사적 검토」(『한반도 신석기시대 지역문화론』, 동삼동패총전시관, 2009), 「호남의 신석기문화-지난 20년 연구의 성과와 과제-」(『호남고고학회 20년, 그 회고와 전망』, 제21회 호남고고학회 학술대회, 2013), 「한국 신석기시대 연구의 최근 성과와 과제」(『고고학지』 21, 2015)는 연구사적 검토에 필자의 사견을 약간 보탠 글로 자료 작성과 도면 작성에 이영덕의 도움을 받았다.

신석기시대와 직접적으로 관련된 논문은 아니지만 「한국 선사고고학과 내셔널리즘」(『동아시아의 고고학연구와 내셔널리즘』, 제52회 전국역사학대회 한국고고학회 세션, 2009)과 「한국 선사고고학의 방법론적 전망」(『한국고고학의 신지평』, 제38회 한국고고학전국대회, 2014)도 신석기 연구에 도움을 줄 수 있는 내용이 실려 있다고 보아 본 책에 수록한다. 전자는 고고학 자료도 자료 형성과정에서의 1차적 왜곡과 자료를 이용하는 자에 의한 2차적 왜곡이 발생한다는 점을 보여주기 위해 소로리 볍씨와 도작 기원, 직물의 기원을 사례로 소개하였다. 후자에서는 한국 고고학을 대표하는 『한국고고학보』와 『한국상고사학보』에 지난 5년간 발표된 논문의 주제어를 구미권의 저명 고고학 전문지에 수록된 주제어와 비교하였다. 구미권 고고학이 세계 고고학의 흐름을 주도해 나가고 있기에 주제어를 비교하면 우리 고고학이 지향하여야 할 방향을 제시할 수 있다고 생각해서이다.

지난 8월로 대학교를 몇 년 앞당겨 퇴직하면서 남는 시간을 활용하여 천천히 필자의 글들을 보완한 후 신석기문화와 농경의 두 책으로 발간할 계획을 갖고 있었다. 그러나 필자와 관련된 회고담을 모아 퇴직을 기념하는 책을 조속히 발간하고 싶어 하는 제자들의 정성을 무시할 수 없어 신석기 관련 논문들을 급하게 수집하여 책을 발간한다. 필자로 하여금 신석기연구에 관심을 가질 수 있게 하여준 김원용, 임효재 두 분 스승님과 한영희 선생님, 원광대학교와 인연을 맺게 하여준 최완규 교수, 신석기 관련 논문 작성에 늘 좋은 의견을 제공하였던 이영덕, 그리고 더불어 신석기연구를 할 수 있는 토대를 마련하여 준 한국신석기학회 회원들이 있었기에 한국 신석기문화를 주제로 한 이 책의 발간이 가능하였다. 그들 모두에게 감사드린다. 무엇보다도 회고담을 쓰고 필자의 원고를 모아 편집하느라 고생한 마한백제문화연구소 연구원들을 포함한 모든 제자들에게 감사드린다. 끝으로 상업성이 전혀 없는 이 책의 출판을 기꺼이 맡아주신 서경문화사의 김선경 사장님께도 감사의 말씀을 전한다.

2016년 12월 31일

안승모

한국
신석기시대
연구

제1부
총론

제1장 신석기문화의 성립과 전개

제1부 총론

제1장 신석기문화의 성립과 전개

1. 신석기시대 정의

　19세기 전반 덴마크의 톰센이 고고학적 유물들을 분류하면서 유물의 재료에 따라 선사시대를 돌의 시대, 청동의 시대, 철의 시대로 구분하였다. 이를 삼시대법이라고 부른다. 돌의 시대(즉 석기시대)란 무기와 도구가 돌, 나무, 뼈 등으로 만들어졌고 금속에 대해서는 전혀 모르거나 거의 알려지지 않았던 시대이다. 이어서 19세기 중엽 영국의 러복이 돌의 시대를 타제석기가 사용되는 구석기시대와 마제석기가 사용되는 신석기시대로 분리하였다. 신석기시대는 Neo(New) + lithic(stone)으로 즉 새로운 석기인 마제석기를 사용한 시대라는 뜻이다.

　그러다가 20세기 전반 영국의 고든 차일드가 도구 재료에 의한 기술적 삼시대법을 식량생산을 강조한 사회경제적 삼시대법으로 개편하였다.[1] 즉 구석기시대는 수렵채집사회, 신석기시대는 초기농경사회로 구분하면서 마제석기가 아닌 식량생산(농경과 목축)의 개시를 신석기시대 기준으로 설정하였고 사회 발전에 있어서의 변혁을 강조하면서 '신석기혁명'이라는 개념을 만들어 내었다. 식량생산의 자급자족 경제로 대표되는 신석기혁명은 잉여 축적의 기회와 동기가 부여되며, 정주를 가능하게 하고 촉진시키며, 인구 성장률이 증가하고, 토기가 출현하며, 섬유 작물이나 양모를 이용한 직물이 생산되고, 조상을 작물이 자라는 토지와 연결시키는 출산 의례의 중요성에서 종교적 인식의 변화가 발생한다. 차일드의 제안을 받아들여 이후 유럽에서는 농경이 출현한 단계부터를 신석기시대로 부르며 후빙기 시작부터 농경 출현 이전 단계는 중석기시대에 포함시킨다.

　앞의 정의를 종합하면 식량생산, 정주, 토기, 마제석기가 신석기문화의 핵심적 요소이나 각 요소의

---

1)　Childe, G. 1936. Man Makes Himself. Plume(1983 reprint) ; 최몽룡, 1997, 「차일드와 신석기혁명」, 『인물로 본 고고학사』, 한울아카데미.

출현 시점은 동일하지 않다. 서남아시아에서는 정주가 식량생산에 선행하고 토기는 식량생산에 후행한다. 호주와 일본에서는 날 부분을 마연한 마제석부가 후기 구석기시대에 이미 나타난다. 동아시아 전역에서 토기는 식량생산과 정주보다 선행하여 이미 15,000년 전경부터 출현하기 시작한다. 유럽과 서남아시아 선사시대를 대상으로 만들어진 신석기시대 개념을 지구 전역에 적응시킬 수 있는지에 대한 논란도 있다. 그리하여 아메리카나 일본처럼 삼시대법 대신 지역에 맞는 별도의 시대 개념을 만들기도 한다.[2]

우리나라에서 신석기시대는 해방 이후부터 남북한 학자들에 의해 사용되었다. 삼시대법을 채용한 개설서를 처음 편찬한 김원용은 신석기시대를 다음과 같이 정의하였다. "신석기시대는 구석기시대가 식량채집 단계인데 비해 식량생산을 시작하였다는 점에서 혁명적이며, 그 결과 사람들은 종래의 이동생활에서 정착생활을 할 수 있게 되고, 거기에 따라 토기라는 새로운 요리 · 저장시설을 발견, 활용하게 되었다. 또 석기는 구석기시대의 때린 석기나 중석기시대의 부분적 간석기(磨製石器)와는 달리 전면적인 간석기가 유행하게 되고, 특히 나무를 자르기 위한 도끼가 발달하였다. 그러나 중동지방이나 유럽에는 토기가 아직 나타나지 않은 無土器新石器(Pre-Pottery Neolithic) 단계가 있었고 시베리아의 소위 環北極地域은 처음부터 끝까지 사냥 · 어로만의 농경 없는 신석기문화가 계속되었다[3]."

신석기시대는 식량생산, 정착생활, 토기, 전면적 간석기의 등장과 유행으로 정의하면서도 한반도는 농경 없는 환북극지역의 신석기시대 개념을 적용하였다. 그렇더라도 정착생활, 토기, 간석기의 제 요소가 동시에 출현하지는 않았기 때문에 신석기시대 시작을 무엇을 기준으로 할 것인지 문제로 남는다. 동아시아의 연구자들은 식량생산 대신 토기를 신석기시대의 핵심적 지표로 생각하는 경향이 있다. 토기는 다양한 식재료를 넣어서 가열 조리할 수 있어 식생활의 커다란 변화를 야기하였기 때문이다. 차일드 역시 토기 제작은 인간이 화학적 변화를 의도적으로 이용한 최초의 예이고 인간이 스스로 창조한 최고의 사건으로 인간의 사고와 과학 발달에 매우 중요한 역할을 하였다고 인정하였다.[4] 그러나 동아시아에서는 토기가 만빙기인 구석기시대 말기에 이미 출현하고 있으며, 동일한 신석기시대를 식량생산과 토기의 서로 다른 기준으로 정의한다는 것도 문제이다.

유럽에서 고안된 신석기시대 정의를 따를 수 없다면 한국도 일본의 조몬(繩文)시대처럼 별도의 시대 명칭을 만들 필요가 있다. 그래서 일각에서는 신석기시대 대신 즐문(빗살무늬)[5] 또는 유문토기시대란 용어를 제창하기도 한다. 그런데 일제시대에서는 부정되었던 신석기시대를 독립된 시대로 분리한

2) 최성락, 1997, 「톰센과 삼시대법」, 『인물로 본 고고학사』, 한울아카데미.
3) 김원용, 1986, 『한국고고학개설』 개정3판, 일지사, 23쪽.
4) Childe, 1936, 앞의 글.
5) 일본학자들은 우리의 신석기시대를 즐목문(櫛目文)토기시대로 부르고 있다.

것은 해방 이후 북한학자들이 지탑리, 금탄리유적 등의 발굴을 통하여 즐문토기문화층이 무문토기문화층보다 층위적으로 선행함을 밝혀내면서부터이다. 우리의 선사문화가 중국의 영향을 받아 석기시대에서 금석병용시대로 넘어갔다는 일제시대의 정체성 논리를 타파하려는 목적으로 우리나라에도 구석기-신석기-청동기시대로 이어지는 보편적 문화발전 흐름이 있었음을 강조하려는 의도에서였다.

즐문토기시대라는 용어도 나름대로는 합리적이고 외국에서도 선호하지만 이미 국내 교과서에까지 정착한 시대 명칭을 다시 바꾸면 혼란을 불러일으킬 수 있다. 따라서 이 글에서는 외국학계에서의 인정 여부와 관계없이 현재 우리나라에서 통용되는 보편적 견해를 따라 후빙기 이후 토기가 출현한 시점부터 무문토기문화가 형성되기 이전까지의 단계를 신석기시대로 정의한다.[6]

2. 자연환경

1) 해수면 변동

신석기시대는 기후 온난화와 해수면 상승이 가속하면서 현재의 한반도 모습이 갖추어지고 참나무 위주의 낙엽활엽수림이 퍼지면서 냉대성 대형동물이 사라지고 온난대성 중소형 동물이 번성하게 된 시대이다. 플라이스토세(Pleistocene, 갱신세)의 최종빙기에는 해수면이 현재보다 120m 이상, 최대 140m까지 하강하여 황해는 육지로 중국과 연결되었으며 대한해협은 좁은 통로로 남아 있었지만 동해는 한류만 흐르고 난류는 올라오지 않았다. 이후 기온 상승으로 해수면이 다시 상승하고 후빙기의 홀로세(Holocene, 완신세, 전신세)로 들어서면서 오늘날과 유사한 해안선 모습을 차츰 갖추게 되었다(그림 1·2).

그러나 해수면의 상승속도와 최고해수면의 높이, 반복되는 해침과 해퇴의 구체적 시기에 대해서는 통일된 견해 없이 전문가들 사이에서도 여전히

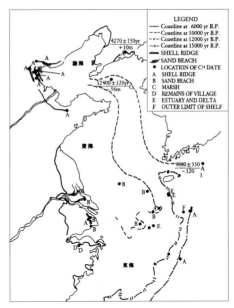

그림 1. 15,000BP 이후 해안선변화
(신숙정 1998, 238쪽, 그림 7.19 재인용)

---

6) 임효재, 1983, 「편년」, 『한국사론』 12, 708쪽.

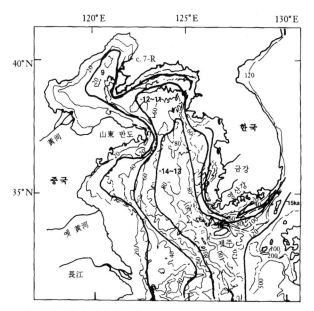

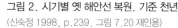

그림 2. 시기별 옛 해안선 복원. 기준 천년
(신숙정 1998, p.239. 그림 7.20 재인용)

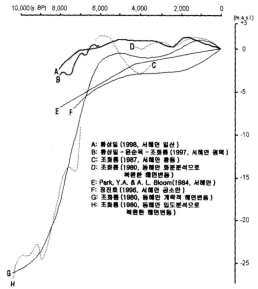

그림 3. 홀로세 해수면 변동 곡선
(황상일·윤순옥 2002, p.40)

논란 중이다(그림 3).[7] 일찍이 이찬[8]은 박용안[9]의 김제 신평천 늪지조사 결과를 인용하여 8000년 전에는 7.3m, 4000년 전에는 1.7m 정도 현재보다 서해안의 해수면이 낮았다고 보고하였다. 이후 곰소만 해역의 해수면 변동곡선에서 7000년 전은 −6.5m, 5500년 전은 −4m, 4000년 전은 −3m의 해수면 높이가 복원되었다.[10] 최근 안산 신길동 퇴적층에서도 6680BP[11]에 현재보다 평균해수면이 138cm와 618cm 깊은 지점에 갯벌이 형성되었다고 분석되었다.[12] 홀로세 동안 현재 수준보다 해수면이 높지 않았다고 보는 상기 입장을 따르면 신석기시대 서해안은 현재보다 해수면이 계속 낮았고

---

7) 해수면 변동 연구는 『한국의 제4기 환경』(박용안 외 2000) 제4장 우리나라 현세 해수면 변동, 『고고학연구방법론』(최몽룡 편, 1998) 제7장 해수면 변동과 고고학(신숙정)을 참조하였다.

8) 이찬, 1973, 「지연환경」, 『한국사』1, 국사편찬위원회.

9) 박용안, 1969, 「방사성탄소C14에 의한 한국 서해안 침수 및 침강현상 규명과 서해안에 발달한 반담수 −염수 습지 퇴적층에 관한 층서학적 연구」, 『지질학회지』5−1, 57~66쪽.

10) 박용안 외, 2001, 앞의 글, 142쪽 ; 장진호·박용안·한상준, 1996, 「한국 서해안 곰소만 조간대의 제4기 층서변화와 해수면 변화」, 『한국해양학회지』1−2, 59~72쪽.

11) 이하 BP는 미보정 연대이며 보정을 거친 연대는 cal BP로 표시한다. 기존 연구자들이 예를 들어 단순히 4000년 전이라고 하였을 때 cal BP가 아닌 BP를 그대로 이용한 경우가 많아 해석에 유의할 필요가 있다. 이 글에서는 원문 그대로 인용하였다.

12) 고려문화재연구원, 2010, 『안산 신길동유적(Ⅱ)』, 330~336쪽.

따라서 많은 유적들이 바다 속에 잠겨 있게 된다.

반면 홀로세 중기의 해진에 따른 고해준 시기에 해수면이 현재보다 높게 상승하였다는 주장도 많다. 서해안 지역 곳곳에서 현재보다 2~3m 높은 곳에서 발견된 옛 모래톱의 존재를 근거로 하거나,[13] 일산 충적평야의 퇴적층과 규조류 분석 결과 7000년 전에는 해수면이 현 수준에 도달하였고 5000~6000년 전경에는 3.5m 정도 높았으며,[14] 평택 도대천의 퇴적환경 변화에서도 7200년 전은 2.7m, 6160년 전은 5.2m 이상 현재보다 해수면이 높았다고 추정하였다.[15] 그런데 실제 일산에서 복원된 해수면 변동곡선은 평균고조위로 평균해면은 현재보다 0.8m 정도 높을 뿐이며 도대천 역시 최고해수면인 6500BP에 비슷한 고도를 보인다.

대체로 전자의 저해수면 주장들은 조간대나 바다 밑 퇴적물을, 후자의 고해수면 주장들은 육지 쪽 토탄층이나 하상퇴적물을 분석대상으로 삼고 있다. 후자의 주장은 시료의 종류와 서식지 차이에 따른 고도 보정[16]을 감안하지 않았고 해수면의 기본 수준점을 해당 지역에서 측정하지 않았기에 발생한 오류라는 지적도 있다.[17] 또한 현재보다 높은 고도에서 발견되는 토탄층과 해안톱은 5천년 전 이후의 폭풍이나 해일에 의한 결과일 가능성도 있다.[18]

동해안과 남해안도 마찬가지이다. 동해안의 방어진과 포항에서도 3~7m 높이의 해안단구가 존재하며,[19] 수가리패총에서 발견된 마모패각과 미소패류를 근거로 4500BP 경에 해발 5m에 이르렀던 해수면이 점차 높아져 3400BP 경에 최고 7.5m까지 상승하였다는 주장도 있다.[20] 상노대도에서도 패각층 사이에서 해수 침식에 의한 갯벌층을 근거로 당시 해수면이 지금보다 5m 정도 높다고 보

13) 윤웅구·박병권·한상준, 1977, 「한반도 후빙기 해면 변화의 지형학적 증거」, 『지질학회지』 13-1, 15~22쪽.

14) 한국선사문화연구소, 1992, 『일산 신도시 개발지역 학술조사보고』 I ; 황상일, 1998, 「일산충적평야의 홀로세 퇴적환경변화와 해변변동」, 『대한지리학회지』 33-2, 143~163쪽.

15) 황상일·윤순옥·조화룡, 1997, 「Holocene 중기에 있어서 도대천 유역의 퇴적 환경 변화」, 『대한지리학회지』 32-4, 403~420쪽.

16) 평균 고조선에 인접한 염습지 식물에서 기원한 토탄은 만조선에 가까운 해수면을 지시하므로 2.9m 정도를 삭감하고, 패각들도 서식지 고도에 따른 고도보정을 하여야 한다(박용안 외 2001, 138~139쪽). 앞의 신길동 지역 평균해수면도 인천항 평균해수면(464cm)의 값을 뺀 값이다.

17) 박용안 외, 앞의 글, 141~142쪽.

18) 서해안의 조간대는 조차가 평균 4m, 최대 9m에 이르며, 또한 폭풍에 의해 최대 3.6m까지 바닷물이 올라가기도 한다.

19) 김서운, 1973, 「한국 남동단부(방어진-포항) 해안에 발달하는 단구에 관한 연구」, 『지질학회지』 9, 89~121쪽.

20) 윤선·이언재, 1985, 「수가리패총의 연체동물화석군집과 해수면변동」, 『한국고생물학회지』 1, 141~152쪽.

았다.[21] 동삼동패총 상부의 단구면 조사에서도 해빈 역석층의 존재를 근거로 봉계리식토기를 중심으로 하는 시기(4300~4000BP)에 해수면이 7~8m 이상 상승하였다는 주장이 제기되었다.[22] 그러나 수가리 달팽이와 미소패류는 큰 조개를 잡을 때 같이 딸려왔다거나,[23] 마모패각층이 지하수면의 상승·하강과 관련하여 생긴 현상이라는 비판도 있다.[24] 또한 수 미터 높이에서 발견되는 바다 관련 퇴적물과 지형이 반드시 해수면 상승과 연결된다는 확증도 없다.

조화룡은 동해안 해수면이 10,000BP에는 −25m, 7000BP에는 −10m이던 것이 6000BP 경부터 현 수준에서 안정되었으나 4000BP 경에 해면의 상대적 저하가 인정된다고 하였다.[25] 조화룡의 분석 자료에서 현재보다 높은 해수면을 보여주는 것은 토탄층 자료로 앞서 언급한 고도보정을 감안하면 해수면 변동곡선은 보다 아래로 내려갈 것이다.[26]

이렇듯 측정대상 및 방법에 따라 다른 해수면 변동 연구를 고고학자들이 이용하기에는 많은 한계가 있다. 그래도 중국, 일본의 사례와 고고학 유적의 퇴적지형을 감안하여 공통분모를 찾아보면 기원전 5천년 무렵에는 해수면이 현재 수준에 이르고 계속 상승하다가 기원전 4천년기에는 다시 후퇴하고 이후에도 하강과 상승을 반복하였을 가능성이 크다.[27] 범방, 세죽 등 남해안 융기문토기유적의 방사성탄소연대 중에서 신뢰성 높은 자료들은 6300~6000BP에 집중되어 있어 이를 보정하면 기원전 6천년기 말이 된다. 즉 해수면이 현재 수준으로 가까워지면서 남해안에서 이른 시기의 신석기시대 유적들이 나타난다고 볼 수 있다.

서해안의 경우는 워낙 의견 대립이 심하여 공통분모를 찾기가 쉽지 않으나 설령 해수면이 상승하

---

21) 손보기, 1982, 『상노내도의 선사시대 살림』, 수서원, 35쪽.

22) 이동주, 2006, 「해수면 상승 흔적이 확인되는 동삼동유적의 성격에 대하여」, 『한국신석기연구』 11, 1~24쪽.

23) 반용부·곽종철, 1991, 「낙동강하구 김해지역의 환경과 어로문화」, 『가야문화연구』 2, 23쪽.

24) 추연식, 1993, 「패총의 형성과정 −수가리패총의 후퇴적과정에 대한 검토를 중심으로−」, 『한국고고학보』 29.

25) 조화룡, 1987, 『한국의 충적평야』, 교학사, 172쪽.

26) 해수면 변동곡선은 박용안 외, 『한국의 제4기환경』에서 박용안의 남한(128쪽, 그림 4−10), 조화룡의 동해안(145쪽, 그림 4−16), 황상일의 서해안(152쪽, 그림 4−21) 변동곡선을 보면 차이를 여실히 알 수 있다. 그림 4−16을 고도 보정하면 저해수면의 그림 4−10이 된다.

27) 일본 후쿠오카평야에서는 6000BP, 4700BP, 3100BP의 3차례에 걸친 해진이 있었고 최고해면기는 4700BP로 지금보다 1.2m 정도 높았다고 한다(오건환·곽종철, 1989, 17~18쪽). 다른 일본지역과 중국에서도 홀로세에 여러 차례의 해진, 해퇴가 반복되고 있었으나 남한의 자료에서는 그러한 변화를 정확한 연대를 갖고 읽기가 쉽지 않다. 고환경 복원과 마찬가지로 해수면 변동 곡선 연구에서 가장 큰 걸림돌은 시기 추정이다. 한정된 자료를 가지고 방사성탄소연대 측정을 하기 때문에 대표성과 오차의 문제가 항상 따라 다니며 더욱이 보정되지 않은 연대(BP)를 보정된 연대(Cal BP)로 착각하여 해석하기도 한다. 호수의 연호퇴적물 연대에서는 가장 신뢰성 높은 자료인데 일본 水月湖 연호퇴적물 분석 결과를 보면 조몬 해퇴 1기는 7000~6800년 전, 2기는 5500~5000년 전, 3기는 4400년 전으로 추정된다(그림 5).

였다고 하더라도 현재보다 1m를 넘지는 않았을 것으로 보인다. 해수면 상승과 해안선 변화는 구분하여 생각하여야 한다. 해수면이 지금보다 낮았다고 하더라도 하상퇴적물이 높아지거나 삼각주가 형성되기 이전에는 해안선이 하구 쪽 깊숙이 들어와 내만을 형성할 수 있기 때문이다.[28] 홀로세 지형변화에 대한 연구가 가장 활발하게 진행된 낙동강 하구역을 보면 현재의 김해지역은 해수면 상승으로 신석기시대 중기 이전에 고김해만(古金海灣)이 형성되었으며 4100BP 경에는 예안리 주변의 김해지역 깊숙한 곳까지 해수역화(海水域化)되었다.[29] 낙동강 하구변의 범방유적에서는 신석기시대 여러 시기의 모래층이 조사되었는데 유적이 처음 형성된 융기문토기 단계에는 유적 가까운 곳까지 바닷물이 들어왔다. 태선침선문토기의 중기 문화층은 해진이 완료되고 해퇴가 어느 정도 진행된 상태에서 형성되었다. 모래층은 조기, 전기, 중기에 따라 조금씩 위치가 변경되지만 전체적으로 해안선 고도의 차이는 크지 않다고 판단된다. 금강, 한강 등 서해안 해안지역도 하구역의 내만화가 이루어졌을 것으로 생각되는데 충적기원의 퇴적물이 퇴적되기 이전의 해안선을 복원해볼 필요가 있다.

한편 울산 세죽, 창녕 비봉리에서는 도토리 저장혈 바닥 깊이와 유구 발견 고도를 이용한 해수면 변동곡선 복원이 시도되었다. 도토리 탄닌은 소금물 속에서 더 빨리 제거되므로 바닷물이 들락날락하는 깊이에 저장혈을 만들었다는 전제에서이다. 비봉리유적의 경우 7000BP는 −0.2m, 6550BP는 −2m, 6200BP는 +0.4m, 5500BP는 +0.8m, 5000BP에는 +1.5m까지 상승한 후 다시 하강하여 4350BP는 +1.3m, 3500BP까지도 하강하나 여전히 현재보다 1m 가량 높은 해수면을 유지하고 있었다고 추정되었다(그림 4).[30]

비봉리유적은 해발고도 −3m 지점(45층)에서 기원전 6천년기 전반(6800±50BP)

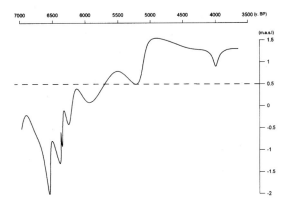

그림 4. 비봉리 홀로세 중기 평균고조위 해수면 변동 곡선
(황상일 2008, 426쪽)

28) 신숙정, 1998, 앞의 글.

29) 반용부·곽종철, 1991, 앞의 글, 61쪽 ; 오건환, 1991, 「완신세 후반의 낙동강 삼각주 및 그 주변해안의 고환경」, 『한국고대사논총』 2.

30) 황상일, 2008, 「창녕군 비봉리 신석기시대 유적지 지형 및 규조분석」, 『비봉리』, 국립김해박물관(현재보다 해수면이 1m 정도 높았다는 추론은 같은 분석자가 일산에서 실시한 해수면 분석과도 일치하지만 상승과 하강을 반복한 세부적인 해수면 변동곡선은 기준이 된 방사성탄소연대의 오차와 신뢰범위를 감안하면 그대로 수용하기는 어렵다).

까지 올라가는 나무배가 발견되었으며, 기원전 6천년기 후반(5970~6490BP)의 제5~3패층은 -1.3m에서 -0.4m 지점에 분포하였다. 남해안 신석기 전기(영선동식토기 단계)부터는 해발고도 +0.1~2m 면에 유구가 설치되었다. 앞의 45층부터 전기가 끝나는 19층까지는 실트의 수성퇴적층인데 21층까지는 염수규조가 90% 이상이고 마지막 20·19층은 기수규조가 90%를 차지한다. 즉 신석기시대 조기와 전기는 낙동강 깊숙한 이곳까지 바닷물이 드나드는 내만 환경이었고 이후 중기 층부터는 육상 퇴적층으로 바뀌었음을 보여준다.

2) 기후와 식생

화분분석을 통한 고환경 복원의 본격적 연구는 속초 영랑호의 호저 퇴적물 분석에서 비롯되었다.[31] 영랑호의 17,000BP 이후 화분대는 5개로 나누어지는데 10,000~6700BP(U3)에는 기후가 급격히 온난 습윤해지고 참나무 숲이 넓게 분포한다. 6700~4500BP(U4)는 참나무 숲이 여전히 많지만 소나무 증가가 두드러지고 가래나무속, 서어나무속, 느릅나무속도 증가하는 양상을 보인다. 소나무와 쑥의 증가, 산불 발생과 연결되는 숯가루의 급증을 근거로 온난 건조한 기후로 복원되었다. 4500BP 경에는 일시적으로 심한 한랭화가 나타나면서 소나무가 다시 감소하고 낙엽활엽수림이 증가하는 혼합수림 시기로 바뀐다. 함께 이루어진 퇴적물의 유화물 함유량과 C13 함량 분석에서는 7000·5000BP가 고온, 6000(또는 6500)·5500·4000(또는 4500)BP가 한랭 기후를 나타낸다. 한정된 방사성탄소연대 시료 탓에 상기 연대는 불확실한 추정이라 기후변화의 정확한 시점은 믿기 어려우나 신석기시대에도 몇 차례 한랭하거나 건조한 기후가 반복하였음은 알 수 있다. 조화룡[32]도 포항, 방어진 등의 화분분석 결과를 토대로 10,000~6000BP의 Quercus stage와 6000BP 이후의 Pinus-Quercus stage로 구분하고 있다. 최기룡[33]은 영남 내륙 무제치의 화분분석에서 6700BP를 전후로 Quercus-Alnus에서 Quercus-Alnus-Pinus stage로 바뀌었다고 본다.

상기 분석에 따르면 동해안에서는 10,000BP부터 기후가 온난 습윤해지면서 참나무가 우점종인 낙엽활엽수림대(Quercus stage) 식생으로 변하고 이어서 기후가 건조해지면서 소나무가 증가하는 참나무·소나무의 혼합림(Pinus-Quercus stage)으로 변천하는데 바뀐 시기에 대해서는 연구자에 따라서 6700BP, 6500BP, 6000BP 등의 다른 연대를 제시하고 있다.

31) 安田喜憲 外, 1980, 『韓國における環境變遷史』, 日本文部省海外學術調査中間報告書 ; 김준민, 1980, 「한국의 환경변화와 농경의 기원」, 『한국생태학회지』 3(1·2).

32) 조화룡, 1987, 앞의 글.

33) 최기룡, 2001, 「무제치늪의 화분분석 연구」, 『제4기학회지』 15 ; 2002, 「한반도 후빙기의 식생 및 기후변천사」, 『한국 신석기시대의 환경과 생업』, 동국대학교 매장문화재연구소.

반면 서해안에서는 오리나무속(Alnus) 나무가 10,000BP 이후부터 계속 우점종을 차지하여 동해안에 비해 습윤한 기후였음을 보여준다. 일산지구 충적층에서는 오리나무속과 물푸레나무과가 우점한 가와지(GWJ) 화분대 I(8000~4200BP)이 빠른 해면 상승과 해진의 영향으로 매우 습윤한 기후로 복원되었다. 이 화분대는 Ia와 Ib의 아분대로 나누어지는데 전자는 오리나무-물푸레나무-참나무 식생이고, 후자(5000~4200BP)는 여전히 오리나무가 우점하나 소나무가 5% 정도의 빈도로 출현하며 참나무는 후기로 갈수록 증가하면서 4~12%의 빈도를 보인다. 가와지 화분대 IIa(4200~3200BP)에는 해수면 하강과 이전보다 건조한 환경에서 소나무가 증가하고 참나무가 감소한다.[34]

평택지구에서는 기원전 4000~2500년에 참나무가 줄고 침엽-낙엽상록수 혼합림이 증가하여 온난 습윤한 기후에서 다소 건조하고 추운 기후로 변화한 증거로 해석되었다.[35] 금강 하구에 가까운 황등 토탄층의 화분 분석은 6000~5000BP 무렵의 식생을 보여주는데 일산과 마찬가지로 오리나무 화분이 가장 많고 다음이 참나무이며 소나무도 소량 검출되고 있다. 풀꽃가루는 벼과가 대부분이다.[36] 최근에 실시된 군산 내흥동 유기질 토층의 화분분석에서도 6400~5200BP 층에서 "오리나무-참나무-소나무" 화분대가 우세한 것으로 나타났다.[37]

해수면 변동과 마찬가지로 화분 분석도 신뢰할만한 방사성탄소연대가 충분하지 않은 상태에서 연대를 추정한 탓에 식생 변천의 정확한 시간대를 추론하기 어렵다. 서해안이 동해안보다 오리나무속이 우세하고 소나무속 증가가 뚜렷하지 않은 것은 후빙기 해면 상승시 해양성 기후환경이 오랫동안 지속되어 동해안보다 습윤한 환경이 유지되었기 때문이라고 한다.[38] 또한 화분분석이 실시된 지점이 해안에 가까운 저습지의 토탄층이고 서해안 저지대의 충적대지는 해수면 변동이 직접적으로 작용한 습윤한 지역이어서 오리나무속 화분이 두드려졌을 것이다.[39] 그러나 신석기시대 취락은 하안단구나 구릉지대에 주로 분포하고 있기 때문에 취락 주변 숲에는 참나무가 많이 자라고 있었을 것으로 생각된다.

---

34) 윤순옥, 1997, 「화분분석을 중심으로 본 일산지역의 홀로세 환경변화와 고지리복원」, 『대한지리학회지』 32-1. 일산지역은 다른 곳보다 방사성탄소연대 측정이 많이 이루어졌으나 그럼에도 각 화분대에 주어진 연대를 그대로 수용하기는 어렵다. 예를 들어 3200~2300BP로 추정된 화분대 IIb는 점토대토기가 출토된 토탄층이기에 고고학적 연대와 맞지 않는다.

35) Jun, C. P., S. Yi and S. J. Lee. 2010. Palynological implication of Holocene vegetation and environment in Pyeongtaek wetland, Korea. Quaternary International 227, pp.68~74.

36) 조화룡, 1987, 『한국의 충적평야』, 교학연구사, 145~146쪽.

37) 김주용 외, 2005, 「금강유역 저습지퇴적층의 층서고찰」, 『호서고고학』 11.

38) 윤순옥·황상옥, 2001, 앞의 글, 112쪽. 이글에서 오리나무속의 상대적 우점기는 해면상승, 참나무속의 상대적 우점기는 해퇴 및 해면 하강 경향과 연결된다고 보았다.

39) 최기룡, 2002, 앞의 글, 5쪽.

온난대의 상록활엽수림도 남해안을 중심으로 존재하였을 가능성이 있다. 수가리와 세죽 출토 산호, 동삼동·상노대도패총 출토 말전복, 목도패총 출토 물소뼈 등의 온난대성 동물유체는 남해안의 당시 기후가 지금보다 2~3° 정도 따뜻하였음을 보여주는 또 다른 증거이다. 최기룡[40]은 남부지역(방어진)에서 4500BP 전후하여 가시나무속이 증가하며 2000BP까지 계속되었다고 하나 그 이전 시기의 화분분석에서는 아직 상록활엽수림 식생이 확인되지 않고 있다.

기원전 5200~5000년 세죽유적의 화분분석에서는 목본 전체에서 졸참나무 아속이 차지하는 비율이 60~80%나 되어 당시 식생이 졸참나무아속을 우점종으로 하고 서어나무·팽나무·물푸레나무·오리나무속과 같은 낙엽활엽수와 소나무속을 부수적으로 포함하는 온대낙엽활엽수림으로 복원되었다. 반면 화분 전체에서 상록성인 가시나무아속은 0.1%에 불과하다. 창녕 비봉리유적에서도 기원전 4천년기는 참나무속을 중심으로 하는 낙엽활엽수림의 식생을 보여준다. 따라서 온난대성 기후의 분포 여부와 관계없이 남해안 신석기시대 주민은 중부와 마찬가지로 도토리를 산출하는 참나무 숲을 배경으로 생활하였던 것 같다.

중부에서도 소나무 확산 여부와 관계없이 신석기시대 주민들이 주변에서 가장 쉽게 구할 수 있고 애용하였던 나무는 참나무이다. 이는 주거지 수습 목재의 수종 분석에서도 증명된다. 예를 들어 옥천 대천리 주거지에서 출토된 숯 7점은 모두 참나무속의 상수리나무류(상수리·굴참나무)로 식별되었다.[41] 시흥 능곡동 주거지에서 출토된 신석기시대 목재 27점의 수종도 오리나무 3점, 자귀나무 1점을 제외하면 모두 참나무(상수리나무류 16점, 졸참나무류 7점)이다.[42] 진안 진그늘유적에서 출토된 숯은 오리나무, 소나무, 상수리나무아속으로 식별되어[43] 오리나무와 소나무도 건축 재료로 사용되었을 수 있지만 대천리, 능곡동 외에도 신석기시대 주거지에서 출토된 숯은 대부분이 참나무 종류이다. 신석기시대 주거지와 저장구덩이에서 검출된 나무열매 역시 도토리가 압도적이다.

3) 지구적 규모의 홀로세 기후변화와 신석기시대 문화변동

홀로세의 변화한 자연환경에 적응한 신석기시대 주민들은 한류와 난류가 만나는 바다에서 어패류와 바다짐승을, 참나무가 우거진 숲에서는 도토리를 비롯한 식물성 자원, 멧돼지와 사슴과 동물을 이용하는 생계전략과 기술을 개발하였다. 그러나 홀로세에서도 기후는 안정적이지 못하고 장기적·단

---

40) 최기룡, 2002, 앞의 글, 5쪽.

41) 한남대학교 중앙박물관, 2003, 『옥천 대천리 신석기유적』, 141~145쪽.

42) 후지네 히사시, 2010, 「시흥 능곡동유적 출토 탄화목재의 수종동정」, 『시흥 능곡동유적 –분석자료–』, 경기문화재연구원, 67~70쪽.

43) 조선대학교박물관, 2005, 『진안 진그늘 선사유적』, 205~216쪽.

기적, 그리고 지구적·국지적 규모의 변동이 발생하면서 다양한 문화변동을 야기하였다.

20세기 초반부터 북유럽 토탄층의 화분분석 결과(Blytt-Sernander stages)를 이용하여 홀로세를 여전히 춥고 건조한 Pre-boreal(11,500~10,500 cal BP), 온난·건조한 Boreal(~7800 cal BP), 온난·습윤한 Atlantic(~5700 cal BP), 온난·건조한 Sub-boreal(~2600 cal BP) 등의 기후대로 분류하였으나 현재는 유럽 자체에서도 각 기후대의 편년에 대한 논란이 있고 지역에 따라 식생 변화가 점진적으로 변화한 것이 밝혀지면서 더 이상 기후 또는 식생 변화의 전세계적 기준으로 통용되지 않는다.[44] 유럽에서 홀로세 기후 최적기는 9000~5500 cal BP 정도로 추정되나 상하한의 정확한 시점은 논란이 있다. 덴마크 토탄층에서는 온난·습윤한 기후와 한랭·건조한 기후가 260년 또는 520년 주기로 반복되며 후자는 5400·5100·4600·41/4000·3400 cal BP 무렵으로 추정되었다. 반면 영국은 그 주기가 800년 정도로 보고되고 있다.[45]

유럽이나 동아시아나 기존 화분 분석에서 가장 큰 걸림돌은 연대 측정이다. 대부분 몇 개 정도의 방사성탄소연대 측정치를 갖고 전체 연대를 추정하나 하나의 깊이에서 측정된 하나의 방사성탄소연대는 신뢰성이 떨어지며 퇴적이 동일한 속도로 이루어진다는 전제 자체도 문제가 있기 때문이다. 즉 개별 화분대(또는 아분대)에 주어진 연대는 대략적 식생변천을 파악하기 위한 참고 수치 이상의 의미를 부여하기 어렵다. 그리하여 최근에는 나이테처럼 매년 누적적·주기적 침전을 동반하는 깊은 바다·빙하·호수 침전물이나 석순 등이 기후 변동 복원의 중요한 자료로 이용되고 있고 전 지구적 규모의 기후 변동도 추정할 수 있다.

지질학자 본드(Gerald Bond)는 1500년(1470±500) 마다 태양 자기장의 파동으로 야기된 약한 태양활동이 북대서양을 냉각시키고 빙산과 표류하는 얼음을 더욱 증가시킨 결과 홀로세에도 8차에 걸친 한랭 또는 건조한 기후가 발생하였다는 가설을 제시하였다(그림 6).[46] 본드 이벤트(Bond events)는 각 11,100[8], 10,300[7], 9400[6], 8100[5], 5900[4], 4200[3], 2800[2], 1400년 전

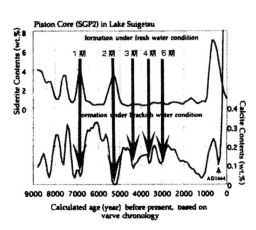

그림 5. 水月湖 연호퇴적물로 본 해퇴
(宮本 2005, 63쪽, 도3 재인용)

44) Roberts, N. 1998. *The Holocene*. Blackwell: Oxford, p.118.

45) Roberts. 1998. *ibid*. pp.163~164.

46) Bond, G. et al. 1997. A pervasive millennial-scale cycle in North Atlantic Holocene and Glacial climates. *Science* 278 (5341), pp.1257~1266.

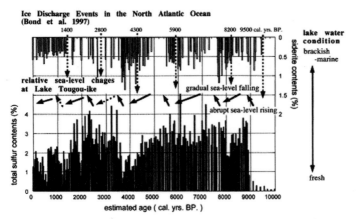

Ice Discharge Events in the North Atlantic Ocean
(Bond et al. 1997)

그림 6. 북대서양 홀로세 기후와 해수면 변동
(Bond et al. 1997)

에 해당하며 수십 년에서 수백 년에 걸쳐 지속되었다. 본드 이벤트는 나이테처럼 매년 누적된 연대를 제공하는 북미의 동굴 석순 연구(스트론튬·탄소·산소동위원소분석)에서 증명되었으며 홀로세에 적어도 7차례의 큰 가뭄 기간이 있었다는 사실도 밝혀졌다.

홀로세 기후변동은 그린란드의 빙하 시추공 분석(그림 7, 8)에서도 확인되었고 특히 8200년 전의 급격한 한랭화는 8100년 전의 본드 이벤트(5)와 부합한다. 홀로세의 북대서양 기후 변동은 아시아의 몬순 변동과도 어느 정도 부합한다.[47] 중국 남부에 위치한 동거 동굴의 석순 분석에서는 수백 년 동안 지속된 8차례의 몬순 약화(건조기)가 확인되었는데 특히 본드 이벤트 5·4·3기에 대응하는 8300·5500·4400년 전이 가장 두드러지고 7200년, 6200년

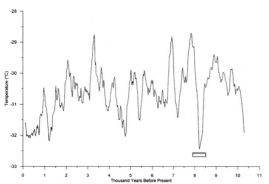

그림 7. 그린란드 시추공 홀로세 기후 변화 곡선 (http://www. ncdc.noaa.gov/paleo/pubs/alley2000/alley2000.html)

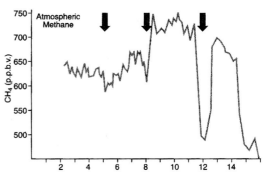

그림 8. 그린란드 시추공 홀로세 메탄 농도 변화
화살표: 급격한 건조화 (Roberts 1998, p.124)

47) 반면 중국 여러 지역에서의 호소, 빙하 시추공, 토탄, 고토양, 종류석, 충적층 분석을 종합한 결과 수백 년에 걸친 소빙기가 9200~7600년 사이에 걸쳐서 나타나기 때문에 한랭한 기후를 모두 8.2ka event로 단일화하는 것은 시기상조라는 비판도 있다(Jin et al. 2007. The influence and chronological uncertainties of the 8.2 ka cooling event on continental climate records in China. *Holocene* 17-7).

전에도 나타난다(그림 9).[48] 상기 분석에서 건조화는 8400~8100년, 4500~4000년 전 사이에 가장 오랫동안 지속하였다. 화남의 허샹(30°27′N, 110°25′E) 동굴에서도 8200·4800~4100·3700~3100년 전의 건기가 확인되었고 홀로세 전기는 현재보다 3.7%, 6천년 전은 8% 정도 강우량이 많다고 보고되었다.[49] 호북성 산바오

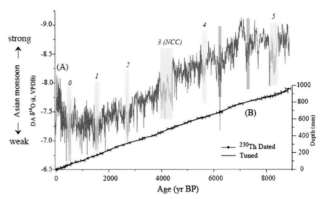

그림 9. 중국 남부 동거 동굴 종유석에서 복원된 홀로세 기후 변화
숫자 및 막대는 몬순 약화 시기 표시(Wang et al. 2005)

동굴 석순의 산소동위원소 분석에서는 홀로세가 시작되는 11,500년 전에서 9500년 전까지 몬순 강도가 점차 증가하여 이후 6500년 전까지 가장 습윤하며 6500년 전부터 몬순 강도가 점차 약화된다고 하였다.[50] 또한 4400~4300년 전에는 강우량이 더욱 급감하여 2100년 전까지 건기가 지속되었다고 보고되었다.[51]

중국 북부의 뢰스 토양과 호수 침전물에서도 5600년 또는 5900년 전의 건조·한랭한 증거가 발견되었으며,[52] 대만의 화분 분석에서도 5700~5200년 전 사이가 몬순이 취약한 시기, 즉 건조한 시기로 추정되었다.[53]

이상 앞의 해수면 변동에서 언급한 일본 스이케츠 호소의 연호퇴적물 및 북대서양, 유럽과 중국의 기후 자료를 종합하여 주기적 기후변동과 연결된 신석기문화의 변동 과정을 정리해보자. 첫째 고산

48) Wang et al. 2005. The Holocene Asian monsoon: links to solar changes and North Atlantic climate. *Science* 308 (5723), pp.854~857.

49) Hu et al. 2008. Quantification of Holocene Asian monsoon rainfall from spatially separated cave records, Earth and Planetary Science Letters 266-3·4, pp.221~232.

50) Dong et al. 2010. A high-resolution stalagmite record of the Holocene East Asian monsoon from Mt Shennongjia, central China. *Holocene* 20-2, pp.257~264.

51) Shao et al. 2006. Long-term trend and abrupt events of the Holocene Asian monsoon inferred from a stalagmite δ10O record from Shennongjia in Central China. *Chinese Science Bulletin* 51-2, pp.221~228.

52) Zhou Jing et al. 2007. Younger Dryas event and Cold events in early-mid Holocene: record from the sediment of Erhai Lake. *Advances in Climate Change Research* 3 (Suppl.), pp.1673~1719.

53) Lee et al. 2010. Pollen records from southern Taiwan: implications for East Asian summer monsoon variation during the Holocene. *Holocene* 20-1, pp.81~89.

리식토기문화는 홀로세 출현(본드 이벤트 1)과 비슷한 시기에 제주도에 등장하였는데 초원 대신 숲이 형성되면서 숲 속 동물을 사냥하기 위한 화살촉을 개발하고 (아직 증거는 없지만) 도토리 등 식물성 자원을 식용하기 위해 토기를 만들었으나 정착 생활로 귀결되지는 않았다.

둘째. 융기문·오산리식토기의 조기 유적은 기원전 6200년 무렵부터 수 세기 동안 지속된 한랭기(본드 이벤트 5)가 끝나고 다시 기후가 온난 습윤해지는 기원전 6천년기 후반부터 동해안과 남해안에서 분포하기 시작한다. 이 시기의 해수면은 현재 수준에 가까워지고, 난류와 한류가 만나 풍부한 어장이 형성되면서 어로가 생업에서 중요한 역할을 차지하게 된다. 또한 참나무 중심의 낙엽활엽수림이 성행하면서 도토리와 멧돼지·사슴과 동물도 중요한 식료로 편입된다. 나무를 베고 가공하기 위한 마제석부도 이 시기부터 성행한다.

셋째. 기원전 4500년 무렵은 남부 신석기 조기에서 전기로 전환되는 시점으로 오산리식토기문화의 소멸을 연이은 기온 상승으로 냉수성 어종인 연어 회유량이 급감한데서 찾기도 한다.[54] 동해안 화분분석에서는 기원전 4700~4000년 사이에 소나무가 증가하고 기후도 건조하게 되었다고 하나 참나무 화분의 총량은 유지되고 있다. 남부 신석기 전기 문화는 홀로세 기후 최적기에 적응한 문화이고 이 시기에 해수면 상승으로 하구 깊숙이 내만화가 이루어졌다.

넷째. 기원전 4천년대 전반기는 기후 최적기의 마지막 단계이고 몬순도 서서히 약화된다. 본드 이벤트 4기(5900 cal BP)는 건조화가 가장 강력하고 오랫동안 지속되었는데 온난 습윤한 기후 최적기에서 한랭 건조한 기후로의 변화 시점은 지역에 따라 차이가 있어 북유럽은 5700~5400년 전, 동북아시아는 5500년 전을 전후한 연대가 제시되고 있다. 기원전 4천년대 전반기에 속하는 중서부 I 기(궁산 1, 2기) 집단은 기후 건조화와 도토리 감소에 따른 식료를 보완하기 위해 조, 기장 재배를 수용하고 경작지 가까이에 정주 취락을 형성하였다고 볼 수 있다. 기후최적기가 끝나는 기원전 3500년 무렵은 해수면이 후퇴하고 낮은 기온과 건조한 기후가 장기간 지속되면서 중서부 I 기 집단은 새로운 경작지와 자원을 찾아 거주지를 옮기게 되며, 바다자원 중심의 영선동식토기문화 역시 강안 충적지에 적응한 중서부 생활양식을 수용하여 태선침선문토기문화로 전환된다.

다섯째 본드 이벤트 3기(4400~4200 cal BP) 역시 전 지구에 걸쳐 건조화와 한랭화가 급속히 진행된 시기이다.[55] 남부에서는 침선문토기의 후기에서 이중구연토기의 말기로 전환되는 시기이다. 지역에 따라서는 잡곡 재배 시스템이 붕괴되면서 정주취락이 해체되고 다시 어로 중요성이 증대하거나 이동

---

54) 송은숙, 2010, 앞의 글.

55) deMenocal, Peter B. 2001. Cultural responses to climate change during the Late Holocene. Science 292 (5517), pp.667~673.

성이 강한 수렵채집 생활로 복귀하는 경향이 나타난다.[56]

3. 토기의 출현

동아시아의 여러 지역에서 기원전 1만 5천년에서 1만년 사이에 속하는 토기가 구석기 말기 전통의 석기군과 함께 보고되고 있다.[57] 일본, 아무르강 유역, 연해주를 포함하는 동북아시아에서는 세석인(細石刃)문화의 마지막 흐름 속에서 토기가 출현한다. 아무르강 유역에서는 하류역의 오시포프카문화에서 조흔문토기(條痕文土器), 중류역의 노보페트로프카문화에서 융기문토기, 바이칼에 가까운 상류역의 우스트카렌가문화에서 즐치상의 연속호선문토기가 각기 출현하고 있다.[58]

한반도 상황을 보면 1960년대까지만 하더라도 신석기시대 토기는 즐문토기로 대표되었고 출현연대도 6천년 전을 넘지 못하였다. 그러나 동삼동패총 발굴결과 최하층에서 융기문토기가 발견되면서 1970년대에는 융기문토기가 즐문토기에 선행하는 토기로 인정되었다. 1980년대에는 오산리유적의 발굴결과 오산리식토기로 대표되는 소위 '아가리문'토기 역시 선(先)즐문토기의 한 형식으로 설정되고 방사성탄소연대를 받아들여 이들 융기문토기와 '아가리문'토기가 기원전 5천년대에 즐문토기보다 먼저 들어와 동해안 쪽에 펴져 있었다고 상정하였다.[59]

그리하여 신석기시대를 8천년 전까지 소급할 수 있게 되었지만 구석기시대가 끝나는 12,000년 전부터 8000년 전까지는 여전히 수천 년이 넘는 공백이 남게 된다. 일각에서는 임불리, 하화계리 등에서 출토되는 후기 형식의 세석인석기를 중심으로 중석기시대를 설정하기도 하였지만[60] 시베리아와 극동지역에서 세석인문화는 이미 12,000년 전부터 소멸되는 단계에 접어들기 때문에 유럽식의 중석기문화를 설정할 수 없다는 주장이 보다 설득력이 있다.[61]

1990년대에 들어서면서 이러한 공백을 메워줄 수 있는 새로운 자료가 제주도 고산리유적에서 발

---

56) 여기서는 장기적 기후 변화를 중심으로 신석기문화의 변천과정을 살펴보았지만 실제로는 임상택(2008)의 지적처럼 장기적 환경 쇠락과 단기적 자원유동성이라는 외적 조건과 집단 유지의 안정성 확보라는 내적 요구가 맞물리면서 문화 변동이 발생하였을 가능성이 크다.

57) 하인수, 2006, 앞의 글, 20쪽.

58) 이동주, 2002, 「우리나라 초기 신석기문화의 원류와 성격」, 『전환기의 고고학Ⅰ』(신숙정 편), 학연문화사 ; 이헌종, 2002, 「우리나라 후기구석기 최말기와 신석기시대로의 이행기의 문화적 성격」, 『전환기의 고고학Ⅰ』(신숙정 편), 학연문화사.

59) 김원용, 1986, 앞의 글, 29쪽.

60) 최복규, 1983, 「중석기문화」, 『한국사론』12, 국사편찬위원회.

61) 이동주, 2002, 앞의 글, 주 1) ; 이헌종, 2002, 앞의 글, 58~59쪽.

견되었다. 고산리유적은 세석인, 양면박리 석촉을 포함한 수만 점이 넘는 석기들과 함께 식물성 섬유질이 혼입된 토기가 출토되어 후기구석기 종말기에서 신석기시대로 이행되는 전환기적 문화양상을 보여준다.[62] 고산리식토기는 풀잎과 같은 식물성 섬유질을 바탕흙에 넣어 빚어 구워 아무르강 유역의 조흔문(條痕文)토기와 유사한 모습을 띠고 있다. 석기 중 형태를 갖춘 것은 70% 이상이 유경식과 무경식의 타제석촉으로 2차가공의 눌러떼기로 제작되었으며 이 밖에 창끝(有舌尖頭器)과 더불어 퇴화된 형식이지만 세석인 기법의 돌날과 몸돌도 소량 발견되었다.[63] 이 유물들은 6400BP 무렵 남구주 가고시마에서 폭발한 아카호야(K-Ah) 화산재 층 아래에서 출토되었으며, 일본 조몬 초창기유적에서도 고산리와 유사한 토기와 석기가 출토되고 있어, 1만년 이전까지 연대가 올라갈 수 있다고 평가되고 있다.[64] 고산리의 원시무문토기는 '古土器', 그 문화는 '古신석기' 단계로 설정되기도 하였지만[65] 현재는 각기 고산리식토기와 신석기시대 초창기로 대체되고 있다. 고산리식토기는 제주도 전역에서 발견되고 있으며 이후 융기문토기가 제주도에 유입될 때까지 존속한다.[66]

고산리식토기는 제주도에 한정하여 분포하고 있다. 한때 고산리식토기와 같은 계통으로 오진리식토기가 거론되기도 하였다. 부산대학교 박물관이 발굴한 청도 오진리 바위그늘의 최하층인 4층에서 오진리식토기로 명명된 원시무문토기가 발견되었다. 발굴자는 이 토기가 융기문토기를 포함하는 3층보다 층위적으로 안정된 4층에서 출토되었기에 융기문토기보다 선행하는 토기로 보았으며, 침선문에 가까운 문양도 보이나 매우 조잡하고 조흔상의 정면 흔적이 남아 있다는 점에서 고산리식토기와 같은 계통으로 보고하였다. 그러나 오진리식토기는 고산리식토기와 달리 바닥이 원저이다. 또한 오진리 4층의 석기도 잔손질이 없는 격지석기이고 세석인이나 양면조정 기법은 전혀 보이지 않기 때문에 동아시아 초창기토기와 공통적 흐름 속에 있는 고산리유적과 달리 재지적 전통으로 파악할 수 있으며, 연대도 고산리유적보다는 늦을 것으로 생각된다.[67]

오진리식토기가 융기문토기에 선행한다는 주장은 최근 강력한 비판을 받고 있다. 창녕 비봉리유적의 발굴결과 오진리식토기가 전기 토기와 공반하며 조기의 융기문토기를 반출하는 패층에서는 오

---

62) 강창화, 2006, 『제주 고산리 신석기문화 연구』, 영남대학교 박사학위논문. 이하 고산리유적 및 고산리식토기에 대한 상세한 소개는 강창화의 「제주도지역의 토기문화」(『한국 신석기문화 개론』, 서경문화사, 2011)를 참조.

63) 이청규·고재원 외, 1995, 「고산리유적과 석기유물」, 『석계황용훈교수정년기념논총』, 학연문화사.

64) 고산리식토기 비짐의 유기물을 2002년 러시아에서 방사성탄소연대 측정한 결과 10,180±65BP의 미보정 연대가 보고되었다(강창화, 앞의 글). 이 연대는 홀로세 개시 연대와 일치한다.

65) 임효재, 1995, 「한·일문화교류사의 새로운 발굴자료」, 『제주도 신석기문화의 원류』, 한국신석기연구회 ; 1997『한국사』2, 국사편찬위원회, 306쪽.

66) 강창화, 2006, 앞의 글.

67) 하인수, 2006, 『한반도 남부지방 즐문토기 연구』, 민족문화, 32~33쪽.

진리식토기와 유사한 토기가 전혀 없기 때문이다. 이동주 역시 오진리식토기가 압인문토기의 직전 단계인 목도리의 최하층 무문양토기와 유사하다고 본다.[68]

따라서 제주도를 제외한 한반도 자체에서는 고산리식토기에 병행하는 유적이 아직까지 발견되고 있지 않으며 오히려 고산리식토기문화는 비슷한 문화요소를 갖고 있는 일본 조몬 초창기문화와 연결될 가능성이 높다. 이동주는 아무르강 하류역에서 발생한 오시포프카문화 요소들이 사할린이나 홋카이도를 거쳐 일본 본토로 유입되고 동해안을 따라 제주도까지 영향을 미쳤다고 주장한다.[69] 반면 강창화는 오시포프카문화가 중국 동북지방을 가로질러 대륙으로 노출된 황해평원의 강줄기를 따라 제주도로 전파되었다고 본다.[70] 그러나 두 주장 모두 아무르강 하류역과 제주도 사이에 관련되는 유적이 발견되지 않았다는 약점이 있다. 오히려 아무르강 하류역에서 일본을 거쳐 제주도로 유입되었을 가설도 검토해볼 필요가 있다. 지리적 근접성도 그렇고 고산리의 양면가공 타제석촉은 아무르강 유역보다 일본 조몬 초창기 유적에서 유행하기 때문이다.

한편 이동주[71]는 남한에서 출토되는 일부 융기문토기의 시문기법이 아무르강 중류역과 일본의 초창기 융기문토기와 유사하다는 점을 근거로 융기문토기가 남한에서도 가장 이른 시기의 토기라고 주장하였다. 그는 융기문토기와 더불어 원공문(圓孔文)토기, 회전문(回轉文)토기, 파상구연(波狀口緣)토기, 유견석부(有肩石斧), 배밑모양 밀개, 첨두기, 화살대 마연용의 유구지석(有溝砥石), 장방형 타제석기에서 아무르강 유역, 한반도와 일본을 연결하는 교류망을 상정하였다. 물론 이동주도 고산리토기의 존재를 부정하는 것은 아니다. 단 아무르강 유역의 초창기 토기 양상처럼 조흔문토기와 융기문토기 모두 계통을 달리하여 한반도에 들어온 초창기 토기형식이지만 일본에서는 융기문토기가 조흔문토기보다 선행하므로 남한에서도 그러하였을 것으로 본 것이다. 실제 고산리유적에서도 노보페트로프카의 토기와 시문기법이 유사한 융기문토기가 보고되고 있으나 고산리식토기가 출토된 곳과는 별개의 지점에서 단독으로 수습되었을 뿐 공반 관계가 증명된 것은 아니다.[72] 고산리식토기 문화층에서는 수백 점의 고산리식토기와 함께 융기평행선문토기 1점, 융기태선문토기 3점도 출토되고 있으나 이는 융기문토기가 도내로 유입되는 최종단계로 편년되고 있다.[73] 아직까지는 한반도에서 융기문토기가 고산리식토기와 비슷한 시기에 출현하여다는 결정적인 증거는 없으며, 개별적으로 나열한 유물이나 문화

---

68) 이동주, 2009, 「영남 내륙의 신석기문화」, 『한반도 신석기시대 지역문화론』, 동삼동패총전시관.

69) 이동주, 2002, 앞의 글, 107쪽.

70) 강창화, 2002, 「제주도 초기 신석기문화의 형성과 전개」, 『해양 교류의 고고학』, 한국고고학회.

71) 이동주, 2002, 앞의 글.

72) 이청규, 1989, 「제주도 고산리 출토 융기문토기」, 『탐라문화』 9.

73) 강창화, 2006, 앞의 글. 융기문토기는 수량이 작고 상층에서 출토되어 혼입 가능성도 남아 있다.

요소가 시기적으로 아무르의 초창기 융기문토기와 연결될 수 있는지도 확증이 없다.[74]

물론 현 해수면 보다 아래 또는 해안선에서 떨어진 곳에서 초창기 토기가 발견될 수 있는 가능성 자체는 배제하지 않지만 현재까지의 자료로만 파악할 때 융기문토기가 8천년 전을 소급한다는 증거는 없다. 고산리식토기 역시 제주도에 한정되어 분포하며 조기의 융기문토기문화로 자체 진화한 양상도 보이지 않기 때문에 제주도를 제외한 한반도 본토의 신석기문화는 전통적 견해대로 융기문토기문화와 즐문토기문화에서 전개되었다고 보아야 할 것이다.

고산리토기문화는 움집 등 정착을 위한 항구적 구조물이 없으며 석기도 식물가공도구와 어로도구 없이 수렵용의 화살촉 위주이다. 토기와 화살이라는 새로운 요소가 등장하였지만 신석기시대의 또 다른 특징인 마제석기와 정주는 출현하지 않았다. 고산리식토기문화는 구석기시대 이동식 수렵생활의 연속적 성격이 강하기 때문에 구석기시대에서 신석기시대로 넘어가는 전환기적 단계로 볼 수 있다.

4. 토기로 본 신석기시대 문화권의 형성과 전개

1) 환동해 평저토기문화와 융기문·오산리식 평저토기

동북아시아 전역에 토기가 확산되는 시기는 기원전 6~5천년기로 황하유역과 청천강 이남의 한반도를 제외하면 당시 토기는 동시베리아 첨·환저토기군, 일본 조몽(繩文)환저토기군, 극동 평저토기군으로 크게 구분된다.[75] 극동 평저토기문화는 아무르강 중류역과 송눈평원의 융기문토기문화권, 아무르강 하류역(콘돈, 말리세프)과 연해주(루드나야) 및 삼강평원(新開流)의 아무르편목문(또는 菱形押捺文)토기문화권,[76] 요하유역(興陵洼)·요동반도(小珠山·新樂하층) 및 제2송화강 유역의 연속호선문(또는 지자문)토기문화권으로 분류된다. 또한 연해주 남단에서 두만강 하류에 걸친 곳에는 보이스만문화로 불리는 패총문화가 확산된다.

이 시기의 한반도는 두만강 유역은 보이스만문화권, 압록강 유역은 연속호선문토기문화권에 편입되며, 동해안과 남해안에서는 평저의 오산리식토기와 융기문토기를 사용하는 어로 중심의 집단이 출현한다.

기원전 6천년기부터 나타나는 한반도 융기문토기는 남해안에서 집중적으로 출토되며 울진, 양양,

---

74) 하인수, 2006, 앞의 글, 22~26쪽.

75) 大貫靜夫, 1992, 「極東の先史文化」, 『季刊考古學』 39; 1998, 『東北アジアの考古學』, 同成社.

76) 아무르편목문토기의 편목문(編目紋)은 마름모꼴 시문구를 연속적으로 눌러서 나무껍질로 짠 용기 같은 무늬를 만들었다고 하여 부쳐진 이름이다.

고성 등 동해안에서도 분포한다. 융기문토기의 기원은 일본 구주에서 찾는 견해(구주설, 북상설)와 아무르강 중류역·송눈평원에서 찾는 견해(남하설, 북방설)가 대립되고 있다.[77] 한국의 전공자들은 후자를 선호하고 있지만 아무르강 중류역과 한반도 중부 동해안 사이에 공간적 공백이 크다는 점이 최대의 약점이다.

송은숙은 아무르강 유역에서 동해안을 따라 남하한 융기문토기인들이 동해안 남부로 들어온 다음 남해안의 쓰시마 난류가 만든 풍부한 바다 환경을 이용하면서 활동지역을 확대해 나가고 침선문과 결합하면서 동남해안의 독특한 토기문화를 형성하였다고 보았다.[78] 기존에는 북방설의 입장에 있었던 하인수는 최근 남해안 융기문토기가 동해안 융기문토기보다 형식적으로 선행하며 연해주에는 독립적인 융기문토기가 존재하지 않는다는 점을 근거로 북방설에 의문을 나타내면서 남해안 자체 발생설도 검토할 필요가 있다고 주장하였다.[79] 그러나 남해안에서 자체적으로 융기문토기를 수용한 주체가 불분명하며, 문암리 융기문토기가 형식적으로 남해안 융기문토기보다 늦은 것으로 볼 수 없다는 견해[80]와 더불어 북방설에서 한반도와 연결시켰던 융기문토기는 연해주가 아닌 아무르강 중류역의 융기문토기이기 때문에 자생설은 보다 근거가 보완될 필요가 있다.

오산리유적을 처음 발굴한 임효재[81]는 방사선탄소연대를 기준으로 오산리식 평저토기가 동북지방 전기 토기와 연결되며, 융기문토기와 더불어 우리나라 최고의 토기라고 생각하였다. 오산리식토기가 동북지방 자돌문토기의 영향으로 발생하였다는 발상은 이후 다른 연구자들에 의해 공유되고 있으나 융기문토기, 영선동식토기와의 관계에 대해서는 다양한 견해가 제시되었다. 김장석[82]은 기형과 문양 배치 수법에서 융기문을 동북지방에서 수용된 자돌문으로 전환하는 과정에서 영동지역에서 자체적으로 발생한 토기로 보았으며, 하인수[83] 역시 동북지방의 영향으로 성립된 오산리식토기가 내부 발전에 따라 중부 내륙 및 남해안지역과 밀접한 관계를 가지면서 변천한 것으로 이해하였다. 또한 오산리식토기는 융기문토기보다 후행하고 영선동식토기에 병행한다고 간주하였다.

최근 오산리 C지구, 문암리, 죽변유적에서 오산리식토기와 융기문토기가 공반되기도 하고 기존의 오산리식토기보다 오래된 적색마연의 점열구획문토기를 중심으로 하는 새로운 토기 문화층이 확인되

---

77) 정징원, 1991, 「중국동북지방의 융기문토기」, 『한국고고학보』 26 ; 하인수, 2006, 앞의 글, 35~42쪽.

78) 송은숙, 2010, 「한국 빗살무늬토기의 확산과정」, 『이주의 고고학』, 제34회 한국고고학전국대회, 한국고고학회.

79) 하인수, 2010, 「동해안지역 융기문토기의 검토」, 『동해안지역의 신석기문화』, 한국신석기학회.

80) 김재윤, 2010, 「연해주와 동해안 지역의 신석기토기문화 비교」, 『동해안지역의 신석기문화』, 한국신석기학회, 106쪽.

81) 임효재, 1983, 「편년」, 『한국사론』 12.

82) 김장석, 1991, 『오산리식토기의 연구』, 서울대학교 석사학위논문.

83) 하인수, 1995, 「오산리식토기의 재검토」, 『박물관연구논집』 3, 부산박물관.

었다. 그러나 이러한 적색마연토기들도 평저 발형의 기형, 자돌·압날의 시문 수법에서 기존 오산리식토기와 공통성이 있기 때문에 잠정적으로 오산리식토기로 통합하여 서술하기로 한다.[84] 하인수는 융기문토기에서 오산리식토기로의 변화와 오산리식토기와 영선동식토기의 병행관계, 그 성립을 한반도 동북지역으로 본 기존 견해를 모두 철회하고 있다.[85] 김은영도 동북지방 자돌문토기의 영향으로 오산리식토기가 발생하였다는 견해에는 의문을 나타내고 있으나,[86] 교류의 존재 자체는 인정하며 실제 문암리유적에서 보이스만문화의 직접적 영향을 보이는 토기가 출토되고 석촉·석착·석부·어망추에서도 공통성이 나타난다고 하였다.[87]

보이스만문화의 토기는 주로 자돌·압날문이 시문되며 작살과 결합식낚시를 이용한 어로 중심의 생계 양식에서도 오산리식토기문화와 공통된다. 연대 역시 기원전 7~6천년기로 오산리식토기문화와 비슷하다. 반면 송은숙은 오산리식토기의 기원을 아무르강 하류역의 편목문토기문화에서 찾고 있다.[88] 두 문화 모두 연어 중심의 어로집단이 남긴 문화이고 토기의 형태, 문양 종류, 시문방식 그리고 결상이식에서 공통점이 보이는 것을 근거로 하였다. 그러나 편목문토기와 오산리식토기는 문양과 기형에서 차이점도 많이 보이기 때문에 양자를 바로 연결시키기는 무리이며, 보이스만토기 역시 마찬가지이다. 그래도 지리적 근접성을 고려하면 동해안의 오산리식토기문화는 두만강 유역의 동시기 문화와 보다 밀접한 관련성이 있었을 것이다. 두만강을 공유하는 한반도 동북지방과 연해주 남부는 동일한 문화권에 속한다. 두만강 유역을 포함한 북한의 동해안 지역에는 서포항 1기와 나진패총을 제외하면 이른 시기 신석기 유적이 아직 발견되지 않았다. 앞으로 북한 동해안 지역의 고고학적 조사가 활성화된다면 연해주 보이스만문화와 오산리식토기문화를 연결하는 고리가 발견되리라 희망한다.

기원 문제를 떠나서 앞의 고산리식토기문화와 더불어 융기문·오산리식토기문화의 집단은 환동해권의 타 지역(연해주, 일본)과 접촉을 하고 있었던 것은 확실하다. 이미 세석인문화 단계부터 북해도-연해주-두만강, 남해안-구주를 연결하는 흑요석 교역의 환동해 구석기문화 회랑이 존재하고 있었으며 전라남도 신북 구석기 유적에서는 백두산과 코시다케 산지의 흑요석이 모두 발견되었다.[89]

융기문·오산리식토기문화 모두 어로 중심의 생업을 유지하고 있으며 아직은 단기 캠프의 반정주 생활이 중심이 되고 있다. 석촉은 여전히 타제로 제작되지만 주로 날 부분을 마연하였어도 벌채용과

---

84) 하인수, 2010, 앞의 글, 33쪽의 주1).

85) 하인수, 위의 글.

86) 김은영, 2006, 「한반도 중동부지역 신석기시대 평저토기의 시공적 위치에 대하여」, 『석헌 정징원교수 정년퇴임기념논총』.

87) 김은영, 2007, 「고성 문암리유적을 통해 본 신석기시대 평저토기문화의 전개」, 『문화재』 40, 국립문화재연구소.

88) 송은숙, 2010, 앞의 글.

89) 조선대학교 박물관, 2009, 『빛나는 호남 10만년』 특별전 도록.

가공용의 돌도끼가 사용되었고 정교한 결합식 낚시바늘과 다양한 숫돌도 능숙한 마제 기법의 존재를 보여준다. 이밖에도 갈돌, 갈판, 망치돌, 돌칼 등의 식료 가공용 석기도 발견되었다. 이러한 다양한 도구와 검출된 동식물 유체에서 당시 사회가 바다자원을 중시하면서도 사냥과 식물성 자원의 채집도 병행하는 광범 생업경제를 유지하였음을 알 수 있다.

2) 한반도 첨 · 환저토기의 출현과 신석기문화의 완성

기원전 4천년기에 들어서면서 요하유역에서 연해주에 걸친 극동평저토기문화권에 커다란 변동이 발생한다. 조 · 기장 경작을 수반하는 요하유역 신석기문화가 연해주까지 확산하면서 토기 문양도 누른 무늬(자돌문, 압날문, 압인문 등)에서 보다 간편한 새김 무늬(침선문) 중심으로 변화한다. 기존에 연속호선문의 평저토기가 유행한 지역에서는 요하평원을 경계로 동서의 지역차가 현저해진다. 서요하 지역은 일찍부터 채도를 수반하는 홍산문화로 이행하면서 황하유역 양사오문화와의 관계가 밀접해지면서 요동과는 문화적 색채가 달라진다. 요하평원과 요동의 토기 문양은 침선으로 시문되고 시문부위도 축소되는 양상이 나타난다. 요동반도 남단에서는 산동반도 신석기문화와 교섭이 활발히 진행된다. 아무르편목문토기군이 전개된 곳에는 아무르강 하류역의 보즈네세노프카문화, 연해주와 두만강 이북에는 자이사노프카문화, 앵가령하층문화, 금곡-흥성문화가 형성되는데 기존 누른 무늬의 전통이 남아 있으면서 새로이 요하유역으로부터 잡곡농경을 수반한 새김무늬가 확산되었다. 결국 분포권의 일부 변동이 있고 토기 무늬, 석기 조성에서 변화가 나타나지만 이는 동서간의 문화교섭이 활발해진 탓이며 기본적으로 전반기 토기문화의 계승적 발전으로 보아야 할 것이다.

한반도의 압록강과 두만강 유역은 각기 요동, 연해주 남부와 비슷한 문화 변천을 나타내면서 이전 시기의 평저토기문화를 계승하고 있다.[90] 반면 청천강 이남의 한반도는 새로이 둥근 바닥의 즐문토기가 출현한다. 평저에서 원저로의 전환은 남해안에서 먼저 시작된다. 이미 융기문토기 말기에 원저화 경향이 나타나며 기원전 5천년기 후반에서 기원전 4천년기 전반까지 지속된 영선동식토기도 모두 원저이다. 따라서 원저는 남해안에서 독자적으로 개발되었다고 볼 수 있다.

(1) 남부지역 영선동식토기문화의 출현

영선동식토기는 구연부에 압인횡주어골문을 시문한 영선동 출토 토기로 대표되나 지금은 전기의 융기문토기와 중기의 태선침선문 사이에 존재한 전기 즐문토기를 통칭하는 용어로 사용된다.[91] 이동

---

90) 김재윤(2009, 「서포항 유적의 신석기시대 편년 재고」, 『한국고고학보』 71)은 자이사노프카문화에 병행하는 두만강유역 신석기문화(서포항 2~4기)를 서포항상층문화로 지칭하였다.

91) 하인수, 1997, 「영선동식토기 소론」, 『영남고고학보』 21.

주는 원저의 완형(盌形)이라는 기형과 기종, 구순각목, 자돌문, 압인문, 침선문의 문양이 융기문토기의 늦은 단계에 시작되어 영선동식토기 단계까지 연결되었다고 보았다.[92] 하인수 역시 영선동식토기의 문양은 융기문토기와 오산리식토기로부터 계승되었다고 보았다.[93] 즉 융기문토기 말기에 영남지역으로 유입된 동북지방 자돌문토기계 문화(오산리식토기 포함)가 기존 융기문토기문화와 융합하면서 재지화하는 과정에서 영선동식토기가 성립되었다는 입장이다.[94] 반면 김은영은 영선동식토기의 많은 요소들이 재지의 융기문토기에서 계보를 찾을 수 있지만 오산리식토기가 영향을 끼칠 여지는 그다지 보이지 않는다는 점을 강조하였다.[95] 송은숙은 영선동식토기는 융기문토기와 토기의 크기, 시문 방식, 기형 등 자체적 변화로 보기 어려운 점이 많아 보이스만패총문화의 파급으로 새롭게 형성된 문화로 간주하였다.[96] 바다를 낀 내만이 있는 남해안은 두만강과 생태적 조건이 유사하므로 보이스만문화에서 패류, 바다동물 등 바다자원을 이용할 수 있는 다양한 기술을 받아들이면서 융기문토기문화보다 경쟁력을 갖추게 되었다는 입장이다.

그러나 다른 신석기 전공자들이 지적한 바와 같이 영선동식토기는 기형 및 문양 구성에서 융기문토기를 계승하고 있으며 분포지역도 중복되고 석기·골각기에서도 계승성이 두드러진다. 영선동식토기의 둥근 바닥도 융기문토기의 원저화 경향의 연장선상에서 이루어진다. 또한 세죽패총에서 보듯이 융기문토기 단계에서도 패류를 이용하였다. 두만강 유역을 비롯한 동해안 신석기문화와의 교류 또는 영향은 있을 수 있지만 융기문토기와 영선동식토기를 남긴 집단은 같은 출자의 계승 관계로 보아야 한다. 그래도 영선동식토기문화가 패류 자원을 보다 적극적으로 이용한 것은 사실이며 분포 범위도 서해안 군산 앞바다까지 확대되고 있다. 영선동식토기문화는 남해안 자연환경에 적응하여 나름대로 독특하고 정체성 강한 신석기문화를 성공적으로 완성시켰다고 볼 수 있다.

⑵ 중서부 즐문토기문화의 성립

지그재그무늬(之字紋)로도 불리는 연속호선문토기는 요령에서는 요서가 가장 이르고 이어서 요하평원과 길장지구에서 출현하며 요동반도와 압록강 유역은 다소 늦다. 한반도 중서부 즐문토기의 주 문양인 어골문은 바로 이 지그재그무늬에서 파생하였을 가능성이 높다.

융기문토기 단계에는 공백지대이던 중서부지역에 기원전 4천년 무렵부터 돌연히 전형적인 즐문토

92) 이동주, 1996, 『한국 선사시대 남해안 유문토기 연구』, 동아대학교 박사학위논문.

93) 하인수, 1997, 앞의 글.

94) 하인수, 2006, 앞의 글, 91쪽.

95) 김은영, 2010, 「영선동식토기의 편년」, 『부산대학교 고고학과 창설20주년 기념논문집』.

96) 송은숙, 2010, 앞의 글.

기가 출현한다. 중서부 즐문토기는 직립구연에 첨저로 이어지는 포탄형 기형이 특징으로 구연부, 동체부, 저부에 각기 다른 문양을 시문한 구분문계 토기와 토기 전면에 같은 문양(주로 횡주어골문)을 시문한 동일문계 토기가 성행한다. 즐문토기가 먼저 출현하는 곳은 대동강유역으로 구연부 점열문과 동체부 종주어골문이 특징이며 이어서 한강유역에서는 단사선문과 횡주어골문이 주로 결합한다. 두 지역 모두 후기로 가면서 동일문계의 횡주어골문 토기가 유행하고 구분문계는 저부, 동체부의 문양이 점차 사라지는 경향을 나타낸다. 북한에서는 중서부 신석기문화를 궁산문화로 지칭하고 있으나 남한에서는 통일된 문화 명칭을 제시하지 못하고 있다.

중서부에서는 이러한 전형적인 즐문토기문화에 앞서는 단계가 확인되지 않아 기원 문제에 대한 논란이 남는다. 그리하여 초창기 양식의 유적이 서해안 바다 밑에 잠겨 있다거나, 요하유역이나 남해안에서 새로운 집단이 이주하였다고 보기도 한다. 주된 견해는 전형적 즐문토기의 기원을 요하유역에서 찾는다. 토기 겉면을 부위별로 구분하여 전체에 무늬를 베푼 기법은 요동반도에서 먼저 나타난다. 기원전 5천년기의 소주산(小珠山)하층문화가 대표적으로 바탕흙에 활석이 혼입되는 양상도 대동강유역 즐문토기와 동일하다. 소주산하층문화의 다음 단계는 소주산중층문화인데 전자는 무늬를 눌러서 시문하고 후자는 무늬를 그어서 시문한다는 점에서 중서부의 즐문토기는 그 중간적 위치에 자리한다. 이밖에 중호문, 돌보습, 연석도 요서지역에서 시작되며 잡곡 재배 역시 그러하다.

송은숙은 대동강, 한강의 강안 충적지는 요하 유역과 같이 복합수렵채집 생계방식으로 살기에 효율적 입지조건을 갖추고 있는 곳이며, 발전된 수준의 토기, 갈판(연석), 어망추, 마제석촉 등의 유물복합체가 갑자기 나타난 점 등을 볼 때 중서부 즐문토기문화는 요서의 복합수렵채집문화가 동쪽으로 확산되는 과정에서 요하 하구에서 해로를 따라 파급되어 성립하였다고 주장하였다.[97]

이러한 요하 또는 요동 기원설의 가장 큰 장애물은 토기가 요하유역은 평저이고 한반도 중서부는 첨저라는 점이다. 이에 김원용은 일제시대 때 성립된 즐문토기 시베리아 기원설을 보류하고 대신 어로와 수렵을 기본경제로 하는 고아시아족의 아가리무늬토기문화권을 설정한 후 이 아가리무늬토기에 한반도 서해안에서 어골문을 첨가해서 만든 것이 중서부 즐문토기라는 견해를 제시하였다.[98]

이동주 역시 발달된 마제석기문화를 보유한 동해안 오산리식문화가 남해안 영선동식문화와 결합한 후 서해안으로 북상하여 대동강 유역의 즐문토기문화를 형성하였으며, 이후 중국 동북지방, 아무르강 유역의 북방문화와 영향을 주고받으면서 타래문양, 보습, 마제석촉을 수용하였다고 주장하였다. 전형적 즐문토기의 단사선문은 오산리식 밀집단사선문에서, 횡주어골문은 영선동식 압인횡주어골문에서, 그리고 첨저 기형도 영선동식 원저에서 유래하며 침선문·삼각집선문·격자문, 호형·파

97) 송은숙, 2000, 앞의 글, 43~44쪽.
98) 김원용, 1986, 앞의 글, 40쪽.

수부·단칠토기도 융기문·영선동식토기에 존재한다는 점을 근거로 하였다.[99]

　상기 주장에 대해 이상균은 첨·환저토기는 중서부에서 독자적으로 개발되었으며 중서부와 남해안의 단사집선문은 서로 시문 기법이 다르고 삼각집선문, 어골문도 요동반도에 존재한다고 비판하였다. 그는 중서부 즐문토기가 요하유역 평저토기문화권과 가장 가까운 대동강 유역에서 자체 발생하였으며 토기 문양에서 중국 동북지방의 직·간접적 영향이 있었더라도 기형과 세부 문양에서 한반도 중서부만의 독특한 문양을 개발, 발전시켰다고 주장하였다.[100]

　대동강 유역 즐문토기문화는 요하 유역 연속호선문토기문화와 토기 문양과 바탕흙, 석기, 주거지 구조에서 공통적 요소가 많지만 앞서 강조하였듯이 토기의 평저와 첨·환저 차이를 무시할 수 없으며, 대동강 유역의 점열문+횡주어골문의 문양 배합도 독특하다. 중서부의 자생적 출현 주장 역시 그 주체가 불분명하다. 초창기 유적이 바다 밑에 잠겨 있어 발견되지 않았을 수도 있으나 왜 초창기 유적이 요동반도에도 남해안에도 보이는데 중서부에서만 발견되지 않은 것인지 설명이 부족하다. 토기 기형만으로 볼 때 중서부 첨·환저토기는 북쪽 평저토기보다 남쪽 원저토기와 가깝지만 왜 평저토기권과 가까운 대동강 유역에서 먼저 출현한 것인지 이해하기 어렵다. 바다 자원이 중시되는 영선동식 토기문화와 식물성 식료와 강의 자원이 중시되는 중서부 즐문토기문화의 생업 차이도 크다. 현 단계에서는 중서부 즐문토기문화 출현에 요하유역 평저토기문화와 영선동식 원저토기문화가 일정한 역할을 하였을 가능성은 있으나 그렇다고 주민의 직접적 이주나 자생설 모두 여전히 근거가 부족하다는 정도의 이야기 밖에 할 수 없다.

　기원전 4천년기 전반으로 편년되는 중서부 1기의 전형적 즐문토기문화는 한반도에서 신석기화가 완료된, 즉 신석기문화가 완성된 단계이다. 강 중하류 충적지에 정주취락이 형성되며 수렵과 어로(석촉, 어망추), 목공구(석부류), 식량처리구(갈돌, 갈판, 고석), 공구류(숫돌, 망치)의 석기도 마제석기 중심이다. 바다 자원도 활용하지만 잉어과 민물고기, 멧돼지·사슴과 동물, 도토리 등의 식물성 자원 등 육지 자원을 보다 중시한다. 또한 이 시기에 강안 충적지에 조와 기장도 재배하기 시작한다. 앞서 고든 차일드가 농경, 정주, 토기, 직물을 신석기 혁명의 주요 요소로 거론하였는데 이들 요소가 마제석기와 더불어 모두 중서부 즐문토기문화에 나타나는 것이다. 따라서 한반도 신석기문화는 기원전 4천년기 전

---

99) 이동주, 1996, 「전면시문침선문토기의 전개와 편년」, 『고문화』 50 ; 1999, 「빗살문토기 문화의 성격」, 『선사와 고대』 13.

100) 이상균, 1999, 「빗살문양토기문화의 기원과 전파문제에 대한 소고」, 『선사와 고대』 13.
　이동주와 이상균 모두 암사동유적의 6230BP, 6050BP를 인용하여 중서부 빗살무늬토기가 6000BP 이전에 시작되었다고 보았으나 상기 연대는 암사동 및 동시대 유적의 탄소연대와 비교하여 지나치게 상향된 연대라 신뢰할 수 없다. 중서부 즐문토기의 상한은 5500BP를 넘기 어렵고 보정하여 기원전 4000년을 약간 소급하는 정도일 것이다.

반 중서부지역에서 완성되었다고 볼 수 있다.

(3) 중서부 즐문토기문화의 확산과 남부 침선문토기의 출현

중서부에서 완성된 전형적 즐문토기문화는 영선동식토기문화에도 영향을 끼치기 시작하였으나[101] 기원전 4천년기 후반에 충청남도와 영동 뿐 아니라 남해안까지도 본격적으로 파급되어 태선침선문 토기문화를 발생시킨다. 수가리 I 식토기로 대표되는 태선침선문토기는 구연부에는 단사선문과 조대 문, 동체부에는 횡주어골문이 주로 시문된다. 중서부지방 즐문토기보다 무늬의 선이 깊고 굵으며 선 의 양단 또는 한쪽 끝을 깊게 눌러 시문하여 태선침선문(太線沈線紋)토기로 부른다.

남부지역은 태선침선문토기의 등장과 더불어 사회적, 생업적 성격도 바뀐다. 중서부 즐문토기문 화의 영향으로 조, 기장 재배가 시작되면서 정형화된 갈돌·갈판과 굴지구가 다량 출토되고 대용량 토기가 증가하며 조와 기장을 재배할 수 있는 충적지를 찾아 내륙으로도 진출한다.[102] 과거에는 태 선침선문토기의 출현을 중서부 즐문토기문화 주민의 이주와 연결시켰으나[103] 최근에는 내부적 발전 과정, 즉 새로운 자원 확보를 위한 변화의 적극적 수용을 강조하고 있는 추세이다. 태선침선문토기는 이후 중서부와 마찬가지로 시문부위가 줄어들고 문양의 퇴화와 간략화가 뚜렷해지면서 최종적으로 이중구연토기단계로 넘어간다.

요약하면 한반도 신석기시대는 연해주-동해안-구주로 이어지는 환동해권의 어로 중심 신석기문 화에 속하는 융기문·자돌압날문기문화가 먼저 형성되고 이어서 요하유역 또는 발해만의 잡곡재배 를 수반하는 정주성 복합수렵채집문화가 한반도로 파급되어 전형적 즐문토기문화를 형성한 두 갈래 로 이해할 수 있다. 후자의 전형적 즐문토기문화는 토기-마제석기-정주취락-작물재배를 모두 갖춘 완성된 신석기문화로 중서부에는 기원전 4천년기 전반, 남부에는 기원전 4천년기 후반에 출현하였 다. 이후 전형적 즐문토기 문양이 해체하면서 지역에 따라서는 다시 바다자원 중심의 생업이나 이동 성 수렵채집생활로 회귀하기도 한다.

(4) 편년

지역별 편년은 본 책 제2부의 개별 항목에서 다루어지기 때문에 여기서는 한반도 전체 편년과 관 련된 문제만 간략히 소개한다. 또한 편년과 연대에 대한 개별 연구자들의 견해 역시 첨부한 표로 대 체하고 세부적 검토는 생략한다.

---

101) 김은영, 2000, 앞의 글.
102) 안승모, 2005, 「한국 남부지방 신석기시대 농경 연구의 현상과 과제」, 『한국신석기연구』 10 ; 송은숙, 2000, 앞의 글, 45~48쪽.
103) 김원용, 1986, 앞의 글, 47쪽.

한반도 전체를 대상으로 한 신석기시대 편년은 어느 지역을 기준으로 하는지, 그리고 편년 설정의 기준이 무엇인지, 지역별 편년의 병행관계를 어떻게 설정하는지에 따라 다양한 견해가 제시되고 있다. 대체로 남부지역 연구자들은 신석기시대를 조·전·중·후·말기의 5기로 나누는데 반해 중서부를 포함한 타 지역 연구자들은 전·중·후기의 3기로 편년하는 경향이 있다.

먼저 북한에서는 대동강 유역의 궁산문화 1기, 두만강 유역의 서포항문화 1·2기를 전기, 궁산문화 2·3기와 서포항문화 3기를 중기, 궁산문화 4기와 서포항문화 4·5기를 후기로 편년하고 있다(표 1·2). 그러나 방사성탄소연대 측정이 전혀 이루어지지 않았고 대동강 중심의 주체사상에 입각하여 연대를 과도하게 상향하고 있어 그들이 제시한 연대는 신뢰할 수 없다.

남한에서 중서부 신석기 편년의 본격적 연구는 북한의 궁산문화 4기 편년안을 적극적으로 수용한 한영희(표 3)104)와 즐문토기의 문양 시문 부위 축소를 기준으로 전·중·후기의 3기 편년안을 제시한 임효재(표 5)105)에서 비롯된다. 그러나 금탄리 1식토기의 궁산 3기가 하나의 독립된 시기를 설정한 만큼의 대표성이 부족하고 문양론적·형식학적 상대편년이 개별 유적에서는 잘 부합하지 않는다는 비판이 제기되었다.106) 최근 임상택107)은 문양 변화와 절대연대를 다시 검토하여 4기 편년안을 제시하였다. 기본적 틀은 궁산문화 4기 구분과 크게 다르지 않으나 절대연대 자료가 많이 확보되어 각 기별로 어느 정도 안정된 연대를 부여할 수 있게 되었다.

남부지역은 모아·샘플이 동삼동패총을 시굴하여 조도기, 목도기, 부산기, 두도기, 영도기라는 5기 편년안을 제시한 이후 국립박물관의 동삼동패총 발굴과 부산대박물관의 수가리패총 발굴을 거치면서 조·전·중·후·말기의 5기 편년체계가 완성되었다. 하인수108)는 5기 편년에 고산리식토기의 초창기와 방사성탄소연대 분포를 감안한 6기 편년표를 제안하였다(표 4). 그러나 중기와 후기를 대표하는 수가리 I식, II식토기는 양식적 측면에서 획기를 나눌 정도의 커다란 변화가 보이지 않고 방사성탄소연대도 4600~4000BP에 밀집되어 연대 폭도 좁고 시기를 나누기도 어렵다는 단점이 있다. 이중구연토기의 말기도 타 지역에서는 설정하기가 쉽지 않다. 그럼에도 여러 시기에 걸친 누적된 문화층을 보유한 유적이 많고 토기의 형식학적 연구도 집중적으로 이루어졌으며 방사성탄소연대치도 제공되고 있어 남부지역 6기 편년은 한반도 전체 병행관계 설정의 기준이 된다.

104) 한영희, 1978, 「한국 중·서부지방의 신석기문화」, 『한국고고학보』 5.

105) 임효재, 1983, 앞의 글.

106) 김장석·양성혁, 2001, 「중서부 신석기시대 편년과 패총 이용전략에 대한 새로운 이해」, 『한국고고학보』 45, 13~15쪽.

107) 임상택, 2008, 『한반도 중서부지역 빗살무늬토기문화 변동과정 연구』, 일지사 ; 2010, 「한반도 중부지역 신석기시대 토기문화」, 『땅속에서 찾은 옛 흔적들 -암사지구 출토유물 기획전』 도록, 경희대학교 중앙박물관.

108) 하인수, 2006, 앞의 글, 51쪽.

많은 방사성탄소연대가 누적되면서 중서부와 남부의 지역별 편년은 골격을 갖추게 되었으나 지역별 병행관계를 고려한 한반도 전체 편년은 아직 통일된 견해가 없다. 편년이 가장 안정된 남부(표 4)를 기준으로 살펴보면 초창기 유적은 제주도에만 확실하게 존재하고 한반도 자체에서는 아직 발견되지 않았다. 오산리식과 융기문토기 단계의 조기 유적도 서해안에는 없다. 한영희는 이 단계의 토기가 중서부에도 발견될 것이라고 예측하면서 초창기라는 명칭을 부여하였다.[109]

전기에는 영선동식토기, 서포항 1·2기, 중서부 I 기(궁산 1·2기)가 해당하는데 실제 영선동식 토기 관련 유적은 대부분 기원전 4천년기 전반에 집중되어 있으며 중서부 I 기, 서포항 2기도 그러하다. 북한에서는 궁산 1기만 전기로 편년하며, 자이사노프카문화 이른 단계에 해당하는 서포항 2기는 연해주 편년에서는 신석기시대 후기 전반에 해당한다.[110]

중기에는 태선침선문토기(수가리 1기), 중서부 II 기, 서포항 3기가 해당한다. 그런데 암사동식 다치횡주어골문으로 대표되는 중서부 II 기 전반의 연대는 기원전 3600~3400년이고 태선침선문의 수가리 I식의 상한은 기원전 3400년(4600BP) 정도이다. 즉 태선침선문토기를 중기 기준으로 하면 중서부 II 기 전반은 전기로 편년되고, 중서부 II 기 전반을 기준으로 삼으면 영선동식토기의 마지막 단계가 중기로 편년된다. 이는 한반도 신석기 중기의 기준을 남부의 태선침선문토기문화 성립으로 할 것인지, 영선동식토기문화에 중서부 즐문토기문화가 영향을 끼치는 시점으로 할 것인지, 또는 침선문토기나 잡곡재배 출현을 기준으로 할 것인지의 문제와도 결부되어 통일된 결론을 내리기 어렵다. 남부의 중기는 중국 동북지방과 러시아 연해주 편년을 기준으로 하면 후기에 해당한다. 또한 이곳에서 신석기시대 전기와 후기(중기 설정하지 않음)를 가르는 시점이 과거에는 4600~4500BP이었으나 현재는 그 시점이 5000BP까지 상향되는 추세이다.

태선 시문이 약화되고 시문 부위가 줄어드는 남부지역 후기를 하인수는 기원전 2700년 정도를 상한 연대로, 기원전 2500년 전후를 중심연대로 추정하였다(표 4). 반면 임상택은 남부 후기에 병행하는 중서부 II 기를 기원전 3천년기 전반으로 편년하고 있으며 최근 조사된 진주 평거동의 봉계리식토기 유적에서도 기원전 3000년 무렵의 방사성탄소연대가 보고된 점을 감안하면 남부 중기와 후기는 기원전 3000년을 경계로 나누어질 가능성이 높다.

말기는 기원전 2300년에서 기원전 1500~1300년으로 편년된 이중구연토기(또는 율리식토기) 단계로 타 지역에서는 토기 형식에서 후기와 만기의 구분이 어려워 별도의 말기를 설정하지 않는다. 그래도 토기에서 문양이 거의 사라져가거나 무문양토기의 비중이 증가하는 서포항 5기, 궁산 4기 후반이

---

109) 한영희, 1996, 「신석기시대 중서부지방 토기문화의 재인식」, 『한국의 농경문화』 5.

110) 김재윤, 2010, 앞의 글.

말기에 병행한다.[111]

표 1. 북한 궁산문화 편년(조선전사 1991)

전기(기원전 6~5천년전)	중기(기원전 4천년전)		후기(기원전 3천년전)	
궁산문화 1기	궁산문화 2기	궁산문화 3기	궁산문화 4기	궁산문화 5기
지탑리 1지구 1호집터 궁산 1기층(1,3,4호집터) 암사동	지탑리 2지구 2,3호집터 암사동	지탑리 1지구상층 궁산 2기층(2,5호) 금탄리 1기층	남경 1기층 용당포	금탄리 2기층 남경 2기층 장촌
구분계 3부위시문 (구연부 : 점열문, 단사선문 동부 : 종주어골문)	구분계3부위시문 구연부종속문 점열타래, 중호문	구분계3부위붕괴 반복계(금탄리 1식) 조대문, 즐산무늬	번개무늬 평생선구획내 사선채움	횡주어골문 돌대문 무문

*시기별 문양 특징은 필자 첨가

표 2. 북한 신석기시대 시기구분(서국태 1998)

(기원전)	전기[형성기] ~6천년기 전반	중기[개화기] 6천년기 후반~5천년기 전반		후기[절정기] 5천년기 후반~4천년기 전반	
운하문화	1기	2기	3기	4기	5기
미송문화	1기	2기		3기	4기
서포항문화	1기	2기	3기	4기	5기

* 압록강~요하유역 평저토기의 미송문화, 두만강유역 평저토기의 서포항문화, 청천강 이남 원저토기의 운하문화로 지역권 구분. 기존 궁산문화 4기의 남경 1기층과 2기층을 운하 4기, 5기로 분리하였으며, 대동강 중심의 주체사관을 설정하기 위해 운하 1기를 서포항 1기, 미송 1기보다 이른 시기로 편년함.

표 3. 중·서부 신석기 편년(한영희 1996)

	초창기	전기	중기	후기
대동강	단사선문계 구연 문양토기(미발견)	암사동Ⅰ식 암사동Ⅱ식	암사동Ⅰ식 암사동Ⅱ식, 금탄리Ⅰ식	금탄리Ⅱ식
한강	〃	〃	암사동Ⅱ식	암사동Ⅲ식 내평식(?)
서해도서	〃	〃	시도식 암사동Ⅱ식	시도식 암사동Ⅲ식 율리식, 북촌리식
중부동해안	융기문- 오산리평저Ⅰ식	오산리평저Ⅱ식- 암사동Ⅰ식	암사동Ⅱ식(?) 오산리Ⅲ식(?)	?
금강	융기문(?)	암사동Ⅰ식	암사동Ⅱ식	금강식

* 암사동Ⅰ식(구분계 3부위문), Ⅱ식(구연부종속문), Ⅲ식(구연부 한정시문) ; 시도식(거친 횡주어골문, 바닥 무문), 금탄리Ⅰ식(반복문), Ⅱ식(전면횡주어골문) ; 오산리평저Ⅰ식(융기문토기 기형 및 문양 모방), Ⅱ식(독자적 양식); 오산리Ⅲ식(구분계)

---

111) 이 글은 필자의 「신석기시대」(『한국의 학술연구-고고학(남한 선사시대)』, 2002, 대한민국학술원)에 실린 동일 제목의 장(71~80쪽)을 수정, 확장하여 집필하였다. 개론이다 보니 본 책에 실린 다른 저자들의 글과 내용이 중복되거나 의견이 다른 부분도 있을 것인데 후자는 필자의 능력 부족과 연구 미진에 기인하니 양해 바란다.

표 4. 남부 신석기 편년(하인수 2006, 51쪽)

시기	초창기 BC12,000~	조기 BC6,000~	전기 BC4,500~	중기 BC3,500~	후기 BC2,700~	말기 BC2,000 전후
형식	고산리식 오진리식	융기문토기	영선동식 (자돌압인문)	수가리Ⅰ식 (태선침선문)	수가리Ⅱ식 봉계리식	수가리Ⅲ식 율리식

표 5. 신석기 편년과 지역간 병행관계(임효재 1983·1997)

		서한첨저유형	동한평저유형	남한유형	절대연대(BC)
고신석기				제주 고산리	6000
전기	전엽		서포항 1기(구연문) 오산리평저토기	조도기 : 원시무문토기, 융기문토기	5000
	중엽	첨저토기 맹아	동한 1류 계속	목도기 : 지두문토기, 융기문계속	4500
	후엽	구분계3부위시문 (구연종속문포함)	서포항 2기 (시문면적 증가)	부산기 : 압인문토기	
중기		구분계, 동일계 저부분 생략	서포항 3기(타래문)	두도기 : 태선침선문(수가리1·2기)	3500
후기		구분계, 동일계 구연부 문양잔존	서포항 4기(번개문)	영도기 : 문양퇴화 무문화, 이중구연토기	2000
			서포항 5기		

　* 동한(동해안)은 서포항 편년, 남한(남해안)은 모아·샘플의 동삼동 편년을 따름
** 동해안에 면한 서포항 1기와 오산리 하층, 조도기는 즐문토기 성행 이전 단계로 조기로 설정할 수도 있으나 내용이 충분하지 않아 전기 전엽으로 편년함

표 6. 신석기 편년과 지역간 병행관계(小原哲 1987)

	경남	동해중부	중부	서부	비고(중서부)
조기	융기문	융기문			
전기	영선동기	오산리	(시도?)	(용반리?)	시도, 용반리중 자돌계토기
중기		오산리Ⅲa기	암사동Ⅰ기	지탑리기	삼부위문양 삼부위붕괴
	수가리Ⅰ기	오산리Ⅲb기	암사동Ⅱ기		
후기	수가리Ⅱ기	내평리기	시도기	금탄리Ⅰ기 금탄리Ⅱ기 몽금포기	횡주어골문 외반구연출현
만기	수가리Ⅲ기				

* 영선동기는 자돌문토기의 영선동Ⅰ기와 압인문토기의 영선동Ⅱ기로 구분

표 7. 신석기 편년과 지역간 병행관계(宮本一夫 1986)

	중서부		남부	중동부	
				조도기	오산리B지구
			목도기		
			古		오산리하층
1기	삼부위문양	구연단사선문, 동부 종주어골문		부산기 (압인문)	
2기	구연부종속문	구연부종속문(파상점선문 등)	中		오산리중층
3기		구연부종속문(삼각집선문, 격자문)	新		오산리상층
4기	동일계등장	구연 다치구 점선열문 동부 다치구 사격자, 횡주어골문 전면시문 횡주어골문	두도기 수가리 I		
5기	저부문양생략	저부 생략, 문양 퇴화 및 조잡화			
6기		구연부에만 단사선문 시문 동부까지 어골문 시문	영도기	송전리	

* 오산리 B지구 : 융기문토기

표 8. 신석기 편년과 지역간 병행관계(田中聰一 1999·2001)

시기		대동강	한강	특징	남부	중동부	절대연대(CalBP)
조기		융기문토기			융기문	융기문	9000(?)~6000
전기	전반	자돌·압인문			자돌·압인문	자돌문	(6500)~6000
		1기 삼부위문양		구분계 등장			
	후반	2기 삼부위문양	삼부위문양 구연부종속문	종속문 (파상점열문)			6000~5500
		3기 구연부종속문	구연부종속문				
중기		4기 구연부종속문	구연부종속문	삼각집선, 격자문	침선문 I	침선문	5500~5000
		5기 동일계등장	동일계등장	종속문소실 다치구횡주어골 전면횡주어골	침선문 II		5000~4500
후반기	전	6기 저부문양생략	저부분양생략	구연부 또는 동부 이하 무문화	침선문 III	침선문	4500~4000
	후				이중구연	?	4000~3300

표 9. 남한 신석기 편년과 지역간 병행관계(안승모 2003)

시기	연대	남부	중서부
조기	BC 6천년기	전엽 : 융기문 1단계 후엽 : 융기문 2단계	
전기	BC 5천년기	전엽 : 융기문 3단계 압문1(오산리식) 후엽 : 압문2(영선동식)	구분계 1(점열+종주어골)

시기	연대	남부	중서부
중기	BC 4천년기	전엽 : 압문3(단사선문) 후엽 : 수가리1식	구분계 3(단사선+횡주어골), 금탄리1식 동일계(횡주어골문) 유행
후기	BC 3000~1300	전엽 : 수가리2 / 봉계리식 후엽 : 이중구연토기	동일계(시도식)

① 한강유역의 단사선문토기가 주변지역으로 확산되고 남해안에서 태선침선문토기가 완성되는 시기를 중기로 파악. 전기는 즐문토기가 지역별 문화권으로 분화된 시기, 중기는 남한 전체에 농경과 더불어 중서부와 공통된 문화요소가 확산되는 시기, 후기는 문양이 퇴화 · 축소되는 시기

② 융기문토기는 한반도 주변지역과 공통된 흐름을 보이는 1단계(조기 전엽)와 한반도의 독창적 모습이 나타나는 2단계(조기 후엽)로 구분, 전기 전엽까지 잔존한 융기문토기는 3단계로 분류

③ 압문토기 3단계는 영선동식토기에서 중서부 영향으로 단사선문 출현하는 단계

④ 중서부에서는 점열문 · 단사선문과 종주어골문이 결합된 삼부위문양(구분계 1류)이 전기, 단사선문+ 횡주어골문의 암사동식(구분계 3류)과 금탄리 1식이 중기 전엽, 횡주어골문 단독의 동일계는 중기 후반에 독립된 토기 양식으로 유행

표 10. 신석기 편년과 지역간 병행관계(임상택 2008, 92쪽)

중서부	동북	서북	동해중부	남해안	남부내륙	절대연대(BC)
0기?	1기		조기	조기	조기	(5000)4500~4000
Ⅰ기	2기?	1기	전기	전기	?	4000~3500
Ⅱ기	3기	2기	중기	중기	중기	3500~3000
Ⅲ기	4기	3기	후기	후기	후기	3000~2500
Ⅳ기	5기	4기	만기	만기	만기	2500~2000

① 중서부지역 상대편년(p.79)에서는 Ⅰ · Ⅱ기 경계가 BC 3600년. 1기 전반은 지탑리 Ⅰ 지구, 후반은 동 Ⅱ 지구, Ⅱ기는 금탄리1식, Ⅲ기는 금탄리2식, Ⅳ기 문양 단순 / 난삽화

② 중서부 Ⅰ 기는 구분계 3부위, Ⅱ 기 전반(BC 3600~3400)은 구분계 2부위와 찰과상 다치횡주어골문, 후반은 동일계와 구연 한정 단사선문 출현, Ⅲ기는 동일계 횡주어골문 중심

③ 2010년도 논문에서는 중서부 Ⅰ 기 후반, Ⅱ기, Ⅲ, Ⅳ기를 각기 BC 4000~3600, 3600~3100, 3100~2300, 2300~1500으로 편년. Ⅰ기 전반은 기원전 4000년 이전까지 소급 가능성도 있다고 봄

④ 서북 : 1기(지자문, 집선문의 후와하층), 2기(평생선문, 어골문의 후와상층), 3기(어골문, 덧무늬의 당산), 4기(번개무늬와 덧무늬의 청동말래)

한국
신석기시대
연구

제2부

편년

제1장 서해안 신석기시대의 편년 문제

1. 머리말

중서부지방을 중심으로 한 서해안 신석기문화의 편년은 1980년대까지만 하더라도 정식발굴이 이루어진 지탑리,[1] 궁산,[2] 금탄리유적[3] 등 북한쪽 자료를 중심으로 이루어져 왔다. 남한에서 정식발굴이 이루어진 곳은 암사동유적과 시도패총,[4] 오이도패총[5] 정도에 불과하였다. 서해안의 도서지방에서 지표조사에 의해 많은 패총이 찾아졌지만 정식발굴로 이어진 경우는 극히 드물었다. 그러나 1990년대로 들어서면서 국립박물관이 조사한 암사동유적의 발굴보고서[6]가 20년만에 학계에 제출되었고 1987년부터 1992년까지 3차에 걸쳐 조사된 미사리유적의 보고서[7]도 간행되었다. 서해안 도서지방과 해안가에 대한 조사도 진전되어 인천 영종도유적,[8] 삼목도유적,[9] 시흥 오이도패총, 보령 관창리유

---

1) 고고학 및 민속학연구소, 1961, 『지탑리 원시 유적 발굴보고』, 평양 : 과학원출판사.

2) 고고학 및 민속학연구소, 1957, 『궁산 원시 유적 발굴보고』, 평양 : 과학원출판사.

3) 김용간, 1964, 『금탄리 원시 유적 발굴보고』, 평양 : 사회과학원출판사.

4) 韓炳三, 1970, 『矢島貝塚』, 國立博物館.

5) 任孝宰·朴淳發, 1988, 『烏耳島貝塚』, 서울大學校 博物館.

6) 國立中央博物館, 1994, 『岩寺洞』, 1975년의 4차 발굴에 대한 조사보고서이다.

7) 渼沙里先史遺蹟發掘調査團·京畿道公營開發事業團, 1994, 『渼沙里』.

8) 朴喜顯·金碩勳·金榮官·廉庚和, 1996, 『영종도 송산 선사유적』, 서울시립대학교 博物館·인천광역시립박물관 ; 金秉模 外, 1999, 『永宗島文化遺蹟』, 漢陽大學校博物館·新空港高速道路株式會社.

9) 임효재, 1999, 「영종도 신국제공항 건설지역내 유적발굴보고」, 『박물관신문』, 국립중앙박물관, 337쪽. 이하 현장설명회자료만 있는 유적은 註를 생략하기로 한다.

적, 관산리유적, 서산 대죽리패총, 안면도패총,[10] 서천 장암리유적과 더불어 금강 하류의 군산 가도·비응도·노래섬패총[11]과 띠섬패총의 발굴이 이루어졌다. 또한 청원 쌍청리유적,[12] 대전 둔산유적[13]과 송촌동유적, 진안 용평리유적을 비롯하여 금강 중상류역에서도 신석기유적의 존재가 알려지면서 한강유역과 구분되는 금강유역의 독특한 신석기문화의 양상도 알려지고 있다.

그러나 이들 유적들이 몇몇 예를 제외하고는 대부분 정식보고서가 간행되지 않아 구체적인 문화양상을 파악하기 어려운 실정이며 필자도 토기들을 실견하거나 문양론적 검토를 아직 하지는 못하였다. 따라서 본고에서는 새롭게 보고된 방사선탄소연대를 중심으로 하여 서해안 신석기문화에 대한 기존 편년이 안고 있는 문제점들을 검토하고, 아울러 서해안 신석기문화의 기원에 대한 최근의 쟁점들을 간략히 소개하고자 한다.

2. 編年의 研究史

서해안 신석기문화의 편년은 김용간, 김용남, 서국태 등 북한학자와 韓永熙, 任孝宰에 의해 그 골격이 세워졌다. 북한에서는 지탑리, 궁산, 금탄리유적의 발굴성과를 기초로 하여 중서부지방의 신석기문화를 궁산문화로 부르고 이를 4기로 분류하고 있다(표 1).[14]

韓永熙는 중·서부지방의 즐문토기를 문양의 배열과 시문 부위를 기준으로 구연부, 동체부, 저부의 3부위에 서로 다른 문양이 시문된 Ⅰ식, 토기 전면을 하나의 시문권으로 보고 시문한 Ⅱ식, 즐문계 무문토기인 Ⅲ식, 토기 외면에 한 줄의 덧띠무늬를 시문하거나 구연부에만 문양을 시문한 Ⅳ식으로 분류하였다.[15] Ⅱ식은 다시 서로 다른 종류의 문양을 배합시문한 Ⅱa식과 전면에 횡주어골문을 시문

10) 金秉模·沈光注, 1990, 『安眠島古南里貝塚-1次發掘調査報告書』, 漢陽大學校博物館 ; 金秉模·安德任, 1990, 『安眠島古南里貝塚-2次發掘調査報告書』, 漢陽大學校博物館 ; 金秉模·裵基同·金娥官·蘇相永, 1993, 『安眠島古南里貝塚-3, 4次發掘調査報告書』, 漢陽大學校博物館 ; 金秉模·蘇相永, 1995, 『安眠島古南里貝塚-5, 6次發掘調査報告書』, 漢陽大學校博物館 ; 金秉模·俞炳璘, 1997, 『安眠島古南里貝塚-7次發掘調査報告書』, 漢陽大學校博物館 ; 金秉模·俞炳璘·任惠娟, 1998, 『安眠島古南里貝塚-8次發掘調査報告書』, 漢陽大學校博物館.

11) 湖南考古學會, 1995, 『群山地域의 貝塚-第3回 湖南考古學會 學術大會』 ; 李永德, 1998, 「群山 노래섬 조개무지 3次 發掘調査 槪報」, 『호남지역의 신석기문화-第6回湖南考古學會 學術大會 發表要旨』, 湖南考古學會.

12) 申鐘煥, 1993, 『淸原 雙淸里 住居址』, 國立淸州博物館.

13) 忠南大學校博物館, 1995, 『屯山』.

14) 김용남, 1983, 「궁산문화에 대한 연구」, 『고고민속논문집』 8 ; 서국태, 1986, 『조선의 신석기시대』, 평양 : 사회과학출판사.

15) 韓永熙, 1978, 「韓半島 中·西部地方의 新石器文化」, 『韓國考古學報』 5, 韓國考古學會, 17~108쪽.

표 1. 북한의 신석기시대 편년(조선전사 1991)

전기 (기원전 6~5천년기)	중기 (기원전 4천년기)		후기 (기원전 3천년기)	
궁산문화 1기	궁산문화 2기	궁산문화 3기	궁산문화 4기	
지탑리 1기층(1지구하층) 궁산 1기층(1,3,4호) 암사동 오산리	지탑리 2기층(2지구하층) 암사동 오산리 1 문화층	지탑리 3기층(1지구상층) 궁산 2기층(2,5호) 금탄리 1기층	남경 1기층 용당포 미사리	금탄리 2기층 남경 2기층 장촌

한 Ⅱb식으로 세분하였다. 이렇게 분류된 즐문토기의 형식과 지탑리유적과 금탄리유적의 층위관계를 고려하여 중서부지방의 신석기시대는 Ⅰ식으로 대표되는 Ⅰ기, Ⅱa식의 Ⅱ기, Ⅱb, Ⅲ, Ⅳ식이 주류를 이루는 Ⅲ기의 순으로 편년되었다.

韓永熙의 편년은 全面橫走魚·骨紋의 Ⅱb식을 즐문토기의 가장 빠른 형식으로 보아 왔던 남한 학계의 기존 견해를 지탑리, 궁산, 금탄리유적 등 북한의 발굴성과를 기초로 하여 완전히 뒤집은 것으로 중서부지방 신석기편년연구의 새로운 기틀을 마련하였다. 그러나 위의 분류 중 Ⅱa와 Ⅱb식은 토기 전면을 하나의 시문권으로 파악한 것은 동일하나 문양의 형태와 배치가 엄연히 틀리며 시기적, 공간적 위치 또한 다르기 때문에 별도의 형식으로 분류되는 것이 타당할 것 같다. 또한 즐문계 무문양토기인 Ⅲ식도 금탄리 Ⅱ문화층 등 신석기 후기 유적에서 주로 출토되는 것은 사실이지만 문양이 시문되지 않는 즐문토기는 Ⅰ기부터도 소량이나마 출토되고 있어 즐문계 무문양토기의 존재만으로 유적을 편년하기는 무리가 따른다.

이후 韓永熙는 구연부, 동체부, 저부에 서로 다른 문양이 시문된 전형적인 삼부위문양토기를 암사동Ⅰ식, 구연부 밑에 종속문이 추가된 토기를 암사동Ⅱ식, 구연부 문양만 남은 토기를 암사동Ⅲ식으로 명명하고 저부를 제외한 전면에 어골문이 거칠게 시문된 토기를 시도식토기로 명명하였다.[16] 이러한 일련의 중서부지방 신석기시대 토기양상과 양양 오산리유적의 발굴성과에 기초하여 중서부지방의 신석기시대를 초창기, 전기, 중기, 후기의 4단계로 편년하였다.[17] 초창기는 암사동Ⅰ식토기가 완성되기 이전, 구연부 문양만을 갖는 초기 형식의 토기가 어디엔가 존재할 것으로 가정하고 제시된 가설단계의 시기이다. 전기는 암사동Ⅰ식과 Ⅱ식, 중기는 암사동Ⅱ식이 계속되면서 후반기에는 금탄리 Ⅰ식, 시도식 등 지역마다 새로운 양식의 토기가 성립된다. 후기는 금탄리Ⅱ식, 시도식, 암사동Ⅲ식으로 대표된다. 이전 논문에서 후기로 편년하였던 Ⅱb식의 시도식을 중기 후반으로 끌어 올린 점이 새

16) 韓永熙, 1983, 「地域的 比較」, 『韓國史論』 12, 國史編纂委員會, 496~506쪽 ; 韓永熙, 1996, 「新石器時代 中·西部地方 土器 文化의 再認識」, 『韓國의 農耕文化』, 京畿大學校博物館 5, 130~131쪽.

17) 韓永熙, 1996, 위의 글, 140~145쪽.

로운 착상인데 문제는 같은 Ⅱb식이 대동강유역에서 처음 나타나기 시작하는 금탄리Ⅱ식은 여전히 후기에 머물러 있다는 점이다.

韓永熙와 더불어 서해안 신석기시대 편년의 기본적 틀을 마련한 任孝宰는 토기의 부위별 시문여부와 시문면적을 기준으로 하여 이곳의 즐문토기를 구연부와 동체부 이하에 서로 다른 문양이 시문된 區分系(A)와 토기 전면에 같은 문양이 시문된 同一系(B)로 구분하였다.[18] 구분계와 동일계는 다시 전면시문, 底部紋 생략, 저부문과 胴體部紋 생략의 세 단계로 세분하였다. 이상의 분류를 방사성탄소연대 결과와 비교 검토하여 전면시문의 단계를 전기(5000~3500BC)로, 저부 문양이 생략된 단계를 중기(3500~2000BC)로, 동체부 문양까지 생략된 단계를 후기(2000~1000BC)로 비정하였다.

중서부지방의 즐문토기가 구분계와 동일계의 두 형식으로 크게 구분되며 시문면적의 축소화가 편년의 기준이 될 수 있다는 점을 밝혀낸 것은 매우 중요한 지적이다. 그러나 동일계의 橫走魚骨紋全面施紋土器를 전기로 편년할 수 있는 층위적, 절대연대 근거가 전혀 제시되고 있지 않으며, 문양 축소라는 대체적인 흐름은 인정되지만 중기와 후기 또한 실제 개별 유적의 편년작업시 뚜렷하게 구별하기가 힘들다. 실제 底部紋이 생략된 AⅡ, BⅡ식 토기가 후기 유적에서도 검출되는 사례가 있는 점에서도 그러하다.

한영희와 임효재의 편년에서 가장 큰 차이점은 橫走魚骨紋土器의 위치이다. 한영희는 금탄리유적의 상대편년에 근거하여 횡주어골문토기를 후기에 위치하였으나 임효재는 횡주어골문토기를 시문부위의 축소과정이라는 형식학적, 문양론적 입장에서 전기까지 끌어올리고 있다.

3. 橫走魚骨紋土器와 區分系土器의 起源과 編年

1970년대 초까지만 하더라도 즐문토기의 가장 빠른 형식은 平壤 淸胡里[19]와 梧野里遺蹟,[20] 龍岡 燕島里[21]에서 출토된 全面施紋의 횡주어골문토기로 보았다. 尖底와 直立口緣의 砲彈形器形, 全面 어골문시문을 古式으로 보았고 반출석기도 礫石製의 打製·磨製石器가 주류를 이루었기 때문이다. 金廷鶴은 즐문토기 시베리아 기원설의 입장에서 시베리아에서 전면에 동일한 문양을 시문하는 것이 古式이므로 우리의 즐문토기도 전면에 같은 문양을 시문한 것이 기본적인 수법이고 부위별로 문양을 달

18) 任孝宰, 1983a, 「土器의 時代的 變遷過程」, 『韓國史論』 12, 國史編纂委員會, 625~630쪽 ; 任孝宰, 1983b, 「編年」, 『韓國史論』 12, 國史編纂委員會, 719~720쪽.

19) 笠原烏丸, 1936, 「櫛目文土器를 發見せる北鮮淸胡里遺蹟に就て」, 『人類學雜誌』 51-5, 6.

20) 小野忠明, 1937, 「朝鮮大洞江岸櫛目文土器に隨伴せる石器」, 『考古學』 8-4, 186~187쪽.

21) 有光敎一, 1962, 『朝鮮櫛目文土器の研究』, 京都 : 京都大學校, 25~26쪽.

리하는 것은 비교적 후기의 수법으로 판단하였다.[22] 金元龍도 기본적으로 김정학과 같은 의견이지만 口緣部紋을 가진 토기도 구연부문없는 횡주어골문토기와 함께 지역에 따라 공존하였다고 보았다.[23]

남한과 달리 북한에서는 일찍이 금탄리유적을 발굴하여 횡주어골문토기가 공반하는 금탄리Ⅱ문화층을 신석기시대 후기로 편년하고 있었다.[24] 북한의 신석기연구성과를 가장 먼저 받아 들인 韓永熙는 횡주어골문토기가 대동강유역에서 궁산문화 Ⅳ기 또는 금탄리 Ⅱ문화층에서 처음 출현하고 있으며 한강유역 등 중부이남에서도 시도, 내평리유적의 예에서처럼 후기유적에서 출토된다는 점을 근거로 이 토기를 후기로 편년한 바 있다.[25] 따라서 청호리와 오야리, 연도리유적도 금탄리 Ⅱ문화층과 같이 후기에 위치하게 된다. 실제 암사동유적과 미사리유적의 발굴에서도 구분계토기가 하층, 점토질태토의 횡주어골문토기가 상층에서 출토되어 이러한 견해를 뒷받침하기도 하였다.[26]

金元龍은 『韓國考古學槪說』第3版(1986)에서 북한학자와 韓永熙의 주장을 일부 받아들이면서 횡주어골문토기를 전형적인 三部位紋 토기보다 변화된 형식으로 인정하고 있으나 여전히 前期에 청호리유적을 위치시키고 있으며 금탄리유적은 후기에 편년하면서 기존 횡주어골문토기의 전통이 계속된 것으로 파악하였다.[27] 任孝宰도 구분문토기와 횡주어골문토기가 동시기에 존재한 것으로 파악하면서 그 상한을 전기까지 끌어 올리고 있으며 문양의 축소화가 두 토기유형에서 같은 방향으로 진행된 것으로 보았다.[28]

결국 횡주어골문토기가 이른 시기부터 존재하는가 아니면 후기에 나타난 것인가 하는 문제가 여전히 미해결된 채 남아 있게 된 것이다.

그런데 횡주어골문토기는 남해안에서는 水佳里Ⅰ期 前葉에 沈線系의 구분계토기와 함께 나타나고 (그림 1-7), 중엽 이후는 나타나지 않아 중서부지방과 다른 양상을 보여 주고 있다.[29] 또한 암사동유적의 주거지가 조사된 下層에서도 완형이 없어 전체적인 양상을 파악하기 힘들지만 同一系의 토기가 존재하면서 구연부에 횡주어골문도 나타나고 있다. 1994년에 발간된 국립중앙박물관의 암사동유적발굴보고서를 보면 주거지 출토토기에서 소량이나마 구연부에 횡주어골문이 시문되고 있다. 예를 들면

22) 金廷鶴, 1976, 「韓國幾何文土器文化의 硏究」, 『白山學報』4, 白山學會.

23) 金元龍, 1973, 「新石器文化」, 『韓國史』1, 국사편찬위원회, 101쪽.

24) 김용간, 1964, 앞의 글(주 3), 53~65쪽.

25) 韓永熙, 1978, 앞의 글(주 15), 73~77쪽.

26) 任孝宰, 1981, 「渼沙里遺蹟緊急發掘調査」, 『韓國考古學年報』8, 서울大學校博物館, 10~14쪽.

27) 金元龍, 1986, 『韓國考古學槪說』第三版, 一志社, 32~51쪽.

28) 任孝宰, 1983, 앞의 글(주 18a), 625~630쪽.

29) 釜山大學校博物館, 1981, 『金海水佳里貝塚』, 119쪽.

75-5호 주거지에서 출토된 구연부 66점 중 5점에 횡주어골문이 시문되어 있으며, 75-10호 주거지에서도 多齒具에 의해 전면시문된 횡주어골문토기가 발견되고 있다(그림 1-4). 이로 미루어 횡주어골문토기는 구분계토기와 이른 시기부터 공존하였을 가능성이 제기되었으며 실제 한강 하류의 일산지역에서 출토된 횡주어골문토기의 절대연대도 암사동 하층 연대 범위에 근접함이 밝혀졌다.

단국대학교에서 발굴한 일산 3지역(주엽리 새말) 2지구의 가와지 갈색토탄층과 대화리층에서 횡주어골문토기가 출토된 바 있다.[30] 대화리층의 토기는 점토질 태토에 多齒具를 이용하여 전면에 정연한 횡주어골문을 시문하였다(그림 1-6). 복원된 기형은 서해안의 전형적인 長卵形이 아니라 甕形에 가까워 금탄리토기와 유사한 모습이다. 갈색토탄층의 토기도 횡주어골문이 주로 시문되어 있는데 單齒具를 이용하였으나 전자에 비해 문양이 정연하지 못하다. 갈색토탄층의 방사성탄소연대는 4220±80BP(Beta-46236, 3020~2570BC), 4310±70BP(Beta-52101, 3260~2660BC), 4410±70BP(Beta-46237, 3330~2990BC)가 측정되었다.[31] 성저리 1다-지역 갈색토탄층의 방사성탄소연대값은 5240±70BP(Beta-48485), 5290±60BP(Beta-48386), 5650±60BP(Beta-48387)로 나와 정밀보정연대가 3820~4670BC에 해당되는데 이 연대는 갈색토탄층의 형성연대와 관련될 수는 있어도 보고자의 견해대로 주엽리 갈색토탄층의 즐문토기와 연결시키기에는 연대가 너무 올라가 무리가 따른다. 문제는 대화리층의 즐문토기이다. 주엽리의 대화리층에서는 연대측정이 이루어지지 않았기 때문에 보고자는 성저리 1가-지역의 대화리층 아랫부분에서 측정된 6210±60BP(Beta 46227, 5260~4990BC)의 연대를 인용하고 있다.[32] 이러한 연대추정에는 주엽리에서 즐문토기가 대화리층 아래 부분에서 출토된 점도 감안되었을 것이다. 상기 연대는 암사동유적의 가장 빠른 연대인 6230±110BP와 일치하기 때문에 이러한 연대추정이 옳다면 횡주어골문토기는 암사동식 삼부위문토기와 동시기에 출현한 것으로 되고 그렇다면 任孝宰의 편년을 증명하는 자료가 될 수도 있다. 그렇지만 인접한 2지역 1지구(가와지)의 대화리층 방사선탄소연대값[33]인 4330±80BP(Beta-45536, 3310~2660BC), 4700±70BP(Beta-46230, 3640~3340BC)를 받아들일 경우에는 임효재 편년의 中期에 해당하게 된다.

따라서 횡주어골문토기는 방사선탄소연대에 의하면 전면시문의 구분계토기와 같이 前期부터 존재하였거나 늦어도 中期부터는 존재한 것으로 되어 후기로 보는 韓永熙보다 중기 이전으로 보는 金元龍, 任孝宰의 편년안이 설득력을 더하게 되었다.

---

30) 단국대학교조사단, 1992, 「일산 3지역 고고학조사」, 『일산 새도시 개발지역 학술조사보고 1-자연과 옛사람의 삶』, 한국선사문화연구소·경기도, 326~331쪽.

31) 손보기·장호수·조태섭, 1992, 「발굴·조사 진행경과와 연대측정」, 『일산 새도시 개발지역 학술조사보고 1』, 한국선사 문화연구소·경기도, 30~31쪽.

32) 단국대학교조사단, 1992, 앞의 글(주 30), 358쪽.

33) 보고자(주 31, 32쪽)는 이 연대들이 2지역 2지구의 토탄층에서 흘러 들어간 것으로 생각하고 있다.

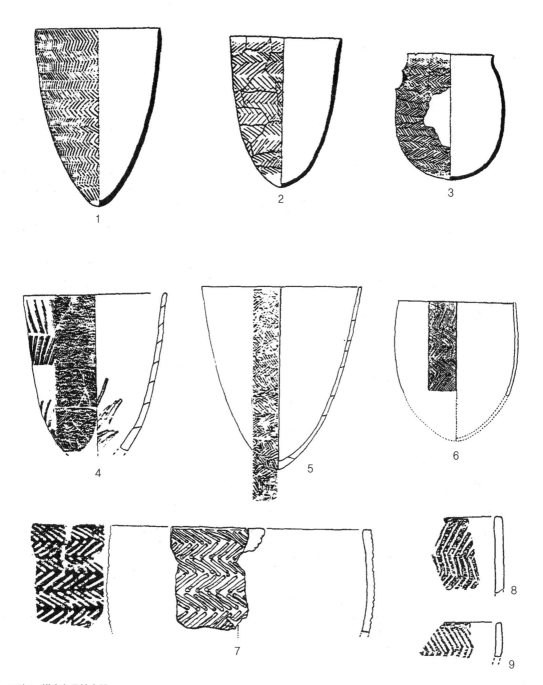

그림 1. 橫走魚骨紋土器

1.燕島里, 2·3.金灘里 II 文化層, 4.岩寺洞 75-10號 住居址, 5.渼沙里(숭실대학교 N6W1), 6.注葉里(대화리층), 7.水佳里 VI層,
8·9.凡方6層

이러한 점을 감안하면 횡주어골문의 기원에 대하여 몇 가지의 가정을 해 볼 수 있다. 하나는 횡주어골문이란 문양 자체는 남해안에서 押引紋土器의 구연부에 나타나기 때문에 여기에서 沈線에 의한 전면횡주어골문토기가 나타났을 가능성이다. 범방패총에서는 단사선문과 횡주어골문이 결합된 토기, 횡주어골문토기(그림 1-8·9)가 출토되고 있기도 하다.[34) 서해안의 구분계토기의 발생을 남해안에서 찾는 李東注[35)의 주장과도 상통될 수 있지만 남해안에서 어골문토기의 존재가 범방패총과 수가리패총을 제외하고는 너무 미약한 것이 문제점이고 원저에서 첨저로의 변화과정도 명확하지 않다.[36)

둘째는 한강유역 구분계토기의 동체부에 시문된 횡주어골문이 구연부와 저부로 확대되면서 토기 전면에 시문되었을 가능성이다. 횡주어골문이 한강유역에서 암사동식 구분계토기의 동체부 문양으로 크게 성행한 점이나 일산 출토 횡주어골문토기의 편년을 중기 이전으로 볼 경우 가능성이 있다. 이러한 가정에 의하면 동체부에 횡주어골문이 시문된 한강유역 구분계토기에서 횡주어골문토기가 발생하여 이후 이 토기가 서해안을 따라 대동강유역으로 북상하였던 것으로 볼 수 있다. 이 경우 횡주어골문의 기원은 任孝宰의 편년처럼 중기 또는 전기 후엽까지도 올라갈 수 있으며 韓永熙[37)가 시도식을 금탄리Ⅱ식보다 선행한 것으로 본 편년도 타당성을 잃지 않을 수 있다.

셋째는 대동강유역 또는 서해안에서 독자적으로 발생하였을 가능성인데 대동강유역은 정연하고 전면에 시문된 것이 많고 한강유역은 조잡하고 바닥이나 동체부 하부의 문양이 생략된 것이 많은 점을 들 수 있다. 한편으로는 횡주어골문과 유사한 縱走의 지그재그문을 전면에 시문한 토기가 遼西의 富河文化에서 처음 나타나며 요동반도에서는 小珠山中層에 횡주어골문이 처음 나타나기 때문에 대동강유역 횡주어골문의 기원을 遼西나 遼東半島에서 찾을 수도 있다. 이 경우에도 횡주어골문의 편년을 기존 금탄리유적의 예처럼 후기에 한정지을 수도 있으나 금탄리유적을 제외한 연도리, 오야리, 일산 등 서해안의 다른 유적에서 횡주어골문이 중기 이전으로 소급되어질 가능성을 무시할 수 없다. 즉 금탄리Ⅱ문화층은 서해안에서 먼저 발생한 횡주어골문이 후기에 내륙으로 전파되면서 다른 후기 양식의 즐문토기와 공반한 것으로 볼 수 있는 것이다.

상기한 가정 중 어느 것이 옳은지는 현단계에서는 판단하기 어렵고 결론은 전면시문의 횡주어골문 토기유적을 조사하여 좀더 많은 절대연대가 측정된 이후에야 가능할 것이다.

區分系土器의 기원에 대해서는 시베리아나 발해만에서 원류를 찾는 입장도 있고 대동강유역과 한

---

34) 河仁秀·李海蓮·李賢珠, 1993, 『凡方貝塚』, 釜山直轄市立博物館, 167쪽 圖面 46-25.

35) 李東注, 1997, 「全面施文 沈線文土器의 展開와 編年」, 『古文化』, 韓國大學博物館協會 50, 113~133쪽.

36) 범방패총에서는 횡주어골문토기가 남해안의 太線沈線紋土器의 등장과 괘를 같이 하는데 그중 일부는 시문수법과 문양 형태상 중서부지역 즐문토기와 관련이 있는 것으로 보고 있다(河仁秀 外, 1993, 앞의 글, 205쪽).

37) 韓永熙, 1996, 앞의 글(주 16), 143~145쪽.

강유역을 중심으로 한 중서부지방에서 자체적으로 발생한 것으로 보기도 한다. 韓永熙는 후자의 입장에서 구분계토기는 押紋系의 口緣紋土器에서 파생하였으며 구연문만을 갖춘 초기형식의 토기가 현재의 문화층보다 깊은 곳에서 발견되거나 암사동문화의 유입루트인 도서지방에나 해안가유적에서 발견될 것으로 예상하였다.[38] 구연문토기에 어골문이 첨가해서 생긴 것이 구분계토기로, 구분계토기로의 발전은 서해안 지방에서 먼저 이루어지고 그것이 동남해안과 동해안지방으로 퍼져나갔다고 본 견해는 이미 金元龍에 의해 피력된 바 있다.[39] 전형적인 구분계토기의 발생을 서해안이나 중서부지방에서 찾는 이러한 견해는 국내외의 신석기 연구자들도 대부분 동의하고 있었다.

그런데 최근 李東注는 구분계토기의 기원을 구연문토기에서 찾는 점은 韓永熙와 같지만 전환이 일어난 장소를 서해안이 아닌 남해안에서 찾는 새로운 견해를 제출하였다.[40] 구분계(그의 全面施紋 沈線紋) 토기의 가장 큰 특징은 구연부에 押引系의 短斜集線紋이, 동체부에는 沈線系의 魚骨紋이 시문되며, 어깨 부분에 파상선문이나 격자문, 三角集線紋 등이 첨가되는 것이다. 이들 요소들이 남해안에서 구분계토기가 등장하기 이전, 압인·자돌문토기 단계에서부터 나타나고 있다고 보는 것이다. 즉 구연부의 短斜線紋은 사선방향은 아니지만 수직방향의 압인 또는 압날에 의한 短線紋이 오산리유적과 범방패총의 하층에서 출토된 점을 근거로 수직으로 세워진 短線紋이 비스듬히 시문되면서 단사선문이 출현하였다고 주장하였다. 남해안의 동삼동이나 다대포의 단사선문 중 단사선문 사이에 삼각집선문이나 격자문으로 구획을 정한 기법도 오산리 제3층에서 이미 나타나고 있다는 점을 지적하였다. 즉 남해안의 단사선문은 오산리나 남해안의 압인문계 短線紋에서 자체적으로 발전한 것으로 보는 것이다. 범방패총 하층의 단선문은 역시 같은 압인문계의 횡주어골문과 결합하고 있으며 이를 구분계토기의 원류로 보는 것이다.

李東注는 나아가 남해안의 압인문, 자돌문토기가 서산 휴암리 등의 서해안에서도 나타나며, 刺突에 의한 圓卷狀의 문양이 시문된 평저토기가 남해안 뿐 아니라 암사동과 지탑리에서도 출현한다는 점을 근거로 이들 토기 또한 남해안의 영향으로 발생한 것으로 파악하고 있다. 결론적으로 서해안의 전형적인 구분계토기는 동해안의 오산리식토기가 남해안지역의 영선동식토기문화와 복합되면서 다시 서해안지역으로 파급되어 발생한 것으로 보았다.

상기한 이동주의 新說은 출자가 애매하거나 가상의 단계에만 머무르고 있었던 서해안 구분계토기

38) 韓永熙, 1996, 앞의 글, 140쪽.
39) 金元龍, 1986, 앞의 책(주 26), 40쪽.
  Kim, W. 1986. Emergence of pottery in Korea. *Korean Studies International*, 서울대학교 韓國文化研究所 1. 같은 논문이 *Art and Archaeology of Ancient Korea*(The Taekwang Publishing Co. 1994) pp.80~93에 실려 있음.
40) 李東注, 1997, 앞의 글(주 35).

의 출현과정을 남해안 압인문토기와의 관계 속에서 재정립한 획기적인 주장이다. 그러나 그의 주장을 정설로 받아들이기 앞서 몇 가지 해결되어야 할 문제가 남아 있다. 구분계토기의 전개과정에서는 刺突系의 點列汶과 沈線系의 縱走魚骨紋이 시문된 대동강유역의 구분계토기가 押引系의 短斜線文과 沈線系의 橫走魚骨紋이 시문된 한강유역의 구분계토기보다 선행하는 것으로 보는 것이 일반적 견해이다. 그런데 구분계토기의 기원을 남해안에서 찾게 되면 역으로 한강유역의 구분계토기가 대동강유역보다 선행하여야 하며 동체부의 종주어골문이 횡주어골문보다 후행하여야 한다. 대동강유역과 한강유역에서 나타나는 파상점선문이나 중호문의 원류가 남해안에 있다는 그의 견해도 선뜻 수긍하기 어렵다. 물론 휴암리의 자돌문토기가 남해안계통일 가능성도 있고 重弧紋이나 波狀點線紋의 자돌문토기 또한 평저가 많다는 점에서 남해안과 상통하는 점이 있다. 崔鐘圭 또한 지탑리 2지구의 重弧紋을 압형, 압인문의 전통이 있다고 하여 古式으로 주장하고 있다.[41] 그러나 아직 서해안에서 이들 문양의 토기가 어골문이 결합된 구분계토기보다 선행하는 토기라는 층위학적, 절대연대상의 증거도, 공반유물에 의한 증거도 찾을 수 없다. 지탑리 1지구와 2지구에서는 이들 토기가 전형적인 구분계토기와 분명 공반하고 있으며, 田中聰一도 대동강유역의 편년에서 양자를 같은 단계로 편년하고 있다.[42] 韓永熙는 오히려 파상점선문이나 중호문의 전통이 중기까지 계속된 것으로 보고 있고,[43] 실제 시도패총 1지구의 예를 보아도 그러하다.

押引·刺突系 전통이 있다고 하여 이를 古式으로 주장하면 같은 논리로 대동강유역의 구분계토기가 한강유역보다 古式이 되며 그렇다면 대동강유역과 한강유역의 구분계토기가 남해안에서 시기적 차이를 두고 별도로 전파된 것으로 보아야 한다. 서해안의 구분계토기에서 보이는 重弧紋 등의 각종 문양과 바탕흙에 활석을 섞는 전통은 중국동북지방의 신석기문화에서 나타나는 전통이며 지탑리유적 등에서 보이는 돌보습 또한 그러하다. 서해안의 구분계토기문화에서 遼東이나 遼西의 신석기토기문화와의 관련성을 부정할 수 없는 것이다. 물론 李東注 역시 구분계토기문화에서 중국동북지방이나 시베리아 신석기문화의 요소들을 볼 수 있다는 점은 인정하고 있으나 기원과는 관련없는 발전과정 속에서의 전파로 파악한 점이 다르다. 이밖에도 구분계토기의 남해안기원설을 인정하려면 半卵形圓底에서 長卵形尖底로 기형이 변화한 과정과 원인에 대한 설명도 필요하다.

---

41) 崔鐘圭, 1977, 「幾何文土器의 編年表作成을 위한 一小考」, 釜山大學校 碩士學位論文.

42) 田中聰一, 1999, 「韓國中西部地方의 新石器時代土器에 대하여」, 『先史學·考古學論究』 Ⅲ, 龍田考古會, 281쪽.

43) 韓永熙, 1996, 앞의 글(주 26), 142쪽.

4. 방사성탄소연대에 의한 편년문제

방사성탄소연대에 의한 서해안 신석기시대 편년은 任孝宰에 의해 이미 이루어진 바 있다.[44] 여기에 따르면 전기는 기원전 5000~3500년 전, 중기는 기원전 3500~2000년 전, 후기는 기원전 2000~1000년 전에 해당한다. 그러나 최근 방사선탄소연대에 대한 새로운 자료들이 누적되면서 기존의 연대문제를 재고해 봐야 할 필요성이 대두되고 있다. 지금까지 보고된 서해안의 방사성탄소연대를 일단 任孝宰의 편년안에 맞춰 배열하면 다음과 같다.[45]

〈전기 : 5000~3500BC〉

서울 岩寺洞	1975년도	6230±110BP (N-?, 5420~4910BC)
	1975년도	6050±105BP (N-2336, 5220~4720BC)
	75-10호주거지	5510±100BP (KAERI-188, 4580~4040BC)
	75-2호주거지	5000±70BP (KAERI-189, 3950~3660BC)
	1974년도	4950±200BP (AERIK-?, 4240~3320BC)
	75-4호주거지	4730±200BP (KAERI-?, 3940~2920BC)
	74-5호주거지	4610±200BP (KAERI-?, 3800~2870BC)
河南 渼沙里遺蹟		4950±140BP (KSU-497, 4000~3370BC)
仁川 三木島遺蹟		5850±400BP
旌善 德川里遺蹟		5720±90BP (KCP-13, 4770~4370BC)
		5180±80BP (KCP-9, 4230~3790BC)
忠州 早洞里遺蹟 3구덩下層		5295±545BP
高陽 성저리 大化里層		6210±60BP (Beta-46227, 5260~4990BC)
		5170±60BP (Beta-46226, 4220~3800BC)
高陽 성저리 褐色土炭層		5650±60BP (Beta-48387, 4670~4350BC)
		5290±60BP (Beta-48386, 4250~3980BC)

---

44) 任孝宰, 1983, 앞의 글(주 18b), 719~720쪽.

45) BP는 반감기 5568년의 미보정연대(편차 1σ)이며 BC는 고정밀곡선(CALIB 3.0)을 이용한 보정연대(편차 2σ)이다. 인용된 문헌은 다음과 같다.
　　관산리 · 관창리 · 장암리유적 : 충남대학교 박물관, 1995, 앞의 책.
　　인천 삼목도유적 : 임효재, 1999, 앞의 글.
　　인천 영종도 송산 : 박희현 외, 1996, 앞의 책.
　　충주 조동리유적 : 『충북대학교박물관연보』 5.
　　노래섬 · 띠섬패총 : 원광대학교 마한 · 백제문화연구소 미공개자료.
　　나머지 유적 : 姜炯台 · 秋淵植 · 羅景任, 1993, 「放射性炭素年代測定과 高精密補正方法」, 『韓國考古學報』 30, 韓國考古學會.

群山 노래섬貝塚 가地區	5180±70BP (KCP-128, 4150~3800BC)
	5046±63BP (KCP-238, 3964~3707BC)
	4976±64BP (KCP-240, 3942~3647BC)
舒川 長岩里貝塚	3995~3660BC, 3760~3370BC

〈중기 : 3500~2000BC〉

保寧 舘山里住居址	3750~3380BC, 3650~3360BC
	3620~3380BC, 3090~2470BC
保寧 寬倉里住居址	3650~3325BC, 3630~3070BC
	3350~2905BC, 3340~2895BC
	3090~2890BC, 2920~2450BC
仁川 永宗島 松山遺蹟	3130~3415BC
長項 長岩里貝塚	2970~2575BC, 2530~2105BC
群山 노래섬貝塚 가地區	4541±60BP (KCP-237, 3376~3035BC)
	4090±58BP (KCP-239, 2871~2475BC)
群山 띠섬貝塚 II地區 IV層	4280±60BP (KCP-111, 3040~2660BC)
安眠島 古南里貝塚 B-1,12層	4150±250BP (UCL-235, 3370~2020BC)
始興 烏耳島貝塚 北部貝塚群	3960±50BP (KSU-617, 2580~2300BC)
仁川 蘇爺島貝塚	3750±40BP (KSU-442, 2280~2030BC)
高陽 注葉里 褐色土炭層	4410±70BP (Beta-46237, 3330~2990BC)
	4310±70BP (Beta-52101, 3260~2660BC)
	4220±80BP (Beta-46236, 3020~2570BC)

〈후기 : 2000-1000 BC〉

서울 岩寺洞 1967년도	3430±250BP (W-?, 2400~1130BC)
仁川 三木島遺蹟	3200±110BP
安眠島 古南里貝塚 A-2,5層	3150±200BP (UCL-237, 1880~910BC)
	3400±100BP (UCL-231, 1930~1450BC)
群山 띠섬貝塚 II地區 III層	3020±60BP (KCP-157, 1440~1110BC)
仁川 矢島 III地區	3040±60BP (AERIK-11, 1420~1110BC),
石塚	3100±60BP (AERIK-13, 1510~1200BC)
	3040±60BP (AERIK-14, 1420~1110BC)
	2870±60BP (AERIK-12, 1210~900BC)

상기한 방사성탄소연대 중 구분계 전면시문토기가 주류를 이루는 암사동, 미사리, 덕천리의 연대
는 前期에, 구분계 부분시문토기와 횡주어골문토기가 주류를 이루는 띠섬, 시도와 고남리의 연대는
후기에 속한다. 나머지 연대들은 대부분 임효재 편년의 중기에 속하지만 기존, 특히 남해안 신석기시

대의 형식학적 편년과의 괴리와 더불어 보고서가 간행되지 않은 것이 많아 편년상 제 위치를 찾기가 쉽지 않다. 또한 패총에서 검출된 연대들은 교란, 재퇴적의 논란이 겹쳐 신빙성의 문제까지 제기된다. 대표적인 예로 보고서는 간행되지 않았지만 원광대학교에서 조사한 군산 노래섬패총의 연대문제에 대해 검토해 보기로 하자.

군산 노래섬패총은 1994년부터 1997년까지 3차에 걸쳐 발굴이 이루어졌다.[46] 노래섬은 군산에서 서쪽으로 약 12km 정도 떨어진, 금강과 서해가 만나는 기수역으로 주변 반경 2km 내에 가도, 비응도, 오식도, 띠섬이 위치한다. 노래섬은 남북 500m, 동서 250m 정도의 자그마한 섬이지만 모두 6군데에서 패총이 발견되었다. 이 중 즐문토기가 출토된 곳은 가지구, 나지구, 라지구 A · B, 마지구 A · B, 바지구이며, 나지구와 라지구 B의 즐문토기포함층은 패각층 퇴적 이전에 형성된 것으로 패각층과는 직접적인 관련은 없다.

가지구패총은 섬의 동남사면 해발 9~15m에 위치하며, 패각의 퇴적범위는 남북 28m, 동서 24m 정도로 유적의 중심부는 민가에 의해 파괴되었다. 패각층은 13~18° 기반암 경사면을 따라 형성되었는데 패각층의 두께는 가장 두터운 곳이 50~60cm 정도로 패각은 대부분 마모가 심한 굴 위주로 되어 있다. 재퇴적에 의해 바닥면의 일부를 제외한 전 패각층이 교란된 것으로 판단되나 교란이 경사 및 지표수 등의 요인에 의해 위에서 아래로 패각이 흘러내린 관계로 각 지점마다 약간씩의 패각 퇴적 양상이나 출토유물에서 차이를 보이고 있다.

Ⅲ층은 패각층 하단과 바닥 부식토층으로 가지구 중심부에 한정되며, 패각층 형성당시의 층위를 유지하고 있는 안정된 문화층이다. 활석과 운모가 다량 혼입된 태토로 빚은 즐문토기가 주류를 이루며, 구연에서부터 동체부에 이르기까지 短斜線文과 三角組帶文이 반복 시문되었는데 저부 부분이 결실되어 문양의 전면시문 여부는 확인할 수 없는 점이 아쉽다(그림 2-1, 사진 1-1). 기형은 서해안의 일반적인 長卵形 尖底土器와 달리 동체 하부에 最大腹徑이 있을 것으로 추정되는 甕形으로, 口脣의 안쪽을 깎아 세운 특징을 하고 있다. 이외에 구연부에만 시문되거나, 문양이 생략된 토기편도 보인다. 3964~3707BC의 연대가 이 층에서 검출되었는데 연대로만 보면 임효재 편년의 전기에 속한다.

Ⅱ층은 각 개체 토기의 출토범위나 위치에 따라서 세분될 수도 있으나 교란된 층으로 판단하여 일단 하나의 층으로 파악하였다. 구연부 押引橫走魚骨紋(그림 2-2), 口脣刻目의 刺突點列紋 등 瀛仙洞式土器와, 전면시문과 부분시문의 구분계토기(그림 2-3·4·6), 單齒·多齒橫走魚骨紋土器(그림 2-6·8), 패각찰과문토기, 무문양토기, 이중구연토기 등 다양한 토기가 출토되었다(사진 1, 2). 기존 편년안에 비춰

---

46) 李信孝, 1995, 「노래섬패총」, 『第3回 湖南考古學會 學術大會 群山地域의 貝塚』, 湖南考古學會, 21~27쪽 ; 李永德, 1998, 「群山 노래섬패총 3次發掘調査 槪報」, 『第6回 湖南考古學會 學術大會 發表要旨 호남지역의 신석기문화』, 湖南考古學會, 101~115쪽.

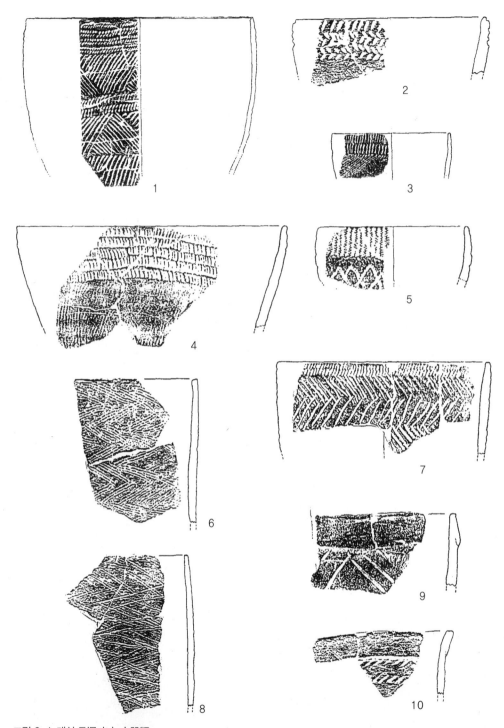

그림 2. 노래섬 貝塚 出土 土器類

사진 1. 노래섬 貝塚 出土 土器類

사진 2. 노래섬 貝塚 出土 土器類

토기의 시기 폭이 넓은 것은 각 개체토기의 출토범위나 위치에 따라서 패각층의 형성 시기가 다르기 때문인 것 같으며, 평면상 분포범위에 따른 층서관계는 현재 정리중이다. 나머지 방사성탄소연대는 모두 Ⅱ층에 해당된다.

Ⅰ층은 북서측에 위치한 경사면 위쪽의 패각층으로 패각층 퇴적방향이 전반적으로 아래쪽에서 위쪽으로 퇴적되어가는 과정으로 파악되어 가지구패총에서 가장 늦게 형성된 패각층으로 판단하였다. 다른 지점과 달리 점토층 위에 형성되었으며, 잔존 패각층이 얇다. 출토된 토기는 대부분 구연부에만 단사선문이나 점열문이 시문되었으며, 다치횡주어골문토기, 무문양토기, 이중구연토기 등도 나타나 후기에 속하는 층이라고 할 수 있다.

각 층에서는 석부, 석착, 어망추, 석촉, 굴지구, 숫돌, 첨두기 등의 석기류도 다량 출토되었는데 특히 400g 내외의 강돌로 만든 대형 어망추가 집중적으로 출토되고 있다. 골각기는 낚시바늘, 도자, 작살촉, 장신구 등이 수습되었는데 남해안에서 많이 보이는 결합식 낚시바늘이 서해안에서 처음 확인되었다.

노래섬에서 출토된 즐문토기를 전체적으로 보면 구연부에만 단사선문 등의 문양이 시문된 구분계토기와, 어골문계통의 동일계토기가 주류를 이루며 무문양의 비중이 높은 것과 더불어 후기적 양상이 두드러진다. 이중구연토기(그림 2-9·10)와 라·마지구에서 출토된 금강식토기[47]의 존재도 패총의 편년상의 위치를 암시한다. 일부 이른 시기의 것으로 볼 수 있는 토기는 가지구 최하층에서 출토된 단사선문과 組帶紋이 반복시문된 활석 태토의 토기(그림 2-1)가 있으나 전체적인 복원이 이루어지지 않아 편년상의 제 위치를 파악하기 어렵다.[48] 교란이 이루어진 Ⅱ층에서는 전면시문의 구분계로 추정되는 첨저편과 더불어 남해안 영선동식의 압인문토기와 刺突點列紋土器도 소량 출토된다.

노래섬의 방사성탄소연대는 모두 가지구에서 검출되었는데 연대로만 보면 기원전 3천년대를 중심으로 하면서 임효재 편년의 전기와 중기에 해당된다. 그런데 시료가 채취된 층에서 공반된 토기들은 일부 구분계토기와 압인문토기를 제외하면 대부분 후기적 양상의 것이다. 여기에 대해 두 종류의 추측이 가능하다. 하나는 이들 연대들이 암사동식 전면시문 구분계토기와 관련되거나 영선동식 토기와 관련되었을 가능성이다. 실제 인접한 군장지구의 가도패총에서도 남해안 전기의 특징인 刺突紋, 口脣刻目紋, 波狀口緣土器 등이 출토된 바 있다. 그렇다하여도 Ⅱ층에서 아래층보다 이른 4150~3800 BC의 연대를 어떻게 해석할 것인가 하는 문제가 남는다. 이 경우에 패총은 전부 교란된 것으로 보아야 한다. 다른 하나는 앞의 방사선탄소연대 모두가 이른 시기의 토기와 관련된 연대라고 보기 어렵고

---

47) 필자는 금강식토기란 명칭보다는 토기형식명에 대표적 또는 처음 발견된 유적 이름을 부여하는 일반적 관례에 따라 쌍청리식토기로 명명하는 것이 타당하다고 생각한다.
48) 林尙澤은 이 토기를 실견한 후 태토와 문양반복, 기형의 유사성에서 금탄리Ⅰ식토기일 가능성을 제시하였다.

오히려 일부는 기존에 후기적 양상으로 알려진 토기, 즉 횡주어골문토기, 부분시문의 구분계토기 등과 관련된 연대일 가능성이다. 3376~3035BC, 2871~2475BC가 여기에 해당한다.

충남대에서 조사한 보령 寬倉里, 館山里유적은 주거지와 수혈유구를 공반하고 있어 패총과 달리 여러 시기의 토기가 혼합되었다고 보기는 어렵고 동시기에 형성된 유적일 가능성이 크다.[49] 관산리 유적에서는 타원형의 소형수혈 2기에서 多齒具에 의한 찰과상 횡주어골문과 爪紋이 구연부에만 시문된 토기가 출토되었다. 관창리에서도 4기의 주거지에서 다치구에 의한 찰과상 횡주어골문이 주로 출토되고 있다. 따라서 이들 유적에서 보고된 3500~2500BC 사이의 방사성탄소연대들은 다른 시기의 것이 아닌 유적에서 출토된 다치구에 의한 횡주어골문토기와 관련된 연대일 가능성이 크다. 서천 長岩里貝塚의 연대중에서 기원전 3천년대의 연대들은 연속점열문이나 파상구연문토기와 관련될 가능성이 크고, 2970~2575BC의 연대는 屯山遺蹟에서 출토된 集斜線紋과 관련시키면서 둔산유적의 연대를 기원전 3000~2500년 사이로 추정하고 있다.[50] 인천 영종도 송산유적 역시 단일시기 유적으로 단치구에 의한 횡주어골문토기가 주류를 이루면서 구연부에 爪紋, 동체부에 종주어골문이 시문된 토기와 금강식토기도 소량 출토된다.[51] 송산유적은 林尙澤[52]도 후기 전엽으로 편년하면서 암사동식의 문양이 서해안식 문양과 공반한 예로 이해하고 있다. 그러나 유적의 방사성탄소연대 자체는 기원전 3천년대 후반으로 측정되어 보고자는 송산유적을 서해도서에서 이른 시기의 신석기유적으로 보고 있다.

노래섬과 관창리, 관산리, 장암리, 송산리의 방사성탄소연대들이 기원전 3천년대 후반과 2천년대 전반에 집중하는데 이 연대는 기존의 절대연대에 의한 편년에 의하면 중기에 속한다. 그런데 출토된 토기들은 후기적 양상을 보여주면서 후기로 편년된 금강식토기가 공반되기도 하며 둔산에서도 그러하다. 탄소연대가 몇 건 되지 않으면 교란 또는 오염된 연대라고 무시하겠지만 여러 유적에서 비슷한 연대가 나온다면 이를 쉽게 무시할 수 없다.

그렇다면 소위 시도식, 서해안식 토기라고 불리우던 후기적 유적들의 연대가 중기 이전으로 소급될 가능성을 검토하여야 하며 암사동식토기와의 일부 시기적인 공존가능성도 검토되어야 한다. 즉 구분계은 先, 동일계은 後, 또는 전면시문은 先, 부분시문은 後라는 단순 개념에서 벗어나 양자가 부분적으로는 공존하였을 가능성을 검토하여야 한다.

---

49) 林尙澤, 1999, 「湖西新石器文化의 時空的 位置」, 『제1회 호서고고학회 학술대회 발표요지 −호서지방의 선사문화』, 湖西考古學會, 44쪽 ; 충남대학교 박물관 현장설명회자료.

50) 忠南大學校博物館, 1995, 앞의 책(주 13), 286쪽.

51) 朴喜顯 외, 1996, 앞의 책(주 8).

52) 林尙澤, 1999, 「서해중부지역 빗살무늬토기 편년연구」, 『韓國考古學報』 40, 韓國考古學會, 34~35쪽.

시도패총의 Ⅰ지구에서는 전형적인 암사동식의 구분계 단사선문토기와 시도식의 동일계 횡주어골문토기가 같이 출토된다. 필자[53]는 두 토기의 공반양상이 교란에 의하였을 가능성도 지적하였는데 林尙澤[54]은 교란이 일어나기 힘든 부식토층에서 암사동식과 시도식이 같이 출토되는 점을 근거로 양자를 시기적으로 공존한 것으로 보고 있으며 필자 또한 그의 견해에 동의한다. 시도패총 외에도 구분계토기가 동일계토기와 공반하는 경우가 많기 때문에 韓永熙[55]도 시도식의 기원을 중기후반까지 끌어올린 것 같다. 물론 시도식과 공반하는 암사동식토기는 삼부위문양의 전형적인 구분계토기는 드물고 대부분 저부나 동체부의 문양이 생략된 것들이며 이러한 점에서 문양부위의 축소화를 편년과 연결시킨 任孝宰의 편년안도 여전히 일정부분 유효하다. 그러나 구분계, 전면시문은 전기, 동일계, 부분시문은 후기로 양분하는 전통적 편년안은 절대연대 자료가 축적되면서 문제점을 노출시키고 있다. 더욱이 절대연대에 의한 편년에서는 중기에 속하지만 형식학적 편년에 의하면 후기에 속하는 유적들이 많아지면서 편년의 기본적 틀을 재정립하여야 할 필요성이 대두된다.

5. 남해안 신석기시대 편년과의 비교

남해안의 신석기시대는 일부 이론이 있기는 하지만 융기문토기의 早期, 자돌·압인문의 前期, 침선문의 中·後期, 이중구연의 末期로 대체로 편년되며 이중 후기는 봉계리식토기로 대표되기도 한다. 남해안에서 구분계의 전면시문토기가 나타나는 시기는 수가리Ⅰ식으로 불리워지는 중기 전엽에 해당한다. 서해안 한강유역의 신석기문화요소와 남해안 신석기문화요소가 교차되는 금강유역의 신석기편년은 이러한 남해안의 편년을 따르면 전기의 압인문토기단계(가도, 장암리, 계화도), 중기의 구분계토기단계(관산리, 가도), 후기의 횡주어골문토기단계(고남리, 관창리, 장암리), 만기의 이중구연토기단계(가도)로 구분할 수 있다.[56]

횡주어골문토기가 중기 이전으로 올라갈 가능성에 대해서 앞에서 논한 바 있지만 서해안 구분계토기의 위치 또한 문제가 남는다. 남해안의 편년을 따르면 한강유역의 구분계토기는 중기에 해당되며 이러한 입장에서 필자[57]도 한강유역의 신석기시대를 융기문과 압문의 평저토기가 나타나는 전기, 구분문의 첨·환저토기가 성행하는 중기, 동일문의 첨·환저토기가 주류를 이루는 후기로 나눈 바 있

53) 安承模, 1993, 「한강유역의 신석기문화」, 『한강유역사』, 민음사, 36쪽.
54) 林尙澤, 1999, 앞의 글(주 52), 29쪽의 주2.
55) 韓永熙, 1996, 앞의 글(주 16).
56) 林尙澤, 1999, 앞의 글(주 49), 44~46쪽.
57) 安承模, 1993, 앞의 글(주 52).

다. 전기는 단양 상시동굴 출토의 융기문토기, 춘천 교동동굴유적의 구연문토기, 중기는 암사동, 미사리유적으로 대표된다. 林尙澤[58]의 湖西地方 편년에서도 남한강 상류와 금강 중상류의 구분계토기를 모두 중기에 위치시키고 있다.

그러나 임효재, 한영희를 비롯한 많은 연구자들은 서해안의 암사동유적과 구분계 전면시문토기를 전기에 위치하고 있다. 필자 또한 대동강유역의 구분계토기까지도 전부 중기 이후로 보고 있는 것은 아니다. 남해안의 구분계토기가 중서부지방에서 기원하였다고 보는 입장에서는 전파 시기가 동체부가 종주어골문에서 횡주어골문으로 변화한 이후 또는 종속구연문이 제작되기 이전 한영희의 암사동 I 식 단계, 구체적으로 전기 전반기의 늦은 시기에 이루어진 것으로 보고 있다.[59] 역으로 이동주의 주장처럼 서해안의 구분계토기가 남해안의 자돌·압인문토기에서 기원하였다고 하면 서해안의 구분계토기가 남해안의 구분계토기보다 빠를 수는 없는 것이다. 그렇다면 서해안의 구분계토기를 중기에 위치시키던가 아니면 남해안의 구분계토기의 상한을 전기단계로 끌어 올려야 지역적 편년에서 벗어난 한반도 신석기문화의 전체적 편년이 이루어질 수 있을 것이다. 연세대학교에서 발굴한 상노대도 상리 5층은 단사선문이 시문된 구연부편이 공반되면서 5620~4950BC의 연대가 검출되었다.[60] 남해안에서 구분계토기의 발생이 한강유역과 동시기일 가능성을 제시하고 있지만 단독적으로 유리된 연대라 신빙성의 문제가 남아 있다.

한편 남한의 연구자들이 궁산문화 2기를 전기 또는 전기 후반으로 편년하고 있는데 반해 북한에서는 궁산문화 2기를 궁산 3기와 함께 중기에 위치시키고 있어 대조를 보인다(표 1). 암사동에서는 궁산 3기의 금탄리 1문화층에서 유래된 토기문양들이 전형적인 구분계토기와 같이 출토되고 있다고 보고 있는데[61] 그렇다면 암사동 하층의 주거지들이 일부는 중기까지 내려올 가능성도 있다. 그러나 서해안과 남해안 편년망의 구체적인 비교는 단순히 토기 양식에만 의존할 수 없고, 대동강유역의 방사성탄소연대와 더불어 남해안에서 押引紋土器와 전면시문의 沈線紋土器에 해당되는 방사성탄소연대들이 누적되어야 가능할 것이다.

다른 한편으로는 서해안에서 출토되는 남해안계통의 압인·자돌문계 토기가 서해안의 구분계토기보다 무조건 이르다고 보기도 어렵다. 필자처럼 압인문을 전기, 구분계의 전면시문을 중기로 단순 편년하는 것도 무리이다. 양 문화가 적어도 서해안에서는 시기적으로 중복될 가능성도 충분히 있기 때문이다. 구분계토기를 서해안에서는 전기로 보고 남해안에서는 전파시기를 감안하여 중기로 보는 기

---

58) 林尙澤, 1999, 앞의 글(주 49), 46쪽의 표 1.

59) 韓永熙, 1996, 앞의 글(주 16).

60) 손보기, 1982, 『상노대도의 선사시대 살림』, 수서원.

61) 韓永熙, 1978, 앞의 글(주 15), 73쪽.

존 입장을 고수하려면 같은 논리로 압인문토기의 서해안으로의 전파와 지속기간에 대한 시간적 낙차도 인정하여야 할 것이다.

편년과 지역간 병행관계에서 이러한 혼란이 발생하는 가장 큰 원인은 토기의 형식학적 방법에 의존한 시기구분, 편년과 방사성탄소연대에 의존한 시기구분, 편년이 일치하지 않는데 있다. 남해안에서 조기로 편년한 융기문토기의 경우 연대도, 동삼동 5층, 돌산 송도의 융기문토기 관련 방사성탄소연대들이 전기에 속하는 암사동이나 오산리의 연대 범위에 포함된다. 즉 융기문토기가 암사동식의 구분계토기와 오산리식토기와 시기적으로 중복될 가능성이 큰 것이다.

서해안에서도 屯山遺蹟의 경우 보고자는 관창리와 관산리, 장암리의 탄소연대를 참조하여 기원전 3000~2500년의 중기로 편년하고 있다. 그러나 관창리와 관산리에서 출토된 다치구 횡주어골문은 토기형식에 의하면 후기로 편년되며 둔산유적에서 출토된 금강식토기 역시 남해안의 편년에 의하면 후기에 속할 뿐이다. 금강식토기는 다른 서해안유적에서도 후기 또는 후기 전반에 위치시키고 있다. 이렇듯 연대문제의 혼선이 발생하면서 서해안에서 중기를 어떠한 기준으로 설정한 것인가 하는 근본적인 문제점이 대두된다.

금강 하류에서 출토되는 이중구연토기는 남해안과 같은 末期의 설정을 제시하는데 금강 이남을 제외한 다른 서해안에서도 말기의 설정이 가능할 것인가의 문제가 남는다. 대동강유역의 신석기 마지막 단계는 남경 2기층과 금탄리 II 기층으로 대표된다. 한강유역에서는 후기의 방사선탄소연대가 기원전 3천년경까지도 올라가지만 반면 시도패총, 고남리패총에서는 기원전 1천년경까지도 내려온다. 그러나 이들 신석기 마지막 단계를 남해안의 말기와 어떻게 연결시킬 수 있을지는 아직 미해결된 과제이다.

이와 반대되는 입장에서 이중구연토기의 존재만으로 유적을 말기로 편년하는 것이 과연 타당한 것인가에 대한 의문도 발생한다. 교란이 안된 단일시기의 패총으로 판단되는 노래섬 마지구의 경우 이중구연토기가 봉계리유적과 둔산유적에서 출토된 토기와 공반하고 있다. 봉계리유적의 경우 이중구연토기가 봉계리식토기와 공반되고 있어 이중구연토기의 상한이 적어도 내륙지역에서는 후기까지도 올라가고 있다.[62] 그렇다면 금강 하류의 이중구연토기가 후기단계에서 전파되었을 가능성도 검토되어야만 한다.

끝으로 多齒具에 의한 시문을 후기 후엽의 특징으로 본 林尙澤[63]의 견해는 좀더 많은 검토가 요구

---

62) 격자문과 결합된 이중구연토기가 출토되는 봉계리 9호 주거지는 후기 후반으로 편년되고 있으며 4060±150BP의 연대 가 보고되었다.
   李東注, 1991, 「韓國 南部內陸地域의 新石器時代 有紋土器硏究」, 『韓國上古史學報』 7, 韓國上古史學會, 49~50쪽.

63) 林尙澤, 1999, 앞의 글(주 52).

된다. 다치구에 의한 시문은 암사동 하층에서도 출현하고 있으며 일산, 관산리와 관창리에서도 다치구에 의한 횡주어골문이 기원전 3천년을 올라가는 방사성탄소연대와 결부되고 있기 때문이다. 구분계의 다치횡주어골문이 동일계의 단치횡주어골문으로 바뀌었다가 다시 동일계의 다치횡주어골문으로 변화한다는 도식은 다소 무리가 있지 않나 생각된다.

6. 맺음말

이상 새로이 보고된 방사성탄소연대를 참고로 하여 기존 서해안 신석기편년이 안고 있는 문제점들을 간략히 검토하여 보았다. 횡주어골문토기가 중기 이전으로 올라갈 수 있는 가능성과 기원에 대한 몇가지 견해를 제시하였다. 구분계토기도 전면시문을 전기, 저부문양 생략을 중기, 구연부문양만 남은 단계를 후기로 보는 단순한 편년은 성립하기 어려움을 지적하였으며 구분계토기의 발생을 남해안에서 찾는 새로운 시도의 문제점도 언급하였다. 서해안에서 중기 설정을 어떻게 할 것인가에 대한 새로운 논의가 필요하며, 서해안 편년과 남해안 편년의 병행관계에서 나타나는 모순점도 극복될 필요가 있다. 상기 문제점들에 대하여 필자가 이 글에서 새로운 견해를 제시하지는 못하였고 단순히 피상적 검토에 머무르고 말았다.

서해안의 신석기편년망을 완성시키기 위해서는 유물의 문양론적, 형식학적 검토도 물론 중요하지만, 교란의 논쟁이 일어나고 있는 패총유적보다는 주거지같은 안정된 유적이나 문화층에서의 방사성탄소연대가 더 많이 측정되어서 유물의 형식서열과 편년이 아닌 유적, 유구의 형식서열과 편년의 방향으로 나가야되지 않을까 생각한다.

〈追記〉

이 글이 마무리된 시점에서 한국고대학회의 1999년 추계학술회의가 『신석기문화의 새로운 연구』라는 주제로 12월 3일 개최되었다. 林尚澤은 「韓半島 中部地域 新石器時代 中期土器의 樣相」이란 발표문에서 필자가 제기하였던 중기 설정의 기준을 三部位始紋의 붕괴와 금탄리1식토기의 출현이란 새로운 각도에서 마련하였으며 중기와 후기의 절대연대도 상한을 500년, 1000년씩 끌어올렸다. 李東注도 「빗살문토기문화의 성격」이란 글에서 서해안 즐문토기가 동해안과 남해안의 압인문토기가 결합되어 발생한 것으로 추론하면서 기존 그의 주장을 강화시켰다. 이들의 글에 크게 공감하면서도 일부 토론의 여지가 남아 있지만 다른 기회로 미루기로 하겠다. 한편 이 글을 쓰는데 있어서 노래섬패총의 발굴성과와 방사성탄소연대를 인용할 수 있도록 허락해준 최완규 교수와 자료를 정리해준 이영덕군에 감사드린다. 그러나 이 글에서 언급한 내용은 노래섬패총 출토 유물의 정리가 마무리되고 나면 달라질 수도 있을 것이다.

표 2. 신석기시대 편년(한영희 1996)

	초창기	전기	중기	후기
대동강	단사선문계구연문양토기 (미발견)	암사동 I 식 암사동 II 식	→ 암사동 II 식, 금탄리 I 식	금탄리 II 식
한강	〃	〃	암사동 II 식	암사동 III 식 내평식
서해도서	〃	〃	시도식 암사동 II 식	시도식 암사동 III 식 율리, 북촌리식

표 3. 신석기시대 편년(임효재 1983)

전기 (기원전 5000~3500)	중기 (기원전 3500~2000)	후기 (기원전 2000~1000)
암사동, 미사리 (구분계 및 동일계 전면시문)	소야도, 오이도 (구분계 및 동일계 저부생략)	시도 (구분계 및 동일계 저부, 동부생략)

표 4. 신석기시대 편년(임상택 1999)

전기	전엽	지탑리, 궁산 (구분계, 점열+횡주어골문)	
	후엽	지탑리, 궁산, 암사동, 미사리 (구분계, 단사+횡주어골, 파상문, 부가구연문)	
	서해안	가도A, 장암리, 계화도 (영선동식 압인횡주어골문)	
중기	대동강	궁산문화 3기 (금탄리 I 식토기, 교대시문)	
	한강	단사선 + 다치횡주어골문, 저부문 생략, 금탄리식토기 유입	
	서해안	관산리, 가도 A (구분계 단사선문)	
후기	대동강	궁산문화 4기 (금탄리 II 식토기)	
	한강	구연부단사선문토기 + 서해안식 토기의 유입	
	서해안	전엽	송산리, 고남리 B, 장암리, 시도, 별망 (단치구의 단사선문, 횡주어골문)
		후엽	고남리 A, 관창리, 휴암리 (다치구의 단사선문, 횡주어골문)
	충청내륙	쌍청리, 둔산 (금강식토기)	

제2장 금탄리 I 식토기의 재검토

1. 머리말

최근 군산 앞 바다의 노래섬과 가도패총의 발굴 결과에 대한 정리가 마무리되면서 궁산문화 3기를 대표하는 금탄리 I 식토기의 정의와 연대에 대한 혼란이 발생하고 있다(이영덕 2001). 노래섬과 가도패총에서 출토된 단사선문과 조대문이 전면에 반복시문되는 토기 형식을 금탄리 I 식토기에 포함시킬 수 있는지의 여부와 금탄리 I 식토기가 중기를 대표하는 토기로 자리잡을 수 있는지의 여부이다. 김장석과 양성혁(2001, 13~15쪽)은 대동강유역에서 금탄리 I 식토기의 존속기간이 매우 짧기 때문에 하나의 분기(궁산 3기)로 설정할 근거가 미약하다고 비판하였다. 금탄리 I 식토기는 금탄리에서 오직 한 개의 주거지에서만 다른 공반양식 없이 출토된 것으로 이 주거지를 제외하면 어떠한 유적에서도 금탄리 I 식토기가 주류를 이루는 문화층이나 주거지가 없으며 1문화층과 2문화층의 구분이 확실한 중복관계나 층위적인 근거를 가지고 나뉘어진 진 것이 아니라는 점을 지적하였다. 그리하여 금탄리 I 식토기가 중서부 중기에서 후기 이른 시기에 걸쳐 오랫동안 사용된 것(임상택 1999)이 아니라 금탄리 I 식토기와 공반되는 가도의 구연한정단사선문, 한강유역의 구분문계 어골문, 영종도의 전면횡주어골문을 모두 동시기로 편년하여야 한다고 주장하였다.

필자(1999)도 노래섬패총 출토의 단사선문토기를 구분문계가 해체된 후기로 파악하는 한편 단사선문과 조대문의 반복시문토기를 기형과 반복시문의 공통성에서 금탄리 I 식토기로 본 바 있다. 그러나 노래섬패총 출토토기에 대한 정리가 마무리된 시점에서 필자의 舊稿는 노래섬 출토 토기에 대한 기본적 인식이 잘못되었다는 점을 알게되었기 때문에 금탄리 I 식토기와 노래섬의 소위 '帶狀反復紋'토기를 모두 '區劃反復紋'토기로 통합하여 양자의 관계와 계통에 대한 필자의 생각을 간추려보도록 하겠다.[1]

---

[1] 원래 이 글은 호남문화재연구원의 이영덕과 함께 작성할 계획이었으나 이영덕의 개인적 사정으로 필자 단독

2. 연구의 배경 –금탄리유적과 노래섬유적

1) 금탄리1문화층 출토 금탄리 I 식토기

금탄리유적은 1954년에 발굴되어 1964년에 보고서가 간행된 유적이다(김용간 1964). 신석기시대 문화층은 7호 집터의 제1문화층과 5 · 9 · 10 · 11호 집터의 제2문화층으로 구분된다. 1 · 2문화층은 김장석(2001)의 지적대로 층위나 중복 관계로 구분된 것은 아니며, 단지 문화층과 집터 바닥의 깊이가 7호는 지표하 100cm, 150cm인 반면에 10호는 지표하 30~40cm, 70cm에서 드러난 사실과 지탑리 · 궁산유적과의 대비에 기초하였을 뿐이다. 제1문화층의 토기는 바탕흙에 활석을 혼입한 장란형이나 옹형으로 띠대문 사이에 횡주어골문이나 삼각조대문을 채워 넣은 것이 압도적으로 많다. 띠대문 사이에 서로 다른 문양을 채운 것이 많으나 같은 문양을 채운 것도 있으며, 설명과 도판을 보면 번데기무늬 · 손톱무늬 · 점열문이 조대문과 결합된 것도 일부 존재한다.

북한에서는 김용간(1966)이 궁산 · 금탄리유적의 비교를 통하여 궁산 전기→궁산 후기→금탄리 I →금탄리 II의 순으로 상대편년을 세운 이래 중서부지방의 신석기문화를 궁산문화로 부르고 이를 4기로 분류하여 지금까지 이어진다(김용남 1983). 궁산유적, 지탑리 2지구 및 1지구 퇴적층의 편년상 위치는 2, 3기 사이에서 조금씩 변하고 있지만 금탄리 I 문화층은 변함없이 궁산 3기로 편년하고 있다. 현재 궁산 3기에는 지탑리 1지구 퇴적층, 궁산 2 · 5호 집터가 포함된다(조선전사 1991).

궁산문화의 편년을 남한에서 처음 도입한 한영희(1978, 58쪽)는 중서부지방 즐문토기를 분류하면서 토기 전체를 하나의 시문권으로 보고 시문한 II식에 II a식과 II b식(전면횡주어골문토기)을 함께 포함시켰다. 전자는 띠대문, 무지개문, 거치문, 횡주어골문 등을 차례대로 이용하여 토기 전면을 시문한 것으로 구연부에는 띠대문, 저부에는 횡주어골문이 주로 시문된 토기이다(그림 1). 이후 한영희(1983, 500쪽)는 II a식을 금탄리유적 1문화층에서 출토된 토기가 표식적이라 하여 금탄리 I 식토기라고 명명하였다. 그는 중서부 신석기시대를 구분계토기(한영희의 I 식)로 대표되는 I 기, 금탄리 I 식토기(II a식)로 대표되는 II 기, 전면횡주어골문토기(금탄리 II 식토기, 시도식토기)로 대표되는 III기로 구분하였다. 금탄리 1문화층의 토기는 지탑리토기와는 문양에서 근본적 차이를 보이고 있으나 일부 토기의 구연부 문양에서 궁산패총 토기의 조문 · 톱날문 · 점열문이 보이며, 출토된 돌보습 역시 지탑리 II 문화층 출토의 것과 같고 주거지 내 爐址도 궁산 2 · 5호 주거지의 노지처럼 점토로 띠를 돌린 점등에서 상호 관련이 전혀 없었다고 볼 수는 없다고 하였다.

으로 발표하게 되었다. 필자의 생각이 기본적으로 이영덕과의 토론에서 다듬어진 것이기는 하나 필자와 달리 생각하는 부분도 있을 수 있기 때문에 별도의 논문이 이영덕에 의해 발표되기를 기다려 보겠다.

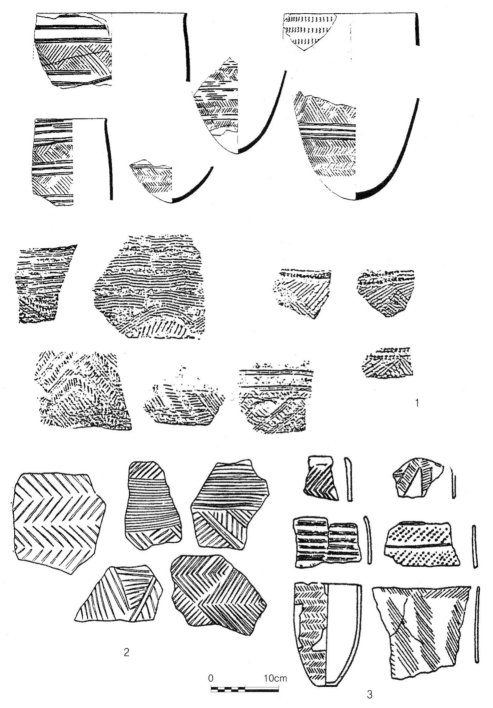

그림 1. 금탄리 I 식토기(이영덕 1999, 도면 10 : 한영희 1978)
1.금탄리 1문화층, 2.반월동, 3.세죽리(궁산4기 전반의 남경1기에 속함)

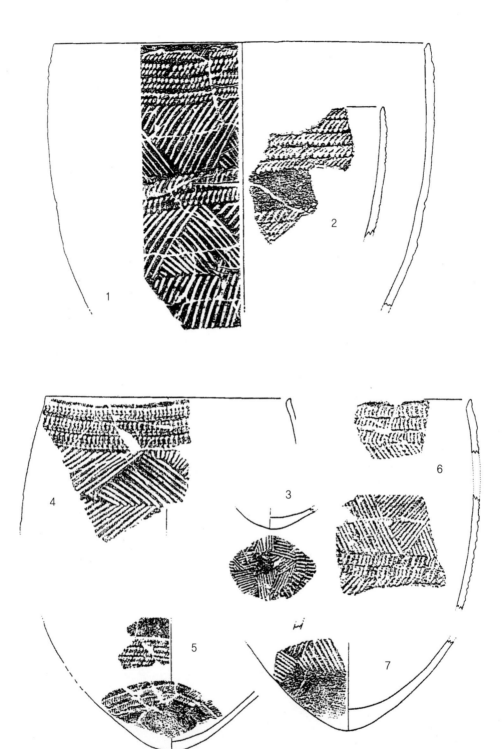

그림 2. 노래섬패총 출토 區劃反復紋土기(이영덕 2001, 도면 18)

금탄리 I 식토기는 북한의 반월동과 세죽리 1문화층 외에, 한강유역의 암사동과 내평 등에서 몇 점의 띠대문 토기편이 출토되었을 뿐이다. 그리하여 한영희(1983, 500쪽)는 금탄리 I 식을 "금탄리, 반월동을 중심으로 하는 대동강유역에서 새로이 만들어진 형식으로 넓은 지역으로 확산하기 이전에 소멸된 한 지방형식으로 생각된다"고 하였다. 금탄리 I 식을 삼부위시문의 전형적인 구분계토기와 횡주어골문토기 사이에 위치시킨 북한과 한영희의 편년은 남한과 일본의 많은 학자들이 받아들이고 있으며, 띠대문토기가 출토되는 암사동유적은 궁산문화 2, 3기에 갈음하는 것으로 보고 있다.

2) 노래섬유적 출토 '대상반복문'토기

금강하구 오식군도의 노래섬유적은 1995년부터 1997년까지 3차에 걸쳐 원광대학교에 의해 발굴된 유적이다(원광대학교 2002). 즐문토기를 반출하는 패총이 섬 여러 곳에 산재하여 있는데 유물 출토량이 가장 많은 곳이 가지구이다. 노래섬 가지구의 토기는 남해안 전기토기와 연결되는 1군토기와 서해안과 남부내륙의 후기토기와 접목되는 2군토기로 크게 구분된다(이영덕 1999·2001). 노래섬 1군토기는 가지구·라A지구의 최하층에서 주로 출토되며 영선동식토기, 패각조흔문토기와 소위 '帶狀反復紋[2](또는 대상반복시문)'토기가 해당된다. 노래섬의 '대상반복문'토기는 여러 줄의 短斜集線紋으로 帶狀의 횡대구획을 한 다음 그 사이에 삼각조대문을 채우거나(이영덕의 Va식) 또는 비워 둔(이영덕의 Vb식) 형식이다(그림 2). 양자 모두 옹형에 가까운 기형으로 전자는 口脣의 안쪽을 깎아 밖으로 세웠고 후자의 구순은 둥글게 처리되었다. 태토는 운모가 다량 혼입된 사질이나 약 25% 정도는 활석이 혼입되었다.

이영덕(1999·2001)은 '대상반복문'토기가 남해안 전기토기와 동일한 위치에서 출토되거나 가지구에서는 오히려 아래층에서 출토되고 있으며, 바닥면에 삼각조대문이 시문되어 있고 바닥도 첨저가 아닌 원저라는 점, 패각조흔 정면의 양상, 그리고 라지구에서 공반된 투박조개 貝釧을 근거로 중서부의 금탄리 I 식토기가 아닌 남해안계의 전기토기로 보아야 한다고 주장하였다.

노래섬의 '대상반복문'토기는 이웃한 가도패총에서도 발견된다. 가도패총 최하층(10층)에서는 단사선문계토기와 영선동식토기가 출토되는데, 단사선문계에는 주류를 이루는 구연한정 단사선문토기와 더불어 구분계의 단사선문+다치횡주어골문, 단사선문열이 반복시문되는 '대상반복문'토기가 소량 존재한다(충남대학교 2001). 후자 역시 옹형의 기형으로 단사선문과 거치상의 삼각집선문이 반복시문된 토기(보고서 28)와 단사선문만을 일정한 공백을 두고 대상으로 반복시문한 토기(보고서 16)가 있다는 점에서 노래섬과 동일하다. '대상반복문'은 9층의 141번(단사선문대와 다치사선문의 반복시문), 1층의

---

2) 帶狀反復紋이라는 명칭은 문양대를 帶狀으로 구획하여 구연부에서 저부까지 연속적으로 반복 시문되는 가시적인 효과만을 가지고 부여한 것이다(이영덕 2001, 72쪽 주 52).

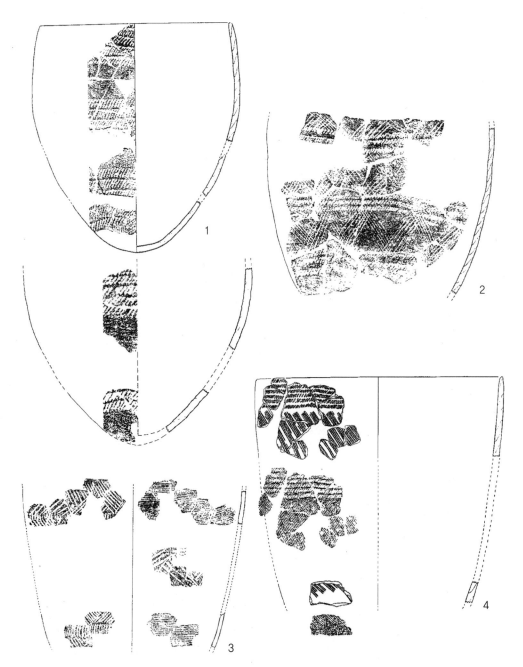

그림 3. 가도패총 출토 區劃反復紋土기(충남대학교 2001)
1·2.A패총 10층 출토, 3.A패총 1층 출토, 4.A패총 9층 출토

825번(패각압날문과 삼각조대문의 반복시문)토기에서도 나타난다(그림 3).

임상택(1999)은 '帶狀施紋'을 금탄리Ⅰ식토기의 가장 큰 특징으로 보면서 이를 3부위시문이 붕괴된 이후의 단계, 즉 중기로 편년하였다. 세부적으로는 구연한정 단사선문과 '대상반복문'토기를 금탄리 Ⅰ식과 단사선문+다치횡주어골문의 중부 2기(중기 전반)와 서해안식횡주어골문의 중부 4기(후기) 사이의 중부 3기(중기 후반)에 위치시키고 있다. 앞의 825번토기는 금탄리Ⅰ식토기로 파악하였다. 임상택은 가도보고서(충남대학교 2001, 316~317쪽)에서도 단사선문을 이용한 횡대상 분할문양(즉 '대상반복문')과 패각압날문 분할문양(825번 토기)을 금탄리Ⅰ식토기단계, 즉 궁산 3기와 대체로 평행한 것으로 보는 앞의 입장을 견지하면서 전형적인 삼부위문양 시문이 없기 때문에 암사동의 구분계 전면시문토기 보다는 늦은 문양이라고 보았다. 임상택은 기본적으로 '대상반복문'토기를 남해안계통이 아닌 서해안계통으로 파악하는 점이 이영덕과 가장 큰 차이점이다.

앞에서도 언급하였듯이 김장석과 양성혁(2001, 13~14쪽)은 금탄리Ⅰ식토기의 존속기간이 하나의 분기로 설정될 만큼 길지 않았고 매우 짧았다는 전제하에 이 토기와 공반하는 금강유역의 구연한정 단사선문, 한강유역의 구분문계토기, 서해안의 전면횡주어골문을 모두 동시기로 편년하여야 한다고 주장하였다. 필자는 구분계와 동일계가 중심시기에서는 시기적 차이가 존재한다고 본다. 또한 '대상반복문'토기를 금탄리Ⅰ식토기보다 한 단계 늦게 본 임상택의 견해에도 이의를 제기한다.

3. '區劃反復紋'土器의 설정

금탄리Ⅰ식토기와 노래섬의 '帶狀反復紋'토기는 기면을 횡으로 구획하여 문양을 반복 시문한다는 공통점이 있으므로 구획하여 반복시문한다는 의미에서 '區劃反復紋'[3]토기란 용어를 잠정적으로 만들어 보았다.

금탄리유적의 보고서를 보면 금탄리1문화층에서 출토된 토기는 옆으로 여러 줄을 그어서 이루어진 띠대문계 구획이 압도적이면서 구연부에 점선으로 된 띠무늬를 돌린 것과 번데기무늬, 손톱무늬가 삼각형 구획의 사선무늬, 즉 삼각조대문과 결합된 것도 있다고 하였다. 완형토기가 없어 전체적인 문양 구성을 알 수는 없지만 사진상으로 보아 후자(보고서 도판 Ⅶ의 11~14쪽)는 자돌문계 구획일 가능성이 크다. 그렇다면 금탄리1문화층 출토의 구획반복계토기는 띠대문 구획과 자돌문 구획으로 크게 구분할 수 있다. 문제는 자돌문 구획도 금탄리Ⅰ식토기에 포함시킬 수 있는지의 여부이다. 금탄리Ⅰ식토기는 띠대문 구획만을 의미하기도 하며 금탄리Ⅰ문화층에서 출토된 토기 조합 모두를 지칭하기도

---

3) 구획문토기란 용어는 이영덕(1999)이 처음 사용한 바 있다. 엄밀한 의미에서는 횡대구획 반복문 토기로 하여
   야 하나 줄여서 구획반복문토기로 지칭하기로 한다.

한다. 여기서는 후자의 입장에서 양자를 모두 금탄리Ⅰ식토기로 명명하였지만 구분문계 전통이 남아 있는 띠대문 구획과 그렇지 않은 자돌문 구획은 구분되어야 하겠기에 후자를 구획반복문Ⅰ류, 전자를 구획반복문 Ⅱ류로 분류한다.

노래섬에서 출토된 구획반복문토기는 단사선문+삼각조대문의 반복시문(Ⅲa)과 삼각조대문이 생략된 토기(Ⅲb)로 구분할 수 있다. 노래섬의 단사선문을 이용한 구획반복문토기는 서술의 편의를 위하여 잠정적으로 노래섬Ⅰ식토기로 명명한다.

이상 금탄리Ⅰ식, 노래섬Ⅰ식토기를 기준으로 구획반복문토기는 다음과 같이 분류될 수 있다.

1) Ⅰ류

횡점열문(Ⅰa), 다치계 압날문(Ⅰb) 등의 자돌문계 문양으로 기면을 구획하고 사이에 삼각조대문 등의 집선문을 채운 토기이다. 금탄리유적에서도 일부 출토되며 암사동과 미사리유적에서 금탄리Ⅰ식토기로 보고된 토기 중 띠대문계를 제외한 나머지가 여기에 해당한다(그림 4). 횡점열과 삼각조대문이 반복되는 토기는 욕지도 H트렌치 2, 3층 사이의 패각층(원도 12-33)에서도 태선침선문, 단사선문, 압인어골문토기와 함께 출토되었다(그림 5-7). 이영덕(2001)은 욕지도의 구획반복문을 모두 대상반복문으로 통합하여 금탄리1식과 구분하였는데 자돌과 삼각조대의 결합에서 Ⅰa 계통으로 볼 수 있다.

2) Ⅱ류

Ⅱ류는 띠대문으로 기면을 구획하고 사이에 무지개문, 조대문, 횡주어골문 등을 교대로 시문하여 전면을 채운 전형적인 금탄리Ⅰ식토기로 대표된다. 금탄리1문화층 토기를 보면 대부분 가장 아랫단에는 횡주어골문이 시문되면서 저부 하단은 문양이 생략되고 있다. 반월동과 세죽리에서도 출토되며 암사동에서는 구분계의 단사선문토기와 영종도 는들에서는 동일계의 전면횡주어골문토기와 공반하고 있다. 금탄리 외에는 출토량이 극히 미미하다.

3) Ⅲ류

여러 열의 단사선문대로 기면을 구획하고 사이에 삼각조대문 등의 집선문을 채운 형식(Ⅲa)으로 帶狀紋樣인 단사선문만 반복으로 시문되고 구획 내부는 문양이 생략된 것(Ⅲb)도 있다. 노래섬과 가도패총의 대상반복문토기로 대표된다. 남해안에서도 단사선문으로 구획된 토기가 수가리(Ⅵ층), 다대포와

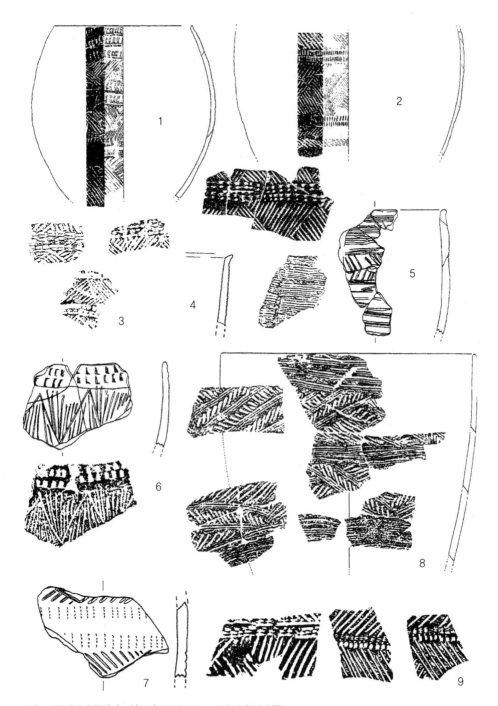

그림 4. 중서부의 금탄리 I 식토기(이영덕 2001, 도면 13 일부 수정)

1·2.암사동(국립중앙박물관 1999, 도면 59, 64-③), 3.암사동(국립중앙박물관 1995, 도면 32 외), 4.암사동 75-5호 집터(국립중앙박물관 1994), 5.영종도 젓개마을(한양대 1999, 도면 7-24), 6·7.미사리(한양대발굴), 8.오이도 가운데살막(지표조사), 9.미사리(서울대발굴, 미사리1 삽도38)

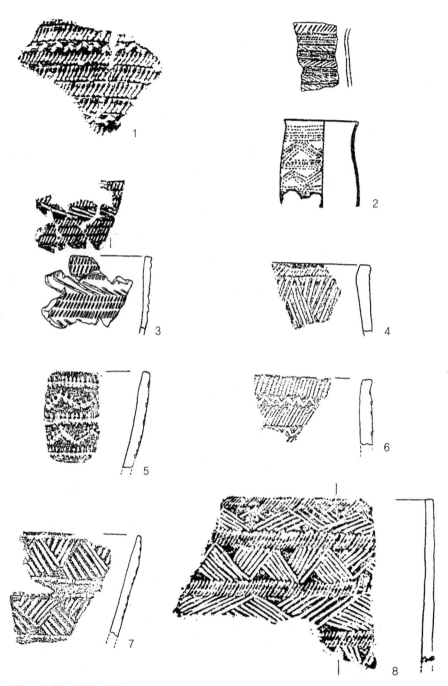

그림 5. 남해안의 區劃反復紋토기(이영덕 2001, 도면 12 일부 수정)

1.다대포, 2.서포항 2기, 3.수가리 Ⅵ층, 4~7.욕지도(5.3층 그림 16-66, 6.조가비층 그림 11-3, 7.조가비층(그림 12-33), 8.오산리(B-Ⅲ층 2호 주거지)

욕지도, 동해안의 오산리에서 출토되고 있으나(그림 5-1·3·8),[4] 노래섬Ⅰ식토기는 단사선문이 구분문계의 구연부 문양 형식을 취하고 있는 점이 이들 토기와 다르다.

전형적인 금탄리Ⅰ식토기(Ⅱ류)는 띠대문 구획의 채움 문양으로 여러 문양이 번갈아 가면서 시문되고 저부 쪽에는 횡주어골문이 시문되는 반면 노래섬Ⅰ식토기(Ⅲ류)는 단사선문과 조대문이 반복시문되고 저부에도 조대문이 시문되는 차이점이 있다. 또한 전자는 띠대문에서 침선문적 성격이 강하고후자는 단사선문에서 압날문적 성격이 강하다. 그러나 양자는 Ⅰ류의 자돌문구획토기와 달리 단사선문, 띠대문이 구연부 문양적 성격을 갖고 있다는 점에서 공통된다.

4. 편년과 연대

띠대문의 금탄리Ⅰ식토기와 대상단사선문의 노래섬Ⅰ식토기는 구획문양, 특히 구연부 문양에서차이가 나는데 금탄리Ⅰ식은 띠대문이, 노래섬Ⅰ식은 단사선문이 특징이다. 그러나 양자 모두 구획반복이란 모티브, 원저 옹형에 가까운 기형, 둥글거나 뾰족한 구순, 채움 문양으로 삼각조대문 이용,바탕흙의 활석 혼입 등에서 공통성을 엿볼 수 있다. 앞에서 언급하였듯이 임상택(1999)은 금탄리Ⅰ식과 노래섬Ⅰ식(그의 帶狀短斜線紋土器)이 가도의 최하층에서 구연한정 단사선문과 함께 유행하면서 횡주어골문토기는 없다는 점에서 중기 후반으로 보고 금탄리Ⅰ식은 중기 전반에 편년하였다. 그러나 결론을 먼저 말하면 필자는 양자의 시기적인 차이가 거의 없다고 생각한다.

노래섬 출토 즐문토기는 1군과 2군으로 크게 구분되는데 1군토기에 영선동식·패각조흔문·구연한정 단사선문토기와 더불어 노래섬Ⅰ식의 구획반복문토기가 포함된다(이영덕 2001). 인접한 가도패총에서도 노래섬Ⅰ식토기가 구연한정 단사선문토기, 영선동식토기와 함께 최하층인 10층에서 출토된다. 따라서 남해안의 5기 편년을 따르면 노래섬1군토기는 전기 영선동식토기의 후반에 속하게 된다.연대적으로도 노래섬 최하층의 5200~4500BP 가도 9층의 4830±50BP, 10층의 5460±60BP가 여기에 해당될 가능성이 크다(표 1).

금탄리Ⅰ식토기는 중부 이남에서 암사동, 미사리, 오이도와 영종도 늘들에서 발견된다. 미사리에서는 번데기무늬 등의 다치상 압날문과 횡점열문으로 이루어진 횡대구획에 삼각조대문이 결합된 구획반복문 Ⅰ류가 발견되는데 모두 활석이 혼입된 점토질 태토이다(『미사리』 제1권, 1994, 442쪽). 『미사리』보고서에서는 점토+활석 태토를 미사리에서 비교적 늦은 시기의 태토라고 보고 있으나 층위적 뒷받

---

4)　田中聰一(2001, 223쪽)은 복합문양군(구분계) 중에서 구연부 문양대의 단사집선문, 자돌점열문 사이에 부
　　가문이 삽인된 문양(Aa2)을 口緣部 附加文으로 부르고 있다. 수가리Ⅵ층의 단사선문과 사선문의 반복 모티
　　브는 구연부만 남아 있기 때문에 구획반복문이 아닌 구연부 부가문일 가능성도 있다.

표 1. 區劃反復紋토기관련 유적의 방사성탄소연대

유적	시료위치	시료번호	시료종류	C14연대(BP)	보정연대(BC)	출처
암사동	75-10호집터	KAERI-188	목탄	5510±100	4580-4040	국박 1995
	75-2호집터	KAERI-189	목탄	5000±70	3850-3660	
	75-4호집터	KAREI-	목탄	4730±200	3940-2920	
	74-5호집터	KAERI-	목탄	4610±200	3800-2870	
미사리	Ⅵ층(포함층)	KSU-497	목탄	4950±140	4000-3370	임효재 1983
오이도 가운데살막	1호노지	SNU00-143		4790±80	3710-3360	김정석·양성혁 2001
	N2E1바닥	SNU99-128		4270±60	3030-2660	
영종도 는들	A지구 집터	SNU00-138	목탄	4560±40	3500-3090	서울대 2001
		SNU00-137	목탄	4500±60	3370-3010	
		SNU00-139	목탄	4480±30	3350-3010	
가도	남서Tr10층	BETA-92374	목탄	5460±60	4460-4050	충남대 2001
	남서Tr9층	BETA-92372	목탄	4830±50	3710-3380	
노래섬 가지구	C2-Ⅱ바닥층	KCP-128	조개	5180±70	4150-3800(?)	이영덕 2001
	B4-Ⅱ패각하	KCP-238	조개	5046±60	3940-3710(?)	
	C1-Ⅱ9층	KCP-240	조개	4976±60	3940-3650(?)	
	C4-Ⅱ바닥	KCP-237	조개	4541±60	3380-3040(?)	
오산리	B-Ⅲ2호집터	KSU-	목탄	4230±50	2920-2610	임효재 외 1988

침이 있는 것은 아니다. 암사동에서 보고서가 발간된 국립박물관 75년도 조사분을 보면 주거지에서는 5호 바닥에서 띠대문이 시문된 금탄리식토기편 1점이, 그리고 트렌치에서 구획반복문Ⅰ류 몇 편이 출토되었을 뿐이다. 트렌치 출토품은 사질태토이고 75-5호 출토품은 석면이 혼입되었다. 기형이 복원된 완형의 Ⅰ류는 암사동Ⅱ(국립중앙박물관 1999, 도면 59)에서 처음 보고되었는데 트렌치 출토품으로 번데기무늬와 삼각조대문이 반복시문되고 있다(그림 4-1·2). 번데기무늬는 구연부에는 3줄, 그 이하에는 2줄이 시문되어 있으며 기형은 옹형이고 사질 태토이다. 단사선문 구획의 Ⅲ류와도 유사하나 이영덕(2001)은 금탄리식에 포함하였다.[5] 활석이 혼입된 Ⅰ류 토기편 1점도 같은 트렌치에서 출토되었다(위 보고서 도면 64-3). 결국 암사동과 미사리는 금탄리Ⅰ식토기 중에서도 Ⅰ류가 주로 발견되지만 양은 극히 한정되어 있어 반입품일 가능성이 크다. 그러나 구분문계 토기와 공반되고 있으며 암사동과 미사리의 구분문계 주거지 연대가 5000~4600BP에 밀집되어 있기 때문에 암사동과 미사리의

---

5) 이영덕이 금탄리식에 포함한 근거는 제시되고 있지 않은데 동부 하부에 횡주어골문이 시문되고 패각압날 구획이라는 점을 감안한 것 같다.

금탄리식토기도 이 연대에서 크게 벗어나지 않을 것이다. 띠대문 구획의 금탄리 I 식토기는 단치횡주어골문토기가 주류를 이루는 영종도 늘들(젓개마을)에서도 1점이 출토되었다. 임상택(1999)은 늘들의 양상을 근거로 금탄리 I 식토기가 후기 전반까지 지속된 것으로 보았다. 실제 늘들의 연대는 4560±40BP, 4500±60BP로 암사동의 하한연대와 이어진다.

금탄리 I 식토기와 구분문계 토기가 출토되는 암사동유적의 연대와 노래섬 I 식토기와 영선동식토기가 출토되는 노래섬유적의 연대가 모두 5000~4600BP로 나오는 점이 주목된다.[6] 구획반복문토기로 분류한 노래섬 I 식과 금탄리 I 식은 전반적인 문양대 구성, 기형, 태토 등에서 유사성이 있다. 또한 암사동, 미사리에서 띠대문 구획과 자돌계 구획이 공존하고 절대연대상에서도 노래섬최하층과 암사동유적이 5000~4600BP, 즉 기원전 4천년기 전반기의 공통된 연대를 갖고 있다. 결국 가도와 노래섬의 자료는 영선동식토기를 암사동식토기와 동시기에 편년할 수 있는 근거도 된다.

금탄리, 암사동, 미사리의 예로 보면 자돌 구획, 단사선문 구획, 띠대문 구획이 공존한다. 그러나 김장석이 지적하였듯이 대동강유역에서 금탄리식토기의 존재는 상당히 이질적이다. 활석 혼입은 이전부터 존재하던 요소이고 옹형에 가까운 기형도 궁산4기에 유행한다. 그러나 띠대문과 자돌문 구획의 반복시문은 대동강유역에서 전례가 없다. 이영덕(2001)은 노래섬의 '대상반복문'을 남해안 계통으로 파악하면서 '대상반복문'이 금탄리 I 식보다 문양 형태와 구도의 정형성이 갖추어졌다는 점에서 '대상반복문'토기에서 금탄리 I 식이 발생하였을 가능성도 고려되어야 한다고 주장하였다. 필자는 이영덕의 주장을 경청할 필요가 있다고 생각한다.

남해안에서는 전면시문의 구획반복문토기가 욕지도, 수가리, 다대포 등 수가리 I 식토기단계 전엽경에 해당하는 유적에서 출토되며 영동지방에서는 지경동식토기에 해당하는 오산리 B지구 2호집터에서 출토된다. 더욱이 구획반복문토기가 집중적으로 출토되는 유적도 없다. 따라서 남해안의 구획반복문토기가 영선동식에 해당하는 서해안의 구획반복문토기보다 빠르게 볼 증거가 없다고도 할 수 있다. 그러나 전면시문은 아니지만 횡대구획은 융기문토기단계부터 존재하며 자돌에 의한 횡대구획도 영선동식토기단계부터 출현하는 이른 요소이다. 횡대구획이 전면에 확장하여 전사되면 구획반복시문토기가 되는 것이다. 영선동식토기와 교류관계가 상정되는 구주의 西唐津式土器에도 횡대구획의 반복시문 모티브가 확장되는 양상이 나타나며, 영선동식 마지막 단계와 연대적으로 병행관계에 있는 曾畑式 초기형식에도 구연부에는 압인계 횡주어골문이 몇 줄 시문되고 그 밑에는 띠대문과 삼각조

---

6) 연대가 늦은 노래섬의 4541BP, 암사동의 4610BP를 제외하면 중서부 구획반복문토기의 연대가 5000~4800BP로 집중되지만 영종도 늘들의 연대를 감안하면 5000~4500BP의 연대폭을 주었다. 오이도에서도 명지대 지표채집품 중에 금탄리 I 식토기가 존재하고 서울대 발굴에서는 4790BP, 4270BP의 연대가 보고되고 있는데 전자의 연대는 금탄리 I 식토기의 연대폭에 해당될 가능성도 있다.

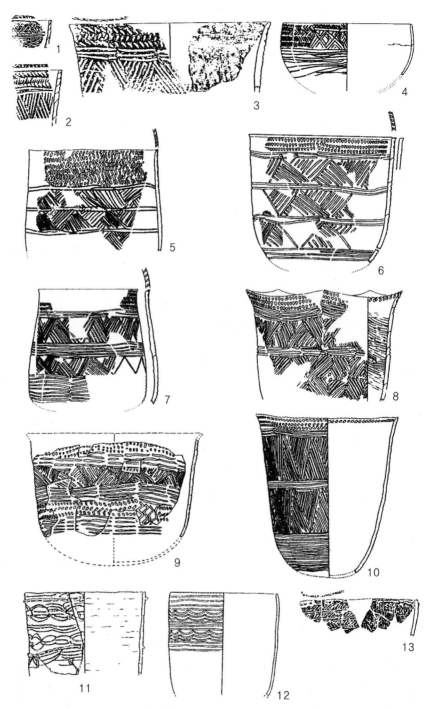

그림 6. 西北九州의 區劃反復紋토기(이상균 1998, 162쪽의 도면 2, 131쪽의 도면 12)
1~10.曾畑式 A1류, 11~13.西唐津式

대문이 시문되는 포탄형 토기가 성행한다(그림 6). 또한 이들 구주지방 토기에는 활석이 혼입되는 특징도 있다(이상균 1998).

단사선문은 영선동식토기단계 후엽 이후 나타나는 요소이므로 자돌계 구획이 단사선문계 구획보다 시기적으로 먼저 출현하였을 가능성이 충분히 있다. 실제 동북지방의 서포항 2기에서도 자돌과 거치가 전면에 반복시문된 토기가 출토되고 있다(그림 5-2). 문양론적으로는 그림 5-5의 자돌+거치문→5-7의 자돌+조대→5-3과 6의 단사선+집선(또는 거치문)의 변천과정을 상정할 수도 있으나 남해안 자료만으로 구획반복문토기의 발생과정을 증명하기는 어렵다.

필자의 생각으로는 자돌에 의한 횡대구획 모티브를 갖고 있는 영선동식토기문화가 서해안으로 진출하면서 금강하구에서 암사동식토기문화의 구연부 단사선문과 결합하여 노래섬 I 식토기가 출현하였고 대동강유역까지 올라가 금탄리 I 식토기가 발생하게 된 것이 아닌가 싶다. 즉 구획반복문토기가 금강하구와 대동강유역에서 발생하게 된 계기를 남해안 영선동식토기문화의 북상에서 찾는 것이다. 이동주(1999)가 중서부 구분문계 토기의 기원을 남해안 영선동식토기에서 찾은 것과 비슷한 맥락일 수도 있는데 전면시문토기의 남해안기원설은 동조하지 않지만 연속압날점열문, 중호문 등에서 중서부 구분문계토기와 남해안 영선동식토기가 연결되는 양상도 보이고 양자가 연대상으로도 중복되므로 어떠한 형태로든 양 문화의 교류와 상호영향이 있었던 점은 부정할 수 없다.

5. 결론

본고에서는 노래섬과 금탄리 출토 토기를 중심으로 하였을 뿐, 즐문토기의 구획반복문 모티브 전체를 대상으로 한 분류는 시도하지 않았다. 영선동식 자돌구획을 선행 모티브로 보아 I 류에 다치구상 압날문과 횡점열문 구획을 포함하였지만 다치구상 압날문은 단사선문 구획과 연결되는 점도 있기 때문에 횡점열과 다치구상 압날문은 별도의 형식으로 분류하여야 할지도 모른다. 본고의 내용을 요약하면 다음과 같다.

금탄리 I 문화층에서 출토된 띠대문 구획과 자돌문계 구획의 반복시문(금탄리 I 식)토기와 노래섬최하층에서 출토된 단사선문 구획의 반복시문(노래섬 I 식)토기는 태토, 기형, 문양대 구성에서 공통성이 있어 區劃反復紋토기로 통합한 후 자돌문 구획의 I 류, 띠대문 구획의 II류, 단사선문 구획의 III류로 분류하였다. 중서부지방 구획반복문토기의 연대는 5000~4500BP(보정연대 기원전 4천년기 전반)에 해당하며 암사동식 구분문계토기, 금탄리식토기, 영선동식토기의 동시기성을 증명한다. 따라서 구획반복문토기는 중서부 신석기시대 중기 설정의 기준으로 이용될 수도 있다. 이 경우 남해안의 전기가 중서부의 중기가 되어 한반도 전체의 편년망이 정비될 필요가 제기된다.

구획반복문은 九州에서도 영선동식 토기단계에 해당하는 西唐津式에서 출현하여 曾畑式 초엽에 띠대문구획+삼각집선문의 반복시문 형태로 완성된다. 구주와 중서부의 구획반복문토기는 태토에 활석이 혼입되는 공통성도 있다. 대동강유역은 금탄리, 반월동 외에는 구획반복문 중심의 유적이 없고 문양 요소와 배합도 다소 이질적이다. 남해안에서는 횡대구획이 융기문토기단계부터 출현하여 영선동식토기 단계까지 지속되며, 구획과 채움에 이용된 문양 종류도 다양하다. 따라서 중서부의 구획반복문토기는 남해안 영선동식토기의 영향으로 발생하였을 가능성을 제기하며 금탄리와 노래섬의 띠대문, 단사선문 구연부 문양은 구분계 구연부 문양의 결합으로 해석한다.

　이상 금탄리 I 식토기의 연대와 계통에 대한 견해를 제시하였지만 하나의 가설일 뿐 추후 검증되어야 할 부분이 많다. 同學들의 보충 및 반박 논문이 나왔으면 하는 바람이다. 반복구획문토기, 노래섬 I 식토기란 용어도 잠정적 造語일 뿐으로 더 좋은 용어가 나오길 기다린다.

제3장 금강식토기와 능격문의 형성과정에 대한 예비적 고찰

1. 머리말

　청원 쌍청리유적 발굴보고서(국립청주박물관 1993)에서 처음 설정된 錦江式土器는 짧게 직립하거나 외반하는 口緣과 球形이나 偏球形 胴體를 지닌 圓低 기형에 작은 능형 문양대가 구연에서 동부 상단까지 시문된 토기를 지칭하였다. 금강유역에서 집중적으로 출토되어 금강식토기로 명명되었지만 토기 형식은 일반적으로 지명이나 문양 또는 기형을 기준으로 설정되기에 금강식은 다소 어색한 명칭이다. '쌍청리식토기'로 명명하면 어떻겠는가는 필자(1999, 15쪽)의 제의에 대해 신종환(2000, 9쪽의 주 11)은 쌍청리유적보다 둔산유적이 먼저 조사되었고 금강식이란 명칭이 그 동안 별 거부감 없이 통용되었다는 점을 들어 금강식을 고수하였다. 단 금강식토기의 문양에 대한 명칭은 어떠한 형태로도 필요하기 때문에 신종환(2000, 9쪽)은 전형적인 금강식토기의 문양이 押引이나 連續押引에 의해 이루어진다고 주장하면서 '廣幅菱形押引文'이란 용어를 상정하였다. 필자도 굳이 금강식이란 명칭을 폐기하고 쌍청리식으로 대체하자고 고집하지는 않는다. 그러나 필자가 최근 보고서 작업에 관여하고 있는 군산 노래섬과 진안 갈머리유적에서 신종환의 정의에서 벗어나는 압날이나 연속압날에 의해 능형의 단위를 만든 토기가 발견되었다. 금강식토기의 정의에 대한 문제와는 별도로 이들 토기의 문양이 소형의 능형 문양 단위로 구성되었다는 점에서 기존 금강식토기의 문양과 공통되므로 문양에 대한 통일된 명칭을 설정할 필요가 발생하였다. 이에 필자는 '菱格文'이란 문양 명칭을 임의로 만들어 하나의 대안으로 마련해 본다. 아울러 이 글에서는 갈머리와 상촌리에서 출토된 鳥羽紋 및 '雷紋', 그리고 남해안의 '斜行短斜線紋'과의 관계 속에서 '菱格紋'의 발생과 변천과정에 대한 試案을 제시해 보고자 한다.

2. 錦江式土器의 기존 정의

신종환은 청원 쌍청리유적의 발굴보고서(1993, 80~81쪽)에서 금강식토기를 처음 설정하면서 기형(Ⅲ型)과 문양(型)에 대한 설명을 다음과 같이 하고 있다. "i) 바닥이 圓底인 球形 혹은 偏球形의 형태이며, 짧게 直立 혹은 外反하는 口緣을 갖춘 壺形土器이다. ii) 胴部最大徑이 器高나 口徑보다 크다. iii) 문양은 口緣部에서 胴部最大徑까지 全面 施紋되는 것이 일반적이며, 주로 연속 압인 혹은 압날한다. iv) 施文具는 끝이 넓고 미세한 凹凸이 있는 것, 혹은 多齒具를 사용하며 비스듬한 방향으로 시문하되 문양이 相互重複되지 않게 시문한다." 쌍청리 출토 금강식토기의 문양은 Ia, Ib, Ic의 세 형식으로 구분되었는데 Ia는 요철이 있는 폭 넓은 시문구로 연속압인하여 작은 능형의 문양 단위를 이루었고, Ib는 二齒具로 3~4회 비스듬하게 반복 압날하여 장방형의 문양 단위를 이룬다. Ic는 문양 형태는 다르나 기형이 전자와 유사하다. 신종환은 이 토기 형식이 쌍청리, 금정리, 둔산 등 금강수계의 신석기유적에서 출토된다는 점을 고려하여 錦江式土器로 명명하였다.

이어서 「新石器時代 錦江式土器에 대한 小考」라는 논문에서 신종환(1995, 4~5쪽)은 금강식토기를 4형식으로 분류하였다. Ⅰ형식은 편구형의 동체에 짧게 직립하는 구연을 갖춘 圓低壺로 口緣端 바로 밑에서부터 胴部最大徑을 이루는 위치까지 시문구 끝의 폭과 같은 크기의 능형 문양을 정연하게 배치하였다. 기벽이 얇고 성형과 시문에 정성이 엿보여 금강식토기의 가장 발달된 토기로 상정하였다. Ⅱ형식은 口緣先端이 살짝 외반된 형태로서 동체도 구형에 가깝다. 문양은 능형이 대부분이지만 형태가 다양해져 보고서의 Ib, Ic가 여기에 해당한다. Ⅲ형식은 동체 경사가 수직에 가까워지고 구연이 짧게 외반하며 능형의 문양 단위가 정연하지 못하다. Ⅳ형식은 구연은 짧게 직립하고 구형 동체로 문양은 없으나 기형의 유사성에서 금강식토기의 퇴화된 형식으로 설정하였다. 즉 상기한 분류는 문양보다 기형의 변화에 중점을 두고 있다.

최근 신종환(2000, 9쪽)은 압인의 시문기법을 강조하면서 금강식토기의 개념을 다음과 같이 최종적으로 정의하였다. "錦江式土器는 바닥이 圓底인 球形 또는 偏球形의 器形이며, 짧게 直立하거나 外反하는 口緣을 갖춘 壺形土器이다. 그리고 胴部最大徑이 器高나 口徑보다 크며, 문양은 口緣部에서 胴部最大徑까지 시문되는 것이 일반적이다. 施文技法은 끝이 넓고 미세한 凹凸이 있는 시문구로 비스듬히 連續押引하여 菱形의 문양단위가 토기의 상반부에 전면적으로 채워진다. 따라서 금강식토기의 문양명칭은 廣幅菱形押引文으로 부르는 것이 가장 설명적이라고 할 수 있을 것이다." 신종환은 압날 시문인 쌍청리의 Ib, Ic類는 변형이며, 전형적인 금강식토기의 문양은 압인문으로 주장하고 시문방법을 직접 실험해 보였다(위의 글, 21쪽 사진 1).

3. 菱格紋의 設定과 分類

쌍청리와 둔산 출토 금강식토기의 문양이 押引에 의한 것이라는 신종환의 주장은 타당성이 있지만 모든 금강식토기의 문양을 압인으로만 해석하기는 곤란하다. 결론부터 말하면 필자는 금강식토기의 문양이 압날→연속압날→압인의 과정을 거쳐 발생하였다고 본다. 그러나 연구자들마다 금강식토기에 대한 인식에 차이가 나기 때문에 이 글에서는 신종환의 廣幅菱形押引文과 둔산의 소위 方点紋만 협의의 금강식토기로 지칭하고 광의의 '금강식'토기 문양은 菱格紋으로 대체하였다. 菱格紋은 소형의 菱形 문양 단위가 연결되면서 格子狀(엄밀히는 斜格子狀)의 모티브를 구성하였다는 점에 착안하여 필자가 갈머리보고서를 작성하면서 고안한 용어이다.

菱格紋은 시문수법과 발생과정을 고려하여 아래와 같이 분류될 수 있다(삽도 1).

① 菱格紋 1식(多段式) : 능형의 문양단위 내부가 여러 줄의 多段 형태로 구성된 문양이다. 끝이 좁고 납작한 시문구로 계단식으로 연속적으로 눌러가면서 납작한 鋸齒狀에 가까운 단을 상하로 엇갈리게 만들어 능형 단위의 윤곽을 이룬 후, 내부를 다시 계단식으로 눌러나가 문양을 채운 형식이다. 1식은 다시 내부가 4~5줄로 구성된 1a와 2~3줄로 구성된 1b로 세분된다. 양자는 줄 수에서도 차이가 나지만 근본적인 차이점은 후자가 전자에 비해 깊게 눌러 段의 높이 차가 크다. 1b는 시문구의 모서리로 눌러 '〈'자에 가까운 계단 흔적이 남으며, 1a는 수평으로 눌러 자돌 점열문에 가까운 느낌을 준다. 진안 갈머리유적 출토 능격문토기로 설정되었다(그림 1). 갈머리 능격문토기는 말각평저에 가까운 원저의 球形 또는 半球形 기형으로 구연은 직립하거나 내만하는데 1a식은 구연이 살짝 외반하거나 구순이 안쪽으로 경사지기도 한다. 기본적으로 쌍청리 토기 기형의 Ⅱc, Ⅱd형에 가깝다. 갈머리

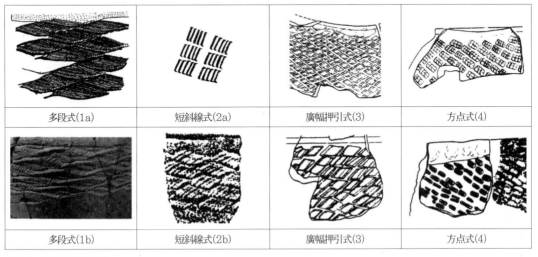

多段式(1a)	短斜線式(2a)	廣幅押引式(3)	方点式(4)
多段式(1b)	短斜線式(2b)	廣幅押引式(3)	方点式(4)

삽도 1. 菱格紋 문양 분류

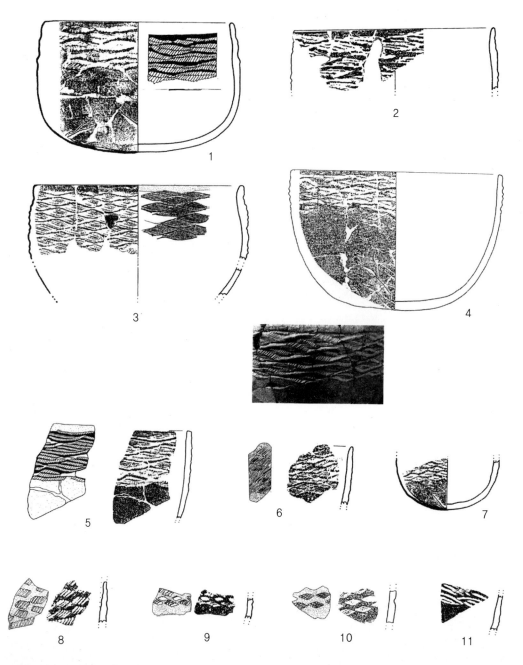

그림 1. 진안 갈머리 출토 菱格紋系 토기

1·2·6.1호 주거지, 3.1호 특수유구, 4·5.3호 특수유구, 7〜9·11.지표채집, 10.마을입구

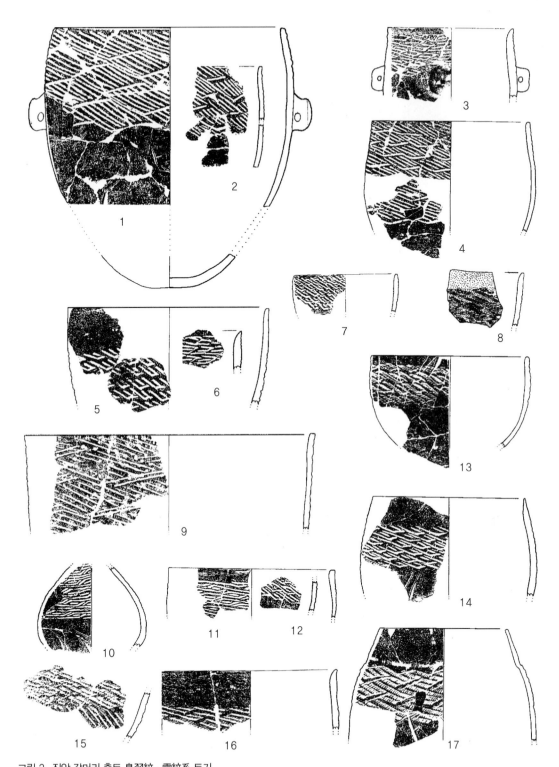

그림 2. 진안 갈머리 출토 鳥羽紋·雷紋系 토기

1~6.1호 주거지, 7·8.2호 특수유구, 13·14.3호 특수유구, 10.마을입구, 9·11·12·15·16.지표채집, 17.2호 주거지

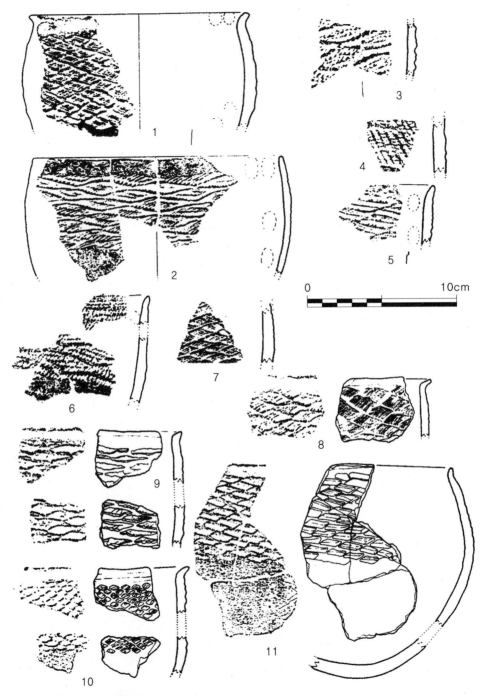

그림 3. 군산 노래섬 출토 菱格紋토기(원광대학교 2002)
1~5.라지구 A패총 교란층, 6·7.라지구 A패총 7층, 8·10·11.마지구 A패총 1·2층, 9.동 3·4층

의 능격문 1식 중에는 능형 단위 하단의 우측부분을 압인에 가깝게 끌어버린 것도 보인다.[1] 노래섬 라지구 A패총(원광대학교 2002)의 168토기(그림 3-3)는 1a, 170토기(그림 3-2)는 1b식에 해당하며, 서산 대죽리패총(한서대학교 2001)에서도 1b식(그림 4-9)[2]이 한 점 출토되었다.

② 菱格紋 2식(短斜線式) : 短斜線紋을 비스듬하게 여러 줄 압날(2a), 또는 연속 압날(2b)하여 능격문을 구성한 문양이다. 연속압날이란 시문구를 기면에서 거의 떼지 않고 일정한 방향으로 연속적으로 눌러나간 수법으로 단사선문 문양소와 문양소 사이에 시문방향의 선이 가늘게 나타난다. 2b식 능형 문양단위의 단사선은 남해안 太線沈線紋土器의 短斜集線紋과 기본적으로 동일한 형태와 수법으로 시문되었는데 후자를 압인형 단사집선문으로 분류하는 연구자도 있다(하인수 2003). 그러나 눌러서 한 번에 댕긴 押引과 누른 행위를 연속적으로 여러 번 반복한 연속압날은 개념적으로 구분되어야 한다고 생각한다. 능격문 2식은 시문구의 형태에 따라 단사선문의 모양이 달라지며 凹凸이 있는 시문구나 多齒具가 이용되기도 한다. 강릉 지경리(강릉대학교 2002) 6호 주거지 출토 능격문토기(그림 4)가 여기에 속한다. 지경리의 능격문 2식은 갈머리의 능격문 1식과 능형 문양 단위 내부를 구성하는 방법에서는 많은 차이가 있지만 둘 다 菱格의 문양단위를 구성하고 시문부위, 기형 및 기종도 거의 동일하다. 서해안에서는 노래섬 라지구 A패총의 167·74번토기(그림 3-1, 3-7), 마지구 A패총의 32번토기(그림 3-9)가 2b식으로, 꼬막조개의 패각을 시문구로 이용하여 단사선 내부에 요철이 남아 있다. 기형은 전자와 같으나 구연의 외반 각도가 크다.

③ 菱格紋 3식(廣幅押引式) : 신종환이 정의한 전형적 금강식토기의 '廣幅菱形押引紋'으로 요철 있는 시문구로 압인하여 능격문을 구성하였다. 즉 능격문 2식의 단사선문을 연속적으로 누르지 않고 한 번에 끌어 당겨 능형의 문양단위를 만든 것이다. 극히 짧은 목이 달린 偏球形의 기형도 3식에서 주로 나타난다. 쌍청리와 둔산 출토 금강식토기는 능격문 3식의 문양이 주류를 이룬다(그림 5). 능격문 3식은 문양이 정연한 3a식(신종환 1995의 Ⅰ형식)과 다소 무질서한 3b식(신종환 1995의 Ⅲ형식)으로 세분될 수도 있다. 노래섬 마지구 A패총에서는 3식 문양(30번토기, 그림 3-9)이 2b식 문양과 함께 보이며, 가운데살막·안말 등의 오이도패총에서도 2b식과 3식이 모두 출토되었다.

④ 능격문 4식(方点式) : 능격문 3식에 포함될 수도 있으나 문양이 장방형의 점열문에 가까워지고 능격의 모티브가 흐트러진 것을 4식으로 분리하였다. 압날로 시문되지만 문양이 세장한 方点紋 형태를 취한 것도 여기에 포함한다. 예를 들어 압날 후 약간 압인하여 시문한 둔산의 방점문 Ⅰ식 문양과, 끝이 두 개로 이루어진 시문구를 사용하여 3~4회 반복 압날하여 장방형의 문양을 이룬 쌍청리의 Ib

---

1) 국립공주박물관 발간 『금강 특별전 도록』(2002), 20쪽에 실린 도판 14의 능격문토기를 보면 이러한 기법을 뚜렷이 알 수 있다.

2) 탁본 상태로는 알 수 없으며 보고서에 실린 문양 확대 사진에서 뚜렷이 나타난다.

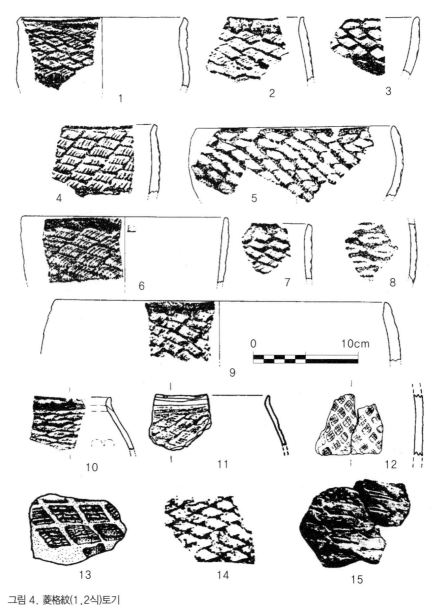

그림 4. 菱格紋(1, 2식)토기

1∼9.지경동 6호 잡터(강릉대학교), 10.오이도 가운데살막(서울대학교), 11.대죽리(한서대학교), 12.고남리(한양대학교),
13.금정리(영동군, 신숙정), 14.송산(영종도, 서울시립대학교), 15.어의도(전남 신안군, 목포대학교)

식 문양(그림 5-2)을 들 수 있다. 용담댐 수몰지구에서는 용평리 운암(그림 5-9), 안좌동(그림 5-11)에서 내
만구연의 능격문 3식토기가 출토되며, 갈머리의 점열문 H2, H3도 능격문 4식의 변형으로 볼 수 있
다. 운암의 능격문 3식은 좁은 'ㄑ' 형태로 연속적으로 눌러, 다단식의 능격문 1식 문양이 해체되어 1
단만 남은 모양에 가깝다.

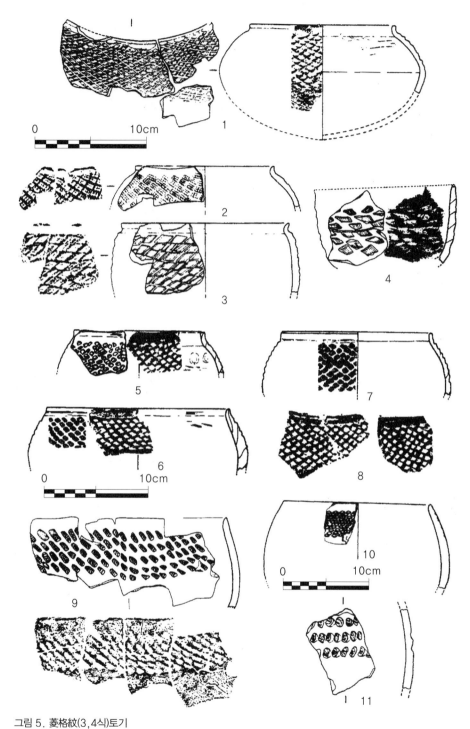

그림 5. 菱格紋(3, 4식)토기

1~4.쌍청리 4호 집터(신종환), 5~8.둔산(충남대학교), 9.용평리 운암(전북대학교), 10.운정리 장자골(국립전주박물관), 11.안좌동(전북대학교)

4. 遺蹟 檢討

1) 雙清里

청원 쌍청리유적은 금강 지류인 미호천으로 흘러드는 竝川川변의 얕은 구릉 위에 위치하며, 파괴된 신석기시대 주거지 3・4호가 발견되었다(국립청주박물관 1993). 발굴자인 신종환(2000, 12쪽)은 이후 3・4호 주거지가 원삼국시대 주거지에 의해 가운데가 잘린 단일 주거지였을 가능성이 크다고 수정하였다. 토기의 문양은 菱形集線紋, 橫走魚骨紋과 이들 문양에서 파생된 집선문이 주류를 이루고 있다. 문양 배치는 구연 상단에 일정한 간격을 두고 능형집선문을 시문하거나 구연 상단에 한 줄의 橫沈線을 돌린 후 횡주어골문을 시문하고 있으며, 문양 자체도 퇴화침선문에 가깝다. 상기한 문양들은 주로 첨저의 심발형 기형에 이용되었다. 금강식토기의 문양은 요철이 있는 폭넓은 시문구로 끌어 당긴 능격문 3식(보고서 Ia류)과 2齒具로 3~4회 비스듬하게 반복적으로 누른 능격문 4식(보고서 Ib류)이 있다. 보고서에서는 橫短線紋이 縱방향으로 반복 압날된 문양(보고서 Ic류)과 무문양토기도 기형의 유사성에서 금강식토기로 파악하였다. 금강식토기의 기형(보고서 II형)은 말각평저에 가까운 둥근 圓低와 球形이나 偏球形 동체부에 짧게 직립하거나 외반된 구연을 보이며, 이는 다시 편구형 동체와 짧게 직립한 구연의 IIa류(이하 보고서 분류), 거의 곧추 선 동체부와 짧게 외반한 구연의 IIb류, 구형 동체와 내만 구연의 IIc류, 대야바닥의 IId류로 세분된다. 신종환은(1995, 6쪽) 무문양의 IIc류를 금강식토기의 퇴화된 형식으로 생각하였으나 갈머리의 예에서 보듯이 이러한 기형은 남부내륙 중기 단계부터 이미 나타나므로 문양의 유무만으로 퇴화를 논할 수 없다. 또한 신종환이 동일주거지로 파악한 3호와 4호 주거지에서 금강식토기는 4호에서만 출토되고 있는 점을 어떻게 해석하여야 할지도 문제로 남는다.

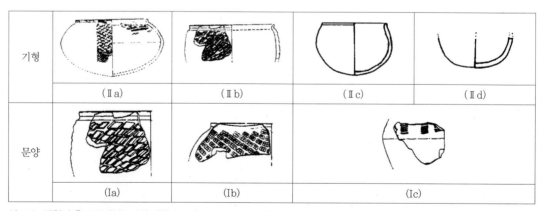

기형				
	(IIa)	(IIb)	(IIc)	(IId)
문양				
	(Ia)	(Ib)	(Ic)	

삽도 2. 쌍청리 출토 금강식토기의 기형과 문양(괄호 안은 보고서 분류)

2) 屯山

대전 둔산유적은 금강 지류인 甲川변의 낮은 구릉 위에 위치하며, 지름 2~3m의 수혈 15기가 조사되었다(충남대학교 1995). 출토된 토기의 문양은 쌍청리처럼 횡주어골문 및 능형집선문과 여기서 파생된 각종 집선문이 주류를 이루고 있으며, 능격문 계통의 문양은 전체 토기의 6.9%를 차지한다. 구연부 상단에 공백을 남기거나 횡선을 한 줄 돌리고 문양을 시문한 점, 문양이 가늘고 조잡한 퇴화침선적 요소가 많이 나타나는 점도 쌍청리와 같다. 보고서에서는 금강식토기의 문양을 方点紋으로 부르고 압날의 'h'와 압날 후 압인에 의한 'i'로 분류하였으며, 쌍청리의 Ic를 여기서는 횡단선문의 'f'문양으로 분리하였다. 8점이 보고된 방점문 'h'는 필자의 능격문 4식에 속한다.[3] 28점이 보고된 방점문 'i'는 대부분 필자의 능격문 3식에 속하지만, 세장한 장방형의 점열문에 가까워진 20·21·23·24·26·29 토기 등은 능격문 4식으로 분류된다. 둔산의 방점문은 소형토기에 주로 시문되며, 기형은 반구형의 盌形, 구연이 오므라들면서 짧게 직립하거나 외반하고 동부최대경이 구경보다 큰 壺類와 外反口緣小壺類로, 편구형 기형은 찾기 어렵다.

3) 노래섬

금강 앞 바다에 위치한 군산 노래섬에서는 신석기시대의 패총 6개소와 포함층 1개소가 확인되었다(원광대학교 2002). 菱格紋은 라지구와 마지구 패총에서 보고되고 있으며, 남해안 전기양식의 토기가 주류를 이루는 가지구 패총에서는 전혀 출토되지 않았다.[4] 노래섬 라지구 A패총의 신석기문화층은 帶狀反復紋土器의 Ⅰ문화층과 積石爐址가 분포하는 Ⅱ문화층으로 구분된다. Ⅱ문화층에서는 능격문 4점과 더불어 단사집선문 7점, 횡주어골문 35점, 능형집선문 2점, 패각조흔문 4점, 대상반복문 7점, 띠대문 2점, 능형집선계 조우문 1점, 이중구연 1점이 출토되었다. Ⅱ문화층은 장기간에 걸쳐 형성된 층으로 단사집선문·대상반복문·패각조흔문은 능격문보다 이른 시기의 문양으로 추정된다. 능형집선문·능형집선계 조우문·띠대문·능격문의 공반은 기본적으로 갈머리 1호주거지의 양상과 유사하다. 菱格紋은 여러 단의 계단상이나 자돌상으로 시문된 1식(168·170, 그림 3-3·2)과 요철있는 단사선문을 연속압날한 2식(167, 그림 3-1)이 있다. 능격문은 지표 및 교란층에서도 2식 1점(74, 그림 3-7)과 1식 1점(73, 그림 3-6)이 채집되었다. 그림 3-6의 토기는 그림 3-3의 토기와 마찬가지로 끝이 날카로운

---

3) 둔산 보고서 107쪽 도면 23-1(문양모티브 분류도)의 방점문 h는 압인에 의한 방점문 i 문양(12번토기)이 잘못 수록되어 있다.

4) 李永德(2001)은 노래섬의 즐문토기를 남해안의 영선동식토기와 연결되는 1군과 중부 서해안과 남부 내륙 후기양식이 접목하는 2군으로 분류하였다. 노래섬에서 능격문과 조우문은 2군토기와 공반된다.

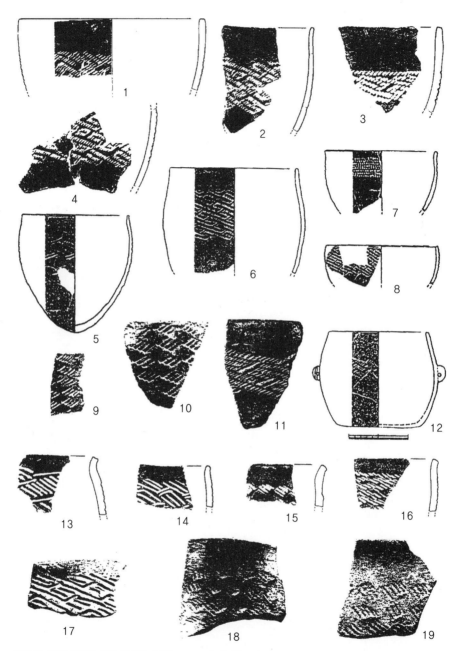

그림 6. 진주 상촌리 출토 토기(동아대학교 2001, 동의대학교 2001)

1~4.1호 집터(동의대학교), 5.17호 집터, 6.14호 집터, 7.22호 집터, 8·9.19호 집터, 10~12.6호 집터, 13.56호
수혈(동의대학교), 14.2호 구상유구(동의대학교), 15·16.52호 수혈(동의대학교), 17.26호 집터, 18·19.7호 집터
* 나머지는 동아대학교 발굴. 1~12는 중기, 13~19는 후기

시문구로 마치 점열문처럼 연속압날하여 扁菱形의 문양단위를 만들었다. 구연부 상단에는 점열을 두 줄 돌렸고 동체부 문양 하단에는 거치상 구획을 하여 마무리하였다. 이러한 문양 배치는 상촌리 출토 뇌문토기(동아대학교 2001, 도판 150-①)에서도 나타난다. 상기 토기들은 대부분 최대지름이 동체 중간이나 상단에 있으며 구연은 약간 외반하였다.

노래섬 마지구 A패총은 교란층인 1·2층과 안정된 층인 3·4층으로 구분된다. 전자에서 수습된 즐문토기의 문양은 단사집선문, 횡주어골문, 능형집선문, 능격문이 보인다. 능격문은 꼬막조개의 패각으로 비스듬하게 연속적으로 눌러 능형의 단위를 만든 2b식의 31·32번토기(그림 3-8·10)와 폭 4mm 내외의 끝이 편평한 시문구로 압인하여 장방형의 단위를 만든 3식의 30번토기(그림 3-11)가 있다. 30번은 최대지름이 동체 중앙에 있고 구연이 짧게 직립하였고, 31과 32는 동체는 직립하고 구연이 외반하였다. 3·4층도 문양구성이 1·2층과 유사하여 다치횡주어골문이 가장 많고 단사집선문, 격자문, 능격문 등이 있다. 능격문(79, 그림 3-9)은 폭 3mm 내외의 편평한 시문구를 3~4회 연속 압날하여 능형의 단위를 만들어 능격문 2b식에서 3식으로 넘어나는 과도기적 형태를 보인다. 구연은 역시 외반하였다. 마지구 A패총 즐문토기를 문양별로 보면 단사집선문 8점, 다치횡주어골문 15점, 무문양 9점, 격자문·능형조대문·패각조흔문이 각 1점, 이중구연 2점, 능격문 4점이다. 토기의 문양과 기형, 태토조성에서 기본적으로 라지구 A문화층과 유사한 면이 많지만 문양의 정연성과 문양대 구성에서 마지구 A패총이 약간 후행하는 느낌을 준다. 마지구 A패총 3·4층 패각의 방사성탄소연대는 4380±40BP, 4245±25BP가 측정되었다.

4) 갈머리

진안 갈룡리의 갈머리(葛頭)유적은 금강 상류의 지류인 程子川변에 형성된 생활유적으로 주거지 3기, 적석노지 53기와 용도미상의 특수유구 3기가 조사되었다(호남문화재연구원 2003). 갈머리의 신석기시대는 短斜集線紋과 雷紋土器가 주류를 이루는 1a期, 菱形組帶紋과 鳥羽紋·菱格紋으로 대표되는 1b기, 봉계리식 格子紋과 点列紋의 2期, 斜短線紋과 二重口緣의 3期로 분리된다. 1a기는 2호 주거지와 마을입구 파괴주거지, 1b기는 1호 주거지와 특수유구, 2기는 29-37호 적석노지, 3기는 유적 동남측의 적석노지가 해당한다. 방사성탄소연대의 보정연대를 참조하면 1기는 기원전 4천년기 후반, 2기는 기원전 3천년기 전반, 3기는 기원전 3천년기 후반으로 편년된다.

갈머리의 능격문계(보고서의 G) 문양은 크게 3형식으로 구분되었다. 갈머리의 능격문을 대표하는 문양이 보고서의 G1으로, G1a는 본문의 1a, G1b는 본문의 1b에 해당한다. G1식은 조우문을 침선 대신 단사집선문이나 점열문으로 이어서 구성한 형식, 즉 자돌상 조우문과 형태적으로 유사하다. 여기서는 테두리의 우변이 깊게 눌러져 사선 같은 느낌을 주는 것은 조우문, 문양이 고루 깊고 양단이 菱格의 모티브로 모아지는 것은 능격문으로 구분하였으나 실제로는 하나의 문양으로 통합되어야 할

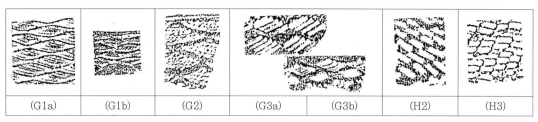

| (G1a) | (G1b) | (G2) | (G3a) | (G3b) | (H2) | (H3) |

삽도 3. 갈머리 능격문 계통 문양 분류(보고서 분류)

지도 모른다. G2는 자돌상 시문구로 수열 연속압날하여 点列重弧紋 같은 형태의 문양을 만들었다. G3는 4~5개 정도의 단사선을 斜行으로 압날한 능형압날문으로 각 문양단위의 右上과 左下가 맞닿아 중간에 능형 공백을 남긴 G3a와 문양단위를 맞물리게 배치하여 격자상의 공백을 남긴 G3b로 세분된다. G3b는 본문의 2식에 해당한다. G1은 갈머리 1호 주거지와 특수유구에서 능형조대문, 조우문, 띠대문과 공반한다. G2와 G3는 마을 입구 파괴주거지에서 단사집선문, 뇌문토기와 함께 발견되었으나 片이고 지표채집품이라는 한계성이 존재한다. 능격문은 구연이 직립하고 동체가 거의 수직에 가깝게 올라가며 접지면이 넓은 원저의 소형 완형토기에 주로 시문되며, G1a 중에는 구연이 살짝 외반된 것도 있다. 한편 갈머리 2기의 점열문토기 중에서 단치구나 2치구로 횡이나 사선방향으로 눌러나가 장방형의 문양단위를 만든 H2, H3는 본문 분류의 능격문 4식과 관련되는 문양일 가능성도 있다.

5) 地境里

동해안 사구지대에 형성된 양양 지경리유적에서는 신석기시대의 주거지 10기와 야외노지 2기, 小割石遺構 1기가 조사되었다(강릉대학교 2002). 지경리의 신석기는 단사선문+부가문+횡주어골문이 시문된 중서부 계통의 토기로 대표되는 Ⅰ기와 집선문+횡주어골문의 남부 태선침선문계 토기로 대표되는 Ⅱ기로 구분된다. Ⅰ기에 속하는 1·4·7호 주거지는 4570±60BP, 4590±70BP, 4600±80BP, Ⅱ기의 6호 주거지는 4420±60BP의 방사성탄소연대가 측정되었다. 6호는 7호 주거지 위에 덧놓여 있으므로 층위적으로도 Ⅰ기보다 늦은 시기임을 알 수 있다. 보고서에서 다치구를 연속 밀집압날하여 구성한 '多齒点列菱形紋'으로 분류된 능격문 2식은 6호 주거지에서 10점, 9호 주거지에서 1점이 출토되었다. 지경리의 능격문은 요철있는 시문구로 단사선문 5~8개를 비스듬하게 연속적으로 눌러 문양 단위를 만들어 나가면서 전체적으로 능격문의 문양구성이 이루어지도록 하였다(그림 4). 그림 4-8(보고서 그림 56-⑫)의 문양은 끝이 3개로 갈라진 시문구로 연속 압날시문하여 타원형의 문양단위를 만들었다고 하는데 도판에서도 뚜렷하지는 않으나 능격문 1식과 관련된 문양일 수도 있다.

갈머리에서도 이와 유사한 문양이 보인다(그림 1-11). 문양은 대부분 구연에서 1cm 정도 아래에서부터 동체 중간까지만 시문하였다. 기형은 역시 외반구연의 小甕形이나 내만구연의 盌形 등 소형토기로 바닥은 接地面이 넓은 원저이거나 말각평저이다. 6호주거지 출토 즐문토기의 구연부 문양으로는 능격문 10점 외에 단사집선문 19점, 띠대문 3점, 점열띠대문 2점, 횡주어골문 13점, 점열능형집선문 5점, 삼각집선문 21점, 능형집선문 14점, 제형집선문 8점, 사격자문 14점이 보고되었다.

5. 菱格紋 成立過程 試案

먼저 금강식토기와 능격문의 발생에 대한 기존 견해를 살펴보자. 필자는 양양 하광정리에서 채집된 능격문토기를 소개하면서 상노대도 상리패총 Ⅴ층의 소위 '밭데기무늬'(손보기 1982)와의 유사성을 언급한 바 있다(안승모 1995, 328쪽). 하광정리의 능격문은 문양 구성과 외반구연에서 쌍청리의 금강식토기와 가깝지만 전자는 중기의 태선침선문계통과 공반되어 후기로 편년되는 금강식토기와는 시간적, 공간적 거리가 있다는 문제점을 당시에 지적하였다.[5] 한영희(1995, 34쪽)는 금강식토기의 문양을 남부지방의 문양이 錦江化된 양식으로 파악하면서 '남부지방의 후기신석기시대토기에는 구연에서 약간 내려온 곳부터 동체상부까지 刺突技法으로 만들어진 列点文, 列三角文 등 각종의 문양이 지역에 따라 다양하게 나타나고 있는데 이 문양은 그러한 것의 한 종류로 생각된다'라고 지적하였다. 일각(임상택 1999, 44쪽)에서 제기되고 있는 것처럼 한영희가 열점문, 열삼각문을 금강식토기와 관련된 문양으로 파악한 것은 아니다.

임상택(1999, 44쪽)은 금강식토기 문양의 기원을 鳥羽紋에서 찾았다. 조우문은 최대지름이 몸통에 있는 소형토기에도 시문되며, 기본적으로 반복되는 문양단위가 능형이고, 기면 상반부에 국한하여 시문된다는 점에서 금강식토기와 연결시켰다. 그는 금릉 송죽리에서 확인된, 斜行短斜集線紋帶 1조의 右端을 연결시킨 문양(본고의 단사선식 조우문)을 지적하면서 능형의 문양단위를 침선에서 연속압인으로 변화시킨 것이 금강식토기의 성립과정이라고 추측하였다. 금강식토기의 요소가 남부 내륙에서 형성되었을 가능성이 높다는 씨의 지적은 타당성이 있지만, 그가 상정한 문양의 변천과정은 오히려 역전된 것이 아닌가 싶다.

필자는 '밭데기무늬'의 斜行短斜集線紋 뿐 아니라 최근 상촌리와 갈머리에서 보고된 雷紋도 鳥羽紋과 능격문의 형성과정에 대한 실마리가 될 수 있다고 생각한다. 아래에서는 조우문, 뇌문과 사행단사선문과의 관계 속에서 능격문의 발생과정을 살펴보도록 한다.

---

5) 신종환(1995, 6쪽의 주17)은 하광정리의 능격문토기가 기형과 시문기법, 공반유물에서 금강식으로 보기 어렵다고 주장하였다.

1) 鳥羽紋과 雷紋

진안 갈머리유적(호남문화재연구원 2003)의 조사성과를 참조하면 조우문은 菱形集線式(1식), 沈線式(2식), 短斜線式(3식)으로 크게 분류할 수 있다(삽도 4). 菱形集線式은 1線 구획의 1a식(그림 2-1)과 2線 구획의 1b식(그림 2-9)으로 세분되는데, 기형도 菱形組帶紋과 같은 深鉢形이고 구연부 문양으로서 동부의 횡주어골문과 결합되기도 하여 능형집선문으로 분류되기도 한다. 이 문양은 갈머리1b기에서 菱格紋 1식, 菱形組帶紋과 공반되어 중기부터 출현하였음을 알 수 있으며, 능형조대문이 便化된 양상일 가능성도 있다.[6] 능형집선식은 금릉 송죽리에서도 1b식에 가까운 문양이 나타난다(그림 7-1~3). 송죽리에서도 보이지만 능형집선식의 조우문(특히 1b식)은 구획선이 연결되지 않고 끊어진, 즉 우측의 사선을 따로 그은 형태도 존재한다. 임불리(안춘배 1989, 84쪽)의 2線菱形集線紋(그림 8-4)이 여기에 해당되며, 강루리·봉계리(그림 6-13·14)·목도리(그림 8-1·2) 등의 남부 내륙에서 침선식 조우문과 함께 봉계리식토기의 문양으로도 이용되었다. 또한 금강유역에서 교차집선문으로 보고된 문양 중에도 이와 유관한 형태가 보인다. 능형집선식은 노래섬 라지구 A패총 Ⅱ문화층(182), 나지구 Ⅰ문화층(36)에서도 한 점씩 출토되었다. 후자는 구연에서 5cm 가량 공백을 띠고 한 줄의 橫線을 돌린 후 그 아래에 점열상으로 연속압날하여 1b식에 가까운 조우문을 배치하였다.

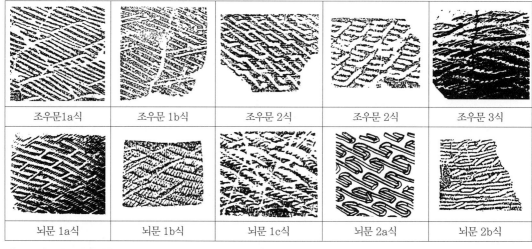

조우문1a식	조우문 1b식	조우문 2식	조우문 2식	조우문 3식
뇌문 1a식	뇌문 1b식	뇌문 1c식	뇌문 2a식	뇌문 2b식

삽도 4. 鳥羽文과 雷文 紋樣 分類圖

---

6) 菱形集線式의 1b식은 일정한 간격을 두고 두 줄의 사선을 그은 다음 그 내부에 집선을 채움으로서 형성된 문양으로 볼 수도 있으며 이웃한 문양 단위의 사선이 竝列하여 2선 구획 같은 효과가 나타나는 것이다. 이렇게 집선을 2선으로 구획한 것처럼 보이게 하는 문양구성은 梯形集線紋의 특징이기도 하다.

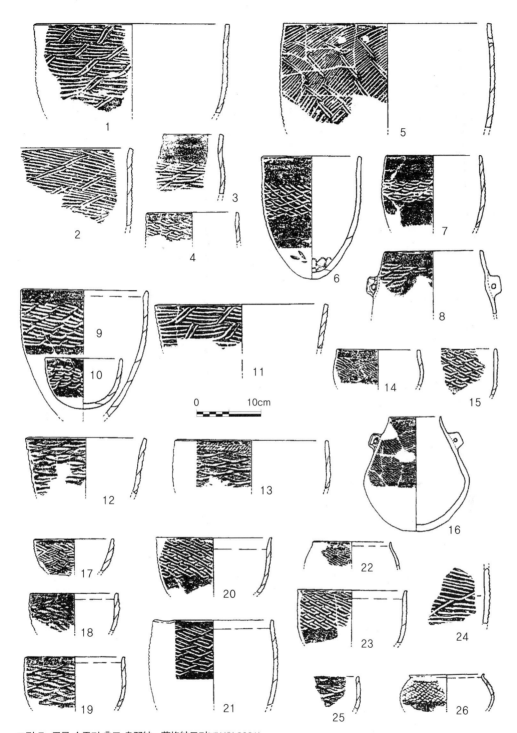

그림 7. 금릉 송죽리 출토 鳥羽紋·菱格紋토기(배성혁 2001)
1~4.5호, 5~8.6호, 9~13.7호, 14~16.2호, 17~21.4호, 22~24.1호, 25·26.3호

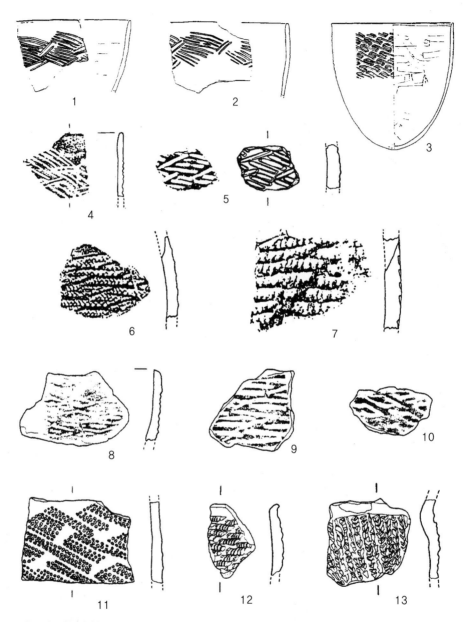

그림 8. 鳥羽紋·雷紋토기

1~3.목도리Ⅱ층(국립진주박물관), 4.임불리 1호 집터(안춘배), 5.계화도 패총(김규동), 6·7.죽산리(이영문), 8~10.유정리(윤덕향), 11.승금(전북대학교), 12·13.안좌동(전북대학교)

전형적 조우문으로 알려진 沈線式(2식)은 내부에 채워진 사선의 수, 아래쪽 구획선의 형태와 인접 단위와의 연결 등을 기준으로 여러 소형식으로 세분될 수 있으나 세부적인 분류는 본고의 주제와 거리가 있어 생략한다. 봉계리 · 강루리 · 임불리 등 남부지방의 소위 봉계리식유적에서 출토되어 남부 내륙 후기의 대표적 문양으로 이해되고 있었으나 갈머리 1호주거지의 예에서 보듯이 기원은 중기의 태선침선문 단계까지 소급된다. 봉계리 · 강루리 · 임불리의 조우문(그림 9-1~5)은 주로 날개형 테두리 내부에 短線 하나만 채워져 있으며, 대야리 · 송도 · 구평리 · 상리의 조우문(그림 9-7·8·10)은 2개의 단선이 채워졌다. 갈머리 1호 주거지 조우문(그림 2)의 채움 선은 1~3개가 모두 보이며, 역ㅌ자형에 가까운 모티브(그림 2-3)와 능형집선식과 침선식의 중간적 형태(그림 2-4)도 나타난다. 금강하구역에서는 가도패총에서 침선식 조우문이 1점(355) 출토되었다(그림 8-11).

연속압날 기법으로 시문한 短斜線式(3식) 조우문은 송죽리에서 전형적인 예를 찾아 볼 수 있다. 송죽리특별전도록(계명대학교 1994)에 실린 4호 주거지의 53번(그림 7-19)과 6호 주거지의 41번(그림 7-8) 토기가 대표적이다. 41번 문양은 단사선문을 비스듬하게 잇달아 두 줄을 누르고 우측을 깊은 침선으로 연결하여 사다리나 마름모에 가까운 문양 단위를 만들었다. 53번 문양은 구연 바로 아래 단사선문 한 줄을 연속적으로 돌리고 그 밑에 단사선식 조우문을 시문하였다. 배성혁(2001)이 보고한 7호와 3호 주거지에서도 이러한 문양이 보인다(그림 7-12·13).

조우문의 발생과정을 보면 菱形集線式은 능형조대문에서, 沈線式은 능형집선식과 단사선식에서 기원하였을 가능성이 있다. 실제 송죽리에서는 침선식, 단사집선식, 능형집선식 조우문이 모두 공존한다. 침선식은 심발형에 시문되기도 하지만 호형, 완형 등 소형토기의 단독문양으로 이용되는 경우가 많다. 또한 갈머리에서 보듯이 능형집선식과 침선식의 중간적 형태도 존재한다(그림 2-4). 반면 연속압날의 단사선식 조우문에서 短斜線紋帶를 하나의 침선으로 연결하면 바로 침선식 조우문이 된다. 특히 역 'ㄷ'자와 역'ㅌ'자 형태의 침선식에서 그러한 변화과정이 두드러진다. 단사선식 조우문 역시 소형토기에 주로 시문된다. 물론 역으로 대형토기에 시문된 능형집선문계 문양을 소형토기에 넣는 과정에서 침선식과 단사선식의 조우문이 발생하였다고 보거나, 임상택(1999, 44쪽)의 견해대로 침선식에서 단사선식으로의 변화를 상정할 수도 있다. 그러나 침선에 의한 조우문을 굳이 힘들게 연속압날에 의한 단사선식 조우문으로 바꾸어야 할 이유를 찾기 어렵다. 압날이나 자돌에서 압인을 거쳐 침선으로 변화하는 남부지방 즐문토기 문양의 일반적 변천과정을 보아도 그렇다. 단사선식 조우문이 구연 바로 아래에 단사선을 횡으로 한 줄 돌리고 그 밑에 단사선으로 조우문을 배치하는 것도 침선식 조우문의 일반적 문양구성과는 다르다. 그렇다면 단사선식 조우문의 기원은 어디에서 찾을 수 있을 것인가? 필자는 단사선식 조우문은 多段式 능격문과 밀접한 관계에 있으며 양자 모두 短斜線式 雷紋에서 기원을 찾을 수 있다고 생각한다.

短斜線式 雷紋은 필자가 조사한 갈머리 2호 주거지와 마을 입구의 Ⅲ지구에서 출토되었는데 많은

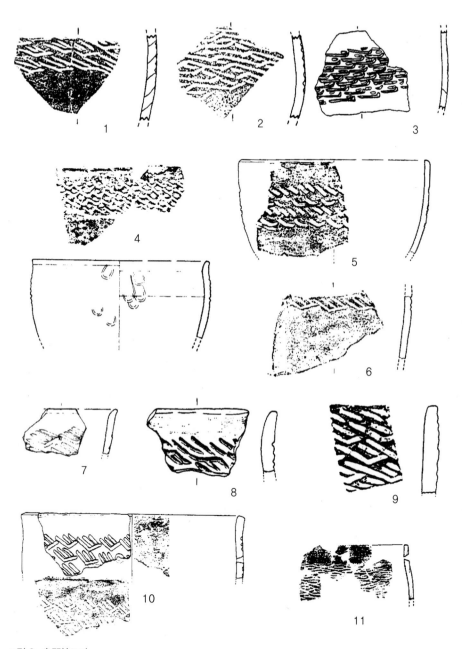

그림 9. 鳥羽紋토기

1~3.봉계리 퇴적층(동아대학교), 4.임불리 1호 집터, 5.임불리 3·4호주변(안춘배), 6.임불리 6호 토광, 7.대야리 23호(동의대학교), 8.구평리 I 층(단국대학교), 9.강루리, 10.송도 II 층(국립광주박물관), 11.가도 A-7층(충남대학교)

양은 아니다. 발굴 당시에는 필자가 처음 접한 문양이라 분류와 명칭에 많은 혼란이 있었다. 단사선문의 압날 기법에서는 능격문 1식에, 문양 단위를 구획하는 형태에서는 조우문에 유사하였기 때문이었다. 그러다 상촌리의 도판(동아대학교 2001)이 발간되면서 이러한 문양이 상촌리에서 집중적으로 출토되었고 雷紋으로 호칭됨을 알게 되었다(이동주 2003). 상촌리의 뇌문은 우리가 일반적으로 접한 동북지방이나 서북지방의 침선계 뇌문과는 형태가 크게 달라 과연 뇌문이란 명칭이 타당한 것인가라는 의문도 들지만 일단 상촌리 보고자의 의견을 따라 뇌문으로 부르기로 하겠다.[7] 갈머리의 뇌문도 상촌리의 뇌문과 시문방법, 문양 구성, 기형 뿐 아니라 공반토기에서도 거의 같다. 뇌문토기는 구연 바로 아래에 단사선문(또는 자돌문)을 한 줄 돌리고 그 밑에 뇌문을 시문한 형태와 구연에서 일정한 공백을 띄우고 중간에 뇌문을 시문한 형태가 있다. 후자에는 문양대 상단에 뇌문과 동일한 시문 수법으로 거치상이나 평행자돌상의 횡대구획을 한 것도 존재한다(동아대학교 2001, 도판 107-②, 136-②). 뇌문토기의 기형은 深鉢形과 小甕形 또는 盌形이 공존한다.

雷紋은 조우문·능격문과 같은 기준에서 短斜線式(1식)과 沈線式(2식)으로 분류하고자 한다. 압날의 단사선식 雷紋은 점열이나 短斜線을 늘어진 'ㄹ'자형으로 계속 연결하여 뇌문(1a식)을 구성한다. 전자(1a식)와 기본적 문양구성은 같으나 단사선문이 한 줄 더 추가되어 斜行短斜線紋帶의 긴 줄 2조와 짧은 줄 2조의 단위로 연결된 형식을 1b식으로 한다. 후자에는 상하의 短斜線紋帶 연결을 점이 아닌 침선처럼 연결한 것도 많이 나타난다. 결과적으로 뇌문 1b식은 2줄의 사선으로 구획된 능형집선식(1b식) 조우문과 유사한 구성을 보인다. 상촌리에서 단사선식 뇌문은 단사집선문 중심의 중기(1군)유적에서 출토되며 조우문과는 공반되지 않는다. 갈머리 1a기에서도 마찬가지이다. 반면 갈머리 1b기와 송죽리에서 조우문은 능격문과 더불어 능형조대문과 공반된다. 즉 뇌문이 유행하는 시기가 능형조대문, 능격문, 조우문보다 이르다고 볼 수 있는 것이다. 그렇다면 능형집선식과 단사선식의 조우문은 단사선식 뇌문의 후행 형식으로 발생하였을 가능성도 대두된다.

실제 갈머리에서는 단사선문을 이용한 시문 수법은 뇌문과 같으나 문양이 뇌문처럼 연결되지 않고 끊어지면서 단위문양으로 분할되어 가는 문양(그림 2-8·13, 보고서 F2b식)도 출토된다. 단사선식 뇌문과 단사선식 조우문의 중간적 형태인 이러한 문양을 일단 뇌문 1c식으로 분류하자. 뇌문 1c식은 단사집선문과 결부되는 다른 1식과 달리 갈머리 1b기에서 조대문·능격문과 공반되기도 한다. 예를 들어 갈머리 3호 특수유구에서 출토된 그림 2-13의 토기는 두 줄의 短斜線紋帶 양단을 연결하여 단사선식 조우문과 유사한 문양을 구성하지만 뇌문적 요소가 남아 있어 단사선문대의 길이가 차이가 난다. 두 줄의 단사선문대 길이가 서로 같아지고 한 조로 완전히 독립하게 되면 송죽리의 단사선식 조우문이 되는 것이다. 결과적으로 단사선식 뇌문에서 문양이 끊어지기 시작하고 완전히 독립된 문양단위

---

7) 상촌리식 뇌문으로 부르는 것도 한 방편이다.

로 발전하면서 단사선식 조우문과 다단식 능격문이 발생한 것으로 추정할 수 있는 단서가 생긴 것이다.

雷紋을 선으로 연결하여 구성한 沈線式(2식)은 앞의 1a식 뇌문의 단사선문대를 긴 선으로 교체한 2a식과 맞물린 갈고리 내부에 短線 하나를 채운 連勾紋 모양의 2b식으로 세분된다. 단사선식(1식) 뇌문에서 발생한 것으로 보이나 양자 모두 출토 예가 드물어 세부적인 논의를 진행하기 어렵다. 갈머리에서는 망덕 주변 채집품 중에 2b식이 존재하며(그림 2-11), 목도리 2층에서 2a식이 능형집선식 조우문과 공반되었다(그림 8-3). 田中(2001, 236쪽)도 沈線紋系 單獨紋樣群을 분류하면서, 단사선식 뇌문(그의 斜行凹凸紋)과 단사선식 조우문을 포함하는 Bf1에서 연속자돌을 침선으로 표현한 Bf2를 거쳐 短沈線에 의한 斜位의 L자형과 短沈線을 조합한 침선식 조우문 Bf3로의 변천과정을 상정하였다. 短斜集線의 沈線化와 문양형태의 간략화라는 과정으로 자연스러운 형식 변천을 상정한 점에서 필자의 견해와 근접한다. 그러나 상촌리 중기의 1군토기에서는 뇌문이, 후기의 2·3군토기에서는 조우문이 성행하지만 침선식 뇌문이나 다나카의 Bf2식은 상촌리에서 전혀 검출되지 않았다. 또한 갈머리와 송죽리에서는 침선식 조우문이 다단식 능격문 및 단사선식 조우문과 각기 공반하고 있기 때문에 양자의 존재를 편년의 근거로 삼기는 곤란하다.

다음으로 短斜線式 鳥羽紋과 多段式 菱格紋의 관계에 대하여 알아보자. 양자는 시문구의 형태 차이는 있으나 연속압날기법을 채용한 점, 2~3줄이 한 조로 능형에 가까운 문양 단위가 구성된 점, 곡선적 V자 형태로 연결된 문양 단위의 하단 형태 등에서 유사성이 보일 뿐 아니라 시문된 소형토기의 기형도 같다. 따라서 단사선식 뇌문이 해체되면서 단사선식 조우문이 발생하고 여기에서 다단식 능격문이 기원한 것으로 상정할 수도 있다. 그러나 다단식 뇌문은 단사선식 조우문보다 시문기법이 훨씬 정교하고 공을 많이 들였으며, 문양단위도 개별적으로 완전히 독립된 것이 아니라 거치상으로 서로 연결되고 있다. 즉 능형 단위의 좌우 코너가 트인 채로 인접 단위로 넘어가고 있다. 연대에서도 단사선식 조우문이 출토되는 송죽리 3호 주거지가 4380BP로 다단식 능격문이 출토되는 갈머리 1b기의 4500BP보다 100년 가량 늦으며, 전체적 문양구성과 종류에서도 송죽리는 갈머리 1기보다 후행한다. 그렇다면 오히려 다단식 능격문에서 단사선식과 침선식 조우문이 발생하였을 가능성은 없는지, 또는 같은 남부 내륙이지만 단사선식 뇌문이 낙동강 상류에서는 단사선식 조우문, 금강 상류에서는 다단식 능격문으로 분화되었을 가능성은 없는지 검토될 필요가 있다.

이 글에서는 다단식 능격문의 계보를 단사선식 뇌문에서 구하고 있지만 양자를 문양론적으로 매끄럽게 연결시킬 수 있는 고리가 빠져 있어 앞으로의 연구과제로 남는다. 남부지방에서 능형조대문이 성행하는 중기 후반단계부터 후기까지 능형의 문양단위가 압도적으로 선호되었다(임상택 1999, 44쪽). 능형의 문양단위라는 당시의 사회적 규범을 충실히 따르고자 단사선식 뇌문에서 다단식 능격문이 개발되어 소형토기의 문양으로 채용된 것이 아닐까라는 억측을 해볼 뿐이다.

2) 斜行短斜集線紋

금강식토기의 문양을 단사선식 조우문에서 찾는 견해도 있지만 필자는 短斜線式과 廣幅押引式 菱格紋의 기원은 단사선식 조우문이나 다단식 능격문보다 斜行短斜集線紋에 있다고 본다. 남해안에서는 단사선문을 斜行으로 연속적으로 눌러나가 비뚠 장방형에 가까운 문양단위를 구성한 토기들이 출토되는데 이러한 문양을 斜行短斜集線紋[8]으로 부르기로 한다. 신숙정이 명명한 상노대도 상리 V층의 소위 '밭데기무늬'가 대표적인 예이다(손보기 1982). 斜行短斜集線紋은 욕지도·연대도·상노대도 등 중동부 남해안유적에서 구연부 문양으로 이용되고 있으나 뇌문과 마찬가지로 부산 등의 동남해안에서는 보이지 않는다.[9] 연대도, 욕지도, 상노대도에서는 층위 교란이 강한 패총의 성격상 사행단사선문의 정확한 연대를 파악하기가 쉽지 않다. 임학종(1993, 17쪽)은 이러한 문양을 押捺紋 II 4식으로 분류하면서 전기에서 중기에 걸친 문양으로 파악하였다. 반면 田中(2001, 186쪽)은 끝 부분이 평탄한 주격상 시문구로 연속자돌문을 시문한 그의 刺突紋系 Be2類 중에 斜行短斜集線紋(田中 圖 5-17의 30·31·33 문양)을 포함시켜 남해안 刺突·押引紋土器群의 마지막 단계로 편년하였다.[10] 斜行短斜集線紋 중에는 각 문양단위의 모서리 부분을 연결시켜 나가거나 上下의 공백이 좁혀 든 것도 있다. 예를 들어 욕지도에서 출토된 그림 10-1의 문양이 좀더 조밀하게 배치되면 지경리 6호의 그림 4-3(보고서 그림 46-2번), 4-9(보고서 그림 63-4) 능격문 2식 문양과 같아진다. 양자는 凹凸있는 시문구의 이용과 단사집선문의 上端을 깊게 눌러 서로 연결시킨 모습에서도 거의 동일하다. 결국 지경리의 단사선식 능격문은 斜行短斜集線紋의 한 종류로도 파악될 수 있는 것이다. 내륙에서는 상촌리 15호 주거지(동아대학교 2001, 147쪽 도판 119-⑤)에서 雷紋과 함께 이러한 형태의 斜行短斜集線紋이 보이는데 이 문양은 단사선식 능격문으로 분류될 수도 있다. 따라서 단사선식 능격문은 사행단사집선문에서 그 계보를 찾을 수 있다.

한편 상촌리에서는 단사선문 3~4개를 비스듬하게 압날하여 능형에 가까운 문양 단위를 만들고 이웃한 문양 단위 사이에 역시 능형의 공백을 남긴 문양이 출토되고 있다(그림 6-9·10). 갈머리 보고서에서는 능형의 공백과 문양의 정연성을 중시하여 菱格紋系에 포함하였는데 사행단사집선문의 발전된

---

8) 田中(2001, 225쪽) 등의 일본인 연구자들이 이미 사용하던 용어이다.

9) 산달도(有光教一 1962)에서 단사선식 뇌문과 비슷한 문양(도 10-1314)이 보고된 바 있을 뿐 영선동, 조도, 범방, 신암리 등의 다른 동남해안 신석기유적에서는 흔적을 찾기 어렵다.

10) 李東注(1996)와 廣瀨雄一(1985)도 斜行短斜集線紋을 押捺 短斜線集線紋에 포함시켜 영선동식 마지막 단계, 즉 전기 후엽의 문양으로 파악하였다. 반면 崔鐘赫(2000)은 이 문양을 자돌문 마지막 단계로 본 점은 같으나 단사집선문과 함께 태선침 선문의 중기전반으로 편년하고 있다.

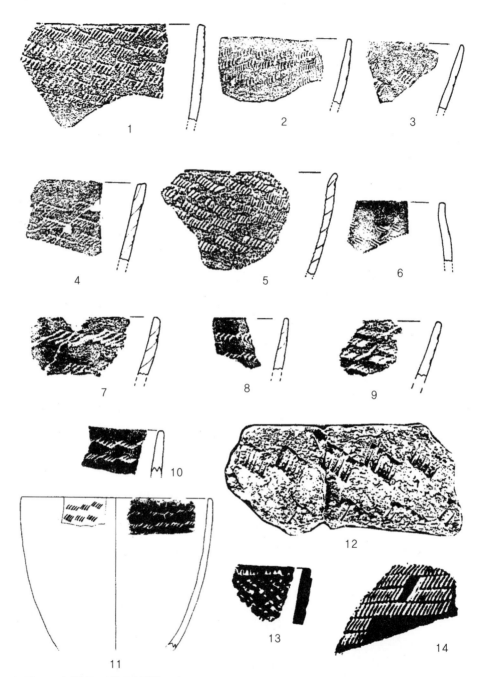

그림 10. 남해안 출토 斜行短斜線紋토기(9·14는 뇌문)

1~6.욕지도(국립전주박물관), 7~9.연대도(국립전주박물관), 10·11.상노대도 산등Ⅴ층(부산 수산대학교), 12.상노대도 상
리Ⅴ층(손보기), 13·14.다대포(有光敎一)

형식11)으로 볼 수도 있으며, 이러한 문양이 단사선식 능격문의 발생에 영향을 주었을 가능성도 있다. 田中(2001, 227쪽)은 이 문양을 단독문양군의 단사집선문에 포함하였으나 양자는 계통이 달라 형식적으로 구분되어야 한다.

신종환(1995·2000)이 정의한 전형적 금강식토기의 문양인 廣幅押引式 능격문은 단사선식 능격문에서 기원한 것으로 생각된다. 작은 능형의 문양 단위 둘레에 도드라진 기면을 남겨 菱格의 문양을 구성한 점 뿐 아니라 사립이 섞인 점토질 태토, 매끈한 정면 수법도 동일하며, 偏球形 동체를 제외한 기종과 기형도 양자가 기본적으로 일치한다. 단사선을 연속적으로 눌러 능형의 문양단위를 구성하던 방식에서 요철있는 廣幅의 시문구로 한 번에 끌어 댕겨 능형의 문양단위를 만드는 방식으로 간편하게 바뀐 것으로 볼 수 있다.

문양이 菱形에서 点列狀의 세장한 장방형으로 바뀐 方点式(4식) 능격문은 시문 기법상 압인과 연속 압날의 두 종류가 보인다. 전자는 광폭압인식 능격문이 더욱 便化된 형태이고, 후자 역시 여러 줄로 구성된 다단식 능격문의 능형 문양단위가 평면상으로 한 줄만 남게 된 형태이다. 즉 방점식은 퇴화침선문과 유사한 일종의 退化菱格紋으로 해석할 수 있다. 이 문양을 끝으로 능격문은 문양으로서의 수명을 다하는 것이다.

3) 주변 지역과의 비교

앞에서 斜行短斜集線紋과 短斜線式 뇌문이 단사선식과 多段式 능격문의 발생과정과 관련이 있을 가능성을 추정하였다. 그러면 사행단사집선문과 뇌문은 어떻게 발생한 것일까? 사행단사집선문은 많은 연구자들이 시문구와 연속압날의 공통성에서 단사집선문의 한 형식으로 포함하고 있으나 斷續斜行과 連續並行이란 점에서 양자는 어딘가 연결이 부자연스럽고, 더욱이 뇌문은 남부지방에서 이질적인 문양이다. 자체적 발생 가능성은 잠시 접어두고 남부를 제외한 다른 지역에서 비슷한 문양을 찾아보기로 하자.

상촌리의 단사선식 뇌문과 가장 비슷한 문양은 멀리 아무르강 하류역 수추섬의 신석기토기에서 찾아진다(국립문화재연구소 2000). 수추섬 24호 주거지 출토의 그림 11-1 토기는 구연부 상단에 자돌문으로 連'ㄹ'자형의 뇌문을 조밀하게 돌리고 그 아래에 역시 같은 시문구로 連'ㄹ'자형 뇌문을 斜行으로 널찍하게 배치하였다. 26호 주거지에서도 자돌에 의한 'ㄹ'자형 뇌문이 어깨 문양으로 이용되었다(그림 11-5·6·8). 기형도 금강식토기처럼 최대지름이 胴部에 있다. 방사성탄소연대를 보면 26호에서 5870±45BP가 보고되었지만 이 연대는 다른 주거지의 측정치를 감안하면 신뢰하기 어렵다. 같은 문화

---

11) 사행단사집선문과 무관하게 주변지역에서 새롭게 유입된 문양 형식일 가능성도 있다.

에 속하는 25호 주거지에서는 4740±70BP에서 5070±40BP에 이르는 4개의 측정치가 나왔으며, 27호 주거지에서도 4680±30BP, 4780±70BP, 4820±90BP의 연대가 측정되었기 때문에 이를 연대보정하면 기원전 4000~3500년이 된다. 이 연대는 4600BP 전후한 갈머리 1a기보다 약간 이르다. 따라서 자돌상 시문기법이나 연대에서 단사선식 뇌문의 원류가 될 가능성을 배제할 수 없다. 다만 수추섬 뇌문토기의 전체적 문양구성은 남부지방 뇌문과 차이가 있고 기형에서도 수추섬은 평저인데 남부는 원저이다. 뇌문과 공반되는 문양도 양자가 크게 다르다.[12] 수추섬에서 뇌문적 요소만 받아들였다고 볼 수도 있으나 아무르강 하류역과 한반도 남부지방은 공간적으로 너무 멀고 연해주와 동해안에서 양 지역을 연결할 중간 고리가 빈다. 연해주 신석기문화인 자이사노프카 2기에서 자돌상 뇌문(그림 12-2)이 일부 보이고 동 4기에는 침선의 뇌문(그림 12-5)이 구연부 상단에 시문되기도 한다(브로 댠스끼 1996, 113·157쪽).[13] 자이사노프카 2~4기의 연대는 논란이 많지만 대체로 기원전 4천년기 후반에서 기원전 3천년기로 본다. 자이사노프카 4기와 비슷한 시기의 서포항 4기(그림 12-10)에서도 자돌에 의한 連'ㄹ'자형 뇌문과 비슷한 문양이 한 점 보이나 상촌리식 뇌문과는 거리가 있다. 극히 일부 連'ㄹ'자문에 가까운 요소가 보이기는 하지만 전체적으로 연해주와 두만강유역에서 성행하는 뇌문은 문양형태와 구성에서 상촌리식 뇌문과 많이 다르다. 결국 설령 수추섬 뇌문이 상촌리식 뇌문과 가장 가깝다고 하더라도 연해주 남부, 두만강을 포함하는 동해안에서 관련 문양을 찾을 수 없다는 결정적 약점을 해결하기 어렵다.

또 다른 후보로 중서부지방의 波狀點線紋을 들 수 있다. 그림 12-14·15는 평남 龍磻里貝塚(有光敎ー 1972, XXV)에서 출토된 파상점선문토기로 자돌상 시문구로 두 가닥의 타래문(絡繩紋)을 만들어 나갔다. 구연 바로 아래 자돌상 단사선문으로 橫帶區劃한 부분과 구순 안쪽이 경사지거나 살짝 외반된 구연의 모습이 상촌리식 뇌문과 연결되는 요소이다. 한반도 서북지방과 동북지방 모두 중기의 타래문에서 후기의 뇌문으로 변화해나갔듯이 같은 과정이 남부에서 발생하였다고 볼 수는 없을까? 즉 파상점선에 의한 타래문이 남동부에 존재하던 斜行短斜集線紋을 모티브로 하여 단사선식 뇌문으로 자체적으로 변형되었을 가능성을 제시해보지만 억측에 불과한 상상일 수도 있다.

이어서 사행단사집선문이나 능격문을 보자. 단사선문 또는 자돌문을 여러 줄 연속적으로 눌러 문양단위를 구성한 토기가 자이사노프카 3~4기의 알레니유적(정봉찬 1997, 12쪽)에서 침선상 뇌문과 함께 보인다(그림 12-4·6). 서포항 1기에서도 자돌문으로 횡대구획하고 그 아래 자돌상 단사선문을 사행으로 배치한 토기가 보인다(그림 12-10). 그러나 이곳의 토기는 모두 평저이고 역시 공간적으로도 공백

---

12) 蛇足이지만 최근 개정된 고등학교 국사교과서(19쪽)에 한반도 즐문토기와의 관계성이 제대로 검증되지 않은 수추섬 출토 토기를 사진으로 굳이 실은 것은 현학적 지식의 과시욕으로 밖에 볼 수 없다.

13) 후자의 문양은 요령지역에서 高台山 등의 편보자유형 뇌문과 연결될 가능성도 있다.

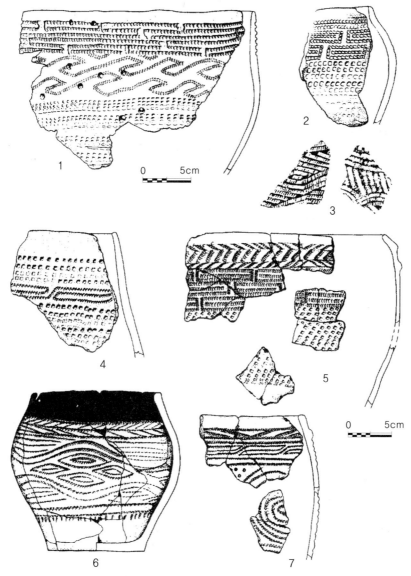

그림 11. 아무르강 수추섬 출토 뇌문계 토기(국립문화재연구소 2001)
1·2.24호 주거지, 3.25호 주거지, 4~7.26호 주거지

이 있어 남부지방과 바로 연결시키기는 어렵지 않을까 싶다. 다만 문양을 연속적이 아니라 단속적으로 문양대를 끊어서 시문하는 방법이 연해주에서 동북지방에 이르는 지역에서 널리 사용되었다는 점만 지적하고자 한다. 한편 아무르강유역의 소위 編目紋은 남한의 능격문 2·3식과 외관상 비슷해 보이지만 전자는 일반적으로 능형 시문구로 찍어서 만드는데 반해 후자는 단사선문을 사행으로 연속 압날하거나 광폭의 시문구로 압인한 점에서 크게 다르다. 다만 콘돈문화에 속하는 新開流上層(考古學

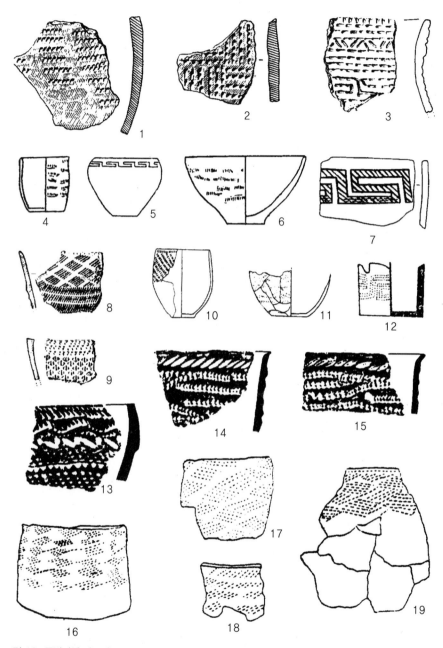

그림 12. 주변지역 비교자료

1·2.자이사노프카1기(알레니), 3.동2기(알레니), 4~6.동 3·4기(알레니), 7.동 5기(크로우노브카), 8·9.신개류상층,
10.서포항 1기, 11·12.서포항 4기, 13.나진리, 14·15.용반리, 16~19.강상리

報 1979-4)에서 단사선문을 연속적으로 눌러 능형의 문양단위를 만든 능격문 2a식과 유사한 문양(그림 12-8)도 존재하지만 자료가 부족하여 더 이상의 논의는 무리이다.

끝으로 함경남도 신포시의 강상리유적(변사성·안영준 1986, 16~22쪽)에서는 점열로 능형조대문과 능형문을 구성한 문양이 많이 이용되는데 단사선식 능격문이 출토된 지경리 6호에서도 강상리계의 点列菱形祖帶紋이 존재한다. 강상리와 지경리의 관련성을 고려하면 단사선식 능격문의 발생에 강상리의 점열능형문이 일정한 역할을 하였을 가능성도 배제하기 어렵다. 이상 아무르강유역에서 북한지역에 걸쳐 남부의 뇌문·능격문·사행단사선문과 관련될 수 있는 문양을 찾아보았는데 설령 일부 문양요소나 시문기법이 북쪽과 부분적인 연관성이 있다고 하더라도 남부의 상기 문양들은 기본적으로 남부의 지역적 전통 속에서 발생한 것으로 보아야 할 것이다.

6. 菱格紋의 年代

금강식토기는 금강유역을 중심으로 신석기후기에 사용된 토기로 인식되어 왔다. 임상택도 금강식토기를 능형집선문·횡선구획문·단치횡주어골문과 함께 금강 중상류의 후기전엽으로 편년하였으나(임상택 1999, 51쪽), 이후 지경동의 단사선식 능격문을 금강식토기에 포함시키면서 금강식토기의 상한이 더 소급되어야 한다고 생각하였다(임상택 2002, 12~13쪽). 그렇지만 그는 지경동 6호 주거지에서 태선문의 퇴화된 양상이 나타난다는 점을 근거로 남해안 중기의 태선문토기보다는 한단계 늦은 것으로 파악하였다. 필자도 短斜線式(2식)과 多段式(1식) 菱格紋을 기준으로 하면 능격문의 출현 연대는 중기 후반[14]까지 소급될 수 있다고 본다.

진안 갈머리유적의 太線沈線紋 단계는 短斜集線紋 중심의 갈머리 1a기와 菱形組帶紋 중심의 갈머리 1b기로 구분되는데 단사선식 뇌문은 1a기, 다단식 능격문과 능형집선식·침선식 조우문은 1b기에 사용된다. 갈머리 1a기와 동시기로 추측되는 상촌리 1기에서도 단사집선문과 단사선식 뇌문이 성행하며, 斜行短斜集線으로 장방형이나 능형의 문양단위를 구성한 토기도 보이나 본격적인 능격문은 아직 출현하지 않았다. 따라서 능격문은 조우문과 더불어 갈머리 1b기, 즉 남부 중기후반부터 사용되기 시작한 문양이라고 할 수 있다. 다단식 능격문이 집선신·침선식 조우문과 반출된 갈머리 1호주거지와 특수유구의 절대연대는 4500BP 무렵에 몰려 있으며 같은 문양이 출토되는 진그늘에서

---

14) 이 글에서는 편의상 자돌·압인문을 전기, 태선침선문을 중기, 퇴화침선문과 봉계리식토기를 후기로 보는 남부지방의 전통적 편년을 답습하였으나 개인적으로는 남부지방의 5기편년 기준은 일부 수정되어야 한다고 본다. 수가리 Ⅰ·Ⅱ식, 봉 계리식의 침선문이 과연 중기, 후기로 구분될 만큼의 시간적 거리가 있는지도 의문이고 무엇보다 서해안 편년과의 병행 관계가 문제로 대두되기 때문이다.

도 4500BP의 연대가 보고되었다.

短斜線式 菱格紋이 다량 출토된 양양 지경리의 6호 주거지에서는 4420±60BP의 절대연대가 보고되었다. 6호 주거지는 組帶紋의 성행과 太線沈線的 기법에서 갈머리 1b기에 가름된다. 또한 능형 조대문과 함께 단사선식 능격문식이 출토된 옥천 대천리(한창균 외 2002)에서도 4400BP, 4490BP의 연대가 측정되었다. 지경리와 대천리의 절대연대로만 보면 다단식 능격문이 단사선식보다 다소 이른 것으로 보이지만 양자는 중기후반부터 시기적 차이보다는 지역성을 갖고 존재하였을 가능성도 있다. 실제 단사선문을 斜行으로 연속적으로 눌러 능형이나 장방형의 문양단위를 만드는 기법, 즉 斜行 短斜集線紋은 영선동식 후기부터 시작하여 단사선식 뇌문의 상촌리 1기에서도 보이기 때문에 (오히려) 2식의 발생이 앞설 가능성도 배제할 수 없는 형편이다. 한편 갈머리에서는 전북대 지표재집품에서 조대문, 단사집선문, 뇌문과 함께, 자돌상 단사선문을 연속적으로 누른 능격문 1점(보고서 810번)이 수습되었지만 지표채집이라 공반관계를 확신할 수 없다.

廣幅押引式(3식)과 方点式(4식)의 능격문은 신종환의 금강식토기를 대표하는 문양이다. 금강식토기라는 명칭이 처음 만들어진 쌍청리유적의 보정연대는 2510~2180BC로 보고되었다(신종환 2000, 12쪽). 3900BP 무렵으로 추정되는 이 연대는 능격문에서 가장 늦은 연대로 봉계리식의 하한연대나 이중구연토기의 상한연대와 근접한다. 소연평도의 4100BP, 고남리의 4150BP,[15] 노래섬 마지구의 4245BP(원광대학교 2002, 369쪽)를 고려하면 광폭압인과 방점식의 능격문은 남부지방 후기의 봉계리식 단계[16]에 해당하는 문양으로 보인다. 실제 쌍청리, 둔산과 노래섬 마지구에서는 봉계리식 문양이 출토되고 있으며 각종 집선문 등의 문양도 퇴화침선문적 양상을 나타낸다. 그런데 봉계리적인 구연상 단공백이 주류를 이루는 송죽리 3호 주거지에서 조대문, 조우문과 함께 능격문 3식과 偏球形 胴體의 전형적인 금강식토기 1점(그림 7)이 출토되었는데 여기서 4380±60BP의 연대가 보고되어 3식의 상한연대가 보다 소급될 여지도 있다(배성혁 2001).[17] 그렇더라도 송죽리의 토기들은 문양 조성과 시문 기법 전반에서 갈머리, 지경리의 토기보다 後行하는 점은 확실하기 때문에 다단식과 단사선식이 광폭압인식이나 방점식보다 먼저 출현한 것은 분명한 것 같다.

따라서 능격문의 존속 연대는 4500~3900BP이고 보정연대를 감안하면 기원전 4천년기 후엽부터 3천년기 중엽까지로 넓게 볼 수 있다.[18] 형식별로 보면 능격문 1식과 2식은 중기의 태선침선문,

---

15) 2차 1호패총 12층에서 패각으로 측정된 연대나 6차발굴 위치와 가까워 금강식토기의 연대로 가름하였다.

16) 봉계리식단계의 방사성탄소연대는 4300~4000BP로 추정된다.

17) 송죽리의 능격문은 계명대 배성혁선생한테 개인적으로 문의하여 알아보았을 뿐 토기를 아직 실견하지는 못하였다.

18) 송산유적(염경화 2000, 149쪽)에서는 5395±240BP(2호 노지), 5110±200BP(10호 노지), 5080±100BP (4호 노지)의 방사성탄소연대값이 보고되었으나 금강식토기의 연대로 보기에는 무리가 있어 제외시켰다.

표 1. 菱格紋 關聯遺蹟의 放射性炭素年代

유적	시료위치	종류	C14年代(BP)	補正年代(BC)	土器(菱格·鳥羽·雷紋)	出處
갈머리	1호 집터	목탄	4510±40	3360-3090	다단능격 집선 · 침선조우	호남문화재 연구원 2002
		목탄	4560±40	3380-3090		
	1호 이형유구	재	4200±100	3050-2450	다단능격, 침선조우	
	2,3호 이형유구 (재구덩이)	목탄	4470±40	3350-3010	다단능격 침선조우, 뇌문(1c)	
		목탄	4510±80	3500-2900		
		목탄	4460±90	3370-2900		
	Ⅲ-파괴집터	목탄	4650±30	3520-3320	뇌문, 자동능격	
진그늘	7호 적석유구	도토리	4500±300	3940-2350	다단능격, 집선 · 침선조우	김은정 2001
대천리	1호 집터	목탄	4590±70	3520-3090	단사능격	한창균 외 2002
		목탄	4490±40	3350-3080		
		목탄	4240±110	3100-2550		
		목탄	4400±60	3130-2900		
지경리	6호 집터	목탄	4420±60	3335-2900	단사능격	강릉대 2002
송죽리	3호 집터	목탄	4380±60	3300-2890	단사 · 침선조우, 압인능격	배성혁 2002
	6호 집터	소토	3990±70	2850-2290	단사 · 집선 · 침선조우	배성혁 2002
노래섬	마-A패총	패각	4245±25 4380±40	2445-2369	단사 · 압인능격	원광대 2002
고남리	B-1패총	패각	4150±250	3370-2020?	압인능격	한양대 1995
대죽리	패총(5층) (3층)	패각	4140±60 4170±60	2880-2570? 2890-2590?	다단능격(4-1층)	한서대 2002
오이도	가운데살막	토탄	4270±60	3030-2660	단사능격	서울대 2001
소연평도	패총			2860-2450	단사 or 압인능격	이종훈 2002
쌍청리	4호 집터	목탄		2510-2180	압인 · 방점능격	신종환 2000

능격문 3식과 4식은 후기의 봉계리식, 퇴화침선문. 시도식과 공반되는 문양이라고 생각할 수 있다. 그러나 2식의 능격문은 노래섬 마지구와 4270BP의 오이도에서도 발견되며 1식의 능격문도 대죽리에서 출토되고 있기 때문에, 패총의 층위적 불확실성을 감안하여도 이들 문양이 후기까지 잔존하였을 가능성은 충분히 남아 있다.

7. 맺음말

필자는 이 글에서 작은 능형의 문양단위를 斜格子狀으로 배치한 문양을 菱格紋으로 부르고 여기에 금강식토기의 문양을 포함하였다. 菱格紋은 단사선식 鳥羽紋과 유사한 모습을 보이는 多段式(1식),

短斜線紋을 비스듬하게 연속적으로 누른 短斜線式(2식), 전형적 금강식토기의 문양인 廣幅(菱形)押引式(3식), 퇴화형식인 方点式(4식)으로 분류하였다. 다단식 능격문은 상촌리의 連'ㄹ'자형 단사선식 雷紋이 단위문양화하면서 단사선식 조우문과 함께 발생하였을 것으로 추정하였다. 중남부 해안의 斜行短斜線紋이 능형의 문양단위를 이루면서 연속압날의 단사선식 능격문이 발생하였고, 후자의 시문기법이 押引으로 바뀌면서 광폭압인의 능격문이 출현하였다고 보았다. 方点式은 다단식과 광폭압인식이 퇴화 또는 便化된 문양으로 파악하였다. 능격문의 다단식과 단사선식은 기원전 4천년기 후반에 조대문을 중심으로 한 太線沈線紋土器 단계에 출현하였다. 광폭압인식과 방점식의 연대는 봉계리식 단계의 기원전 3천년기로 편년되나 전자의 상한은 기원전 4천년기까지 소급될 가능성도 있다.

능격문은 탁본이나 사진만으로는 정확한 시문기법의 파악이 어려운 경우가 많아 직접 토기를 관찰할 필요가 있다. 그러한 實見 과정을 모두 거치지지는 않았기에 이 글은 제목이 나타내듯이 어디까지나 예비적 고찰에 불과하다. 그렇다고 필자가 다시 이 주제로 완결된 논문을 쓸 의향은 없기에 그 마무리는 다른 연구자들이 맡아주었으면 하는 바람이다. 끝으로 앞으로 논의가 더 진행되어야할 과제를 나열하면서 이 글을 마치고자 한다. 첫째, 금강식토기의 정의이다. 신종환의 주장대로 금강식을 광폭압인식과 방점식에 한정할 것인지, 선조 형식인 단사선식도 아우를 것인지, 또는 능격문 전체를 광의의 금강식에 포함시킬 것인지의 여부이다. 둘째, 이 글에서는 문양만을 중점적으로 다루었지만 기형 등의 형식적 속성과 태토 등의 기술적 속성에 대한 분석도 요구된다. 셋째, 갈머리의 다단식 능격문과 송죽리의 단사선식 조우문과의 관계이다. 두 문양은 조우문과 능격문으로 갈라 놓았지만 공통된 祖型의 공간적, 시간적 변이인지의 여부가 좀더 검토되어야 한다. 넷째, 지경리의 단사선식 능격문은 문양 형태가 斜行短斜集線紋의 장방형에 가까운 반면 금강유역의 단사선식 능격문은 능형에 가깝다. 분포지역도 다르고 압날과 연속압날의 구분도 용이하지 않기 때문에 시문방법보다 단위문양의 형태에 따라 형식이 세분되어야 할지도 모른다. 다섯째, 다단식 능격문도 뇌문에서 파생된 것으로 보았지만 양자의 전이과정을 증명하는 연결고리가 여전히 미흡하다.

<附記>
이 글은 진안 갈머리보고서를 인쇄소에 넘긴 후 쓰기 시작하여 보고서의 분석 내용과 다른 부분도 있으며 특히 문양의 명칭에서 그러하다. 보고서나 이 글이나 모두 능격문, 조우문, 뇌문에 대한 충분한 이해 없이 서둘러 작성하여 곳곳에 많은 허점이 나타난다. 同學들의 많은 叱正을 기다린다. 도면 작성은 이창욱과 곽진선이 많은 도움을 주었다.

제4장 용담댐 수몰지구의 신석기문화
-진안 갈머리유적을 중심으로-

1. 머리말

　1990년대에 전북대학교, 호남문화재연구원, 조선대학교, 원광대학교, 국립전주박물관에 의해 이루어진 용담댐 수몰지구 발굴조사에서는 강변 충적대지를 따라 아홉 곳에서 신석기시대 유물이 발견되었으나 독립된 주거지와 문화층이 확인된 곳은 진안군 정천면의 갈머리와 진그늘 두 곳뿐이다. 그나마도 진그늘유적은 아직 보고서가 간행되지 않았기에 여기서는 필자들이 조사한 갈머리유적을 중심으로 용담댐 수몰지구의 신석기문화를 살펴보기로 하겠다. 사실 용담댐 수몰지구에서는 신석기시대 유적에 대한 충분한 지표조사가 전혀 이루어지지 못하였다. 진그늘과 갈머리유적도 용담댐 수몰지구 3차 발굴조사를 실시하던 과정에서 우연히 발견된 데 불과하다. 두 유적의 발굴 자체도 막바지에 다다른 댐공사 일정과 예산 사정에 맞추어 무리하게 마무리하여야만 하였다. 따라서 본고에서 다루는 용담댐 수몰지구의 신석기문화는 내용이 극히 한정될 수밖에 없음을 미리 밝히는 바이다.

2. 갈머리유적

　鎭安郡 程川面 葛龍里의 갈머리(葛頭)유적은 운장산에서 발원한 금강 상류의 지류인 程子川의 충적대지(해발 242m)에 위치한 신석기시대 단일유적이다. 2000년 호남문화재연구원(책임조사원 : 안승모, 현장책임 : 이영덕)에서 3개월 정도 발굴조사를 실시한 결과 자갈층 위에 10~20cm 두께로 퇴적된 사질층으로 구성된 자연제방에서 주거지 3기와 타원형수혈 1기, 적석노지 53기, 성격미상의 특수유구 3기가 조사되었다(안승모·이영덕·김대성 2003).

1) 유구

(1) 住居址와 楕圓形竪穴

1호 주거지는 어깨면은 뚜렷하지 않으나 지름 6~7m 정도의 원형 평면을 가졌을 것으로 추정되며 중앙에 노지로 보이는 지름 60cm 정도의 燒土面이 존재한다. 중앙 부분은 주거지 외곽보다 40cm 정도 깊지만 윤곽선 쪽으로 갈수록 움의 깊이가 현저하게 얕아진다. 바닥면에 흙을 다진 흔적도 없고 평면상으로 면을 고른 흔적도 찾아 볼 수 없다. 2호 주거지는 지름 4.2m 정도의 원형 윤곽을 지니고 있었다. 내부에서 다량의 유물과 도토리가 출토되어 주거지로 추정하였으나 실제로는 뚜렷한 움벽이 없고 주공시설과 노지도 없으며 바닥도 정지되지 않아 주거지로 단정 짓기에는 솔직히 무리가 있다. 갈두마을 입구에서 확인된 파괴주거지는 전북대학교 박물관에서 지표조사 당시 이미 골재 채취에 의해 상당부분이 파괴되어 주거지의 전모를 파악할 수 없었으며 남은 부분도 전봇대와 도로 밑으로 연결되어 조사를 진행할 수 없었다. 타원형수혈은 동서 9.2m, 남북 5.8m 크기로 다른 주거지와 마찬가지로 중앙이 40cm 내외의 깊이이고 주변으로 가면서 얕아진다. 내부퇴적토에서 즐문토기편과 굴지구가 수습되었지만 주거지 관련 시설은 찾지 못하였다.

(2) 特殊遺構

타원형의 재구덩이를 수반하는 長方形積石遺構는 3기가 조사되었는데 용도를 알 수 없어 일단 특수유구로 지칭하였다. 장방형적석유구는 1호 4.3×1.1m, 2호 2.4×0.9m, 3호 1.6×1.0m의 규모로서, 20~30cm의 큰 자갈돌을 장방형으로 열을 맞춰 1단만 시설한 것이다. 3기 모두 돌이 불을 맞아 갈라터지거나 붉게 변색된 상태이며, 바로 인접하여 타원형 재구덩이가 있고 유구에서 즐문토기·굴지구·갈판 등이 출토되는 점에서도 공통된다. 재구덩이는 크기 3~4m의 평면 타원형 구덩이로 깊이는 일정하지 않으며, 2·3호 장방형적석유구와 연결된 재구덩이는 구덩이 하부에서 2~3단으로 시설된 원형적석노지가 확인되었다. 1호와 연결된 재구덩이는 바닥이 강자갈층으로 되어 있어 별도의 積石爐를 시설하지 않은 것으로 추측된다. 2·3호 장방형적석유구는 하나의 재구덩이로 연결되므로 결과적으로 이 시설은 1호 장방형적석유구+재구덩이, 2·3호 장방형적석유구+재구덩이의 두 기로 통합될 가능성이 높다. 이들 유구에서 불과 관련된 행위가 있었던 것은 분명하기에 대형야외노지, 삼가마, 무덤과 화장시설 등의 의견이 제시되고 있으나 이들 가능성들을 뒷받침한 만한 결정적인 자료는 찾지 못하였다.

(3) 積石爐址

野外爐址로 추정되는 積石遺構는 총 53기가 확인되었다. 적석유구를 크기별로 구분하면 70~90cm의 소형이 16기, 100~120cm의 중형이 14기, 140~180cm의 대형이 7기 있고 60cm 정도의 극소형도 2기가 존재한다. 대부분 강돌로 축조하였으나 불을 맞아 깨어진 강돌을 재사용하거나 小割石을 이용한 것도 있다. 적석유구는 대부분 舊地表面 바로 위에, 또는 가운데를 약간 오목하게 정지한 후에 자갈을 1~2단 정도 깔아 시설하였다. 구덩이를 판 것은 많지 않은데 깊이 40~50cm 정도로 깊게 파거나, 깊이 10~20cm 정도로 얕게 팠다. 구덩이를 팠을 때 적석은 2~3단 정도 이루어지나, 예외적으로 4호는 강돌을 5~6겹으로 쌓아 올렸다. 재는 주로 적석 내부와 바닥에서 검출된다. 예외적으로 1호에서는 재가 유구 전체를 두껍게 덮고 있으면서 적석 사이와 수혈 바닥면까지 많은 재가 확인되었다. 이번 발굴에서는 제대로 이루어지지 않았지만 적석유구 내에서 재와 소토의 위치와 집중도, 돌의 불먹은 부위와 정도 등에 대한 관찰은 불을 지핀 방식 뿐 아니라 돌의 이용방법을 포함하여 유구의 기능을 복원하는데 중요한 역할을 할 수 있으리라 생각한다.

2) 출토유물

(1) 石器

갈머리유적에서 출토된 석기들은 石鏃類, 石斧類, 掘地具, 碾石, 碾石棒, 發火具, 敲石, 凹石, 圓板形石器, 砥石, 環形石器, 기타석기로 나뉘어진다(표 1). 유구에서 출토된 석기들은 종류가 많지 않으며 석부류는 전부 퇴적층에서만 출토되었고 석촉류도 1호주거지 정도에서 발견되었을 뿐이다. 석기는 주로 파손된 상태로 출토되었는데 굴지구류, 연석과 연석봉, 석촉류가 주류를 이룬다. 掘地具는 전체

표 1. 鎭安 갈머리 遺蹟 石器 出土 現況

석기＼유구	1호 주거	2호 주거	1호 특수	2호 특수	3호 특수	타원수혈	적석 유구	퇴적층	지표 수습	합계
석촉류	3						1	12	5	21
석부류								8	1	9
굴지구류		1	1	2	1	1	5	63	2	76
갈돌	3		2				3	7	3	18
갈판	1			1				11		13
발화구	1									1
공이돌								2		2
홈돌								1		1
원판형석기							1	2		3
찍개류	3									3
숫돌	1			1			2	1	2	7
기타석기	3	1	1	1	1			25		32
합계	15	2	4	4	3	1	12	131	13	185

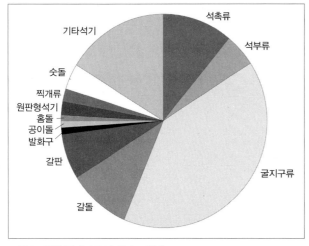

그림 1. 진안 갈머리 유적 석기 조성비

석기의 약 40%로 가장 많은 비중을 차지하고 있는데 모두 打製이다. 길이 10~17cm, 폭 5~10cm의 크기로 길이를 기준으로 16cm 전후의 중대형, 13~15cm의 중형, 9~12cm의 소형으로 나뉘어진다. 중대형은 장타원형의 형태로 사용에 의한 磨耗痕이 刃部나 頭部에서 집중적으로 관찰되지만, 중형은 刃部의 일부분에서만 잔존한다. 소형의 경우 사용에 의한 마모흔이 관찰되지 않아 일반적인 굴지구와는 다른 용도로 사용되었을 가능성이 크다. 소형은 인부의 형태가 直刃에 가까우며 평면형태 역시 장방형에 가깝다.

갈머리의 굴지구에서는 날 가장자리를 따라 번들거리는 마모흔적이 남아 있는 것이 많은데 이는 부드러운 대상물에 비스듬하게 반복적으로 작업이 이루어졌기 때문에 생긴 현상으로 추측된다. '돌보습'이나 '돌따비'로 불리는 굴지구가 그 자체로 삽날의 역할을 한 것이 아니라 木製로 된 삽날 先端部에 결합된 것으로 파악한 신종환(2000, 16쪽)의 견해는 일견 타당성이 있다고 본다. 다만 쌍청리의 '돌따비'는 한쪽 면에만 마모흔이 남아 있으나 갈머리에서는 지탑리의 '돌보습'처럼 兩端 모두에서 마모흔이 발견되기도 한다.

갈머리 석기에서 굴지구 다음으로 큰 비중을 차지하는 갈판과 갈돌은 유적에서 출토된 탄화된 도토리와 적석유구의 지방산분석결과로 미루어 주로 도토리의 가공도구로 이용되었던 것 같다. 적석유구에서는 자연돌의 편평한 면을 갈판으로 이용한 예도 나타난다. 공이돌, 긁개류, 원판형석기 역시 식물성식료의 가공과 채취에 이용되었을 가능성이 있다.

석부류는 長方形打製石斧, 刃部磨硏石斧, 小形蛤刃石斧로 나뉘어지는데 대부분 길이 10cm 미만의 소형이다. 갈머리에서 單刃石斧가 출토되지 않는 것은 유적의 성격이 木工具的 도구를 요구하지 않아서일 수도 있고 소형의 마제석부나 굴지구가 加工斧의 역할을 대신하였을 수도 있다. 마제석촉은 신석기유적에서 일반적으로 보이는 三角灣入形과 三角直基形이며 제작과정 중에 있는 미완성품도 퇴적층에서 여러 점 출토되었다.[1]

---

1) 1호 주거지의 26번(보고서) 석촉은 봉부의 측면이 오목하게 들어가 있어 일부에서는 무늬새기개로 보고 있으나 실제 토기 문양은 요철이 있는 나무를 이용하였기 때문에 그보다는 鑿孔用 도구일 가능성이 높다. 같은 형

(2) 櫛紋土器[2]

① 紋樣의 種類와 構成

갈머리 즐문토기의 문양은 短斜集線紋(A), 菱形組帶紋(B), 三角組帶紋(C), 橫走魚骨紋(D), 縱走魚骨紋(E), 鳥羽紋과 雷紋(F), 菱格紋[3](G), 点列紋(H), 格子紋(I), 斜線紋(J), 橫短線紋(K), 之字紋(L)이 있고 기타 口脣刻目紋, 垂線紋(縱線列紋), 鋸齒文(山形紋), 点列弧狀紋(重弧紋), 斜長線紋, 橫線列紋(띠대문)도 소량 나타난다(삽도 1). 갈머리토기 문양에서 무문양을 제외하면 능형조대문이 압도적으로 많고 다음이 단사집선문과 조우문이며 사단선문, 점열문, 격자문, 횡주어골문도 일정량 존재한다.[4]

갈머리토기의 문양 구성과 배치는 〈표 2·3〉과 같다. 여기 표에서 (단독 또는 구연편)의 口緣施紋은 토기의 구연부 편만 남아 동부 시문 여부를 파악할 수 없는 것도 포함되어 있다. 短斜集線紋은 횡주어골문과 결합된 토기(전면시문)와 단사집선문 밑에 菱形押捺紋만 한두 줄 넣은 토기가 보인다. 組

표 2. 堆積層 出土 土器의 紋樣構成

문양 \ 구성	복합(구분계)		단독 or 구연편	
	구연시문	구연공백	구연시문	구연공백
능형조대문	1	0	27	31
삼각조대문	0	0	9	0
단사집선문	8	0	33	0
횡주어골문	0	0	2	4
조우문	1	0	3	16
능격문	0	0	0	7
격자문	0	1	3	12
점열문	0	0	0	22
사(단)선문	0	0	6	21
이중구연	0	0	0	21

표 3. 住居址 出土 土器의 紋樣構成

문양 \ 구성	유구	복합(구분계)		단독 or 구연편	
		구연시문	구연공백	구연시문	구연공백
능형조대문	住1,2	1	0	4	0
삼각조대문	住1	1	0	0	0
단사집선문	住1,2	1?	0	3	0
조우문	住1,2	0	0	3	5
능격문	住1	0	0	5	0
띠대문	住1	0	0	1	0
횡주어골문	住2	0	0	1	1
능형조대문	파住	2	0	11	0
삼각조대문	파住	1	0	0	0
단사집선문	파住	6	0	6	0
뇌문	파住	0	0	0	3
점열능형문	파住	0	0	1	0

태의 석기가 옥천 대천리와 대평 옥방유적에서도 출토되었다.

2) 필자는 일본식 한자인 文樣 대신 원 의미에 충실한 紋樣을 쓰도록 한다.

3) 기존 금강식토기의 문양을 포함하여 작은 菱形의 문양단위를 斜格子狀으로 배치한 문양을 지칭하기 위하여 菱格紋이란 용어를 급조해 보았다(安承模 2003).

4) 갈머리 출토 토기 전부가 수록된 것은 아니며 동일개체와 무문양의 동부편은 가능한 생략하였다.

帶紋은 횡주어골문과 결합된 복합문양(전면시문)과 조대문만 구연부와 동체 상단에 남은 단독문양(1/2 시문)이 모두 나타난다. 격자문과 점열문은 거의 대부분이 구연 상단에 공백을 남긴 속칭 鳳溪里式이다. 〈표 3〉에서 보듯이 주거지 관련 유구에서 출토된 토기 중 구연부에 의도적 공백을 남긴 것은 조우문토기와 2호 주거지 출토 횡주어골문토기 뿐이다. 표에는 수록하지 않았지만 특수유구 출토 토기의 문양 배치도 기본적으로 주거지와 같다. 다만 3호 특수유구에서 출토된 능형조대문토기 중 한 점만 구연 상단에 공백을 남기고 있다.

② 器形 및 器種

갈머리에서 출토된 토기는 대부분 深鉢形이며 鉢形, 盌形, 甕形, 外反口緣甕(또는 壺)形, 有頸壺도 약간 존재한다.[5] 발형·옹형·완형은 주로 조우문·능격문·점열문의 기종으로 이용되며, 之字紋土器는 有頸壺이다. 심발형과 발형은 모두 첨저에 가까운 원저이며, 완형과 옹형은 대야바닥에 가까운 형태이다. 조대문과 단사집선문 등 중기적 문양은 대부분 직립구연이며, 점열문과 격자문 등 후기적 문양에는 외반구연이 주류를 이룬다. 내만구연은 옹형과 완형에서 주로 나타난다.

(3) 口徑分布

갈머리의 심발형과 발형토기는 대체로 구경 12~21cm의 소형, 21~34cm의 중형, 34~38cm의 중대형, 42~54cm의 대형을 포함하는 4개의 그룹으로 세분될 수 있다. 중형이 전체의 64%로 가장 많고 다음 소형이 31%를 차지한다. 중대형과 대형은 각기 7%와 4% 정도에 불과하다. 갈머리토기에서 완형과 옹형의 구경분포도를 보면 구경 8~17cm, 17~26cm, 30~34cm의 세 그룹으로 분리되어 중서부의 소형, 중소형 기준(서울대학교 1988)과 거의 일치하고 있다. 단 갈머리 (심)발형토기의 기준을 따른다면 완형과 옹형은 8~21cm의 소형이 중심이 되면서 21-34cm의 중형도 존재하지만 중대형과 대형은 없다.

유구별 구경 차이를 보면 주거지와 특수유구에서는 소형과 중형만 보이며 전체적으로 소형이 많은 경향을 나타내는데 이는 조우문·능격문 등의 완·옹형토기가 많이 출토되었기 때문이다. 반면 적석유구에서는 중형의 비중이 압도적으로 많고 소형은 1점뿐이며 중대형과 대형도 소량이나마 출토된다. 중형이 적석유구에서 많은 것은 음식을 요리, 가공하는 적석노지의 기능 때문일 가능성이 높으며 중대형과 대형은 도토리 등의 요리 대상물이 보관되었던 토기로 추정해 본다.

문양별로 보면 능형조대문은 중형이 70% 정도로 압도적이며, 능격문은 대부분이 소형이다. 조우

---

5) 개인적으로는 토기의 기능을 분명히 알 수 없을 때는 형태적 속성에 의한 명명법을 선택하여야 한다고 생각하지만 연구자 들 사이의 의견이 통일될 필요가 있다.

표 4. 갈머리 土器 口徑 遺構別 分布(有頸壺 除外)

구경(cm)	심발, 발형	1호 집터	2호 집터	파괴집터	3호 특수	집석유구
12~21	35(31%)	6	3	2	3	1
21~34	64(57%)	7	0	3	2	2
34~38	8(7%)	0	0	0	0	2
42~54	5(4%)	0	0	0	0	1

표 5. 갈머리 土器 口徑 紋樣別 分布(有頸壺 除外)

구경(cm)	능형조대	단사선문	횡주어골	조우문	능격문	점열문	격자문	이중구연	무문양
12~21	2	6	2	12	6	7	2	2	15
21~34	12	4	3	6	1	4	5	6	4
34~38	0	0	0	1	0	0	0	3	0
42~54	3	0	0	0	0	0	0	0	1

문·점열문·단사집선문도 소형의 비중이 높으며 능격문·횡주어골문과 더불어 중대형과 대형은 보이지 않는다. 단 조우문에서는 중대형도 존재하나 능형집선문계 문양에 한정한다. 〈표 5〉의 이중구연에는 같은 말기의 사단선문, 횡단선문토기도 포함되어 있는데 중형과 중대형의 비중이 다른 문양에 비해 약간 높아지는 경향이 나타난다.

3) 편년과 연대

갈머리유적은 토기를 편년의 기준으로 할 때 短斜集線紋·組帶紋·雷紋·鳥羽紋·菱格紋이 시문된 토기가 출토된 주거지와 특수유구의 시기를 갈머리 1기, 格子紋과 点列紋이 시문된 봉계리식토기가 사용된 29-37호 적석노지의 시기를 갈머리 2기, 橫短線紋·斜短線紋과 二重口緣 계열의 토기가 적석노지에서 사용된 시기를 갈머리 3기로 설정할 수 있다.[6]

AMS 연대측정결과에 따르면 마을입구 파괴주거지는 4650±30BP(3465BC : 이하 보정중심연대), 2호 주거지는 4700±80BP(3500BC), 4540±80BP(3225BC), 1호 주거지는 4510±40BP(3225BC), 4560±40BP(3165BC), 2·3호 특수유구는 4510±80BP(3225BC), 4470±40BP(3180BC), 4460±90BP(3135BC), 1호 특수유구는 4200±100BP(2750BC)의 연대가 검출되었다. 따라서 이들 유구로 대

---

6) 갈머리의 편년은 잠정적인 것이므로 아라비아 1~3기를 사용하였다. 이 편년이 다른 연구자들에 의해서도 공통적으로 인정되면 그 때 로마자로 바꾸기로 한다.

표되는 갈머리 1기는 4600~4500BP경이 중심연대로 추정되며, 補正하면 기원전 4천년기 후반기가 된다.

갈머리 2기에 해당되는 절대연대는 시료를 검출하지 못하였지만 1기와 3기 사이의 기원전 3천년기 전반기로 추정된다. 봉계리식단계의 절대연대로는 상촌리유적에서 동아대학교 22호 주거지의 4030±40BP, 6-1호 구상유구의 4150±60BP, 동의대학교 61호 수혈의 4290±30BP가 보고되었으며 수가리 Ⅲ층의 연대도 이와 비슷하다. 봉계리식단계에서 이중구연이 처음 출현하는 봉계리 9호의 절대연대인 4060±150BP는 갈머리 3기인 53호의 4050BP의 연대에 근접하기 때문에 4000BP를 전후한 연대를 봉계리식토기와 이중구연토기의 단계를 가르는 기준으로 삼을 수 있다.

갈머리 3기는 이중구연과 橫短線紋 토기가 출토된 53호 적석노지의 4050±40BP(2570BC)가 가장 빠르고 9호 적석노지 3840±40BP(2325BC), 1호 적석노지 3760±80BP(2225BC), 4호 적석노지 3650±40BP(1990BC)의 연대가 보고되어 대체로 기원전 3천년기 후반기에 해당한다고 볼 수 있다.

갈머리의 각 시기는 좀더 세부적인 편년도 가능하다. 유구의 거리도 가깝고 절대연대도 4500BP 전후로 근접한 Ⅰ지구의 1호 주거지와 2·3호 특수유구는 모두 조대문·능격문·조우문이 중심인 점에서 공통되며 단사선문은 거의 출토되지 않는다. 따라서 이 단계는 단사선문은 쇠퇴하고 능형조대문이 성행하는 단계로 추론해 볼 수 있다. 반면 1호주거지에서 100m 정도 떨어진 Ⅱ지구의 2호 주거지에서는 횡주어골문, 단사선문과 더불어 상촌리식 뇌문이 출토되었고 조대문·능격문·조우문은 없다. 방사성탄소연대에서도 2호 주거지는 4540BP와 4700BP로 1호 주거지보다 다소 빠르다. 갈두마을 입구의 파괴주거지에서 채집된 토기 중에는 조대문도 많지만 단사선문이 상당량 존재하고 뇌문도 있다. 연대도 4650BP로 2호 주거지와 유사하다. 2호 주거지와 근접한 타원형수혈도 단사선문과 조대문이 주류를 이루면서 菱形集線式 鳥羽紋과 口脣刻目 토기편도 출토되었다. 능격문이 보이지 않는다는 점에서 2호 주거지와 1호 주거지 사이에 배열할 수 있다.

결국 갈머리 1기는 토기의 문양 변천을 기준으로 할 때 2호 주거지→파괴주거지와 타원형수혈 →2·3호 특수유구와 1호 주거지→1호 특수유구의 순으로 배열할 수 있다. 갈머리 1기는 대체로 단사집선문이 주류를 이루면서 뇌문이 동반되는 1a기와 조대문이 주류를 이루면서 능격문과 조우문이 동반되는 1b기로 세분될 수 있을 것 같다. 1a기는 2호 주거지, 파괴주거지, 타원형수혈로 주로 유적 북반부에 집중되어 있으며 1b기는 1호 주거지와 특수유구로 유적 가운데에 몰려 있다.

갈머리에 비교될 수 있는 남부지방의 대표적 유적이 남강유역의 晉州 上村里遺蹟(동아대박물관 2001; 이동주 2000)이다. 田中(2001, 249쪽)은 상촌리 출토 토기의 문양구성을 복합문양군과 단독문양군으로 구성된 1군과 단독문양군 만으로 구성된 2군으로 분류하고 2군에서 이중구연토기가 포함되는 3군을 별도로 분리하였다. 1군의 주류는 短斜線紋+橫走魚骨紋, 短斜線紋+無紋, 組帶紋+無紋이며 雷紋과 菱形押捺紋도 주거지마다 출토된다. 2군에서는 봉계리식토기가 주류를 이루면서 단사선문과 뇌문은

표 6. 龍潭댐 水沒地區 新石器遺蹟의 放射性炭素年代

遺蹟	遺構	試料番號	種類	C14 年代(BP)	補正2σ(BC)	編年	出處
진그늘	7호 적석유구		도토리	4500±300	3940-2350	갈머리 1기	김은정 2001
갈머리	1호 주거지	SNU01-132	목탄	4510±40	3360-3090	갈머리 1b기	호남문화재 연구원 2003
		SNU01-133	목탄	4560±40	3380-3090		
	2호 주거지	SNU01-141	목탄	4540±80	3550-2900	갈머리 1a기	
		SNU01-138	목탄	4700±80	3700-3100		
	1호 특수유구	SNU01-139	재	4200±100	3050-2450	갈머리 1b기	
	2,3호 특수유구 (재구덩이)	SNU01-134	목탄	4470±40	3350-3010	갈머리 1b기	
		SNU01-136	목탄	4510±80	3500-2900		
		SNU01-140	목탄	4460±90	3370-2900	파괴주거지	
		SNU01-137	목탄	4650±30	3520-3320	갈머리 1a기	
	1호 적석유구	SNU01-131	목탄	3760±80	2500-1950	갈머리 3기	
	53호 적석유구	SNU01-135	목탄	4050±40	2680-2460	갈머리 3기	
	9호 적석유구	SNU01-142	재	3840±40	2460-2190	갈머리 3기	
	4호 적석유구	SNU01-143	재	3650±40	2140-1890	갈머리 3기	

사라진다. 단사선문과 뇌문이 유행하는 점에서 상촌리 1군은 갈머리 1a기와 유사하며, 상촌리 2군은 갈머리 2기에 해당한다.

금강유역에서 갈머리 1기에 근접한 유적으로 진안 진그늘유적과 沃川 大川里遺蹟(한창균 외 2002)을 들 수 있다. 진그늘유적은 갈머리 1a기에 속하는 토기들도 출토되고 있지만 주거지 등의 유구는 대부분 1b기에 가까운 것으로 추측된다. 7호 적석노지에서 수습된 도토리의 방사성탄소연대도 4500±300BP로 갈머리 1b기의 연대와 동일하다. 대천리 토기 역시 菱形組帶紋이 주류를 이루면서 연속압날에 의한 短斜線式 菱格紋이 존재하며, 갈돌·갈판·굴지구의 석기 조성 또한 갈머리와 유사하다. 그러나 太線式의 문양 수법이 약화되고 전면시문이 사라지고 있으며 4490±40BP, 4400±60BP의 중심연대도 갈머리 1기보다 다소 늦다.

갈머리 2기는 봉계리식토기가 집중적으로 출토되는 29~37호 적석유구에 해당하는 단계이다. 지표채집이나 포함층 출토 유물에서 갈머리 2기로 판단되는 토기량이 많지 않기 때문에 점유기간이 짧았을 것 같다. 봉계리식의 연대는 4300~4000BP 정도의 기원전 3천년기 전반기로 추정되며, 조대문이 주된 문양으로 이용되는 시기와 격자문과 점열문이 주 문양으로 이용되는 시기로 나누어질 수 있다. 점열문과 격자문 위주의 갈머리 2기는 후자에 속한다고도 볼 수 있지만 갈머리에서도 구연 상단 공백의 조대문토기가 수습되고 있기 때문에 양자가 공반되는 것인지 소시기(조대문 중심의 2a기, 점열문 위주의 2b기)로 다시 갈라지는 양상인지는 좀더 검토가 필요하다.

갈머리 3기는 이중구연토기의 단계로 기원전 3천년기 후반에 속한다. 53호 적석유구가 4050BP로 가장 빠른데 이 연대는 이중구연토기가 처음 출현하는 봉계리 9호 주거지의 4060BP에 근접한다. 가장 늦은 4호 적석유구의 3650BP를 받아들이면 갈머리 3기는 400년 정도 지속한 것이 된다.[7] 상촌리 3군은 상촌리 2군과 문양구성은 동일하지만 주로 격자문에서 이중구연이 나타나기 시작하며 봉계리 9호 주거지도 그렇다. 그러나 이중구연 계통의 토기가 주류를 이루는 시기부터를 이중구연토기단계로 파악하여야 한다는 점에서 田中의 상촌리 3군을 이중구연토기단계로 볼 수는 없다. 즉 상촌리의 2군이나 3군 모두 기존의 남부 편년 후기에 포함되어야 한다. 봉계리 9호의 토기는 기본적으로 모두 봉계리식이며, 상촌리에서도 봉계리식의 기존 문양을 그대로 보존하면서 이중구연만 덧붙였을 뿐이다.

남해안의 말기는 이중구연의 수가리 2층에 해당하는 3600~3400BP와 홑구연의 수가리 1층에 해당하는 3400~3000BP의 두 단계로 구분된다. 반면 남부 내륙에서는 이미 봉계리식 단계에서 이중구연이 출현하기 시작하며 갈머리 3기의 절대연대도 4000~3600BP로 남해안 이중구연토기보다 이르다. 갈머리에서 이중구연토기 계통의 토기가 집중적으로 출토된 유구는 14호와 53호 적석노지이다. 14호에서 이중구연은 2점뿐이고 나머지는 모두 홑구연이며, 점열에 가까운 斜短線과 短橫線이 구연부에 두 줄 정도 돌아가고 있다. 홑구연 중에는 구연 바로 아래에 短線으로 鋸齒紋을 한 줄 돌리고 그 밑에 횡단선을 두 줄 돌린 토기도 출토되었다. 53호 토기 역시 홑구연 위주이며 橫点列이 1~2줄 시문되어 있거나 문양이 전혀 없다. 조사 당시에는 홑구연 위주라는 점에서 이중구연토기단계의 후엽인 수가리1층에 가까운 시기로 파악하였다. 그런데 53호 적석노지의 절대연대는 의외로 4050BP가 나왔다. 절대연대가 1점 뿐이라 오염된 연대로 치부할 수도 있으나 이중구연토기의 기존 편년이 잘못되었을 수도 있다. 14호의 횡점열문 또는 사단선문토기들은 문양이 구연에서 상당히 내려와서 시문되어 있다. 즉 봉계리식 점열문토기의 문양대 수가 줄어든 형식으로 볼 수 있으며 태토와 기형도 유사하다. 16호 적석노지의 토기도 사단선문이 마치 구획문처럼 일정한 간격을 띠고 기면 전체에 시문되고 있는데 봉계리식의 격자문토기와 공반되고 있다. 따라서 갈머리3기의 토기들은 시기적으로 남부지방 이중구연토기단계의 후엽보다 봉계리식과 연결되는 전엽에 가깝다고 생각되며, 田中(2001)의 상촌리 3군에 후행하는 양식으로 추정하고 싶다.

---

7) 방사성탄소연대의 폭으로 보아 그렇다는 이야기이지 실제 3기의 점유기간이 동일지점에서 그렇게 길었을 것 같지는 않다. 다만 3기의 적석유구가 단일 점유(single occupation)에 의해 형성된 것은 분명 아니다.

3. 용담댐 수몰지구의 다른 신석기유적

용담댐 수몰지구가 조사되기 이전에 전라북도 내륙에서 신석기시대 유적이나 유물이 발견된 예는 거의 없었다. 신석기시대 유물이 처음으로 발견된 곳은 섬진강댐 수몰지역인 임실 雲井里 장자골로 석제 굴지구와 금강식·조우문·봉계리식의 토기편이 채집되었다(국립전주박물관 1999, 214쪽).[8] 진안 마이산에서 발원한 섬진강은 진안 마령면에서 장수 팔공산에서 발원한 또 다른 지류와 합류하여 남서쪽으로 흘러가면서 섬진강댐에 이른다. 마령면 쪽 섬진강 상류에 위치한 진안 左浦里에서도 사격자문 등의 즐문토기편이 원광대학교 마한·백제문화연구소에 의해 최근 채집된 바 있다. 또한 섬진강 수계의 남원 大谷里(이민석 2002)에서도 곡간대지와 주변 구릉지대에서 사단선문토기, 이중구연토기와 굴지구가 수습되었다.

전북 내륙의 신석기시대 유적은 용담댐 수몰지구에서 집중적으로 찾아졌다. 신석기시대 유구나 문화층이 조사된 곳으로 진그늘, 농산과 운암이 있다. 갈머리유적에서 정자천을 따라 1.5km 정도 떨어진 진그늘유적(程川面 葛龍里)에서는 적석노지 15기, 주거지 3기, 'ㄷ'모양 유구가 보고되었다(이기길 2001; 김은정·김선주 2001). 1호 주거지는 지름 4m의 원형으로 남은 움 깊이는 35cm 정도이며, 11호 적석노지에 의해 북쪽 일부가 파괴된 상태이다. 갈판과 갈돌 세트와 더불어 단사집선문·조대문·어골문·뇌문의 토기편이 나타난다. 2호 주거지는 5.5m 정도의 말각방형으로 북서쪽 어깨에 접하여 얕은 수혈이 파여져 있고 여기에서 굴지구와 미완성석기가 출토되었다. 주거지에서 출토된 줄문토기 문양은 단사집선문, 조대문, 격자문이 있고 외반구연도 존재한다. 3호 주거지는 어깨선이 뚜렷하지 않으나 5.4~5.9m의 원형으로 추정되며 가운데에 노지가 있다. 굴지구와 석촉·숫돌 등의 석기가 출토되었으며, 능격문·능형조대문·격자문·지자문과 더불어 단칠토기편도 확인되었다. 지름 230cm, 깊이 10cm의 소형수혈에서도 굴지구, 조대문·단사선문·격자문의 토기가 보고되었다. 'ㄷ'모양 유구는 3호 주거지가 폐기된 이후에 만들어진 유구로 갈돌, 석촉, 석부와 단사집선문, 능형조대문이 나타난다. 적석노지는 지름 1m 이상이 4기, 90~50cm가 6기, 40cm 정도가 2기 존재하며 구조는 갈머리와 동일하다. 7호 적석노지 주변에서 수습된 도토리에서 4500BP의 연대가 보고되었다. 정식보고서가 간행되지 않아 세부양상은 알 수 없으나 단사집선문과 뇌문의 갈머리 1a기, 능형조대문과 능격문의 갈머리 1b기, 봉계리식의 갈머리 2기가 존재하는 것으로 추정되며 석기조성과 형태도 갈머리와 동일하다. 진그늘의 2기는 점열문이 많지 않고 격자문과 능형조대문으로 주로 구성된 점으로 보아 갈머리 2a기에 가까울 것 같다.

역시 갈머리에서 1.5km 정도 떨어진 農山遺蹟(정천면 갈룡리)에서는 파괴주거지(보고서의 1호 노지) 1

---

8) 전북대학교 박물관에서 먼저 유적의 존재를 발견하였으나 정식보고는 이루어지지 않았다.

기, 적석노지 6기, 수혈유구 2기와 유물포함층이 확인되었다(보고서 IX). 유적은 현재 정자천의 충적대지에 위치하나 문화층은 고운 사질성 토양이다. 주거지는 벽면이 삭평되어 규모를 알 수 없으나 내부 중앙에 위석식 노지가 남아 있다. 적석노지는 80∼100cm의 크기로 형태는 갈머리와 유사하나 갈머리 적석노지의 군집양상과 달리 7m 혹은 14m 내외의 거리를 유지하면서 개천과 평행하게 열을 지어 나타난다.[9] 평면 원형과 말각방형의 수혈유구는 길이 140cm, 깊이 20cm 정도의 크기로 용도는 분명하지 않다. 주거지와 2호 노지 주변에서는 이중구연·사단선문토기와 굴지구가, 수혈유구에서는 횡단선문과 사단선문 토기편이 발견되어 갈머리 3기에 해당한다. 반면 포함층에서는 능형조대문 계통이 집중적으로 수습되어 갈머리 1b기에 근접하나 태선침선적 기법이 약화된 점을 감안하면 시기가 늦을 듯하다.

上田面 龍坪里 雲岩마을의 신석기유적은 강변 구릉 정상부에 위치하여 강변 충적대지에 자리잡은 다른 신석기시대 유적과는 입지 조건이 다르다(보고서Ⅱ. 19∼57쪽). 운암유적은 야외노지로 추정되는 타원형(90×60cm)의 燒土面과 군데군데 소토된 흔적을 중심으로 즐문토기편과 석부·굴지구·갈판 등의 석기편이 4×8m 범위에 산포되어 야영지적 성격을 보인다. 즐문토기 문양은 方点紋, 격자문, 퇴화집선문, 점열문이 보이는데 구연에 공백을 둔 봉계리식 성격을 띠고 있어 갈머리 2기에 해당한다. 석기는 굴지구, 갈판, 마제석부 등이 대부분 파편 상태로 출토되었다.

顔子川의 顔子洞유적(顔川面 三樂里)에서는 적석유구 1기만 확인되었는데 주변에서 자돌상 조우문(?), 把手附壺 등의 즐문토기편과 역석제 어망추 1점이 발견되었다(보고서Ⅱ. 238∼241쪽). 적석노지는 남북 9m, 동서 4.5m 범위에 할석이 얇게 전면적으로 깔려 있다. 도면상 확실하지는 않으나 여러 기의 적석노지가 군집되어 중복되었을 가능성이 있다. 자돌상 조우문(?)은 대체로 갈머리 1기의 자돌상 뇌문이나 능격문과 비슷한 문양으로 추정된다. 바로 이웃한 豊岩유적(안천면 삼락리)에서는 지석묘 교란층에서 단사선식 뇌문토기편이 수습되었으며(보고서X, 76쪽), 같은 안자천의 勝金(안천면 삼락리)에서도 고인돌 조사과정에서 갈머리 1a기의 단사선식 뇌문토기편이 수습되었다(보고서Ⅱ. 81쪽). 안자천에서는 갈머리 2·3기에 해당하는 유물은 수습되지 않았다.

농산·갈머리·진그늘유적이 위치한 程子川에서도 정천면 慕程里의 望德(보고서XIV. 122·124쪽)과 如意谷[10](보고서 Ⅷ. 171·469쪽)의 지석묘 주변에서 즐문토기가 수습되었다. 망덕에서는 가지구 16호 석관묘, 17호 지석묘 주변에서 갈머리 2기 후 정도로 추정되는 격자문·점열문·사단선문의 토기편이 수습되었다. 여의곡에서 수습된 즐문토기는 능형조대문이 주류를 이루면서 격자문도 나타나는데 갈머리 1기에서 2기 사이로 추정된다.

---

9) 신석기시대 야외노지 분포패턴 유형은 이민석(2003) 참조.
10) 실제 마을 이름은 여의실.

표 7. 龍潭댐 水沒地區 新石器時代 遺蹟과 遺物

遺蹟名	水系	遺構	出土遺物	編年
갈머리	정자천	2호주거지, 타원형수혈	단사집선문, 뇌문, 굴지구	갈머리 1a
		1호주거지, 특수유구	조대문, 능격문, 조우문, 굴지구, 석촉	갈머리 1b
		29-37호 적석노지	(봉계리식) 격자문, 점열문	갈머리 2b
		적석노지	이중구연, 사단선문, 횡단선문	갈머리 3
진그늘	정자천	주거지 3, 적석노지 15, 수혈 1기 등	단사집선문, 뇌문, 조대문, 조우문, 능격문+굴지구, 석촉, 석부	갈머리 1, 2a
如意谷	정자천	지석묘 교란층	능형조대문, 격자문	갈머리 2a
망덕	정자천	지석묘 주변	격자문, 점열문, 사단선문	갈머리 2b
雲岩	금강본류	야영지(?)	방점문, 격자문, 퇴화집선문+굴지구, 갈판, 석부	갈머리 2b
農山	정자천	주거지 1, 적석노지 6, 수혈유구 2기	이중구연, 사단선문, 횡단선문+굴지구	갈머리 3
		포함층	능형조대문, 점열문, 굴지구	갈머리 1b~2a
顔子洞	안자천	적석유구(1기)	뇌문 or 능격문, 어망추	갈머리 1
豊岩	안자천	지석묘 교란층	단사선식 뇌문	갈머리 1a
勝金	안자천	지석묘 주변	단사선식 뇌문	갈머리 1a

용담댐 수몰지구의 조사가 청동기시대 유구와 문화층에 집중되고 상대적으로 신석기시대 문화층 조사에는 소홀하였던 점을 감안한다면 신석시시대 유적의 밀집도는 상기한 내용보다도 훨씬 더 높았을 것으로 생각된다. 용담댐 지역에서 금강을 거슬러 올라가면 長水 南陽里와 月谷里에서 신석기시대 후기와 말기에 속하는 유물들이 보고되었다. 남양리(서국향 2001)는 초기철기시대의 무덤 조사과정에서 무덤 주변에서 사단선문의 구연부편과 횡주어골문의 동부편이 채집되었다. 남양리에서 1km 밖에 떨어지지 않은 월곡리(강원종 2001)에서도 지표조사와 시굴조사 과정에서 사단선문을 중심으로 격자문과 조대문토기편, 갈돌과 굴지구가 수습되었다.

4. 사회·경제적 특징

1) 생업

일반적으로 즐문토기시대의 생업은 수렵, 어로, 채취가 주류를 이루면서 지역에 따라 원시농경이 결합된 양상으로 파악하고 있다. 진안 고원에서도 고라니, 노루, 사슴, 멧돼지, 토끼 등의 사냥이 이루어졌을 가능성이 있고 갈머리에서는 석촉도 상당량 출토되었다. 물고기도 현재 금강 상류에는 잉어과와 농어과를 포함한 18과 67종이 서식하며 운암유적이 위치한 상전면의 금강 본류에서는 꾸꾸리, 돌상어, 쉬리 등이 우점종으로 채집된다(길봉섭 · 김정언 1996). 그러나 용담댐의 신석기유적은 잉어과와 농어과의 대형물고기가 서식하는 금강 본류가 아니라 정자천과 안자천의 얕은 지류에 주로 위치한다. 또한 주거지가 조사된 갈머리와 진그늘유적에서 어망추는 전혀 출토되지 않았다. 이는 물론 물이 얕아 어망추의 효율성이 떨어지는 支流의 자연조건 때문이기도 하겠지만 생업에서 어로가 차지하는 비중이 그리 높지 않았을 가능성이 크다.

갈머리의 석기조성을 보면 굴지구가 주류를 이루면서 갈판과 갈돌의 비중도 높다. 공이돌, 긁개류와 원판형석기 역시 식물성식료의 가공과 채취에 이용되었다고 보인다. 이러한 석기조성은 진그늘, 운암, 농산 등 금강 상류의 다른 즐문토기유적에서도 마찬가지로 석기조성에 따르면 생업에서 식물성식료가 차지하는 비중이 높다고 볼 수 있다. 실제 갈머리(2호와 파괴주거지)와 진그늘(7호 적석노지, 1·2호 주거지)에서는 탄화된 도토리가 수습되었으며, 가래로 추정되는 견과류 껍질도 이들 유적에서 수습되었다.

석기조성에서 나타나는 식물성식료의 높은 비중은 적석유구의 殘存脂肪酸分析 결과에서도 확인된다(안승모 · 유혜선 2002). 갈머리유적의 적석유구 기능을 파악하기 위하여 4호, 50호,[11] 53호에서 토양을 채취, 지방산분석을 실시한 결과 도토리껍질의 지방산 조성이 확인되었다. 따라서 갈머리 적석유구의 기능은 도토리 가공과 관련된 야외노지일 가능성이 매우 높다고 볼 수 있다. 그러나 적석유구에서 도토리알이 아닌 도토리껍질의 지방산조성이 확인된 것을 어떻게 해석하여야 하는가 고민이 남는다. 두 가지 가능성을 제시할 수 있다. 하나는 주변에서 갈판을 이용하여 벗겨낸 도토리껍질을 적석유구에 버려 (또는 연료로) 태웠을 가능성이다. 다른 하나는 도토리의 껍질을 쉽게 벗기기 위해 돌위에서 살짝 구웠을 가능성이다. 후자의 경우 도토리알의 떫은 맛이 줄어드는 효과도 얻을 수 있다. 물론 우리나라에서 전통적으로 도토리는 물에 여러 날 담가두어서 떫은 맛을 우려내며, 여기에 껍질을 벗기고 가루로 만들고 물에 끓이는 과정이 덧붙여진다. 반면 일본이나 아메리카 원주민의 경우에는 재 속에 집어넣거나 불에 굽는 방법을 사용하기도 한다. 예를 들어 북미의 동부지대에서는 가루만들기나 물우리기는 생략되고 불에 굽고 끓이는 것만으로 도토리를 식용한다(McCorriston 1994). 후자의 경우 우리나라에서 민족지적으로 보고된 예가 없다. 그러나 우리의 신석기유적에서 도토리는 주로 탄화된 알 상태로 발견되며, 갈머리와 진그늘에서도 그러하다. 도토리를 다량으로 가공할 경우 껍질을 쉽게 벗기기 위한 여러 방법이 강구되었을 것이며 불에 태우는 것도 분명 효과적인 방법이다. 현재 민족지적으로 남아있지 않다고 하여 선사시대에도 존재하지 않았다고 단언할 수는 없다. 이 문제는 여기에서 결론을 내리기는 어렵고 앞으로 좀더 신중한 검토가 요구된다.

잔존지방산분석이 적석유구 중 극히 일부에만 실시된 것이므로 모든 적석유구가 도토리 가공에만

---

11) 안승모 · 유혜선(2002)에서는 52호 적석노지로 되어 있으나 보고서발간과정에서 50호로 변경되었다.

이용되었다고 단정할 수는 없다. 잔존지방산분석은 토양 외에도 석기나 토기 같은 유물에도 적용할 수 있다. 갈머리에서는 14호 적석유구 출토 이중구연토기 내면에 부착된 탄화물을 분석하였는데 식물성스테롤은 검출되지 않고 동물성스테롤(콜레스테롤)이 확인되었다. 이 토기의 경우 검출된 지방산의 양이 적어 물고기인지 포유류인지 구체적인 동정은 할 수 없었으나 동물성 식료를 토기에 넣어 조리한 것만은 분명하다.

상기 사실로 보아 갈머리 1기에서 3기에 걸쳐 도토리가 중요한 식료였던 것만은 부정할 수 없다. 어패류 자원이 풍족한 해안가와 달리 내륙에서는 도토리 등의 견과류가 중요한 에너지원이었을 것이다. 일본 繩文人의 경우에도 炭素·窒素同位元素 분석을 통해 볼 때 해안가의 古作貝塚人은 단백질의 39.5%를 어패류에서, 29%를 도토리 등의 C3식물에서 확보하는데 반해 내륙의 北村繩文人은 단백질의 74.2%를 C3식물에서, 10.9%를 조 등의 C4식물에서 얻었다(赤澤威·南川雅男 1989).[12] 진안고원에서 현재 자라는 참나무류는 신갈나무와 졸참나무가 優占種이며, 굴참나무도 많이 보인다. 신갈나무는 해발 약 600m 이상에서 주로 자라며 졸참나무는 해발 약 200~600m 사이의 건조한 사면에 분포한다. 굴참나무도 해발 약 400m 부근까지 졸참나무와 함께 분포한다(길봉섭·김정언 1996, 330~334쪽). 아직 진그늘과 갈머리의 도토리를 동정하지는 않았지만 해발 240m의 정차전과 해발 260~290m의 주변 구릉지대의 표고를 감안하면 신석기시대에도 졸참나무와 굴참나무가 유적 주변에 많이 서식하였을 가능성이 크다. 유적의 입지가 강변에 위치한 것도 도토리의 물우리기와 관련될 가능성이 있지 않나 생각된다. 물론 도토리 외에도 칡·층층잔대·더덕·참마·무릇·참나리·둥글레 등의 뿌리식물과 각종 과실류와 나물류도 식용되었겠지만 고고학적 증거로 남아 있지 않아 더 이상의 추론은 어렵다(안승모 2002).

그런데 갈판-갈돌과 적석유구의 기능은 도토리의 가공과 주로 연결시킨다고 하더라도 석기 중 절대다수를 차지하고 있는 掘地具의 존재는 어떻게 보아야 하는가? 굴지구를 단순히 구덩이를 파거나 구근류 채취에 이용된 뒤지개로 보기에는 출토량이 너무 많다. 갈머리1기는 남해안 신석기시대 중기에 해당하는 시기이다. 최근 동삼동패총의 수가리1기에 속하는 1호 주거지(4590±100BP)에서 조와 기장이 검출되었으며(하인수 2001), 식물유체에 대한 직접적인 연대측정이 이루어지지 않아 신빙성의 문제가 남아 있지만 옥천 대천리에서도 조, 기장, 벼, 보리, 밀이 발견되었다(한창균 외 2002). 또한 갈머리 2기의 봉계리식 단계에 속하는 남강댐 상촌 B(4060±140BP)와 어은1지구(4030±100BP)의 주거지에서도 조와 기장이 보고되었다(Crawford and Lee 2003). 용담댐 즐문토기문화와 남해안 즐문토기문화의 밀접한 관련성을 고려하면 늦어도 기원전 4천년기 후반의 신석기 中期부터는 남부지방에 조를 재배하는 園耕(small-scale cultivation)이 존재하였다고 볼 수 있다. 남부지방에서 굴지구가 급증하는 시기도 바로

---

12) 단 熱量을 기준으로 하면 古作繩文人도 총열량의 80%를 C3식물에서 확보하며 어패류는 11%에 불과하다.

太線沈線紋土器와 결부되는 중기부터이다. 그렇다면 직접적인 증거는 찾지 못하였지만 금강 상류의 갈머리 1기 단계에도 원경의 존재를 상정해볼 수 있지 않을까 싶다.

2) 사회

갈머리유적을 발굴하기 전에는 소규모 경작에 종사하는 정주취락을 찾을 수 있으리라 기대하였다. 신석기 중기와 후기는 조를 중심으로 하는 작물을 재배하였을 가능성이 높고 댐 수몰지역이라 넓은 지역을 면적에 구애받지 않고 자유롭게 조사할 수 있으리라는 희망에서였다. 그러나 결과적으로는 정주취락도 농경의 흔적도 찾는데 실패하였다.[13] 주거지로 추정되는 유구를 2~3기 찾았지만 장기적 정주취락으로 보기에는 어딘가 엉성한 느낌이 들었다. 밭이나 무덤은 고사하고 저장구덩이나 토기제작 장소도 찾지 못하였다. 더욱이 갈머리 2·3기에는 적석노지만 발견되었을 뿐이다. 저장용 대형토기가 일부 존재한다고 정주를 말할 수는 없다. 그렇다고 서해안패총에서 언급되는 수렵채집집단의 주거적, 병참적 이동 양상을 갈머리1기에 적용시키기도 주저된다.

용담댐 신석기시대 사회의 특징을 현재 조사된 자료로 파악해보면 우선 당시의 인구밀도가 높지 않았음을 알 수 있다. 용담댐에서 갈머리 1기에 해당하는 주거지는 갈머리에서 3기, 진그늘에서 3기가 보고되었을 뿐이다. 진그늘도 동시성을 부여할 수 있는지 의문이다. 설령 동시성을 상정하여도 주거지 3기의 총인구수는 15~25명 정도이다.[14] 갈머리의 경우 1a기와 1b기로 나눌 경우 동시성은 1~2기에 불과하며, 1b기의 1호주거지는 6~10명, 1a기의 2호는 3~5명 정도의 인구가 추론된다. 그렇다면 정자천 유역에서 한 시기당 인구의 수는 아무리 많이 잡아도 50명을 넘지 못한다. 금강 하류 둔산유적의 경우도 인구수는 15~20명 정도로 추정되고 있으며 현재까지 남한에서 조사된 신석기시대 마을은 대부분 서너 채에서 10여 채 정도, 인구수도 20~50명 정도에 불과할 뿐이다. 이 정도의 인구규모는 무리사회에 해당하는 수준이며 따라서 신석기시대는 혈연적 관계로 이어지는 소규모의 주거군 또는 공동체가 느슨하게 연결되어 있는 분절사회(segmentary societies)로 볼 수 있다.

두 번째 특징은 주거 구축에 노동력 또는 에너지를 많이 투자하지 않았다는 점이다. 주거지 윤곽이 강물의 범람으로 삭평되었을 가능성을 염두에 두더라도 갈머리 주거지는 움벽과 기둥구멍이 뚜렷하지 않고 바닥도 전혀 정지된 흔적이 보이지 않았으며 2호는 그나마 爐址 조차도 없다. 진그늘은 갈머리보다는 사정이 낫으나 3호를 제외하면 1·2호는 노지가 보고되지 않았고 기둥배치도 불규칙하

---

13) 변명이지만 시간과 예산에 쫓겨 주변지역을 제대로 조사하지 못한 탓이 클 수도 있다.

14) 한 사람당 면적을 최소 3m², 최대 5m²를 상정한 수치이다. 청동기시대 전기의 세장방형 주거지에서 노지 하나당 면적이 10~15m²(大貫靜夫 2001, 197쪽)인 점을 감안하면 1호는 1단위, 2·3호는 2~3단위의 개별 가족이 거주하였다고도 추정할 수 있다.

다. 갈머리와 진그늘의 신석기유적이 입지한 곳은 강변 단구의 모래층이고 조금만 파면 舊河道의 자갈층이 노출된다. 주거지의 바닥면이 고르지 않고 주공도 보이지 않는 것은 단단한 자갈층을 굳이 파지 않았기 때문이라고 추측된다. 동일한 정자천과 안자천의 충적대지에 입지한 송국리형 주거지는 바닥면이 정지되고 움벽과 중앙 수혈이 뚜렷하게 남은 점과 대조적이다.

세 번째로 시간적인 불연속성이다. 갈머리 1a기와 1b기 유구들은 공간적으로 다소 떨어져 있으며 문양에서도 약간의 시간적인 공백이 간취된다. 갈머리 2·3기도 마찬가지이며, 절대연대로 보면 3기의 적석유구도 동시에 축조된 것으로 보기 어렵다. 즉 갈머리의 1a, 1b, 2a, 2b, 3기는 서로 연속되지 않고 시간적인 공백이 존재하므로 취락의 이동성(shifting settlement)을 상정할 수 있다.

송은숙(2001, 107~108쪽)은 남부 내륙의 즐문토기유적들이 曲流川의 충적대지에 일정간격을 두고 조밀하게 분포하고 있는 현상을 초기농경의 이동성으로 해석한다. 그는 이러한 충적지가 당시의 기술적 수준에서 조를 재배할 수 있는 가장 효율적인 입지이며, 농경지가 황폐화하거나 더 많은 생산량이 필요할 경우 비슷한 입지조건을 지닌 새로운 농경지를 찾아 계속 확산된 것으로 본다. 따라서 남부 내륙의 신석기 초기농경 집단은 분산된 거주형태의 이동성이 높은 단기 정착적인 성격을 보여준다고 주장한다. 용담댐 신석기유적의 상기한 성격도 송은숙의 모델에 부합되는 것처럼 보인다. 다만 구체적인 농경의 형태에 대해서는 다른 가능성도 존재한다. 이현혜(1998)는 보서럽의 농업발전단계 모델을 한국에 적응시키면서 伐木火耕을 기본으로 하는 長期休耕이 채집경제와 원시농경이 병행하는 신석기시대의 농업기술로 파악하였다. 아울러 이동식 벌목화경의 증거로는 伐採用 石斧와 播種用 掘地具(따비)를 제시하였다. 송은숙(2002, 50쪽)은 화전은 나무가 많은 산간지역에서 행하여지며 산림을 벌채하고 두터운 부식토를 갈려면 대형의 도끼나 괭이 같은 도구가 필요한데 이러한 유물은 보이지 않는다는 점을 들어 火田農法의 존재를 부정하였다. 필자도 이전에는 보서럽의 모델을 한반도의 고고학적 사건에 적응하는데는 부정적 입장을 취하였으며 화전은 농경의 초기적 모습이 아니라 적당한 농경지가 사라지면서 어쩔 수 없이 선택하게된 후기적 양상이 아닌가 생각하였다. 그러나 최근에는 화전의 존재를 굳이 부정적으로만 보지는 않는다. 송은숙의 비판과 달리 장기휴경의 벌목화경에서는 두터운 부식토를 갈기 위한 괭이가 필요하지 않다. 대체로 재로 덮인 표토에 굴봉 같은 도구로 구멍을 내어 파종만 할 뿐 다른 복잡한 경작기술은 요구되지 않기 때문이다. 또한 산지가 아닌 강변의 충적대지를 경작지로 이용할 경우 伐木의 단계를 거치지 않아도 된다. 그래서 용담댐유적에서 벌채용 석부가 드문 것이 아닌가 싶다. 황하유역의 앙사오 문화에서도 황하유역을 따라 취락이 연속적으로 분포한 것을 벌목화경의 이동농경에 따른 취락 이동으로 보기도 한다(Chang 1986, 114쪽).[15] 일본의 繩文農耕에도

---

15) 물론 이동식 경작의 존재에 대한 회의도 존재하며(Barnes 1993, p.106) 유럽의 초기농경에서도 비슷한 논쟁이 제기된 바 있다(Rowley-Conwy 1981).

火田이 상정되고 있으며, 우리의 청동기시대 전기의 山地에 입지한 유적에서도 그러하다(안재호 2000). 다만 금강유역을 포함한 남부내륙의 경우 화전이 존재한다고 하여도 線上으로 이동할 수 있는 미점유 경작지가 존재한다면 순환 이동을 전제하는 장기휴경과는 집단의 정주와 이동양상이 다를 것이다.[16]

결국 이동식 火田의 존재 여부에 대한 논란은 있지만 내륙 즐문토기 집단을 집단의 규모가 크지 않으면서 분산된 거주패턴을 유지하는 단기정착적, 이동적 양상으로 파악한다는 점에서는 필자도 송은 숙의 견해에 적극 동조한다. 민족지적 예로 보았을 때 이동식 화전농경에서는 주거에 대한 투자가 한정되어 정주취락 없이 야영지적 성격의 막집으로 대체되는 경우도 종종 있기 때문이다. Gregg(1988, pp.32~33)는 초기 농경의 경작 시스템을 integral shifting cultivators, mixed cultivators, partial cultivators로 구분하였는데 갈머리 즐문토기인은 재배보다 수렵과 채집에 대한 의존이 높은 후자에 속할 가능성이 높다. 그레그는 또한 신석기 주민의 거주 양상을 colonizing, cyclical, periodic, permanent의 네 유형으로 구분하였는데 즐문토기 주민은 permanent보다 나머지 세 유형을 주어진 환경조건에 따라 적절히 활용하지 않았을까 싶다.[17]

갈머리 2·3기의 경우도 정주취락이 형성된 증거를 금강 상류에서는 찾지 못하였다. 오히려 1기에 비해 정주적 성격이 더욱 약화되어 야영지적 성격을 나타낼 뿐이다. 이 시기에 해당하는 주거지는 농산의 1기일 뿐, 나머지 유구는 모두 야외노지이다. 雲岩유적의 경우 강가에서 떨어진 구릉 정상에 입지한다는 점에서 발굴 전에는 수렵용 캠프일 것으로 생각하였으나 조사결과 수렵용 석기는 보이지 않고 오히려 돌도끼·굴지구·갈판이 출토되어 농경과 관련되는 유적으로 추정하고 있으며 주변에서 화전을 일굴 수 있는 평탄지도 충분히 존재한다.[18] 갈머리 2기에 가까운 둔산과 쌍청리유적, 그리고 이들보다 시기적으로 빠른 옥천 대천리와 대전 관평동 주거지 모두 구릉 정상부나 사면에 입지한다. 그렇다면 이 시기부터 산지에서 벌목화경이 이루어졌을 가능성은 없는지 검토될 필요가 있으나 더 이상의 논의를 할 자신이 없어 생략한다.

정주적 양상이 후기에서 말기로 가면서 오히려 줄어드는 양상은 다른 지역에서도 보인다. 중부지역에서는 중기의 수렵-채집-소규모경작의 정주적 취락이 후기에 들어 줄어들면서 서해안에 야영지

---

16) 신석기집단의 이동양상을 수렵채집인적 관점에서 논한 글을 국내에서도 많이 발표되고 있으나 원시농경인의 정주성과 이동성에 관한 논의는 거의 이루어지고 있지 못하다. 결국 정착경작(permanent cultivation)과 이동경작(shifting cultivation)의 양상은 밭과 화전이 취락과 함께 찾아져야 해결될 수 있을 것 같다.

17) 주거 양상에서 colonizing은 취락이 형성되고 주변 경작지를 일정한 기간 동안 이용한 다음 다른 장소로 취락을 이동하 는 형태이며, cyclical은 두 곳 이상의 취락이 교대로 이용되는 형태, periodic은 특정하지 않은 기간 동안 점유한 후 다시 점유할 의사가 없이 완전히 포기하는 형태, permanent는 마을이 여러 세대에 걸쳐 지속적으로 점유되는 형태이다.

18) 전주대학교 이상균 교수 談.

석 성격을 가진 패총이 다수 출현한다. 남부에서는 석기상에서 농경적 생업형태가 강화되었지만 지역에 따라서는 수렵·어로의 활성화나 패류 채집활동의 전문화로 유적간 기능분화가 진척된다(田中 2001, 309쪽; 이준정 2002). 이중구연토기는 남부지방 전역에서 발견되고 있지만 이 단계의 주거지는 발견된 예가 극히 적으며 오히려 동굴이나 바위그늘을 점유한 예가 많다. 왜 말기로 갈수록 정주성이 강화되거나 정주취락이 확대되지 않고 오히려 축소되는 양상이 나타나는지에 대한 검토가 필요할 것 같다.[19] 끝으로 용담댐 지역에서는 무문토기 전기 후반의 고인돌이 안자천 유역에서부터 출현하고 있으나 갈머리 3기와의 연대 차가 아무리 좁혀도 수백 년은 넘기 때문에 즐문토기인과 무문토기인의 점진적 교체를 상정하기는 어려울 것으로 판단된다.

5. 맺음말

이상 갈머리유적을 중심으로 하여 용담댐지역 신석기문화의 편년과 성격을 살펴보았다. 상기 내용을 요약하는 대신 여기서는 이들 문화의 기원과 확산 양상에 대해 살펴보자. 진안고원은 북으로는 금강이, 남으로는 섬진강이 발원하는 곳이다. 용담댐 수몰지구를 포함한 금강 상류 뿐 아니라 전라북도 내륙지방의 신석기시대 유적과 유물은 모두 기본적으로 남부지방 신석기문화의 계통에 속한다. 갈머리 1·2·3기는 남해안 중기(태선침선문), 후기(퇴화침선문), 말기(이중구연)와 기본적으로 일치한다. 갈머리유적은 용담댐 내의 다른 신석기 유적과 마찬가지로 섬진강과 남강 수계를 통하여 영남 서부 내륙 및 남해안의 신석기문화와 연결되며, 금강 수계를 통하여 남부 내륙 신석기문화를 금강 중상류를 거쳐 중부지방으로 전달해주는 교량적 역할을 담당하였다. 같은 금강유역이지만 전북 내륙의 금강 상류에서는 중서부 양식 즐문토기가 전혀 보이지 않는 점이 충청도 쪽 금강유역 즐문토기와 가장 큰 차이점이다. 금강 중·하류 유역의 대천리, 둔산, 쌍청리유적은 문양론적으로 갈머리 1기에 후행하며 절대연대로도 그렇다. 반면 남강의 상촌리 1군은 갈머리 1a기와 유사하면서도 문양론적으로 약간 선행하는 것 같다. 즉 소규모 식물재배의 정주취락이 형성된 신석기 중기의 남해안의 母村에서 남부 내륙과 금강 상류를 거쳐 하류로 내려가면서 일종의 子村 형식으로 문화가 전파되는 양상을 상정할 수 있다.

이러한 신석기문화의 전파루트는 곽장근(1999)이 복원한 호남내륙지역의 고대 교통로에 부합된다. 그중 하나는 남강(강루리, 상촌리)에서 육십령을 넘어 장계천과 유치를 거쳐 안자천에 이르는 길이다. 실제 안자천에서는 갈머리 1a기에 해당하는 토기편이 수습되었으며 역시 남강유역과 연결되는 청동기

---

19) 일부 학자들은 취락유형과 생업의 변화이유로 전가보도처럼 기후변화를 들고 있기도 하나 아직 남한에서 누구나 받아들 일 수 있는 객관적인 기후변화 자료가 제시되고 있지는 못하다.

시대에서도 가장 이른 고인돌은 안자천에서 발견된다(김승옥 2004, 73쪽). 안자천에서 용담의 월계리와 솔재를 넘으면 금산과 대전으로 연결된다. 한편으로는 구량천과 월성치를 넘어 황강(대야리·임불리·봉계리)으로 연결될 수도 있고, 월계리에서 북동쪽으로 남대천을 통해 낙동강의 감천으로 들어가면 송죽리유적이 존재한다. 다른 하나는 하동-구례-곡성-남원-임실로 섬진강을 따라 진안을 거쳐 금강 상류에 이르는 길이다. 금강과 섬진강을 연결하는 이 길은 호남정맥과 백두대간을 따라 관통되어 지형상 장애물이 거의 없으며 금강과 남한강이 수계로서 직접 연결되므로 중부에서 남해안에 이르는 최단거리라고 한다(곽장근 1999, 42~43쪽).

용담댐 수몰지구에 신석기문화가 처음 유입된 길은 남강-육십령-안자천으로 이어지는 교통로로 추정된다. 앞서 언급하였듯이 안자천에서 갈머리 1a기의 토기가 수습되었고 정자천의 갈머리유적에서도 하류쪽에서부터 1a기가 시작되고 있기 때문이다. 갈머리 1a기의 특징인 상촌리식 雷紋은 남강의 상촌리 1기에서 가장 성행하며 갈머리 1기의 다른 토기상과 석기상도 상촌리 1기와 연결될 수 있는 부분이 많다. 신석기 중기 단계의 상촌리유적은 다른 동시대 유적에 비해 취락의 규모가 크고 주거지 내 무덤(옹관)과 화장시설도 존재한다. 무리한 추론일 수도 있으나 상촌리 1기에서 정주촌락이 형성되면서 인구가 증가함에 따라 母村에서 분리된 子集團 중 한 갈래가 새로운 삶의 터를 찾아 금강 상류로 유입되었을 가능성을 제시해보고 싶다. 갈머리 1a기에 처음 금강 상류로 들어온 집단이 새로운 환경에 적응하면서 1b기에는 소위 多段式 菱格紋(안승모 1993, 7~9쪽)이란 새로운 토기 형태를 창안하였다. 이후 다시 금강을 거슬러 북상하면서 태선침선문이란 남부지방의 전통적 시문기법이 약화되고 능격문토기도 便化된 소위 금강식토기로 변화된 것이 아닌가 싶다.

끝으로 애초 용담댐 수몰지구의 고고학을 제11회 호남고고학대회 주제로 삼은 것은 발굴성과를 대내외에 알리고자 하는 목적과 더불어 유적을 찾고 발굴을 하고 보고서를 발간하는 과정에서의 많은 미흡함을 반성하고자 하는 의도도 있었다. 자칭 신석기전공자이면서도 신석기유적을 찾고자 하는 노력을 전혀 기울이지 않았고 조사과정에서도 유적의 형성과 후퇴적과정에 영향을 주었을 지질학적 조사를 등한시하였으며 한정된 양의 지방산분석 외에는 태토분석, 토양분석 등 제대로 된 과학적 분석도 전혀 실시하지 못하였다. 이 글은 이러한 제반조건 때문에 내용이 한정될 수밖에 없음을 밝힌다.

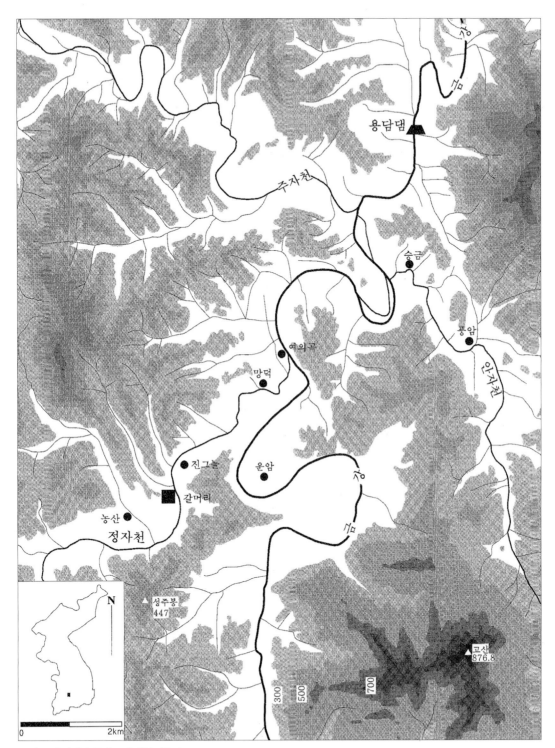

그림 1. 용담댐 수몰지구 내 신석기유적

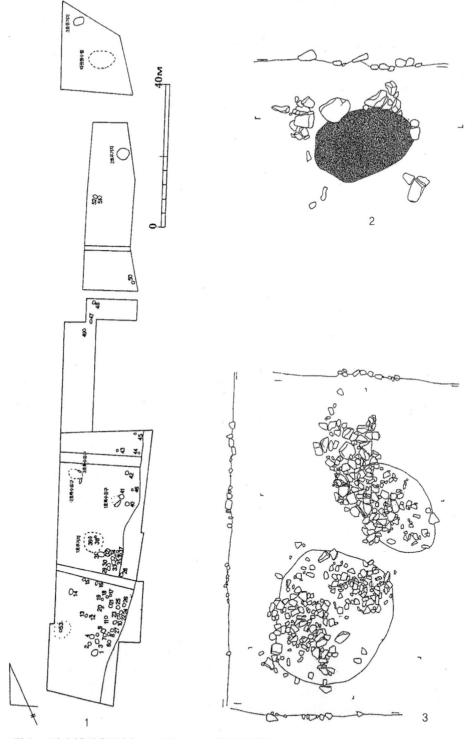

그림 2. 1.갈머리유적 유구평면도, 2.5호, 3.51·52호 평·단면도

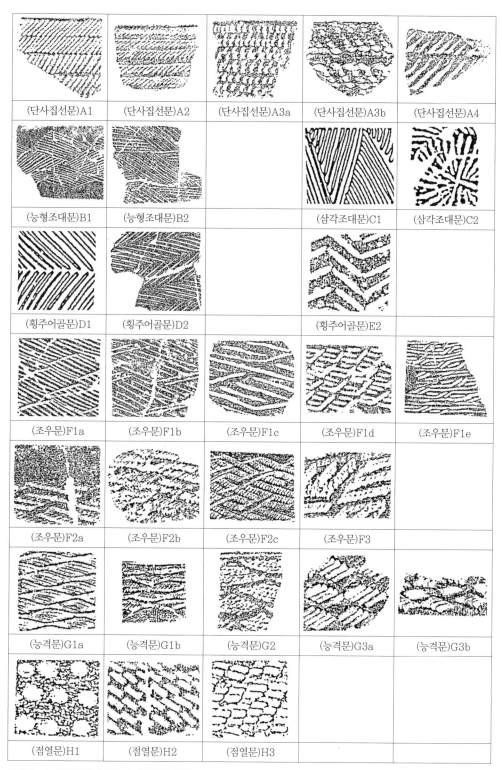

그림 3-1. 갈머리유적 즐문토기의 문양 분류

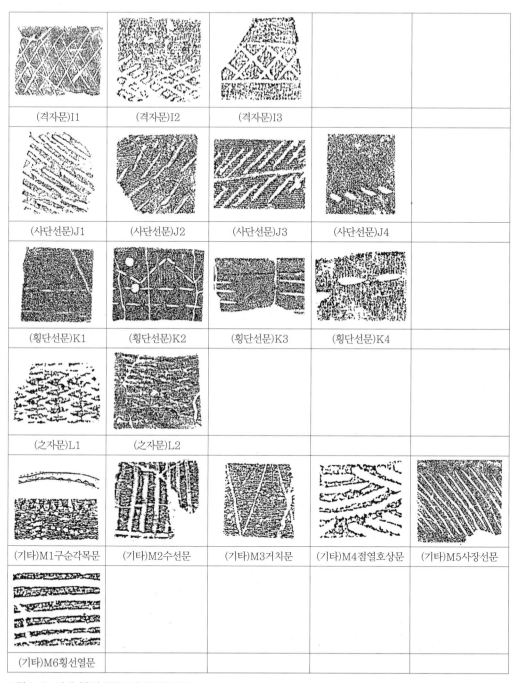

(격자문)I1	(격자문)I2	(격자문)I3	
(사단선문)J1	(사단선문)J2	(사단선문)J3	(사단선문)J4
(횡단선문)K1	(횡단선문)K2	(횡단선문)K3	(횡단선문)K4
(之자문)L1	(之자문)L2		
(기타)M1구순각목문	(기타)M2수선문	(기타)M3거치문	(기타)M4점열호상문
(기타)M6횡선열문			

그림 3-2. 갈머리유적 즐문토기의 문양 분류

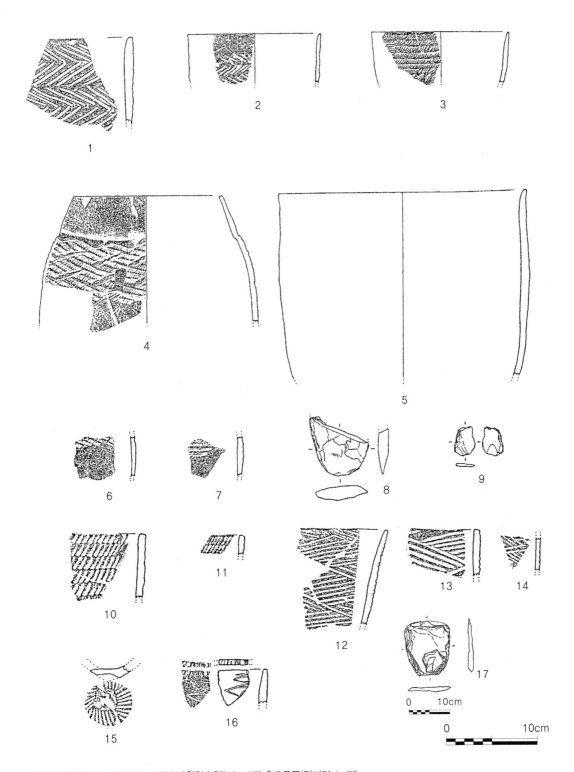

그림 4. 갈머리 2호 주거지(1~9)와 타원형수혈(10~17) 출토유물(갈머리 1a기)

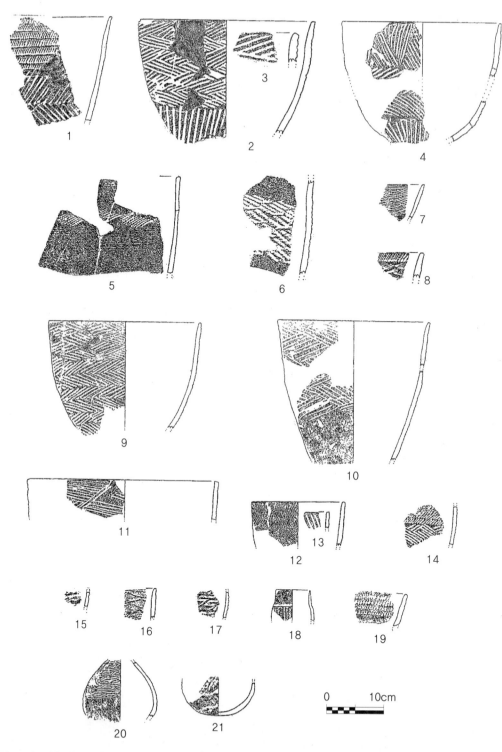

그림 5. 갈두마을 입구 파괴주거지(1~8), 전북대학교 지표수습(9~18), 망덕(19), 지구(20·21) 출토유물

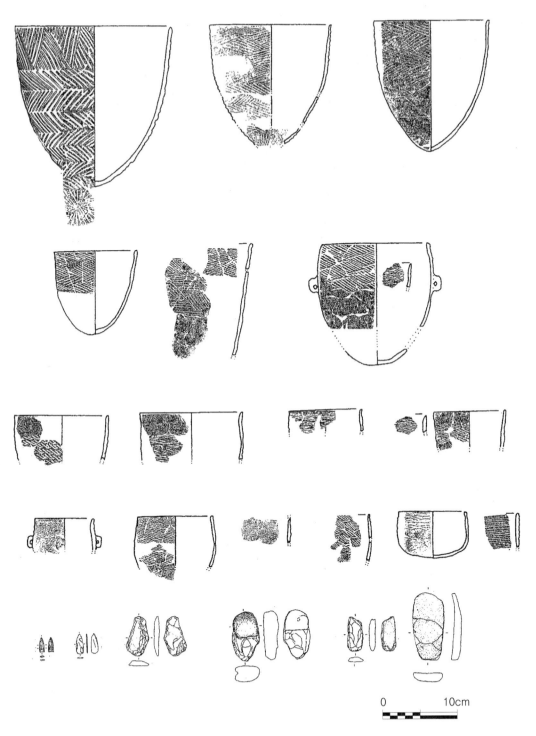

그림 6. 갈머리 1호 주거지 출토유물(갈머리 1b기)

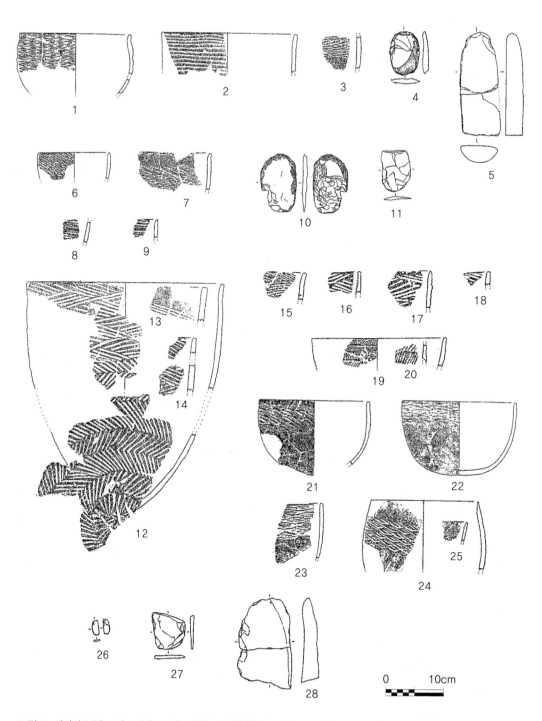

그림 7. 갈머리 1호(1~5), 2호(6~11), 3호(12~28) 특수유구 출토유물(갈머리 1b기)

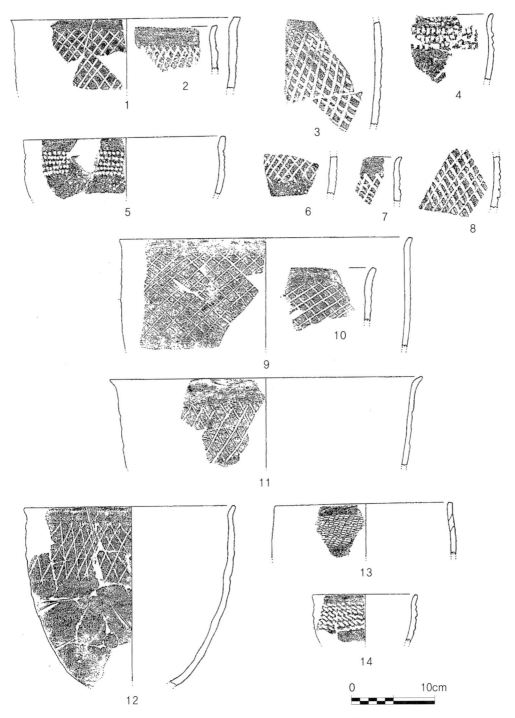

그림 8. 갈머리 29-37호 적석유구(1~8) 및 퇴적층(9~14) 출토유물(갈머리 2b기)

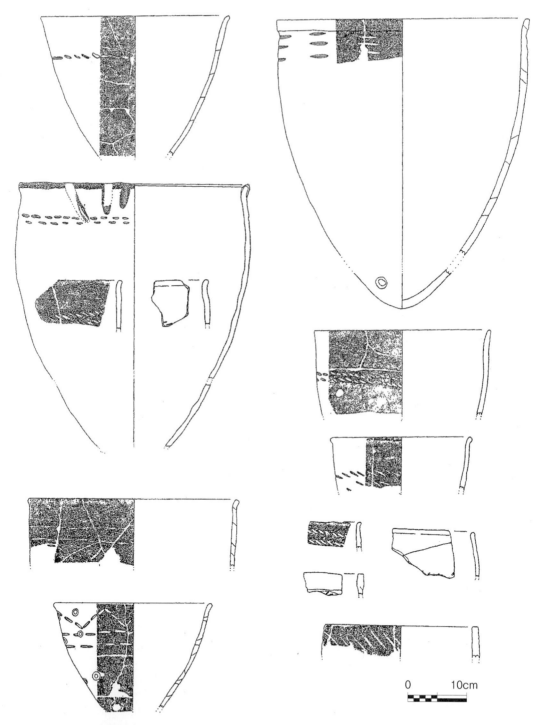

그림 9. 갈머리 14호 적석유구 출토유물(갈머리 3기)

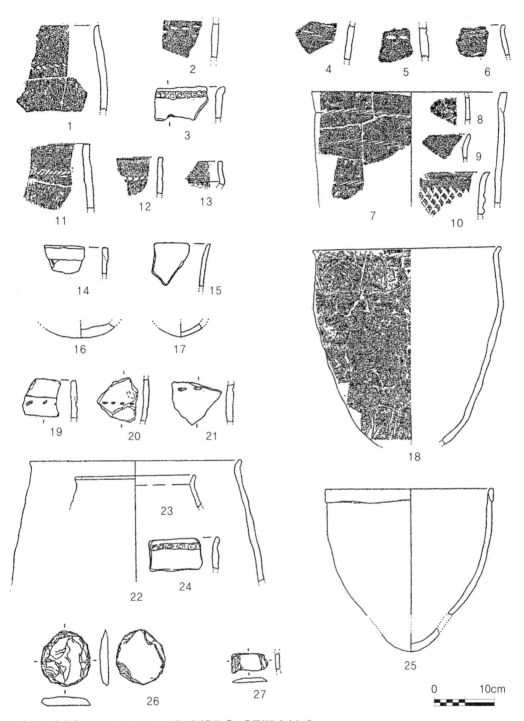

그림 10. 갈머리 5·14·43·47·52·53호 적석유구 출토유물(갈머리 3기)

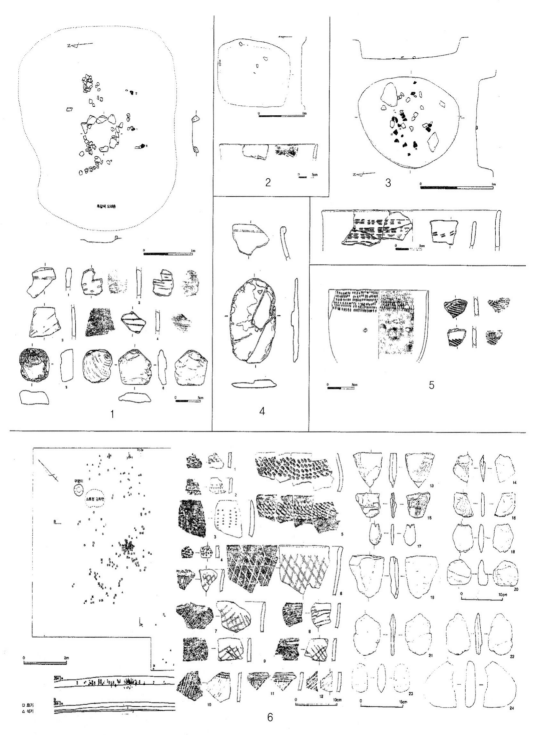

그림 11. 용담댐 수몰지구 신석기 유적과 유물 1
1.농산 1호 주거지, 2.농산 방형유구, 3.농산 원형유구, 4.농산 2호 노지, 5.농산 포함층, 6.운암

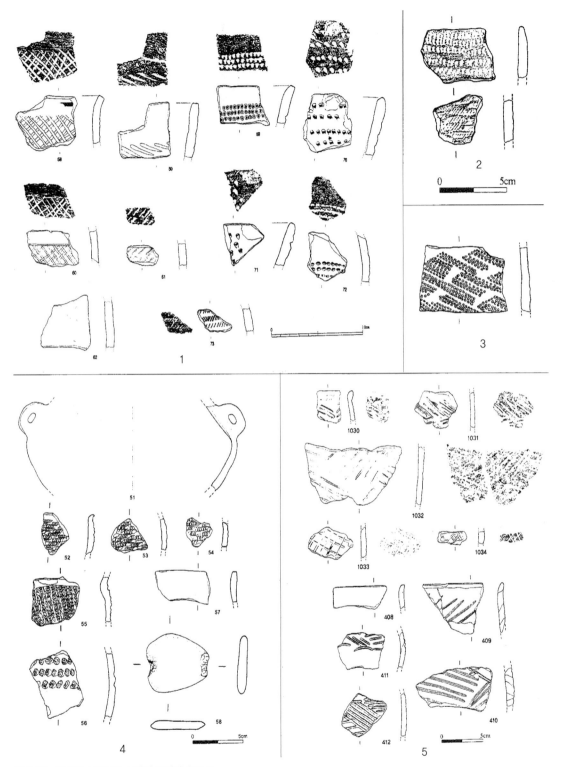

그림 12. 용담댐 수몰지구 신석기 유적과 유물 2

1.망덕, 2.풍암, 3.승금, 4.안자동, 5.여의곡

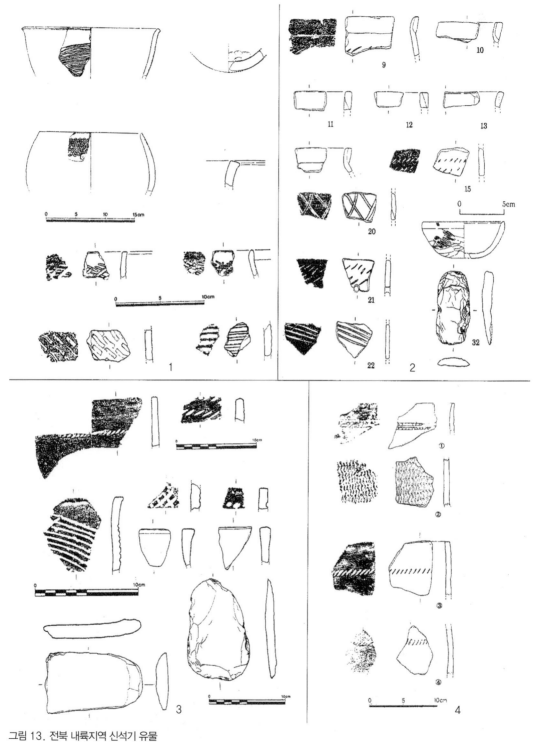

그림 13. 전북 내륙지역 신석기 유물

1.임실 운정리 장자골, 2.남원 대곡리, 3.장수 월곡리, 4.장수 남양리

한국
신석기시대
연구

제3부

생업

제1장 신석기시대의 식물성식료(1)
야생식용식물 자료

1. 머리말

필자(1993·1997)는 기존에 新石器時代의 植物性食料를 간략히 다룬바 있으나 考古學的 자료의 부족으로 세부적인 考察은 하지 못하였다. 지금까지 신석기유적에서 출토된 植物性食料는 주로 도토리에 집중되어 있다. 널리 알려진 鰲山里, 岩寺洞, 渼沙里, 鳳溪里, 南京, 柯坪里遺蹟 외에도 최근 襄陽 地境里 4호주거지, 蔚山 黃城洞 細竹貝塚, 晋州 上村里遺蹟(6·19·23호 주거지, 61호 제사유구, 191호 저장혈) 등 南江댐수몰지구의 신석기유적과, 갈머리·진그늘 등 鎭安 龍潭댐의 신석기유적에서도 도토리가 출토되고 있다(표 9). 도토리 외에는 鳳溪里遺蹟에서 왕가래,[1] 살구(또는 매실)와 보리수과 열매, 上村 61호 祭祀遺構에서 왕가래(?)가 검출되었으며, 제주도의 北村里 바위그늘에서는 개산초열매가 출토되었다.

上記資料로 볼 때 신석기시대는 植物性食料의 상당부분을 도토리에 의존한 것으로 보인다. 그러나 도토리 등의 堅果類는 딱딱한 껍질 때문에 상대적으로 보존이 잘된다는 이점이 있는 반면, 根莖같은 연약한 식물체나 딸기류의 果肉처럼 통 채로 먹는 식물성식료는 특수한 잔존상황을 제외하고는 흔

---

1) 우리나라의 가래나무속(*Juglans*)은 가래나무(*J. mandshurica* Max.)와 호두나무(*J. sinensis* Dobe)의 두 종류가 있다. 호두나무는 중국 漢代에 서역에서 들어온 품종으로 우리나라 선사유적에서 출토되는 가래나무속은 모두 가래나무이다. 전문가의 감정도 *J. mandshurica* Max.로 되어있다. 따라서 가래나무의 열매는 가래라 불러야지 胡桃라고 지칭해서는 안된다. 왕가래(일본명 onigurumi)는 가래나무의 한 변종[*J. mandshurica* ssp(or var.) Sieboldiana Max.]으로 일본에서도 주로 동일본에 서식한다. 단 한국에서 출토되는 가래가 왕가래인지 가래(일본명 mansugurumi)인지는 좀 더 검토의 여지가 있다.

적이 남기 힘들다. 더욱 발굴현장에서 플로테이션이나 물체질이 거의 이루어지지 않는 우리 현실에서 몇몇 유적에서 출토된 植物性遺體만으로 당시 食生活을 복원한다는 것은 거의 불가능에 가깝다.

이러한 문제점을 극복할 수 있는 하나의 대안으로 資源領域分析이 시도된 적은 있으나 만족할만한 수준은 아니다(이기길 1991; 신숙정 1994). 실제 新石器人들이 그들의 자원영역 안에서 어떠한 食用植物들을 이용하였는지 알기 위해서는 당시 植生의 복원과 더불어 식용식물에 대한 民族誌的 연구결과가 뒤따라야 할 것이다(추연식 1997). 그러한 작업의 일환으로 이 글에서는 日帝時代의 救荒植物과 그 食用法에 관한 資料를 소개하고 신석기시대 식용가능한 야생식용자원에 관한 약간의 검토를 덧붙이고자 한다.

2. 日帝時代 救荒植物과 食用法

韓半島의 野生食用植物에 관한 朝鮮時代 文獻으로 洪萬選(1664~1715)의 山林經濟(제11지 救荒篇), 經國大典註解(1525), 救荒撮要諺解, 신속의 新刊救荒撮要(1660) 등에서 도토리, 도라지, 칡, 개암, 마, 더덕, 토란, 솔잎, 송피, 마름과 여뀌열매, 냉이잎 등 중요구황식물의 식용법이 적혀 있으나 이들 자료에 대한 구체적인 연구는 나와 있지 않다. 20世紀에 들어서는 日帝時代 林泰治가 수집한 자료가 效用價値가 가장 높다(『救荒植物と其の食用法——名野生食用植物』, 1944, 東京書籍). 당시 戰時의 食糧危機를 대비한 목적이기는 하여도 林은 총 851종의 韓半島産 야생식용식물을 조사하고, 이중 가장 많이 식용되었던 308종에 대해 식물적 특성 외에도 食用部位, 採取時期와 食用方法, 日本의 食用法 등에 대한 정보를 기록하였다. 해방 이후 우리 쪽 관련문헌은 林의 자료를 크게 벗어나고 있지 못하다. 楊麟錫의 『野生食用植物과 그 食用法』(韓國出版社, 1954)은 羊齒植物 이상의 고등식물 자료 중 많이 식용하고 있는 322종을 소개하고 있으나 기본적으로 林의 문헌을 그대로 要約한 것이다.[2] 이후에도 資源植物에 관한 여러 文獻과 圖鑑이 발간되고 있으나 野生食用植物에 한해서는 質과 量에서 林의 자료에 못 미친다. 최근 발간된 자원식물 또는 유용식물도감에는 공업용식물, 섬유, 사료, 향료, 염료식물도 망라하고 있으며, 근래의 귀화식물과 외래식물도 포함되어 있다. 따라서 이 글에서는 考古民族誌的으로 활용가치가 높다고 생각되는 林의 자료를 간추려서 소개하고 이에 대한 약간의 검토를 덧붙이고자 한다.[3]

---

2) 楊麟錫의 자료는 독자적으로 수집된 것으로 알고 있었는데 이 글을 쓰기 위하여 林泰治의 자료와 세부적으로 비교해 본 결과 楊麟錫의 글은 林泰治의 자료에 거의 전적으로 의존하고 있다. 단 林泰治의 식물명이 일본어로 쓰여지면서 명확하지 못한 부분이 많았는데 이 부분은 楊麟錫의 글에서 바로 잡을 수 있었다.

3) 번역에는 楊麟錫(1954)의 글을 같이 참고하였다.

1) 救荒植物의 種類와 分布

林泰治의 책에 수록된 救荒植物의 종류는 모두 851종으로 대표적인 基本種은 農·山村에서 평소 식용하는 것이 304종, 近緣의 類似食用種이 213종, 기타 334종은 흉년 이외에는 평소 採食되지 않거나 局部的으로만 분포하는 종류이다. 304종의 중요 식용식물은 70%가 草本類이고 30%가 木本類이다. 산지별로 보면 一般山野가 246종, 들·길가·두둑(畦畔)·밭 등이 90종, 논·습지 등 물가가 17종, 해변이 3종, 高山이 4종이며, 기타 마을부근에서 재배되는 것이 19종이다. 아래의 지역별 분포를 보면 강원과 경기가 가장 많고 충청도가 가장 적지만 대부분의 지역이 100~200종 사이의 야생식용식물을 활용하고 있다(표 1).

표 1. 野生食用植物의 地域別 分布

地域別	道名	種類(總)
南部	全南 150종, 全北 135종, 慶南 223종, 慶北 187종	286종
中部	忠南 91종, 忠北 66종, 江原 261종, 京畿 252종, 黃海 176종	297종
北部	平南 101종, 平北 188종, 咸南 189종, 咸北 155종	247종

2) 食用部位 및 採取時期

常用하는 304종 중 새싹, 어린 잎, 어린 순, 연한 줄기를 식용하는 것이 가장 많아 닭의장풀·달래·명아주·고비 등 243종에 달하며, 이들은 택사·얼래지·참마·도라지·더덕 등 뿌리를 먹는 22종과 함께 모두 菜蔬 代用으로 쓰인다. 후자에는 달래, 산마늘처럼 땅속줄기를 먹는 것도 포함된다. 果肉은 딸기류와 다래, 댕댕이 등 45종이 있는데 이들은 모두 生果 代用이다. 種實은 밤, 도토리류, 조릿대 등 16종으로 이 중에는 흉년에 穀類 代用이 되는 것이 많다. 이밖에 송홧가루, 진달래·감국처럼 꽃을 먹는 것과, 소나무·딱나무·뽕나무·느릅나무처럼 樹皮를 먹는 것도 있다.

새싹이나 어린 줄기는 3월 하순에서 5월 하순 사이까지 수차에 걸쳐 채취된다. 果肉 및 種實은 여름 또는 가을의 성숙기에, 根莖塊類는 성장이 그쳐지고 저장양분이 가장 많은 시기인 가을에서 이듬해 이른 봄에 걸쳐 채취된다. 樹皮는 樹液이 공급되기 시작하는 봄에 주로 이용한다.

3) 食用法

⑴ 菜蔬代用植物

常用野生植物의 약 90%가 菜蔬 代用이다. 山菜 중에는 달래, 미나리 같이 날(생채나 쌈)로 먹을 수 있는 것도 있지만 대부분은 쓰고 떫은 맛을 죽이기 위해 더운 물에 데치거나 삶아서 나물류로 먹는다. 독성분이나 떫고 쓴 맛이 심한 것은 날로 또는 잘 삶아서 하루 내지 수일간 물에 담가두었다가 나물로 먹거나, 또는 데쳐서 물에 며칠 동안 담가두었다가 이것을 다시 잘 말려서 저장하여 채소가 부족한 시기에 묵나물(陳菜)로 사용한다. 으아리류, 앉은부채, 광대싸리, 붉나무, 멸가치, 개미취, 도라지 등이 묵나물로 자주 이용된다. 이밖에 국거리나 찌개거리로 이용하기도 하고, 일부 나물류, 특히 쑥과 냉이 등은 春窮期나 凶年에는 穀類에 섞어 (나물)죽을 끓여 먹는다. 더덕, 도라지, 잔대 등은 장아찌로, 달래, 돌나물, 미나리, 쇠별꽃 등은 김치(鹽漬)로도 담아 먹는다. 메·마 등의 根莖類는 굽거나 삶거나 쪄서 먹기도 한다.

(2) 主食代用植物

穀類代用으로는 강아지풀, 피, 조릿대 등의 種子가 있는데 食用法은 조와 같다.

混食으로 節米를 할 수 있는 식료는 앞의 穀類代用品이 最適이지만 이 외에도 i) 밤·호도·개암·돌배나무의 열매, 떡갈나무·참나무·졸참나무 등의 도토리, 대추 등의 나무열매 등은 떡, 밥, 죽에 混用할 수 있다. ii) 채소 대용의 어린 잎이나 줄기 대부분은 한번 데쳐서 쓰고 떫은 맛을 제거하면 쌀, 麥類와 섞어 죽, 밥으로 混用할 수 있고 쑥처럼 떡을 만들 수도 있다. 예를 들어 비비추류·느티나무·참쑥류·진달래는 떡 또는 밥에, 냉이·광대나물은 죽에, 쇠뜨기·별꽃·구기자는 밥에, 산마늘은 다른 澱粉과 섞어 混食한다. iii) 도라지·얼래지 등 뿌리를 먹는 식물 중에는 가늘게 자른 뿌리를 물에 담가 떫고 쓴 맛을 없앤 후에 찌거나 끓여 밥, 죽으로 混食한다. 또는 粉末 등 다른 澱粉과 함께 떡이나 단자를 만들어 먹는다. iv) 소나무의 心皮는 찹쌀에 섞어 떡을 만들고 솔잎도 곡물가루에 섞어 團子를 해 먹는다. 이것은 주로 救荒의 食用法이다.

澱粉原料가 되는 식물은 확실히 主食 代用이다. 밤·도토리 등 穀斗科植物과 조릿대·산대·섬대 등 笹類의 열매, 소나무·산초나무·뽕나무·참느릅나무 등의 樹皮, 고사리·얼래지 및 기타 백합(나리)과식물·칡·하늘수박·단풍잎마 등의 根莖·塊根에서 澱粉을 만들어서 각종 요리에 쓰고 밥·죽·단자에 섞거나 떡, 국수를 만든다.[4]

(3) 間食代用植物

상수리나무, 떡갈나무 등의 도토리가루로 떡을 만들기도 하지만 묵을 만들어 간식 또는 주식 대용으로 하는 것은 우리나라의 독특한 식용법이다. 이들 열매를 햇빛에 말려서 방아에 찧어 껍질을 벗겨서 물에 4~5일 담가두고 몇 차례 물을 갈아 넣거나 또는 마대에 넣어서 맑은 시냇물에 4~5일간 담가두어서 떫은 맛이 없어진 후에 이것을 방아에 찧어 가루를 만들고 다시 수중에서 체로 걸러서 찌꺼

---

4) 각 식물의 澱粉 만드는 법은 〈참고자료〉 1 참조.

기는 버리고 보드라운 가루만을 받아서 하룻밤 놓아두면 바닥에 가루가 가라앉는다. 이 가루 한 되에 물 세 되를 가해서 서서히 끓이면 풀과 같이 뻑뻑하게 된다. 이것을 그릇에 담아서 식히면 굳어져서 묵이 된다. 식히지 않고 죽과 같이 된 것을 조미해서 먹기도 한다.

木本의 열매 중에는 生食할 수 있는 生果類가 많아 딸기류, 보리수, 산다래, 산앵두, 팥배, 팽나무, 뽕, 으름, 들쭉 등 30여 종이 넘는다. 은행, 호도, 오엽송, 잣, 개암, 밤 등의 果實(乾果類)은 전분, 단백질 및 지방이 풍부하며, 날로 먹거나 굽거나 쪄서 먹고 또는 각종 요리용이나 과자의 원료로도 쓴다. 앞의 乾果類 외에도 송홧가루, 제비꽃, 각종 식물의 澱粉도 과자 대용이나 과자 원료로 된다. 무릇의 根莖을 참쑥과 같이 1~2일간 고아 물고음으로 먹을 수 있다. 진달래꽃잎은 花煎을 굽고 딸기, 구기자는 쨈을 만든다. 양지꽃, 마름뿌리, 망가시나무·박주가리 등의 새순, 元蔘과 층층잔대(沙蔘) 뿌리 등 아이들의 간식거리도 많다.

(4) 기타 기호식품

호도·으름·산초·수유나무 등의 열매는 식용유를 짜고, 딸기·머루·멀구 등 각종 과실로는 술을 담거나 과즙, 쨈을 만들고, 팽나무·피나무·구기자·질갱이·쥐똥나무 등의 열매나 어린 잎은 차나 커피 대용이 되며, 북나무 果皮에서 나는 백색 크림상의 물질은 소금대용으로 豆腐製造에 사용한다.

4) 營養價値

야생식물의 일반 성분은 재배식물과 별 차이가 없으나 각 성분의 함유량은 식물의 종류 또는 부분에 따라 다르다(표 2). 일반적으로 種子가 영양성분이 가장 풍부하고 다음이 果肉및 뿌리다. 채소대용

표 2. 野生食用植物의 成分比較(林泰治 1944, 12쪽)　　　　　　　　　　　　　　* 숫자는 百分率(%)

材料 \ 組成	加食部	水分	蛋白質	脂肪	炭水化物	纖維	無機質	100g중 Cal
胡桃實	45.0	4.10	27.20	60.30	4.70	0.90	2.77	682
大豆	100.0	13.00	39.10	16.00	25.10	1.40	4.72	412
栗	85.5	60.10	3.50	0.41	33.60	0.90	0.88	156
菩提樹果肉	57.1	86.30	1.35	0.88	8.25	0.45	0.66	51
참나리鱗莖	93.0	65.60	4.30	4.90	23.80	0.40	1.25	157
도라지根	100.0	83.00	3.50	0.28	10.90	1.00	1.02	62
냉이葉莖	93.3	78.05	7.71	0.67	7.42	1.84	2.89	68
고비嫩芽	100.0	88.30	3.10	0.18	4.00	3.80	0.31	31
쑥부장이嫩葉	90.8	90.18	2.23	0.39	4.35	0.52	1.50	31

표 3. 野生 菜蔬와 栽培 菜蔬의 成分比較(林泰治 1944, 12쪽)　　　　　* 菜蔬 代用의 野生植物 122종과 栽培菜蔬 47종의 比較

	植物	水分	蛋白質	脂肪	纖維	糖分	無機質	칼로리
最大	野生	94.56	10.75	1.74	13.89	1.46	3.13	62
	栽培	97.87	7.71	1.86	3.08	20.41	3.08	91
最小	野生	71.07	0.75	0.21	1.26	0.00	0.50	5
	栽培	77.01	0.72	0.02	0.03	0.87	0.49	8
平均	野生	83.30	5.28	0.68	5.37	0.43	1.47	30
	栽培	91.03	2.37	0.3	1.10	5.33	1.33	27

으로 쓰이는 야생식물은 재배채소에 비해 단백질, 지방 및 무기질은 별로 손색이 없으나 섬유량이 많고 糖分이 적다(표 3). 야생식물에는 비타민 C 등 각종 비타민이 풍부하여 비타민 공급원으로서의 중요성이 크다.

5) 貯藏法

채취 시기를 맞아 한 번에 다량으로 채취한 야생식용식물들의 저장 방법에는 乾燥貯藏, 鹽藏, 土砂中貯藏이 있고 기타 澱粉을 만들어 저장하거나 食醋 형태로 저장하는 것도 있다. 많은 식용식물은 생체로 또는 한 번 데치거나 물에 며칠 담가둔 후 잘 말려서 건조저장을 하여 묵나물로 이용하는데 세부적인 설명은 생략한다. 쇠별꽃·호장군·야산고사리 등은 봄에 채취하여 소금에 간친 후 무거운 돌로 눌러둔다. 순채는 초(酢)로 저장한다. 달래류·백합류·산마의 塊根과 개암나무 열매는 土砂中에 저장한다. 올방개(烏芋)의 塊根, 원추리(黃花菜) 뿌리, 둥굴레·메(葛子根)의 根莖, 칡뿌리 등은 가루나 澱粉을 만들어 저장한다.

6) 有毒植物

식물 중에는 알칼로이드 등의 有毒成分을 함유한 것이 있는데 이러한 식물을 식용하면 두통, 복통, 설사, 피부병을 일으키거나 심하면 생명을 위협하는 수도 있다. 有毒植物은 때로는 약용이 되는 수도 있으며, 미나리아재비, 으아리, 천남성, 피마자 등 식용 가능한 종류도 있다. 그것은 한번 삶거나 물에 오랫동안 담가두어 유독성분을 없애거나, 또는 식용부분이 어린 잎이거나 이른 봄에 채취한 것이라 유독성분이 적기에 가능한 일이다.[5]

---

5) 林泰治의 원문에는 흉년에 대처하기 위한 "救荒心得"도 포함되어 있으나 이 글에서는 생략한다.

3. 檢討

1) 野生植物性食料의 補完

林의 자료에서는 다루어지지 않았으나 한국인이 옛부터 즐겨 식용하던 버섯류와 海草類도 중요한 야생식물성식료이다. 버섯은 표고·곰보·붉은덕다리·나팔·잣·느타리·말불·큰갓버섯 등 수십 종이 넘는 食用버섯이 한반도에서 自生하고 있는데 영양가치도 크고 채취나 식용도 용이하다. 三國遺事에는 新羅 아달라왕 4년 延烏가 바닷가에서 海草를 따고 있는데 홀연히 한 바위가 그를 싣고 日本에 가버렸다는 기록이 실려 있다(李盛雨 1992, 164쪽). 따라서 미역, 다시마, 파래, 김 등의 해초류도 선사시대부터 식용되었을 가능성도 있다.[6]

벼과 자료도 많이 누락되었는데 돌피·물피 등의 피와 강아지풀의 종자, 삼씨, 띠풀·줄풀종자(菰米)는 救荒時 主食 대용으로 이용되었으며 띠(白茅)의 연한 이삭도 식용된다. 삼은 오늘날은 옷감으로 이용되지만 중국 戰國時代에는 기장·조·보리·콩과 더불어 벼 대신 삼이 五穀에 포함될 정도로 재배량이 많은 곡물이었다.[7] 기타 다른 벼과 야생식물의 종자 중에도 식용으로 이용되었을 가능성은 없는지 좀더 연구가 필요하다. 염주와 율무의 종자도 식용되지만 처음부터 栽培作物로 들어왔을 가능성이 크다. 잡초로 자라는 메귀리는 麥類의 전파와 함께 들어온 歸化植物이다. 한반도와 만주는 야생콩의 종류와 變異가 다양하여 재배콩의 원산지로 주목받고 있는데 살갈퀴, 돌동부, 돌콩, 새콩 등의 종자와 까치콩의 어린 꼬투리도 식용으로 이용되었다. 기타 연꽃, 마름, 들깨, 박 등은 自生與否가 좀더 검토되어야 한다.

2) 植物性食料의 比重과 種類

Richard Lee(1968)가 狩獵採集集團의 生業을 조사한 결과를 보면 緯度 30~39도 사이의 수렵채집인은 주 식료를 채집활동으로 확보하며 위도 40~49도 사이의 집단에서도 채집은 수렵, 어로와 더불어 여전히 중요한 생업활동이다. 수렵채집집단의 식료 비중을 보면 어로집단으로 분류된 Gilyak(53N)

---

6)　일본에서는 宮城 里浜貝塚(繩文晩期)과 長崎 中島遺蹟(繩文後期)에서 해양식물부착성의 微小貝類가 다량 검출되었다(中川毅人 2001). 전자의 유적에서는 소금제작에 해양식물이 이용된 것이지만 해양식물이 식용으로 이용되었을 가능성을 추측할 수 있게 되었다. 우리나라의 패총에서도 微小貝類가 많이 발견되고 있으므로 해양식물의 이용에 관한 연구가 기대된다.

7)　배영동(2000, 124쪽 주 14)은 당시의 麻가 삼(大麻)이 아니라 깨로 보고 있다. 그는 중문대사전의 "麻：胡麻也."란 구절을 인용하고 있으나 胡麻 즉 참깨가 중국에 널리 퍼진 시기는 한나라 이후이다. 그렇다면 麻가 들깨일 가능성도 있지만 삼씨도 식용 가능한 종자이므로 단언할 수 없다.

과 아이누(44N)도 채집의 비중이 30%에 달하며, 북미인디안의 경우도 북위 50도 이상의 집단을 제외하면 채집의 비중이 30~70%를 차지한다. 물론 채집활동에는 조개채집도 포함되어 있다는 점을 감안하여야 하지만 그래도 온대권의 집단에서 식물성식료가 차지하는 역할이 상당함을 알 수 있다.

日本 아이누족의 식물성 식료를 분석한 자료를 보면 식용 가능한 식물은 100여 종이 넘지만 실제 常用하는 것은 수십 종에 불과하다(辻秀子 1986). 그 중에서 가장 중요한 위치를 차지하는 것은 우바나리·얼래지 등의 나리류이고, 다음이 야부마메로 불리우는 야생콩, 머위, 마름 등인데 떫은 맛이 없는 것이 이용률이 높으며, 도토리, 호도는 겨울 間食으로 이용되고 있다.

日本 繩文時代의 人骨을 炭素·窒素同位元素分析法으로 조사한 결과에 의하면 지역에 따라 차이는 있지만 에너지원의 상당부분을 植物性食料에 의존하고 있다(赤澤威 外 1989). 예를 들어 北緯 36도에 위치한 해안가의 古作貝塚과 내륙의 北村遺蹟을 비교하면 北村繩文人은 단백질을 대부분 식물성식료에서 확보하며(85.1%), 古作貝塚人도 단백질의 일정부분이 식물성식료에서 공급된다(22.1%). 반면 총칼로리로 보면 貝塚遺蹟임에도 불구하고 古作繩文人은 전체의 80%를 식물성식료에 의존한다.

표4. 繩文人의 蛋白質 供給源(赤澤威 外 1989)　　　　　　　　　　　　　　　　　　　　　　　　(단위 %)

	C3植物	C4植物	陸獸	魚類	貝類
古作	18.7	3.4	42.7	30.1	5.2
北村	74.2	10.9	6.5	2.3	6.0

일본의 繩文遺蹟에서는 수많은 植物遺體가 출토되고 있는데 栽培種을 제외하면 야생식용식물로는 도토리·밤·왕가래·칠엽수의 堅果類가 압도적 다수를 차지하며 기타 콩류도 많이 발견된다. 나리류의 球根類도 발견되지만 根莖類는 堅果類에 비해 유적에서 보존되기도 힘들고 同定도 어렵기 때문에 실제보다 過小表現된다는 지적도 있다. 鈴木公雄(1988)이 繩文食料를 분석한 결과에서도 나리·마·칡·얼래지 등의 根莖類와 비자나무·왕가래나무·밤나무와 각종 도토리의 種實類가 전체 에너지원의 66.6%를 차지한다.

繩文食料에서 도토리를 비롯한 堅果類가 過大評價된다는 우려도 있지만 도토리나 칠엽수열매의 떫은 맛을 물로 우려내기 위한 시설들이 繩文遺蹟에서 계속 발견되고 있으며 저장구덩이에서도 堅果類 열매가 많이 발견되기 때문에 이들 堅果類가 繩文食料의 주요 부분을 차지하였다는 점은 부정할 수 없다. 한반도도 신석기시대의 植生을 감안하면 일본과 비슷한 양상이었으리라 생각할 수 있다. 이렇게 日本의 아이누와 繩文의 植物性食料와 더불어 우리의 野生食用 또는 救荒植物 자료를 같이 검토하면 신석기시대 식물성식료의 종류와 비중에 대한 대략적인 윤곽을 잡아 볼 수 있다(표 5).[8]

---

8) 현재까지도 야생식용식물 중 식량가치가 가장 큰 것은 참나리, 마, 칡, 더덕, 도라지, 산마늘 등이고 다음으

표 5. 에너지源이 될 수 있는 野生食用植物의 種類

1. 種實類(穀類代用)
 1) 강아지풀, 피 등의 벼과 종자, 삼씨, 띠풀 종자(菰米)
 2) 조릿대·산대·섬대 등 笹類의 열매
2. 堅果類(澱粉)
 1) 떡갈·상수리·졸참·신갈·굴참·갈참나무 등 낙엽교목참나무과 도토리
 2) 모밀잣밤나무·구실잣밤나무·개가시나무·붉가시나무 등 상록활엽참나무과 도토리
 3) 밤·호도(가래)·개암·돌배나무·대추나무의 열매
3. 根莖類(澱粉)
 1) 백합과 비늘줄기(鱗莖) : 얼래지·큰원추리·참나리·하늘말나리·둥글레·죽대
 2) 도라지과 뿌리 : 모시대, 층층잔대, 더덕, 만삼, 도라지
 3) 球根·塊根 : 칡, 하늘수박(하늘타리), 올방개, 천남성, 참마, 단풍잎마
 4) 기타 : 고사리·고비·메의 뿌리, 두릅나무의 根皮
4. 樹皮(澱粉)
 소나무·산초나무·뽕나무·참느릅나무 등의 樹皮(心皮)
5. 야생콩류 : 살갈퀴, 돌동부, 돌콩, 새콩, 등갈퀴나물 등의 종자 또는 어린 꼬투리

　菜蔬 代用으로 이용되는 救荒植物 또는 野生食用植物은 대부분 비타민, 미네랄 등의 영양가치는 풍부하지만 蛋白質과 炭水化物의 함양은 적은 편이며, 果쳐을 먹는 과실류도 마찬가지이다. 식물의 부위로 보면 새싹, 잎, 줄기보다는 뿌리와 땅속줄기에, 果쳐보다는 種子에 에너지원이 많다. 칼로리를 많이 확보할 수 있는 食料로는 林泰治의 主食代用植物에서 언급한 穀類代用 種子와 堅果類, 根莖類, 樹皮類가 있다. 이중 투입된 노동력에 비해 에너지 효율도 맛도 떨어지는 樹皮를 제외하고 도토리·가래·밤 등의 堅果類와 참나리·얼래지 등의 백합과식물, 칡·참마 등의 根莖類가 칼로리를 공급하는 주된 食料이었을 가능성이 크다. 澱粉이 추출되는 근경류에는 고사리, 고비, 올방개, 천남성, 참마, 칡, 메, 하늘타리, 층층잔대 등도 있지만 특히 지하의 비늘줄기(鱗莖)를 이용하는 얼래지·큰원추리·참나리·하늘갈나리·둥글레·죽대 등 백합과가 중요한 부분을 차지한다. 또한 갈퀴류와 돌콩 등의 각종 야생콩도 중요한 에너지원의 역할을 하였으리라 추측된다. 물론 이들 야생식용식물 중에서도 도토리가 차지하는 비중이 가장 높았을 것을 부정할 수는 없으며 조선시대 각종 구황서적에서도 도토리가 가장 중요하게 취급된다.

로 식량가치가 큰 것으로 산부추, 얼레지, 둥글레, 잔대, 모싯대, 만삼 등이 있다고 한다. 또한 참나무, 굴참나무, 신갈나무, 떡갈나무 등과 그 밖의 너도밤나무과 식물의 열매인 도토리도 식량 가치가 매우 크다고 한다(李德鳳 1974, 390쪽). 상기 자료는 신석기시대까지도 그대로 소급될 수 있다고 생각한다.

3) 食用方法

식물성식료는 딸기 같은 果肉처럼 날로 먹을 수 있는 것도 있지만 상당부분은 떫고 쓴 맛, 때로는 有毒成分(일단 모두 떫은 맛으로 총칭)을 없애야 식용할 수 있는 것이 많다. 떫은 맛을 없애거나 중화시키는데는 크게 불(火)과 물(水)이 이용된다. 전자는 불에 직접 굽거나 또는 용기에 넣어 살짝 데치거나 끓이거나 삶는 방법이 있다. 신석기시대는 爐址에서 보듯이 당연히 불이 이용되었고 토기도 사용되었기에 가열에 의한 떫은 맛 제거가 충분히 가능하였다. 일본에서는 재를 이용하기도 하는데 한반도에서는 보고된 예가 거의 없다. 단 간접적으로 잿물을 이용하여 떫은 맛을 없애는 방법은 있다. 예를 들어 장녹의 뿌리는 독성분이 많으므로 잿물에 삶은 후 물에 오랫동안 담가두고 물을 자주 갈아서 울어내야 한다고 한다. 주걱비비추와 풀꿀의 어린잎도 잿물을 이용한다고 한다.

떫은 맛을 맑은 물로 우려내는 방법은 짧게는 한나절에서 길게는 일주일 이상의 시간이 소요된다. 어려운 기술이나 설비가 요구되는 것은 아니며 물을 담가 놓을 큰 그릇이 없으면 흐르는 물에 담가 놓으면 된다. 단 澱粉을 짜낼 때 麻袋나 布를 쓰는데 신석기시대 삼실(麻)이 이용된 예가 존재하므로 제작이 불가능한 것은 아니다.

도토리의 경우 떫은 맛을 제거하는 데는 가열 + 물우리기에 의한 果實加工과 製粉 + 물우리기에 의한 製粉加工이 존재한다(渡辺誠 1995). 한반도에서 현재까지 출토된 도토리는 알이 둥근 상수리류와 길쭉한 졸참나무류의 두 종류가 있는데 모두 落葉闊葉樹林帶의 도토리이다(표 6·7·9). 용담댐의 진그늘과 갈머리유적에서 출토된 도토리도 알이 크고 둥근 전형적인 상수리류이다. 新石器遺蹟에서 탄화된 도토리가 알(粒) 상태로 출토되는 예가 많고 갈판과 갈돌도 공반되고 있기 때문에 앞의 粒食과 粉食이 모두 가능하였을 것 같다. 그러나 묵 등을 만드는데 이용되는 澱粉은 방아로 반복하여 빻고 체로 걸러내고 물에 침전시키는 복잡한 과정을 통하여 얻어지는데 거친 가루가 아닌 고운 澱粉의 제작은 빨라야 麥類가 재배되고 절구가 등장하는 靑銅器時代 이후의 일이 아닐까 추측하지만 확신은 없다.

표 6. 도토리類의 民俗學的 分類(渡辺誠 1995, 5쪽)

民俗分類	屬		種(出土例)	森林帶
A. 상수리나무類 제분 또는 가열처리+물우리기	참나무屬	졸참나무亞屬	상수리나무 떡갈나무	落葉廣葉樹林帶 (東北日本, 韓國)
B. 졸참나무류 제분 또는 가열처리+물우리기			물참나무 졸참나무	
C. 가시나무류 물우리기		붉가시나무亞屬	붉가시나무 종가시나무	照葉樹林帶 (西南日本, 韓國南海岸)
D. 잣밤나무류	모밀잣밤나무屬		개가시나무 모밀·구실잣밤나무 돌참나무	
	돌참나무屬			

표 7. 韓日 도토리류의 種 比較(渡辺誠 1995, 5쪽)

屬		種	分布와 處理	
			日本	韓國
참나무屬 Quercus	졸참나무亞屬	상수리나무クヌギ	+	+◎
		굴참나무アベマキ	+	+
		떡갈나무カシワ	+	+◎
		갈참나무ナラガシワ	+	+◎
		물참나무ミズナラ	+●	+
		졸참나무コナラ	+●	+◎
	붉가시나무亞屬	졸가시나무ウバメガシ	+	+
		붉가시나무アカガシ	+	+
		ツクバネガシ	+	
		종가시나무アラカシ	+◎	+
		가시나무シラカシ	+◎	+
		참가시나무ウラジロガシ	+◎	+
		オキナワウラジロガシ	+◎	-
		개가시나무イチイガシ	+○	+○
모밀잣밤나무屬 Castaponis		모밀잣밤나무ツブラジイ	+○	+○
		구실잣밤나무スダジイ	+○	+○
돌참나무屬 Pasanis		돌참나무マテバシイ	+○	+○
		シリブカガシ	+○	-

* +−는 분포의 유무를 나타냄
** 떫은 맛 없애기 : ○없음, ◎물우리기, ●가열처리
*** 졸가시나무는 일본서 후대에 들어온 종이라고 보며 한국서는 졸참나무 아속중 신갈나무(もんごりなら)의 도토리가 중요한 위치를 차지한다.

4) 種類와 季節別 利用

林泰治의 常用植物 304종을 종류(科)별로 보면 국화과가 47종으로 제일 많으며 다음이 백합과 28종이고 이어서 미나리과 17종, 찔래과 15종, 미나리아재비과 11종, 십자화과와 꿀풀과가 각 10종이다. 果實과 根莖이 식용되는 찔래과를 제외하면 이들 식물들이 식용 종류가 많은 것은 대부분 채소나 나물로 이용되기 때문이다.

姜炳華 등(1997)이 보고한 우리나라 식용식물 총 74과 609종에서도 식용식물의 수가 국화과(146종)가 가장 많으며 백합과(59종), 십자화과(49종), 콩과(43), 찔래과(41종), 미나리과(26종), 꿀풀과(21종), 화본과(19종), 석죽과(12종)의 순이며 나머지는 10종 미만이다. 우리나라 식물 중 가장 많은 수를 차지하는 사초과의 경우는 식용식물은 올방개 뿐인데 올방개는 塊莖에 탄수화물이 많이 축적되어 있다. 화본과

식물도 전체 식물 수에 비해 식용식물 수가 많지 않은 것은 역시 채소로의 이용이 적기 때문이라고 한다. 백합과 식물은 대부분이 葉菜類로 이용되는 종이며 얼래지, 큰원추리, 하늘말나리, 둥글레, 죽대처럼 鱗莖이나 根莖에서 전분이 추출되는 것도 많다. 십자화과도 대부분의 종이 식용 가능하다.

林이 소개한 중요야생식용식물 304종의 채취시기를 계절별로 보면 봄철이 234종, 여름철이 26종, 가을철이 64종이고 겨울은 늦가을부터 채취되는 참마의 덩이뿌리 등 수종에 불과하다.[9] 한국동식물도감 제15권(유용식물편)에 실린 자료를 보아도 봄철은 378종, 여름은 16종, 가을철은 51종이 소개되고 있다. 계절별로 식용식물의 종류가 편중되고 있음을 알 수 있는데 종류만 보면 봄철이 가장 많고 여름철과 겨울철이 적다. 그러나 봄에 채취할 수 있는 종류는 주로 어린 잎이나 줄기, 순으로 단백질, 탄수화물 등의 칼로리는 미약하여 이들 나물류 식물로만 생계를 유지할 수는 없다. 그래도 얼래지, 참나리, 하늘말나리, 둥글레, 죽대, 참산부추, 한라부추, 산마늘 등의 비늘줄기, 천남성, 참마, 큰뱀무, 솜양지꽃, 칡, 메꽃, 쉽싸리, 하늘타리, 층층잔대, 모시대, 더덕, 도라지, 삽주, 깨묵, 씀바귀, 고사리 등 뿌리를 이용하는 식용식물에서는 일정량의 열량을 확보할 수 있다. 특히 초봄에 채취하는 얼래지, 참마, 칡, 하늘타리 등에서는 열량 높은 澱粉도 확보할 수 있다.

질적으로 식량 가치가 높은 야생식용식물은 주로 가을에 수확된다. 도토리, 가래, 밤, 개암 등의 堅果類와 푸조, 산돌배 등 각종 과실이 가을에 열리며 칡, 택사, 하늘타리, 층층잔대, 천남성, 참나리, 하늘말나리, 둥글레, 죽대, 참마 등의 비늘줄기·뿌리줄기·덩이줄기 등도 저장된 영양분이 가장 많은 시기가 늦가을에서 이듬해 초봄에 걸친다. 가을에 수확된 견과류는 저장구덩이등의 저장시설을 이용하여 식물자원이 가장 빈약한 겨울을 날 수 있다. 根莖類 중에는 겨울에 캘 수 있는 것도 있으나 땅이 얼어 쉽지는 않았을 것이다. 대신 부족한 에너지원은 사냥에 의한 동물성식료나 채집된 조개류로 어느 정도 보충하였을 것이다.

상대적으로 식용식물이 빈약한 계절은 여름이다. 여름에도 질경이, 참바위취, 방아풀, 마타리, 참대 등의 연한 잎과 죽순, 냉이, 딸기류, 개살구, 산앵두, 귀룽나무, 까마중, 주목 등의 열매류가 채집된다. 그러나 그 종류와 열량이 한정되어 보조식량으로서의 극히 제한된 역할 밖에 할 수 없다. 물론 봄에 채취한 나물을 묵나물로 가공하면 열량을 상당히 높일 수 있다. 예를 들어 고사리는 100g당 생것의 열량이 22kcal, 단백질이 2.6g, 당질이 3.0g에 불과하지만 말린 것은 열량 212kcal, 단백질 27.3g, 당질 37.9g으로 크게 늘어나며, 고비도 100g당 생것은 열량 24kcal, 단백질 1.7g, 당질 4.1g이지만 말린 것은 열량 286kcal, 단백질 14.1g, 당질 60.0g에 달한다(임웅규 외 1996). 또한 건조 상태로 저장한 도토리가 여름까지 이용되었을 가능성도 배제할 수 없다. 그렇더라도 늦봄에서 여

---

9) 부위별로 채취시기가 다른 식용식물은 각기 별도로 계산하였다. 식용식물의 계절별 불균현 현상은 이미 배기동(1997, 226~227쪽)이 같은 자료를 이용하여 소개한 바 있다.

름에 이르는 계절은 식물성 식료의 역할이 한정될 수밖에 없어 魚類 등의 다른 식량공급원을 확보할 필요가 있었을 것이다.

4. 맺음말

이상 일제시대에 편찬된 救荒植物資料를 소개하면서 신석기시대 식물성 식료에 대한 복원을 시론적으로 시도하여 보았다. 신석기시대는 낙엽활엽수림을 중심으로 한 오늘날의 植生이 확립되며, 불과 토기의 이용 등 기본적 식료가공기술이 갖추어진 시기이기에 재래의 야생식용식물 또는 구황식물 자료로 신석기시대 식료의 일면을 엿볼 수 있다는 가정에서이다. 에너지원으로 활용될 수 있는 주 식료로는 도토리·가래 등의 堅果類와 더불어 참마·올방개·얼래지·하늘말나리·큰원추리·칡·메·하늘타리·층층잔대 등의 根莖類, 강아지풀·피·띠풀·조릿대 등의 種實類를 거론하였다. 이들 야생식물은 대부분 다량의 澱粉類가 채취된다는 공통점이 있다. 물론 民族誌資料는 사실상 참고 자료에 불과하므로 신석기시대 식료를 보다 과학적으로 복원하려면 植物遺體의 직접적 분석과, 脂肪酸分析, 탄소질소동위원소분석 같은 자연과학적 분석이 공반되어야 할 것이다.

끝으로 필자는 신석기시대는 수렵, 어로, 채집이 주된 생업활동이고, 농경은 원초적 형태로 생업의 보조적 역할에 머무른 것으로 보는 입장이다. 隆起文土器와 押引文土器文化를 제외한 狹義의 櫛文土器文化人이 大陸 쪽에서 栽培植物(조)과 農耕를 받아들였다고 본다(표 8). 최근 신석기시대에도 벼가 일찍부터 재배되었을 가능성이 높아가고 있으며, 동아대박물관이 발굴한 晉州 上村里의 신석기유적에서도 중기부터 조, 피, 수수, 기장, 麥類, 豆類 등의 栽培穀物이 출토된다고 보고된 바 있으나(李東注 2001), 맥류에 대한 직접적 연대측정결과 후대 것으로 밝혀졌다. 그러나 4590±100BP의 방사성탄소연대가 보고된 釜山 東三洞貝塚 1호 주거지(河仁秀 2001)에서 조와 기장이 다량 검출된 점을 보면 상촌리의 자료도 무시할 수는 없다. 아무튼 적어도 신석기시대 중기에는 한반도 전역에서 조를 중심으로 한 밭농사가 광범위하게 이루어졌을 가능성이 높아졌다. 그렇지만 지역적 편차는 있겠지만 전체 식물성식료에서 재배식물이 차지하는 비중이 야생식물보다 크게 높았다고는 보기 어렵다. 이 문제는 좀더 연구하여 별도의 논문으로 다루겠다.

[追記]

탈고 후 인쇄에 들어갈 즈음 우연히 『日韓交易の考古學』의 後藤直 글을 보다가 참고문헌에서 辻稜三의 「朝鮮産野生食用植物の內容とその資料的價値」(『朝鮮學報』123, 1987)를 발견하였다. 급히 논문을 찾아보니 필자가 이 글에서 언급한 『救荒植物と其の食用法――名野生食用植物』과 기본적으로 같은 자료를 소개한 글이다. 『朝鮮産野生食用植物』(林業試驗場報告 第33號, 昭和17年, 朝鮮總督府林業試驗場)은 林泰治와 河本台鉉이 작성한 것으로 되어 있으며 林泰治가 이를 보완하여 본문에서 소개한 책으로 다시 발간한 것이다. 『朝鮮産野生食用植物』을 확보할 시간적 여유가 없었지만 辻稜三의 글에서 두 책의 차이점이 일부 나타난다. 『朝鮮産野生食用植物』은 각 시군에서 보내온 자료와 그들이 직접 수집한 자료를 토대로 이루어졌기 때문에 회답의 수준에 따라 지역적 차이가 발생할 수 있다고 한다. 총 표본수 893종 중 307종을 다루었는데 『救荒植物と其の食用法』보다 야생식용식물의 분포와 특징, 채집시기와 식용에 대한 좀더 구체적인 정보가 실려있는 듯 하다. 예를 들어 『救荒植物と其の食用法』에서는 야생식용식물의 서식지를 山野로만 한 것을 『朝鮮産野生食用植物』에서는 喬·灌木과 草本類로 각각 산야, 산복, 산록, 곡간, 樹林下, 일반 등으로 구분하였으며 결과적으로 산록에 야생식용식물이 가장 많이 분포하는 것을 알 수 있다. 야생식용식물 중 소비량이 가장 많은 것은 고사리, 도라지, 더덕, 고비이고, 소비량이 많은 것은 종실류에서 밤, 도토리, 잣, 호두, 대추, 개벗나무열매, 들쭉나무열매, 葉莖類에서 미나리, 파드득나물, 밀나물, 드릅, 참취, 삽주, 차잎, 根莖類에서 얼래지, 참마, 산마늘, 달래, 무릇, 칡을 들고 있다. 야생식용식물의 채집시기는 4, 5월이 가장 성행한다. 3월 중순에서 6월 중순까지 총 225종이 채집되며, 10월을 중심으로 한 가을에는 35종의 종실과 과실이 채집된다. 겨울과 여름은 10종 안팎이 이용될 뿐이다. 끝으로 상기자료 중 일부는 야생식용식물도감(임업시험장, 1969)과 구황식물도감(농촌진흥청 호남농업시험장, 1996)에도 소개되고 있다.

표 8. 韓國 新石器時代의 栽培植物 出土例

遺蹟	栽培植物	時期	參考文獻
黃海道 智塔里 2 住居址	조 또는 피	前期	1
黃海道 馬山里 7 住居址	조	前期	2
平壤 南京 31 住居址	조	後期	3
黃海道 蘇井里 4 住居址	조	後期	4
慶南 晋州 上村里 5 住居址	조 또는 피	中期	5
釜山 東三洞貝塚 1 住居址	조, 기장	中期	6
京畿 高陽 城底里 褐色土炭層	볍씨	4070±80BP	7
京畿 高陽 大化里 大化里層	볍씨	4330±80BP	7
京畿 高陽 注葉里遺跡	벼규산체(胎土)	4220~4700BP	8
京畿 金浦 佳峴里土炭層	볍씨, 조	4010±25BP	9
忠北 忠州 早洞里遺跡	벼규산체(胎土)	後期	8
慶南 金海 農所里貝塚	벼규산체(胎土)	晚期	10
全南 羅州 佳興里堆積層	벼꽃가루	3500~3000BP(?)	11

1. 도유호·황기덕, 『지탑리 원시유적 발굴보고』, 평양 : 과학원출판사, 1961.
2. 변사성·고영남, 「마산리유적의 신석기시대 집자리에 대하여」, 『조선고고연구』1989-4.
3. 김용간·석광준, 『남경유적에 관한 연구』, 평양 : 과학백과사전출판사, 1984.
4. 전일권, 「소정리 제2지점의 신석기시대 집자리에 대하여」, 『조선고고연구』1999-3.

5. 李東注, 「南江流域의 新石器文化와 日本列島」, 『진주남강유적과 고대일본』, 경상남도 · 인제대학교 가야문화연구소, 2000.
6. 河仁秀, 「東三洞貝塚 1號住居址 出土 植物遺體」, 『新石器時代의 貝塚과 動物遺體』, 제4회 韓日新石器文化 學術세미나發表論
   文集, 釜山廣域市立博物館 · 韓國新石器研究會, 2001.
7. 한국선사문화연구소 · 경기도, 『일산 새도시 개발지역 학술조사보고』, 1992.
8. 이융조 · 김정희, 「한국 선사시대 벼농사의 새로운 해석 -식물규소체 분석자료를 중심으로」, 『先史와 古代』 11, 韓國古代學
   會, 2000.
9. 任孝宰, 「京畿道 金浦半島의 考古學 調査研究」, 『서울대학교박물관연보』 2, 1990.
10. 郭種喆 外, 「新石器時代 土器胎土에서 검출된 벼의 plant-opal」, 『韓國考古學報』 32, 1995.
11. 金遵敏, 「韓國의 環境變遷과 農耕의 起源」, 『韓國生態學會誌』 3(1·2), 1980.

표 9. 新石器時代 野生食用植物遺體(花粉, 硅素體는 除外)

遺蹟		植物種類	年代(紀元前)	參考文獻
蔚山 黃城洞 細竹 貯藏竪穴		도토리	전기	1
襄陽 鰲山里A1호 주거지		도토리	전기(5천년기)	2
서울 岩寺洞 주거지		도토리	중기(4천년기)	3
河南 渼沙里 주거지		도토리	중기	4
襄陽 地境里 4호 주거지		도토리	중기	5
鎭安 진그늘유적		도토리	중,후기	6
鎭安 갈머리유적		도토리, 종류미상 核果片	중,후기	7
晋州 上村里유적		도토리, 가래, 조, 기장	중,후기	8
平壤 南京 31호 주거지		조, 도토리	후기	9
襄陽 柯坪里 1,2호 노지		도토리	후기	10
一山地區 土炭層		졸참, 가래, 감, 개살구, 사과속나무	후기	11
陜川 鳳溪里	8호 주거지	도토리(상수리)	후기	12
	9호 주거지	도토리(상수리, 떡갈), 가래, 보리수(?)	후기	
	10호 주거지	도토리(상수리?, 떡갈), 가래, 杏(or 梅?)	후기	
	11호 주거지	도토리(상수리, 떡갈?)	후기	
	12,14호 주거지	가래	후기	
	15호 주거지	도토리(떡갈)	후기	
濟州道 北村里바위그늘		개산초열매	후기	13

1. 黃昌漢, 「蔚山 黃城洞 細竹遺蹟」, 『韓國 新石器時代의 環境과 生業』, 2000.
2. 金元龍 · 任孝宰 · 權鶴洙, 『鰲山里遺蹟』, 서울대학교박물관, 1984.
3 국립중앙박물관, 『새천년특별전-도작문화 300년, 겨레와 함께 한 쌀』, 2000.
4. 任孝宰, 「渼沙里緊急發掘報告」, 『韓國考古學年報』 8, 1981.
5. 報告書未刊(고동순, 「양양 지경리 유적의 생활영역」, 『지경리선사문화에 대한 학술간연회』, 양양문화원, 2000.12.15.)
6. 김은정 · 김선주, 「진안 진그늘 신석기유적」, 『호남지역의 구석기문화』 제9회 湖南考古學會 學術大會 發表要旨, 2001.
7. 전북대학교 지표조사자료 및 호남문화재연구원 발굴자료
8. 李東注, 「南江流域의 新石器文化와 日本列島」, 『진주남강유적과 고대일본』, 경상남도 · 인제대학교 가야문화연구소, 2000.
9. 김용간 · 석광준, 『남경유적에 관한 연구』, 평양 : 과학백과사전출판사, 1984.
10. 국립문화재연구소, 『襄陽 柯坪里』, 1999.
11. 한국선사문화연구소 · 경기도, 『일산 새도시 개발지역 학술조사보고』, 1992.
12. 渡邊誠, 「鳳溪里遺蹟出土의 植物遺體」, 『考古歷史學志』 5 · 6, 1990.
   李東注, 「陜川鳳溪里出土の食用植物遺體」, 『季刊考古學』 38, 1992.
13. 李淸圭, 「北村里遺蹟」, 제주대학교박물관.

참고자료 1. 주요야생식물 澱粉 採取法 및 떫은 맛 우리기(林泰治 1944)

〈상수리나무〉西韓 이남의 山麓 또는 中腹이하에 자생하는 낙엽활엽교목으로 참나무라고도 불린다. 도토리열매는 그대로(粒食) 또는 가루를 내어(粉食) 먹는다. 1. 粒食은 열매의 껍질을 벗겨 떫은 맛을 없앤 후 지지거나 삶거나 또는 충분히 쪄서 곡물(또는 가루)과 섞어 밥이나 떡, 단자로 먹는다. 떫은 맛을 없애는 것은 물에 담가 여러 번 삶거나 또는 먼저 삶은 후에 흐르는 물에 2, 3일간 담가둔다. 2. 製粉이나 澱粉加工으로 만든 粉末로는 떡, 밥, 죽, 국수에 混用하거나, 묵을 만들어 먹는다. 분말을 만드는 것은 도토리를 햇빛에 잘 말려서 방아에 찧어 껍질을 벗기고 다시 방아로 잘게 가루를 낸다. 떫은 맛 없애기는 4, 5일간 물에 담가두는 것이 좋다. 묵을 만드는 법은 우려낸 분말에 물을 더하여 절구로 빻고 이를 다시 용기에 물과 함께 담가 하룻밤 놓아둔다. 통 밑에 침전한 분말 1되에 물 3되를 더하여 끓이면 뻘처럼 되어 나오는데 이를 얕은 상자에 넣어 냉각하면 굳어져 묵이 된다.

〈신갈나무〉열매를 삶아 말린 것을 껍질을 벗겨 방아에 찧어서 다시 삶은 후 물에 담가두고 물을 몇 차례 갈아서 떫은 맛을 없앤 후 말려서 방아에 찌어 가루로 만든다. 도토리 중 소비량이 가장 많다.

〈고사리〉4월 하순에서 5월 상순에 걸쳐 어린 줄기를 채취하여 삶거나 쪄서 먹는다. 쓴 맛을 없애려면 木灰를 섞어 두었다가 熱湯을 첨가하거나 또는 熱湯으로 잘 씻어서 고사리를 삶은 후 여기에 木灰를 섞어서 식은 후에 물에 잘 씻어서 물기를 없애면 된다. 이렇게 한 것을 잘게 잘라서 곡물과 混炊하거나 調味하여 먹는다. 이른 봄이나 이른 가을에 根莖을 파서 물에 잘 씻어서 방아에 찌어서 包袋에 넣어 물통 속에서 짤아 내고 포대에 남은 찌꺼기는 다시 방아에 몇 번 찌어서 물통 중에 짤아 내어서 바닥에 침전이 생기면 웃물을 갈고 침전물을 휘저어 다시 침전이 생기면 웃물을 갈기를 여러 차례 반복하면 순백한 좋은 전분이 나온다.

〈칡〉겨울에 뿌리를 파서 껍질을 잘 벗긴 후 물에 씻고 알맞게 절단한 후 다시 가늘게 찧는다. 뿌리가 마처럼 가는 섬유질이 될 때까지 방망이로 충분히 두들긴다. 이것을 통에 담근 물에 빨고 손으로 잘 휘젓고 찌꺼기는 다시 방아에 찌어 물에 빨고 하면 회백색 액이 된다. 이 즙액을 얼개미로 걸러 잠깐 나두면 砂塵은 기저에 침하하므로 즙액을 다른 그릇으로 옮겨 한나절 나두면 다시 침전이 생긴다. 웃물을 버리고 다시 맑은 물을 가하여 휘저운 후 나두면 침전이 생긴다. 이렇게 하기를 4~5차 반복하면 회백색 粗粉이 된다. 이 粗粉에 다시 물을 가해서 攪拌한 것을 체로 걸러서 찌꺼기를 버리고 한나절 나두면 침전이 생긴다. 이때 웃물을 버리고 다시 물을 붓고 攪拌靜置하기를 8~9차 반복하면 순백한식 침전이 된다. 이것을 얕은 그릇에 담아 말린 것을 빻아 가루로 만들면 상품의 葛粉이 된다.

〈소나무〉새순, 화분, 잎, 씨, 송진, 心皮 등 다양한 부위가 식용으로 이용되는데 松皮澱粉에 대해서만 소개한다. 松皮를 방아에 찧은 것을 물에 담가서 잘 문질러서 체로 거른 물을 그릇에 담아 두면 기

저에 침전이 생긴다. 웃물을 몇 번 갈아 내서 깨끗해지면 넓은 그릇에 엷게 담아서 햇빛에 말리면 澱粉을 만들 수 있다. 전분은 곡물에 섞어서 떡을 만든다.

〈느릅나무〉 어린 잎은 쪄서 떡에 넣고 국거리나 찌짐나물로 쓴다. 甘皮를 말려서 볶은 것(또는 물에 우려내기도 함)을 방아에 찧어 가루로 만들어 곡류와 함께 죽, 떡, 전병으로 혼식한다. 종자는 7할 정도 여물었을 때 따서 떡 만드는데 이용한다.

〈조릿대〉 竹筍과 어린 잎 외에 成葉도 蒸乾作末해서 穀粉과 혼용한다. 6월에 채취한 종자는 곡류와 混炊하거나 전분을 만들어 곡류와 같이 떡, 수제비, 국수, 밥, 죽을 만든다. 종자를 방아에 찧어 外皮를 벗긴 후 약간 물을 넣어 다시 방아로 찧어서 외피를 완전히 제거한다. 하룻밤 물에 담가 재어 놓은 후 다시 방아로 찧어 가루로 만든다. 구황가치가 매우 높다.

〈얼래지〉 봄에 어린 잎과 꽃은 나물로 쓰고 鱗莖은 찌져 먹거나 밥 대용으로 하기도 하고 전분(片栗)도 제작한다. 편율가루를 만들기 위해서는 根莖을 캐서 껍질을 벗긴 후 흰 부분을 잘라 물에 담가 놓고 며칠간 매일 물을 갈아준다. 이후 방아로 빻아 포대에 넣어 짜서 걸러내면 전분이 침전된다. 이를 잘 말리면 좋은 편율가루가 만들어진다. 큰원추리, 참나리, 둥글레, 죽대 등 많은 나리과 식물들이 鱗莖으로 분말이나 전분을 만드는데 제분법은 조릿대나 고사리와 유사하다.

〈참마〉 이른 봄과 가을, 겨울에 지하 塊根을 캐내서 굽거나 삶아먹기도 하고, 껍질을 벗겨 얇게 자른 후 햇빛에 잘 말린 것을 방아로 찧어 분말을 만들기도 한다.

〈하늘타리〉 나물이나 混炊 재료로도 이용되지만 뿌리로는 전분을 만들어 떡, 수제비의 원료로 쓴다. 전분의 제조법은 칡과 유사한데 늦가을이나 이른 봄에 채취한 地下塊根의 껍질을 벗겨 얇게 자른 후 매일 물을 갈아주면서 4~5일간 물에 담가 놓아 떫은 맛을 없앤다. 그리고 방아로 잘게 찧어 포대로 걸러 짜진 즙을 몇 번 많은 물에 행구면 전분이 침하된다.

〈기타〉 오이풀은 뿌리를 잘라서 밥에 넣고 삶아 말려서 가루를 만들어 전분에 섞어 수제비나 떡을 만든다. 메꽃의 白色地下莖은 굽거나 삶거나 쪄서 그대로 먹거나 가루를 만들어 떡과 수제비에 넣는다. 갈퀴덩굴의 종자는 방아에 찧어서 껍질을 벗겨서 밥에 놓고 가루를 만들어 穀粉에 혼용한다. 청미래덩굴은 뿌리를 잘게 잘라 물에 며칠 담가 우린 다음에 밥, 떡에 섞어 먹는다. 도라지과의 뿌리는 그냥 먹으면 떫기 때문에 대부분 굽거나 쪄서 먹거나 물에 데쳐 먹는다. 도라지 뿌리를 구황식으로 쓸 경우는 뿌리를 잘 씻어서 충분히 삶은 후 포대에 넣고 물에 담가 발로 밝아주면 떫고 쓴 맛이 없어지게 되고 이를 밥에 넣어 먹는다.

참고자료 2. 重要救荒植物 目錄 (林泰治 1944)

〈양치식물〉

고사리과 : 1.개고비, 2.호랑고비, 3.야산고사리, 4.고사리(根莖=전분)

고비과 : 5.고비(根=전분)

속새과 : 6.쇠뜨기(홀씨줄기=混炊)

〈나자식물〉

은행나무과 : 7.은행나무(종자)

주목과 : 8.주목(假種皮),

소나무과 : 9.소나무(心皮,根皮=전분, 솔잎, 솔씨, 꽃가루), 10.잣나무(종자)

〈단자엽식물〉

택사과 : 11.택사(벗풀, 根莖)

대과(竹筍) : 12.솜대, 13.참대, 14.조릿대(종자=제분)

사초과 : 15.올방개(球莖=전분)

천남성과 : 16.천남성(球根=전분), 17.앉은부채

닭의장풀과 : 18.닭의장풀, 19.덩굴닭의장풀

백합과 : 20.달래, 산달래, 21.참산부추, 22.한라부추, 23.산마늘(混炊), 24.빗자루(과실), 25.나도옥잠화, 26.은방울꽃, 27.대애기나리, 28.애기나리, 29.얼래지(鱗莖=전분), 30.애기원추리, 31.큰원추리(球根=전분), 32.참비비추, 33.주걱비비추, 34.비비추, 35.참나리 · 36.하늘말나리(鱗莖=전분), 37.삿갓풀, 38.통둥굴레, 39.둥굴레, 40.죽대(根莖=전분), 41.무릇, 42.솜대, 43.청미래동굴(열매), 44.밀나물, 45.선밀나물, 46.청가시나무, 47.뻑국나리

마과 : 48.참마(根莖=분말)

붓꽃과 : 49.범부채

난초과 : 50.키다리난초

〈피자식물, 쌍자엽식물〉

가래나무과(견과) : 51.가래나무, 52.호도나무

자작나무과 : 53.개암나무(견과), 난티잎개암나무

참나무과(견과) : 54.(참)밤나무, 55.약밤나무, 56.모밀잣밤나무, 구실잣밤나무, 57.상수리나무(참나무), 졸참나무, 굴참나무, 떡갈나무, 58.신갈나무, 갈참나무, 만주신갈나무

느릅나무과 : 59.푸조나무(과실), 60.폭나무(과실), 61.팽나무(과실), 62.시무나무, 63.느릅나무(감피), 64.느티나무

뽕나무과 : 65.딱나무(甘皮=전분), 66.구지뽕나무(과실), 68.산뽕나무(과실. 甘皮=전분)

쐐기풀과 : 69.좀깨잎나무

삼과 : 67.환삼동굴

여뀌과 : 70.털여뀌, 71.며느리배꼽, 72.고마리, 73.참개싱아, 74.싱아, 75.마디풀, 76.수영, 77.참소리쟁이(종자)

명아주과 : 78.명아주(종자=混炊, 가루), 79.댑싸리(종자), 80.해홍나물(混炊)

비름과 : 81.쇠무릎, 82.개비름

자리공과 : 83.자리공

쇠비름과 : 84.쇠비름

석죽과 : 85.벼룩이자리, 86.점나도나물, 87.큰개별꽃, 88.쇠별꽃, 89.벼룩나물

수련과 : 90.순채

미나리아재비과 : 91.놋젓가락나물, 92.동이나물, 93.눈빛승마, 94.사위질빵, 95.수염종덩굴, 96.으아리, 97.노루귀, 98.강작약, 99.젓가락나물, 100.미나리아재비, 101.꿩의다리

매자나무과 : 102.매자나무, 103.꿩다리아재비

으름과 : 104.으름(열매)

댕댕이덩굴과 : 105.댕댕이덩굴

가지꽃나무과 : 106.오미자

녹나무과 : 107.생강나무

양귀비과 : 108.애기똥풀, 109.피나물, 110.피불주머니, 111.금낭화

십자화과 : 112.장대나물, 113.냉이(종실), 114.황새냉이, 115.싸리냉이, 116.미나리냉이, 117.꽃다지, 118.다닥냉이, 119.속속이풀, 120.개갓냉이, 121.재쑥

돌나무과 : 122.가는기린초, 123.돌나물

범의귀과 : 124.좀꼬리까치밥나무, 125.까치밥나무(과실), 126.참바위취

조팝나무과 : 127.개쉬땅나무, 128.조팝나무

찔래과 : 133.짚신나물(과실), 134.뱀딸기(과실), 135.큰뱀무(근경), 136.딱지꽃, 137.솜양지꽃(槐根), 138.양지꽃, 139.가락지나물(과실), 140.찔레나무, 141.복분자딸기(과실), 142.산딸기나무(과실), 143.멍덕딸기(과실), 144.덩굴딸기(과실), 145.붉은가시딸기(과실), 146.멍석딸기(과실), 147.오이풀(根=混炊,製粉)

콩과 : 152.차풀, 153.주엽나무, 154.활량나물, 155.칡(根=전분), 156.갈퀴나물, 157.등갈퀴나물(종자), 158.광릉갈퀴(종자), 159.나비나물

쥐손이풀과 : 160.이질풀

괭이밥과 : 161.선괭이밥

산초과(종자=油) : 162.수유나무, 163.분지나무, 164.초피(樹皮=전분)

대극과 : 165.깨풀, 166.등대풀, 167.광대싸리

참충나무과 : 168.참중나무

원지과 : 169.애기풀

시로미과 : 170.시로미(과실)

옻나무과 : 171.붉나무, 172.옻나무

화살나무과 : 173.노박덩굴, 174.참빗살나무

고추나무과 : 175.고추나무

나도밤나무과 : 176.합다리나무

봉선화과 : 177.물봉선

포도과 : 180.왕머루(과실), 181.새머루(과실)

다래과 : 182.다래나무(과실)

차나무과 : 183.차나무

물레나물과 : 184.물레나물

제비꽃과 : 185.제비꽃, 186.졸방제비꽃

보리수나무과(과실) : 187.보리수, 188.보리밥나무

박쥐나무과 : 189.박쥐나무

오갈피나무과 : 190.오갈피나무, 191.땃두릅, 192.두릅나무(根皮=전분), 193.엄나무

미나리과 : 194.구릿대, 195.바디나물, 196.참당귀, 197.강활, 198.묏미나리, 199.궁궁이, 200.개시호, 201.파드득나물, 202.어수리, 203.털기름나물, 204.미나리, 205.산기름나물, 206.참나물, 207.왜유산나물, 208.참반디, 209.개발나물, 210.사상자

갈매나무과 : 178.헛개나무(果梗), 179.대추나무(과실)

산수유과 : 211.산딸나무(과실)

벗나무과(과실) : 148.개벗나무, 149.개살구나무, 150.산앵두나무, 151.서울귀롱나무

배나무과(과실) : 129.산사나무, 130.털야광나무, 131.팥배나무, 132.산돌배나무

〈통꽃식물〉

진달래과 : 212.진달래, 213.정금나무(과실), 214.물앵두나무(과실), 215.들쭉나무(과실), 216.월귤나무(과실)

앵초과 : 217.큰까치수염

감나무과 : 218.고용나무(과실)

박주가리과 : 219.박주가리(과실, 근, 종자)

메꽃과 : 220.메(根莖=전분, 어린종자)

지치과 : 221.참꽃말이, 222.개지치, 223.꽃말이

마편초과 : 224.누리장나무

꿀풀과 : 225.배초양, 226.광대나물, 227.쉽싸리(地下莖), 228.벌개덩굴, 229.들깨풀, 230.개나물, 231.방아풀, 232.꿀풀, 233.층층이꽃, 234.속썩은풀

가지과(과실) : 235.구기자나무, 236.꽈리, 237.까마중(개머루)

현삼과 : 238.주름잎, 239.송이풀

질경이과 : 240.질경이

꼭두선이과 : 241.갈퀴덩굴(종자=粉), 242.솔나물, 243.꼭두선이

인동과 : 244.털댕강나무, 245.댕댕이나무(과실), 246.넓은잎딱총나무, 247.덜꿩나무(과실)

마타리과 : 248.마타리, 249.뚝갈, 250.쥐오줌풀

박과 : 251.하늘타리(塊根=전분)

도라지과(根) : 252.층층잔대(澱粉), 253.모시대, 254.더덕, 255.만삼, 256.염아자, 257.도라지

국화과 : 258.톱풀, 259.멸가치, 260.단풍취, 261.개사철쑥, 262.제비쑥, 263.맑은대쑥, 264.참쑥, 265.비쑥, 266.물쑥, 267.까실쑥부장이, 268.개쑥부장이, 269.쑥부장이, 270.참취, 271.개미취, 272.삽주, 273.도깨비바늘, 274.민박쥐나물, 275.여리병풍, 276.우산나물, 277.지느러미엉경퀴, 278.담배풀, 279.뻑국채, 280.감국, 281.고려엉경퀴, 282.엉경퀴, 283.조뱅이, 284.보리뱅이, 285.솜나물, 286.솜다리, 287.금떡쑥, 288.지칭개, 289.깨묵, 290.조밥나물, 291.고들빼기, 292.씀바귀, 293.왕고들빼기, 294.곰취, 295.쇠세나물, 296.은분취, 297.서덜취, 298.쇠채, 299.솜방망이, 300.산비장이, 301.사데풀, 302.미역취, 303.수리취, 304.민들레

* 일련번호(1~304)는 林泰治 자료의 번호이며 일부 동정의 오류 가능성도 있음.
** 어린 식물체와 나물류 이외의 부분만 식용부위를 표시함

제3부 생업
제2장 한국 남부지방 신석기시대 농경 연구의 현상과 과제

1. 머리말

최근 남부지방 신석기유적에서 잇달아 조와 기장의 작물유체가 검출되면서 신석기시대=수렵채집 사회라는 기존의 틀에서 벗어나 작물이나 農耕(또는 園耕)의 존재를 긍정적으로 받아들이려는 경향이 간취되고 있다. 이 글에서는 남부지방 신석기시대 農耕 연구 현황과 농경에 대한 관점을 먼저 일별한 후 이어서 남부지방에서의 농경 출현 動因과 농경의 기술적 체계를 간략히 살펴보기로 한다. 남부지방의 편년은 일반적인 5기 편년을 따른다.

2. 본문

1) 신석기시대 농경 연구의 흐름

東三洞패총을 시굴한 Sample(1974, 120쪽)은 頭島期에 출현한 돌괭이, 갈판과 반달모양 돌칼을 근거로 이 시기에 농경이 시작되었다고 처음 주장하였다. 頭島期에 돌괭이, 갈판 같은 대형 석기들이 돌연 많이 나타나며, 석기의 종류와 수가 많아지는 것은 바다 위주의 생업에 소규모의 괭이농사가 추가되면서 나타난 현상으로 파악하였다. 이후 30년 이상 남해안 신석기시대 농경에 대한 논의는 기본적으로 Sample의 자료와 주장을 반복한데 머물러 있었다. 신숙정(1994, 270~273쪽)도 신석기 中期(頭島期)에 살림이 늘어나고 뭍짐승의 비중이 높아지며 돌도끼-괭이-숫돌-갈판의 석기조합이 등장하는 현상을 중서부지방의 농사짓기가 전국적으로 채택되어간 과정과 관련시키면서, 동삼동에서 해수면 상승과 관련해 일어나는 환경변화로 농사를 채택하였다고 보았다. 단 농사짓기에 좋은 환경이 아닌

사진 1. 밀양 살내유적 전경

사진 2. 밀양 살내유적 출토 유물

도서지방에서는 여전히 바다자원에 의존하면서 농사짓기가 이루어지지 않았거나 이루어져도 매우 소규모였을 것으로 추정하였다. 후기에는 남해안에서 보습, 괭이, 갈돌, 갈판 등 농사관련 도구가 빈번히 출토되고, 농사가 잘 되는 곳을 찾아 내륙으로 진출하였다고 보았다.

앞의 주장은 괭이, 보습, 갈판 등 농사와 관련된다고 본 도구들에 주로 의존하고 있는데 이들 석기들이 정말 농사도구인지에 대한 어떠한 과학적 분석도 제시된 바 없어 남부지방 신석기시대 농경 설정은 1990년대 중반까지도 가설 수준에 머무르고 있었다. 그러다가 김해 農所里貝塚의 末期土器 태토에서 벼의 식물규소체가 검출되었고(郭鍾喆 외 1995), 1998년에 발굴한 南江댐 수몰지구의 진주 上村里유적에서 沈線文土器 주거지의 내부와 어깨 면에서 조, 수수, 피, 맥류와 두류의 탄화종자가 발견되었다고 보고되어 학계의 주목을 끌었다(李東注 2000). 그런데 중기로 보고된 상촌리 6-1호 제사유구 주변에서 수습된 탄화보리의 AMS 연대가 이후 2200bp로 밝혀짐에 따라(동아대학교박물관 2001), 상기 곡물자료는 후대의 문화층에서 하강하였을 가능성이 높아졌다.

남부지방 신석기유적에서 作物遺體를 찾으려는 시도는 캐나다 토론토 대학의 Crawford 교수의 지도로 박사학위과정을 밟은 李炅娥에 의해 본격적으로 이루어졌다. 이경아는 부산박물관에서 1999년에 발굴한 동삼동 1호 주거지 바닥의 燒土와 목탄 주변에서 채취한 토양 시료를 flotation하여 조 75립, 기장 16립과 명아주속(Chenopodium) 등 草本類 종자를 다량 찾았으며 출토된 조의 AMS 연대로 4590±100bp를 보고하였다(河仁秀 2001: Crawford & Lee 2003). 하인수(2001, 44~45쪽)는 동삼동의 조와 기장이 가까운 내륙지역에서 유입되었을 수도 있지만 조와 기장은 척박한 토양에서도 재배가 용이하기 때문에 현지에서 재배되었을 가능성이 보다 높을 것으로 추정하면서, 밭농사를 중심으로 한 농경이 적어도 신석기시대 중기 무렵부터 남부지방을 포함한 한반도 전역에서 광범위하게 이루어졌음을 직접적으로 입증하는 자료로 평가하였다. 이경아는 남강댐 수몰지구의 여러 유적에서도 flotation을 실시하였다. 이중 上村里 B지구(동아대학교)와 漁隱 1지구(경남대학교)의 신석기시대 후기 야외수혈및 주거지에서 조, 기장을 검출하였는데 조의 AMS 연대는 전자가 4060±140bp, 후자가 4030±100bp이다(Crawford & Lee 2003). 이로써 남부지방의 신석기시대 중·후기로 편년되는 沈線文土器 단계에 조와 기장이 재배되있다는 사실은 더 이상 부정할수없게 되었다.

남부지방의 隆起文土器와 押引文土器 단계에는 유적이 주로 해안가를 중심으로 분포하는데 반해 沈線文土器 단계부터는 내륙에서도 강변을 따라 유적이 많이 분포한다. 宋銀淑(2001·2002)은 이를 남해안의 어로중심 押引文土器文化에서 기원전 3500년경 견과류채집, 수렵, 어로와 조 경작이라는 강안충적지 적응형 중서부 토기문화를 수용하여 남해안 특유의 太線沈線文土器文化가 성립된 후 농경을 할 수 있는 내륙으로 확산된 결과로 파악하였다. 내륙에서는 홍수 위험이 적고 토양 배수와 자연 비옥도가 좋은 중·상류의 사질 충적토를 밭으로 만들어 경작하였으나 지력의 한계가 있어 유적이 빠르게 확산되었다고 주장하였다.

2) 신석기시대 농경을 바라보는 관점

이제 신석기시대 중기에 남부지방에서 조와 기장이 재배되었다는 사실은 확인되었지만 그럼에도 학자에 따라 당시의 농경을 바라보는 관점은 크게 두 가지로 나뉜다. 하나는 신석기시대는 기본적으로 수렵채집단계이면서 부분적으로 소규모의 원시농경이 이루어졌다는 견해와 재배식물과 농경의 중요성을 강조하면서 당시의 사회를 농경사회로 파악하는 견해이다. 후자는 2000년 국립중앙박물관에서 "겨레와 함께 한 쌀−도작문화 3000년"이란 특별전이 개최되었을 때 신석기시대에 이미 도작이 시작되었으니 "도작문화 5000년"이라고 하여야 한다고 강하게 반발하였던 일각의 견해와도 상통한다. 반면 전자의 입장에 선 金壯錫(2002)은 신석기시대를 수렵채집경제, 청동기시대를 농업경제로 파악하면서 단순히 식물재배의 여부만을 가지고 농경사회를 규정하는 것에 반대한다. 한 사회의 성격은 어떤 생업활동이 생산체제의 주된 기반을 제공하였는가에 의거하여 결정되어야 한다고 보기 때문이다. 그는 신석기시대의 재배식물의 발견 례가 아직 소수의 유적에 국한되고 있고, 재배식물이 발견된 유적에서도 식물재배가 남한 전역 신석기시대의 생업경제를 대표할 수 있을 정도로 집중적으로 이루어졌는가에 의문을 제기하였다.

상기한 관점은 재배식물의 출현시점과 전체 생업에서의 비중, 그리고 농경의 정의에 대한 연구자의 입장과도 맞물려 있다. 과거에는 수렵채집과 농경, 획득경제와 생산경제란 이분법적 사고로 해석하였지만 이제는 수렵채집사회에서 농경사회로의 점진적, 전환기적 모델을 선택하면서 농경이나 농업의 정의 또한 바뀌고 있다. 이러한 입장에서는 야생식물의 이용에서 관리와 재배(cultivation)를 거쳐 순화식물(domesticated plants)의 재배와 농업으로 이르는 진화론적 모델이 채용되는데, 여기서의 農業(agriculture)은 생업경제가 거의 또는 전적으로 순화식물에 의존하는 단계를 지칭한다(Harris 1989). Rindos(1984)가 제시한 우발적(incidental), 전문적(specialized), 농업적(agricultural) 순화(domestication)로의 발전도식, 이 밖에도 채집경제에서 농업경제로 넘어가는 과도기 단계에 'small-scale cultivation'이나 'low-level food production'(Smith 2001)을 설정한 것도 유사한 맥락이다. 상기 입장을 따라 필자(Ahn 2004) 역시 김장석, Nelson(2000), 최정필(1989; Choe & Bale 2002)의 견해와 같이 신석기시대는 기본적으로 소규모 경작(또는 농경)이 부가된 채집경제사회이고 농업 또는 농경사회는 청동기시대부터 시작된 것으로 파악하였다.

그러나 송은숙의 견해대로 남부 내륙의 沈線文土器 유적들이 새로운 농경지를 찾아 빠르게 확산한 短期定着的 집단에 의해 형성된 것이라면, 설령 칼로리에서는 재배식물의 비중이 야생동식물에 비해 적다고 하더라도 주거 입지와 이동의 선택이 재배식물에 의해 결정된다는 측면에서 당시 사회를 수렵채집사회로 단정할 수 있을까라는 의문이 남아 있기는 하다.

연구자 간의 의사소통을 가로막는 장애는 사실 관점의 차이보다는 오히려 용어의 모호함에 있다. 栽培, 馴化, 農事, 農耕, 農業, 園耕에 대한 개념 통일이 되어 있지 않고 영어의 agriculture, cultivation, domestication, farming, horticulture의 번역 역시 그러하다. 필자는 앞의 용어를 농업. 재배(경작), 순화, 농경(농사), 원경으로 각기 번역하고 농업은 생업으로서의 主業, 농경은 식물을 재배하는 행위 자체에 의미를 부여하고 있으나 李俊貞(2001)은 앞 3자를 農耕, 耕作, 栽培種化로 번역하고 있기에 용어에 대해서는 좀 더 논의가 필요하다. 한편 개념과 정의에 대한 소모적 논란 보다는 식물재배가 당시 사회와 생업에서 차지하는 비중이 어떠하였는지에 대한 구체적 연구가 더 중요하지 않을까 싶기도 하다.

3) 농경 출현의 動因

(1) 변화의 連續性과 激變性

왜 太線沈線文土器가 출현하는 中期에 농경이 시작되었을까? 농경의 출현은 내부적 연속성에 의한 점진적 변화 과정인가 외부적 충격에 의한 일종의 변혁(또는 계단식 도약)인가?

宋銀淑(2002, 83쪽)은 어로 중심의 복합 생계를 기반으로 상당한 정착성을 확보하고 있었던 남해안 押引文土器文化가 환경변화에 따른 주변 환경의 적극적 이용이란 측면에서 내륙자원에 치중하는 중서부식 빗살무늬토기문화를 수용하였으나, 기존 생계 양식을 기본적으로 유지하면서 생태환경이 허용하는 범위 내에서 견과류의 이용을 강화하고 곡물의 경작을 추가하였다고 본다. 太線沈線文土器도 중서부의 三部位 문양구성을 받아들이면서도 개별적 문양요소, 기형과 시문방법에서는 영선동식 전통을 유지하였다는 입장이다. 즉 전기에서 중기로의 전이를 주민 교체가 아닌 변화의 적극적 수용(傳播受容)으로 파악한다. 반면 선행 문화가 미약하였던 남부 내륙의 중·후기 유적은 남해안 太線沈線文土器 집단이 점차 육상자원 이용에 적응해 나가면서 강을 따라 내륙으로 이주 확산한 결과로 파악하였다. 李俊貞(2002) 역시 남해안 패총유적의 분석에서 급진적인 생업교체에 반대하였다. 그는 신석기시대 동안 점진적인 생업 양식의 변화가 있었으며 농경의 도입과 전개 과정도 이러한 맥락에서 이해하여야 한다는 입장이며 Nelson과 최정필 역시 상기한 점진적 변화 모델을 채용하고 있다.

과거에는 남해안 태선침선문토기의 출현을 중서부 빗살무늬토기 주민의 대규모 이주와 연결시켰었다(金元龍 1986, 47쪽). 그러나 최근에는 남해안 前·中期의 토기, 석기 분석에서도 내부적 발전과정을 강조하면서 중서부로부터의 주민 이주를 부정하는 경향이 대세를 이룬다. 특히 중서부 빗살무늬토기의 남해안 기원설을 강하게 주장하고 있는 李東注(2003)는 중기에 새로이 등장하는 태선침선문토기 뿐 아니라 槍先形 尖頭器, 石鏃, 石刀, 휴대용 지석 등의 마제석기도 남해안 압인문토기 전통에서 자체 발생하였다고 본다.

남해안에서 전기와 중기의 문화적 연속성은 분명 존재한다. 그럼에도 중기는 전기와 많은 점에서 변혁성도 나타난다. 토기의 三部位施文, 太線 기법, 두터운 口脣部가 그러하고, 새롭게 등장한 따비형

석기, 碾石, 원반상석기, 마제석촉, 어망추도 중서부의 특징적 석기 조성이다. 또한 중기는 전기에 비해 유적의 규모와 정주성도 대폭 증가하였다. 동삼동유적을 분석한 河仁秀(2004)도 중기는 전기와 생업적, 사회적 성격이 확연히 다르고 대용량 저장용 토기의 증가, 器種의 다양화, 정형화된 갈돌·갈판, 堀地具가 다량 출토되었다고 보고하였다. 물론 굴지구는 무·前期에도 나타나지만 소량이고 掘土用의 괭이형에 가까우나 중기부터 정형성을 갖춘 따비형 굴지구가 다량 출토된다. 갈돌과 갈판 역시 조·전기는 소량에 불과하고 중기부터 양단돌출의 연석이 널리 보급된다(田中聰— 2001, 306쪽). 석촉의 경우도 李東注(2004)가 자생설의 증거로 인용한 범방패총 Ⅵ층은 태선침선문의 중기 문화층이며, 宮本一夫(2003. 6)는 유엽형 마제석촉을 따비형석기(石耟)와 연석으로 대표되는 華北型農耕石器에 공반하여 유입된 것으로 파악한다.

이처럼 남해안 太線沈線土器文化의 출현에는 연속성과 더불어 급변성도 존재하기 때문에 이를 모두 전파에 의한 내재적 수용이란 틀로만 해석할 수 있을지 의문이다. 그렇다고 필자가 주민 교체에 찬성한다는 것은 전혀 아니며, 다만 남해안의 주체적 변화를 인정하면서도 소규모나마 중서부적 생활양식을 지닌 주민이 조, 기장의 재배곡물을 지참하고 남해안으로 (장거리) 이주하였을 가능성은 없는지 검토할 여지는 남아 있다는 입장이다.

(2) 농경 채용의 배경

남해안에서는 왜 중기에 식물재배와 농경적 요소가 돌연 나타난 것일까? 李俊貞(2001)은 한반도에서 農耕[1]으로의 전이가 일어난 원인에 대해서 기후 변화, 인구 증가, 사회복합성 증가를 복합적으로

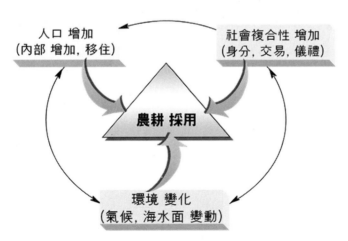

그림 1. 농경 채용의 動因 모델

---

1) 이준정은 필자의 農業(agriculture)을 農耕으로 번역하고 있으나 해석의 틀은 채용할 수 있다.

분석할 필요성을 제기하였는데 이를 남해안에 적용시켜 보자.

① 환경변화

지금까지 중기 농경의 존재를 인정한 연구자들은 대부분 환경 변화(특히 해수면 변동)를 가장 큰 원인으로 지적하고 있다. 崔禎芯(1990)은 신석기 前期에 유지된 인구와 자원간의 평형 상태가 中期에 일어난 기후 한랭화 현상으로 깨지면서 식물자원에 대한 의존도가 높아져 조와 기장을 소규모로 재배하기 시작하였다고 보았다. 신숙정(1994)도 동삼동에서 해수면 상승과 관련해 일어난 환경변화로 농사를 채택하였다고 보았으며, 송은숙(2002) 역시 중기가 시작될 무렵 해수면 변화로 인한 불안정한 해안환경 때문에 육상자원에 대한 관심이 높아져 농경을 채용하였다는 입장이다.

環境要因論의 결정적 약점은 자연과학자들 사이에서도 이 시기의 기후 변화와 해수면 변동에 대한 통일된 의견이 없다는데 있다(박용안 외 2001, 제4장). 전기에서 중기로 넘어가는 시점이 해수면 상승기, 정체기, 하강기인지도 명확하지 않다(그림 1). 해수면 상승의 논지는 주로 낙동강과 한강 河口域에서 구한다. 일산 가와지곡 토탄층 분석에서 5~6천년 전 경에는 해수면이 지금보다 3~4m 높았다고 인용되고 있으나 그곳에서 복원된 해수면 변동 곡선은 平均高潮位의 곡선으로 평균해면은 현재보다 0.8m 정도 높을 뿐이다(黃相一 1998). 즉 고고학자들이 平均高潮位와 平均海面의 개념 차이를 간과하고 있는 것이다. 남해안에서도 水佳里패총의 磨耗貝殼과 微小貝類를 근거로 해수면이 지금보다 5~7m까지 상승하였다는 주장이 지금까지도 인용되고 있으나 이 주장은 자료 해석상의 결정적 오류 때문에 믿을 수 없다는 사실이 이미 보고되었다(吳建煥 外 1989; 潘鏞夫 외 1990; 秋淵植 1993). 낙동강 하구에는 중기 이전에 古金海灣이 형성되어 있었지만 해면 상승기의 해면고도는 大潮時 조위차를 감안하면 결코 현해수면을 크게 상회하지는 못한다(吳建煥 외 1989, 19쪽). 오건환 등(1989)은 7000~5000bp를 해면 상승기로, bp 4천년대는 해면 저하의 상태로 4500bp 전후를 繩文前期의 小海退와 연결시키지만, 동시에 일본 福岡平野에서는 4700bp가 최고 해면기였다고 인용하고 있다.

오건환 등(1989, 12쪽)은 해면변동의 추정을 위한 시료적 가치면에서는 貝塚貝類보다 海成層이 우선하여야 한다고 지적하였다. 최근 신석기시대 여러 시기의 모래층이 조사된 범방유적을 보면 전기 퇴적층 위에 해면상승에 의한 모래가 덮이고 다시 해수면이 퇴각한 후에 야외노지를 중심으로 한 중기 문화층이 형성되어 있다. 조기, 전기, 중기에 따라 모래층의 고도가 조금씩 변경되지만 전체적으로 해안선 고도의 차이는 크지 않다(하인수 2001). 따라서 조·전기에 해면이 현재 수준에서 어느 정도 안정되면서 중기부터 上流쪽에서 공급된 퇴적물에 의해 內灣의 汀線이 서서히 후퇴하기는 하였지만, 그렇다고 구체적 변동시점을 파악하기도 어렵고, 당시 주민에 의해 당대에 직접적으로 인지되기 어려운 미세한 해안선 변화(河仁秀 談)가 농경을 비롯한 중서부식 문화요소를 채용한 직접적, 결정적 원인이라고 단정하기는 어렵지 않을까 싶다.

지금까지 남부지방에서 화분분석을 통한 완신세의 고환경 복원은 몇 예에 불과하며 그나마 전·중기 환경 변화에는 거의 도움을 주지 않아 우리들은 여전히 安田喜憲 등(1980; 김준민 1980)의 속초 영랑호 퇴적물 분석 결과에 의존하는 실정이다. 이곳의 화분분석에서는 4500bp 무렵에 일시적으로 현저한 寒冷化가 나타난다고 보고하였으나 함께 이루어진 硫化物과 탄소동위원소 분석(그림 2)에서는 5000bp를 高溫期, 4000bp를 寒冷期로 제시하였다. 영랑호 뿐 아니라 그 이후에 이루어진 화분분석 모두가 극히 한정된 방사성탄소연대 시료 때문에 기후변화의 정확한 시기 추정에 실패하고 있다. 물론 북유럽의 Atlantic에서 Sub-boreal로 전환된 시기도 46~4500bp(기원전 3천년기 중반) 무렵이고 (그림 3), 동아시아를 포함하여 전 세계적으로도 이 무렵에 일시적 한랭기가 많이 보고되고 있지만 지역적 변이를 감안하면 남해안의 경우 기후 변화의 정확한 연대를 현재로서는 확보하기 어렵다.[2]

이렇듯 기후변동, 식생변화와 해수면 상승에 대한 기존 연구를 고고학자들이 이용하기에는 많은 한계가 있다. 큰 흐름으로 보면 대체로 신석기 무·前期는 기후 最適期와 해수면 상승 안정기에 해당하고 중기 시작 무렵 급격한 기후 한랭화(그리고 약간의 해수면 변동)가 발생하면서 생업경제의 변화가 발생하지 않았을까 추론하지만 구체적인 증거가 결여된 상태에서 더 이상의 논의는 무리이다. 신숙정 (2004, 16쪽)은 "환경변화의 어떠한 부분이 한 시기의 문화변동을 어떻게 가져왔는지 그 프로세스에 대한 체계적인 추구와 고찰이 있기 전까지는 설명되지 않은 것과 마찬가지이다"는 지적을 하였는데 필자 역시 여기에 적극 동의한다.

② 인구증가

前期 유적의 수와 분포는 기본적으로 무期와 동일하지만, 영선동식 토기는 오진리 등 일부 내륙 유적에서도 발견되고 서남해안의 경우 금강하구까지도 진출하였다. 후반부로 갈수록 이들의 활동무대는 다소 늘어났고 무덤, 토기 출토량, 패각층의 두께 등에서 정주성이 다소 높아지는 경향은 보이고 있지만 그렇다고 이를 인구 증가로 귀결시키기는 무리이다. 동삼동과 하동 목도에서는 이 시기의 주거지나 base camp도 한 두기 발견되고 있지만 조기와 마찬가지로 전기 유적에서도 정주 취락은 아직까지는 전혀 발견되고 있지 않다.

---

2) 기원전 3500년경부터 동북아시아 전역에 걸쳐 건조/한랭기로의 환경적 변화와 더불어 신석기문화의 생업직, 사회적 성격도 변화하였다는 지적이 있다(大貴靜夫 1998). 일본의 福井縣 水月湖 年稿堆積物에서 추론된 해면변동을 보면 3500~3000BC가 繩文中期의 海退에 해당한다(宮本一夫 2005, 이 책 27쪽 그림 5). 宮本은 이 시기를 한반도 농경화 제1단계로 파악하고 조, 기장 농경이 빗살무늬토기와 화북형농경석기, 유엽형석촉과 함께 확산되었다고 주장한다. 이렇듯 남해안 중기 농경의 출현은 환경변화와 밀접한 관계가 있을 가능성은 높지만 구체적 인과관계를 우리는 아직 잡아내고 있지 못한다. 한편 宮本은 기원전 3천년기 후반의 海退를 한반도 농경화 2단계와 연결하면서 벼의 재배가 추가된 것으로 보고 있으나, 그는 한강하구역 토탄층의 미보정 bp연대를 보정연대로 착각하였다.

그렇다면 외부로부터의 이주나 연쇄적 충격 가능성은 전혀 없는 것일까? 田中聰一(2001, 293쪽)은 중서부지방에서 중기 전반의 일시적 한냉화로 인해 농경을 수반한 정주 취락이 붕괴되면서 남부로 농경을 수반한 중서부적 문화가 확산하는 현상이 발생하였다고 주장하였다. 기원전 4천년기 후반에 중서부지방에서는 커다란 변화가 간취된다. 한강유역의 충적대지상에 위치하던 기존 취락이 해체되면서 서해안으로 확산되는 경향을 보이며, 서해안에서 패총 점유가 시작된다(김장석·양성혁 2001). 이 시기는 동해안과 남동해안에서 太線沈線文土器가 출현한 시점이기도 하다. 그러나 중서부에서 남부로의 직접적 연결 고리는 여전히 불확실하다. 地境里유적을 근거로 한강유역에서 강원도 동해안을 거쳐 동남해안으로 진출하였을 가능성을 제시하기도 하나(宋銀淑 2002), 역으로 강원도 동해안의 태선문토기가 남해안에서 파급된 것으로 보는 견해도 있기 때문이다(李東注 2001). 또한 지경리Ⅱ식토기는 太線式이면서도 鳥羽文, 菱格文의 존재에서 동남해안의 水佳里Ⅰ식토기보다는 중남부의 上村里Ⅰ식토기와 관련이 깊다는 점도 고려되어야 한다. 결국 주민이주도 가능성은 남아 있지만 아직은 증명이 되지 않은 가설 단계에 머무르고 있으며 설령 주민이주가 있었다고 하더라도 남해안에서 생업 변화를 야기하였을 정도의 대규모라고는 결코 생각하기 어렵다.

③ 사회복합성 증가

농경 전이에 대한 사회적 관점은 복합(complex) 수렵채집사회에서 보이는 개인이나 집단간의 불평등 구조를 더욱 심화하려는 시도의 일환으로서 농경을 통한 富의 축적이 시도된다고 본다(李俊貞 2001, 13쪽). 불평등의 증가는 통솔력을 유지하기 위한 수단으로서 威信財(prestiges)의 생산이나 교역을 활발하게 만드는데 이러한 위신재의 역할을 재배식물이 하였다는 가설로, 지위의 차등화, 생산 체계의 전문화, 의례 행위의 증대, 외래품 교역의 증가 등이 농경이 발생되기 이전 시기에 두드러지게 관찰된다고 한다. 특히 사회적 요인은 전파에 의해 농경이 발생한 2차지역에서 결정적 역할을 한다고 본다. 상기 가설은 실제 수렵채집사회에서 농업사회로의 전이에 해당하는 모델이지만 재배식물이나 농경의 도입과정에도 어느 정도 적용이 가능하다고 생각된다.

남해안에서 前期에는 취락이 발견되지 않았기에 사회적 복합성을 분석할 수 있는 자료는 주로 무덤을 이용할 수밖에 없다. 전기의 土葬墓 17기가 조사된 煙臺島의 경우를 보면 性別에서 남녀 비율은 같으며 연령에서는 20~30대가 11개체, 40~50대가 3개체, 유아와 신생아가 각각 하나로 靑壯年이 주류를 이룬다(국립진주박물관 1993; 任鶴種 2003). 이중 7호, 11호와 14호가 다른 무덤보다 부장품의 양과 질이 두드러진데 7호(남성 壯年)에서는 동물이빨로 만든 발찌가 석부, 지석, 結合式釣針, 토기와 함께 부장되고, 11호(남성 壯年)에서는 5~6개체분의 토기, 14호(여성 壯年)에서는 管玉이 출토되었다. 부장품은 주변에서 흔히 구할 수 있는 것들로 부장품에 특별한 비용을 지출하지 않았다는 주장(申叔靜 1994, 261~263쪽)과 부장품의 양과 질이 다른 유구와 현저히 차이가 난다면 신분, 지위상의 차이를 인정하여야 한다는 주장(李相均 2000; 任鶴鐘 2003)으로 갈라지나 필자는 특히 玉의 희귀성을 감안하여 후자의 입장에 동조한다. 그러나 성별에 따른 사회적 분화 증거는 찾기 어렵다. 흑요석기와 결합식조침은 남녀 모두가 부장하고 있으며 남녀간 부장품의 질적 차이도 보이지 않고 심해 잠수에 의한 外耳道 骨腫도 남녀 모두에서 보이기 때문이다. 물론 남성 장년의 7호가 부장품이 가장 월등하고 배를 이용한 장거리 교역의 존재를 감안하면 남성 지도자의 존재를 상정할 수 있는 여지도 있지만 상기 증거만으로 남성 지도자 중심의 복합 수렵채집사회를 상정하기는 무리이다.

남해안 출토 흑요석과 繩文系 토기에서 보듯이 일본 九州와의 교역 역시 조기 후반부터 나타나 전기에는 더욱 증가한 양상이 나타난다(河仁秀 2001b; 甲元眞之 外 2002). 조기에는 대마도를 경유하여 교역이 이루어지나 전기에는 압인문계 토기가 북부 九州에서 널리 발견되어 九州와의 직접적 교역을 반증하고 있다(宮本一夫 2003). 九州와의 교역은 동삼동에서 다량 출토된 조개팔찌에서 보듯이 중기에 들어서면서 더욱 활성화된다. 전·중기 모두 九州와의 교역을 주도하고 수입품을 분배한 거점세력이 있었을 것이고 그중 하나가 동삼동이다. 한반도 내부에서도 필자(2002)는 잠칭 '區劃反復文土器'에서 영선동식토기와 금탄리1식토기의 연계를 추적하여 남해안과 서해안을 따라 연결되는 교류 내지 상호영향 흔적을 확인할 수 있었다. 따라서 남해안 전기에는 무덤의 부장품 차이와 交易網에서 초보적 형태로나마 사회적 계층화(또는 복잡화)가 시작되었음을 추론할 수 있고 일부 집단은 복합 수렵채집사회에 속할 가능성을 고려해 볼 수 있다.

Bender(1978)는 농업으로의 전이과정에서 수렵채집집단은 교역범위가 더욱 광범위해지고, 매장과 유물에서도 종족적 정체성(ethnic identity)과 신분 분화가 증가하며, 이는 다시 생산과 교역 확대를 촉진하여 결과적으로 농업으로의 전이가 발생한다고 주장하였다. 이러한 현상이 남부지방에서 신석기 전기에서 중기로 넘어가는 과정에서도 일부 확인되지만 그렇다고 사회적 요인의 역할이 바로 농경 채용의 직접적 원인이 되었다고 판단할 근거는 여전히 부족하다. 더구나 앞서 언급한 연대도는 중남부의 도서지방이고 이곳에서 중기에 농경의 흔적은 찾을 수 없다.[3] 반면 재배식물이 확인된 동삼동을 중심으로 한 동남해안의 전기 단계에서는 사회적 복합성을 추론할 분묘나 취락유적이 발견되지 않았다는 한계점도 있다.

한편 金壯錫(2002)은 신석기시대에서 칭동기시대로의 급격한 전환을, 병참적(logistic) 이동에 의한 자원 집중처 공유를 토대로 한 수렵채집 경제에 농업에 기초한 배타적 토지점유방식이 등장하면서 기존 토지 이용 전략이 폐기된데 그 원인을 찾고 있다. 정도의 차이는 있겠지만 남해안 중기의 농경 도입과 급격한 문화변화 양상도 혹시 토지 이용과 관련된 이러한 맥락에서 분석해 볼 필요도 있지 않을까 싶다.

---

3) 물론 중남부 육지 쪽으로 진출하였을 가능성까지 배제할 수는 없다.

결론적으로 구체적 증거는 여전히 부족하지만 상기 내용을 갖고 추론에 추론을 거듭하면 남부지방에서 농경이 도입된 배경에 대한 시나리오를 일단 만들어 볼 수 있다. 기원전 3500년경 급격하고 불안정한 환경 변화(寒冷化?)로 생산성이 크게 저하된 남해안(동남해안과 중남해안)의 押引文土器文化 집단에서 기존의 생산성과 사회적 복합성을 유지하기 위하여 (남해안으로 이주한 중서부계 즐문토기문화 집단으로부터 또는 중서부 집단과의 접촉을 통해 알고 있었던) 작물 재배와 강안 자원 활용 기술을 비롯한 새로운 생업경제 시스템을 수용하면서 중기의 새로운 太線沈線文上器文化가 탄생하였고, 이후 새로 채용한 사회경제 시스템에 적응하여 작물 재배와 견과류를 확보할 수 있는 내륙지방으로 확산되었다는 가설이다. 기본적으로 宋銀淑(2002)의 모델과 크게 다르지 않으나 남해안 농경 채용의 動因으로서 환경변화에 사회적 복합성을 추가한 것이다.

한편 남강, 섬진강, 금강유역의 중·후기 유적에서 성행하는 '菱格文'은 중남부 해안의 욕지도, 연대도, 상노대도의 전·중기 패총에서 확인되는 '斜行短斜集線文'과 연결되기 때문에, 남부 내륙 유적은 동남부보다는 중남부 해안에서 확산되었을 가능성이 높다(安承模 2003). 따라서 동삼동 등 낙동강 하구부터 내륙환경의 이용에 적응해 나가면서 내륙으로 확산되었다는 기존 모델(宋銀淑 2002)을 검증하기 위해서는 낙동강 중하류역에서 중기 취락유적을 찾아야만 한다. 최근 밀양 등지의 충적평야 깊은 곳에서 전·중기 토기편이 찾아지고 있기에 조만간 낙동강 중하류역에서도 관련 취락 유적이 찾아지리라 희망한다(사진 1·2).

4) 경작 체계

신석기시대 재배식물의 존재를 받아들인다면 당시의 농경은 어떠한 기술체계에서 이루어졌을까? 李賢惠(1997)는 Boserup의 농업발전단계 모델을 한국에 적용시키면서 伐木火耕을 기본으로 하는 長期休耕이 채집경제와 원시농경이 병행하는 신석기시대의 농업기술로 파악하고 유적에서 출토되는 伐採用 石斧와 播種用 掘棒의 발전형으로서의 돌따비를 이동식 화전의 증거로 제시하였다. 최정필(1989) 역시 소규모의 화전농경을 상정하고 있다.

그러나 송은숙(2001·2002)은 火田의 존재에 회의를 표시한다. 남부지방에서는 유적들이 沈線文土器 단계부터 내륙으로 확산되는 양상을 보이면서 북으로는 금강유역에 이르기까지 상당히 넓은 지역에서 동질성이 강한 문화요소들이 나타난다. 남부 내륙의 유적들은 곡류천의 충적대지에 형성되며, 석부는 별로 보이지 않는 반면 돌따비의 출토량은 많다. 송은숙(2001, 107~108쪽)은 이들 유적의 입지가 강물에 의한 자연적 시비가 가능한 곳이고 사질토라서 돌따비로도 경작이 가능하다는 점을 강조한다. 단 지력이 떨어지게 되면 기존 토지에 대한 노동력 투입을 늘리기 보다는 저비용, 고효율의 새로운 농경지를 찾아 충적지를 따라 계속 확산되어 나간 것으로 본다. 그러면서 화전은 나무가 많은 산간지대에서 주로 행하여지며, 산림을 벌채하고 두터운 부식토를 갈려면 대형의 벌채용 도끼와 괭이가 필요한데 이러한 유물은 보이지 않기 때문에 이동식 화전의 설정에는 반대하는 것이다.

여기에 대해 화전은 山地에서 행해지는 것만은 아니며, 해수면 변동에 의해 流路가 계속적으로 변화하기에 당시 이용 가능한 충적대지는 극히 한정되며, 대부분의 하천변은 습지에 가까운 상태라는 지적(林尙潭 1999, 51쪽)도 있으며, 필자(2004, 41쪽) 역시 강변의 충적지를 경작지로 이용할 경우 伐木의 단계를 거치지 않아도 되기 때문에 벌목용 석부가 없다고 화전의 존재를 무조건 부정할 수 있을까하는 의문을 제시하기도 하였다. 그런데 이미 전기에 바닷물이 내만 깊이 들어와 있다면 지금의 강 중상류는 수위가 높아 충적대지의 형성은 임상택의 지적대로 극히 한정되었을 것이다. 금강 상류의 갈머리유적(호남문화재연구원 2003)을 보면 신석기시대 유구와 유물은 자갈층 위에 10cm 정도 쌓인 명갈색 사질토층에서만 발견되었으며, 전기에는 사질토가 퇴적되지 않았다. 다른 내륙의 중·상류역에서도 압인문토기 단계에는 강안 충적층이 제대로 형성되지 않았을 가능성이 크다. 더욱이 갈머리의 사질토층은 砂壤土가 아니라 곡물이 자라기 어려운 沙土에 가깝기에 과연 이곳에서 농사를 지을 수 있었을까 의심스럽다. 그렇다면 주변 산지를 이용한 화전의 가능성을 생각해 볼 수도 있으나 솔직히 화전의 존재 여부에 대한 개인적 확신을 갖고 있지는 않음을 고백한다.

발굴에서 직접 경작지를 찾을 수 있으면 경작체계에 대한 논쟁이 해결되겠지만 화전은 유구를 찾기 어려우므로 다음과 같은 연구가 선행되어야 한다. 유적이 입지한 고지형과 경관을 복원하여야 하고, 취락 유형과 이동 전략을 알아야 하고, 당시의 생업경제에서 요구되는 작물의 생산량과 거기에 따른 경작지 면적을 추론해 볼 필요가 있으며, 당시의 기술 체계로 재배되는 경작지를 실험고고학적으로 운영해 볼 필요가 있다. 무엇보다도 식물유체 분석, 특히 잡초 조성에 대한 분석이 요구된다.

유럽에서도 신석기시대 火田의 존재에 대한 논란이 계속되고 있는데 최근에는 경작 체계의 복원을 잡초 조성이나 식물유체의 산소동위원소 함량으로 분석하고 있다. 과거에는 식물유체에서 확인된 특정 종을 群落이나 서식지의 指標種으로 활용하였으나 古植物資料의 역사적 변천과 後堆積 변형에 따른 문제점이 대두되면서 FIBS(functional interpretation of botanical surveys)라는 접근법이 새로이 활용되고 있다(Charles M. et al. 1997; Bogaard 2004). 후자는 식물유체 자료의 생태학적 해석에 대한 새로운 접근법으로 개별식물종의 습성을 생태적 변수와 관련시키는 방법이다. 이는 현재의 경작 체계에서 발달한 잡초 조성을 과거의 잡초 조성과 비교할 수 있는 수단을 제공하며, 환경조건에 따라 상이한 생태학적 요소들을 독립적으로 모니터링할 수 있게 하여 준다. 분석방법에 대한 구체적 소개는 생략하지만 상기 방법에 의하여 유럽의 신석기시대 농경은 이동식 화전이나 범람원 경작(floodplain cultivation)이 아닌 集約的 園耕(intensive garden cultivation)으로 추정되었다(Bogaard 2004). 한편 실험농장(Hambach Forest)에서의 장기적 관찰결과에 따르면 이동식 화전은 다년생(특히 삼림지대의) 잡초가 우세하고 2년차부터는 점차 교란지 서식의 다년초가 증가하는 경향을 보이며, 常田(permanent plot)에서는 일년생 잡초가 우세하다고 한다(Bogaard 2004; Rosch et al. 2002).

표 1. 동삼동, 상촌리 출토 식물유체
(From Crawford and Lee, 2003, p.89; 이경아 2005)

이름	학명 또는 영어명	생장	東三洞	南江
야생果肉			0.4%	1.9%
두류	Vigna angularis?	一年	–	2.3
명아주과	Chenopodium sp.	一年	36.8	0.9
마디풀과	Polygonum sp.	一年	0.4	0.5
조속	Setaria sp.	一年	3.0	1.9
기장속	Panicum sp.	多年	–	5.1
기장족	Paniceae	1-多	4.8	12.6
기타잡초			4.8	0.5
조	Sotaria italica	一年	35.5	46.3
기장	P. miliaooum	一年	9.1	13.1
벼	Oryza sativa	一年	–	1粒
未定			5.2	15.0

아직 한국에서는 식물유체의 검출노력이 부족하여 잡초조성에 의한 경작 체계 추정이 불가능한 실정이지만 동삼동과 상촌리에서 이경아에 의해 보고된 식물유체 조성을 잠깐 검토하여 보자. 동삼동과 상촌리의 야생식물유체는 대부분 일년생이라 다년생 위주의 화전 잡초와는 거리가 있고 오히려 유럽 신석기의 집약적 원경에서 보이는 잡초조성과 유사한 점이 있다. 특히 동삼동에서 우세한 명아주과(Chenopodium sp)는 유럽에서도 검은 메꽃(Fallopia convolvulus)과 더불어 잡초의 우점종이다. 중부유럽 신석기 전기의 LBK(The Linear Band Keramik) 문화에서는 명아주과의 존재를 작물의 春播나 집약적 원경의 증거로 해석하거나 경작지의 잡초로서 수확된 식물성식료로 보고 있다. 그러나 상촌리에서는 명아주과가 거의 없기 때문에 동삼동의 명아주는 야생식용식물이라기 보다는 바닷가 모래땅에서 서식하는 버들명아주(C. virgatum)가 아닐까 싶다. 두 자료만 갖고 신석기 농경체계를 추정한다는 것은 많은 위험성을 내포하지만 적어도 동삼동과 상촌리의 조와 기장은 숲 속의 화전지대가 아닌 강안 충적지의 원경에서 수확되었을 가능성을 내포한다.[4]

3. 과제

금년에 조사된 창녕 비봉리유적에서는 전기의 제1패총과 중기의 야외노지에서 각기 탄화된 조가 한 알씩 확인되었다고 한다(국립김해박물관 2005 현장설명회자료; 이경아 2005). 아직은 조의 AMS 연대가 측정되지 않았고 출토된 양도 한 알밖에 되지 않아 현재로서는 남부에서 조의 재배가 전기까지 소급된다고 단언할 수는 없다. 그러나 압인문토기단계 후반부에 내륙의 일부 유적에서 작물이나 농경이 도입되었을 가능성은 배제할 수 없다. 남부지방 전기, 특히 기원전 4천년기 전반은 중부의 암사동유적과 시기적으로 중복되기 때문이다. 군산 노래섬패총 가지구의 최하층에서 영선동식토기와 소위 區劃反復文(또는 帶狀反復文) 토기가 공존하는데 암사동에서도 구획반복문이 금탄리1식토기와 함께 출토

---

4) 상촌리의 후기로 들어서면서 조와 기장의 비중이 증가하는 양상에 대해서는 『한국신석기연구』 10호에 같이 수록된 이경아(2005)의 논문을 참조하기 바란다.

된다. 즉, 암사동식(다치횡주어골문의 구분문)토기, 금탄리1식토기를 동시대로 볼 수 있다. 그렇다면 직접재배를 하였건 또는 교류의 산물이건 재배식물이 남부지방 전기유적에서 출토될 가능성은 잔존한다고 생각한다. 지금까지 조사된 전기 유적은 거의가 해안가 패총유적이다. 우리가 내륙에서 전기 유적을 찾는다면 사정이 달라질 수도 있다. 실제 하동 목도패총은 해안 유적에 비해 굴지구의 비중이 높은 것을 알 수 있다. 물론 남해안 전기에서 재배식물, 나아가 농경의 존재가 인정된다면 필자가 작성한 본 글은 전면적 재수정이 필요할 지도 모른다.

한국의 신석기시대 농경 연구는 아직 걸음마단계에 불과하다. 농경 연구를 활성화하기 위해서는 작물을 포함한 식물유체를 검출하기 위한 flotation이 필수적이다. 김장석(2002)은 신석기시대 재배식물의 발견 예가 극소수에 불과하다고 지적하였으나 이는 그동안 식물유체를 찾으려는 노력을 거의 기울이지 않았기 때문일지도 모른다. 선사시대의 작물유체는 물체질을 일상화하고 있는 충북대학교에서 대부분 찾아지고 있는 것도 이를 반증한다.

농경도구로 종종 언급되고 있는 掘地具와 갈돌/갈판 역시 과학적 기능 분석 없이는 농구로 단정지울 수 없다. 조와 기장은 주로 粒食으로 이용되기에 갈판과 갈돌은 껍질을 벗기기 위한 용도로는 이용될 수 있어도 製粉具로 단정하는 것은 곤란하다. 내륙에서 보습, 따비나 괭이로 불리는 굴지구가 노래섬에서는 패류 채취구로 이용되는 것을 보아도 그렇다.

내륙에서 남부지방에 농경이 도입된 과정과 동인을 분석하기 위해서는 기원전 4천년기의 고환경과 고지형 복원이 필수적이다. 한편 전기도 그렇고 중기 역시 정식으로 발굴된 취락은 몇 군데에 불과하다. 비봉리에서 입증되었듯이 하안 및 내만 충적지 하부 깊숙이 매몰되었을 가능성이 있는 신석기 유적을 찾아야지만 농경 출현 과정을 제대로 복원할 수 있다. 범방패총의 예에서 보듯이 동삼동 등 대형 패총 주변에서도 생활유구가 있을 가능성이 높다. 패총 자체에만 조사의 초점을 맞추지 말고 주변 지역까지 넓게 조사할 필요가 있다. 이글에서는 농경을 중기에 집중하여 살펴보았지만 중서부의 상황을 고려하면 남해안에서도 전기 단계에 재배식물이 발견될 가능성도 염두에 두어야 한다. 또한 후기에서 말기로 갈수록 오히려 정주성이 감소하는 현상이 환경적 요인 때문인지 아니면 취락 유적의 조사가 미진하여서 그런지, 아니면 제3의 원인이 있는지 대해서도 연구되어야 한다.

끝으로 이 글 자체에서도 보이고 있듯이 학문과 학자 사이의 소통을 원활히 하기 위해서는 용어에 대한 통일된 명칭과 개념 정의도 요구된다. 또한 절대연대를 표기할 때 보정연대인지의 여부가 확실하지 않아 많은 혼선을 주는데 여기서는 미보정의 bp를 이용하였지만 관례대로 BP로 쓰는 연구자도 많기 때문에 보정연대는 calBP로 하거나 紀元前 또는 BC로 표기할 것을 권한다.

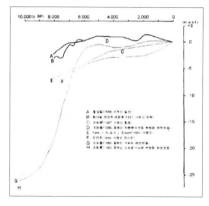

그림 1. 한반도 홀로세 해면변동곡선
(황상일 · 윤순옥 2002, 40쪽)

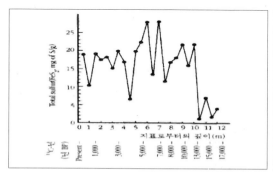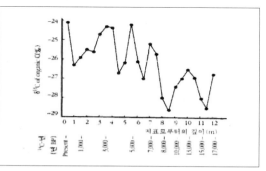

그림 2.영랑호 퇴적물의 지구화학적 분석으로 본 기온변화(中井 1978; 박용안 외 2001, 337쪽)

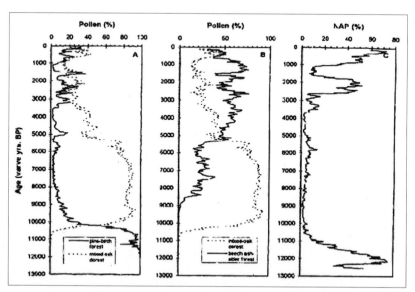

그림 3. 북유럽 화분분석으로 본 홀로세 식생 변동. 5300calBP 무렵 기후 급변에 따른 참나무 혼합림의 급속한 감소가 간취됨
(Zolitschka et al. 2002, p.75)

제3부 생업

제3장 암사동 신석기시대 주민의 식생활

1. 머리말

이 글에서는 암사동 신석기시대 주민의 식생활에 대한 지금까지의 연구 성과를 소개하고 앞으로의 연구 방향도 제시하고자 한다. 암사동유적에는 신석기시대와 청동기시대 유물이 섞여서 출토되는 문화층과 신석기시대 주거지가 집중적으로 발견된 문화층이 있는데 이 글에서는 후자의 문화층만 다룬다. 암사동 신석기시대 주거지와 관련된 방사성탄소연대는 5510±10BP[75-10호], 5000±70BP[75-2호], 4730±200BP[75-4호], 4660±70BP[751호], 4610±200BP[74-5호]가 보고되었다. 이 중 연대가 너무 돌출된 5510±10BP를 제외한 5000~4600BP가 주거지의 실제 존속 연대로 추정되며, 이 절대연대를 수륜보정하면 서기전 4천년기 중엽에 해당한다. 4600BP는 남부지방의 신석기 중기[태선침선문토기 단계]가 시작되는 연대이며, 암사동유적과 마찬가지로 저부 문양이 생략되고 찰과상 다치횡주어골문이 사용되기 시작한 안산 신길동유적의 방사성탄소연대도 4700~4600BP에 집중되어 있다.

2. 식료분석

1) 방법론

신석기시대 사람들이 무엇을 먹고 살았을까를 알기 위해서는 그들이 생활하던 주변 공간에 어떠한 식료가 있었는가를 복원할 필요가 있다. 그들은 우선적으로 주변 공간에서 식료를 확보하였을 것이라는 전제하에서 이용되는 방법이 자원영역분석[상용자원잠재력평가분석]이다[이기길 1991; 추연식 1994]. 자원영역은 사람들이 일상적 생활을 위하여 이용하던 영역이다. 자원영역분석이란 이 영역 내에 포함된 식량자원의 잠재력 평가를 통해 유적에서 운용되었던 생업 형태와 그 유적의 기능을 파악하는 작업이다. 이들 개념은 최소비용의 최대효과라는 전제에 기초한다. 즉 선사인은 먼 곳보다는 가까운 곳을 먼저 개척하였으며 어느 정도의 거리를 넘어선 지역은 비경제적이라 거의 이용되지 않는다는 가정이다. 대체적으로 수렵채집사회는 반경 10km(도보 2시간), 농경사회는 반경 2km 안의 영역을 이용하는데 구체적 영역은 개별연구대상 지역의 상황에 따라 가변적이다. 수렵채집사회에서 농경사회로 넘어가는 과도기인 신석기시대는 대략 반경 4~5km(도보 1시간)의 자원영역을 분석하고 있다.

자원영역이 결정되었으면 영역 내에 분포한 자원의 종류와 양에 대한 검토를 통해 이용가능한 자원의 잠재력을 평가 분석한다. 이 분석은 결과적으로 유적 주변에서 출토되는 각종 고고학 자료와 유적 주변 환경의 상관관계를 해석함으로써 해당 유적에서 운용되었던 생업유형과 거주 양식에 대한 상세한 정보를 얻게 해준다. 물론 현재의 환경, 지리학적 정보가 과거와 다를 수 있기 때문에 고환경복원에 입각한 자원분석을 시도할 필요가 있다. 고환경복원에는 여러 가지 방법이 있지만 주로 꽃가루분석이 활용된다. 꽃가루분석을 통해 당시 식생을 복원하면 동물상까지도 추론될 수 있기 때문이다.

유적 주변의 이용가능한 동식물상이 복원된다 하더라도 여기에서 추론되는 식료는 잠재적 식료일 뿐이다. 이들 잠재적 식료가 문화적 선호도, 기술적 한계성 등의 여러 요인으로 당시 주민들에 의해 모두 이용되는 것은 아니므로 실제로 무엇을 먹었는가에 대한 연구가 뒤따라야 한다. 이는 직접적으로는 발굴에서 확보되는 식료 잔존물, 간접적으로는 식료의 획득과 가공에 관계되는 유물과 유구에서 추론된다. 전자에는 유적에서 직접 출토되거나, 인분(人糞), 시신이 잘 보존되었을 경우에는 위 또는 내장의 잔존물에서검출되는 각종 동식물성 유체(遺體)가 포함된다. 후자에는 논이나 밭, 동물 사육이나 어로를 위한 구조물을 포함하는 유구와, 수렵 · 채집 · 어로 · 농경 등 식료의 채집과 생산에 관계되는 유물을 들 수 있다. 예를 들면 그물추에서 물고기잡이를, 돌보습에서 농사의 존재를 예측하는 것이다. 물론 후자는 대략적인 생업유형만 말해줄 뿐이며 세부적인 식료 복원을 위해서는 역시 유적에서 동식물 유체를 직접 검출하고 분석하여야 한다. 그러나 실제로 선사시대 사람들이 먹었던 식료가 그대로 보존되는 경우는 극히 드물며, 동식물유체는 보존 상태와 발굴시 수집에서 많은 변수가 있어 잘못된 결론을 도출할 위험성이 항상 내재한다. 따라서 이러한 연구에는 동식물유체의 형성과정과 분석과정에 대한 이해도 뒤따라야 한다.

동식물유체는 단기적인 식료 구성을 보여주는 좋은 자료이나 상기한 보존상 제한성과 표본수와 계절성의 문제 등이 있기 때문에 장기적 식단 분석에는 인골을 이용한 분석이 널리 활용된다. 광합성 능력이 높은 식물(C4 형)과 낮은 식물(C3 형), 육상초식동물, 바다짐승, 물고기, 조개 등은 ^{13}C와 ^{12}C의 비율(탄소동위원소비), ^{15}N과 ^{14}N의 비율(질소동위원소비)이 각각 다르다. 사람이 어떤 종류의 식료를 어떤 비율로 먹었는가에 따라 인골에 함유되는 탄소와 질소의 동위원소 비율이 달라진다. 따라서 인골

속에 남아 있는 동위원소를 분석하면 인골의 주인이 생전에 먹었던 식료의 대략적 비율이 판명된다. 실제 이 방법으로 안면도 신석기시대 패총 출토 인골을 분석해본 결과 굴 등의 어패류에 의존하였으리란 일반적인 상식과는 달리 오히려 식물성 식료의 비중이 높았음이 밝혀졌다(안덕임 외 1994 ; 안덕임 2006).

사람은 식료를 주로 이빨을 이용하여 섭취하므로 이빨도 식료 분석의 좋은 자료가 된다. 실제 사람의 진화과정에서 나타나는 체질학적 변화는 식료의 종류, 먹는 방법과도 밀접한 관련이 있다. 이빨의 마모 흔적을 조사하면 딱딱한 견과류를 먹었는지, 흙이 묻어 있는 근경류를 먹었는지, 부드러운 고기를 먹었는지 구분이 가능하다. 또한 산성이 많은 과일이나 당분이 많은 음식을 먹었을 경우 충치의 발생빈도가 높아진다.

탄소 · 질소동위체분석과 더불어 최근 각광을 받고 있는 자연과학적 방법이 지방산분석이다. 동물이나 식물은 체내에 지방을 가지고 있으며 그 지방을 구성하는 지방산의 종류와 구성비는 모든 동식물마다 다르다. 그런데 지방산의 일부분은 수만 년 이상 흙 속에 묻혔어도 변하지 않고 잔존한다. 그리하여 토기 속에 남아 있는 잔류지방산을 분석하면 토기에다 무엇을 조리했거나 저장하였는지를 알 수 있고 특히 술이나 장류의 존재를 파악하는데 유용하다. 지방산분석의 응용범위는 의외로 넓어 석기 표면, 화덕자리와 저장구덩이 속의 흙, 대변화석과 변소 퇴적물에서도 지방산을 추출하여 유적과 유물의 기능뿐 아니라 동식물의 종류까지도 복원한다.

식료 복원에는 이밖에도 민족지적 유추, 영양학적 연구, 유당불내증(lactose malabsorption) 같은 유전적 요인, 최적먹이찾기이론(optimum foraging theory) 같은 에너지 효율적 측면도 간접적으로 활용되고 있으나 세부적인 소개는 생략한다.

2) 고환경 복원

자원영역 분석을 위해서는 당시 주민들이 접했던 환경과 경관을 복원할 필요가 있다. 신석기시대 환경은 오늘날과 크게 다르지 않을 것으로 보이지만 그래도 기후와 해수면 변동의 미세한 차이가 식생활이나 생업에 영향을 미칠 수 있기 때문에 고환경 복원은 필수적인 절차이다. 그렇지만 암사동유적에서는 이러한 분석이 거의 이루어지고 있지 않다. 암사동 주거지에서 출토된 목탄에서는 상록침엽수림인 소나무 · 가문비나무 종류와 낙엽활엽수림인 참나무 · 느릅나무 · 벚나무 종류가 확인되었다(Nelson 1975). 그러나 수종분석의 과학적 근거나 계량적 분석은 보고되지 않았으며 고식생 복원에 필요한 화분분석 역시 실시되지 않았다. 따라서 암사동 신석기시대 주민이 거주하던 당시의 환경을 복원하기 위해서는 암사동과 비슷한 위도에 속하는 다른 유적에서의 고환경 분석을 참조할 수밖에 없다.

동해안 속초 영랑호 퇴적물의 화분분석 결과에서 6700~4500BP(UIV)의 화분대를 보면 참나무가 여전히 우세하지만 소나무속의 증가가 뚜렷하며 가래나무속, 서어나무속, 느릅나무속도 증가하는 양상을 보인다. 당시 1차 식생은 활엽수림이나 소나무와 쑥의 증가를 근거로 온난 건조한 기후로 복원되었다(김준민 1980).

반면 서해안 일산지구 충적층 화분분석에서는 오리나무속과 물푸레나무과가 우점식생인 화분대 GWJ-I(8000~4200BP)이 빠른 해면 상승과 해진의 영향으로 매우 습윤한 기후로 복원되었다. GWJ-I은 다시 Ia와 Ib의 아분대로 나누어지는데 이중 암사동유적과 비슷한 시기의 Ib(5000~4200BP)는 여전히 오리나무가 우점하나 소나무가 5% 정도의 출현 빈도를 나타내고, 참나무는 후기로 갈수록 증가하면서 4~12%의 빈도를 보인다.

영랑호와 일산지구를 비교하면 암사동의 5000~4600BP에 해당하는 시기는 양쪽 모두 온난한 낙엽활엽수림의 식생을 보이지만 동해안은 소나무가 급증하는 건조한 기후로, 서해안은 여전히 오리나무가 우세한 습윤한 기후를 나타내는 차이점이 있다. 기후 건조도와 소나무 비중에 대한 해석의 차이는 있으나 암사동 신석기시대 움집이 운영되던 시기에 주변 구릉과 산지는 참나무 중심의 낙엽활엽수림이 번성하였음은 확실하다.

일산지구의 해수면 변동 연구에 의하면 5000BP무렵 평균 고조위가 현재보다 5.5m까지 상승한 후 안정된 상태에서 4600BP까지 약간 하강하고 있다(황상일 1998). 이를 평균해면으로 환산하면 현재보다 0.8m 정도 높게 나온다. 창녕 비봉리유적에서도 5000BP 경에 해발고도 1.5m까지 상승한 후 다시 하강하기 시작한다(황상일 2008). 따라서 암사동 신석기시대 주거지가 형성된 시기에 서해안은 현재보다 내륙으로 더 밀려들어 온 상태이고 암사동 앞의 한강도 지금과 달리 바다 염분의 영향을 다소 받았을 가능성이 있다.

3) 암사동 신석기시대 주민의 식료

암사동유적에서 식료의 직접적 증거인 동식물유체는 불에 탄 도토리와 동물뼈 뿐이기 때문에 획득과 가공에 이용되었을 석기, 자원영역, 민족지 자료, 동시기 타 유적의 상황을 고려한 간접적 유추를 진행할 수밖에 없다.

(1) 뭍짐승

암사동유적에서 화살촉과 함께 불에 탄 동물 뼈 조각이 출토되었으나 동물 종류에 대한분석은 이루어지지 않았다. 참나무 중심의 낙엽활엽수림은 멧돼지와 사슴과(사슴·고라니·노루) 동물의 서식에 유리한 환경을 제공한다. 신석기시대 동굴유적과 패총에서 발견된 동물뼈를 보면 뭍짐승 가운데 멧돼지와 사슴과 동물이 차지하는 비중이 압도적이다. 따라서 암사동 신석기시대 주민들도 멧돼지와 사슴과 동물을 주로 사냥하였으리라 유추할 수 있다.

(2) 날짐승

암사동 주변의 강변과 배후습지에는 오리류, 고니류, 기러기류 등의 각종 철새가 서식하고 구릉과 산지에는 꿩 등의 텃새도 서식하고 있다. 날짐승의 동물유체가 발견되지 않아 이들 날짐승 고기나 새 알을 식료로 활용하였는지의 여부는 불확실하다.

(3) 물고기

물고기 뼈 역시 유적에서 보고된 적이 없으나 강변 입지와 그물추의 존재에서 어로의 중요성을 유추할 수 있다. 한강 중류는 가장 다양한 환경으로 이루어져 있어 피라미, 갈겨니를 비롯하여 붕어, 참마자, 참붕어, 모래무지, 돌고기, 돌마자, 끄리, 납자루, 참조개, 기름종개, 동자개, 동사리, 밀어, 각시붕어, 납자루, 줄납자루 등의 다양한 물고기가 살고 있다. 해수의 영향을 직간접적으로 받는 한강 하류에는 염분에 강한 붕어, 잉어, 가물치, 끄리, 참붕어, 송사리, 미꾸리, 버들붕어 등이 서식한다(송은숙 2002). 암사동유적은 한강 중류와 하류의 접경지대에 위치하나 구체적으로 어떠한 어종을 포획할 수 있는지에 대한 민족지적, 생태적 분석은 이루어지지 않았다. 신석기시대에 배를 타고 수심이 깊은 강 중앙까지 가서 어로 행위를 하였다기보다는 수초가 많은 얕은 강가나 배후 습지에서 쉽게 잡을 수 있는 물고기를 포획하였을 가능성이 크다.

우치야마(內山 2001)는 낮은 담수역이 형성될 수 있는 암사동유적의 입지조건과 무게 10g 이내의 소형 그물추가 주로 출토되는 점을 근거로 잉어, 붕어, 참붕어, 누치 등 잉어과 물고기가 집중적으로 포획되었다고 주장하였다. 잉어과 물고기는 늦봄에서 여름에 걸친 시기에 하천이나 호소의 물 가까운 낮은 곳에 떼를 이루어 일제히 산란하는데 이 기회를 이용하여 자망을 설치하면 물고기를 효과적으로 잡을 수 있다.

(4) 야생식물

암사동유적에서는 1967년 경희대학교에서 조사한 노지와 1970년대 전반 국립중앙박물관에서 발굴한 주거지에서 도토리가 검출되었다. 한반도 신석기시대에는 굴참나무 · 졸참나무 · 상수리나무 · 떡갈나무 · 갈참나무 · 신갈나무의 참나무속을 우점종으로 하는 온대성 낙엽활엽수림이 크게 우거지게 되면서 도토리가 다량으로 산출되었다. 도토리는 암사동 외에도 미사리, 호평, 오산리, 지경리, 가평리, 방동리, 세죽, 비봉리, 풍기동, 대천리, 내흥동, 갈머리, 진그늘, 상촌리, 봉계리, 남경 등 전국 각지의 신석기시대 주거지와 저장구덩이에서 출토되고 있다. 도토리 외의 견과류로는 가래가 출토되고 있을 뿐, 일본 조몬시대와 달리 밤은 보고되고 있지 않다.

이들 견과류 외에도 다양한 식물성 자원이 식료로 이용되었을 터이지만 종자를 제외한 다른 식물 부위는 식물유체로 잔존하기 어려워 주거 유적에서는 거의 발견되지 않는다. 사하라 넬슨(Nelson 1975)

은 암사동 주변에서 서식하고 있는 식용식물에 대한 조사를 5월 하루 동안에 실시하여 총 35종의 식용식물을 찾았다. 이 중 종명이 불확실한 것과 재배종을 제외하면 아래와 같다.

좀돌배나무, 콩배나무, 꿩의밥, 씀바귀, 칡, 도라지, 산마늘, 무릇, 메꽃, 고사리, 쑥, 나도개감채, 기린초, 미나리, 참취, 산초, 제비쑥, 마타리, 기름나물, 으아리, 솜나물, 고들빼기, 취나물, 미역취, 원추리, 털중나리, 찔레, 황새냉이, 질경이, 큰까치수염, 꽃마리, 냉이, 꽃다지, 명아주, 돌나물.

부끄럽게도 우리 학자들은 이러한 조사를 아직까지도 전혀 실시하지 않고 있다. 대신 조선시대와 일제시대 때 보고된 구황식물 자료를 참조하면 서울을 포함한 경기도 일대의 민가에서는 250여 종류의 야생식용식물이 일상적으로 활용되고 있다. 에너지원이 될 수 있는 야생식용식물의 종류를 아래의 표에 집성하였는데 이것은 한반도 전역을 대상으로 한 것이기에 이들 모두가 암사동 주변에서 확보될 수 있는 것은 아니다(안승모 2002).

표 1. 에너지원이 될 수 있는 야생식물의 종류(안승모 2002)

종실류(곡류대용)	1) 강아지풀, 피 등의 벼과종자, 띠풀종자
	2) 조릿대, 산대, 섬대 등 산죽류 열매
견과류(전분)	1) 상수리나무, 떡갈나무 등 참나무 도토리
	2) 밤, 가래, 개암, 돌배, 대추나무의 열매
근경류(전분)	1) 백합과 비늘줄기 : 얼래지, 큰원추리, 참나리, 하늘말나리, 둥굴레, 죽대
	2) 도라지과 뿌리 : 도라지, 더덕, 만삼, 모시대, 층층잔대
	3) 구근, 괴근: 칡, 하늘타리, 올방개, 천남성, 참마, 부채마
수피(전분)	소나무, 산초나무, 뽕나무, 참느릅나무 등의 수피(心皮)
야생두류	살갈퀴, 돌동부, 돌콩, 새콩, 등갈퀴나물 등의 종자 또는 어린 꼬투리

(5) 작물

암사동유적에서 작물유체는 출토되지 않았고 대신 굴지구(괭이, 따비, 보습), 돌낫, 갈돌,갈판 등의 석기를 근거로 농경 존재를 상정하였다. 그러나 지금까지 이들 석기는 실제 농경노구로 활용되었는지에 대한 과학적 분석 없이 형태적 유사성만으로 명칭이 부여되었을 뿐이다. 갈돌, 갈판은 도토리 등 야생식물의 가공에, 돌낫은 나무나 풀을 베는데, 굴지구 역시 수혈을 파거나 구근류 채취에 이용될 수 있기 때문이다. 다행히 최근 암사동과 비슷하거나 약간 늦은 시기의 동삼동·상촌리·능곡동유적에서 식물종자 검출 방법인 플로테이션을 통하여 조와 기장이 검출되어 기원전 4천년기에 조, 기장의 잡곡 재배가 실시되었음을 알 수 있게 되었다(이경아 2005). 암사동유적도 조, 기장의 재배가 용이한 강변 하안대지에 입지하고 있고, 상기 잡곡이 출토된 유적들과 문화적 양태도 비슷하다. 따라서 직접적 증거는 없지만 암사동 신석기시대 주민들도 조와 기장을 재배하였을 가능성이 높다.

3. 생업유형

암사동유적의 출토유물, 자원영역과 입지조건을 함께 고려하면 신석기시대 주민은 수렵, 채집, 어로, 잡곡재배를 모두 아우른 광범 경제(broad-spectrum subsistence)의 틀 속에서 생업을 유지하였을 것으로 생각된다. 그러나 수렵, 채집, 어로, 잡곡 재배가 전체 경제 속에서 차지하는 비중에 대해서는 학자들마다 조금씩 다른 견해가 제시되고 있다.

넬슨(1975)은 한강 물고기가 주로 이른 봄에 지역 주민에 의해 이용되나 길이 6~7cm의 소형 위주이고, 길이 20~30cm의 큰 물고기가 살 수 있는 깊은 수심의 웅덩이가 한강에는 매우 희귀하다는 점, 그리고 여름의 매우 빠른 유속과 우기 외의 연중 넓고 얕은 강 역시 큰 물고기가 대규모 서식하기에는 부적합하다는 점을 근거로 어로가 생업의 중요한 토대가 될 수 없다고 강조하였다. 암사동 신석기시대 주민은 대신 계절적으로 현지에서 구할 수 있는 자원을 고루 이용하는 광범 생업을 선택하였다고 주장하였다. 또한 정착을 하려면 연중 풍부한 식료를 확보 가능한 곳에 입지하여야 하는데 한강 유역에서는 그렇게 풍부한 자원을 확보할 수 없기 때문에 작물을 재배할 수 있는 사질성의 하안 단구에 마을을 형성하였다고 보았다.

식료와 생업의 직접적 증거인 동식물 유체가 잔존하지 않은 상태에서 석기조성 분석을 통한 생업유형 연구도 이루어져 왔다. 이기길(1991)은 암사동 출토 석기를 농사용(돌보습, 돌괭이, 돌낫, 갈돌/갈판), 연장용(돌도끼, 돌망치), 사냥용(돌살촉), 물고기잡이용(그물추), 기타(발화석)로 분류한 후 농사에 쓰이는 석기의 종류가 가장 많기 때문에 물고기잡이나 사냥보다 농사가 큰 몫을 차지하였다고 주장하였다. 또한

표 2. 암사동 유적의 석기조성

수렵·어로구				채집·농경구						공구							
촉	창	망추	팔매	보습	따비	낫	원반	연석	고석	도끼	끌	숫돌	인기	찍개	새기개	석편	석핵
10	2	139	2	2	6	4	2	47	25	96	23	4	59	8	4	54	2

(암사동 1975년도 발굴조사)

촉	창	망추	찔개살	괭이	따비	낫	갈판	갈돌	고석	타제석부	마제석부	자귀	대패날	끌
14	2	139	2	59	33	4	17	28	31	19	10	14	3	16

(임상택 2001)

수렵·어로구			식량가공구·채집구							목재가공구		기타 공구류		
촉	창	망추	마석	석추	갈돌	갈판	굴지구	낫	원반	伐採斧	加工斧	刀器	찰절구	지석
112	6	150	20	15	41	22	41	5	12	81	74	67	2	5

(다나카 2001)

농사지을 땅을 마련하는 첫 단계의 직업에 쓰였을 돌도끼의 수량이 많은 점도 농사짓기가 성행하였음을 짐작케 한다고 하였다. 다나카(田中 2001)는 벌채와 가공용 석부, 수렵용 석촉과 어로용 어망추, 갈판, 굴지구의 비중이 고루 높은 것을 보면 수렵, 어로, 채집과 농경의 망라적 경제라고 해석하였다. 임상택(2001)은 어망추를 제외하면 수렵어로구보다 따비·괭이의 굴지구와 갈판 등의 식량처리구 비중이 높은 점을 근거로 식물성 식료가 보다 중시되었다고 보았다. 반면 우치야마(內山 2001)는 수렵도구보다 어로도구가 많다는 점을 근거로 암사동을 어로중심의 유적으로 파악하였다.

암사동유적은 한강의 하안단구에 위치하고 있으며, 동쪽과 남쪽으로는 해발 20m 안팎의 낮은 언덕과 들, 동쪽과 동남쪽으로는 해발 100m를 넘지 않는 산이 이어지고 있다. 이러한 입지 조건을 보면 들짐승과 나무열매를 제공하는 숲의 자원보다 강과 하안단구가 제공하는 자원이 당시 생업에서 보다 중요한 비중을 차지하였다고 추측할 수 있다. 넬슨은 암사동 주변이 큰 물고기가 대규모로 서식하기에 부적합하다고 하였지만 우치야마는 늦봄과 초여름에 강물이 불어나면서 증수된 강물이 주변 저지에 침투하여 잉어과 물고기가 산란할 수 있는 광대한 낮은 수역을 형성한다고 주장하였다.

국립중앙박물관이 1998년에 암사동유물전시관 북동쪽 확장공사 구간을 발굴한 결과를 보면 조사지역의 동북쪽에 매우 깊은 골짜기가 발견되어 한강의 작은 지류가 일시적으로 형성되어 흐르고 있었다고 보고하였다. 이 골짜기가 신석기시대에 존재한 것인지, 또는 취락 폐기 후에 형성된 것인지 확실하지 않지만 하안단구가 연속 분포한 것이 아니라 수시로 끊어지면서 배후습지쪽으로 강물이 흘러들어오거나 넘쳤을 가능성을 제시한다.

또한 암사동의 자연제방은 홍수 때 운반되어 온 토사 중 조립질이 하천 양쪽에 퇴적된 것으로 사질성 토양이라 배수가 양호하며 조, 기장 재배에도 적합한 토양을 제공한다. 현재에도 암사동 주변은 양질의 밭토양으로 분류되고 있다.

따라서 암사동 신석기시대 주민은 다양한 식물성, 동물성 자원을 활용하는 광범 경제의 틀 속에서도 잉어과 물고기 포획과 잡곡 재배에 보다 중점을 둔 생업경제를 꾸려나갔다고 볼 수 있다.

4. 가공, 조리와 저장

1) 토기 용량 분석

Nelson(1975)은 암사동을 포함한 한강유역 신석기시대 유적에서 출토된 토기의 용량을 측정하여 4ℓ(구경 25cm), 17ℓ(구경 40cm), 56ℓ(구경 60cm)를 중심으로 하는 세 군으로 분류한 후 이를 각기 식사용, 가공용, 저장용의 용도로 분류하였다. 가장 작은 용량의 토기도 개인 식사용 용기로 쓰기에는 여전히 너무 크고, 형태도 그러한 용도로는 걸맞지 않아 개인 식사용으로는 박을 이용하였을 가능성을 제시하였다. 반면 국립중앙박물관에서 발간된 암사동보고서에서는 구경 13~23cm을 식기용, 24~34cm를 조리용, 35cm 이상을 저장용으로 파악하였다. 암사동유적에서는 첨저 심발형 외에도 평저에 가까운 발형, 완형의 소형토기도 출토되고 있어 구경을 이용한 용량 분석의 한계를 나타낸다. 발형, 완형의 소형토기는 식사용으로 이용되었을 수 있지만 출토 량이 많이 않기 때문에 박 같은 열매, 나무, 나뭇잎 등 토기 이외의 다른 재료를 식기로 이용하였을 가능성이 크다.

2) 가열요리

식기나 저장용기는 나무, 가죽 등 다른 재질을 이용할 수 있으나 불 위에 직접 올려놓을 수 있는 것은 토기뿐이다. 토기의 출현으로 다양한 식료를 토기 속에 집어넣고 삶거나 끓일 수 있는 획기적 조리법이 가능하게 된 것이다. 날로 먹기에는 질기거나 풋내가 심하거나 떫은 것도 먹을 수 있게 되었고 여러 재료를 섞어서 새로운 음식도 만들 수 있게 되었다.

암사동유적의 주거지 내부에서는 자갈돌을 돌린 노지와, 주거지 외부에서는 야외적석노지가 발견되었다. 그러나 이들 노지를 이용하여 구체적으로 어떻게 음식을 만들었는지에 대한 정보는 거의 없다. Nelson(1975)은 토기편 중 겉면이 연기에 그을린 것이 없기 때문에 화덕에 토기를 직접 걸고 조리하지는 않았을 것으로 보았다. 그렇지만 작은 크기의 돌들이 토기와 공반되기도 하여 데운 돌을 토기 속에 넣어서 음식을 가공(stone boiling)하였을 가능성은 제시하였다. 그런데 작은 돌과 토기가 공반된 사례에 대한 사진이나 도면 등의 직접적 증거는 제시되지 않았으며 국립중앙박물관에서 발간한 발굴보고서에서도 그러한 예를 찾지 못하였다. 소위 "stone boiling"의 가능성을 부정하는 것은 아니지만 그 구체적 증거는 여전히 애매하다. 반면 국립중앙박물관이 발굴한 75-5호 주거지에서 출토된 중형토기에는 흑반이 잔존하여 토기를 불 위에 올려놓았던 흔적으로 보고되었다.

가열요리에 대한 직접적 증거는 여전히 부족하지만 토기를 이용한 가열요리가 존재하였을 개연성은 매우 높다(김장석 2005). 최근에는 토기를 사용한 자비조리의 실태를 밝히기 위해서 토기에 남겨진 취사 흔적에 대한 연구가 청동기시대 무문토기와 원삼국시대 심발형토기를 대상으로 이루어진 바 있다(식문화탐구회 2008). 이러한 취사 흔적 관찰을 암사동 신석기시대 토기에도 도입할 필요가 있다.

3) 야외적석노지

암사동유적에서는 얕은 구덩이에 숯이 많이 섞인 불에 탄 돌더미가 발견되었다. 김원용(1986)은 이 적석유구를 돼지를 통째로 쪄내는 불탄돌조리법과 같은 야외조리 시설로 파악 하고 우리나라 시골에서 콩을 볶을 때 쓰이는 응급야외조리법도 언급하였다. 이성우(1992)는 이러한 노지를 굽돌화덕으로 지칭하면서, 돌을 장작과 함께 쌓아 올려놓고 불을 지르면 돌이 새빨갛게 되는데 여기에 물고기, 짐승

고기 들을 얹어 놓고 직접 굽거나, 꼬챙이에 꽂아서 불에 쬐어 굽기도 하였을 것으로 보았다.

돌은 뜨거워진 열을 오랫동안 유지하기 때문에 뜨거워진 돌의 열을 이용하여 식재료를 굽거나, 끓이거나, 찔 수 있다. 민족지 자료에서도 야외노지를 이용한 다양한 조리법(roasting, broiling, baking, boiling, teaming)이 존재한다(홍은경 2005). 진안 갈머리와 용유도 남북동 야외노지의 지방산 분석에서는 도토리를 중심으로 한 식물성 식료와 어패류의 지방산이 확인된 바 있다. 지방산 분석으로 확인되지 않았지만 멧돼지 같은 큰 짐승은 야외노지에서 조리하여 주민 전체가 모인 일종의 축제 형식으로 고기가 나누어졌을 가능성도 있다.

4) 토기잔류물분석

토기에 구체적으로 어떠한 음식을 어떠한 방식으로 조리했는가는 토기 안팎이나 기벽 내부에 침착 또는 흡수되어 있는 내용물을 지방산 분석 등의 화학적 분석이나 전분 분석 등을 통하여 밝힐 수 있다(김장석 2005).

5. 식료의 저장

Nelson(1975)은 암사동에는 물고기도 들짐승도 겨울 식료를 제공할만큼 풍부하지 않기 때문에 겨울을 나기 위한 식료의 저장이 필수적이라고 판단하였다. 그는 암사동 출토 토기들이 식물성 식료를 보존하는 용도로 제작되었고 그 대상으로 잡곡, 도토리, 배추·무, 마른 과실, 마른 야채류를 거론하였다. 특히 현존하는 김칫독(옹기)에 관심을 가지고, 암사동에서 저장용기로 생각되는 것들이 겨울을 나기 위한 채소를 저장하기 위한 것으로 생각하면서 배추, 무, 마늘, 파는 야생에서 자라고, 소금은 한강변에서 얻을 수 있다고 하였다.

야채를 소금에 절여 저장하는 방법은 동아시아 뿐 아니라 유럽에서도 존재한다. 이 논쟁에서 가장 중요한 핵심은 소금의 존재이다. 식물성 식료는 길륨, 길슘이 많고, 동물성 식품은 나트륨이 많은데 암사동 신석기시대 주민의 식료가 식물성 식료 중심이었다면 생리적으로 소금의 확보가 필수적이다(전경수 1993; 김장석 1995). 그러나 농경사회로 들어선 청동기시대와 달리, 신석기시대 주민들이 이용한 각종 다양한 동식물 식료가 과연 소금을 별도 보충 하였는지도 확실하지 않고 무엇보다도 소금을 생산하였다는 증거가 전혀 없기 때문에 넬슨의 신석기시대 김치는 검증되지 않은 가설에 불과하다. 야채는 굳이 소금에 절이지 않더라도 요즘 시래기처럼 생체로 또는 한 번 데치거나 물에 며칠 담가둔 후 잘 말려서 건조 저장을 할 수 있다.

겨울철 식량으로는 오히려 가을에 수확한 도토리나 조·기장이 중요한 역할을 하였을 것이며 멧돼지 등의 들짐승 사냥도 겨울철에 집중되었을 가능성이 크다.

우치야마(2001)는 초여름에 잉어과 물고기를 대량 포획한 후 건조 저장하였을 가능성을 제시하였다. 이러한 잉어과 물고기 저장에 대해 장마철에 해당하는 초여름은 물고기 건조에 적합하지 않고 물고기 맛이 제일 나쁜 시기라는 비판도 있다(송은숙 2002). 지금도 바닷물고기는 다양한 방법으로 저장되고 있으나 민물고기 건조 저장은 잘 알려져 있지 않다.

6. 맺음말

이상 암사동 신석기시대 주민의 식생활을 살펴보았지만 결론적으로 우리가 알고 있는 부분보다 모르는 부분이 훨씬 많다. 식생활에 대해서 고고학자들이 어느 정도 신뢰성을 갖고 이야기할 수 있는 것은 식료이다. 그나마도 암사동유적에서 먹이감의 직접적 정보는 도토리뿐이며, 나머지는 식료의 획득과 가공에 관련된 석기, 식료를 공급하는 자원영역, 동시대 타 유적에서 출토된 동식물유체를 이용한 간접적 정보로 암사동 신석기시대 주민의 식료를 유추하고 있다. 현재까지의 간접적, 직접적 자료로 볼 때 암사동 신석기시대 주민들에게 가장 중요한 식료로는 도토리, 조와 기장, 멧돼지와 사슴과 동물, 잉어과 물고기로 추측되며, 이 밖에도 식용 가능한 다양한 동식물 자원을 두루 활용하였을 가능성이 많다. 그렇지만 식료에 대한 보다 정확한 정보를 위해서는 동식물유체의 검출, 자원이용의 민족지적 연구, 고환경 분석을 위한 노력이 요구된다.

식료를 어떻게 가공, 조리하였고, 완성된 음식물을 어떻게, 어떠한 식기로 나누어 먹었는지에 대한 정보는 극히 부족하다. 토기 취사흔과 잔존물 분석, 노지 주변 토양에 대한 지방산분석 같은 과학적 분석방법이 진행될 필요가 있다. 또한 갈판을 이용한 도토리 가공, 토기를 이용한 음식물 만들어보기 등 다양한 실험고고학적 연구도 이루어져야 한다.

제4장 서기전 6~5천년기 한반도
남해안과 양쯔강 하류역의 생업 비교
-융기문토기 문화와
콰후차오 · 허무두 문화를 중심으로-

1. 머리말

　허무두(河姆渡)유적의 발굴 성과가 1970년대에 처음 보고되었을 때 최하층에서 발견된 엄청난 양의 벼 잔존물과 골제 보습의 존재에서 상당한 수준의 도작 농경사회가 상정되었다. 그러나 최근 중국에서 식물고고학을 포함한 환경고고학이 발전하고 고고 유적에서 부유선별법과 동식물유체의 과학적 동정을 채용하면서 허무두 문화는 다양한 야생 동식물 자원을 활용하는 광범위 생업 전략을 여전히 유지한 것으로 밝혀졌다. 벼 역시 야생벼에서 재배벼로 이행하는 과도기 단계의 산물로 동정되고 있다. 또한 서기전 6천년기의 배가 발견되어 유명한 콰후차오(跨湖橋)유적에서도 유사한 양상이 나타나고 있다. 양쯔강 하구 남쪽에서 수생, 수변 자원을 적극 활용한 콰후차오 · 허무두 문화가 전개되었을 때 한반도 남해안에서는 동중국해에서 북상한 쿠로시오 난류가 몰고 온 다양한 어류를 적극 활용한 융기문토기 문화가 성립되었다. 전자는 현 해수면 아래에 수침 상태의 퇴적층에서 유구와 문화층이 발견되었고 후자도 패총과 일부 수침 환경 덕분에 동식물유체가 잔존하여 당시의 생업을 복원할 수 있는 귀중한 자료를 제공하고 있다. 이 글에서는 난대성 기후대의 남쪽과 북단에 위치한 콰후차오 · 허무두와 융기문토기 문화의 생업을 동식물유체를 중심으로 소개한다. 아울러 홀로세 전 · 중기의 변화된 환경 속에서 두 문화가 선택한 생업 전략에서 어떠한 공통성과 차별성이 있는지 살펴보도록 한다.

2. 콰후차오·허무두 문화의 생업

한때 가장 오래된 도작 유적으로 세계적인 명성을 얻었던 허무두유적의 발굴 30주년을 기념하기 위한 정식 발굴보고서가 2003년에 간행되면서 벼 이외의 동식물유체에 대한 자세한 정보를 알 수 있게 되었다(浙江省文物考古研究所 2004). 그러나 영국 런던대학교 고고학연구소의 식물고고학 교수인 도리언 풀러가 허무두 문화에서는 주로 야생벼를 덜 익은 상태에서 수확하였다고 주장하고 기존의 초기 벼 자료를 재배벼로 동정한 중국학자들의 견해에 의문을 제기하면서 두 진영 사이의 치열한 논쟁이 간행물과 온라인을 통하여 이루어졌다(Fuller et al. 2007, 2008; Jiang & Liu 2006; Liu et al. 2007; Pan 2008; cf. 이경아 2006). 허무두 문화의 생업에서 벼가 차지하는 비중, 그리고 벼 동정의 기준에 대한 논쟁은 2004년부터 연차적으로 발굴이 진행되고 있는 텐뤄산(田螺山)유적의 동식물유체 분석에 중국의 환경고고학 전공자와 더불어 풀러를 비롯한 외국 연구자들도 직접 참여하면서 일정 부분 해결된다. 이 유적에서는 종실, 목재, 식물규산체, 화분, 규조, 기생충, 포유동물, 어류를 포함한 동식물유체의 전문적 분석이 중국, 영국, 일본 연구자들에 의해 실시되어 허무두문화 단계의 생업과 환경에 대한 상세한 정보를 제공한다. 텐뤄산유적은 자연과학적 분석보고서(이하 보고서)와 도록이 최근 간행되었다(北京大學中國考古學研究中心·浙江省文物考古研究所 2011; 李安軍 2009). 따라서 여기서는 상세한 동식물유체 분석보고가 이루어진 텐뤄산유적을 먼저 소개한다. 한편 1990년대 양쯔강 중류역의 펑터우산, 바시당, 댜오퉁산 등에서 허무두보다 수천 년 앞선 벼가 보고되면서 양쯔강 하류역은 재배벼 기원지로서의 입지가 흔들리게 되었다. 그러나 21세기에 들어서면서 상산, 콰후차오유적이 잇달아 발견되면서 양쯔강 하류역에서도 1만년 전부터 정주 취락이 형성되고 벼가 식료에 포함되었음이 밝혀졌다(이경아 2006). 콰후차오유적의 발굴보고서가 단행본으로 간행되어 허무두 문화에 앞서 서기전 6천년기에 같은 지역에 존재하였던 콰후차오 문화의 양상도 파악할 수 있게 되었다(浙江省文物考古研究所·蕭山博物館 2004).

1) 텐뤄산(田螺山)유적

절강성 유야오(余姚)시 샹아오(相岙)촌 입구에 있는 텐뤄산유적은 허무두와는 서남쪽으로 7km 정도 떨어져 있다. 유적은 항저우만으로 흘러가는 야오(姚)강 북쪽의 낮은 구릉이 연속되는 소분지 중부에 위치하며, 해발 2~3m의 현대 수전 가운데 있는 해발 5m의 낮은 둔덕(3만 여m²)이 소라처럼 생겼다고 하여 田螺山이란 지명을 얻었다. 2004년부터 연차적으로 진행된 발굴에서 고상식(干欄式) 목조건축, 목조담장, 나무다리(獨木橋), 이차장, 식료저장과 폐기용 수혈인 회갱(灰坑),[1) 수전 등을 포함하는 전

---

1) 灰坑은 저장용, 쓰레기 폐기용, 의례용 등 여러 목적으로 쓰이는 구덩이로 유기물이 재처럼 남아 있다고 하여

형적인 허무두 문화기의 취락이 다양한 생산, 생활유물, 그리고 동식물유체와 함께 발견되었다. 유적의 퇴적층은 최대 깊이 330cm까지 노출되었는데 총 8층으로 구분되며 이중 ③~⑧층이 허무두 문화기의 지층으로 대체로 허무두유적의 2~4층에 상당한다. 발굴은 대부분 ⑥층까지만 진행되었으며 ⑦·⑧층은 극히 한정된 구역에서만 조사되었다. ⑦·⑧층과 DK3⑦층은 조기(4900~4700BC), ⑤·⑥층은 중기(4700~4300BC), ③·④층은 만기(4300~3800BC)로 편년되었다. 여기서는 조기, 중기를 주로 소개한다.

조기에는 고상식 목조건축, 목조담장(木柵), 길이 15m의 나무다리가 발견되었다. 생산도구는 골각기(화살촉, 보습 위주)가 가장 많고 석기는 도끼, 자귀, 끌을 포함하는 목공구 중심에 갈판, 소형 타제 굴

그림 1. 텐뤄산 유적(①전경, ②취락복원도, ③전시관 내부, ④분석용 토양시료)

중국에서 사용되는 고고학적 용어이다. 우리가 사용하고 있는 수혈은 개념이 너무 광의적이고 재구덩이도 재를 묻은 구덩이로 오인될 소지가 있어 회갱이란 중국 용어를 그대로 사용하겠다.

그림 2. 텐뤄산 유적 출토 유물(①석부류, ②골각기, ③견과류, ④물고기 척추)

개 및 자르개도 보인다. 토기는 모래를 혼입한 灰黑陶 위주에 탄화된 유기물질을 혼입한 黑陶도 많으며, 기형은 釜, 罐, 盤, 鉢, 豆 등 다양하다. 또한 토제 방추차도 많이 출토되었다. 玦, 環, 管, 珠 등의 옥기도 조기부터 출현한다. 배는 발견되지 않았으나 물가에 설치된 목책 주변에서 다양한 길이의 나무 노가 여러 점 출토되었다. 또한 흑칠 목기도 발견되었다. 중기에는 목조건물의 기둥구멍, 도토리를 포함한 식료 저장과 처리용 수혈도 20여 개 분포한다. 유물은 전기와 유사하다. 취락 서쪽에서 조기와 만기의 논(水田) 유구가 함께 두둑과 유사한 소로도 발견되었다. 논에서는 목제 외날따비(耒)가 출토되었다.

해발 −1m 정도까지 내려가는 ⑥층 하부와 ⑦·⑧층은 침수된 상태라서 마름, 도토리, 연밥(蓮實), 벼를 포함한 식물유체, 동물 뼈 등 다양한 유기물질이 보존되었다. 중기 퇴적층에서도 동식물유체가 출토되었으나 만기 층은 지하수면 위라 유기물질이 거의 잔존하지 않았다.

(1) 고환경

⑧층 이하 지층은 해상 퇴적의 청회색 실트로 구성되어 있다. 규조류 분석에서도 해수면 −1m 지점까지 기수와 해수가 섞이는 해만 환경임을 증명한다. 화분 분석 결과, 유적 주변에는 가시나무아속 위주의 숲이 형성되고 졸참나무아속 낙엽활엽수림과 잣밤나무속 상록활엽수림이 동반하며, 습지에는 벼과와 사초과 초본이 서식하였다. ⑧층부터는 해수의 영향이 없는 담수종 규산체가 주류를 이루어 해수면이 −2m까지 하강하였음을 보여준다. 바다가 멀어지고 강과 호소가 유적을 둘러싼 환경으로 바뀌면서 물가 근처에 취락이 형성된 것이 기생충 분석에서도 밝혀졌다. ⑧층과 ⑦층 하부는 가시나무아속이 크게 감소하나 여전히 목본 화분의 최우점종이다. 하변 습지와 호소 환경이 증가하면서 화분 조성에서도 초본이 목본보다 우세하다. 특히 부들속의 급증이 두드러지고 벼과도 증가하였다. ⑦층 상부부터 ⑤층까지는 가시나무아속 중심의 숲이 계속 감소하고 초본 비중은 더욱 증가하나 부들속은 급감하고 벼과는 급증하였다. 가시나무아속 감소에 따른 도토리 감소를 벼 재배로 보충한 결과로 해석되기도 한다. 만기 이후 다시 염수성 규조류가 급증하여 바닷물의 영향을 받으면서 취락은 폐기되었다.

(2) 동물성 자원

텐뤄산유적에서는 주변의 산지, 평원, 강과 호소에 서식하는 다양한 종류의 포유동물, 조류, 파충류와 더불어 어류도 많이 검출되고 있어 수렵채집 위주의 생업 활동을 보여준다. 텐뤄산 동물군은 온난 습윤한 환경의 동물조성을 보이며 문화층 층위에 따른 큰 변화는 없다. 동물유체 분석은 포유동물에 집중되었고 어류는 저장구덩이 한 건에 대한 동정이 보고되었다.

① 포유동물

2004년 발굴에서 검출한 포유동물 뼈 8,620건 중에서 4,321건이 동정되었다(표 1). ⑤층이 동물 뼈가 가장 밀집되어 분포하고 ⑦·⑧층은 발굴범위가 한정되어 뼈 수도 적다. 동정가능 표본수(NISP)와 최소개체수(MNI)를 보면 전 층에 걸쳐 사슴류, 멧돼지속, 물소가 주요 사냥감이었으며 특히 사슴과 동물이 가장 중요한 포획대상이었다. 사슴과 동물은 동정가능한 뼈 수량의 68.7%나 차지하는데 정확한 동정이 어려운 경우가 많아 크게 대형, 중형, 소형의 세 종류로 구분하였다. 대형 사슴에는 四不像(麋鹿 Elaphurus davidianus)과 삼바(水鹿 Cervus unicolor), 중형 사슴에는 꽃사슴(梅花鹿 Cervus nippon)이 속한다. 소형 사슴은 대만문착(黃麂 Muntiacus reevesi) 위주이고 큰뿔문착(大角麂 Muntiacus gigas), 고라니(獐 Hydropotes inermis)도 포함된다. 검은문착(黑麂 Muntiacus crinifrons), 슬기머리사슴(毛冠鹿 Elaphodus cephalophus)도 절강성에 분포하는 소형 사슴이나 서식지가 유적과 달라 배제하였다. 텐뤄산유적의 사슴과 동물 뼈는 중형의 꽃사슴이 주류를 이루고 있다. 전기에서 후기로 갈수록 대형 사슴은 감소하고 소형 사슴이 증가하는 양상을 보인다(표 2).

사슴류 다음으로 많이 출토된 포유동물은 물소와 돼지(멧돼지속)이다. 물소는 두개골이나 상하악골 등 종류와 연령을 알 수 있는 부위가 결핍되어 있으나 뼈 수량도 최소개체수도 후기로 갈수록 줄어들고 있어 야생종일 가능성이 높다고 추정하였다. 최소개체수에서 물소는 전체 포유동물 중 최하층에서는 8~9%에 달하나 ⑤층 이상부터는 3~2% 정도로 급감하기 때문이다. 동정가능 표본수에서도 비슷한 양상이 나타난다. 돼지는 연령 구성, 골격, 탄소·질소동위원소 분석에서 야생종(멧돼지)이 많고 순화종(집돼지)도 존재하는 것으로 분석되었다. 일부가 가축으로 길러졌다고 하더라도 돼지가 전체 동물성 식료에서 차지하는 비중은 그리 크지 않다.

사슴류, 돼지, 물소 다음으로 많이 나타나는 원숭이 역시 모든 층에서 고루 출토되었다. 식용 여부는 불명이지만 식육목 동물도 일부 검출되었다. 개는 ⑤층과 ④층에서만 존재하며 수량도 1~2개체에 불과하다. 오소리, 수달, 너구리, 고양이속은 가죽 획득용으로 포획되었을 가능성이 있다.

표 1. 텐뤄산유적 출토 포유동물 동정가능표본수/최소개체수(보고서 202쪽 附表 1 수정)

포유류 종류	KC⑦층	⑧층	⑦층	⑥층	⑤층	④층	③층	총수량
대형사슴	31/3	9/1	72/4	117/5	164/6	37/4	20/2	450
중형사슴 Cervus nippon	53/8	20/2	190/11	328/13	608/17	344/17	210/12	1753
소형사슴 Muntiacus reevesi etc.	41/5	11/2	81/8	126/8	313/22	119/10	73/6	764
멧돼지속 Sus sp.	9/2	8/2	24/3	43/3	109/7	60/7	43/4	295
물소 Bubalus sp.	26/2	8/1	21/2	73/4	78/2	19/1	12/1	237
히말라야원숭이 Macaca mulatta	0	3/2	11/2	16/2	29/4	10/3	2/1	71
돼지코오소리 Arctonyx collaris	4/1	1/1	4/2	5/2	8/3	5/1	2/1	29
고양이속 Felis sp.	1/1	1/1	4/1	1/1	2/1	1/1	3/1	13
개 Canis familiaris	0	0	0	0	4/1	4/2	0	8
너구리 Nyctereutes procyonoides	0	0	3/1	1/1	1/1	3/1	0	6
흑곰 Selenarctos thibetanus	0	0	1/1	0	1/1	0	0	2
사향삵 Paguma larvata	0	0	0	1/1	1/1	0	0	2
표범속 Panthera sp.	0	0	0	0	0	0	1/1	1
고슴도치 Hystrix hodgsoni	0	0	0	0	1/1	0	0	1
담비 Martes flavigula	0	0	0	1/1	0	0	0	1
기타	95	102	276	937	1934	925	709	4978
전체	261	163	684	1649	3258	1528	1077	8620

표 2. 텐뤄산유적 주요 동물 층위별 수량과 빈도%(보고서 176~189쪽 표 4,8,12,18 수정)

종류	KC⑦층		⑧층		⑦층		⑥층		⑤층		④층	
	NISP	MNI	NISP	MNI	NISP	MNI	NISP	MNI	NISP	MNI	NISP	MNI
대형사슴	31 (11.9)	3 (13.0)	9 (14.7)	1 (8.3)	69 (10.1)	4 (11.4)	117 (7.1)	5 (12.2)	164 (5.0)	6 (8.7)	37 (2.4)	4 (8.3)
중형사슴	53 (20.3)	8 (19.9)	20 (32.8)	2 (16.7)	190 (27.8)	11 (31.4)	328 (19.9)	13 (31.7)	608 (18.7)	17 (24.6)	344 (22.5)	17 (35.4)
소형사슴	41 (15.7)	5 (21.7)	11 (18.0)	2 (16.7)	81 (11.8)	8 (22.9)	126 (7.4)	8 (19.5)	313 (9.6)	22 (31.9)	119 (7.8)	10 (20.8)
멧돼지속	9 (3.4)	2 (8.7)	8 (13.1)	2 (16.7)	23 (3.4)	3 (8.6)	43 (2.6)	3 (7.3)	109 (3.3)	7 (10.1)	60 (3.9)	7 (14.6)
물소	26 (10.0)	2 (8.7)	8 (13.1)	1 (8.3)	21 (3.1)	2 (5.7)	73 (4.4)	4 (9.8)	78 (2.4)	2 (2.9)	19 (1.2)	1 (2.1)
기타	7 (26.8)	3 (13.0)	5 (8.2)	4 (33.4)	89 (13.0)	7 (20.0)	69 (4.2)	8 (19.5)	149 (4.6)	14 (20.3)	35 (2.3)	7 (14.6)

* NISP 동정가능표본수; MNI 최소개체수

② 수생동물

어류, 거북·자라류를 포함한 수생동물유체도 회갱을 비롯하여 유적 곳곳에서 다량 출토되었으나 동정은 일부만 진행되었다. 주거지 입구 바깥의 장방형 회갱 K3(길이 80cm, 폭 60cm, 깊이 40cm)에서 가득 발견된 물고기 뼈는 잉어과로 동정되었다. 붕어가 최소개체수 1431건(88.6%)을 차지하며, 잉어는 최소개체수 146건(9%)이다. 교취백(翹嘴鮊 Culter alburnus)으로 불리는 어종도 소량(2.4%) 확인되었다. 붕어를 산란기에 다량 포획한 것으로 추정되며 저장구덩이에 머리뼈를 보존한 것은 魚醬 발효용이 아닐까 해석하고 있다.

보고서에는 내용이 없지만 도록을 보면 바다자원도 당시에 이용하였다. 동물 뼈를 포함한 생활쓰레기를 폐기한 곳에서 고래 늑골이 출토되었고 필자도 현장 전시관에서 실물을 확인하였다. 이외에도 다랑어, 노래미, 상어 등의 바닷물고기 뼈도 소량 검출되었고 상어 이빨로 만든 골각기도 도록에 보인다. 또한 대합조개 가루도 토기 태토의 혼입제로 다량 이용하였다.

(3) 식물성 자원

유적, 특히 조기 층에서는 엄청난 양의 식물유체가 잔존하였다. 유적을 보호하기 위한 시설을 건설하기 위해 조사한 DK3 피트의 최하층 생활면(DK3⑦층, 마름 5885±40BP)에서는 벼 왕겨, 마름(稜角)과 도토리의 부서진 껍질, 작은 물고기 뼈가 나무 부스러기와 함께 대량으로 층층이 퇴적되었다. 또한 조기의 고상건물 주변과 중기의 식량 저장 및 처리용 수혈에서 도토리가 다량 발견되었다. 문화층 자체에서도 벼를 포함한 다양한 식물유체가 출토되었다. 도리안 풀러, 자오 지준 등 영국, 중국과 일본 연구자들이 공동으로 분석한 종실유체는 2004년, 2006년, 2006~2007년의 세 차례 발굴에서 검출된 것이다. 1차 발굴에서는 현장에서 다량의 유기질 잔존물을 확인한 후 손으로 선별한 시료와 부유선별을 위한 소규모 토양(9건)을 수집하였다. 또한 DK3 피트 최하층(⑦층)에서도 부유선별용 시료 10건을 채취하였다. 이후 발굴에서도 계통적 샘플링을 거친 부유선별용 시료 35건(2차 17건, 3차 18건)을 추가로 채취하였다. 기타 손으로 고른 자료 24개 단위도 포함하여 식물유체 분석을 실시하였다.[2]

보고서에서 동정을 거친 식물유체는 23,615점으로 12,000여 점은 손으로 골랐고 나머지는 토양 시료를 부유선별한 것이다. 벼와 식용 과실류, 벼과, 사초 및 기타 수생잡초와 쌍자엽 초본류를 포함한 50개 속 이상의 식물유체가 동정되었는데 절대수량에서 기장 많은 종은 도토리, 마름, 벼와 연이며 나머지 종실의 수량을 다 합쳐도 앞의 네 종류에 미치지 못한다.

〈표 3〉은 식용 등 자원으로 이용될 수 있는 중요 종실이 검출된 시료 수, 손으로 고른 시료를 포함한 전체 시료와 0.28mm 망을 이용한 부유선별 시료에서의 출토확률(ubiquity)과 토양시료에서의 식물유체 밀도를 조기의 ⑧층 이전(DK3⑦)과 ⑦·⑧층, 중기의 ⑤·⑥층으로 구분하여 표기하였다. 만기의 ③·④층은 보존된 식물유체 수량이 적어 표기하지 않았다.

도토리는 텐뤄산에서 가장 풍부한 식물유체로 출토확률이 조기에는 거의 100%에 이르지만 중기에는 60%대로 떨어진다.[3] 종실은 대부분 타원형이고 殼斗는 많지 않으나 대부분 동심원문 형태의 가시나무아속 도토리의 특징을 나타낸다. 졸참나무아속 도토리처럼 보이는 종류도 소량 존재한다. 유적에서는 도토리를 대량으로 저장한 저장혈도 발견되어 도토리의 중요성을 보여준다.

벼, 마름과 연은 물가와 물속에서 자라는 식물자원이다. 마름의 출토확률은 전체 시료에서는 60.7%이나 부유선별 시료에서는 90%가 넘으며 출토양도 가장 많아 벼의 3배가 넘는다. 마름은 강변, 호소, 소택지 등 물이 고인 담수 수역에서 서식하는 일년생 수생초본식물이다. 종실의 크기로 보아 야생종에 가깝다. 마름 껍질은 돼지 사료로도 이용된다. 마름과 마찬가지로 전분을 많이 포함하고 있는 연밥(蓮實)도 전체 시료에서 4번째로 높은 수량과 빈도로 출현한다. 가장 이른 층에서는 100%의 출토확률을 보이나 이후 급격히 감소하여 중기가 되면 31%에 불과하다. 연은 뿌리도 식용으로 이용되기에 더욱 중요한 자원이었을 것이다.

벼는 완전 또는 파손된 쌀, 볍씨, 왕겨와 소수축이 검출되고 있다. 쭉정이와 미성숙한 미립이 많아 벼는 대부분 탈립하기 전 덜 성숙한 상태에서 수확되었을 가능성이 높다. 탈립과 관계되는 소수축 분석 결과에서도 순화형은 37%, 야생형은 36%, 돌출형인 미성숙형이 22%이다. 순화형은 최하층

---

2) 이들 수량을 합하면 78건인데 전부를 분석한 것인지 또는 일부만 한 것인지 확실하지 않다. 1~3차에 걸쳐 2리터 규모의 부유선별 시료 200여 개를 채취하고 이중 일부를 부분시료로 분석한 것이다.

3) 보고서 본문 50쪽에서는 94%의 시료에서 도토리가 출토되었다고 하였으나 51쪽 〈표 2〉의 출토확률은 78.6%, Fuller & Qin(2010, p.145)에서는 부유선별 시료 28건의 출토확률을 78.1%로 보고하였다.

인 DK3 시료에서는 27.4%에 불과하지만 서기전 5천년기 중엽의 ⑤·⑥층에서는 38%로 증가하였다. 즉 텐뤄산유적의 벼는 여전히 야생벼에서 재배벼로 이행하는 과도기 단계에 머물러 있다고 보아야 한다(Fuller et al. 2009).

　　다른 과실류는 수량도 적고 출토확률도 낮은데 출토확률이 10%를 넘는 과실은 감, 다래속, 산딸기류 뿐이다. 수량에서는 다래가 59립으로 그나마 많고 감과 산딸기류는 10여 립에 불과하다. 박과 참외는 재배 가능성이 제기되기도 하지만 출토 양과 빈도 모두 극히 미미하다. 박류 유체는 씨앗과 박껍질을 포함한다. 과피 두께로 보았을 때 본 유적의 박은 야생형과 순화형 크기 모두에 분포한다고 보고되었다. 참외는 손으로 고른 T203⑥ 시료 한 건에서만 15립이 검출되었는데 대부분 5mm 미만의 소립이라 야생종일 가능성이 크다. 더욱이 부유선별 시료에서는 전혀 검출되지 않아 적극적인 채집 대상은 아니었던 것 같다.

표 3. 텐뤄산 종실유체 출토 시료수, 출토확률과 평균밀도(개수/리터)(보고서 86~96쪽)

층위	⑧前	⑦·⑧	⑤·⑥	출토확률(%)		부선입수	1차조사	2차조사
시료수	11	11	32	전체	부선		밀도	밀도
벼 Oryza sativa/rufipogon	10	8	17	67.9	96.9	3254	372.54	191.53
마름 Trapa sp.	9	9	15	60.7	90.6	10241	809.58	17.45
연실 Euryale ferox	11	6	10	50.0	71.9	645	152.77	5.04
도토리 Quercus & Lithocarpus	10	11	20	78.6	78.1	8018	1528.71	9.28
복숭아 Amygdalus sp.	2	0	1	5.36	3.1	1	0.01	–
매실 Armeniaca mume type	0	1*	0	1.79	–	0	–	–
앵두 Cerasus small type	0	0	1*	1.79	–	0	–	–
남방멧대추 Choerospondias axillaris	1	2	1	7.14	9.4	9	0.76	–
감 Diospyros cf. kaki	1	4	6	14.3	25.0	13	11.04	0.10
다래 Actinidia	0	2	5	12.5	21.9	59	–	0.03
가막살 Viburnum sp.	1	0	0	1.79	3.1	1	1.93	–
닥나무속 Broussonetia sp.	0	1	0	1.79	3.1	6	–	0.12
무화과 Ficus sp.	1	0	0	1.79	3.1	1	–	–
멀구슬 Melia azedarach	0	1*	0	1.79	–	0	–	–
소귀? cf. Myrica rubra	0	1*	0	1.79	–	0		
머루속 Vitis sp.	0	1	0	1.79	3.1	2	–	0.06
산딸기속 Rubus sp.	0	3	4	12.5	21.9	11	–	1.38
한삼덩굴속 Humulus scandens	1	3	3	14.3	18.8	89	0.20	3.86
박 Lagenaria siceraria	1	0	3	8.93	3.1	2	0.05	–
야생참외 Cucumis melo	0	0	1*	1.79	–	0	–	–
부유선별 합계						23615	2914.66	246.79

* 출토확률은 ③·④층 포함. T206H5 회갱은 도토리 1만여 립 발견되었으나 집계에서 제외

부유선별 시료가 손으로 고른 시료에 비해 마름, 연밥, 벼 모두 출토확률이 높지만 도토리는 별 차이가 없다. 퇴적된 밀도를 보면 전체에서는 도토리, 마름, 벼, 연밥의 순이나 문화층에서는 마름이 가장 높고 이어서 벼, 연밥, 도토리의 순서이다. 회갱에서는 벼 밀도가 가장 높고 도토리, 연밥, 마름의 순서이다. 벼는 발굴시즌과 출토단위 모두 일정한 밀도를

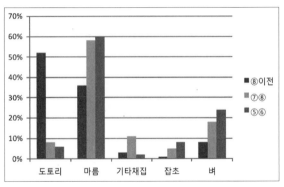

그림 3. 텐뤄산 유적 도토리, 마름, 벼 출토 양의 시기별 변화

유지한다. 도토리는 1차 조사에서는 수분이 많은 퇴적층을 발굴하고 손으로 고른 시료가 많아 밀도가 높은데 비해 2차 조사는 부유선별 시료이고 보존 상태도 좋지 않아 밀도가 크게 떨어진다(표 4). 표에는 나와 있지 않지만 부유선별 자료만 보면 벼 출토확률은 전 시기에 걸쳐 90~100%로 계속 높고 마름도 80~100%를 유지하나 연밥과 도토리는 최하층에서는 100%이지만 상층에서는 50%대로 급감한다. 출토 양으로 보아도 후기로 갈수록 벼와 마름의 중요성은 높아지고 연과 도토리는 감소한다(그림 3).

표 4. 텐뤄산 주요 식물자원의 밀도분석(보고서 66쪽 표 8)

	2006정리	2007정리	⑧이전	⑦·⑧	⑤·⑥	합계
벼:도토리	0.24	20.65	0.22	3.62	13.91	0.44
마름:도토리	0.53	1.88	0.26	12.27	22.36	0.54
마름:벼	5.30	3.46	3.02	9.96	39.39	5.25
연실외:도토리	0.11	1.05	0.09	1.33	0.93	0.11
연실외:벼	0.45	0.05	0.44	0.37	0.07	0.24

보고서에 실린 鄭雲飛 등의 「田螺山遺址出土植物種子反映的植物生産活動」에서도 종실유체 분석 결과가 보고되었다. 2007년에 발굴한 10개 트렌치와 4개 저장혈에서 채집한 총 410리터의 토양 시료 18건을 1mm 망체로 물체질하여 18개과 27개속에 해당하는 종실 7,456립을 검출하였다(표 5). 수량으로 보면 마름이 제일 많고 모든 시료에서 출토되고 있다. ⑧층과 ⑦층이 95.9%, 96.7%로 압도적이며 ⑥층은 54.6%로 비중이 다소 감소한다. ③층에서는 시료 20리터에서 한 립만 출토되었을 뿐이다. 벼도 마름만 검출된 시료 1건 외에 모두 출토되었다. ⑧·⑦층 합쳐 2.3%에 불과하지만 ⑥층에서는 24.4%로 증가한다. 또한 저장혈 3기 모두 벼가 가장 많다. 도토리는 종가시나무를 포함하는 가시나무아속 위주로 2.1%를 차지한다. 연은 출토확률도 50% 이하로 낮고 수량도 28립에 불과하다.

표 5. 텐뤄산 2007년 토양 시료 검출 주요 식물종실과 수량(보고서 100쪽 표 1)

| 트렌치, 저장혈 | T103 | | | T104 | | | H34 | H26 | H36 |
층위	⑥	⑦	⑧	⑥	⑦	⑧			
벼 *Oryza sativa/rufipogon*	80	12	29	13	0	69	240	560	87
마름 *Trapa sp.*	92	529	1531	116	926	1715	5	19	8
연실 *Euryale ferox*	3	8	0	1	0	15	0	0	1
도토리 졸참나무아속 *Quercus sp.*	0	1	0	0	0	0	0	0	0
도토리 가시나무아속 *Cyclobalanopsis*	0	2	1	27	0	4	26	30	0
복숭아 *Amygdalus sp.*	0	1	0	0	0	0	1	0	0
남방멧대추 *Choerospondias axillaris*	0	0	0	0	0	0	0	1	0
감 *Diospyros cf. kaki*	0	1	1	3	0	1	1	5	0
닥나무속 *Broussonetia kazinoki*	0	0	0	0	0	0	2	1	0
멀구슬 *Melia azedarach*	1	0	0	0	0	0	1	0	0
머루속 *Vitis sp.*	2	0	0	2	0	0	0	13	0
산딸기나무속 *Rubus sp.*	0	0	0	0	0	0	0	1	0
한삼덩굴속 *Humulus scandens*	2	8	0	0	0	1	45	16	0
박 *Lagenaria siceraria*	5	7	0	1	0	1	16	4	0
백리향 *Thymus*	7	0	0	3	0	0	2	236	0
총 종자 수	206	578	1577	175	926	1807	354	1104	96

* T104⑥, H34는 60리터, 나머지는 20리터를 물체질하여 검출한 수량. T=트렌치; H 회갱

유적에서 출토된 목재 수종분석에서는 침엽수 3종, 활엽수 51종 등 총 64종이 확인되었다. 비율에서는 황련목(*Pistacia chinensis*) 12.6%, 녹나무(*Cinnamomum camphora*) 11.1%, 향나무속(*Sabina* sp) 10.7%, 가시나무아속 6.6%, 떡속소리나무류(*Quercus sect. Prinus*) 4.8%, 뽕나무속 4.5%의 순서이고 상수리나무류(*Q. sect. Aegilops*)는 1.1%에 불과하다.

(4) 안정동위원소 분석

유적에서 출토된 인골(⑦층 1구, ⑥층 2구, ⑤층 6구, ④층 2구), 멧돼지속 및 사슴 뼈의 탄소·질소동위원소 분석을 실시하였다. 인골 평균은 질소 8.7±0.9‰, 탄소 −20.7±0.5‰로 당시 식단에서 C3식물(벼, 도토리 등)과 C3식물을 섭취한 초식동물(특히 사슴류와 멧돼지속)의 중요성을 보여준다. 민물 어패류를 비롯한 수생동물도 단백질 공급에 일정한 역할을 하였을 것이나 바다자원과 C4식물은 그러지 못하였다. 멧돼지속 동위원소 분석에서는 일부가 질소 수치가 높게 검출되어 고기가 많이 포함된 사람의 음식물 찌꺼기를 섭취한 결과로 해석되었다. 즉 유적 부근의 멧돼지를 주로 사냥하였지만 그중 일부는 반사육 상태였을 가능성이 제기되었다.

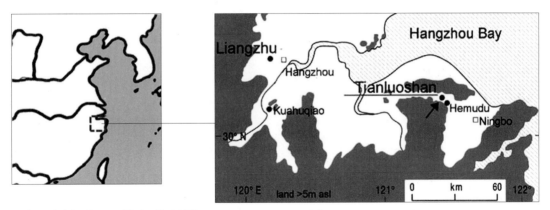

그림 4. 텐뤄산, 허무두, 콰후챠오 유적 위치도(Fuller et al. 2009 Fig 1 편집)

2) 허무두(河姆渡)유적

허무두유적은 산지 사이의 좁은 항만형 해적평원에 위치한다. 유적의 현 고도는 해발 1.1m이고 문화층이 두께 4m 전후의 깊이로 퇴적되어 있다. 문화층은 총 4개로 최하층인 4층을 제1기(5000~4500BC), 3층을 제2기(4300~4000BC), 2층과 1층을 제3기(4000~3600BC)와 제4기(3600~3300BC) 문화층으로 편년하였다(浙江省文物考古研究所 2003). 보고서에서는 이들 문화층 전체를 허무두 문화로 보고하였지만 이 글에서는 제1·2기만을 허무두 문화로 정의하는 전통적 견해를 따른다.[4] 동식물유체는 보존환경이 좋은 4층에서 주로 출토되기 때문에 제1기 문화층의 조사 성과를 주로 소개한다.

고상식 목조건축과 회갱, 옹관이 발굴된 최하층인 4층은 지하수면 아래에 있어 유기물질의 보존상태가 좋아 다양한 종류의 골각기와 목기, 동식물유체가 발견되었다. 토기는 식물성 유기물질을 태토에 혼입하여 소성한 흑도 위주이다. 기종은 12가지로 다양하나 釜(68.1%)와 罐(22.2%) 위주이고 이어서 鉢(4.43%)과 盤(2.14%)의 순이다. 도구는 골각기(1,936점)가 가장 많고 목기(343점)와 석기(427점)도 일정 수량 출토하였다. 골각기는 화살촉이 55.73%로 주류를 이루고 끌(7.13%), 첨두기(錐 6.87%), 보습(耜 7.95%), 피리(哨 7.18%), 바늘(5.27%)도 많다. 석기는 도끼(48.01%), 자귀(7.73%), 끌(9.13%)의 목공구 위주로 주로 날 부분을 마연하였다.[5] 기타 玦, 璜, 珠, 管 등 장신구도 상당량 출토하였다. 목기는 손잡이, 창,

---

4) 최근에는 허무두 4층에서 1층까지의 유물상이 연속적 성격이 강해 허무두 문화로 통합하는 추세이다. 이 경우 항저우만 북안의 마지아빈, 송쯔 문화가 남안에서는 허무두 문화로 통합되며, 양자 모두 서기전 3300년 무렵 양쯔 문화로 교체된다. 그러나 동식물유체는 주로 4층에서만 출토되고 텐뤄산에서도 전·중기 층에서 출토되기 때문에 융기문토기 문화와의 비교를 위해 전통적 견해를 유지하였다.

5) 허무두유적 전시관에 전시되어 있는 난형 갈돌과 갈판(그림 5-④)은 2기 이후의 유물로 보인다.

곤봉, 筒形器 및 장신구 위주이다. 골제 피리는 동물 소리를 흉내 내어 사냥감을 유인하는 수렵도구로 보고 있다. 어로도구로는 골제 부레(魚鰾)와 양단에 홈을 낸 석제 그물추가 각각 2점과 1점 출토되었을 뿐으로 보고서에서는 화살촉이나 첨두기를 이용하거나 맨손이나 막대로 두드려 물고기를 잡았을 가능성을 제시하고 있다.

회갱은 4층에서 5기가 확인되었는데 도토리와 마름이 2기, 벼, 멧대추와 동물뼈가 각 1기에서 검출되었다. 3층에서도 10기가 확인되었는데 이중 2기에서 도토리와 수생 종실, 5기에서 동물뼈가 검출되었다(표 6).

표 6. 허무두유적 灰坑과 출토 동식물유체(보고서 384~385쪽)

灰坑	층	평면	구경/깊이(cm)	출토유물
19호	4A下	원형	50/20	도토리, 마름
26호	4A하	타원형	148-194/34	볍씨, 벼 줄기와 잎, 기타식물 뿌리, 줄기
27호	4A하	원형	62/25	어골, 도토리, 마름, 편물, 토기
28호	4A하	타원형	45-90/18	수골, 목탄
29호	4A하	원형	45/10	멧대추
12호	3B하	타원형	70-80/70	수골, 토기편
14호	3A하	장방형	69-78/45	과실, 편물, 토기
18호	3B하	원형	55/30	사슴, 거북, 어류 등
22호	3B하	원형	50/20	도토리, 마름, 연밥, 편물, 골촉
23호	3B하	원형	50/25	도토리, 벼잎, 燒土, 토기편
24,25호	3B하	불규칙		수골, 토기편

(1) 고환경

허무두 4층 아래의 기층은 텐뤄산과 마찬가지로 해빈 퇴적층으로 닝샤오(寧紹) 평원 일대가 8천년 전 무렵에는 얕은 바다였음을 알 수 있다. 7400년 전 무렵 해수면이 현 고도로 후퇴하고 하안평원이 형성된 후에 허무두 취락이 형성되었다. 4층의 미세생물 중에서 여전히 염기성 유공충과 규조류가 존재하고 바닷가 환경의 명아주과 화분도 소량 검출되어 유적 주변이 호소환경이면서도 때로는 조류와 토양 중의 염분 영향을 받았음을 보여준다. 또한 4층에서 검출된 고래, 게, 까치돔 등 바다어류 및 숭어는 유적이 처음 점유되었을 때는 바다에서 멀지 않았음을 보여준다. 이후 허무두는 제2기와 제4기문화 단계에서 소택화 과정을 반복한다.

화분과 동식물유체로 보아 제1기문화는 오늘날 광동, 광서 또는 동남아와 유사한 온난 습윤한 기후로 구릉 산지에는 참나무속이 우점한 가운데 아열대 상록·낙엽활엽수림이 우거졌다. 아울러 호소와 습지에서도 벼과와 부들속이 우세하면서 다양한 수생·수변 동식물 자원이 존재하였다. 제2기문

그림 5. 허무두 유적(①·③고상주거 유구 및 도면, ②고상주거 복원, ④갈판과 갈돌)

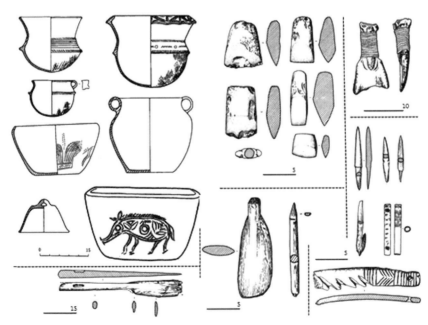

그림 6. 허무두 유적 출토 유물

화는 수생식물과 습생식물이 감소하고 느릅나무, 소나무 등 내한성 목본과 초본 식물이 증가하나 벼과 화분은 대량 감소하였다. 습기를 좋아하는 사초과 식물도 사라지면서 평원의 수역 면적이 축소하였음을 보여준다(浙江省文物考古研究所, 358~361쪽).

(2) 동물성 자원

동물유체는 대부분 4층에서 검출되었으며 수량도 많고 종류도 풍부하다. 감정된 61종 중 절대 다수가 현재 유적 주변에서 서식하는 종이고 8종만 사라진 종이다. 보고서에는 현재 유적 주변에는 서식하지 않는 열대성동물 8종(大角鹿, 四不像鹿, 水鹿, 코끼리, 코뿔소, 붉은얼굴원숭이, 육지거북이), 순화동물 3종(개, 집돼지, 물소), 육생동물 21종(사슴, 문착, 고라니, 멧돼지, 곰, 수마트라산양, 원숭이, 너구리, 담비, 오소리, 족제비, 게잡이몽구스, 사향고양이, 호랑이, 승냥이, 삵, 천산갑 등), 수생동물 21종(수달, 악어, 거북, 남생이, 자라, 고래, 상어, 까치돔, 잉어속, 붕어, 동자개, 숭어, 가자미, 민물조개 등), 조류 8종(기러기, 오리, 가마우지, 백로, 펠리칸 등)으로 분류되었다. 최소개체수를 포함한 수량통계는 없고 번호가 매겨진 표본 중심으로 수량만 보고되었을 뿐이다.[6]

육지 포유류(표 7)에서는 사슴과 동물의 수량이 가장 많아 멧돼지속의 두 배가 넘는다. 골제 보습의 절대 다수도 사슴과 견갑골로 제작되었다. 사슴과는 하악골이 700건, 뿔이 1,400여 건 확인되었으며 사불상(Elaphurus davidianus)이 전체 사슴과 뿔 중 1/3을 차지한다. 문착(Muntiacus gigas sp. & cf. reevesi)과 꽃사슴(Cervus nippon)도 상당량 출토되었으나 삼바(Cervus unicolor)와 고라니는 소량만 확인되었다.[7]

표본 297건을 분석한 멧돼지속은 대부분 파편이라 야생종인지 순화종인지 확정이 곤란하다. 동물유체 항목(보고서 197쪽)에서는 성년개체 상·하악골 M3 크기를 기준으로 집돼지 4건, 멧돼지 5건을 분류하였다. 반면 7장 결어(보고서 374쪽)에서는 불완전한 통계이지만 집돼지가 73두이고 이중 두 살 이하 유년 개체가 40두로 총 수량의 54%를 차지한다고 보고되었다. 집돼지모양 토제품과 멧돼지 문양이 시문된 토기도 출토되었다.

물소도 많은 양이 검출되었는데 허무두 보고서에서는 가축으로 동정하였으나 최근에는 야생 물소로 판단하고 있다(劉莉 외 2006). 텐뤄산에서는 상층에서만 검출된 개가 허무두에서는 최하층에서부터 나타나고 있다. 텐뤄산과 마찬가지로 원숭이(Macaca speciosa & mulatta)도 주된 사냥대상이었던 것 같

---

6) 동물유체는 고고학보 1978년 1기와 단독 보고서(魏丰 등, 1989, 『浙江餘姚河姆渡新石器時代遺址動物群』, 海洋出版社)에 실린 내용을 대폭 보완한 것이다. 쉽게 동정할 수 있는 부위 위주로 선별하였을 가능성이 높아 상대빈도 분석의 유효한 자료로 쓰기에는 한계가 있다.

7) 사슴과 동물의 개별 종에 대한 설명에서는 뿔만 보고되어 있다. 왜 하악골의 설명은 누락되었는지, 다른 부위는 보고가 되지 않은 것인지 검출되지 않은 것인지 보고서 내용만으로는 판단하기 어렵다.

표 7. 허무두 유적 출토 육상동물(수량은 보고서의 표본 수로 추정)

육상동물 종류	표본수량	비고
四不像鹿 *Elaphurus davidianus*	뿔 550여 건	남방
큰뿔문착 大角麂 *Muntiacus gigas* sp.	뿔 한쌍+성년개체 32	남방
삼바 水鹿 *Cervus unicolor*	뿔 완형 1, 두골 잔편 소량	남방
사슴 梅花鹿 *Cervus nippon*	뿔 40, 상하악골 및 이빨 파편	
대만문착(?) 小麂 *Muntiacus cf. reevesi*	뿔 10, 뿔파편 7, 하악골 50	
고라니 獐 *hydropotes inermis*	두골 1, 견치 7, 하악골 수량 미상	
멧돼지 *Sus scrofa*	두골 2개체, 파손 두골 5 *야생+순화 합쳐 멧돼지속 300건	
집돼지 *Sus domestica*	완전 두골 2, 파손 두골 16 외	
물소 *Bubalus mephistopheles*	완전 두골 16, 뿔 붙어있는 두골 잔편 19, 뿔심 10, 파손 하악골 22, 치아 수백매, 기타 발, 발가락 등 뼈 24건	
아시아코끼리 *Elephas maximus*	이빨1, 척추 2	남방
자바코뿔소 *Rhinoceros sondaicus*	상악골 1, 하악골 2	남방
수마트라코뿔소 *Didermocerus sumatrensis*	두골 1, 상악골 2, 기타 2	남방
수마트라산양 *Capricornis sumatraensis*	얼굴뼈 1, 뿔 5	
붉은얼굴원숭이 紅面猴 *Macaca speciosa*	두골 10, 하악골 18	남방
히말라야원숭이 *Macaca mulatta*	두골 15, 하악골 34	
개 *Canis familaris*	완전 두골 10건, 파손 두골 4, 하악골14	
승냥이속 *Cuon* sp.	하악골 3	
너구리 *Nyctereutes procyonoides*	두골 11, 하악골 68	
담비 青鼬 *Martes flavigula*	두개골 1, 하악골 1	
족제비 黃鼬 *Mustela sibirica*	두개골 1	
돼지코오소리 猪獾 *Arctonyx collaris*	하악골 7, 기타 뼈 11	
호랑이 *Panthera tigris*	하악골 2	
삵 *Felis bengalensis*	하악골 2	
작은사향고양이 小靈猫 *Viverricula indica*	두골 1, 하악골 5, 지골 11	
큰사향고양이 *Viverricula zibetha*	상악골 1	
흰코사향고양이 花面狸 *Paguma larvata*	상악골 1, 하악골 3	
게잡이몽구스 *Herpestes urva*	하악골 5, 상악골 1	
반달가슴곰 *Selenarctos thibetanus*	하악골 2, 견치 3	
비늘개미핥기 穿山甲 *Manis* sp.	다리뼈 1	
곰쥐 *Rattus rattus*	두골 2개체, 파손두골 5	
호저 豪猪 *Hystrix hodgsoni*	하악골 2	
육지거북이 *Testudo* sp.	배갑 1, 복갑 4, 경판 3, 기타 파편	

* 표본수량은 주 6) 참조. 남방으로 표기된 포유류는 현재 절강성 이남의 남부에서 서식하는 종

다. 특히 히말라야원숭이의 두개골과 하악골이 많이 확인되었다. 식육목 동물 중에서는 너구리가 가장 많이 출토되었으며 오소리, 담비, 족제비와 마찬가지로 식용보다는 모피용으로 사냥되었을 가능성이 크다.

허무두유적에서는 포유류보다 어류, 거북·자라류, 패류 등 수생동물이 훨씬 많이 검출되었다(표 8). 수생동물은 유적 주변에서 자원도 풍부하고 획득도 용이하여 신석기 주민의 중요한 식량자원이었을 것이다. 토기(釜) 내부에서도 어류, 거북·자라류, 패류 등 수생동물의 잔존물이 많이 검출되었다. 모두 통계는 내지 못하였으나 거북만 수천 점이 출토되었고 특히 남생이가 많다. 자라도 상당 수량 보인다. 패류는 부식이 많이 진행되어 동정이 불가능하나 민물패류(蚌)일 가능성이 크다. 어류는 잉어과 민물고기 위주이며 개 糞石에도 어골편이 다량 포함되어 있었다. 바다자원인 고래, 까치돔, 숭어, 바다거북과 게도 4층에서 소량이나마 검출되었다. 조류는 펠리컨, 기러기 등 대부분 체구가 비교적 큰 종류가 많다(표 9).

표 8. 허무두유적 출토 수생동물(수량은 보고서의 표본 수로 추정)

수생동물 종류 21종	표본수량	비고
수달 水獺 *Lutra lutra*	두골 11, 상악골 3, 하악골 14	
강 수달 江獺 *Lutra perspicilata*	두골 3, 하악골 2	
고래류 *Cetacea Indet.*	척추 1	해양
악어 *Alligator cf. sinensis*	하악골 2, 상악골 1, 기타뼈 14	
바다거북 *Chelonia mydas*	뼈 2	해양
상자거북 *Cuora flavomarginata*	배갑 1건, 불완전 복갑 8	반수생
남생이 *Chinemys reevsii*	배갑 20, 복갑 10, 두골 10, 구갑편 다량 (미등록: 舌腹甲 1330, 복갑 3100)	
자라 *Amyda sinensis*	배갑 7, 두골 9, 기타 구갑편, 뼈 다량	
상어속 *Carcharhinus sp.*	이빨 4, 척추뼈 8	
철갑상어 *Acipenser sp.*	비늘판 1	
잉어속 *Cyprinus sp.*	이빨(咽喉齒) 30여 건, 아가미 1	
붕어 *Carassius auratus*	아가미, 인후치 및 뼈 다량	
동자개 *Pseudobagrus fulvidraco*	가시 30 + 미등록 수백건	
용어(대두어)속 *Aristichthys sp.*	아가미 우3 좌1	
메기 *Parasilurus asotus*	가시, 상하악골, 犁骨 등 10건	
가물치 *Ophiocephalus argus*	齒骨 28건, 기타 척추와 아가미	
숭어 *Mugil cephalus*	아가미 15	해양
까치돔 *Gymnocranus griseus*	좌우상악골 각 1	해양
민물조개 無齒蚌 *Anodontia sp.*	많이 발견되나 보존 나빠 세부 동정 불가	
강우렁이 *Bellamya quadrata*	1	
진흙게 *Scylla serrata*	남방톱날꽃게. 파쇄된 게발 2건	

표 9. 허무두유적 출토 조류(수량은 보고서의 표본 수로 추정)

조류 8종	표본수량
펠리컨 *Pelecanus* sp.	좌우척골 4, 기타 뼈 13
기러기 *Anser* sp.	좌우하악골 15, 기타 골격 수십건
학 *Grus* sp.	하악골 5, 상악골 1, 기타 여러 건
백로속 *Ardea* sp.	하악골 2
수리과 *Accipitridae* gen & sp. indet.	각종 뼈 10여건
까마귀과 *Corvidae* gen & sp. indet.	각종 뼈 20여건
오리 *Anas* sp.	두골 1
가마우지 *Phalacrocorax* sp.	뼈 1

(3) 식물성 자원

식물유체는 보존도 양호하고 종류도 다양하나 계량적 분석은 이루어지지 않았다. 4층에서는 벼 잔존물과 목조 구조물 파편 등 유기물질이 섞여 20~100cm 두께의 균일하지 않은 퇴적층을 형성하였다. 벼 잔존물은 쌀, 볍씨 뿐 아니라 쭉정이도 대량 포함하며, 볏짚, 뿌리, 잎과 함께 일부 재층에서는 탄화미도 발견되었다. 벼는 장폭비를 기준으로 장립형의 인디카 위주에 단립형의 자포니카도 포함된 재배벼로 동정되었고 일부 야생벼도 포함된 것으로 보고되었다. 그러나 인디카, 자포니카로의 분류는 근거가 빈약하며 벼규산체와 분자생물학 분석에서 양쯔강 유역의 초기 벼는 자포니카로 분석되었다. 중국학자들이 기존에 인디카로 분류한 장립형 벼는 열대형 자포니카일 가능성이 크다. 풀러((Fuller et al. 2009)는 벼 쭉정이가 다량 퇴적된 점, 그리고 쌀의 길이에 비해 폭이 유난히 좁은 현상에 토대하여 허무두 벼는 미성숙한 상태에서 주로 수확하였다고 주장하였다. 즉 허무두 벼는 여전히 先순화(pre-domestication) 단계에 머물러 있었다고 본 것이다. 또한 벼의 중요성이 과다하게 부풀려졌고 오히려 도토리 등 야생식물 자원의 비중이 높다고 주장하였다. 실제 허무두 4층에서는 벼 외에도 마름, 도토리도 많이 검출되었으며 회갱도 벼보다 도토리를 주로 저장하였다. 박, 멧대추, 율무, 가시연꽃, 회화나무속의 열매도 찾아졌으나 수량은 보고되지 않았다.

유적에서 출토된 식물 잎은 옥녀꽃대 등의 초본류 잎 뿐 아니라 난대성 수목인 개가시나무(*Quercus gilva*), 가시나무(*Q. myrsinaefolia*), 잣밤나무류(*Castanopsis tibetana*)와 낙엽성 참나무 등을 포함한 다양한 견과류 나무, 天仙果(*Ficus heekeyana*), 산복숭아나무 등의 잎이 동정되었는데 특히 녹나무과가 가장 많다. 녹나무과 나뭇잎은 퇴적양상으로 보아 구충 등 약용으로 채집하였을 가능성이 제시되었다. 목기 26건의 수종 분석에서는 20건이 향나무이다.

(4) 안정동위원소 분석

3층의 묘지에서 출토된 인골 4구의 동위원소를 분석하였다. 탄소동위원소는 −19.7‰에서

−15.1‰ 사이에 분포하며 평균은 −18.2‰이다. 질소동위원소는 두 구만 측정되었는데 11.2‰, 11.6‰이다(張雪蓮 외 2003; 張雪蓮 2006). 질소동위원소가 톈뤄산보다 높은 것은 유적에서 많이 검출된 수생동물 섭취와 관련되었을 가능성이 크다. 탄소동위원소 분석에서 C3 식물이 86%, C4 식물이 14%를 차지하여 張雪蓮(2006)은 당시 주식이 벼를 중심으로 한 C3 식물로 추정하였다. 그러나 동위원소 분석은 단백질의 원천을 보여주는 것이라 질소동위원소까지 감안하면 낮은 C3 수치는 C3 식물을 섭취한 초식동물의 영향이 크다. −15.1‰의 탄소동위원소는 도작지대에서는 이례적인 수치인데 이와 관련된 인골 1기는 단백질의 상당 부분을 해양자원에서 섭취한 것이 된다. 측정의 오류가 아니라면 허무도 문화의 일부 주민은 어패류를 포함한 해양자원 획득과 관련된 생업에 종사하였다고 추정된다.

3) 콰후차오(跨湖橋)유적

절강성 항저우(杭洲)시 샤오산(蕭山)구의 시앙후(湘湖)촌에 소재한 콰후차오유적은 항저우만으로 흘러가는 첸탕(錢塘)강 어귀 남안의 해발 4m 평원에 위치하며, 주변으로 낮은 산과 구릉, 호수(池塘)가 에워싸고 있다(浙江省文物考古研究所·蕭山博物館 1994). 1990년 1차 발굴에서 서기전 6천년 무렵의 방사성탄소연대가 측정되면서 허무두 문화에 선행하는 유적의 중요성이 인식되어 2001년과 2002년도에도 발굴이 재개되었다.

1990년의 1차 발굴에서는 생토층까지 9층이 확인되었다. 9~7층에서 기둥구멍과 소토면으로 이루어진 건축 유구와 회갱 여러 기가 발견되었다. 9층의 4호 주거지는 나무말뚝으로 골격을 세운 土墻式 건축이다. 회갱 중 17호 방형수혈은 단면이 주머니형으로 구경 65cm, 저경 70cm, 깊이 50cm 규모인데 입구에 井자형 나무구조를 설치하고 내부에 도토리가 다량 잔존하였다. 지름 100cm, 깊이 50cm의 24호 원형수혈 역시 바닥에서 도토리와 함께 길이 50cm, 폭 20cm의 목판이 남아 있었다. 22호 원형수혈도 17호와 마찬가지로 입구에 井자형 목조가 있고 내부에서 도토리가 출투되었다. 5~3층에서는 어린이 무덤 1기, 고상가옥 1기와 회갱 6기가 확인되었다. 16호 원형수혈에서 도토리가 대량 출토되었다. 2층에서는 주거면과 건축 유구 각 1기와 회갱 13기를 발굴하였는데 1호 원형수혈에서 도토리가 검출되었다. 콰후차오유적의 회갱은 저장용 수혈로 검출된 생물유체는 모두 도토리이다.

2001년, 2002년도 조사구역은 호수에 가까워지면서 9층 아래에서 배(獨木舟)와 함께 "湖"상 퇴적층 다섯 층이 새롭게 확인되었다. 퇴적층에는 토기편, 재, 도토리 껍질을 포함한 동식물유체 등 생활폐기물이 포함되어 있다. 6990±50BP의 연대가 측정되어 중국에서 가장 오래된 이 배는 소나무로 만들었으며 선체의 남은 길이 560cm, 폭 52cm이다. 선체 안쪽에는 가공하기 위해 불을 지핀 흔적이 곳곳에 남아 있다. 길이 140cm의 노도 2개 발견되었다.

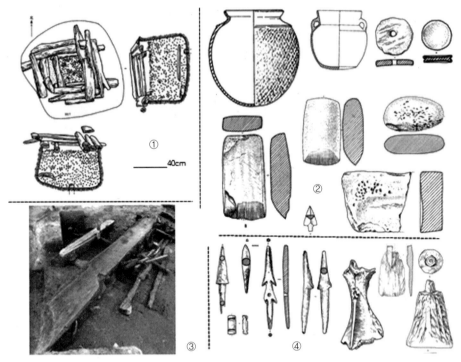

그림 7. 콰후차오 유적(①도토리 저장혈, ②토기와 석기, ③배, ④골각기(축척부동))

유적에서 출토된 토기에는 승문 등 다양한 문양이 많이 시문되어 있으며 기종별로 전체 토기의 2~5%는 채도이다. 취사용 토기에는 모래를, 나머지 토기에는 식물성 유기물질을 주로 혼입하였다. 기종은 釜(28종)가 52.6%로 가장 많고, 罐(16종) 16.9%, 圈足盤(13종) 18.1%, 鉢(10종) 4.75%의 순으로 기종별로도 형식이 매우 다양하다. 토제 방추차도 3.76%를 차지한다. 석기(143점)는 자귀 19.6%, 끌 4.9%, 도끼 3.5%로 벌채구보다 목제 가공구가 많으며, 마석 17.5%, 고석 16.1%, 卵形石器 6.3%, 화살촉 2.1%의 구성을 보인다. 골각기(100여 건)는 錐 26.7%, 釘型器 16.7%, 針 14.4%, 匕 11.1%, 鏃 7.8%의 구성을 보이며 작살과 피리도 각각 4건, 3건 발견되었다.

유적은 토기 형식, 층위와 방사성탄소연대(시료 27건)를 이용하여 세 기로 편년되었다. 제1기는 1990년의 9~7층과 호상퇴적층으로 6200~5800BC, 제2기는 1990년의 6~3층, 2001·2002년의 9~8층으로 5700~5300BC, 제3기는 2001·2002년의 7~4층으로 5200~5000BC로 편년되었다. 허무두 문화와는 계승성보다 차별성이 많아 콰후차오 문화로 독립되었다.

(1) 고환경

발굴구역에서 10m 정도 떨어진 호숫가에서 고환경 분석을 위한 지질 조사가 이루어져 총 26층의 지층 단면이 확인되었다. 26~18층은 갱신세층, 17~12층은 전신세 초기의 소택지 퇴적층이고 흑갈

색점토의 11층이 콰후차오 문화층이다. 10층부터는 다시 소택지와 潮上帶, 潮間帶의 해상퇴적층이 반복되어 나타난다. 화분, 규조류와 지구화학적 분석이 실시되었는데 문화층 바로 아래의 12층은 참나무-느릅나무-소나무가 우점한 난온대와 아열대 과도지대의 활엽·침엽수 혼합림이 우거졌다. 초본은 총 화분의 15% 정도에 불과하고 쑥과 명아주과를 포함한 벼과 위주이다. 기온은 현재와 비슷하나 약간 건조하다. 13층과 12층의 경계에서 8125±250BP의 연대가 측정되었다. 11층은 북부 아열대 남단의 상록·낙엽수 혼합림으로 문화층의 화분조성을 보면 소나무속 11.75%, 상록성 참나무속 5.81%, 낙엽성 참나무속 5.17%, 단풍나무속 5.79%, 느릅나무속 4.25%, 풍향나무속 4.12%, 돌참나무속 2.63%, 밤나무속 2.06%, 모밀잣밤나무속 1.60%이다. 12층에 비해 초본이 25%로 증가하며 부들속 9.32%, 벼과 6.38% 중심이다. 보고서에서는 벼과 화분의 증가가 도작 실시와 관련되었을 가능성을 제시하고 있으나 부들속 증가를 보면 습지 증가와 연관된 현상일 수도 있다. 기후는 처음에는 온난 습윤하였으나 콰후차오 문화 전성기에는 기온이 6~7도 급감하였다가 후기에 다시 급상승하여 현재 수준으로 회복된 것으로 보고하였다. 규조류는 79.7%가 담수성이다.

유적에서 출토된 수목 유체의 동정에서도 소나무속이 48.0%로 가장 많고 참나무속 25.7%, 녹나무속 10.2%, 너도밤나무속 6.2%, 느릅나무과 5.8%, 복숭아나무 1.5%이다.

유적이 폐기된 10층은 지형이 소택지로 바뀌면서 초본이 목본보다 우세하여 부들속이 크게 증가하며, 목본은 단풍나무속, 느릅나무속, 소나무속, 참나무속이 우점한 활엽수림과 혼합림이 교대로 나타난다. 기온은 현재보다 2도 정도 상승하였다. 따라서 기후 온난화에 따른 해진의 영향으로 유적이 폐기되었다고 고찰되었다.

해수면 상승에 대한 증거는 콰후차오유적에서 서북쪽으로 2km 거리에 있는 시아순(下孫)유적에서도 찾아졌다(浙江省文物考古研究所·蕭山博物館 2004, 278~319쪽). 토기 제작 장소로 추정되고 있는 시아순 유적에서는 회갱 64기도 확인되었다. 회갱의 상층과 유적 폐기 이후의 층에서 잉어, 黃顙魚 등 민물고기와 게, 그리고 굴(Ostrea gigas & glomerata), 가리맛조개(Sinonovacula), 中國錄螂(Claucomya chinensis), 따개비(Chirona tenuis) 등의 바다 패류가 발견되었다. 규조류도 염수종이 83.4%를 차지하고 있기에 유적이 바나에 잠긴 상태를 증명한다. 목재의 방사성탄소연대는 6885±65BP, 6919±46BP가 측정되었으나 토기 형식과 해침과 연결되는 유적 퇴적 양상을 근거로 콰후차오 문화 만기에 해당한다고 보고 있다.

(2) 동물성 자원

유적에서 출토된 동물뼈는 5125점으로 보존이 양호한 편이지만 1,292점(25.2%)은 파손이 심해 세부적 동정이 어려워 대형, 중형, 소형 포유동물로만 분류하였다. 동정이 이루어진 동물은 모두 34종류로 게 1종, 어류 3종(잉어과, 가물치 외), 파충류 2종(악어, 거북), 조류 12종(학, 오리, 기러기, 두루미, 백조, 독수리, 매 등), 포유류 15종(사슴, 사불상, 멧돼지속, 물소, 코뿔소, 개, 너구리, 오소리, 족제비, 호랑이, 돌고래과 등)이 있다. 동물 수량통계는 동정가능표본수와 최소개체수를 모두 보고하였다(표 10·11). 조기에는 파충류가 가장 큰 비중을 차지하고 이어서 포유류가 많으나 중기부터는 포유류 비중이 압도적이다(표 12).

포유류는 꽃사슴, 멧돼지속, 물소, 개가 주류를 이룬다. 조기는 멧돼지속이 표본수 27.24%, 개체수 22.58%로 가장 우세하나 중기부터는 비중이 10% 이하로 떨어지고 꽃사슴과 물소가 20~40%로 우세하다. 멧돼지속은 제3구치의 크기를 분석하여 42mm를 넘는 조기 3건은 멧돼지, 나머지는 집돼지 범위에 속한다고 보고 치열이 고르지 못한 현상까지 보태어 조기부터 가축화 과정이 진행되었다고 추론하였다. 연령구성에서 조기는 평균 4.6세, 중기는 평균 3.5세, 만기는 평균 2.9세로 점점 어려진다. 그러나 멧돼지속 비중이 후기로 갈수록 줄어드는 양상은 사육 증거에 불리하다. 물소는 후기로 갈수록 증가하나 가축으로 보는 데는 회의적이다.

표 10. 콰후차오 유적 출토 포유동물유체(보고서에서 재편집)

시기 포유류 종류	조기 NISP(%)	조기 MNI(%)	중기 NISP(%)	중기 MNI(%)	만기 NISP(%)	만기 MNI(%)
사불상 Elaphurus davidianus	4(1.24)	2(6.45)	5(0.99)	2(4.88)	34(2.99)	5(6.76)
꽃사슴 Cervus nippon	54(16.72)	5(16.13)	121(24.06)	10(24.39)	233(20.46)	22(29.73)
소형사슴	2(0.62)	1(3.23)	4(0.8)	1(2.44)	10(0.88)	1(1.35)
기타 사슴과 Cervidae	38(11.76)	–	36(7.16)	–	145(12.73)	–
멧돼지속 Sus sp.	88(27.24)	7(22.58)	52(10.34)	5(12.20)	102(8.96)	6(8.11)
물소 Bubalus sp.	90(27.86)	4(12.9)	196(38.97)	8(19.51)	479(42.05)	12(16.22)
수마트라산양 Capricornis sumatraensis	–	–	1(0.2)	1(2.44)	1(0.09)	1(1.35)
코뿔소 Rhinocerus sp.	–	–	1(0.2)	1(2.44)	–	–
개 Canis familiaris	13(4.02)	2(6.45)	60(11.93)	7(17.07)	89(7.81)	11(14.86)
너구리	–	–	–	–	6(0.53)	2(2.7)
돼지코오소리 Arctonyx collaris	–	–	–	–	2(0.18)	1(1.35)
족제비과 Mustelidae	1(0.31)	1(3.23)	–	–	–	–
고양이/족제비과	3(0.93)	2(6.26)	1(0.2)	1(2.44)	1(0.09)	1(1.35)
고양이과 Felidae	1(0.31)	1(3.23)	2(0.4)	1(2.44)	1(0.09)	1(1.35)
호랑이 Panthera tigris	–	–	–	–	1(0.09)	1(1.35)
대형식육목	–	–	–	–	4(0.35)	1(1.35)
중형식육목	1(0.31)	1(3.23)	–	–	1(0.09)	1(1.35)
소형식육목	27(8.36)	4(12.9)	23(4.57)	3(7.32)	26(2.28)	6(8.11)
쥐	1(0.31)	1(3.23)	–	–	–	–
돌고래과 Delphinidae	–	–	–	–	1(0.09)	1(1.35)

* NISP 동정가능표본수; MNI 최소개체수

바다 포유류는 만기에서 돌고래과 1점이 유일하게 검출되었다. 파충류는 허무두는 남생이가 많이 잡혔으나 콰후차오는 거북 위주이다. 강과 호소가 가까이 있는 유적 입지 조건과 달리 어류 출토량이 의외로 적고 가물치 1점과 잉어과 2점을 제외하면 동정도 제대로 이루어지지 못하였다. 허무두에서는 물고기가 저장된 수혈도 있었으나 콰후차오에서는 발견되지 않았다.

표 11. 콰후차오유적 출토 어류, 파충류와 조류(보고서 재편집)

동물 종류	조기	중기	만기
어류 3종 NISP	가물치 1, 불명 18	잉어과 2, 불명 20	불명 28
파충류 2종 NISP	거북 405, 양자악어 10	거북 105, 양자악어 6	거북 380, 양자악어 21
조류 12종 (NISP/MNI)	두루미 12/2 오리류 13/9 기러기 4/3 백조속 3/2 독수리속 2/1 매 2/2 맹금 1/1, 불명 1/1	두루미 10/3 오리류 6/4 기러기 8/4 백조속 2/2 독수리속 2/2 물때새속 2/2 맹금 1/1	두루미 7/2 검은목두루미 1/1 오리류 3/2 기러기 6/3 백조속 3/2 독수리속 4/2 매 1/1, 맹금 3/2

표 12. 콰후차오유적 동물유체 수량 시기별 변천(보고서에서 재편집)

	갑각류(계)	어류	파충류	조류	포유류
조기	11(1.16%)	25(2.65%)	410(43.92%)	125(13.2%)	369(39.05%)
중기	8(0.91%)	22(2.49%)	111(12.58%)	124(14.06%)	617(69.95%)
만기	13(0.65%)	28(1.4%)	401(20.06%)	154(7.7%)	1403(70.19%)

(3) 식물성 자원

문화층에는 유기물 퇴적이 풍부하고 국부적으로 도토리를 포함한 殼斗科 종실 잔해가 대량 발견되었다. 발굴과정 중 현지에서 육안으로, 그리고 부유선별도 병용하여 식물유체를 검출하였다. 벼유체는 유적에서 분포 범위가 비교적 넓어 트렌치마다 많은 양의 쌀, 볍씨, 왕겨 등이 출토되었다. 지층 ⑤~⑨층과 湖相 퇴적층 토양의 부유선별을 통해 총 1,063건의 벼 종실을 검출하였는데 쌀 369립, 볍씨 196립, 그리고 나머지는 쭉정이다. 보고서에서는 크기로 보아 대부분 인디카이며 일부 야생형과 중간형도 존재하는 시원적인 재배벼로 보았다. 반면 식물규산체 분석에서는 모두 자포니카로 동정되었다. 볍씨 크기에 비해 쌀 길이와 폭이 비정상적으로 작은 미성숙립이 상당량 있으며 쭉정이가 많이 집적된 것을 보고서에서는 원시적 습성이 잔존하여 성숙기가 불일치하고 결실율이 낮은 때문으로 보았다. 하지만 바로 이 점이 오히려 야생벼를 덜 익은 상태에서 수확해 생긴 현상일 수도 있다(Fuller et al. 2008; cf. 이경아 2006).

보고서에서는 벼를 제외한 나머지 종실유체의 수량통계표가 실려 있다(표 13). 표에서는 멧대추가 모든 시료에서 검출되고 출토 수량도 제일 많다. 이어서 복숭아, 도토리의 순이며 매실, 자두, 마름, 연밥도 발견되었다. 허무두 문화 유적에서 많이 나타나는 마름과 연밥은 각각 시료 2건과 1건에서 검출되었을 뿐이다. 이 밖에 두과, 박과, 차과, 마디풀과 종실도 검출되었다. 1차 발굴에서 도토리 저장혈이 다량 발견되었기 때문에 문화층에서 채집된 종실을 이용한 아래의 통계보다 실제 도토리의 비중은 훨씬 높았을 것이다. 허무두 문화와 달리 수생자원인 어류, 마름, 연의 비중이 미미한 것이 콰후차오 문화의 특징이다.

표 13. 콰후차오 종실유체 출토 수량 및 시료 수(벼 제외. 보고서 附表 21 재편집)

	복숭아	매실	자두	멧대추	떡속소리	상수리	굴참	차	마름	연밥
총수량	98	5	6	248	22	26	10	1	29	20
%	23.2	1.2	1.4	58.8	5.2	6.2	2.4	0.2	6.9	4.7
8~9층(3건)	11(1건)	0	6(2건)	45(1건)	3(1건)	5(2건)	1(1건)	0	25(1건)	20(1건)
7~4층(13건)	70(9건)	5(층2)	0	182(13건)	18(5건)	19(6건)	8(6건)	1	4(1건)	0

* 벼 : 호상 Ⅲ-Ⅳ층 315립, 8~9층 683립, 5~7층 65립

3. 융기문토기 문화의 생업

한반도 신석기시대 생업에 대해서는 기존에 많은 연구가 이루어졌으며 패류를 중심으로 동물유체를 다룬 글들도 많다(김건수 2001; 김은영 2012; 동삼동패총전시관 2006; 이영덕 2001; 이준정 2002; 최종혁 2009; J. Lee 2001). 그러나 융기문토기문화 생업만을 독립하여 고찰한 글은 없다. 남해안 조기 유적은 대부분 패총이지만 동물유체를 전문적으로 분석한 유적은 의외로 많지 않다. 침수 상태에서 보존된 식물유체 자료는 더욱 드물다. 이하 조기 유적에서 전문적 분석이 실시된 동식물유체를 주로 소개하며 생업 관련 도구의 고찰은 생략한다.

1) 세죽유적

울산 세죽유적은 울산의 한 작은 만에 접한 낮은 구릉(해발 10m)의 사면부에 위치한다(동국대학교 매장문화재연구소 2007). 패총은 총 4개 층으로 구성되지만 신석기 조기의 유물과 동식물유체는 서기전 6천년기 후엽의 방사성탄소연대를 갖고 있는 Ⅲ층에서 주로 출토되었다. Ⅲ층은 현 해수면보다 낮은 습지성 환경이라 동식물유체가 잘 남아 있으며, 현 해수면보다 0.5~1.5m 낮은 Ⅲ-3층에서 도토리가 다량으로 보존된 저장혈 18기가 2열로 확인되었다.

(1) 고환경

　도토리 저장혈 내부 및 같은 층의 퇴적물에서 검출한 화분 분석 결과 목본이 초본보다 우세하며 유적 주변에는 낙엽성 참나무(졸참나무아속)가 우점한 냉온대성의 낙엽활엽수림이 존재하였다. 졸참나무 아속은 목본화본의 63~80%를 차지하며 소나무속이 6.4~14.8%를 차지한다. 난대성 참나무인 가시나무아속은 토층 시료 1건에서만 1.8% 미량 존재할 뿐이다. 초본과 식물은 토층 시료에서는 명아주과(59.7%)가 가장 우세하고 이어서 사초과(12.5%)와 쑥(11.0%)이 많이 나타난다. 명아주과와 쑥속의 우점은 해변가 식생의 결과이다. 저장혈에서는 두 건에서는 쑥(35.9%, 74.6%)이 우세하고 한 건에서는 벼과(70.%)가 가장 우세하다. Ⅲ, Ⅳ층에서 출토된 자연목 76건의 수종도 참나무속(상수리나무류 22.4%, 졸참나무류 25.0%) 위주이고 오리나무속 11.6%, 물푸레나무속 9.2%, 소나무속이 6.6%를 차지한다. 보고서에서는 지름이 30cm 이상의 둥치가 큰 나무가 없어 2차림적인 삼림식생을 일정기간 유지한 인위적 생태 경관일 가능성을 제시하고 있다. 패류 분석 결과 유적 형성 당시는 하구역이 아닌 외해성 입지였으며 패류도 온대성 중심으로 열대적 요소가 없어 난류 영향이 크지 않았음을 보여준다. 현재는 제주도 남쪽에서 서식하는 산호가 Ⅲ-②층(6020±70BP)와 Ⅲ-①층(6040±80BP)부터 발견되고 있어 Ⅲ층이 끝날 무렵부터 기후가 난대성으로 바뀌었다고 볼 수 있다.

(2) 동물성 자원

　세죽유적에서는 현재까지 국내에서 가장 많은 종류의 패류가 보고되었다. 쿠르즈미와 가네코(2007)는 세 개의 피트에서 9개의 블록샘플을 채취하여 권패류 35과 79종과 이매패류 14과 23종을 확인하였다. 대부분 암초나 조간대에서 해안에 밀려온 미소패류와 소형 이매패류이며 특히 이들은 Ⅱ층에서 집중적으로 발견된다. 식용은 홍합, 바지락, 애기대양조개, 참굴의 이매패류와 소라, 눈알고등, 보말고등, 갯고등, 두드럭고등의 복족류를 합쳐 10종에 불과하다. Ⅲ층 시료 8건에서 식용패류를 합하면 모든 시료에서 검출된 홍합이 24.5%로 가장 많고 이어서 갯고등류 6건 26.6%, 반지락 7건 18.4%, 눈알고등 6건 14.3%의 순이다.[8] 반면 다른 신석기 패총에서 압도적 우위를 차지하고 있는 굴은 6건에서 6.1%에 불과하나.

　가네코 · 김성욱(2007)은 동물유체 분석에서도 미소패류를 제외한 패류를 별도로 보고하였는데 여기에서도 식용패류는 전자와 마찬가지로 홍합, 갯고등류, 반지락, 눈알고등 위주이다. Ⅲ층 8건의 모든 시료에서 검출된 홍합은 미소패류를 제외한 총 패류에서 시료별로 5.9~49.5%의 비중을 차지하며 식용패류 총수에서는 25.5%를 차지한다. 시료 4건에서 검출된 갯고등류는 총 패류

---

8)　갯고둥류를 갯고둥과 댕가리로 분리하면 전자는 3건에 16.8%, 댕가리는 4건에 9.0%를 차지한다. 또한 소형 이매패인 애기대양조개를 쿠르즈미는 식용으로 포함하였으나 가네코는 파도에 밀려온 것으로 해석하였다.

에서는 9.1~25.0%, 식용패류 총수에서는 23.0%, 시료 8건에서 검출된 반지락은 총 패류에서는 7.5~42.8%, 식용패류 총수에서는 22.1%를 차지한다. 애기대양, 굴, 두드럭고둥도 미량 검출되었다. Ⅲ-4층의 조개벨트는 홍합을 주체로 구성된 층이라 홍합의 비중은 실제 상기 분석보다 높았을 가능성이 있다.

어류는 14종이 확인되었는데 동정가능표본수와 최소개체수 모두 참돔이 가장 많고 다랑어류, 숭어류, 상어류도 상당량 검출되었다. 참돔, 다랑어류와 상어류는 외해계, 숭어는 내만어종이다. 포유류로는 고래류 두 종과 강치, 멧돼지, 고라니, 사슴, 불곰, 너구리, 여우, 호랑이, 개, 쥐 등 11종이 확인되었으며 육지 포유류에서는 사슴이 가장 많고 이어서 멧돼지, 고라니의 순이다. 조류에서는 가마우지가 가장 많이 검출되었다(표 14).

표 14. 세죽유적 출토 동식물유체(보고서 재편집)

종류(전체종)	패류 1은 MNI(%), 패류 2는 NISP(%), 기타 NISP/MNI
식용패류 1(12)* [시료 8건]	홍합 24.5%[8], 갯고둥류(갯고둥 16.8%[3], 댕가리 9.0%[4]) 26.6%[6], 반지락 18.4%[7], 눈알고둥 14.3%[6], 굴 6.1%[6], 애기대양 3.3%[3], 가무락 2.5%[2], 두드럭고둥 1.6%[2], 보말고둥 1.2%[1], 소라 0.8%[1], 오분자 0.4%[1]
식용패류 2(8)* [시료 8건]	홍합 25.5%[8], 갯고둥류 23.0%[4], 반지락 22.1%[8], 눈알고둥 14.9%[6], 굴 6.4%[6], 애기대양 3.8%[2], 가무락 2.6%[2], 두드럭고둥 1.7%[2]
어류(14)	참돔(47/24), 숭어류(16+/10), 다랑어류(33/14+), 상어류(14/9), 정어리류(5+/2+), 고등어류(5/4), 삼치(3/2), 감성돔(4/2), 흑돔(1), 방어(7/6), 청상아리(1), 청새치류(1), 넙치(2/1)
바다 포유류(3)	고래류(5/4), 강치(4/4)
육지 포유류(8)	멧돼지(20/11), 사슴(34/23), 고라니(8), 너구리(4/2), 불곰(1), 여우(6/3), 호랑이(1), 개(7/5), 쥐(1)
조류(8)	가마우지(4/3), 쇠가마우지(1), 아비류(1), 큰회색머리아비(1), 오리류(2/2), 꿩(1), 신천옹(1), 두루미류(1), 까마귀류(1)
종실류 (4)	도토리, 산딸기, 다래, 머루

* 식용패류 1(쿠르즈미·카네코), 2(카네코·김성욱). 표 내부의 [숫자]는 시료 수
** NISP 동정가능표본수; MNI 최소개체수. 최소개체수에서 층위가 다를 경우 별도의 개체로 계산

(3) 식물성 자원

Ⅲ층과 저장혈, 야외노지 등 6기 유구에서 채취된 8.5리터의 퇴적물 시료를 부유선별한 결과 16종 539립의 종자를 발견하였다(이경아 2007). 잡초류 종자가 압도적으로 많은 양을 차지하며 특히 명아주속이 전체 종자수의 68.5%나 차지한다. 식용 가능한 과실류도 다래(6립), 머루속(2립), 산딸기나무속(48립), 장미과(13립) 종자가 검출되었다. 이밖에 수량을 집계하지는 않았지만 참나무속 도토리도 다량 검출되었다. 명아주속은 아메리카나 남아시아, 대만에서는 곡물로 재배되고 있지만 한국에서는 잎을 나물로 이용할 뿐 종자의 식용은 민족지적으로도, 역사 기록에도 나타나지 않기에 의도적인 관

리가 있었다고 보기는 어렵다.

2) 동삼동패총

동삼동패총은 남해안 신석기문화를 상징하는 유적으로 여러 연구자와 기관에서 발굴을 진행하였다. 1969~1971년에 3회에 걸친 국립중앙박물관의 정식발굴조사가 규모가 크고 동물유체 분석도 최근 보고되었으나 층위 관계가 명확하지 않아 시기별 동물 이용 현황을 파악하는 자료로 이용할 수 없다. 여기서는 1963년과 1964년에 걸친 모어, 샘플의 시굴(Sample 1974; 金子·中山 1994)과 1999년 부산박물관 동삼동패총 정화지역 발굴조사(부산박물관 2007·2011)에서 확보된 동물유체만 소개한다. 부산박물관 발굴에서는 융기문토기가 중심을 이루는 8, 9층과 해발 5.5m의 생토면에서 발견된 옹관묘가 조기(동삼동Ⅰ기)에 속한다. 석기는 타제석부, 타제석촉, 결합식조침, 작살, 어망추 등이 소량 출토되었다.

(1) 동물성 자원

조기의 동물유체는 샘플의 조도기와 목도기, 부산박물관의 9·8층에서 보고되었는데 최하층이라 조사면적이 협소하여 목도기[9]를 제외하고는 수량이 많지 않다. 샘플 자료에서 뼈는 일본 학자들이 일부만 분석하였고, 패류는 전부 유종생이 분류하였다(Sample 1974; 金子·中山 1994). 부산박물관 자료는 발굴보고서(부산박물관 2007)에서는 층별 종류만 나열하였고, 동물유체 연구보고(西本 외 2011; 김은영 2012)의 조기 문화층에서는 포유류만 보고되었고 어패류와 조류는 검출되지 않았다.

포유류는 사슴과 동물과 고래, 강치가 주로 포획되며, 멧돼지는 목도기에만 보고되었다. 고라니는 샘플, 노루는 부산박물관 시료에서만 동정된 것이 특이한데 고라니, 노루의 구분이 쉽지 않아 동정 오류에서 비롯되었을 가능성도 있다. 목도기에서는 전체 포유류 중에서 강치가 37.9%로 가장 많고 이어서 고래목이 26.3%이다.

어류의 경우 샘플 부산기와 부산박물관 전기(Ⅱ)문화층부터는 참돔이 중심인데 비해 조도기와 목도기에서는 상어류 개체수가 가장 많다. 상어류는 모두 등뼈만 검출되었으며 흉상어과 종류를 주로 포함한다. 곱상어류의 등지느러미 가시도 소량 채집되었다. 상어류는 여러 종을 합한 분류이므로 단일 종으로서는 참돔의 비중이 가장 높았을 수도 있다. 대구는 목도기에서만 집중적으로 잡히고 있다. 패류에서 조도기(총 13종)는 홍합, 전복, 대수리와 피뿔고둥, 큰뱀고둥, 어깨뿔고둥 등의 고둥류가 몇 개씩 검출되었을 뿐이다. 출토량이 많은 목도기(총 30종)는 홍합이 76.6%로 주종이며 굴은 12.7%를

---

9)　이 글에서는 지두문토기의 목도기를 조기로 보는 하인수(2006)의 견해를 따른다.

차지한다.[10] 따개비, 소라, 대수리, 밤고둥과 피뿔고둥 등 고둥류, 전복과 성게도 검출되었다. 부산박물관 9층에서도 홍합, 소라, 투박조개와 큰뱀고둥, 피뿔고둥, 보말고둥, 눈알고둥 등의 고둥류가, 8층에서는 굴과 투박조개가 보고되었다. 샘플 자료에는 남생이와 바다거북도 미량 검출되었다고 하나 시기가 명확하지 않다.

조류는 조도기에서 가마우지와 신천옹, 목도기에서 논병아리, 슴새, 갈매기, 검둥오리, 흰죽지, 솔개 등 6종이 동정되었다. 뼈 수량은 보고되지 않았고 동삼동 전체에서 검둥오리, 가마우지, 농병아리가 중요하다고만 보고되었다.

표 15. 동삼동패총 출토 동물유체 동정가능표본수(Sample 1974; 김은영 2012)

시료	패류	어류	바다포유류	육지포유류
샘플 조도기	홍합, 전복, 대수리, 눈알고둥 등 고둥류	상어류 5, 참돔 1, 다랑어류 1	고래목 10, 강치 10, 돌고래과 1	사슴 16, 고라니 14
샘플 목도기	홍합 76.6%, 굴 12.7%, 따개비 2.8%, 밤고둥 3.0%, 전복 1.5%, 성게 0.3% 등	상어류 114, 참돔 71, 대구 47, 다랑어류 26, 방어 20 외	고래목 115, 돌고래과 39, 강치 166	사슴 44, 고라니 66, 멧돼지 8
부산박물관 9-8층	홍합, 참굴, 투박조개, 소라, 고둥류 5종	상어류, 돔, 정어리 외	고래류 1, 강치 4(편)	사슴 3, 노루 2

(2) 식물성 자원

동삼동패총은 해발 4~9m에서 형성되어 식물유체는 보존되지 않았으나 중기의 1호주거지 포함층에서 출토된 융기문토기 구연부에서 기장 압흔 1점이 확인되었다(하인수 외 2011; 小畑 2013). 기장 재배 또는 이용이 조기 후반까지 소급될 가능성이 제시된 것이다. 단 관찰한 조기 토기편 3321점 중 한 편에서만 발견된 것이라 예외적 현상에 가깝다.

3) 비봉리유적

창녕 비봉리유적은 현재 낙동강 하구에서 70km 떨어진 청도천 충적평야 가장자리에 위치하며 산지의 능선자락이 배후습지를 향해 돌출되어 있는 곳이다. 현재 지표면의 해발고도는 3.7~3.8m이나 신석기 조기와 전기 문화층은 대부분 해발 1m와 −3.5m 사이에서 발견되었다. 유적에서는 신석기 조기에서 후기에 이르는 총 9개 문화층(45~17층)이 확인되었다(국립김해박물관 2008). 이중 45층부터 20층까지는 염수 규조가 90% 이상 포함된 해성층으로 5개의 패층이 포함되어 있다. 유적이 처음 형

---

10) 식용패류만을 대상으로 하면 홍합 79.6%, 굴 13.2%, 밤고둥 3.1%, 전복과 소라가 1.5%이다(이준정 2002).

성되었을 때에는 청도천 하류까지 염수로 채워져 내만(古비봉만)의 경관을 하고 있었다. Ⅹ～Ⅶ문화층(45~34층)과 5~3패층, 4~3부석층이 서기전 6천년기의 조기 전반에 속하며, Ⅵ문화층(31층)의 2패층과 2부석층이 서기전 5천년기 전반의 조기 후반에 속한다. 5패층은 해발 −2.0m, 4패층은 −1.3m, 3패층은 −0.4m, 2패층은 −0.1m부터 형성되었다. 해수면 변동으로 습지화된 환경과 패층 덕분에 동식물유체를 포함한 유기물질이 부분적이나마 잔존하였다.

최하층(해발 −3m)에서는 소나무 통나무를 그을려서 단면 U자형으로 파내어 만든 통나무배(丸木舟)가 발견되었는데 잔존 길이는 3.1m이나 원래 길이는 4m 정도로 추정된다. 서기전 6천년기 중엽(6800±50BP, 6710±50BP)의 방사성탄소연대가 측정되어 동아시아에서 가장 오래된 배의 하나이다.[11] 2010년에 실시한 2차 조사에서도 2패층에서 목제 노(길이 178cm)가 출토되었다(국립김해박물관 2012). 비봉리 유적에서는 1, 2차 모두 규조류는 분석되었으나 화분분석은 진행되지 않았다. 목재 수종 분석은 1차에서는 조기 자료가 없고 2차의 2패층 11건 중 상수리나무류가 6건으로 가장 많고 소나무 2건, 뽕나무류 2건, 버드나무류 1건이다.

(1) 동물성 자원

2～4패층은 아래로 갈수록 패층 규모가 작아 동물뼈 출토량이 많지 않다(표 16). 1차 조사에서 검출한 동물유체 분석에 따르면 포유류는 모두 육지동물로 사슴과 멧돼지 위주이며 2패층에서 개, 너구리, 오소리가 각 한 건씩 검출되었을 뿐이다. 3패층을 제외하면 모두 멧돼지보다 사슴이 많다. 조기 패층 전체의 최소개체수를 합산하여도 사슴이 14마리로 돼지 6마리의 두 배에 달한다. 패층은 모두 재첩이 주체이며 참굴은 염수 패류 중에서는 가장 많이 검출된 종이지만 총수로는 재첩에 크게 미치지 못한다. 기타 기수우렁이, 다슬기, 말조개가 있으나 대부분 재첩 채취시 혼입된 것으로 보인다. 어류는 가숭어가 가장 많고 돔발상어속, 흉상어과, 가오리류, 농어, 감섬돔, 꼬치고기, 삼치류, 복류와 함께 담수어인 잉어도 극소량 검출되었다. 조류는 2패층에서 기러기류, 오리류가 주로 포획되고 있고 3

표 16. 비봉리 유적 출토 동물유체 동정가능표본수(보고서에서 재편집)

패층	제1차 조사	제2차 조사
5패층	사슴 1, 가숭어 2	멧돼지 1
4패층	사슴 11, 가숭어 3	사슴 1
3패층	멧돼지 15, 사슴 3, 가숭어 2, 꿩 1, 백조류? 1	사슴 4
2패층	사슴 43, 멧돼지 14, 개 1, 너구리 1, 오소리 1 가숭어 1, 돔발상어 2, 삼치류 1, 복류 1, 기러기류 3, 오리류 2, 꿩? 1	사슴 6, 복어 1

11) 소나무 수령이 200년이라고 보고되었기에 고목효과를 감안하면 실 연대는 조금 더 내려올 것이다.

패층에서 백조류와 유사한 형태와 꿩이 검출되었다. 2차 조사에서도 조기 패층에서는 동물 뼈가 37점 검출되었을 뿐인데 역시 사슴이 압도적으로 많다(김헌석 2012). 2차에서 새로 확인된 6패층 역시 대부분 재첩으로 구성되었다.

(2) 식물성 자원

유적에서는 부유선별을 이용한 식물유체 분석도 실시되었으나 전기와 중기의 도토리 저장혈 퇴적물에 집중되었으며 조기는 후반의 2패층과 2부석층에 한정하였고 그나마 약보고라 식물유체의 정확한 출토위치에 대한 정보도 부족하다(이경아 2008). 다만 보고서 본문에 5패층(41층)과 2패층(31층) 출토 가래의 방사성탄소연대(6490±50BP, 5970±60BP)가 보고되어 가래가 도토리와 함께 식용되었다고 추론할 수 있을 뿐이다. 한편 2패층 출토 융기문토기 동체부편 내면의 탄화된 유기물에서 전분분석 결과 달래속(*Alium* sp.) 구근이 확인되어 전분(아마도 도토리)과 달래를 섞어 조리하였을 가능성이 높다.

4) 연대도패총

통영 연대도패총에서는 식용패류 7종, 어류 27종, 바다포유류 6종, 육지포유류 7종, 조류 10종을 포함한 다양한 동물유체가 검출되었으나 식물유체 분석은 이루어지지 않았다. 유적에서는 조기와 전기 무덤 13기도 발굴되었다. 성인 남성 2구와 여성 1구의 미량원소분석은 스트론튬(Sr: 552~589ppm)과 바륨(Ba: 225~259ppm)의 농도가 높아 식료에서 식물성 자원이 차지하는 비중이 크다고 해석되었다(안덕임 2009). 반면 단백질 지표인 아연(Zn: 195~280ppm) 농도도 높아 아연이 풍부한 해산 자원, 특히 어패류도 적절히 섭취하였음을 보여준다. 조기의 5호무덤 출토 성인 여성 인골에서는 빈번한 잠수와 관련된 외이도 골종도 확인되었다.

연대도 신석기 주민은 육지의 동시기 다른 집단보다 어류에 대한 의존도가 높았다. 융기문토기가 주류를 이루는 조기 단계의 P-U Ⅲ층과 Ⅳ층에서는 어류 20종이 검출되었다. 두 층을 합쳐 최소개체수에서 참돔이 가장 많고 이어서 까치상어, 쏨뱅이, 곱상어의 순이다. 융기문토기와 영선동식토기가 모두 출토된 G-M 피트 Ⅳ층에서도 어류 20종이 검출되었다. 대부분 난류성 어종으로 참돔과 숭어가 주류이며 한류성 어종인 곱상어과가 그 뒤를 잇는다. 또한 전자와 달리 쏨뱅이도 많이 잡혔다.

두 피트 모두 바다포유류인 돌고래류, 고래류와 강치가 보인다. 특히 P-U 피트의 조기층에서는 돌고래과의 추골이 4,120점이나 출토되었다. 육지 포유류는 다른 유적과 마찬가지로 사슴과 동물과 멧돼지 위주이다(표 17·18). 조류는 종류는 많으나 소량만 검출되었다.

T피트 3층(조기)에서 채집된 2개의 시료를 이용한 패류 분석에서는 굴이 81.0%, 82.5%로 압도적이고 홍합도 11.4%, 15.6%를 차지한다. 패각의 방사성탄소연대는 6010±160BP이다.

표 17. 연대도패총 P-U pit Ⅲ/Ⅳ층(조기) 출토 동물유체(보고서에서 재편집)

종류(총 종수)	최소개체수(패류는 %)
패류 (7)	참굴 81-82.5%, 홍합 11.4-15.6%, 큰뱀고둥 6.2-0.6%, 전복, 애기밤고둥, 소라, 맵사리 극소량
어류 (20)	참돔 23, 상어류 24(까치상어 15, 곱상어 5.5, 괭이상어속 1, 청상아리 1, 상어과 1, 먹붕상어과 1), 쏨뱅이 6, 감성돔 3, 농어 2, 고등어류 2, 흑돔 2, 가오리과 1, 전갱이 1, 방어 1, 쥐치류 1, 졸복 1, 양태 1, 숭어 1
바다 포유류 (4)	돌고래 1, 돌고래과 1, 고래 1, 강치 2
육지 포유류 (6)	멧돼지 4, 사슴 3, 고라니 1, 너구리 1, 개 1, 쥐과 2
조류 (7)	쇠가마우지 1, 독수리 1, 아비류 1, 두루미 1, 갈매기 1, 꿩 1, 닭 1

표 18. 연대도패총 G-M pit Ⅳ층(조기~전기) 출토 동물유체(보고서에서 재편집)

종류(총 종수)	최소개체수
어류 (20)	참돔 22, 곱상어과 17, 까치상어 10, 상어과 2, 숭어 22, 쏨뱅이 16, 조기 3, 고등어류 3, 쥐치류 3, 가숭어 2, 가오리과 2, 방어 2, 감성돔 1, 흑돔 1, 농어 1, 대구 1, 동갈민어과 1, 참다랑어 1, 새치종 1, 졸복 1
바다 포유류 (6)	돌고래(2종) 2, 돌고래과 ?(추골 다량), 고래 2, 고래류 1, 강치 1
육지 포유류 (7)	멧돼지 5, 사슴 6, 고라니 3, 개 3, 너구리 1, 족제비과 1, 쥐과 3
조류 (4)	쇠가마우지 2, 신천옹 1, 오리류 1, 까마귀 1

5) 기타 유적

부산 범방패총 동물유체는 발굴보고서에 수록되어 있지 않으나 이준정 논문(이준정 2002; Lee 2001)에서 대략적 내용을 알 수 있다. 패류는 이준정이, 수류는 가네코가 분석하였는데 조기와 전기의 유물이 섞여 있는 Ⅰ층에서 식용패류 15종, 어류 7종, 육지 포유류 3종, 바다 포유류 2종, 조류 3종이 확인되었다. 패류는 참굴이 압도적이고 기타 토굴, 재첩, 국자가리비, 반지락, 우럭과 울타리ㆍ보말ㆍ눈알ㆍ큰뱀ㆍ두드러ㆍ대수리ㆍ피뿔고둥이 소량 검출되었다. 어류, 포유류와 조류의 종별 수량에 대한 정보는 공개되지 않았다. 범방유적의 제1문화층에서는 석부, 굴지구, 갈판, 어망추, 조침, 석추, 고석, 지석과 흑요석이 출토되었다(하인수 외 1993).

통영 상노대도는 연세대학교에서 발굴한 상리패총에서 동물유체가 보고되었다(손보기 1982). 9층은 조기, 8층은 조기와 전기의 교란층인데 동물유체 출토량이 많지 않아 합쳐서 보고한다. 육지 포유류는 대륙사슴과 우수리사슴을 포함한 사슴이 주류를 이루고 멧돼지는 1점만 검출되었다, 바다 포유류에는 고래과 3, 바다사자와 함께 타 유적에서 잘 보이지 않는 물개도 보고되었다. 조류는 까마귀 1점만 보인다. 어류는 종류가 단순하며 감성돔, 색가오리과, 양놀래기가 있다. 8층부터 검출되는 패류에는 홍합, 새조개, 개조개, 소라, 눈알고둥, 두드럭고둥, 기생고깔고둥이 보이나 수량은 보고되지 않았다. 참굴은 7층부터 출현한다. 후기 층까지 합치면 굴(시료 51kg 중 35kg)이 차지하는 비중이 압도적이고, 그 다음이 홍합이다.

여수반도 끝자락에 위치한 안도패총은 조기의 제1문화층(패각 I층), 전기의 제II문화층(패각II층, 혼사력패각층), 후말기의 제III문화층(사력층)으로 구분된다(국립광주박물관 2009). 제1문화층의 뼈와 패각 방사성탄소연대는 6620±110BP, 6660±80BP로 측정되었다. 패각층과 구지표면에서 노지 9기, 수혈유구 11기, 집석유구 3기와 토광묘 4기가 발견되었다. 유적에서는 규슈지역 조기 또는 전기 조몽문화와의 교류를 보여주는 조몽토기, 흑요석, 석시도 출토되었다. 토광묘는 조기에 조성된 것으로 1호 여성인골과 3호 남성인골에서는 외이도골종이 보인다. 또한 2호와 3호 남성 치아 전반에 성장 스트레스와 관련되는 에나멜 질감(enamel hypoplasia)이 형성되었다. 패류는 5피트 북벽의 5개층(I~VI층)에서 블록시료로 채취하였다(김건수 2009).[12] 상층의 VI층과 V층은 각 층의 식용패류 수량이 10건 미만으로 홍합 7개, 소라 3개, 굴 2개만이 검출되었다. IV층부터는 홍합(68.9~90.4%)이 압도적이고 굴(4.7~33.3%)이 그 다음이다. 기타 삿갓조개, 밤고둥, 산우렁이가 1개씩 검출되었을 뿐이다. 층별 수량을 합치면 홍합 80%, 참굴 17%이다. 성게도 5g 확인되었다. 어류는 IV층에서 참돔과 도미과 척추가 1개씩 확인되었다. 다른 패총과 달리 어류 수량도 적고 포유류도 검출되지 않았다.

남해안과 제주도 중간에 위치한 여서도패총은 융기문토기가 영선동식토기와 함께 출토되어 조기에서 전기에 걸치는 유적으로 보고되었으나 방사성탄소연대는 4200~4000BC에 집중되어 전기 전반의 연대를 나타낸다(목포대학교박물관 2008). 동물유체는 매우 다양하여 어류 23종, 조류 7종, 포유류 9종, 파충류 1종, 양서류 1종, 패류 42종을 포함한다. 패류는 미소패류를 제외하면 복족강 20종(54.3%), 부족강 5종(45.7%)으로 홍합이 44.6%로 가장 많고 굴은 0.8%에 불과하다. 복족강에서는 개울타리고둥 14.2%, 배말류 11.1%, 명주고둥 5.4%, 두드럭고둥 4.9%, 소라 4.9%, 밤고둥 4.4%, 덩굴뱀고둥 2.9%의 순이나 개울타리고둥, 명주고둥, 덩굴뱀고둥은 식용 여부가 확실하지 않다. 기타 식용패류로는 전복, 눈알고둥, 보말고둥, 큰뱀고둥, 피뿔고둥이 미량 존재한다. 또한 성게, 군부, 거북손도 다량 출토되었다. 검은큰따개비는 블록시료 하나당 219~1,977g이 검출되어 최대 180여 개에 달하나 파손된 개체가 대부분이라 출토량은 표기하지 못하였으나 패총의 실질적 주체라고 보고 있다.

어류에서는 참돔이 주체로 987점(MNI 196마리)이 검출되었고 자바리 173점(MNI 22마리), 볼락 109점(MNI 22마리), 흑돔 109점(MNI 18마리), 방어 70점(MNI 16마리)도 많다. 곱상어도 89점이 검출되었으나 가

---

12) 시료 채취 지점이 보고서 41쪽 표 3에는 5피트 북벽, 344쪽 그림 1에는 2피트 서벽으로 표시되어 혼선을 준다. 같은 그림의 층위도에서는 최하층에서 최상층까지 7개 층이 표시되어 있다. 지점이 5피트라면 I문화층, 2피트라면 I-II문화층의 시료가 된다.

시가 많아 개체수가 정확하지 않고 고등어 역시 척추 뼈가 27점 검출되어 개체수 파악이 어렵다. 바다 포유류는 강치가 251점의 10마리로 가장 많고 돌고래와 고래는 척추 뼈만 각각 25점, 9점 검출되었다. 육상 포유류는 개를 제외하고는 두개골이 전혀 검출되지 않아 육지에서 도구나 장신구 재료로 반입하였을 가능성이 있다. 조류는 가마우지 51점, 습새 18점, 청머리오리 10점, 매 11점, 쇠기러기 5점, 고방오리 8점이 확인되었다. 기타 뱀과 개구리는 쥐와 더불어 자연사한 개체로 보고되었다. 이렇듯 다양한 바다자원이 여러 형태의 결합식조침과 고정식작살, 골제첨두기를 포함한 어로도구와 함께 발견되면서 어로기지로서의 역할도 상장되고 있다.

표 19. 범방, 상리, 안도, 여서도패총 출토 동물유체

유적	패류	어류	바다포유류	육지포유류
범방	참굴 중심. 토굴, 재첩, 국자가리비, 바지락, 우럭, 고둥류 9종	참돔, 대구, 농어, 곱상어과, 정어리류, 쏨뱅이류, 양태	돌고래류 고래류	사슴, 고라니, 멧돼지
상노대도 상리 NISP/MNI	홍합, 새조개, 개조개, 소라, 고둥류 3종	감성돔 4/?, 색가오리과 1, 놀래기류 2/2	고래과 3/1, 물개 3/2, 강치 1	사슴 8/2 멧돼지 1
안도	홍합 80%, 참굴 17%	참돔 1, 도미과 1	없음	없음
여서도 NISP/MNI	홍합 44.6%, 울타리고둥 14.2%, 배말류 13.5%, 명주고둥 5.4%, 소라 4.9%, 두드럭고둥 4.9%, 밤고둥 4.4% 외	참돔 987/196, 자바리 163/22, 곱상어 89/21?, 볼락109/22, 흑돔109/18, 방어 70/16, 능성어 69/9, 감성돔 11/4, 돌돔 20/7, 옥돔 26/3, 복어 21/5, 농어 10/3, 우럭볼락 7/3, 고등어 27/2+, 다랑어 6/2, 가오리 2/2, 숭어 1, 벤자리 6/1, 뱅어돔 1	강치 251/10 고래(척추 25) 돌고래(척추 9)	사슴 54/12 노라니 1/1 노루 2/2 멧돼지 8/? 개 31/1

* NISP 동정가능표본수; MNI 최소개체수

4. 고찰

1) 환경적 배경

양쯔강 유역에서 콰후차오유적의 서기전 6천년기 취락은 해퇴기의 담수 수역에서 형성되었으며 서기전 5천년 무렵 해수면 상승으로 유적 일대가 바닷물에 잠기면서 폐기되었다. 허무두와 텐뤄산 일대는 콰후차오보다 항저우만에 가깝고 표고가 낮아 서기전 6천년기에 해침의 직접적 영향권에 있었다. 서기전 5천년 무렵 두 유적 모두 해만 환경이 담수 환경으로 바뀌면서 취락이 등장하였다. 서

기전 6천년기는 현재보다 기온이 낮아 난온대성의 동물이 서식하며 원숭이 같은 열대 동물상은 드물었다. 서기전 5천년기 허무두 문화 단계에 기후가 보다 온난하고 습윤해지면서 구릉과 산지에는 참나무속이 우점한 아열대성 상록·낙엽혼합림이 형성되었다. 저지대에는 벼과와 부들속이 우세한 습지가 크게 증가하였다. 허무두 문화는 이렇듯 증가된 담수 환경에서 수변과 수생 자원을 적극 활용하는 생업 전략을 선택하였다.

한반도 남해안의 융기문토기 유적은 서기전 6천년기 후반에 해수면이 육지 쪽으로 접근한 후부터 발견되기 시작한다. 그 이전 시기의 유적은 현재 바다 속에 잠겨 있을 가능성이 크다(이동주 2013). 세죽과 비봉리의 융기문토기 전기 층은 현 해수면 아래에서 발견되었다. 제주도 남쪽 한남리에서 실시된 홀로세 퇴적층 화분분석(정철환·오강호 2010)에 의하면 홀로세 초기(ca. 9400~8100 cal BP)는 낙엽성 참나무와 느릅나무가 우점한 온대성 낙엽활엽수림이 발달하였다. 서기전 6천년 무렵부터 기후가 보다 온난, 습윤해지면서 난온대성 낙엽·상록활엽 혼합림이 냉온대성 수목을 대체하였다. 그러나 융기문토기 단계의 남해안은 여전히 낙엽성 참나무가 우세한 냉온대성 낙엽활엽수림이 분포하며 난대림이 발달한 흔적은 아직 보고되지 않았다. 세죽패총의 패류도 온대 서식종이고 열대적 요소는 보이지 않는다. 다만 서기전 5천년기 초의 연대를 갖고 있는 세죽 III층 최상층에서 산호가 발견되었을 뿐이다. 비봉리에서는 융기문토기 단계 이후의 전기 층에서 물소 뼈가 처음 출현한다. 융기문토기 유적에서 검출되는 어류는 대부분 난류성이라 바다는 분명 쿠로시오 난류의 영향권에 들어갔다. 반면 식생의 변화는 더디게 진행되어 여전히 낙엽성 참나무가 우점한 것으로 추정된다. 새로운 난류성 어종이 다량 출현한 바다 환경에서 융기문토기 문화는 바다 자원을 적극 활용하는 생업 전략을 선택하였다(김건수 2011a).

2) 생업유형

(1) 육지 동물 사냥과 가축 사육

한반도 남해안보다 환경 조건이 다양한 양쯔강 유역의 사냥감 종류가 훨씬 다양하다. 그러나 두 지역 모두 가장 많이 잡힌 동물은 사슴과 동물이고 그 다음이 멧돼지이다(표 20·23). 이는 허무두 문화뿐 아니라 뤄자자오(羅家角), 웨이둔(圩墩) 등 항저우만 북안의 마지아빈(馬家浜) 문화 유적을 포함한 양쯔강 유역의 신석기 유적(袁靖 2005), 화북과 한반도 신석기 유적에서도 공통된 양상이다. 사슴, 고라니, 노루의 세 종만 있는 남해안에 비해 양쯔강 유역은 사슴 종류가 훨씬 다양하나 두 지역 모두 중형 사슴이 주된 사냥감이다. 반면 화이허 하류의 룽추장(龍虬庄)유적(6600~5500 cal BP)에서는 대형 사슴인 사불상이 압도적으로 많다(龍虬庄遺址考古隊 1999). 무게를 보면 대형 사슴인 사불상 150~200kg, 삼바 100~250kg, 중형인 꽃사슴과 우수리사슴 100~120kg인데 비해 소형인 문착, 고라니, 노루는

10~30kg에 불과하다(甲元 2001, 115~121쪽).

이 밖에 양쯔강 유역에서는 물소와 원숭이도 상당량 검출되고 있다. 성체 무게 800~1000kg에 달하는 대형 사냥감인 물소는 신석기 이른 시기 유적에 많고 후기로 갈수록 줄어든다. 사슴 역시 후기로 갈수록 소형 사슴의 비중이 증가하여 대중형 동물에서 중소형 동물로의 전이가 나타난다. 양쯔강 중류역의 8천년 전 바시당(八十塘)유적에서도 물소가 사슴류와 함께 주류를 이룬다(湖南省文物考古硏究所 2006). 중국에서는 한때 신석기시대 물소를 사육종으로 보고 논농사와 결부하기도 하였으나 형태 비교와 DNA 분석을 통해 신석기시대 물소는 모두 야생종이며 사육종 물소는 서기전 1천년기에 남아시아에서 도입되었음이 밝혀졌다(劉莉 외 2006). 물소는 남해안 융기문토기 유적에는 발견 예가 없고 전기부터 소량 확인될 뿐이다.

멧돼지속의 경우 남해안은 모두 야생인데 반해 양쯔강 유역에서는 신석기 이른 시기부터 멧돼지를 길들이기 시작하여 집돼지로의 형질 변화도 부분적으로 진행되었다고 보고 있다. 그러나 가축 동정 기준의 신뢰성은 차치하더라도 포유류 전체에서 추정 집돼지가 차지하는 비중이 크지 않고 그나마 후기 층으로 갈수록 줄어들고 있다. 허무두유적의 멧돼지속은 가축이 많다고 보고되었으나 가장 최근 분석이 이루어진 톈뤄산유적에서는 야생 비중이 높다. 중국 학자들의 동정을 그래도 받아들여도 돼지 기르기는 마지아빈, 송쯔 문화까지도 더디게 발전하다가 양쯔(良渚) 문화에서 가장 발달하나 마챠오(馬橋) 문화부터 다시 급격히 쇠퇴한다.

개는 양쯔강, 남해안 두 지역 모두에서 보고되었다. 다른 사냥감이 많이 존재하기 때문에 개는 식용보다는 사냥개로서 주로 길러졌을 가능성이 높다.

사냥도구로는 두 지역 모두 석제, 골제 화살촉이 출토되고 있다. 양쯔강 유역에서는 골제가 많다. 도구조성이 보고된 콰후차오유적에서는 골각기의 8.8%가 화살촉인데 반해 허무두유적에서는 그 비중이 55.7%로 급증한다. 또한 콰후차오·허무두 문화에서는 사냥감을 유혹하는 피리의 존재가 독특하다.

(2) 수생 동물 포획과 채집

허무두 문화를 포함한 양쯔강 유역과 화이허 하류역의 신석기 유적에서는 민물 서식의 어패류와 파충류를 포함한 수생동물이 식료의 중요한 부분을 차지하고 있다. 허무두유적에서는 거북과 자라의 출토양이 포유류를 압도하고 어패류 역시 많이 존재한다. 패류는 모두 민물조개(蚌)이며 어류 역시 붕어 중심의 잉어과 민물고기이다. 톈뤄산유적에서는 붕어 뼈로 가득 찬 저장혈도 발견되었다. 화이허의 자후(賈湖)유적 역시 저장혈 대부분에서 어골이 검출되었다(Zhao 2010). 반면 콰후차오유적에서는 동물유체에서 어류의 비중이 1~3%에 불과하다. 파충류는 조기 층에서는 44%의 높은 비중을 차지하나 만기에는 20%로 줄고 있다.

민물 어패류와 거북·자라류는 양쯔강 유역의 다른 신석기 유적에서도 중요한 자원이었다. 뤄자자오유적에서는 잉어, 붕어, 가물치, 민물청어 등의 어골이 다량 검출되었고 40~50cm의 어골이 퇴적된 저장혈도 발견되었다(羅家角考古隊 1981). 앞서 언급한 롱츄좡유적에서도 잉어과 물고기, 남생이, 자라, 조개류 등 수생동물 유체를 다량 포함한 회갱이 발견되어 양식의 가능성까지 제기되고 있다. 악어도 검출된 양은 많지 않지만 대부분의 유적에서 나타난다.

양쯔강 유역에서 바다 어패류의 이용은 드물다. 허무두유적에서 숭어와 까치돔, 톈뤄산유적에서 다랑어, 노래미, 상어가 소량 검출되었다. 또한 대합조개 가루도 토기 태토의 혼입제로 다량 이용하였다. 바닷조개는 톈뤄산유적에서 대합, 콰후차오 문화의 시아순유적에서 굴이 출토되었을 뿐이다. 북으로는 산동반도와 요동반도, 남으로는 중국 동남해안과 베트남에 이르기까지 신석기시대에 바닷가 패총이 형성되는데 양쯔강 하구 주변에는 패총의 보고가 전혀 없다. 패총이 발견되지 않은 것인지 애초부터 존재하지 않은 것인지 결론을 내리기 어렵다.

어로 도구로는 허무두에서 골제 부레와 그물추, 콰후차오에서 골제 작살이 드물게 보일 뿐이다. 잉어과 물고기는 무리지어 다니기 때문에 통발, 가리처럼 식물성 물질로 만든 도구를 이용하지 않았을까 추정해 본다. 양쯔강 유역의 다른 신석기 유적에서도 작살과 그물추가 출토되고 있으나 이른 시기에는 출토양이 적다. 고모도(甲元 2001)는 원추형의 양쪽 끝 가까이에 결구하기 위한 홈이 있는 봉상 어망추를 '長江型土錘'로 명명하고 양쯔강 유역에서는 장강형 토추를 이용한 어망 어업이 발달하였다고 주장하였다. 허무두 문화에서는 장강형 토추가 아직 보고되지 않았으나 허무두유적의 석제 그물추는 장강형 토추와 형태가 유사하다.

남해안은 동중국해에서 북상한 쿠로시오 난류가 북상하면서 다양한 난류성 어종이 풍부하게 공급되었다. 수십 종의 물고기가 포획되나 대부분의 유적에서 참돔이 압도적 우위를 차지한다. 상어류는 동삼동과 연대도, 감성돔은 상리, 다랑어와 숭어는 세죽, 쏨뱅이는 연대도에서 많이 잡히며, 어로 전초기지로 추정된 여서도에서는 흑돔, 방어, 자바리, 능성어, 불락도 상당량 보인다. 패류도 다양한 종류가 확인되지만 대부분의 유적에서 홍합의 비중이 두드러진다. 조기 후반의 연대도, 범방에서는 굴이 우점하며, 기수역에 위치한 비봉리에서는 재첩 위주이다. 세죽에서는 갯고둥, 눈알고둥, 여서도에서는 밤고둥, 울타리고둥, 두드럭고둥, 소라 등 권패류도 많이 검출되나 식용 부위의 무게를 고려하면 홍합과 굴의 비중이 더욱 높아질 것이다. 융기문토기 유적에서는 다양한 형태의 결합식낚시, 작살, 자돌구와 더불어 그물추도 출토되어 해양 자원의 집중적 이용이 시작되었음을 알 수 있다.

바다포유류도 두 지역 모두에서 포획되었다. 남해안패총에서는 고래, 돌고래 등의 고래목과 강치가 많이 발견되나 외해에서 배를 이용한 적극적 포경이 실시되었는지에 대해서는 여전히 논쟁 중이다(최종혁 2009; 하인수 2012). 양쯔강 유역에서는 바다포유류가 드물게 발견되며 콰후차오 만기층에서 돌고래, 허무두와 톈뤄산유적에서 고래의 뼈가 한 점씩 출토되었다. 마지아빈 문화의 뤄자자오, 웨이돈에서도 각각 고래와 바다사자가 미량이나마 보도되었다.

표 20. 양쯔강 하류역 서기전 6~5천년기 동물유체(NISP/MNI)(⊙ 최우점종, ◎ 우점종)

포유류		跨湖橋	河姆渡	田螺山	羅家角	圩墩	龍虬庄
사슴과	대형사슴류	43/9	⊙	450/25	o	22/	/12
	중형사슴류	408/37	◎	1753/80	⊙	130/	/1
	소형사슴류	16/3	o	764/61		71/	
	사슴과	219/?					
멧돼지과	멧돼지속	242/18	◎	295/28	◎	98/	/8
소과	물소	765/24	o	237/13	o	7/	
	수마트라산양	2/2	o				
코뿔소과	코뿔소	1/1	o				
개과	개	162/20	o	8/3	o	15/	/13
	승냥이		o				
	너구리	6/2	o	6/4	o	17/	
원숭이과	히말라야원숭이		o	71/14			
	紅面猴		o				
족제비과	돼지코오소리	2/1	o	29/10		5/	/2
	수달		o	9/6			
	담비		o	1/0			
	족제비		o				
곰과	흑곰		o	2/2		3/	
고양이과	사향고양이		o	2/2		7/	
	고양이속	4/3	o	13/7			
	표범속	o	1/1				
	호랑이	1/1	o				
코끼리과	코끼리		o		o		
고슴도치과	고슴도치		o	1/1			
돌고랫과		1/1					
고래목	고래류		o		o		
물범과						o	
포유류	전체	15종	34종	15종	9종	12종	
파충류		2종	6종	2종		3종	3종
조류		12종	8종	12종	5종	8종	
어류		3종	10종	3종	4종	6종	3종
갑각류		1종	1종	1종			
패류			3종		1종	11종	7종

표 21. 융기문토기 유적 출토 패류(이하 ⊙ 최우점종, ◎ 우점종, p=presence 미량)

패류 \ 유적	세죽	동삼동	동삼동 목도기	범방	비봉리	상리	연대도	안도	여서도
홍합	24.5%	3	76.6%			p	13.6%	80%	44.6%
굴	6.1%		12.7%	⊙	◎	p	82.3%	17%	p
반지락	18.4%		p	p					
재첩				p	⊙				
전복	0.4	3	1.5%			p	p		p
배말류									13.5%
가리비			p	p					
가무락조개	2.5%		p						
애기대양조개	3.3%								
소라	0.8		p			p	p	p	4.9%
갯고둥	25%								
밤고둥·명주고둥			3%					p	9.8%
울타리고둥			p	p					14.2%
보말고둥	1.2			p					p
눈알고둥	17%	3	p	p		p			p
큰뱀고둥			p	p			3.4%		p
맵사리		3	p				p		
긴고둥		1	p						
대수리		4	p	p					
두드럭고둥	1.6			p		p			4.9%
피뿔고둥			p	p					p
따개비			2.8%					p	p	◎

표 22. 융기문토기 유적 출토 어류

어류 \ 유적	남해안				원도권		
	세죽	동삼동	범방	비봉리	연대도	상리	여서도
참돔	⊙	p	p		⊙		⊙
상어류	p	⊙	p	p	⊙		
감성돔	p		p		p	⊙	p
흑돔	p				p		◎
다랑어류	◎	p					p
숭어	◎				p		p
가숭어				⊙			
가오리과			p		p	p	
농어			p		p		p

어류＼유적	남해안				원도권		
	세죽	동삼동	범방	비봉리	연대도	상리	여서도
방어	p				p		◎
고등어류	p				p		p
복어류				p	p		p
자바리							◎
능성어							◎
볼락							◎
쏨뱅이					◎		
삼치	p			p			
정어리	p	p					

표 23. 융기문토기 유적 출토 포유류와 조류

포유류 유적(NISP/MNI)	세죽	동삼동	범방	비봉리	상리	연대도	여서도
고래류	p	12/	p		3/1	/1	9*/?
돌고래류		1/	p			/3	5*/?
강치, 바다사자		10/			1/1	/2	251/10
물개					3/2		
사슴	⊙	16/	p	43/10	8/2	/3	54/12
노루							2/2
고라니	p	14/	p			/1	1/1
멧돼지	⊙		p	10/3	1/1	/4	8/2
너구리				1/1		/1	
오소리				1/1			
개	p			1/1			31/1
곰	p						
여우	p						
호랑이	p						
조류 종류	8	10	3	2	1	7	7

(3) 식물자원의 이용과 재배

양쯔강 유역의 신석기 주민은 다양한 식물성 자원을 이용하였는데 후기로 가면서 벼의 비중이 증가하고 다른 야생 자원의 비중은 감소한다. 허무두 문화에서는 습지와 호소에서는 벼, 마름과 연, 주변의 산지와 구릉에서는 도토리가 집중적으로 채집되었다. 콰후차오 문화는 허무두 문화와 달리 수생자원인 어류와 더불어 마름과 연의 비중도 크지 않다. 이밖에 남방멧대추, 복숭아, 매실, 살구, 머루속, 산딸기속 등 다양한 열매도 채집하였으며 박과 참외도 미량이나마 검출되었다. 종류는 다양하여도 에너지를 제공하는 전분을 많이 포함한 것은 도토리, 마름, 멧대추의 견과류, 연밥, 벼에 한정되며 저장도 가능하다. 종실유체로 표현되지 않지만 사초과 식물 등의 근경류에도 식용 가능한 종류가 많다.

콰후차오, 허무두, 톈뤄산 세 유적 모두 도토리 저장혈이 발견되었다. 보고서에서는 탄닌을 제거하기 위해 습식 저장을 하였다고 하나 상록성 참나무인 가시나무류와 잣밤나무속 도토리는 탄닌 함유량이 매우 적거나 없어 바로 식용이 가능하다. 오히려 견과류가 장기간 저장되어도 발아하지 않게 하거나 열매 속의 벌레를 제거하는 기능에 주목할 필요가 있다(Habu 2004, 66~67쪽). 가장 신뢰할 수 있는 식물고고학적 분석이 진행된 톈뤄산유적을 보면 도토리, 마름, 연을 합한 출토 수량이 벼보다 월등히 많다. 벼는 하층에서는 10% 미만이고 상층에서도 20% 정도에 불과하다. 도토리는 상층으로 갈수록 비중이 급격히 저하하나 마름은 60% 정도의 높은 비중을 그대로 유지하고 있다. 마름은 생식도 가능하며 쌀과 섞어 먹을 수도 있고 껍질은 돼지 사료로도 이용될 수 있어 당시에 가장 선호한 식물성 자원이다.

한때 재배벼로 단정되었던 허무두 문화의 벼는 소수축의 탈립면을 이용한 과학적 동정이 개발되면서 야생형에서 순화형으로 진행되는 과도기 단계의 벼로 밝혀졌다. 가장 많은 소수축 분석이 진행된 톈뤄산유적에서는 서기전 5천년기 중엽에도 재배벼의 비중이 최대 50%를 넘지 못하고 있다. 양쯔강유역에서는 서기전 4천년 무렵이 되어서야 수천 년에 걸친 벼의 순화 과정이 완료되고 벼가 주식의 역할을 차지한다. 허무두 문화의 전체 생업과 식물성 식량에서 벼가 차지하는 비중도 애초 주장되었던 것보다 훨씬 적었다.

벼, 마름, 연과 도토리를 중시하는 허무두 문화의 식물자원 이용 전략은 양쯔강 유역 신석기문화에서 공통적으로 나타난다. 허무두보다 북위 3도 높은 곳에 위치한 룽추장유적에서는 8~7층(제1기 : 5000~4300BC)과 6~4층(제2기 : 4300~3500BC)에서 출토된 식물유체 분석이 보고되었다(표 24). 상층으로 갈수록 벼의 비중이 높아지고 연과 마름은 급감하는 양상이 나타난다. 제2기부터 도작이 생업의 중심이 되고 벼도 순화형으로 전환되었다. 페이리강(裴李崗) 문화에 속하는 회화 상류역의 자후유적(서기전 7천년기) 역시 2001년도에 실시된 부유선별에서 검출된 종실은 마름, 연, 도토리, 콩속 등을 포함한 야생식료 위주이고 벼가 차지하는 비중은 적다. 출토확률에서도 견과류, 마름, 콩속, 머루속, 근경류가 벼보다 높다(Zhao 2010).

남해안에서는 침수 상태로 조사된 융기문토기 유적이 세죽과 비봉리 뿐이라 종실유체가 거의 보고되지 않았다. 다만 이 시기에 낙엽성 참나무 중심의 숲이 형성되었고 세죽리에서 도

표 24. 龍虯庄 유적 출토 벼, 마름, 연 수량의 시기별 변천(보고서 재편집)

	8층	7층	6층	4층
벼	124	1264	1776	1874
마름	126	22	14	7
연	476	246	127	33
벼규산체(/1g)	3960	13060	20703	70813

토리 저장혈이 발견되어 도토리가 중요한 식물성 자원임을 추론할 수 있다. 또한 비봉리에서 보듯이 달래를 비롯한 구근류도 다른 식재료와 함께 섭취하였을 가능성이 크다. 벼과식물로는 유일하게 동삼동에서 기장 압흔 토기 한 점이 최근 발견되었으나 현지에서의 재배 여부는 여전히 모호하고 전체 식량에서 차지하는 비중도 미미하였을 것이다(하인수 외 2001; 안승모 2012; 小畑 2013). 설령 기장이 동삼동 근처에서 재배되었다고 하더라도 기장 재배가 융기문토기 문화에서 보편적 현상인지 일부 유적에만 한정된 현상인지 여전히 불확실하다.

양쯔강 유역과 남해안 모두 식물성 식료를 가공하기 위한 갈판, 갈돌, 고석이 발견되었으나 형태가 정형화되지는 않았다. 굴지구로 양쯔강에서는 골제와 목제 보습이 유행하며 남해안에서도 석제 굴지구가 간혹 출토되고 있다.

3) 안정동위원소 분석

허무두 문화와 융기문토기 문화 모두 인골의 탄소 · 질소 동위원소 분석이 실시되었다(표 25). 〈그림 8〉의 강치, 고래, 해양 어패류, 초식동물의 분포는 양쯔강 유역과 한반도에서 출토된 동물유체의 동위원소 분석 수치를 감안하여 대략적으로 표시한 것이라 정확한 범위는 아니다. 포식자는 탄소, 질소동위원소가 섭취한 해당 식료의 수치보다 3~5‰ 상향된 값을 보이기 때문에 이 점을 감안하여 식성을 추정하여야 한다(안덕임 2011; 이준정 2011). 구체적 분석 자료는 없으나 담수성 어패류는 초식동물보다 질소동위원소 값이 높고 사육종과 비슷한 범위일 것이다(石籲 2014, 그림 2). 또한 콜라겐에 축적된

표 25. 유적별 탄소 · 질소동위원소 수치

sample	문화	δ13C	δ15N	sample	문화	δ13C	δ15N
대포	융기문토기	−13.5	15.8	田螺山 5층	허무두문화	−20.4	8.3
대포	융기문토기	−13.6	15.4	田螺山 5층	허무두문화	−20.6	8.1
대포	융기문토기	−12.7	14.8	田螺山 5층	허무두문화	−21.9	10.4
대포	융기문토기	−12.7	15.3	田螺山 6층	허무두문화	−20.2	8.0
대포	융기문토기	−13.1	16.8	田螺山 6층	허무두문화	−20.4	8.0
안도 1호여성	융기문토기	−13.5	15.5	田螺山 7층	허무두문화	−20.3	10.0
안도 2호남성	융기문토기	−12.9	15.2	河姆渡 3층	허무두문화	−19.7	
안도 3호남성	융기문토기	−13.1	15.6	河姆渡 3층	허무두문화	−19.8	
안도 4호여성	융기문토기	−13.6	15.4	河姆渡 3층	허무두문화	−18.3	11.2
안도 5호남성	융기문토기	−14.2	14.4	河姆渡 3층	허무두문화	−15.1	11.6
田螺山 5층	허무두문화	−20.4	9.8	賈湖 (평균)	배리강문화	−20.3	8.9
田螺山 5층	허무두문화	−20.3	8.0				

안정동위원소값은 주로 단백질 식료를 반영하기에 탄소·질소동위원소 분석이 섭취한 칼로리의 비중을 결정하는 것은 아니다.

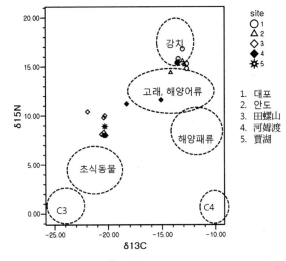

그림 8. 탄소·질소동위원소 분포도

먼저 융기문토기 문화부터 보면 서기 전 4800년 무렵의 대포패총 인골시료 5점의 $\delta^{13}C$는 −12.7~13.6‰ $^{(-13.1\pm0.4‰)}$이고, $\delta^{15}N$ 값은 14.8~16.8‰ $^{(15.6\pm0.7‰)}$이다(김헌석 2010). 안도패총 인골 5개체의 $\delta^{13}C$는 −12.9~−14.2‰ $^{(-13.5\pm0.5‰)}$, $\delta^{15}N$는 14.4~15.6‰ $^{(15.2\pm0.5‰)}$에 분포하였다(Choi et al. 2012). 두 자료 모두 바다 포유류와 어류 경계 부분에 위치하고 있어 포식자로서 상향된 값을 감안하면 단백질 섭취에서 바닷물고기가 중추적 역할을 하였다고 해석된다. 두 건 모두 육지 포유류의 사냥이 제한된 섬 주민의 식성이라는 점을 감안하여야 한다.

양쯔강 유역에서 톈뤄산유적의 인골 평균은 $\delta^{15}N$ 8.7±0.9‰, $\delta^{13}C$ −20.7±0.5‰로 초식동물(특히 사슴류와 맷돼지속)이 단백질의 주 공급원이었다. 서기전 7천년기로 편년되는 화이허 상류역의 자후(賈湖)유적의 인골 역시 톈뤄산과 동일한 동위원소 범위를 보인다(Hu et al. 2006). 반면 허무두유적의 인골은 탄소동위원소값은 −19.8~−15.1‰ $^{(평균 −18.2‰)}$, 질소동위원소값은 11.2~11.6‰ $^{(평균 11.40‰)}$로 탄소, 질소 모두 상기 두 유적보다 높은 수치를 나타낸다. 질소동위원소 값이 높은 것은 어패류 또는 가축이 식단에서 차지하는 비중이 높았기 때문인데 탄소동위원소 값도 높아 바다 자원이 일정한 역할을 하지 않았을까 싶지만 필자가 이 분야의 전공자가 아니라 판단은 유보한다.

4) 광범위 생업전략

서기전 6~5천년기에 양쯔강 하류역과 한반도 남해안에 거주하였던 신석기시대 주민은 다양한 식물성 자원과 포유류, 어패류, 조류 등의 동물성 자원을 광범위하게 활용하는 생업 경제를 영위하였다. 두 지역 모두 수생, 수변 자원을 집중적으로 이용하였다. 양쯔강 하류역에서는 강과 호소의 담수 자원에, 남해안에서는 바다 자원에 초점을 맞추어 취락의 입지를 결정하고 이들 자원을 획득할 수 있는 기술을 개발하였다. 두 지역 모두 통나무배가 노와 함께 발견되었으며 불을 질러 통나무 안을 파내는 기술도 동일하다. 질적, 양적 차이가 있으나 고래, 돌고래, 바다사자의 바다 포유류도 식료에 편입하였다. 숲의 자원도 중요하였다. 두 지역 모두 숲에서 도토리를 대량으로 채집하고 바닷가와 물가에는 도토리 저장구덩이를 설치하였다. 또한 사슴류와 멧돼지를 집중적으로 사냥하였다. 사냥용으로 이용할 수 있는 개도 길렀다. 동물 뼈는 골각기의 훌륭한 재료가 되었다. 정주성이 점차 강화되고 옹관을 비롯한 무덤이 조성되고 취사용 토기를 이용하고 관옥, 결상이식 등의 옥제 장신구도 공통적으로 나타난다.

아열대와 온대의 과도지대에 위치한 양쯔강 유역은 기후와 생태의 다양성 덕분에 남해안보다 동식물상이 훨씬 다양하여 자원의 종류도 많다. 남해안에서 잘 보이지 않는 거북, 자라, 악어 등의 파충류도 양쯔강 유역에서는 식료의 중요한 부분이었다. 두 지역 생업의 결정적 차이는 입지에서 비롯된다. 바닷가에 위치한 융기문토기 집단은 바다 자원을 적극 활용할 수 있는 다양한 어로도구를 개발하였다. 홍합 중심의 패류, 참돔과 상어류 중심의 어류, 돌고래 · 고래류 · 강치의 바다포유류 잔존물로 구성된 대규모 패총, 결합식낚시와 작살 등 다양한 종류의 어로도구, 골각제 도구와 장신구, 탄소 · 질소 안정동위원소 분석, 배, 흑요석 교역, 이 모두가 융기문토기 집단에서 바다자원의 중요성을 말해준다. 背山臨水의 입지를 보이는 양쯔강 하류역 신석기시대 유적은 담수 자원을 활용하면서 어로도구는 상대적으로 빈약하다. 대신 강과 호소의 습지 환경이 제공하는 식물성 식료인 마름, 연, 벼를 집중적으로 활용하였다. 또한 야생벼를 재배하고 멧돼지를 길들이기 시작하면서 재배화와 가축화의 과정을 거치게 된다. 남해안은 기장이 보고되고 있으나 예외적 발견이고 돼지 사육은 이루어지지 않는다. 양쯔강 하류역은 담수 환경에 입지하기에 집도 고상가옥이 개발되고 목제 가공기술이 발전하였다.

양쯔강 유역에서 벼 재배와 돼지 사육이 시작되었다고 하나 전체 생업에서 차지하는 비중은 크지 않다. 텐뤄산유적에서 벼는 식용 종실유체의 20%를 넘지 못하며 근경류까지 포함하면 그 비중은 더욱 줄 것이다. 집돼지 동정을 그래도 수용하여도 양쯔강 하류역의 서기원 6~5천년기 유적에서 가축이 포유류에서 차지하는 비중은 15~30% 정도인데 이는 동정 오류, 개, 야생으로 판명된 물소까지 포함하였기에 그나마도 과대평가된 수치이다.

따라서 융기문토기 문화도, 콰후차오 · 허무두 문화도 야생동식물에 전적으로 또는 크게 의존하는 단계이다. 야생동식물의 비중을 강조하면 양자는 수렵채집사회가 되나 재배종과 가축의 존재를 강조하면 후자는 지차원 식량생신 단계(이경아 2005, 31쪽)로 지칭된다. 그러나 두 문화 모두 다양한 종류의 자원을 광범위하게 이용하는 전략에 초점을 맞추고 있기 때문에 광범위(broad-spectrum) 생업경제의 전통적 개념으로 해석하는 것이 보다 유용할 것 같다.

광범위(또는 광범) 생업은 플레너리(Flannery 1969, p.77)가 서남아시아의 동물유체 자료를 이용하여 처음 제창하였다. 후기 구석기시대는 몇몇 우제류가 전체 육류에서 90% 이상을 차지하는데 말기로 가면서 대형 사냥감에서 소형 사냥감으로의 전환이 시작되고 거북, 어류, 철새와 무척추동물까지 식료에 포함시킨다. 이러한 현상을 한정된 자원의 'narrow spectrum'에서 식용 가능한 야생 산물을 두루 이용하는 'broad spectrum' 생업으로의 전환으로 지칭한 것이다. 광범위 생업은 근동에서는

15,000년 전부터 시작되어 후빙기에도 지속되었으며 이러한 맥락에서 순화, 즉 농경이 발생할 수 있다고 보았다. 이후 스티너(Stiner 2001)는 분류학적인 종 다양성보다 비용(cost) 대 수익(benefit)에 의한 dietary breadth란 측면에서 광범위 생업을 정의하면서 이미 5만년 전 부터 이러한 전략이 시작되었다고 주장하였다. 부유선별의 활용으로 식물유체에 대한 정보가 누적되면서 벼과 종자를 비롯한 식물성 자원도 광범위 생업의 정의에 이용하였다. 그리하여 근동에서는 정착생활이 시작되고 야생 맥류를 포함한 다양한 동식물 자원을 이용한 나투프 문화를 광범위 혁명의 개념으로 파악하게 되었다. 봐이스 등(Weiss et al. 2004)은 23,000년 전의 Ohalo II 유적의 식물유체에 주목하였다. 유적에서는 야생 맥류뿐 아니라 소립 풀씨도 집중적으로 수확하면서 초본과 종자가 식용 종실의 90% 이상을 차지하기에 광범위 생업 전략이 사냥과 식물 채집에 모두 적용할 수 있다고 주장하였다.

근동에서 시작된 광범위 생업의 개념은 유럽의 구석기시대 말기와 중석기시대, 조몬을 비롯한 동아시아의 후빙기 수렵채집문화에도 적용되기 시작하였고 한반도 신석기시대 역시 그러하다. 다나카(中村 2002)는 양쯔강 유역에서도 후빙기에 들어서 광범위 경제로의 이행이라고 하는 전 세계적 경향에 연동하여 중소형 짐승의 사냥, 조류와 어패류를 비롯한 각종 수생동물의 포획, 식물성 자원의 채집과 재배와 가축이 보완되는 다각적 경제활동이 시작되었으며, 식물자원과 수산자원의 이용이 정주화를 촉진하였다고 주장하였다. 양쯔강 중·하류역에는 후기구석기시대부터 대형 짐승이 감소하고 우제류 동물이 증가하며 일부 유적에서는 담수성 패류와 잉어과 민물고기, 도토리·밤·가래 등 견과류가 이미 출토되고 있다(甲元 2004). 양쯔강 유역 뿐 아니라 황하 유역, 내몽골에서도 후기구석기 말기에서 신석기시대에 걸쳐 광범위 혁명이 발생하였다(Li et al. 2014). 앞의 논문에서는 내몽골 신석기유적 출토 갈판의 전분분석에서 근경류 이용도 확인되었다. 양쯔강 유역에서도 근경류를 활용한 증거가 발견되리라 기대한다.

광범위 생업이라는 용어를 채용하더라도 구체적인 식료 획득의 양상과 기술은 지역에 따라 차이가 있다. 융기문토기 문화는 광범위 생업이라도 모든 자원을 고루 이용하는 것은 아니고 자원 범주별로 특정 종을 집중적으로 활용하는 집약적 생업 전략도 병행하고 있다. 육지 포유류는 사슴과 멧돼지, 어류는 참돔 등 특정 난류성 어종, 패류는 홍합, 식물성 자원은 도토리를 집중적으로 획득하였다. 양쯔강 유역은 앞에서 언급하였듯이 생태 조건이 다양하여 자원도 풍부하다. 허무두 문화에서도 융기문토기 문화보다 자원으로 이용할 수 있는 동식물 종류는 훨씬 다양하지만 범주별로 특정 종류에 집중하는 양상은 유사하다. 그러나 콰후차오·허무두 문화는 광범위 생업을 배경으로 벼의 재배와 재배종화, 멧돼지의 길들이기와 가축화가 시작되면서 저차원 식량생산 단계에 들어갔다는 점에서 융기문토기 문화와 가장 큰 차이를 보인다.

5. 맺음말

이 글에서는 한반도 남해안 융기문토기 문화와 중국 항저우만 남안의 콰후차오 · 허무두 문화의 생업을 동식물유체를 중심으로 소개하고 상사성과 상이성을 찾아보았다. 두 문화 모두 중소형 포유류 사냥, 어로, 패류 채취, 식물성 자원 채집을 아우르는 광범위 생업 전략을 선택하였다. 매우 다양한 종류의 식료를 이용하면서도 에너지 효율이 높은 특정 종을 집중적으로 획득하는 양상을 보인다. 두 지역 모두 참나무 중심의 숲이 형성되면서 도토리를 집중적으로 채집하고 참나무 숲에 서식하는 사슴류와 멧돼지를 주로 사냥하였다. 단 양쯔강 유역은 식생을 포함한 생태환경이 남해안보다 다양하여 사슴류 종류도 많고, 물소, 코뿔소, 원숭이, 산양, 악어, 거북, 자라 등 매우 다양한 사냥감을 포획하였다. 또한 멧돼지의 가축화도 시작되었다.

융기문토기 문화와 콰후차오 · 허무두 문화는 기후 변화와 해수면 변동의 영향으로 늘어난 수생 · 수변 자원을 적극 활용하였다. 융기문토기 문화는 바다에 서식하는 어패류와 포유류에 크게 의존하는 생활을 영위하였고, 허무두 문화는 호소와 습지에 서식하는 벼–마름–연, 거북–자라류, 민물 어패류가 중요한 식료였다. 특히 벼와 마름을 집중적으로 이용하는 과정에서 벼의 재배화도 진행되었다. 탄소 · 질소동위원소 분석을 보면 양쯔강 하류역 신석기시대 주민은 벼를 포함하는 C3식물과 초식동물이 가장 중요한 식료였고 담수 동물도 일정한 역할을 하였다. 반면 남해안 신석기시대 주민은 바다 자원의 비중이 매우 높다.

이 글에서는 동식물유체 자료를 중심으로 생업을 비교하였고 도구에 대한 세부적 고찰은 생략하였다. 양쯔강 하류역에서 동식물유체 모두에 대한 과학적 동정과 수량비교가 정식 보고된 텐뤄산유적, 허무두 문화와 콰후차오 문화의 대표 유적인 허무두, 콰후차오유적의 세 유적을 분석하였고 양쯔강 하류역의 다른 신석기시대 유적에 대한 총괄적 분석은 실시하지 못하였다. 양쯔강 유역에서 야생벼 재배화와 멧돼지 가축화가 시작된 이유에 대한 고찰도 하지 못하였다. 또한 융기문토기 문화는 식물유체 검출이 한정되어 비교의 어려움이 있다. 안정동위원소 분석도 섬 주민에 한정한 것이라 전체 융기문토기 집단을 대표한다고 보기도 어렵다. 이 밖에도 동물고고학에 대한 필지의 지식이 얕아 계량적 통계 작업에 오류가 있을 것이다. 많은 질정 부탁드린다.

〈부기〉

이 글은 2011년 5월 중국 余姚市에서 개최된 〈Hemudu Culture International Forum: In a Global Perspective〉에서 필자가 발표한 〈Initial Chulmun subsistence in southern Korea during the 6th~5th millennium BC〉를 토대로 콰후차오, 허무두, 텐뤄산 세 유적의 동식물유체 자료를 추가하여 대폭 보완한 것이다. 당시 학술대회에서 발표된 33건의 논문들, 허무두와 텐뤄산유적의 방문, 텐뤄산 보고서와 도록의 입수가 이 글을 보완할 수 있는 결정적 토대가 되었다. 본인에게 없는 자료를 보내 준 박양진, 이준정, 최완규 선생에게도 감사드린다.

한국
신석기시대
연구

제4부
성과와 과제

제1장 한국 신석기시대 연구의 최근 성과와 과제

1. 머리말

신석기시대 연구 성과는 한국신석기학회 주도로 편찬된『한국 신석기문화 개론』(중앙문화재연구원 2011)에 잘 집대성되어 있다. 특히 신석기시대 연구 성과를 꾸준히 정리하여 발표하여 왔던 신숙정의「신석기시대 연구의 성과와 전망」은 그의 최근 글(2013b·2015)과 더불어 이번 발표 주제에 가장 적합한 글이다. 한국상고사학회 2015년도 학술대회에서 이영덕(2015)은 유물과 생업에 대한 학사적 검토를 하였고 소상영도 2015년도 한일신석기문화 공동학술대회에서 신석기 연구 성과를 발표하였다. 이 밖에 편년, 취락, 유물 등 신석기문화의 개별 주제에 대해서도 여러 연구자들의 학사적 검토가 있었다. 또한 금번 2015년 국립중앙박물관 학술대회 〈신석기시대 연구의 성과와 과제〉에서도 환경, 동식물 유체, 유물, 주거지와 취락에 대한 발표가 따로 마련되어 있다. 따라서 본고에서는 2012년부터의 연구 성과에 한정하여 학술대회, 발굴보고서, 단행본, 논문을 취합하여 연구자의 기초자료로 제공하고 일부 개인적 견해를 덧붙이고자 한다.

2. 한국신석기학회 학술대회

신석기시대 연구자 간의 공동연구와 원활한 정보교환을 통해 신석기 연구를 활성화하고 연구자의 저변 확대를 도모하고자 1990년에 결성된 한국신석기학회(구 한국신석기연구회)는 매년 꾸준히 정기, 비정기 학술대회를 개최하고 있다. 2012년도에는『한국 신석기문화의 양상과 전개』와『중서부지역의 신석기문화』, 2013년도에는『남한의 신석기유적 재검토』, 2014년도에는『한국 신석기시대의 편년과 지역간 병행관계』, 2015년도에는『경기도의 신석기문화』와『한반도 중동부지역의 신석기 문화』를 주제로 학술대회를 개최하였다. 주로 편년, 취락, 생업, 그리고 지역별 양상이 다루어졌다. 2012년도 학술대회인『한국 신석기문화의 양상과 전개』는 같은 제목의 단행본으로 발간되었다. 한국신석기대 『토기의 문양과 기종』(2012.10),『토기의 형식과 양식문제』(2013.05),『석기의 분류와 제작방법』(2014.05)을 주제로 집중토론회도 실시되었다. 또한 2년마다 한국과 일본 구주에서 번갈아 개최되는 신석기시대 공동학술대회도 지속되었는데 2013년에는『한·일 초기 신석기문화 비교연구』를 주제로, 2015년에는 한일 양국의 주요 발굴유적 성과를 발표하였다.

〈한국신석기학회 학술대회〉
- 한국신석기학회 · 중앙문화재연구원, 2012.05,『한국 신석기문화의 양상과 전개』
  「신석기시대 초창기 단계의 문화양상」(박근태)
  「남해안지역 융기문토기의 편년」(하인수)
  「동해안지역 오산리식토기와 융기문토기의 층위검토」(고동순)
  「신석기시대 중서부지역 상대편년의 종합과 병행관계」(임상택)
  「중부서해안지역 신석기시대 마을의 변화와 의미」(구자진)
  「동아시아 조·기장 기원연구의 최근 동향」(안승모)
  「남부지방 중기 생업문화에 대한 연구」(최종혁)
  「남한지역 말기 즐문토기의 양상과 전개」(이동주)
- 한국신석기학회 · 서울대학교박물관, 2012.11,『중서부지역의 신석기문화』
  「중서부지역 단사선문에 대한 연구」(정우진)
  「신석기시대 중서부해안지역의 어로와 토기」(이영덕)
  「신석기시대 중·후기 중서부해안지역의 취락의 석기조성 양상」(유지인)
  「14C연대측정치의 고고학적 활용방안 검토」(소상영)
- 복천박물관 · 한국신석기학회, 2013.11,『남한의 신석기유적 재검토』
- 한국신석기학회 · 원광대학교마한백제문화연구소, 2014.11,『한국 신석기시대의 편년과 지역간 병행관계』
  「한국 신석기시대 초창기~조기의 편년」(박근태)
  「힌고 시북지방과 중서부지방 편년의 병행관계」(古澤義久)
  「신석기시대 전기의 한반도 중부지역과 남부지역의 병행관계」(김은영)
  「한국 남부지방과 중서부지방 후·말기 편년의 병행관계」(이동주)
  「14C연대 분석을 통해 본 한국 신석기시대 편년」(소상영)
  「중국 동북 科爾沁(커얼친)지역 신석기시대 문화 편년」(김상훈)
- 경기도자박물관 · 한국신석기학회, 2015.09,『경기도의 신석기문화』
  「중부내륙지역의 신석기시대 집자리와 마을」(구자진)
  「경기도 신석기시대 환경과 생업」(소상영)
  「한반도 중서부지역 신석기시대의 토기와 편년」(이혜원)

「임진강 유역의 신석기시대 취락유적」(강세호)

- 한국신석기학회 · 강릉원주대학교박물관, 2015.11,『한반도 중동부지역의 신석기 문화』.

「중동부지역의 중기 토기와 편년」(고동순)

「지경리 유적 및 주변 유적의 토기 압흔 연구 성과」(조미순)

「중동부지역 신석기시대 석기와 생업」(윤정국)

「중동부지역 신석기시대 취락」(신동민)

3. 발굴보고서

신석기시대 유구나 문화층이 포함된 유적 50여 곳의 발굴보고서가 간행되었다. 필자가 모든 발굴기관의 보고서를 확보한 것은 아니기에 실제 유적 수는 훨씬 많을 것이다. 이중 필자의 임의적 판단으로 학술적 중요성이 특히 높다고 생각되는 유적 일부만 아래에서 소개한다. 가장 이른 토기와 마을의 흔적이 찾아진 초창기의 고산리유적, 매장 및 의례와 관련된 조 · 전기의 죽변 · 장항 · 처용리유적, 고래 사냥의 증거가 제시된 전기의 황성동유적, 신석기시대 경작유구가 최초로 보고된 중기의 문암리유적, 중서부 도서에서 후기 취락 양상을 대표하는 중산동유적, 덮개형 소성가마가 확인된 후기 지좌리유적이 대상이다. 고산리와 지좌리를 제외한 나머지 유적은 모두 고환경분석이 실시되었다.

1) 제주 고산리유적

고산리유적의 1990년대 발굴에서는 우리나라에서 가장 오래된 토기가 석기와 함께 출토되었으나 유구는 확인되지 않았다. 움집 등 정착을 위한 항구적 구조물이 없으며 석기도 식물 가공 도구와 어로 도구 없이 수렵용의 화살촉 위주였다. 토기와 화살이라는 새로운 요소가 등장하였으나 신석기시대의 또 다른 특징인 마제석기와 정주는 출현하지 않았기에 구석기시대 이동식 수렵채집 생활의 연속적 성격이 강한 것으로 추정하였다.[1] 그러나 2012년도부터 발굴에서 움집이 많이 발견되면서 이러한 주장은 근거가 사라졌다. 2014년에 발간된 제주문화유산연구원의 발굴보고서에 따르면 2012년도 발굴에서 주거지 27기, 수혈 303기, 야외노지 9기, 구상유구 2기 등 다양한 유구가 발견되어 정착생활이 시작되었을 개연성이 높아졌다. 또한 석기에서도 갈판 · 갈돌 · 고석과 어망추가 발견되어 견과류 등의 식물성 자원 가공과 바다 자원의 획득도 시작되었음을 보여준다. 석재에서도 용결응회암,

---

1) 안승모, 2011,「신석기문화의 성립과 전개」,『한국 신석기문화 개론』(중앙문화재연구원 편), 서경문화사, 82쪽.

규장암, 쳐트는 남해안에서 유입된 것으로 결상이식과 함께 교류의 증거이다. 출토 토기의 80% 이상을 차지하는 고산리식토기의 태토 분석에서 억새속 보강제가 확인되었다.

고산리유적 연대는 기존에는 토기 TL 연대인 10180±65 BP만 간접적으로 보고되어 문화층을 덮은 아카호야 화산재 층의 연대를 감안하여 상한은 10000BP, 하한은 6400BP로 추정하였을 뿐이다. 막상 고산리유적의 목탄 탄소연대는 외국저널에만 보고되었고[2] 국내에는 소개되지 않았으며 수천 년이 넘는 연대 폭 때문에 고산리식토기 연대 설정에 별 도움이 되지 못하였다. 그런데 제주문화유산연구원에서 실시한 OSL 연대측정결과 생토층인 암갈색사질점토층은 9000BC 이전에 퇴적되었고 고산리식토기는 7500BC, 융기문토기는 6300BC로 측정되었다.[3] 목탄 탄소연대의 결합연대는 7790~7510BC[95.4%], 7690~7540BC[68.2%]로 보고되었다. 연대측정 결과를 보면 서기전 5천년기 후반에도 유적이 점유되어 일부 유구는 이 시기에 해당한다. 발굴보고서에는 아쉽게도 고찰이 생략되었는데 고산리유적 발굴이 계속 진행되고 있어 제주고고학연구소 등 다른 기관의 발굴보고서가 간행되는 시점에는 충실한 고찰을 볼 수 있을 것으로 기대한다.

고산리유적의 발굴성과에 기초한 많은 논문들이 발표되고 있다. 신숙정[2013a]은 고산리식토기의 존재를 기회로 토기 출현을 신석기시대의 지표로 삼자는 제안을 하였으나 그렇다면 동북아시아에서는 신석기시대 시작이 만빙기까지 올라가게 되는데 유럽에서 설정된 신석기시대 개념을 동북아시아에서만 바꿀 수 있을지 주저된다. 신숙정[2013b]은 고산리유적에서 주거지 중복과 중첩이 많이 보여 시간에 따른 취락의 단계적 발전상을 찾는 것이 과제라 하였고 석기는 제주 후기 구석기 말기의 석기 제작 수법이 초기 신석기로 이어질 가능성을 제시하였다.

2) 울진 죽변유적

죽변유적[삼한문화재연구원 2012]에서는 해안으로 돌출된 구릉 곡부 말단에서 신석기 문화층 다섯 층이 확인되었으나 유구는 수혈 2기와 구상유구 1기뿐이다. 유적의 탄소연대는 Ⅳ층에서 6530·6920BP, Ⅲ/Ⅱ층에서 6200~6100BP가 측정되어 서기전 6천년기 후반으로 편년된다. 자돌구획, 적색마연, 절견발 등 독특한 기형이 보이는 죽변식 토기, 얼굴 모양이 새겨진 토기 손잡이와 얼굴모양 토제품, Ⅳ층에서 출토된 통나무배와 노가 본 유적을 유명하게 만들었다. 다량 출토된 갈돌·갈판, 석부류 등 석기의 층별 출토상황을 보면 채집활동에서 어로활동으로 생업의 중심이 변한

---

2) 러시아의 Kuzumin이 1만년 전에서 6천년 전에 걸친 시기의 고산리 탄소연대를 외국 저널에 보고하였는데 필자가 저널 명칭과 논문요약을 적어놓은 화일을 분실하여 구체적 정보는 제시하지 못한다.

3) 이하 탄소연대는 방사성탄소연대, BP는 미보정연대, BC는 보정연대를 의미한다.

것으로 나타난다. 배는 환목선으로 녹나무로 만들었다. 녹나무는 제주도와 남해안 섬에 서식하는 상록활엽수로 당시 기후가 현재보다 온난하였던 것 같다. V층(1문화층)은 원형의 발이 도치된 상태로 출토되고, 굴지구, 석창, 장대형석부가 한 곳에 모아진 상태로 출토되어 생활면 또는 의례와 관련된 장소일 가능성이 제시되었다. 오산리식토기와 결합식조침도 출토되어 오산리식문화와의 교류관계를 증명한다.

삼한문화재연구원에서 2013년에 조사한 죽변리 15-68번지도 문화층만 확인되었고 기존 후포리 유적도 무덤만 발견되는 등 취락의 흔적을 울진 해안에서 아직 찾지 못하였다. 보고서에는 구릉의 남서사면에 취락이 있을 것 같다고 하였으니 꼭 찾아지길 기대한다.

3) 가덕도 장항유적

장항유적(한국문물연구원 2014)의 문화층은 총 11개층으로 IX층을 경계로 하부인 XI, X층은 신석기시대 전기의 육성층, 상부는 중-말기의 해성층이다. X층의 탄소연대는 5290±50, 5470±50BP이다. 전기는 집석유구(XI층), 수혈과 주혈(X층), 묘역(IX층), 중기 이후에는 집석유구가 조성되었다. 발굴보고서에서는 출토 인골에 대한 형질분석(김재현 외), 안정동위원소 분석을 통한 식생활 양상(신지영 외), 동물유체(최종혁), 패류(유은식), 토기·토양·안료 분석(한민수 외), 고환경 변화와 석지 석재 및 흑요석 분석(한국지질환경연구소), AMS 측정결과가 부록으로 실렸고 이러한 자연과학적 분석을 토대로 한 고찰과 함께 별도의 권으로 발간되었다. 고지형 분석에 따르면 7천년 전 무렵 모래사주 상면에 집석유구가 조성되기 시작하였고 6천년 전의 해침 이후 유적이 폐기되었으며, 59~5200년 전 사이에 해안선이 형성된 후 해수면이 하강하고 안정이 유지된 중기부터 다시 집석유구가 조성되었다.

유적은 섬의 북서쪽 외딴 곳에 위치하여 취락과 격리된 공간으로서의 상징성을 갖고 있다. XI층에서 19기, X층에서 14기가 확인된 집석유구는 등고선과 평행하게 연접, 중복 축조되었는데 이는 선대유구와 연결하기 위한 의식적 행위, 즉 계승의식으로 추정되었다. 집석에 불을 피워 음식을 만들어 공헌하고 묘역과 경계에 다량의 토기를 파쇄하였다. 총 158기가 확인된 수혈도 제사 관련 유구로 추정하였다.

장항유적에서 특히 중요한 성과는 토광을 별도로 파지 않고 만든 묘역에서 48기의 인골이 네 개의 군으로 나뉘어 발견되었고 인골에 대한 과학적 분석(김재현)도 진행된 것이다. 인골은 남성 16구, 여성 15구, 유아 9구로 남녀 비율이 비슷하다. 유소아는 주로 남성과 인접하여 배치된 것도 독특하다. 사망률은 유소아가 가장 높고 40대, 30대, 20대 순이며 10대가 가장 적다. 10·20대는 여성 사망률이, 30대 이후는 남성 사망률이 높고 50대는 남성 위주이며 가장 나이가 많은 70대는 여성이다. 평균수명은 40세로 추정되었다. 신장은 남(9구) 158.4±4.25cm, 여(8구) 146.7±6.46cm의 작은 키로 일본 조몬인과 유사하다. 기존에 안도와 연대도패총 인골의 신장이 남성 164.8·167cm, 여성

159.6 · 161cm로 추정된 것과 대비된다. 장항패총의 장법은 대부분 굴장으로 다리를 꺾어 하반신 전체를 상반신과 함께 묶은 독특한 방식이라 가덕도식 굴장이라는 명칭을 얻었다. 대퇴골이 발달하여 육체적 노동량이 많았으나 치아 부식이 없고 영양실조와 관련된 특이 사항이 없어 안정된 식량을 섭취하였다고 분석되었다. 인골의 스트론튬 동위원소와 DNA 분석을 통해 출계 연구도 진행되기를 기대한다.[4]

인골 동위원소분석(신지영 외)에서 바다자원의 비중이 높게 분석되었는데 다른 유적에 비해 개체간 차이가 큰 편이나 성별과 나이에 따른 차이는 없다. 외이도골종은 여성 2구, 남성 1구에서 확인되었다. 이중 40대 여인인 1호 인골은 패천 12개가 부장된데 반해, 합장으로 추정되는 40대 남성인 2호 인골은 외이도골종이 없고 토기 2점만 부장되었다. 유적에서 부장품은 패천이 가장 많고 옥제와 골제 수식, 석부 · 조침 · 작살 등의 석기도 소량 출토되었다. 패천과 옥제수식은 군집 4곳마다 20대 이상의 극히 제한된 인골에만 부장되었다. 즉 소유가 제한된 위세품적 성격을 갖고 있어 보고서에서는 집단 내 서열이 존재하고 재화가 불평등하게 소유되어 계급사회로 진입하였을 가능성을 제시하였다. 이러한 양상은 연대도나 욕지도에서도 확인되었다. 그러나 사회적 복잡화나 서열사회를 논할 수 있어도 계급사회라는 용어는 신중을 기하여야 한다. 능력에 따른 획득지위이지 세습지위로 보기는 어렵기 때문이다. 한편 부장품, 외이도골종, 장법 모두 나이와 성별에 따른 사회적 차이는 보이지 않는다.

4) 울산 처용리유적

바다가 보이는 구릉성 산지의 사면에서 발견된 처용리유적(우리문화재연구원 2012)은 Ⅰ구역에서 수혈 9기, Ⅱ구역에서 매장유구 16기, 수혈 13기가 조사되었다. 장축 135~230cm의 타원형 수혈인 매장유구는 유구 구조와 내부 시설, 부장유물을 근거로 추정하였으나 토양 성분 분석에서 유골과 관련된 특성이 검출되지 않은 점이 문제로 남는다. 장축 84~416cm의 수혈유구는 매장유구 주변에 분포하며 일부는 생활관련 기능을 하였을 것으로 추론되었지만 정확한 성격은 알 수 없다. 토기 양식에서 전기로 편년되었으나 탄소연대 자체는 4390BP, 3915BP로 중 · 후기의 연대를 나타낸다. 본 유적은 1호 매장유구에서 석부와 함께 출토된 결상이식 때문에 유명해졌다. 보고서에 수록된「울산 처용리 출토 결상이식에 대한 고찰」(임승경)에서 처용리와 안도의 결상이식은 형태적 특성에서 중국 장강유역 결상이식의 영향을 받았다고 추론하였다.

---

4) 방송(2014년 9월에 방영된 KBS파노라마 코리안 이브 등)과 신문을 통해 가덕도 인골에서 유럽인의 모계 유전자가 확인되었고 동남아시아 선주민과도 연결될 수 있다는 내용이 보도되기는 하였으나 관련 논문이 학술적으로 보고되지는 않았다. 학술적으로 검증되지 않는 내용을 미리 언론에 보도하는 것은 자제되어야 한다.

5) 울산 황성동유적

황성동유적(한국문물연구원 2012)에서는 수혈 1기, 야외노지 6기, 노지군의 유구도 존재하나 융기문·자돌압인문토기와 석기, 골각기 등 유물 대부분은 문화층에서 수습되었다. 보고서에서는 고환경변화와 동물 유체, 패류 등 자연유물 분석도 같이 이루어져 해수면 변동 등 고환경 연구에 귀중한 자료를 제공한다. 연안지대의 A구간에서 해발 −1.8m 이하의 Ⅷ층은 연안 사질점토층, Ⅶ층은 하성자갈층, Ⅵ층은 조간대 사질점토층으로 층마다 패류, 동물뼈 등의 자연유물이 토기, 석기, 골각기와 함께 퇴적되었다. 특히 2pit의 Ⅵ-3층에서 견갑골과 경추에 골제 자돌구가 박힌 고래 뼈 2점이 발견되었다. 하구의 B구간에서 Ⅸ층과 Ⅶ층은 조간대, Ⅷ층과 Ⅵ·Ⅴ층은 하성층으로 야외노지와 노지군은 하성층에서 확인되었다. 전기는 해수면 변동으로 조기 층이 바다에 잠기고 육성층 위에 유구가 조성되었다. 토기 형식에서 B구간 Ⅸ, Ⅷ층은 조기, Ⅴ층과 A구간은 전기로 편년되었으나 탄소연대는 B지구 Ⅷ, Ⅵ층과 A지구 Ⅶ층은 4360~4100BC(5280~5500BP), A지구 Ⅵ층은 3890~3830BC(4700~5090BP)로 측정되어 전기에 해당한다. A구간은 고래 등의 처리 장소, B구간은 고래 기름 채취를 비롯한 가공과 처리의 장소로, 지름 44~66cm의 소형 노지 20여 기가 모인 노지군은 식량자원을 간단히 조리하던 곳으로 추론되었다.

동물 유체에서는 고래가 가장 많고 사슴을 제외한 육지동물과 어로·수렵구는 매우 적다. 본 유적에서 가장 이슈가 된 것은 골제 자돌구가 박힌 고래 뼈의 발견이다. 포경의 직접적 증거로 알려지기도 하였으나 고래 유체를 직접 분석한 최종혁은 두터운 지방층과 근육층을 뚫고 미추와 견갑골에 골촉이 박히기는 무리라는 점에서 사냥이 아니라 해체 과정에서 박혔거나 고래를 많이 얻기 위한 주술적, 제의적 의도일 가능성을 제기하였다. 반면 「황성동 유적 고래의 획득과 이용」이란 제목의 보고서 고찰에서는 귀신고래의 유영 습성, 고래사냥의 민족지 자료, 두개골과 하악골 등에서도 작살이나 자돌구 흔적이 다수 확인되는 것으로 보아 포경에 의한 획득물로 보는 것이 합리적이라고 주장하였다. 전기의 어느 시점부터 해수면이 하강하기 시작하면서 환경 변화에 대한 적응의 결과로 고래 이용이 활발히 이루어진 것으로 보고되었다.

6) 고성 문암리유적

국립문화재연구소에서 발굴한 문암리유적 보고서는 발굴내용과 고찰은 2013년에, 자연과학적 분석은 2014년에 별도로 간행되었다. 자연과학적 분석은 지형, 식생, 농경, 토기와 석기, 뼈의 다섯 섹션으로 구분되었다. 01 지형편에는 고지형 환경분석(이홍종), 고환경 및 지형발달과정(류춘길·박영숙), 지형과 퇴적층 발달과정(최광희), 3차원 지형복원(곽종철·고용수), 02 식생편에는 화분분석(박지훈), 탄화목재 수종(김민구), 7호 주거지 탄화목 수종(송지애·김순관), 03 농경편에는 추정경작층 토양(이희진), 경작층의 식물규소체(류춘길·최미경), 식물 유체 및 전분(이경아), 토기 압흔(조미순 외), 04 토기와 석기편에는 토기의 과학적 분석(한민수 외), 석기의 재질 분석 및 산지추정(좌용주), 05 뼈편에는 동물 유체 분석(김건수)이 수록되었다. 고고학 발굴에서 실시될 수 있는 거의 모든 자연과학적 분석을 실시하여 문화재연구의 중추적 역할을 하는 국립기관으로서의 자부심이 느껴진다. 2013년도 발굴보고서의 고찰도 상기 자연과학적 분석의 주요 내용을 고고학적 해석에 흡수하였다.

여기서는 신석기 중기 단계의 농경 문제만 다루겠다. 문암리유적에서는 해수면 하강으로 해안 사구의 배후저지가 육화된 이후 조성된 경작유구가 2개 층이 확인되었다. 발굴 당시에는 상하층 밭 모두 신석기시대에 속할 가능성을 고려하였으나 절대연대 측정과 신석기 유구 중첩에서 최종적으로 하층 밭은 신석기시대 중기, 상층 밭은 철기-조선시대로 추정하였다. 하층 밭은 이랑과 고랑을 갖춘 일반적 밭 형태 외에도 방형, 장방형의 소구획으로 복합 구획된 독특한 구조가 나타난다. 중기 유구의 작물유체 분석 결과 조, 기장, 콩속이 미량 검출되었다. 쌀과 밀도 한 알씩 검출되었으나 분석자(이경아)는 후대 종자의 유입으로 보았다. 토기 압흔분석에서도 조, 기장, 들깨속이 확인되었다. 반면 하층 밭 토양의 식물규산체 분석에서는 벼의 식물규산체가 다량 검출되어 벼농사 존재가 추론되었다.

그러나 하층 밭의 벼 식물규산체는 상층 밭의 벼 식물규산체가 비나 생물교란 등의 요인으로 하강하여 퇴적된 결과일 가능성도 있다(조은하 2014, 16쪽). 실제 경작유구의 토양미세형태분석(이희진)을 보면 상하층 모두에서 쇠똥구리, 지렁이, 개미 등에 의한 토양교란현상이 풍부하게 관찰되었으며 퇴적물 입자의 공극도 커서 상층에서 경작된 벼의 식물규산체가 하층으로 하강하였을 가능성이 매우 높다. 발굴보고서를 보면 토층 분류에서 하층 밭은 Ⅶ층이고 상층 밭은 Ⅱ층이라 간격이 큰 것 같지만 실제 대부분의 지점에서 하층 밭 Ⅶ층 위에 바로 Ⅱ층이 피복하고 있다. 하층 밭에서 맥류의 식물규산체와 메밀 화분, 그리고 소뼈가 확인된 것 역시 후대 교란과 관련된다고 할 수 있다. 하층 밭 자체가 실제 신석기시대 경작지였는지 자체에 대한 의문도 남아 있다. 소구획된 밭 형태 자체도 낯선 형태이고 빗살무늬토기가 출토된 6호 주거지가 하층 밭을 파고들었기에 층위적으로 증명되었다고는 하나 6호 주거지는 내부조사가 미실시되었기에 신석기시대 것이라는 증거는 미약하다. 후대 유구가 신석기시대 문화층을 파괴하고 조성되었을 수도 있으며, 화분분식이 실시된 F구역의 절대연내측정에서는 하층 밭에서 후대의 연대(2010±40, 1830±40, 1380±40BP)가 나오기도 하였기 때문이다. 상층 밭의 연대가 철기시대에서 조선시대까지 너무 넓은 범위에 걸쳐 있는 것도 문제이기 때문에 상하층 밭 전체의 시기 소속에 대한 추가적 연구가 필요하다. 발굴 성과를 부정하는 것은 아니고 신중한 접근이 필요하기에 의문점을 나열한 것이다.

한편 강원고고문화연구원에서 2014년 1월에 『고성 문암리 유적의 재조명 학술심포지엄』을 개최한 바, 토기의 성격(하인수), 어로활동(이영덕), 경작활동(윤호필), 지형과 지질학적 특징(류춘길), 종합정비계획 및 활용방안(박준범)이 발표되었다.

7) 인천 중산동유적

기존 발굴보고서는 자연과학적 분석을 도판 뒤의 부록으로 처리하고 그 결과를 고찰에서 이용하지 않는 경우도 많았다. 반면 한강문화재연구원의 최근 발굴보고서는 자연과학적 분석을 부록이 아니라 본문의 고찰 앞에 싣고 분석 결과를 고찰에 적극 활용하고 있다. 대표적 예가 인천 중산동유적(한강문화재연구원 2012)이다. 보고서 Ⅴ장의 자연과학적 분석에는 영종도 일대 신석기시대 제4기 지질과 환경변화(김주용), 고고지자기학적 연구(성형미), 식물유체 분석(이경아), 토기 압흔(김성욱 외), 갈돌·갈판의 사용흔과 잔존전분 분석(카미조), 토기의 재료학적 특성 분석(이찬희 외)이 실려 있다. 식물유체, 토기압흔, 갈돌·갈판 분석 모두에서 조와 기장이 확인되었으며, 갈판에 잡곡의 탈각 기능도 있음을 밝혔다. 토기 분석에서는 태토에 따라, 취사용, 단순 저장용, 액체저장용으로 기능을 달리함을 밝혔다.

자연과학적 분석에서 특히 흥미로운 김주용의 글은 홀로세 초부터 중기까지 한강 하류와 영종도 일대의 일반적 지표환경 변화 증거를 신석기 유적 입지특성 정보와 결합하여 신석기인들의 적응특성을 고찰하였다. 그는 지표환경 변화는 수백 년 주기의 세부시기별로 해수면변화, 기온변화, 강수량 변동을 파악하고 이를 다중지시자로 연계시키는 정밀한 연구가 필요하다고 제안하였다. 또한 홀로세의 전지구적 시기 구분과 동아시아권역에서의 기후변화와 지표환경 변화에 관련하여 신석기 유적군의 분포양상과 시기를 중첩해볼 필요를 강조하였다.

고찰도 취락(오승환), 토기(김효진), 석기(김경진), 굴지구의 수혈 굴착실험(김성욱)으로 분리되어 있다. 중산동유적에서는 21지점에서 주거지 10기, 야외노지 7기, 수혈 58기, 23지점에서 주거지 21기, 야외노지 20기, 수혈 339기가 확인되었는데 두 지점 모두 주거지는 1~4기의 주거지가 무리를 이루며 독립적으로 분포한 '散開群集'의 형태를 취하고 있다. 즉 바다가 보이는 구릉에 작은 주거군이 모여 전체 취락을 형성하였다. 주거지 탄소연대는 2900~2500BC에 집중되고 있으며 야외노지와 수혈은 주거지가 폐기된 이후에도 존속하였다. 취락 고찰에서는 23지점의 7호와 14호 주거지 출입구 사이에 마을길 존재 가능성을 제시하면서 공공장소로서의 광장과 길을 추론한 부분이 주목된다. 석기분석에서도 단순한 형식비교에서 탈피하여 석기 구성, 돌감의 선별적 사용, 석기별 특징(사용흔, 마모), 갈돌과 갈판의 제작기술 및 기능까지 살핀 점이 강점이다.

토기는 고찰에 실린 유구별 집성표와 본문의 내용이 다르다. 발굴에서 출토된 토기 일부분만을 본문에 수록하였기에 발생한 현상이다. 한강문화재연구원만이 아니라 거의 대부분의 발굴기관들이 출토 유물의 일부만을 보고서에 기재한다. 발굴자에 의해 임의로 선별된 토기 자료를 가지고 다른 연구자가 상대편년에 이용할 경우 오류가 발생할 수밖에 없다. 가능하면 출토 유물 모두를 수록하는 것이 이상적이겠으나 시간상, 예산상 한계가 있다면 고고학자들이 모두 수긍할 수 있는 공통된 선별 기준을 마련할 필요가 있다.

8) 김천 지좌동유적

감천의 지류 충적지에 위치한 지좌동 2-1구역(대동문화재연구원 2012)에서는 신석기 후기의 주거지 6기, 야외노지 5기, 수혈 16기와 토기요지 7기가 발견되었다. 삼강문화재연구원 조사구역에서도 주거지 3기가 조사되었다. 2기가 세트를 이루거나 단독으로 조성된 토기요지는 길이 3.8~8.9m, 폭 1.2~1.7m의 구상유구로 단면은 U자형이며 장축방향으로 목탄 열이 잔존한다. 이는 최종 단계에서 초본류를 덮어 소성한 결과로 해석되었다. 구상유구 형태의 토기가마는 초기철기시대의 점토대토기 단계에 나타났는데 지좌동유적에서는 이미 신석기시대 후기부터 출현한 것이다. 배성혁(2013)은 피복식 또는 덮개형 소성법이 적용된 이러한 독특한 형태의 요지를 지좌리식 토기요지로 설정하였다. 보고서 고찰에서 토기 형식으로 추론한 연대는 서기전 2500년 전후이나 탄소연대는 서기전 3천년기 전엽(4410~4040BP)으로 측정되었다.

〈발굴보고서〉
[유구 종류]

가경고고학연구소, 2012a, 『태안 달전리 유적』. [주거지 1, 수혈 3]

가경고고학연구소, 2012b, 『당진 동곡리 동곡 · 유곡리 벌후 유적』. [노지 2, 수혈 4]

가경고고학연구소, 2013a, 『당진 율사리 유적』. [주거지 1]

가경고고학연구소, 2013b, 『당진 동곡리 뱃말 · 유곡리 아랫말 · 유곡리 대창말 유적』. [주거지 2]

강원문화재연구소, 2012a, 『홍천 성산리 유적』. [주거지 1]

강원문화재연구소, 2012b, 『춘천 우두동 유적Ⅱ』. [주거지 1, 수혈 1]

강원문화재연구소, 2012c, 『고성 대진리 유적』. [주거지 2]

강원문화재연구소, 2013, 『화천 거례리 유적』. [주거지 1]

경남문화재연구원, 2012, 『진주 평거동 유적』. [야외노지 2, 석축유구 1]

경남발전연구원 역사문화센터, 2012a, 『의령 마쌍리 · 산남리유적』. [무덤, 노지, 집석 각 1]

경남발전연구원 역사문화센터, 2012b, 『진주 평거 4-1지구 유적』. [주거지 8, 야외노지 14, 수혈 84, 적석유구 2, 구상유구 3]

경상북도문화재연구원, 2013, 『대구 유천동 신석기시대 생활유적』. [주거지 2, 야외노지 6]

고려문화재연구원, 2013, 『김포 양촌 유적』. [주거지 6, 수혈 2]

국립김해박물관, 2012, 『비봉리Ⅱ』. [주거지 1, 수혈 67, 패각수혈 4, 야외노지 1]

국립문화재연구소, 2013, 『고성 문암리 유적Ⅱ-발굴조사보고서-』. [주거지 7, 야외노지 12, 수혈 1, 경작유구]

국립문화재연구소, 2014, 『고성 문암리 유적Ⅱ-분석보고서-』.

국립춘천박물관, 2013, 『영월 공기2굴 · 꽃병굴 동굴유적』.

대동문화재연구원, 2012, 『김천 지좌리유적』. [주거지 6, 토기요지 7, 야외노지 5, 수혈 16]

동북아지석묘연구소, 2013, 『순천 마륜리 마륜유적』. [주거지 1]

동서문물연구원, 2012,『진주 평거 4지구 Ⅱ구역 유적』. [야외노지 2]

목포대학교박물관, 2012,『광양 오사리 돈탁패총』. [패총 1, 주거지 1]

삼강문화재연구원, 2012,『김천 지좌리 무문시대 집락』. [주거지 3, 소성유구]

삼한문화재연구원, 2012,『울진 죽변리 유적』. [문화층, 수혈 2, 구상유구 1]

백제문화재연구원, 2013,『당진 가곡리 패총유적』. [패총 1]

복천박물관, 2012,『동삼동패총 정화지역 발굴조사보고서』.

서울대학교박물관, 2013,『시흥 오이도 유적』.

영남문화재연구원, 2013,『대구 서변동 취락유적Ⅱ』. [집석유구 4]

예맥문화재연구원, 2015,『삼척 증산동유적』. [주거지 3, 수혈 1, 야외노지 33]

우리문화재연구원, 2012a,『울산 처용리 21번지 유적』. [매장유구 16, 수혈 22]

우리문화재연구원, 2012b,『창녕 수다리 패총』. [패총 2]

울산문화재연구원, 2014,『부산 가동 패총』. [패총 2, 야외노지 5]

원광대학교 마한백제문화연구소, 2014,『익산 신용리 갓점 유적』. [주거지 1]

전라문화유산연구원, 2012,『정읍 접지리, 마석리유적』. [적석노지 2]

전라문화유산연구원, 2014,『부안 대항리 패총』.

제주문화유산연구원, 2012a,『제주 회천동유적(1035-2번지)』. [수혈 9]

제주문화유산연구원, 2012b,『제주 오동동유적(105번지)』. [수혈]

제주문화유산연구원, 2013,『제주 이호동유적(1630-3번지)』. [수혈 34, 적석노지 1]

제주문화유산연구원, 2014,『제주 고산리 유적』. [주거지 27, 수혈 303, 야외노지 9]

중부고고학연구소, 2012,『안성 양변리유적』. [주거지 1]

중부고고학연구소, 2013,『화성 청원리·석교리 유적』. [주거지 26, 야외노지 1, 수혈 4]

중앙문화재연구원, 2012,『서산 왕정리유적』. [주거지 1]

중앙문화재연구원, 2014,『예산 효림리유적』. [주거지 1]

충청남도역사문화연구원, 2013,『홍성 신경리·예산 목리유적』. [주거지 2]

한강문화재연구원, 2012a,『인천 운복동 유적』. [주거지 18, 야외노지 84, 수혈 16]

한강문화재연구원, 2012b,『인천 중산동 유적』. [주거지 31, 야외노지 27, 수혈 397]

한강문화재연구원, 2012c,『인천 경서동 유적』. [주거지 2]

한강문화재연구원, 2013a,『원주 반곡동 유적』. [주거지 3, 야외노지 6, 수혈 5]

한강문화재연구원, 2013b,『김포 운양동 유적Ⅱ』. [주거지 1]

한강문화재연구원, 2014a,『보령 송학리 패총 유적』. [패총 3]

한강문화재연구원, 2014b,『인천 구월동 유적』. [수혈 2, 야외노지4]

한국문물연구원, 2012,『울산 황성동 신석기시대 유적』. [수혈 1, 집석노지 6, 노지군 1개소]

한국문물연구원, 2014,『부산 가덕도 장항유적』. [집석유구 100, 수혈 155, 옹관 1]

한국선사문화연구원, 2014,『서울 외발산동 유적』. [수혈 2]

한백문화재연구원, 2012,『남양주 별내유적Ⅲ』. [주거지 3, 야외노지 4, 집석 3]

호남문화재연구원, 2014,『여수 경도 신석기시대 패총』. [패총 4, 야외노지 4]

4. 단행본, 도록, 박사학위논문

앞에서 한국신석기학회의 학술대회를 소개하였는데 학회의 가장 큰 공헌은 국립문화재연구소의 한국고고학 사전작업에 참여하여 『한국고고학전문사전(신석기시대편)』(국립문화재연구소 2013)을 발간한 것이다. 이 사전은 신석기 전공자 50여 명이 집필에 참여하여 유적과 개념 표제어 약 1천여 건에 관한 용어해설을 하였으며 중국, 러시아, 일본의 주요 유적도 포함되어 있다. 한국신석기학회는 중앙문화재연구원의 지원을 받아 2011년도의 『한국 신석기문화 개론』에 이어 2012년도에는 『한국 신석기문화의 양상과 전개』, 2014년도에는 『한국 신석기시대 토기와 편년』을 중앙문화재연구원 편으로 발간되었다. 앞의 두 권은 2012년도, 2013년도 대한민국학술원 우수학술도서로 선정되는 영예를 얻었다. 또한 자료집으로 기존에 발간된 주거지 집성에 이어 골각기도 집대성되었다(한강문화재연구원 2014).

최근에는 종실유체를 찾기 위한 토기 압흔 분석이 활성화되면서 관련 보고서 두 권이 한국과 일본에서 발간되었다. 국립문화재연구소의 신석기시대 압흔 보고서는 문암리유적을 발굴한 조미순이 2013년부터 3개년 사업으로 주도한 〈식물고고학을 통한 선사시대 농경화 연구〉 프로젝트의 일환으로 문암리, 오산리, 송전리, 지경리, 운서동에서 조, 기장, 들깨, 콩속 등의 압흔을 찾은 결과가 수록되어 있다. 특히 중서부에서 가장 이른 취락 중의 하나인 운서동유적에서 조, 기장, 들깨를 찾은 것이 언론에 홍보되기도 하였다. 中山誠二(2014)가 편집한 『日韓における穀物農耕の起源』은 밀양 살내·신안, 화성 석교리, 대부동, 송죽리, 지좌리, 봉계리의 즐문토기 압흔분석과 함께 청동기시대 압흔 분석 결과도 포함하며 「박편석기와 굴지구 사용흔분석」(原田幹), 「한일 재배식물의 기원과 농경의 전개」(中山誠二) 등 관련 논문도 실려 있다.

한 점의 홍도를 완성하려면 하룻밤을 꼬박 새워야 한다. 태토와 안료, 땔감 구하는 시간까지 합치면 정말 많은 공덕이 들어간다. 2008년 4월부터 2012년 12월 12차례의 주말을 온전히 바쳐 61점의 홍도를 만든 결과가 단행본(임학종 2012)으로 발간되었다. 태토, 안료, 채색과 마연, 소성, 땔감까지 토기 제작 전체 과정에 대한 실험고고학적 분석이 이루어져 학술적 가치와 쓰임새가 탁월한 연구결과이기에 2012년도 동원학술대상을 수상하였다.

번역은 '단지 외국의 개념과 사상을 수용하는 지적행위가 아니라 그 과정에서 이루어지는 타자와의 대화를 통해 자기 정체성을 자각하는 문화적 실천'(신숙정 2011, 57쪽)이다. 한강문화재연구원 등 일부 기관에서 번역 사업을 적극 지원해주고 있는 것은 바람직한 현상이다. 최근에도 두 권의 알찬 번역서가 간행되었다. 로버트 켈리의 "The Lifeways of Hunter-Gatherers The Foraging Spectrum"은 생계관련 모델, 이동성, 기술, 공유와 교환 그리고 영역성, 집단 크기와 인구학, 남성과 여성의 수렵채집, 불평등사회 등 다양한 주제를 다루고 있어 필자가 나름 즐겨보던 원서였는데 『수렵채집사회 ―고고학과 인류학―』으로 번역되어 발간되었다. 계간고고학에 연재되던 하야시 켄사쿠의 조몬시대 연구사도 오래 전 필자의 가슴을 띠게 한 알찬 정보를 담고 있었는데 드디어 단행본으로 번역되었다. 두 권 모두 신석기 전공자들의 필독서로 추천한다.

그동안 국내에서는 신숙정(1993), 이기길(1994), 이동주(1996), 송은숙(2002), 김석훈(2003), 임상택(2006), 하인수(2006), 구자진(2010)이 신석기시대 연구로 박사학위를 취득하였으며, 김성욱(2008)과 이상균(1995)은 일본에서 박사학위를 취득하였다. 최근에는 소상영(2013)과 윤정국(2015)이 신석기박사에 합류하였다.

소상영(2013)은 탄소연대를 이용하여 중서부 신석기시대를 Ⅰ기(3600BC 이전)와 Ⅱ기(전반, 중·후반)로 편년하고 도구 다양성과 자연유체 출토 양상을 검토하여 시기별 취락의 점유양상과 생계·주거 체계의 변동과정을 고찰하였다. Ⅰ기에는 내륙 자연제방과 해안·도서 구릉에 대규모 취락이 출현한다. Ⅱ기 전반에는 홍수와 기후 한랭화로 인해 내륙은 대규모 취락의 해체와 입지변화가, 해안도서는 인구집중과 해양자원 이용 강화가 나타난다. 2기 중반에는 조달 이동에서 거주 이동 중심으로 변화면서 정주성이 약화된다. 2기 후반에는 기후 한랭화로 거주 이동이 빈번해지면서 신석기 문화가 해체되나 해안은 배타적 점유권이 유지된다.

윤정국(2015)은 석기 제작방법과 체계의 시기적 특징과 변화를 고찰하였다. 석기 수량과 다양도로 유적을 3군으로 구분하고, 석기 제작체계는 가공준비 상태에 따라 자갈돌몸돌, 판상, 격지 제작체계의 총 20가지를 확인하였다. 후기구석기와 신석기시대 초창기 석기 제작이 단절적이지 않고 지속되었다는 점, 소재와 석기의 최종 형상이 거의 동일한 형태를 선택한다는 점, 판상소재를 조기부터 새롭게 수용한다는 점이 논문의 핵심이다.

〈단행본〉
국립문화재연구소, 2013, 『한국고고학전문사전(신석기시대편)』.
국립문화재연구소, 2015, 『한국 신석기시대 고고식물 압흔분석보고서』.
복천박물관, 2013, 『한국 선사·고대의 옥문화 연구』.
　「중국 동북지역 신석기시대 옥문화」(임승경)
　「신석기시대 옥기의 기초적 검토」(하인수)
　「繩文時代 後·晩期 九州의 石製裝身具와 韓半島」(大坪志子)
임학종, 2012, 『홍도의 성형과 소성 실험』, 대동문화재연구원.
중앙문화재연구원 편, 2012, 『한국 신석기문화의 양상과 전개』, 서경문화사.
중앙문화재연구원 편, 2014, 『한국 신석기시대 토기와 편년』, 진인진.
　「즐문토기의 편년 연구와 과제 −남부지역을 중심으로−」(하인수)
　「신석기시대 토기 연구방법론」(다나카 소우이찌)
　「신석기시대 토기의 기종과 조성」(구자진)
　「중서부지역 신석기시대 토기의 시문기법과 문양」(홍은경)

「신석기시대 토기의 제작과 가마」(배성혁)

「고산리식토기의 분류와 편년」(박근태)

「동해안지역 조기 토기 편년과 양식」(임상택)

「서북한지역의 토기편년」(이영덕)

「영선동식토기의 성립과 변천」(장은혜)

「금강식토기의 성립과 전개」(신종환)

「남부내륙지역의 중 · 후기 토기의 양상과 편년」(송현경)

「신석기 말기 토기의 양상과 전개」(이동주)

「동북아시아 신석기시대 토기의 교류」(후루사와 요시히사)

한강문화재연구원, 2014,『한국 선사 · 고대의 골각기』, 서경문화사.

「선사시대의 뼈연모 제작기술」(최삼용)

「신석기시대 골각기」(하인수)

中山誠二(編), 2014,『日韓における穀物農耕の起源』, 山梨縣立博物館.

〈번역본〉

로버트 켈리(성춘택 역), 2014,『수렵채집사회 －고고학과 인류학－』, 사회평론.

하야시 켄사쿠(천선행 역), 2015,『일본 신석기시대 생업과 주거』, 사회평론.

〈도록〉

국립중앙박물관, 2015,『신석기인, 새로운 환경에 적응하다』.

계명대학교 행소박물관 외, 2012,『대구 · 경북 신석기문화 그 시작과 끝』.

복천박물관, 2013,『선사 · 고대 옥의 세계』.

한성백제박물관, 2014,『동북아 선사문화로의 초대』.

「선사시대 요서지역 무덤의 부장유물에 대한 이해」(이청규)

「중국 동북지역의 신석기시대 토기」(임상택)

「중국에서의 정주취락과 농경출현」(안승모)

〈박사학위논문〉

소상영, 2013,『한반도 중서부지방 신석기시대 생계 · 주거체계 연구』, 한양대학교 박사학위논문.

윤정국, 2015,『한국 신석기시대 석기제작 연구』, 전남대학교 박사학위논문.

5. 학술지 논문

1) 편년

전통적인 형식학적 방법을 이용한 편년 연구가 여전히 많이 발표되었다. 융기문토기(황철주 2012),

남부지역 조·전기토기(장은혜 2014), 이중구연토기(송현경 2012), 중서부 중·후기 토기(이혜원 2015)의 형식분류와 편년연구가 이루어졌다. 또한 죽변양식, 영선동 양식 내륙 유형 등 새로운 토기 양식과 유형도 설정되었다(임상택 2012·2015: 하인수 2013). 발굴보고서에 많은 탄소연대 결과가 보고되면서 유적 내, 지역별 상대편년과 지역간 병행관계에 탄소연대를 적극 이용하고 있다(소상영 2013; 안재호·이창희 2013). 단 탄소연대는 해양리저브, 고목효과 및 고고자료 형성과정에 대한 고려가 반드시 필요하다(안승모 2012). 또한 여전히 연대보정에 대한 이해가 부족하여 미보정탄소연대와 보정탄소연대를 혼돈하여 인용하는 사례도 발생한다. 편년은 앞에서 언급하였듯이 한국신석기학회에서 학술대회 주제로 선정되고 단행본도 발간되었으나 세부 편년에서는 여전히 연구자간에 이견이 많다. 한편 아직 고지자기로 신석기유적의 연대를 추정하지는 못하지만 고지자기의 변동패턴을 이용하여 유구의 동시기성 확인이나 상대편년 연구에 이용될 수는 있다(성형미 2013).

2) 주거지, 취락과 거주 전략

유적 편에서 보았듯이 구제발굴의 활성화로 매년 많은 신석기 유적이 찾아진다. 그리하여 유적에서 보고된 주거지와 취락 자료를 이용한 많은 논문들이 잇달아 발표되고 있다. 소상영(2013)의 박사학위논문은 앞에서 소개하였고 개별 논문으로는 주거지 내부 공간활용(구자진 2013a), 대천리식 주거지 성립과정(구자진 2013b), 취락점유 양상(소상영 2013b), 중부 취락의 공간구조(이형원 2012), 중서부 해안 지역 취락 구조 연구(유지인 2012) 등이 대표적이다. 한국고고학회 올해의 논문상을 수상한 유지인은 취락 구조와 도구조성을 같이 분석하여 취락점유 양상을 고찰하였다.

그런데 중산동과 운복동으로 대표되는 중서부 도서의 후기 취락은 중기보다 정주성이 강화된 것으로 보는 견해와 약화된 것으로 보는 견해가 대립된다. 유지인(2012)은 상기 유적들을 동시기의 단일 취락으로 보고 주거지, 기둥 수리 흔적의 빈번, 도구와 유구의 다양성을 근거로 중기보다 후기에 정주성이 강화되었다고 주장하였다. 반면 소상영(2013)은 1~4기의 작은 주거군과 생활면의 재사용을 취락축소와 정주성 약화로 결부하면서 후기 취락은 계절적 또는 수년 단위의 주기적 이동의 결과라고 주장하였다. 동물고고학자인 김은영(2014)도 주거지와 취락유형, 석기조성과 박편석기를 이용하여 중기 호서지역 수렵채집 집단의 이동-점유 전략을 분석하였다. 그동안 석기 분석에서 제외되었던 박편석기를 편의도구에 넣어 점유 시간 추정에 이용한 점도 흥미롭다. 취락 연구에서 가장 논란이 되는 부분은 주거지 등 유구의 동시기성에 대한 판단이다. 연구자마다 동시기성 판단의 기준이 다르다보니 주거군이나 주거 배치의 선정도 차이가 나타난다.

3) 생업과 환경

(1) 농경

최근 생업에서 가장 연구가 활발한 분야가 농경이다. 많은 유적에서 식물 유체 분석과 토기 압흔 분석이 실시되고 있으며 특히 후자의 성과가 두드러져 압흔 연구를 종합한 단행본이 한국과 일본에서 발간되었고(국립문화재연구소 2015; 中山誠二 2014), 개별 논문도 발표되었다(조미순 외 2014). 우리나라 압흔분석을 가장 앞장서서 도와주고 있는 오바타는 동삼동패총 조기와 전기 토기에서 보고된 조, 기장 동정 기준에 대한 필자[5]의 의문 제기에 상세한 답변을 제공하였다(小畑弘己 2013). 그는 한반도 남부의 잡곡이 현지 자생이 아니라 중국 북부로부터 문화적 연쇄 안에서 파급된 것이라고 재확인하였다. 또한 그가 진행한 신석기시대 압흔분석 결과를 일본에서도 발표하였다(小畑弘己·眞邊彩 2014). 식물고고 학자인 이경아는 국내외에 발표된 논문을 통해 청동기시대부터 재배된 것으로 알고 있었던 콩과 팥의 이용과 재배가 신석기시대부터 시작되었을 가능성을 제기하고 있다(이경아 외 2012; 이경아 2014; Lee et al. 2013). 한편 조은하(2014)는 영동지역에서 농경이 시작되는 중기에 오히려 수렵채집 관련 석기가 증가하여 수렵채집경제가 강화되었다고 주장하였다. 이처럼 석기 조성으로 생업 변화를 추론하는 논문들이 많으나 양자의 직접적 관계는 모호한 편이다.

신석기시대에 벼농사가 이루어졌다는 증거 중의 하나가 대천리 출토 탄화미였다. 필자는 대천리에서 조, 쌀과 같이 보고된 보리와 밀의 존재에서 대천리 출토 작물종자의 신뢰성을 의심하였다. 근동기원 작물인 맥류가 중국에 전래되는 시기는 서기전 3천년기 후반인데 중국보다 수백 년 먼저 한반도에 맥류가 출현할 수는 없기 때문이었다. 탄화미 역시 신석기시대 유일한 자료라서 의문이 있었기에 끊임없이 발굴책임자에게 탄소연대측정을 재촉하였다. 드디어 대천리 탄화곡물의 탄소연대 측정결과가 보고되었다(한창균 외 2014). 탄화미는 네 건 모두 원삼국시대 연대(1770±60, 1780±60, 1800±60, 2070±60BP)가 나와 후대교란을 의심한 필자의 추측과 부합하였다. 보고자는 곡물의 탄화과정에서 완벽한 탄화가 이루어지지 않을 경우 시료상의 문제로 인한 연대측정값의 차이는 없는지 의문하였으나 방사성탄소연대 측정의 원리상 단화의 정도로 연대 차이가 발생할 가능성은 전혀 없다. 필자의 예상을 뒤집은 것은 주거지 연대와 부합하는 맥류의 탄소연대(4380±60, 4590±80BP)이다. 후자의 탄소연대를 보정하면 중심연대가 서기전 4천년기 말로 중국에서의 맥류 출현 연대보다 수백 년 앞서게 된다. 현재로서는 두 가지 가능성을 생각할 수밖에 없다. 탄소연대 측정 시료로 제출한 탄화종자를 보리와 밀로 동정한 것이 잘못되었거나 또는 동정이 정확하다면 맥류가 황하유역의 중국이 아니라 시베리아

---

[5] 안승모, 2012, 「동아시아 조 · 기장 기원연구의 최근 동향」, 『한국 신석기문화의 양상과 전개』(중앙문화재연구원 편), 서경문화사.

를 거쳐 전래되었을 가능성이다. 현재까지 시베리아에서 서기전 4·3천년기의 맥류가 보고된 예가 없기에 시베리아의 식물고고학 연구가 활성화되기를 기다려야 할 것이다. 아울러 지금까지 후대오염으로 판단하였던 신석기시대 유적 출토 밀의 탄화종자를 대상으로 방사성탄소연대 측정을 실시해볼 필요도 있다.[6]

(2) 어로와 패류 채취

중서부의 해안·도서 취락은 바닷가라는 입지조건과 달리 어로구가 극히 드물다. 소상영(2012)은 어로구가 불필요한 어량이나 독살로 어류를 집중적으로 포획하였고 어류자원에 대한 의존도가 정주성 강화와 깊은 관련이 있다고 주장하였다. 반면 이영덕(2013)은 지속적 관리가 요구되는 독살 사용에는 회의적이며 중서부 해안 어로는 남해안 전기와 후기 토기문화의 일군이 해안을 따라 북상한 결과로 조차를 이용한 고정식 그물을 이용하였다고 추정하였다. 연변부지수와 산소동위원소를 이용한 패류의 계절성 연구도 꾸준히 보고된다(류동기·안덕임 2013; 안덕임·류동기 2013; 안덕임·이인성 2014·2015). 상기 분석에 따르면 대죽리 말백합과 연대도 굴은 봄에, 가곡리 굴은 가을에 채취하였다.

(3) 동물상과 반구대암각화

수렵에 대한 연구는 없지만 내륙 동물상에 대한 논문이 두 편 발표되었다. 이충민(2014)은 동굴과 바위그늘에서 보고된 대형 포유동물 유체를 집성하였고, 조태섭(2014)은 영월 공기2굴의 신석기시대 동물상과 자연환경을 보고하였다. 동물 유체 분석에서 가장 논란의 여지가 많은 것은 공기2굴, 피난굴, 상시3바위그늘, 문암리 경작층, 비봉리패총 등에서 보고된 소(Bos taurus L.)이다. 구대륙에서 소는 근동, 유럽과 남아시아에서 가축화되었고 중국에는 중앙아시아를 거쳐 청동기시대가 되어야 들어온다. 물소라면 몰라도 가축으로서의 소가 우리 신석기시대에 존재하기는 어려워 동정 오류나 후대 혼입일 가능성을 적극 검토해보아야 한다. 고래 뼈가 발견된 황성동유적에서 언급하였듯이 반구대 암각화는 이제 청동기시대보다 신석기시대 소산으로 보는 견해가 주류를 이룬다(강봉원 2012; 하인수 2012).

(4) 해수면 변동과 고환경

앞에서 소개한 중산동, 문암리, 황성동유적뿐 아니라 많은 발굴보고서에 퇴적물이나 화분 분석 등을 이용한 고환경 또는 고지형 분석 결과가 실려 있다. 이러한 분석결과를 통합하여 신석기시대 환경복원을 시도할 필요가 있다. 해수면 변동은 고고학적 유구나 문화층 등과 결부된 자연과학적 분석이 다소 안정된 연대를 제공한다는 점에서 특히 유용하다. 이동주(2013)는 울산 세죽유적 일대에서 확인

---

6) 맥류의 한반도 전파 문제는 고고학지 21호에 실린 이경아 논문도 참조할 것.

된 해수면 변동 증거를 이용하여 고고학적 해석을 덧붙였다. 서기전 4500년과 4000년 무렵의 해수면 1차, 2차 상승으로 융기문토기문화가 쇠퇴와 소멸을 거치면서 압인문토기문화로 전환되었다고 추론하였다. 또한 서해안에서 조기유적은 해수면 상승기 이전이라 해저에 위치한다고 주장하였다.

(5) 인골 동위원소분석

장항유적 출토 인골의 동위원소분석은 앞서 발굴보고서에서 언급하였다. 인골의 동위원소분석은 기존에도 국제학술지에 발표되고 있는데 안도패총도 그렇다(Choy et al. 2012). 장항, 안도, 동삼동, 대포 등 남해안 조~중기 신석기 인골의 동위원소 분석 결과 신석기인의 주 단백질원은 바다에서 확보되었다. 동굴 등 내륙에서도 인골이 발견되길 기다려본다.

4) 기술

석기 제작 연구는 윤정국(2015)의 박사학위논문 소개에서 언급하였다. 김경진(김경진 2012; 김영준 외 2015)은 사용흔 관찰, 사용 실험과 민족지 자료에 기초하여 석기 기능을 지속적으로 분석하고 있다. 찔개살도 어획 실험 및 민족지 자료를 검토하여 사냥도구보다 2차 수습도구로 적합하다는 결과가 보고되었다(최경용·문수균 2013). 토기 제작 과정의 실험적 연구는 임학종(2012)의 단행본과 소상영(2013c)의 논문이 있으나 다소 침체한 편이다. 골각기 제작기술은 골각기 자료집(한강문화재연구원 2014)에 실려 있다.

5) 교역과 교환

처용리와 고산리에서 결상이식이 잇달아 발견되면서 기원에 대한 논쟁이 재개되고 있다. 임승경 (2012)은 처용리 결상이식의 출자를 양자강유역에서 찾고 있으나 하인수는 『한국 선사·고대의 옥문화 연구』(복천박물관 2013)에 실린 논문에서 임승경의 설을 비판하면서 제작기법, 재료의 현지성, 가공 상태 등으로 미루어 중국 동북지역에서 결상이식 문화가 수용된 후 자체적 변화과정을 거치면서 한반도 자체에서 제작되었다고 주장하였다. 아울러 결상이식의 유입배경으로 흥륭와문화 잡곡농경의 한반도 유입을 제기하였다.

여서도패총에서 출토된 현무암제 첨가 토기는 제주도에서 제작된 것으로 알고 있었으나 자연과학적 분석에서 여서도와 안도 출토 토기에 혼입된 현무암은 남해안산으로 밝혀졌다(조대연 2014). 조대연 (2013)은 중서부 활석혼입토기에 대한 분석도 진행하였다. 유병일(2012), 이상균(2012), 조미순 외(2013)도 교역과 석기 산지에 대한 논문을 발표하였다.

6) 매장과 의례

고고학의 선진국인 구미권에서는 탈과정주의와 인지과정주의의 흐름에서 상징, 의례 등을 포함한 인지고고학 분야가 각광을 받고 있으나 한국에서는 연구가 극히 부진하다. 장항유적 매장유구에 대한 논문(김상현 2014)이 유일한데 발굴보고서의 고찰을 보완한 것이다.

7) 설명과 방법론

인지, 젠더와 더불어 우리에게 크게 부족한 분야가 문화변동 등을 설명하기 위한 이론과 모델이다. 우리나라에서 문화변동은 여전히 전파론적 설명이 주를 이루고 있다. 송은숙(2012)은 굴 주요 생계자원인 보이스만 계통 집단이 남해안으로 유입되면서 견과류+어로의 융기문토기인에게 영향을 주어 후자가 어로+굴 채취 생업을 선택하면서 해안과 바다에 적응한 영선동식토기문화가 성립되었다는 새로운 가설을 제시하였다. 그러나 보이스만 계통 집단의 남해안 유입을 증명할 고고학적 증거는 여전히 빈약하다. 중서부 첨저 기형의 성립을 동아시아 전체의 광역적 공통성과 국지적 개성의 공존을 통해 설명하려는 시도도 있다(임상택 2014). 이 글에서 이용한 광역정보교환망과 상호작용권 모델은 초창기의 고산리식토기문화, 조기의 융기문토기 등 평저토기문화, 전기의 영선동식토기문화의 성립에도 적용할 수 있을 것이다. 임상택(2012)은 조기 평저토기를 오산리하층양식, 죽변양식, 동삼동하층 양식으로 구분하고 개개의 양식은 서로 다른 집단 정체성을 표현한다고 보았다. 또한 영선동 양식 내륙 유형의 성립 과정을 복제 오류에서 찾았다(임상택 2015).

8) 주변 지역 비교연구

기존에는 남부 신석기문화와 조몬문화를 비교하는 연구가 많았으나 최근에는 러시아 연해주와 중국 동북지역의 평저토기문화에 대한 연구도 활성화되고 있다(김재윤 2012~2015; 김은영 2014). 남해안 조·전기 생업을 양자강 하류역의 동시기 생업과 비교한 논문도 발표되었다(안승모 2014b).

6. 취락 변동과 탄소연대

누적된 탄소연대 자료를 이용하여 광역적, 지역적 차원에서 취락과 인구의 장기적 변동을 파악하는 연구가 세계적 추세이다. 소상영(2013)의 박사학위논문도 이러한 흐름에 관련되며 우리 연구자들도 최근 관련 논문들을 잇달아 국제 저널에 발표하고 있다(Ahn and Hwang 2015; Ahn et al. 2015; Bae et al. 2013; Kim et al. 2015). 여기서는 탄소연대를 이용하여 정주취락의 증감 현상을 분석한 필자의 논문(Ahn et al.

2015)을 요약하여 소개한다.

한국 신석기시대 연구 성과를 외국에 소개한 신숙정(Shin et al 2012)은 신석기시대 잡곡 재배의 출현에서 청동기시대 농경사회로의 전이를 진화론적 관점에서 점진적 변화로 파악하고 있다. 신석기 후기로 갈수록 사회적 복합성이 증가하면서 집단 노동력을 조직할 수 있는 일부 유력 집단이 관개 도작을 채용하였다는 견해이다. Bae et al(2013)도 비슷한 주장을 하고 있다. 농경사회로의 점진적 전이 주장이 성립되려면 신석기 작물재배가 시작되면서 지속적으로 정주성과 사회적 복합도가 증가하여야 하는데, 이는 주거지와 주거지를 동반한 취락의 시간적 변천을 통해 검증할 수 있다. 주거지 편년에 대한 논란이 있기 때문에 필자는 상대편년에 의한 주거지와 취락 수의 시기별 변천, 탄소연대가 측정된 주거지의 시기별 변천을 동시에 검토하여 말기까지도 정주취락과 저차원 자원생산 경제가 유지되는지를 검증하였다. 정주성을 측정하는 지표는 다양하나 필자는 편의상 주거지와 주거지를 동반한 취락을 정주 취락으로 설정하였다. 한국에서는 주거지가 대부분 수혈주거지인데 땅을 파고 바닥을 정지하고 기둥과 노지를 만드는 작업은 정주성과 밀접한 관련이 있다고 보기 때문이다. 물론 계절적으로 반복 점유하기 위하여 수혈주거를 축조할 수도 있으나 같은 조건에서 시기별 변천을 파악하는 것이기 때문에 큰 무리는 없다고 본다.

1) 시기별 주거지와 취락 수 변동

주거지와 취락의 시기별 분석결과 다음과 같은 내용이 도출되었다(표 1). 전기에 경기도서와 한강 중하류역에 대규모 취락이 형성되며, 중기에는 경기 해안과 충청에서 주거지와 취락이 급증하고 동해안과 남부까지 지역적으로 가장 확대된 분포를 보인다. 후기에는 영종도에는 주거지가 산촌 형태로 여전히 밀집 분포하며 중기보다 주거지가 증가하지만 경기 해안과 충청지역 취락의 소멸로 중기보다 전체 주거지와 취락 수는 크게 감소한다. 남한 전체로 주거지, 취락 수를 비교하면 후기에 취락은 1/3, 주거지는 1/2로 급감한다. 말기에는 전 지역에서 정주취락이 거의 소멸되나 패총, 야외노지 등의 야외유구는 후기보다 증가한다.

표 1. 지역별, 시기별 주거지/취락 수(Ahn et al. 2015)

시기	경기도서	경기해안	충남	경기내륙	영서	영동	중부전체	남부	전체
전기	68/2			36/2	3/1		107/4	6/3	113/7
중기	42/5	77/4	59/29	10/2	2/2	30/7	220/69	39/8	259/77
후기	57/3			21/8	8/4	8/2	94/17	45/8	139/25
말기	6/3				3/3		9/6	3/2	12/8

2) 탄소연대의 시간적 분포

고고학 발굴에서 탄소연대 측정이 보편화되면서 수많은 탄소연대 자료가 누적되고 있다. 탄소연대의 선정 기준은 소상영 박사학위논문(2013, 46~50쪽)에 제시된 절차를 준용하였다. 단 동일 유구에서 여러 탄소연대가 보고되었을 때는 가장 늦은 연대를 선택하였다. 아래 그림은 지역별 주거지 탄소연대를 통합하여 100년 단위의 히스토그램으로 작성한 것이다(그림 1). 5000BP 이전은 남부의 전기 주거지 1기(동삼동)를 제외하면 모두 농경과 무관한 동해안 조기 주거지이다. 5000~4800BP는 경기 해안과 한강 중하류 주거지에 한정된 연대이다. 이곳에 취락이 등장한 이후 4800~4700BP에 주거지가 급증하여 4700~4500BP에 피크를 이룬다. 이후 서서히 감소세로 들어서다 호서와 영동에 주거지가 소멸되는 4200BP부터 크게 감소하고 다시 4000BP 이후 급감하여 중부에서만 명맥을 유지한다. 반면 야외노지, 패총, 수혈을 포함한 야외유구는 주거지 증감과 반대되는 현상을 나타내며 주거지 연대가 드문 4000~3300BP 사이에 높은 수치를 보인다(그림 2). 결론적으로 정주취락이 출현하면서 수백 년 동안은 주거지가, 그리고 아마도 인구도 증가하였으나 이후 감소세로 돌아섰으며 말기에는 주거지, 즉 정주취락은 거의 소멸되거나 해체된 것으로 볼 수 있다.

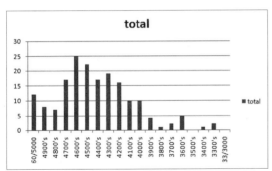

그림 1. 미보정 연대(BP)를 이용한 수혈주거지수량 변동
(Ahn et al. 2015)

주거지 한기당 하나의 연대로 통합. 기존 편년과 큰 오차가 있는 경우를 제외하고는 복수 탄소연대에서 가장 어린 연대를 선택함. 단일 주거지가 증축, 반복점유로 장기 점유되었을 때는 별도 집계함

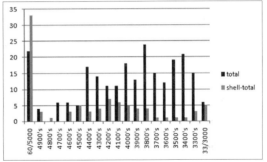

그림 2. 미보정 연대(BP)를 이용한 야외유구 수량변동
(Ahn et al. 2015)

패각은 해양리저브 효과 때문에 따로 집계. 패총 연대는 층위 별로 통합하거나 점유 기간이 길 경우는 100BP마다 1건씩 집계하였음

그림 3·4는 보정연대를 이용한 통합확률 분포(summed probability distribution)로 시기별 변이 양상을 보여준다. 앞에서는 개별 유구에서 복수 연대가 나왔을 경우 가장 늦은 연대만을 이용하였는데 여기서는 Oxcal R_Combine 명령어를 이용하여 통합한 연대를 산출하였다.[7] 패각 시료는 서남 해안에서

---

7) 가장 늦은 연대를 이용하거나 통합 연대를 이용하거나 동일한 통합확률 분포를 보인다.

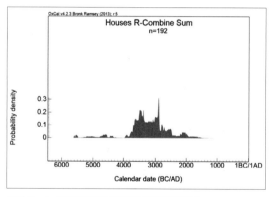
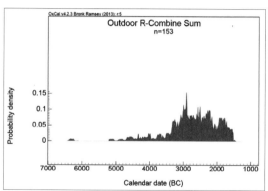

그림 3 · 4. 주거지와 야외유구의 통합확률분포(summed probability distribution)(Ahn et al. 2015)

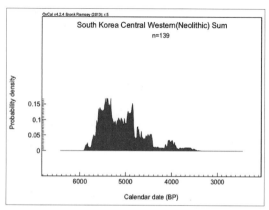

그림 5. 중서부 주거지의 통합확률분포
(Ahn and Hwang 2015, Fig. 4)

측정된 Reservoir age 172±46을 적용하여 산출하였다(소상영 2013, 46~47쪽). 주거지 분포(그림 3)는 3800BC 무렵부터 가파르게 증가하기 시작하여 3500BC에 피크에 도달한 후 3400BC까지 다시 감소하여 3000BC 무렵까지 정체한다. 2900BC의 일시적 피크는 보정곡선의 평탄한 면에서 나타나는 왜곡 효과이다. 2900BC와 2500BC 이후 가파르게 급감하는데 양자는 후기와 말기 시작의 연대이다. 중서부에 한정하였을 때도 비슷한 양상을 나타낸다(그림 5). 야외유구(그림 4)는 3400BC부터 증가하여 1500BC까지 높은 분포를 보인다. 즉 후기와 말기에는 주거지와 야외유구 증감은 반대되는 현상을 나타낸다. 중산동 등 대부분의 유적에서 주거지 폐기 이후 야외유구가 조성되는 양상과도 연결된다. 주거지, 야외유구 모두 1500BC 이후 급격히 사라졌다.

결론적으로 전체 주거지와 취락 수의 분석, 주거지 탄소연대 분포 분석 모두 거의 동일한 변화를 나타낸다. 정주와 잡곡재배가 시작되면서 서기전 4천년기에 폭발적으로 증가하였던 정주취락이 서기전 3천년기 후반부터는 해체되거나 소멸되었다. 반면 동시에 야외유구 증가 현상에서 이동성 강한 수렵채집생활로 복귀하였을 가능성이 높다. 농경은 정주성과 밀접한 상관관계가 있기 때문에 정주성의 감소는 농경의 후퇴와 연결된다. 물론 말기에 작물재배나 취락이 완전히 사라진 것은 아니지만 청동기시대 농업이 신석기시대의 점진적이고 누진적인 농경의존도 심화의 결과로 볼 수 없는 것은 분명하다. 결론적으로 농경사회로의 점진적 진화 가설은 성립하기 어렵다. 한반도의 상황은 신석기 수렵채집사회에서 청동기 농경사회로의 전환이 단선진화이거나 불가역적 현상이 아니라 상황에 따른 전략적 선택이라는 점을 보여준다.

필자는 잡곡재배 채용과 마찬가지로 취락 증감도 기후변화를 주된 동인으로 생각한다(Ahn & Hwang 2015). 서기전 3천년기 후반기는 전 지구에 걸쳐 건조화와 한랭화가 급속히 진행된 시기이다. 조, 기장이 건조에 강하다고는 하나 수백 년 동안 지속되는 건조와 한랭을 극복하지 못하고 잡곡 재배 시스템이 붕괴되면서 정주취락이 해체되고 다시 어로의 중요성이 증대하거나 이동성이 강한 수렵채집 생활로 복귀한 것으로 볼 수 있다. 기후 한랭화와 건조화는 견과류 생산 감소와 사냥감 감소로 이어지기에 식량 확보를 위해 자원영역의 확대나 이동 전략의 강화로 연결된다.

앞에서 장항유적 등 전기 유적에서의 옥제품 등 위신재 부장양상에서 사회적 분화나 계층화가 추론되기도 하였다. 그러나 사회적 분화나 계층화가 후기로 갈수록 심화되었다는 증거는 없으며 오히려 약화되는 양상을 보인다. 그 이유에 대한 논증이 김민구(Kim et al. 2015)의 논문에서 이루어졌다. 김민구도 취락 87곳, 패총 49곳의 탄소연대를 이용하여 취락유형의 시간적 변이를 추적하여 필자와 같은 결과를 도출하였는데 서기전 3천년기부터 인구가 감소하면서 사회적 분화나 불평등이 제도화되지 못하였다고 분석하였다.

7. 맺음말

신석기시대 연구의 과제는 이미 신숙정(2011·2013·2015)의 글에 발표되어 추가할 내용은 거의 없다. 탄소연대를 중심으로 한 편년의 재편, 취락 변동의 원인으로 거론되는 환경 변화에 대한 실증적이고 지역적 연구, 매장의 고고학에서 죽음의 고고학으로의 관점 전환, 생업변화와 교환의 원인이나 현상을 설명하려는 시도, 해석과 설명의 고고학, 학제간 교류의 활성화 등 그가 제기한 과제에 필자 역시 적극 동조한다. 그는 구석기시대에서 신석기시대로의 전환 등 전환기 연구의 필요성도 강조하면서 출현기 토기는 석회암 동굴과 패총 유적에서 찾을 필요가 있다고 하였다. 육지에서는 초창기에 첨두기, 석촉 등 타제석기만 일부 유적에서 출토될 뿐 왜 토기는 발견되지 않는가는 필자가 가장 궁금해하는 과제이기도 하다. 신석기말기 이중구연토기와 청동기시대 이중구연토기와의 관계에 대해서도 다양한 주장이 나오고 있으나 여전히 통일된 견해는 없다.

필자는 새로운 문화(또는 문화요소)의 출현이나 문화변동에 대한 해석에서 일종의 패러다임적 사고 전환도 필요하다고 생각한다. 탄소연대의 누적과 층위적 발굴로 기존의 형식학적 편년이 많이 붕괴되었으며 재배식물의 출현 시점도 계속 바뀌고 있다. 아직까지 남부에서 새로운 문화나 문화요소의 출현에 대해 항상 원류를 북쪽에서 찾는 경향이 지배적이다. 즐문토기의 시베리아 기원설이 수십 년 전에 붕괴된 상황에서도 그러하다.

필자는 중서부의 전형적 즐문토기의 출현에 대한 새로운 가설을 생각하고 있다. 고 김원용은 이미 아가리무늬의 평저토기에 어골문이 첨가하여 삼부위토기가 출현하였다는 주장을 제기한 바 있다. 이 동주도 전기 토기의 북상으로 중서부토기가 발생하였다고 주장하였다가 수많은 반박에 직면하였지만 필자 역시 중서부 즐문토기의 출현은 남부의 영선동식토기와 무관하지 않다고 본다. 요하유역과 요동반도를 포함한 중국 동북지역의 신석기시대 토기는 평저토기라 중서부의 첨저토기와는 기형의 근본적 차이가 있다. 중서부의 초창기, 조기 토기가 내륙에는 전혀 없고 바다에만 잠겨있다고 상정하는 것도 자연스럽지 못하다. 반면 남부는 평저에서 원저로의 전환이 자연스럽고 당연히 중서부의 첨저는 북쪽의 평저보다는 원저와의 연결이 자연스럽다. 필자는 기후최적기에 온난화로 난류가 서해안을 따라 북상하게 되면서 영선동식토기를 사용하던 어로민이 서해안을 따라 중서부해안까지 진출하였고 기후최적기가 끝나는 서기전 4천년 무렵부터 난류성 어종이 퇴각하면서 일부는 남쪽으로 후퇴하고 일부는 생업 전략을 바꾸어 내륙자원을 이용하는 정착생활을 선택하면서 집단마다 정체성을 표현하기 위해 전형적 즐문토기를 만들었다는 가설을 제시해본다. 영선동식토기의 아가리무늬에 횡주어골문, 점열문, 단사선문이 존재하기에 전형적 즐문토기의 문양 구성에는 큰 어려움이 없었을 것이다. 물론 임상택의 광역정보교환망과 상호작용권 모델을 적용할 수도 있다. 다소 엉뚱한 가설일 수도 있으나 일단 가설을 세워보고 거기에 적합한 검증방법과 모델을 찾아 검증을 해보자는 것이다. 고정관념을 극복해보자는 의미이기도 하다. 융기문토기의 기원에서도 왜 우리는 굳이 일본과의 연결은 부정하려고 하는가? 왜 고산리식토기문화와 중동부 오산리식토기문화의 기원을 멀리 연해주와 아무르 유역에서 찾아야 할까? 정말 대동강유역 즐문토기가 한강유역보다 선행할까? 항상 북에서 남으로라는 선입관을 버리고 새로운 관점에서 문화변동의 원인을 찾아봐야 할 시점이다.

끝으로 4년도 안된 기간을 다룬 이 글에서도 신석기 관련 연구업적이 많이 누락되었을 것이다. 발굴기관이 계속 증가하고 고고학 연구가 발표되는 학술지도 계속 많아지는 현실에서 개별 연구자가 관련 정보를 빠짐없이 수집하는 것은 거의 불가능에 가깝다. 고고학 자료를 공유하고 쉽게 검색하고 소통할 수 있는 정보화가 우리 모두의 과제이다.

제2장 호남의 신석기문화
-지난 20년 연구의 성과와 과제-

1. 머리말

호남고고학회에서는 1995년에 〈군산지역의 패총〉을 주제로 제3회 호남고고학회 학술대회와 연합특별전이 열렸으며, 1998년 제6회 호남고고학회 학술대회는 〈호남지역의 신석기문화〉 단일 주제로 개최되면서 기조강연(한영희)과 더불어 호남 내륙지역 신석기문화(송은숙), 생업(김건수), 신석기문화의 양상과 대외교류(이상균)가 발표된 바 있다. 2004년 제12회 호남고고학회 학술대회에서는 「호남지방 신석기문화의 연구 : 성과와 전망」(신숙정)이 발표되었다. 전남 신석기문화와 패총에 대한 종합적 검토도 여러 연구자에 의해 이루어진 바 있다(이기길 1996; 김건수 2005·2012; 이승윤 2008; 이영덕 2009).

호남에는 타 지역에 비해 신석기 연구자가 풍족하다. 필자 외에도 신석기 전공으로 박사학위를 받은 이기길, 이상균, 송은숙, 김민구, 동물유체와 어로문화를 전공한 김건수가 학생들을 가르치고 있어 신석기 관련 박사가 한국에서 가장 많은 지역이다. 호남에서 또는 호남을 대상으로 한 석사학위도 토기(이영덕 2001; 이승윤 2008; 정우진 2010), 석기(곽진선 2006; 윤정국 2006), 주거지 복원(김진희 2009)을 주제로 배출되었다.

이러한 풍부한 인력에도 불구하고 지난 20년간 학보나 논문집 등에 신석기 관련 글이 많이 발표되고 있으나 지표조사, 자료, 유적 소개를 제외하면 순수 학술논문은 30여 편 정도에 불과하며 타 지역 연구자들이 호남을 대상으로 쓴 논문도 극히 드물다. 학진등재지에 게재된 호남 관련 순수 학술 논문 32편 중 개론적 성격 6편을 제외한 논문의 주제를 분석해보면 어로, 계절성을 포함한 생업이 12편으로 가장 많고 토기 6편, 석기 5편이고 기타 지방산, 糞石 등 자연과학적 분석이 있다. 이들 논문 대부분은 『한국신석기연구』(14편)와 『호남고고학보』(12편)에 수록되었고, 『한국고고학보』와 『한국상고사학보』에 호남지역 연구자들이 발표한 글은 한 건도 없다. 대학이나 연구원 간행 학술지에 실린 글은 모두 패총과 관련된 글이다. 즉 호남에서는 패총이나 어로문화가 신석기시대 연구의 핵심적 주제였다고 볼 수 있다.

상기 논문 대부분이 발굴조사 성과에 기초하고 있기 때문에 아래에서는 1993년 이후 조사된 중요 발굴유적을 소개하면서 그와 관련된 연구성과들을 같이 다루도록 하겠다. 또한 제주도는 별도 주제로 발표되기에 제주도 신석기는 이 글에서는 제외하도록 한다.

2. 전라북도의 신석기 유적과 연구 성과

한국신석기학회에서 2009년에 발간한 『한국 신석기시대 집자리』에 실린 신석기시대 유적 목록에 의하면 전라북도 신석기 유적은 64곳으로 패총이 41곳으로 가장 많고 취락유적은 4곳에 불과하며 기타 유물산포지 13곳, 적석유구 3곳, 수혈 1곳이 조사되었다. 이중 공식 보고된 연도를 기준으로 보면 1993년 이전은 대항리, 계화도, 미륵사지(유물산포) 3곳뿐이며 나머지는 모두 호남고고학회 창립 이후에 보고되었다.

1) 내륙

(1) 금강 상류(진안 용담댐 수몰지구)

1998년 제6회 호남고고학회 학술대회에서 「호남 내륙지역 신석기문화에 대한 고찰」(송은숙)이 발표될 당시에도 호남 내륙지역의 신석기시대 유물들은 대부분 시굴갱에서 수습되거나 교란된 층에서 무문토기들과 함께 출토되었을 뿐이다. 이기길은 1996년에 발표한 「전남의 신석기문화 –연구현황과 전망」에서 "내륙의 강과 천 주변에서는 문화층 위로 후대의 퇴적이 두껍게 쌓였거나 또는 물의 작용으로 유구가 파괴되거나 유물이 제 자리를 벗어났을 가능성이 높기 때문에 유적 찾기가 쉽지 않을 것이다. 그렇지만 … 중상류 지역에서 신석기인들이 살았던 자취가 분명하므로, 그런 곳을 조사 또는 발굴할 때 신석기유적의 존재 여부를 눈여겨 봐야 할 것이다"고 충고한 바 있다. 바로 그 예언에 맞추어 용담댐수몰지구 조사과정에서 금강 상류의 지류인 정자천 일대의 갈머리, 진그늘, 농산, 망덕, 여의곡, 운암, 승금에서 신석기시대 유적과 문화층이 잇달아 확인되었다.

① 갈머리유적

갈머리유적은 정자천 자연제방에서 주거지 2기, 적석노지 53기, 성격미상 특수유구 3기가 조사되었다(호남문화재연구원 2003). 유적은 신석기 중기, 후기, 말기의 세 단계에 점유되었다. 갈머리 1기는 단사집선문, 조대문, 뇌문, 조우문, 능격문토기가 출토된 주거지와 특수유구가 이용된 단계로 남부 중기와 병행한다. 보정연대는 기원전 4000년기 후엽에 해당한다. 갈머리 2기는 격자문, 점열문 등 봉계리식토기가 출토된 29~37호 적석노지가 이용된 시기로 기원전 3000년기 전반에 속한다. 갈머리 3기는 대부분의 적석노지가 이용된 시기로 이중구연토기와 횡단선문토기가 출토되며 기원전 3000년기 후반기이다.

적석노지 내부 토양에 대한 잔존지방산 분석을 실시한 결과 도토리껍질의 지방산이 확인되어 도토리의 가공과 관련된 시설일 가능성이 제시되었다. 특수유구는 사람머리 크기의 자갈돌을 이용해서 장방형으로 시설한 것으로 모든 돌들이 불의 영향으로 갈라터지거나 변색된 상태였다. 발굴조사 당시 삼가마, 의례행위장소 등의 논의가 있었으나 신석기시대에 삼을 삶았다는 증거가 없으며, 대마 식물유체도 발견되지 않았기에 삼가마 추정은 무리이다. 그렇다고 의례로 연결시킬 수 있는 적극적 증거도 없는 상태라 아직까지도 그 기능을 밝히고 있지 못하다. 적석노지처럼 잔존지방산 분석을 실시하지 못한 아쉬움이 남는다.

② 진그늘유적

구석기, 청동기시대 유구가 같이 조사된 진그늘유적에서는 신석기시대의 원형·말각방형 주거지 2기, 소형 수혈유구, 'ㄷ'꼴 유구, 적석노지 13기가 확인되었다. 보고서에서 3호 주거지로 보고된 유구는 기둥구멍이 없고 불먹은 돌들과 흙덩어리가 두루 분포하여 토기를 굽던 노천가마일 가능성도 제기되고 있다. 소형인 7~9호 적석노지 둘레에 도토리 90여 점과 전체 석기의 약 40%가 분포하여 그 일대가 석기를 만들고 도토리를 처리하던 야외작업장으로 추정된다. 토기 문양은 갈머리 1기와 유사하며 능형집선문과 능격문이 가장 많다. 석기는 굴지구가 가장 많고 석부, 석촉, 갈돌, 고석도 출토되었다.

〈성과〉

갈머리유적을 중심으로 한 용담댐 수몰지구의 발굴을 통해 호남 내륙의 중기, 후기, 말기 편년이 완성되었고, 토기상이 영남과 연결되면서도 능격문토기 같은 독창적 토기도 창안되었음이 밝혀졌다. 유구의 기능을 밝히기 위한 지방산분석도 국내에서 처음 시도되었다. 갈머리유적은 용담댐 내의 다른 신석기시대 유적과 마찬가지로 섬진강과 남강 수계를 통하여 영남 서부내륙 및 남해안의 신석기문화와 연결되며, 금강 수계를 통하여 남부 내륙 신석기문화를 중부 지역으로 전달해주는 교량역할을 담당했다. 필자는 금강 상류의 신석기문화는 남강유역의 신석기집단이 유입되어 이루어진 문화로 추정한 바 있다(안승모·이영덕 2004). 즉, 소규모 식물재배의 정주취락이 형성된 남강유역 신석기시대 중기 유적(상촌리 등)의 母村에서 인구가 증가하면서 일종의 子村 형식으로 남부 내륙을 거쳐 금강 상류까지 확산되었다는 가설을 제시하였다.

유적에서 출토된 도토리, 갈판과 갈돌, 적석유구의 지방산 분석으로 미루어 용담댐 수몰지구의 신석기집단은 도토리 등 견과류에 대한 의존도가 높은 것으로 보이나 유적의 입지조건과 다량의 굴지구에서 園耕의 가능성도 추론하였다. 용담댐 신석기 유구와 유물은 주거지 구조와 야외노지의 존재로 미루어 단기정착적이면서도 이동적 성격이 강한 소규모의 집단이 남긴 것으로 추정하였다. 금강 상류에서는 후기와 말기 단계의 주거지는 보이지 않고 적석노지 같은 야외시설만 나타나는데 이처럼 후기와 말기로 가면서 취락의 정주성이 더욱 감소되는 양상은 다른 남부 지역에서도 공통적으로 나타나는 양상이다.

갈머리 1a기에 처음 금강 상류로 들어온 집단이 새로운 환경에 적응하면서 1b기에는 소위 多段式 菱格紋(안승모 1993, 7~9쪽)이란 새로운 문양 형태를 창안하였다. 이후 다시 금강을 거슬러 북상하면서 태선침선문이란 남부지방의 전통적 시문기법이 약화되고 능격문토기도 便化된 소위 금강식토기로 변화된 것이 아닌가 싶다.

갈머리, 진그늘 출토 석기에 대한 분석적 논문도 발표되었다. 윤정국은 이기길교수의 지도 아래 진그늘유적 출토 타제석기를 돌감의 선택에서 몸체의 마련, 형태잡기, 잔솔질을 포함한 제작과정이란 측면으로 연구하여 석사학위를 취득하였으며(윤정국 2006), 진그늘과 갈머리에서 출토된 석제 굴지구의 제작 기술에는 자갈 자체를 이용한 제작기술과 격지를 떼어내어 가공한 기술 2가지가 존재한다는 점을 밝혔다(윤정국 2009).

김성욱(2008)은 갈머리, 진그늘 출토 박편 석기에 대한 실험고고학적, 사용흔 분석을 동시에 진행하여 관찰 대상 19점 중에서 이삭 따는 도구와 자르는 도구 각 1점을 확인하였다. 신석기시대 유적에서 돌낫, 뼈낫 등이 보고된 바 있으나 형태적 유사성에서 수확구로 추정되었을 뿐이다. 기존에 용도미상 석기로 치부되거나 발굴보고서에도 잘 수록되지 않던 격지들의 중요성을 일깨운 중요한 연구이다.

(2) 대천리식주거지

익산 웅포리에서는 후기 전반으로 편년되는 장방형주거지 1기(길이 6m, 폭 4.36m)가 구릉 정상에서 단독으로 발견되었으며 다량의 석제 굴지구와 탄화된 도토리도 출토되었다. 전주 효자동의 구릉 정상부에서도 장방형주거지 1기(길이 4.2m, 폭 3.85m)가 발견되었는데 유물은 능형집선문토기 몇 편만 출토되었다. 이처럼 구릉 정상에 주거지 1기가 단독으로 설치되는 예가 충청남도에서 많이 보고되고 있는데 대천리식 주거지로 통칭되기도 한다(구자진 2008). 2012년 익산 신용리(서동공원 주변) 구릉에서도 길이가 10m가 넘는 전형적 대천리식 주거지 1기가 발굴되었는데 주거지 바닥에서 유물은 전혀 출토되지 않았다. 이러한 독립 주거지의 성격에 대한 고찰은 아직 호남 연구자들 사이에서 이루어지고 있지 않다.

(3) 군산 내흥동유적의 도토리 저장혈

군산 내흥동에서는 두 개의 낮은 구릉 사면과 곡간에서 즐문토기(구연한정 단사선문, 횡주어골문, 이중구연)와 석기(굴지구 위주, 갈판, 갈돌, 석부, 돌칼 등)가 포함된 신석기시대 문화층이 확인되었다. 출토 유물에서 금강 기수역의 섬에 형성된 패총과 관련된 것으로 보고 있다(충청문화재연구원 2006). 이보다 중요한 것은 현 지표면보다 수 미터 아래에서 신석기시대 도토리 저장혈이 3기가 확인된 것이다. 도토리는 식용하기 위해 떫은 타닌을 제거하여야 하기 때문에 물가나 바닷가에 저장구덩이를 마련하였다. 저장혈은 방사성탄소연대 측정에서 서기전 4000년 무렵의 신석기 전기로 편년된다. 따라서 하상 퇴적층 깊이 신석기시대 취락이 매몰되어 있을 가능성 역시 높아진 것이다.

2) 군산 오식군도의 패총

전북 서해안에서는 선유도에서 1960년대부터 신석기시대 패총이 발견되었으나 정식 조사는 이루어지지 않았다. 본격적인 패총 발굴은 1994년도에 군산 앞바다에 군장국가공단을 조성하면서이다. 이때 비응도, 노래섬, 가도, 띠섬, 오식도 등 대부분의 크고 작은 섬에서 패총이 확인되고 발굴이 이루어졌다.

① 가도패총

가도패총은 다섯 지점에서 서로 독립된 패각 더미가 발견되어 각각 A·B·C·D·E패총으로 명명되었다. 패각 규모가 가장 큰 A패총은 최하층인 10층(점토층)과 9~8층(패각층)이 신석기시대에 속하며 야영지 4기, 야외노지 6기가 확인되었다. A패총은 신석기 전기~만기에 이르는 장기간에 걸쳐 형성된 유적이다. 패총의 규모는 크지 않지만 중서부 서해안과 남해안 양 지역의 특징을 나타내는 다양한 유물들이 출토되었다. 토기는 신석기 전기 압인문계와 패각정면 연속점열문, 중기의 단사선문계, 후기의 서해안식 횡주어골문계, 만기의 이중구연, 단사침선문 등 시기별 특징이 모두 확인되었다. 가장 많이 출토된 단사선문계토기는 구연한정 단사선문토기와 단사선문열을 일정공백을 두고 동체와 저부까지 반복 시문한 대상반복문토기가 특징이다. 석기들 중 주목되는 것은 많은 양의 따비형 굴지구와 돌칼, 어망추이다. 골각기로는 결합식낚시 軸部와 바늘, 낫모양 골각기, 자돌구가 있다. 가도패총에서 보이는 다양한 석기와 골각기는 장기간에 걸친 여러 집단의 반복점유 결과로 해석되고 있으며, 중서부 패총과 다르게 한 지점에서 패류채취 및 처리, 낚시와 그물을 이용한 어류 포획활동 및 처리활동 등 다양한 활동이 이루어졌음을 보여준다(충남대학교 박물관 2001).

② 노래섬패총

노래섬의 신석기시대 유적은 모두 7개소로 가지구, 나지구, 라지구 A패총, 라지구 B패총, 마지구 A패총, 마지구 B패총, 바지구 패총이 해당된다. 이들 유적은 각기 다른 지점에 위치하며, 토기, 석기, 골각기와 같은 인공유물의 조합상에서 차별성이 있을 뿐만 아니라 패각구성 비율이나 동물뼈, 물고기

뼈 등 자연유물의 공반 유무에서도 차이가 있다(원광대학교 2002).

가지구 층위는 크게 3개의 층으로 구분된다. Ⅲ층에서는 남해안 전기 영선동식과 구획반복문 토기가 출토되었다. Ⅱ층은 상하층 유물이 혼재하고 있으나 주로 서해안 후기양식의 토기가 출토되었다. 석기는 석부, 어망추, 낚시추, 석촉, 작살, 굴지구, 석인, 지석, 장신구 등 다양하다. 골각기로는 결합식조침, 첨두기, 작살 등이 있다. 특히 결합식조침은 軸과 針을 모두 뼈로 만들었다. 다양한 크기의 어망추도 다수 출토되었다. 한편 민어, 참돔, 복어과 등의 물고기뼈도 다량 검출되었다.

라지구 A패총은 2개의 문화층으로 구분된다. 야외노지 19기와 패각층으로 이루어진 Ⅱ문화층에서는 다치횡주어골문 토기와 함께 어망추, 갈돌, 석촉, 석착 등이 출토되었다. Ⅰ문화층에서는 구획반복문, 패각조흔문 토기와 함께 투박조개 팔찌, 어망추, 굴지구, 석인, 수정제 찌르개, 지석, 敲石 등이 출토되었다. 나지구와 마지구 A패총에서는 구분계의 단사선문과 동일계의 다치횡주어골문 등 서해안 후기 토기와 함께 봉계리식, 이중구연 등 남부 후·말기양식 토기가 반출된다. 석기는 어망추, 굴지구, 석인, 석착, 공이, 모룻돌 등이 출토되었다.

노래섬패총은 어획장소인 가지구와 임시 주거공간인 나머지 지구로 분리되어 공존하였던 것으로 파악된다. 토기에서는 두 계통이 확인되는데 가칭 1군토기는 가지구 Ⅱ, Ⅲ층과 라지구 A패총의 Ⅰ문화층에서 출토된 남해안 전기양식의 토기로 영선동식, (구연한정) 단사선문, 패각조흔문, 구획반복문 토기가 해당된다. 가지구 Ⅲ층에서 얻어진 방사성탄소연대가 기원전 4000년기 전반이고, 구순각목이 거의 보이지 않고 단사선문이 다수를 차지하고 있는 점, 압인횡주어골문의 문양소가 길어지는 점 등에 비추어 남해안 전기 후반에 병행한다. 가칭 2군토기는 가지구 Ⅰ층과 Ⅱ층, 나지구·라지구 A패총, 마지구에서 출토된 구분계·동일계, 봉계리식, 이중구연토기가 해당된다. 구분계와 동일계의 조합과 시문되지 않은 부위의 증가는 기존 서해안의 후기양식으로 추정되었다(이영덕 2001).

전기는 남해안 영선동식토기와 연결되는 단계로 어로도구도 남해안식의 조합식 낚시바늘이 발견되었다. 후기는 중서부 해안 및 남부 내륙과 연결되는 단계로 금강식토기, 봉계리식토기, 이중구연토기 등 내륙 계통 토기가 서해안의 횡주어골문 토기와 함께 반출되고 있다. 후기는 갯벌자원을 적극적으로 활용하며, 내형 그물추의 존재에서 독실이 유추되기도 한다.

〈성과〉

오식군도 패총 조사의 가장 중요한 성과는 중서부 전·중·후기 3기 편년과 남부 조·전·중·후·말기 5기 편년의 병행관계를 파악할 수 있는 단서가 찾아졌다는 점과 동물고고학 전공자에 의한 동물유체 분석에 있다.

필자(2002)는 금탄리 1문화층의 띠대문 또는 자돌문계 구획의 반복시문(금탄리 1식)토기와 노래섬 최하층에서 출토된 단사선문 구획의 반복시문(노래섬 1식)토기를 태토, 기형, 문양대 구성에서 공통성이 있다고 하여 구획반복문토기로 통합하고 연대도 암사동유적과 동시대인 기원전 4천년기 전반으로 편년하였다. 횡대구획과 구획반복문은 남해안 영선동식토기 영향으로 발생하였을 가능성을 제기하면서 금탄리와 노래섬의 띠대문, 단사선문 구연부 문양은 구분계 구연부 문양의 결합으로 해석하였다. 즉 자돌의 횡대구획 모티브를 갖고 있는 영선동식토기가 서해안으로 진출하면서 금강하구에서 암사동식토기의 구연부 단사선문과 결합하여 노래섬 1식토기가 출현하였고, 대동강유역에서 금탄리1식으로 발전한 것으로 본 것이다.

반면 임상택(2012)은 가도, 노래섬의 구연한정 단사선문을 기원전 4000년기 후반의 중기(Ⅱ기) 후반으로 보는 견해를 견지하고 있다. 또한 구자진(2005)은 토기 기면을 횡으로 구획하여 문양을 반복 시문하는 기법은 동북아시아 신석기 토기에서 공통적으로 관찰되기에 구획반복문보다는 대상반복문이 적절한 용어라고 지적하였다. 그는 금탄리2문화층과 대전 노은동 토기 문양(하나의 문양만으로 구획하고 구획 사이는 공백처리)을 대상반복문 Ⅱ식으로 설정하고 기원전 3500년 이후에 출현한 것으로 보았다.

가도와 노래섬 동물유체는 이준정과 김건수에 의해 분석되었다. 이준정(2002)은 가도패총의 전 층위를 포괄하는 블록 샘플에서 검출한 동물유체를 분석하였다. 신석기 패류는 참굴이 98% 이상을 차지하는데 중기에서 후기로 가면서 굴 크기가 급감한다. 참돔, 복어, 광어, 농어, 방어, 상어 등의 어류와 사슴, 고라니, 멧돼지 등의 육상 포유류, 돌고래 같은 해양 포유류도 검출되었다. 이준정은 풍부도, 균등도의 두 가지 지표를 이용하여 유구와 유물의 다양도를 산출하고 이를 토대로 유적의 기능을 추정한 결과 가도 A패총은 노래섬과 마찬가지로 계절적 단기 거주지로 추정하였다. 패류 채집과 어로를 중심으로 수렵, 식물 자원 채집 등 다양한 생계 활동 속에서 획득 자원의 가공, 조리도 현장에서 실시하였으며 굴 채집과 어로 두 중심 시기 동안 거주하였다고 결론지었다.

노래섬 동물유체의 예비분석은 김건수(2001)가 실시하였다. 노래섬 가지구 C4 그리드의 패류는 굴과 백합 위주이고 어류는 참돔, 복어, 민어가 중심이다. 포유류는 가지구 출토 모든 뼈를 대상으로 하였는데 사슴류(노루 중심, 사슴, 고라니), 멧돼지, 돌고래, 물개류가 확인되었다. 식료 채집의 계절성 분석도 시도되었다. 최하층 백합을 대상으로 한 성장선 분석 결과 2월 15일 전후한 시기에 채취한 것으로 분석되었다. 참돔, 복어, 민어는 5월에서 7월, 사슴류는 봄에 획득된 것으로 추정되었다. 골각기 원료로 섬에 가져온 포유류를 제외하면 노래섬은 늦겨울(패류 채취)과 5~7월(어로)의 두 계절에 점유한 것으로 볼 수 있다.

노래섬패총은 이미 토기(이영덕)와 석기(곽진선)로 석사학위논문 두 편이 나왔으며, 노래섬패총 전 지점을 대상으로 한 어패류 분석(신숙현)도 현재 석사학위논문으로 작성 중이다.

3. 전라남도의 신석기 유적과 연구 성과

「한국 신석기시대 집자리」(한국신석기학회, 2009)에 실린 신석기시대 유적 목록에 의하면 전남 유적 62곳은 산포지 6곳, 바위그늘 1곳, 수혈 1곳을 제외하면 모두 패총이다. 이중 21곳만 1993년 이전에 찾아졌고 국립광주박물관(1989) 송도패총 발굴이 최초의 발굴이다.

1) 내륙

내륙에서 정식 조사된 유적은 드물다. 광주 효천2지구(대동)와 장흥 오복리 바위그늘에서 봉계리식, 이중구연토기가 출토되었다(목포대학교 2004; 정일 2006). 바다 가까이 위치한 함평 장년리 당하산유적의 신석기시대 문화층에서는 야외노지, 석기제작소, 부석유구, 원형유구와 함께 다량의 즐문토기(구연한정 단사선문 위주)와 석기(석부, 굴지구 위주)가 출토되었다(목포대학교 2000). 조사 당시에는 후기로 인식되었으나 이후 밀양 살내유적과 유사한 전기 말 유적으로 편년되고 있다(이승윤 2008).

당하산유적에서는 진그늘유적과 마찬가지로 타제석기 제작기법 분석과 석재 채집 전략 연구가 이루어졌다(이현종 2000). 1차생산물 생산전략과 격지 연구의 중요성이 강조되었으며, 진그늘과 마찬가지로 석제 굴지구의 제작기법을 분석하였다. "굴지구 작업날 양상은 괭이나 보습과 같이 땅을 파거나 마르지 않은 나무나 물에 적신 연한 나무를 다룰 때 생길 수 있는 것으로 보인다"고 하면서 땅을 파는 행위가 곧 농경을 의미하는 것은 아니기에 굴지구가 농경도구라는 등식은 성립되지 않는다고 주장하였다. 김건수(1998)도 굴지구를 농구로 단정하는 것에 대한 부정적 관점을 비추었다. 실제 군산 노래섬패총에서 다량으로 확인된 굴지구는 갯벌에서 낙지나 패류를 채취하기 위한 도구로 분석되었다(곽진선 2006).

2) 해안과 도서

전남 해안과 도서의 신석기 유적은 50여 곳 이상 찾아졌는데 대부분 패총이다. 패총 조사는 처음에는 국립광주박물관이 주도하였다. 돌산 송도패총을 최초로 발굴하였고(국립광주박물관 1989·1990) 여수반도 섬들에 대한 집중적인 지표조사를 실시하였으며(조현종 외 1994), 2000년도에 들어서는 가거도패총과 안도패총을 발굴하였다(국립광주박물관 2006·2009). 최근에는 목포대학교에서 여서도패총이 발굴조사되었으며, 호남문화재연구원에 의해 경도(기존 대경도패총)의 5개소의 패총이 조사되었다. 이영덕(2011)은 전남 남해안 패총을 신안 제군도, 남해 원도권, 여수반도 주변 군도로 나누어 어로문화의 특징을 살펴보았는데 여기서도 이 구분을 따르도록 한다.

(1) 서남해안의 신안 제군도 -가거도패총-

등수심 50m 내외의 遠島圈 섬들 곳곳에서 패총이 발견되었으나 정식발굴은 가거도패총에서만 실시되었다. 한반도 가장 서남단에 위치한 가거도(소흑산도)패총은 1967년 처음 확인되었으나 발굴은 2005년에 실시하였다(국립광주박물관 2006). 순패각층 5개와 혼토층 11개와 함께 수혈유구 1기와 노지 2기가 조사되었다. 문화층은 융기문토기, 압날·압인·조문·패각조흔문토기, 골각기(결합식조침, 역T자형작살, 고정식작살)의 전기 문화층과 봉계리식토기, 석제 굴지구와 갈판의 후기 문화층으로 구분되었다. 패류(외양성 암초대의 홍합, 두드럭고둥, 삿갓조개류), 어류(상어, 방어, 혹돔), 바다 포유류(강치, 돌고래)가 확인되었으나 육지 포유류는 없다. 골각기를 만들기 위한 뼈는 어떻게 구하였는지 궁금하다. 외해성 어로도구가 출토되고 있으나 물고기 뼈 자체가 미량이라 적극적인 낚시업은 하지 않았다는 상반된 해석이 존재한다. 또한 가거도는 남해 서부지역과 제주도를 잇는 항로에서 벗어난 지역이고 유물의 조합이 풍부하지 않는 점 등으로 볼 때 제주도를 넘나들던 신석기인들이 쿠로시오 해류의 영향을 염두하지 않았거나 벗어난 표류의 결과로 추정하기도 하였다(이영덕 2011).

(2) 남해 원도권 -여서도패총-

남해안과 제주도 중간에 위치한 섬들로 완도군 여서도, 여수시 거문도와 손죽도 등에서 신석기 패총이 발견되었는데 이 중 여서도패총이 발굴되었다(목포대학교 2007). 여서도패총의 층위는 교란된 Ⅰ·Ⅱ층과 안정된 층의 Ⅲ~Ⅴ층으로 구분된다. 토기는 무문양이 주를 이루고 있으나 융기문(융기선문·융기대문·융기대문+침선문), 영선동식(세침선문·자돌문·압인문·구순각목문) 및 주칠토기도 보인다. 토기편 중에는 제주도의 현무암이 혼입된 것들이 확인되어 제주도와의 교류를 증명한다. 마제석기로는 결합식조침의 축, 인부마연석부, 지석, 장신구류가 있고, 타제석기로는 찍개, 몸돌, 격지, 망치돌 등이 있다. 골각기로는 고정식·회전식 작살, 결합식조침, 역T자형낚시바늘, 자돌구, 장신구 등이 출토되었다. 종류별로 보면 어로도구인 작살과 결합식조침이 221점으로 과반수를 차지하고 있다. 대롱옥과 투박조개와 피조개로 만든 패천도 출토되었다.

패류 분석에서는 담치류(44.6%), 개울타리고둥(14.2%), 배말류(11%), 명주고둥(5.4%), 두드럭고둥(4.9%), 보말고둥(4.4%)이 확인되었고 현장에서 거북손, 성게, 군부도 다량 검출되었다. 어류는 참돔이 가장 많고 이어서 자바리, 불락, 흑돔이, 포유류는 강치, 돌고래와 사슴, 노루, 고라니, 멧돼지, 개가 확인되었다.

〈성과〉

패총에서 출토한, 사람 또는 개 산물로 추정되는 糞石에서 간흡충, 회충, 회충류 3종의 기생충란이 검출되었다(안덕임 외 2008). 간흡충란은 감염된 민물고기를 날 것으로 먹었거나 불완전하게 조리된 상태에서 먹었을 때 생기는 것으로 세계에서 가장 오래된 예라고 한다. 1중간숙주는 쇠우렁이, 제2중간숙주는 민물고기이기 때문에 민물고기가 서식하는 남해안이나 제주도가 생활본거지로 추정되었다. 제주도의 현무암이 섞인 토기와 현무암의 출토, 여서도에 서식하지 않은 것으로 보이는 사슴 및 멧돼지 유체의 출토로 미루어 보아 여서도패총은 남해안 지역과 제주도와의 교역을 행하던 중간기착지이자 어로 활동의 전진기지로서의 역할을 한 중요한 유적이라 평가되고 있다.

김건수(2011)는 쿠로시오 난류와 동반된 다양한 대형어족자원의 사전인지가 가거도, 여서도를 포함하는 남해 서부지역의 원도권에 외양성 어로를 기반으로 한 집단이 입지하게 된 요인이라고 고찰하였다. 이영덕(2004)은 해상에서 상호 인지가 가능한 시달거리 개념을 도입하여 여서도가 남해안에서 제주도로 넘어가는 최단거리 해로에 위치한다고 밝혔다. 또한 이영덕(2006)은 이들 원도권 패총유적에서 주로 출토되는 골제 單式固定 작살을 현재 해녀들이 사용하고 있는 작살과의 형태 비교, 분포 범위, 제작 및 사용 실험을 통해 잠수 작살로 사용되었을 가능성을 제시하였다. 잠수 작살로 다금바리, 우럭, 광어 등 정착성 어류와 조간대 이하 수심에서 유영하는 어류, 성게, 해삼, 멍게 등의 극피동물과 연체동물도 잡을 수 있다고 한다.

(3) 여수반도 주변 군도 -안도·경도패총-

등수심 50~70m 정도의 여수반도 주변 군도 주변 바다는 봄과 여름철에 쿠로시오 해류가 서진하면서 난류대가 형성되면서 풍부한 어족 자원이 서식한다. 40개소에 달하는 패총이 발견되었는데 발굴은 송도, 안도, 경도에서 이루어졌으며 모두 조·전기와 후·말기 문화층이 확인되었다. 여기서는 1993년 이후 조사된 안도, 경도패총만 소개한다.

① 여수 안도패총

1992년 처음으로 학계에 알려진 안도패총은 모두 세 지점으로 각각 '가패총'·'나패총'·'다패총'으로 구분된다. 세 패총 중 '가패총'이 2007년 발굴되었다(국립광주박물관 2009). 층위별 유물 출토 양상을 고려하면 안도 신석기유적은 크게 3개의 문화층으로 구분된다. 패각 하층의 제Ⅰ문화층에서는 융기문토기와 함께 결합식조침, 石鋸, 石匙, 玦狀耳飾 등이 출토되었다. 패각 상층과 혼사력패층의 제Ⅱ문화층은 영선동식토기와 어망추가 특징이다. 사력층의 제Ⅲ문화층은 봉계리식토기와 이중구연토기가 출토되었다.

안도패총에서는 무덤 4기, 야외노지 9기, 수혈유구 11기, 집석유구 3기 등 많은 유구가 확인되었다. 무덤은 얕은 구덩이를 파고 시신을 仰臥伸展葬으로 안치한 뒤 패각이 섞인 흙으로 덮은 토장묘로 패각 하층의 형성 시기인 조기에 축조된 것으로 추정되었다. 1호무덤은 30대 남성과 20대 여성이 다정하게 나란히 묻혔는데 남성만 오른쪽 팔목에 투박조개로 만든 패천을 착용하였다. 3호무덤의 50대 여성 인골도 패천 5개를 착용하고 있다. 성별은 남성이 3개체, 여성이 2개체이고, 연령은 20대 1개체, 30대 2개체, 50대 1개체, 60대 1개체이다. 60대 남성의 하악골에서 추운 지역 사람들의 특징인 하악융기가 확인되었다. 패류는 시료에 따라 홍합이 40~93%로 가장 많고 이어서 참굴이 5~40%를 차지한다. 패류 외에는 참돔 척추 1건이 확인되었을 뿐으로 가거도와 마찬가지로 척추동물은 찾지 못하였다.

〈성과〉

안도패총은 신석기시대 매장 풍습과 남해안과 일본 큐슈에 걸친 광범위한 교류 양상을 보여주는 중요한 유적이다. 안도 출토품 중 특히 주목되는 유물은 일본 조몽문화와 관련된 것들이다. 융기문토기 중 원통 심발형의 기형에 기면 전체에 패각조흔문이 있는 토기 4점은 규슈의 조몽 조기와 전기에 해당하는 구루하마식토기[苦浜式土器], 세노칸식토기[塞ノ神式土器], 도도로키A식토기[轟A式土器] 등과 유사하다. 그러나 기형과 문양의 세부에는 차이가 있어 직접 교역품이 아니라 현지에서 이들 토기들을 모방하여 만든 것으로 추정하고 있다. 조몽계 토기 외에도 石匙와 흑요석이 규슈와의 교류를 보여준다. 흑요석제 박편석기는 220여 점이 확인되었는데 단일유적에서 출토된 양으로는 최대이다. 현지에서 제작한 조몽계 토기의 존재 자체가 경남 남해안과 그 도서를 거친 간접적 교류가 아니라 규슈와 전남 남해안과의 직접적인 교류를 보여주는 것이 아닐까 싶다.

② 여수 경도패총

여수반도 내만에 위치한 경도에서는 모두 5개소의 신석기시대 패총이 확인되었으며, 이 중 4개소 (외동, 내동, 오복 1, 오복 2)가 발굴되었다. 외동패총은 전기단계의 압인횡주어골문과 패각조흔문 토기가 출토되었으며, 4기의 적석노지가 조사되었다. 내동패총은 1~4층까지는 후·말기의 사격자문, 점열문, 이중구연토기편 등이 확인되며, 최하층인 5층에서는 융기문, 구순각목문, 채색토기, 압인횡주어골문 등의 토기편이 확인되었다. 또한 결합식낚시바늘과 축, 갈돌, 갈판, 굴지구, 흑요석 등이 출토되었으며, 해체되지 않은 상태로 사슴뼈 1개체가 적석노지 주변에서 확인되었다. 사슴뼈는 전체 골격이 유실없이 유지된 채 중수골과 중족골이 X자로 교차한 상태인 점으로 볼 때 패총내에 매장한 것으로 파악하고 있다. 이러한 사슴의 매장은 사례가 없기 때문에 향후 검토가 필요하다. 오복1패총은 출토유물이나 패각의 구성에 있어서 내동패총과 큰 차이를 보이지 않는다. 오복2패총은 소규모의 패총으로 자연암반 사이에서 확인되었으며, 출토유물도 빈약하다.

경도패총의 패각 구성은 굴이 주종을 이루고, 피뿔고둥, 눈알고둥, 두두럭고둥, 반지락, 떡조개, 꼬막 등이 소량 확인되고 있어 내만성 패총의 모습을 보여준다. 토기는 융기문, 채색토기의 조기층, 압인횡주어골문과 패각조흔문의 전기층, 사격자문, 이중구연토기 등의 후·말기층이 오복1, 외동, 내동패총에서 확인되었다. 유일하게 오복1패총에서 태선계 침선문토기가 검출되었으나 소량이며, 별도의 문화층을 형성하고 있지는 못하다(호남문화재연구원 2012).

<성과>

경도내의 패총은 돌산 송도패총의 패각퇴적 양상이나 유물에서 일부 동일한 점도 확인된다. 즉 융기문토기에서부터 전기 토기군이 수반되는 외양성 어로문화와 함께 후·만기의 패류채취 목적의 잔재로서 패총의 기능이 확인되었다고 할 수 있다. 외해에 속한 안도패총이 적극적인 외양성 어로의 부산물이 확인된 반면 경도패총은 소량의 결합식낚시축과 침이 확인되었을 뿐 패류채취가 주 목적인 패총으로 외양성어로와 관련된 유물은 많지 않다. 따라서 여수반도에 근거지를 두거나 여수반도의 외해 섬들의 근거지로서 역할을 담당했을 가능성이 있다.

(4) 섬진강 하구 -돈탁패총-

광양시 오사리 돈탁패총은 1983년 지표조사(장명수)에서 처음 찾아졌고 발굴은 2011년 목포대학교 박물관(김건수)에서 실시하였다. 패총에서는 이중구연토기와 퇴화 단사선문이 시문된 토기가 다량으로 출토되었으며 방사성탄소연대에서도 기원전 2천년을 전후한 신석기 말기의 연대가 측정되었다. 기종은 호형, 고배형도 존재하며 주칠토기도 출토되었다. 석기(갈돌, 갈판, 석도, 굴지구), 골각기(삿바늘, 회전식작살), 패천도 보고되어 패천이 말기까지도 유통되었을 가능성을 제시한다. 패류는 섬진강 하구의 내만에서 흔히 볼 수 있는 갓굴이 대부분으로 꼬막, 백합, 반지락이 포함되어 있다. 반면 블록 샘플 분석에서는 참굴(31.7%), 갓굴(19.4%), 백합(16.1%) 순으로 확인되었다. 개, 사슴, 멧돼지 동물유체도 검출되었다.

돈탁패총의 발굴은 그동안 섬의 패총에 치우쳐 있던 신석기시대 조사를 해안가와 내만으로 확장시킬 수 있는 계기가 될 것이다. 태선침선문토기가 한 편 수습되어 중기까지 연대가 소급될 가능성은 남아 있다고 하지만 전남 남해안에 전반적으로 나타나는 중기 유적의 부재가 경남과 연결되는 섬진강 하구에서 이미 나타남을 보여준다. 여러 연구자들이 이미 지적한 것처럼 영남의 태선침선문토기문화는 내륙 지향적이기에 전남 해안 쪽으로 확산이 이루어지지 않았다고 추정된다(이영덕 2004).

4. 과제

호남지역 신석기문화 연구의 가장 중요한 성과로는 중서부와 남부 신석기 편년의 병행 관계를 파악할 수 있었고, 패총 조사와 동물유체 분석을 통한 어로문화 연구가 집중적으로 이루어졌으며, 전남 남해안과 제주도, 큐슈와의 교류 관계를 파악할 수 있게 된 것이다. 신숙정(2004)은 호남지역 신석기 연구가 환경문제에 더 관심을 쏟아줄 것과, 생업에 대한 구체적이고 심도있는 연구, 이를 통한 사회구성의 실체에 대한 접근, 그리고 문화유물로서 석기에 대한 관심을 제고하였다. 신숙정이 제시한 과제는 지금도 여전히 유효하다. 석기에 대한 연구, 생업 속에서 어로문화에 대한 연구는 진전되었으나 환경과 사회 연구는 여전히 앞으로의 과제이다. 필자는 아직 가설 단계이지만 물소, 산호 등의 난대성 동물유체와 화분분석 자료를 통해 영선동식토기문화가 금강유역까지 북상하였던 계기로 기원전 4000년 전후에 현재보다 기후가 2~3도 올라가면서 바뀐 쿠로시오 난류 흐름의 변화를 생각하고 있다. 그러나 고환경 및 옛 지형에 대한 연구는 여전히 부족하다.

생업에 있어서 수렵, 채집, 재배 등 다른 분야에 대한 연구도 앞으로의 과제이다. 식물고고학 전공자가 있음에도 불구하고 신석기시대 작물을 찾으려는 노력은 전혀 이루어지지 않았다. 90곳이 넘는 패총이 확인되었으나 패총을 남긴 사람들이 거주하였던 취락은 막상 거의 찾아지지 않았다. 그 많은 패총의 존재에도 불구하고 패총박물관 한 곳 없는 곳도 아쉽다. 서해안에서 융기문토기 유적이 발견되지 않고 있는데 원래 없던 것이 아니라 현 해수면 아래, 홀로세 후기에 깊이 퇴적된 갯벌 속에 묻혀 있는 것을 찾지 못하여서일 것이다. 새만금 같은 간척사업에서 고려시대 침몰선만이 아니라 신석기, 구석기시대 사람들의 활동 흔적을 찾으려는 노력이 반드시 필요하다.

신석기시대 유적이 많은 것 같아도 패총을 제외하면 전 시대 중에서 가장 유적 수가 적으며 발굴로 이어진 유적은 더욱 드물다. 드문 것이 아니라 찾지 못한 것이 아닐까?

표 1. 호남 신석기 유적 지명표(한국신석기학회, 2009, 『한국의 신석기시대 집자리』)

신안	압해면	장감리 터골	유물산포지	목포대학교박물관, 2006, 『신안군신청사건립지역내문화유적지표조사보고』, 『2005년문화유적지표조사보고』.
	대흑산도	예리	패총	김재원·윤무병, 1957, 『한국서해도서』, 국립박물관 ; 김원용·임효재, 1968, 『남해도서고고학』, 서울대학교 동아문화연구소 ; 최성락, 1988, 『흑산도 지역의 선사유적』, 『도서문화』 6, 목포대학교 도서문화연구소.
	하태도	A	패총	김원용·임효재, 1968, 『남해도서고고학』, 서울대학교 동아문화연구소 ; 최성락, 1988, 『흑산도지역의선사유적』, 『도서문화』 6, 목포대학교 도서문화연구소.
		B	패총	
		C	패총	
	우이도	항리	패총	김원용·임효재, 1968, 『남해도서고고학』, 서울대학교 동아문화연구소.
	임자도		패총	최몽룡, 1985, 『임자도의 선사유적』, 『고문화』 20집, 한국대학박물관협회.
	삼두리		패총	
	안좌도		패총	최성락, 1986, 『해남군의 선사유적, 고분』, 『해남군의 문화유적』, 목포대학교 박물관.
	소흑산도	가거도	패총	小原 哲, 1987, 『朝鮮 櫛目文土器の 變遷』, 『東アジアの考古と歷史』 上 ; 김원용·임효재, 1968, 『남해도서고고학』, 서울대학교 동아문화연구소 ; 최성락, 1988, 『흑산도 지역의 선사유적』, 『도서문화』 6, 목포대학교 도서문화연구소 ; 국립광주박물관, 2006, 『가거도패총』.
	장산도		패총	최성락, 1985, 『장산도·하의도의 선사문화』, 『도서문화』 3, 목포대학교 도서문화연구소.
	하의도		패총	
	어의도		패총	김원용·임효재, 1968, 『남해도서고고학』, 서울대학교 동아문화연구소 ; 최성락, 1988, 『지도의 선사유적』, 『도서문화』 5, 목포대학교 도서문화연구소 ; 최성락, 1990, 『서해안 도서지방의 선사문화』, 『도서문화』 7, 목포대학교 도서문화연구소.

완도	고금도	덕동	패총	김원용·임효재, 1968, 『남해도서고고학』, 서울대학교 동아문화연구소.
	여서도		패총	목포대학교 박물관, 2007, 『여서도패총』.
	평일도	화전	패총	최성락·조근우, 1995, 「완도군의 선사유적 고분」, 『완도군의 문화유적』, 목포대학교 박물관.
해남	백포리	두모	패총	최성락, 1986, 「해남군의 선사유적, 고분」, 『해남군의 문화유적』, 목포대학교 박물관.
여수	낭도		패총	이기길, 1994, 「전남여천군에서 새로이 찾은 신석기시대유적」, 『호남고고학보』 1, 호남고고학회.
	하고도		패총	
	둔병도	가	패총	
		나	패총	
	백야		패총	조현종·신상효·은화수, 1994, 「여천군도서 지표조사 보고」, 『돌산 세구지유적』, 국립광주박물관.
	서삼		패총	
	모전	1	패총	
		2	패총	
	대동		패총	
	신흥		패총	
	정목	1	패총	
		2	패총	
	송도	A	패총	조현종, 1986, 「여천돌산도서 지표조사보고」, 『송국리Ⅱ』, 국립중앙박물관 ; 지건길·조현종, 1989, 『돌산 송도Ⅰ』, 국립광주박물관 ; 지건길·조현종, 1990, 『돌산 송도Ⅱ』, 국립광주박물관.
		B	패총	지건길·조현종, 1989, 『돌산송도Ⅰ』, 국립광주박물관.
	차동		패총	박준범, 2000, 「여수시의 고고유적」, 『여수시의 문화유적』, 조선대학교 박물관.
	월호도	가	패총	조현종·신상효·은화수, 1994, 「여천군도서지표조사보고」, 『돌산세구지유적』, 국립광주박물관.
		나	패총	
		다	패총	
	화태도	가	패총	
		나	패총	
		다	패총	
	대횡간도		패총	
	금오도		패총	조현종, 1990, 『돌산 송도Ⅱ』, 국립광주박물관.
	안도	가	패총	조현종·신상효·은화수, 1994, 「여천군도서지표조사보고」, 『돌산세구지유적』, 국립광주박물관.
		나	패총	
		다	패총	
	장촌		패총	김건수·이순엽, 1999, 「여수 거문도와 순죽도의 신석기시대 패총」, 『순천대학교박물관지』 창간호, 순천대학교 박물관.
	손죽도	1	패총	
		2	패총	

여수	연도		패총	조현종·신상효·은화수, 1994, 「여천군도서지표조사보고」, 『돌산세구지 유적』, 국립광주박물관.
	대경도	가	패총	
		나	패총	
		다	패총	
		라	패총	
광양	오사리	돈탁	패총	장명수, 1989, 「섬진강하류의 패총문화 -하동 목도리, 전도리, 광양 오사리 패총을 중심으로」, 『고문화』 34, 한국대학박물관협회 ; 순천대학교 박물관, 2000, 『문화유적분포지도 -광양시-』.
	진정리	중산	패총	순천대학교 박물관, 2000, 『문화유적분포지도-광양시-』 ; 이영문·정기진, 1993, 「광양군의 고고유적」, 『광양군의 문화유적』, 순천대학교 박물관.
영광	송이도		패총	이영문·김승근, 1997, 「영광 송이도, 상낙월도패총」, 『호남고고학보』 6, 호남고고학회.
	상낙월도		패총	
곡성	유정리		유물산포지	전남대학교 박물관, 1997, 「곡성 유평리유적」, 『호남고속도로 확장구간(고서~순천간) 문화 유적 발굴 조사 보고서Ⅱ』.
보성	죽산리		유물산포지	이영문, 1988, 「보성 죽산리유적의 성격」, 『박물관기요』 4, 단국대학교 중앙박물관.
순천	대곡리	도롱	유물산포지	전남대학교박물관, 1989, 「대곡리 도롱·한실 주거지」, 『주암댐 수몰지구 문화유적발굴조사 보고서』(Ⅵ).
함평	장년리	당하산	유물산포지	목포대학교박물관, 2001, 『함평 장년리 당하산유적』.
장성	반월		유물산포지	목포대학교박물관, 2006, 『평림댐 수목지역내 문화유적 장성 반월, 조산지석묘』.
장흥	오복리		바위그늘	목포대학교박물관, 2004, 『장흥 오복리유적』.
광주	대동		수혈유구	전남문화재연구원, 2006, 「광주 효천2지구 주택건설부지내 문화유적 발굴 조사 현장설명회 자료집」.
군산	개정동		유물산포지	군산대학교 박물관, 2001, 『문화유적 분포지도 -전북 군산시-』, 군산시.
	내흥동		수혈유구, 유물산포지	충청문화재연구원, 2004, 『군산내흥동유적』.
	오식도		패총	최성락·김건수, 2002, 「군산오식도 패총」, 『비응도, 가도, 오식도패총』, 전북대학교 박물관·목포대학교 박물관.
	신시도E		패총	군산대학교 박물관, 2001, 『문화유적 분포지도 -전북 군산시-』, 군산시.
	노래섬	가	패총	이영덕, 2001, 「노래섬 '가'지구패총 즐문토기 고찰」, 『선사와 고대』 13, 한국고대학회.
		나	패총	최완규·김종문·이영덕, 2002, 『노래섬Ⅰ』, 원광대학교 마한·백제문화연구소.
		라	패총	
		마A	패총	
		마B	패총	
		바	패총	원광대학교 마한·백제문화연구소, 1996, 「군장국가공단지역내 노래섬 가·바지구패총 발굴조사약보고서」.
	비응도	A	패총	윤덕향, 2002, 「비응도」, 『비응도·가도·오식도패총』, 전북대학교 박물관·목포대학교 박물관.
		B	패총	
		C	패총	

군산	띠섬	2지구B	패총	최완규 · 이신효 · 이영덕, 2001, 『띠섬패총』, 원광대학교 박물관.
	가도	A	패총	박순발 · 이준정 · 임상택, 2001, 『가도패총』, 충남대학교 박물관.
		B	패총	윤덕향, 2002, 「가도」, 『비응도, 가도, 오식도패총』, 전북대학교 박물관 · 목포대학교 박물관.
		C	패총	
		E	패총	박순발 · 이준정 · 임상택, 2001, 『가도패총』, 충남대학교 박물관.
	내초도	A	패총	곽장근, 1995, 『군산시의 문화유적』, 군산대학교 박물관. ; 군산대학교 박물관 2001, 『문화유적 분포지도 -전북 군산시-』, 군산시.
		B	패총	
		C	패총	
		D	패총	
	개야도		패총	군산대학교 박물관, 2001, 『문화유적분포지도 -전북군산시-』, 군산시.
	관리도		패총	
	덕산도		패총	군산시사편찬위원회, 2002, 『군산시사(상)』; 군산대학교 박물관 2001, 『문화유적 분포지도 -전북 군산시-』, 군산시.
	말도	A	패총	
		B	패총	
	선유도	A	패총	군산대학교 박물관, 2001, 『문화유적분포지도-전북군산시-』, 군산시.
		F	패총	
김제	심포리		패총	김규동, 2001, 「부안 계화도의 신석기 유적」, 『한국신석기연구』 2, 한국신석기연구회.
부안	계하	I	패총	김규동 · 최홍선, 1999, 『부안 해안일대 지표조사보고』, 국립전주박물관.
		II	패총	
		III	패총	
		IV	패총	
		V	패총	
	계중	I	패총	
		II	패총	
	계상		패총	
	살금	I	패총	
		II	패총	
	양지		패총	
	대항리		패총	최몽룡, 1967, 「전라북도 해안일대의 선사유적(二)」, 『고고미술』 8-4, 고고미술동인회 ; 최몽룡, 1972, 「대항리 패총」, 『고고미술』 115, 고고미술동인회 ; 이영덕, 2001, 「부안대항리패총의 검토」, 『한국신석기연구』, 창간호, 한국신석기연구회.
	위도		패총	이영덕, 2001, 「부안 위도의 신석기패총」, 『한국신석기연구』 2, 한국신석기연구회.
	계화도	산상유적	유물산포지	전영래, 1979, 「부안 계화도 산상유적 신석기시대 유물」, 『전북유적조사보고』 10, 전주시립박물관.

임실	하가	유물산포지	조선대학교 박물관, 2008, 『전북 임실하가유적 지도위원회의 자료집』.
	운정리	유물산포지	이상균, 1997, 「섬진강유역의 문화유적」, 『섬진강유역사연구』, 한국향토사연구전국협의회
	좌포리	유물산포지	원광대학교마한문화재연구소, 2000, 『임실방현리고분군』, 『각지시발굴조사보고』.
장수	남양리	유물산포지	전북대학교 박물관, 2000, 『남양리』.
	월곡리	유물산포지	전북대학교, 2001, 『장수 월곡리유적』, 『유적조사보고서』.
진안	농산	집석유구, 유물산포지	전북대학교, 2001, 『진안 용담댐 수몰지구내 문화유적 발굴조사 Ⅸ 농산유적』.
	여의곡	유물산포지	전북대학교, 2001, 『진안 여의곡유적』.
	운암	집석유구, 유물산포지	전북대학교, 2001, 『진안 운암유적』, 『진안 용담댐 수몰지구내 문화유적 발굴조사 보고서Ⅱ』.
	승금	유물산포지	전북대학교, 2001, 『진안 승금유적』, 『진안 용담댐 수몰지구내 문화유적 발굴조사 보고서Ⅱ』.
	안좌동	유물산포지	전북대학교, 2001, 『진안 안자동유적』, 『진안 용담댐 수몰지구내 문화유적 발굴조사 보고서Ⅱ』.
	망덕	유물산포지	호남문화재연구원, 2002, 『진안 용담댐 수몰지구내 망덕유적』.
	갈머리	주거지	호남문화재연구원, 2003, 『갈머리유적』.
	진그늘	주거지	조선대학교 박물관, 2005, 『진안 진그늘 선사유적』.
남원	대곡리	유물산포지	전북대학교 박물관, 2003, 『남원 대곡리유적』.
순창	원촌	집석유구	호남문화재연구원, 2005, 『순창 원촌·관평유적』.
익산	웅포리	주거지	전북문화재연구원, 2007, 『익산웅포관광지3지구문화재발굴조사현장설명회자료』.
	율촌리 분구묘	유물산포지	원광대학교 마한·백제문화연구소, 2002, 『익산율촌리분구묘』.
	신용리	주거지	원광대학교 마한·백제문화연구소, 2015, 『익산 신용리 갓점유적』
	미륵사지	유물산포지	최맹식, 1990, 「익산미륵사지사역내출토즐문토기및무문토기」, 『창산김정기박사회갑기념논총』.
전주	효자동	주거지	전북문화재연구원, 2007, 『전주 효자5지구 택지개발사업부지내 문화유적 발굴조사 -전주 효자5유적』.
	장동	수혈	전북문화재연구원, 2006, 『전주장동유통단지문화재발굴조사1차지도위원회의자료』.

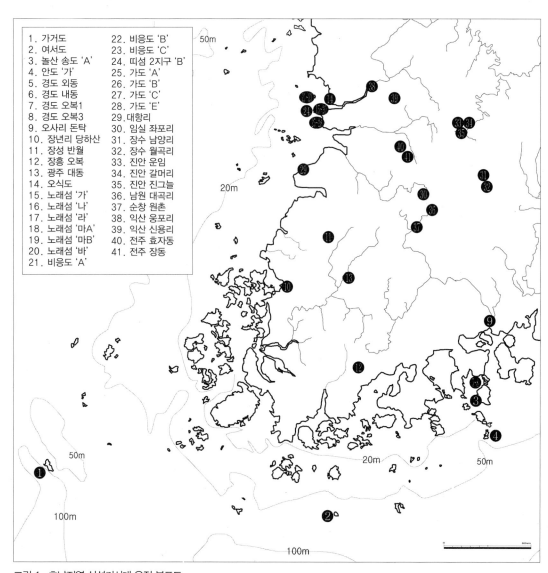

1. 가거도
2. 여서도
3. 돌산 송도 'A'
4. 안도 '가'
5. 경도 외동
6. 경도 내동
7. 경도 오복1
8. 경도 오복3
9. 오사리 돈탁
10. 장년리 당하산
11. 장성 반월
12. 장흥 오복
13. 광주 대동
14. 오식도
15. 노래섬 '가'
16. 노래섬 '나'
17. 노래섬 '라'
18. 노래섬 '마A'
19. 노래섬 '마B'
20. 노래섬 '바'
21. 비응도 'A'

22. 비응도 'B'
23. 비응도 'C'
24. 띠섬 2지구 'B'
25. 가도 'A'
26. 가도 'B'
27. 가도 'C'
28. 가도 'E'
29. 대항리
30. 임실 좌포리
31. 장수 남양리
32. 장수 월곡리
33. 진안 운임
34. 진안 갈머리
35. 진안 진그늘
36. 남원 대곡리
37. 순창 원촌
38. 익산 웅포리
39. 익산 신용리
40. 전주 효자동
41. 전주 장동

그림 1. 호남지역 신석기시대 유적 분포도

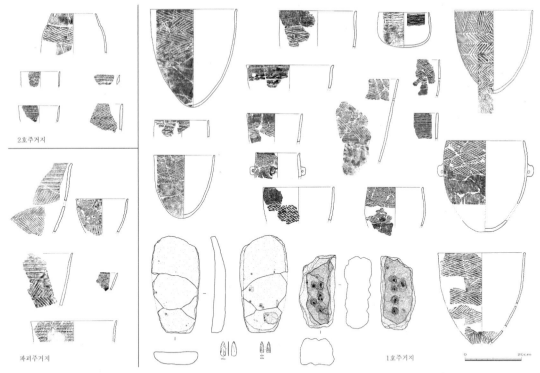

그림 2. 진안 갈머리유적(주거지)

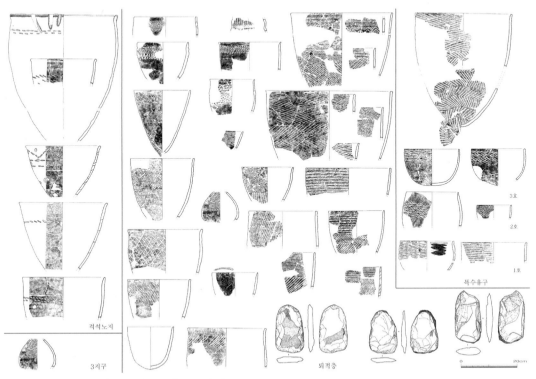

그림 3. 진안 갈머리유적(적석노지, 퇴적층, 특수유구)

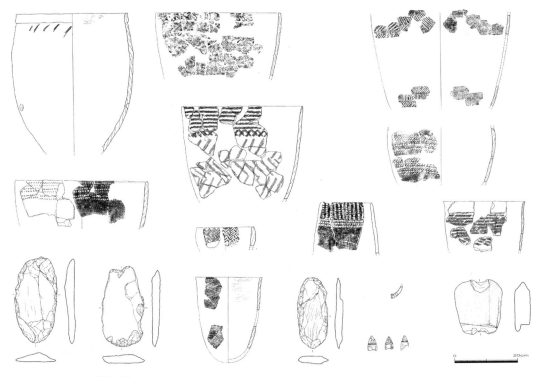

그림 4. 군산 가도 A패총(1층)

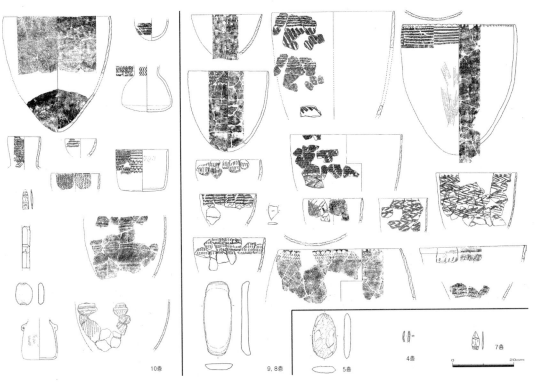

그림 5. 군산 가도 A패총(4-10층)

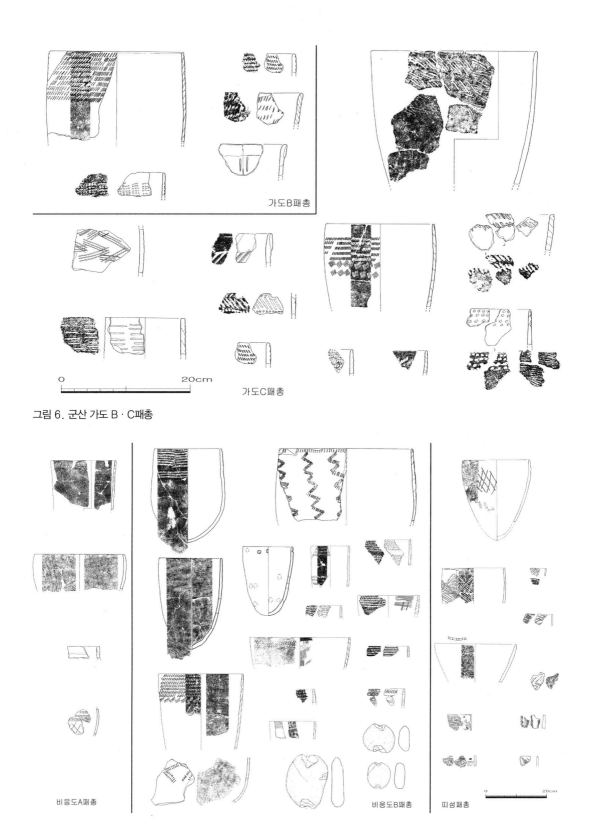

그림 6. 군산 가도 B · C패총

그림 7. 비응도, 띠섬패총

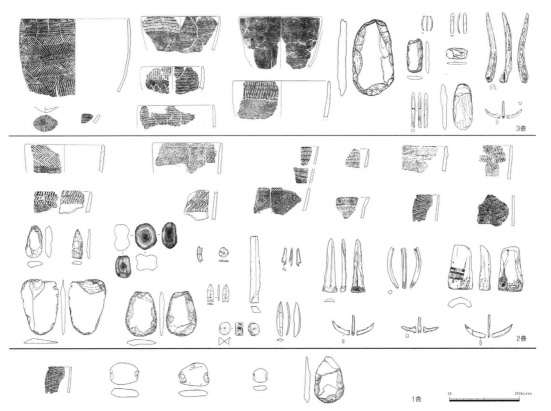

그림 8. 군산 노래섬 패총 '가'지구

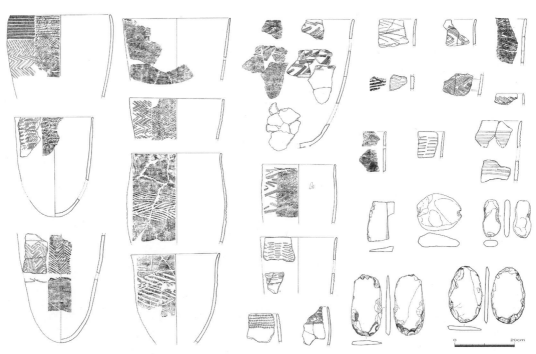

그림 9. 군산 노래섬 패총 '나'지구

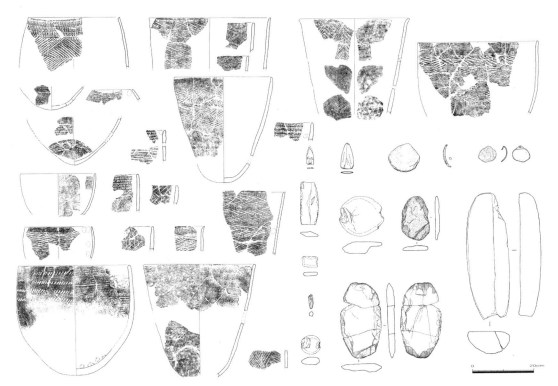

그림 10. 군산 노래섬 패총 '라'지구

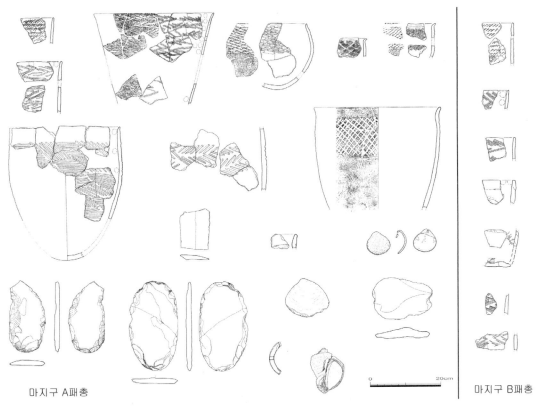

마지구 A패총

마지구 B패총

그림 11. 군산 노래섬 패총 '마'지구

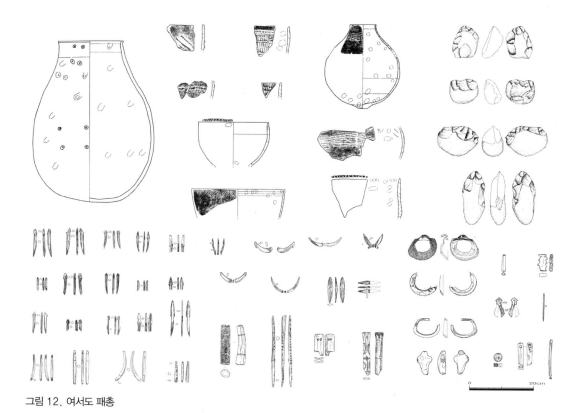

그림 12. 여서도 패총

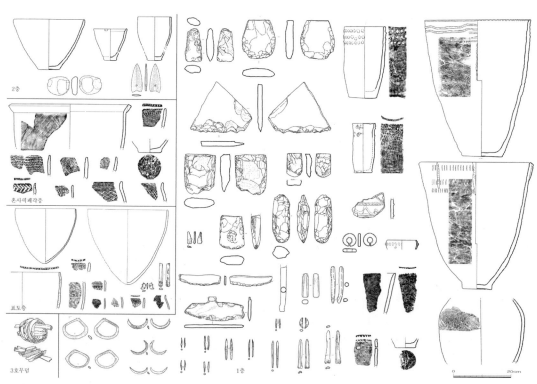

그림 13. 여수 안도 패총

제3장 신석기시대 지역성과
지역 분류에 대한 연구사적 검토

1. 머리말

한반도의 지역별 신석기문화를 기술할 때 유적의 분포상황을 감안하여 행정구역 단위로 이루어지거나 토기의 공통적 특징을 감안하여 지역권 또는 문화유형 단위로 이루어지기도 한다. 국사편찬위원회의 『한국사 1-한국의 선사문화-』(1973년)에서 신석기시대 토기·석기·골각기는 평안·황해도, 경기·서해도서, 충청·전라 및 서남도서군, 경남북, 강원, 함경도 지방으로 나누어 기술되었다. 국사편찬위원회의 『한국사 2-구석기문화와 신석기문화』(1997년)에서는 신석기유적의 분포를 서북지역(압록강 중·하류, 청천강 하류), 동북지역, 서해안지역(북으로는 대동강, 남으로는 전북해안), 동해안지역(영동), 중부내륙지역(금강 상류), 남해안지역, 남부 내륙지역으로 나누어 기술하였다. 1973년 판에 비해 남부 내륙과 금강 상류의 비중이 증가하였고 지방 대신 지역이란 명칭을 사용하게 된다. 다시 2008년에 간행된 이 책에서는 한반도 신석기시대 문화의 지역별 양상과 성격을 남해안, 남부내륙, 서해북부, 서해남부, 중부내륙, 북부내륙, 동해안, 제주도의 지역별로 나누어 집필하면서 내륙과 해안의 지역차를 강조하고 있다.

신석기시대 지역문화는 한반도·영남·한강유역의 신석기문화처럼 현재의 지리적 관점에서 연구자에게 주어진 지역에 분포한 신석기유적 전체에 대한 총괄적 설명일 수도 있고, 공통된 문화특질을 지니고 있는 지역권이나 문화권 개념에서의 연구일 수도 있다. 전자에서는 지리적 영역이 고정되는 반면 후자에서는 시간적 흐름에 따라 지역의 경계는 가변적이다. 상기한 지역 분류는 어떠한 기준에서 제시된 것일까? 신석기시대는 정착생활과 정주취락의 등장에 따른 지역성이 형성되는 시기이다. 지역성은 집단의 출자와 지역 환경에 대한 적응이 맞물려 발생하며, 공간적으로도 한정성과 가변성이란 두 가지 측면을 모두 갖고 있다. 현재적 관점보다 연구대상 시점에서의 관점을 중시한다면 지역 분류는 기본적으로 이러한 지역성 연구를 바탕으로 이루어져야하지 않을까 싶다. 따라서 이 글에서 는 신석기시대 지역 분류와 지역성와 관련된 기존의 연구를 정리하여 소개하고자 한다.[1]

2. 지역성, 지역 분류의 연구사

1) 1960년대 : 신석기시대 지역성의 최초 설정

有光教一은 『朝鮮櫛目文土器の研究』에서 한반도를 中鮮, 西鮮, 北鮮, 南鮮으로 구분하여 당시까지 조사된 신석기시대 유적과 토기를 집성하였다.[2] 中鮮은 경기도, 충청도, 영서지역을 포함하였지만 유 적은 주로 한강 중·하류유역과 경기도 연안의 섬에 집중되었으며 충청도에서는 아직 보고되지 않았 다. 西鮮은 황해에 접한 평야와 낮은 구릉지대 및 대동강 유역으로 황해도(9곳), 평안남도(10곳), 평안 북도(2곳)를 포함한다. 北鮮은 함경북도(24곳), 함경남도(1곳)의 두만강 유역 및 동해에 연한 해안지대이 다. 南鮮은 경상도, 전라도를 포함하나 유적은 동남해안과 낙동강 하구에 밀집하며, 전라도에서는 군 산과 대흑산도에서 유적 한 곳씩 보고되었을 뿐이다. 강원도의 경우 영서는 중선에 포함하였으나 강 릉읍 傳穢國土城內 유적은 토기의 유사성에서 남선에 포함시켰다.

아리미츠는 책의 結語에서 "분포와 지방색"(72~75쪽)이라는 항목을 설정하였다. 앞의 지역 구분은 편의상 관행의 지리적 구분에 따른 것이나 동일한 즐목문토기의 범주에 있는 것이라도 각 지방마다 형태, 장식 문양에서 특색이 존재한다. 기형은 북선은 모두 평저인 반면 중선과 서선에서는 환저의 도토리 모양이 유행하며, 남선 역시 환저가 우세하면서 有頸壺, 注口土器가 특색이라고 하였다. 중선 의 토기는 구연부 단사선문, 동체부 어골문의 조합이 특징이다. 어골문은 한반도 즐목문토기의 문양 을 대표하나 종주어골문은 중선과 서선에 많이 보인다. 서선에서 특히 사랑받았던 문양으로 번데기 무늬[幼蟲文, 絡繩文], 渦文, W帶文 등이 있다. 북선에서도 와문과 더불어 雷文이 유행하였는데, 연해 주 자이사노프카 즐목문토기에도 뇌문이 존재한다는 사실을 지적하였다. 동삼동과 영선동으로 대표 된 남선의 토기문양은 중선과 공통되는 것이 많으나, 융기문, 구순각목이 독특하다.

아리미츠의 지역분류는 서부, 중부, 남부, 동북부로 명칭만 바뀌었을 뿐 지금까지도 기본적 틀이 유지되고 있으며, 압록강유역은 조사 부족으로 지역 분류에서 누락되었다.

---

1) 처음 집필 의뢰된 주제는 신석기시대 지역문화론이나 필자의 능력이 부족하여 연구사적 검토로 바꾸었다. 지 역과 지방은 엄격히는 다른 개념이나 연구자에 따라 혼용되기도 하여 연구사적 검토에서는 연구자가 사용한 용어를 가능한 그대로 인용한다.

2) 有光教一, 1962, 『朝鮮櫛目文土器の研究』, 京都大學文學部考古學叢書 第3冊.

2) 1970·1980년대 : 토기권과 지역군의 설정

1960년대 후반과 1970년대 전반에 걸쳐 암사동, 동삼동, 시도 등의 신석기유적이 국립박물관 등에 의해 조사되고 북한의 조사 성과도 조금씩 알려지면서 남한 학자들에 의해 신석기시대 토기(문화)권과 지역군이 설정되기 시작한다.

김정학은 『韓國の考古學』에서 아리미츠의 분류를 수용하여 소위 기하문토기문화를 서북(평안도, 황해도), 동북(함경도), 중부(경기도, 강원도, 충청도), 남부로 나누어 설명하였다.[3] 『幾何文(櫛文)土器の編年』에서는 평저에 뇌문을 특징으로 하는 기하문토기가 출토되는 두만강유역과 시베리아계 기하문토기의 전통을 갖고 있는 환저토기가 출토되는 기타 지역군으로 구분하였다.[4] 즉 한반도를 평저토기권과 환저토기권의 두 문화권으로 대별한 것이다.[5]

한병삼은 일본의 『세계도자전집』에 실은 글에서 환저의 즐문토기도 지역과 시기가 다름에 따라 문양에 차이점이 보이는데 주목하여 중서부지방군(대동강, 한강)과 남해안지방군(낙동강 하구역)으로 나누었다.[6] 대동강과 한강을 하나의 지역군으로 묶은 점, 중서부의 서해도서를 즐문토기 후기의 소지역군으로 설정한 점이 주목된다.

김원용은 『한국고고학개설』[7]에서 즐문토기문화 유적을 지역적으로 압록강·대동강·한강·낙동강·서해도서 그리고 두만강의 6군으로 나눌 수 있다고 하면서 신석기시대 중기, 즉 즐문토기Ⅰ기[8]의 유적들은 대동강, 한강, 낙동강, 두만강의 4지역에 한정되어 있다고 기술하였다. 그는 先즐문토기 단계에는 지역성이 아직 형성되지 않은 것으로 파악하였으며, 기존의 도 단위 행정구역이나 방위적 구분 대신 강을 중심으로 분류하고 압록강유역과 서해도서를 추가한 점이 특징이다.

한반도 신석기시대의 편년과 지역문화 연구는 북한 연구 성과를 적극적으로 수용한 한영희의 『한반도 중·서부지방의 신석기문화』에 의해 커다란 진전을 보게 된다.[9] 그는 주변지역과의 관련 속에서 한반도의 지역군을 다음과 같이 설정하였다. "櫛文土器 文化는 各地에서 出土된 土器의 器形, 文樣 또는 土器와 伴出되는 石器, 骨角器 等의 比較檢討에서 中國 東北地方과의 關係를 보여주는 鴨綠江群, Amur 中流, 沿海州 等地와 비슷한 樣相을 보여주는 東北地方群, Baykal, Yenisei, Karelia 等地

---

3) 김정학 편, 1972, 『韓國の考古學』, 河出書房新社.

4) 김정학, 1980, 「幾何文(櫛文)土器の編年」, 『考古學ジヤーナル』183.

5) 환저, 평저토기권이 언제 누구에 의해 처음으로 언급되었는지는 아직 찾지 못하였다.

6) 한병삼, 1979, 「櫛目文土器」, 『世界陶磁全集』17, 小學館.

7) 김원용, 1973, 『한국고고학개설』, 일지사.

8) 1986년 개정신판에서는 신석기시대 전기의 빗살무늬토기Ⅰ기.

9) 한영희, 1978, 「한반도 중·서부지방의 신석기문화」, 『한국고고학보』5.

의 長卵形土器와 類似한 中·西部地方群, 日本의 繩文土器와 文化的 關聯性을 갖는 南部地方群의 4個群으로 나누어진다."(17쪽) 그는 대동강, 한강, 서해도서와 서남해안을 중·서부지방군으로 통합하였다.

그는 이 글에서 한반도 즐문토기의 지역적 풍토상도 논하였다. 두만강 유역을 중심으로 한 동북지방 즐문토기는 평저 심발형을 基底로 하고 있으며, 서북지방 즐문토기는 동북지방의 요소를 많이 보여주나 중국 요령지역 토기와도 연관된다. 환저의 장란형토기('암사리식토기')는 중·서부지방과 남부지방에서만 출토된다. 남부지방은 토기 문양상에서 중·서부와 공통되는 점이 많지만 아리미츠가 관찰하였던 것처럼 융기문, 구순각목의 문양, 장경호, 주구토기, 이중구연 등의 기형이 독특하며, 繩文土器와 유사한 토기도 존재한다. 한강, 임진강, 재령강, 대동강, 청천강 등의 큰 강이 흐르는 중·서부지방은 환저 또는 환저 전통의 평저가 특징이다. 청천강의 세죽리 1문화층과 당산 패총은 서북, 동북지방과 중서부지방 문화의 교류지역, 또는 경계지점으로 파악하였다. 강원도 역시 중·서부와 동북지방 요소가 유적에 따라 교차된다고 보았다.

신석기문화의 지역적 비교를 처음 독립적으로 다룬 「지역적 비교」에서 한영희는 신석기시대 토기 유형에 따른 지역구분을 다음과 같이 보완하였다.[10] 우선 동남해안을 중심으로 서남해안과 강원도 영동까지 분포하는 융기문토기에서는 지역성을 언급하지 않았다. 빗살무늬토기는 평저와 원저의 두 가지 형태가 지역을 달리하여 뚜렷이 구분되고 있다. 두 토기 양식은 평안북도 당산패총과 세죽리유적, 강원도 오산리패총에서의 공반예를 제외하고는 청천강과 오산리를 경계로 북쪽(서북, 동북)은 평저, 남쪽(중·서부, 남부)은 환저지역으로 구분된다. 그가 작성한 각지출토 빗살무늬토기 유형도(483쪽 도면 2)는 국립박물관 전시실 판넬로 널리 활용되어 왔는데 평저, 환저의 특징적인 빗살무늬토기를 지도화한 것이다. 도면에서는 서북과 중서부, 서북·중서부와 동북, 동북과 남부가 약간씩 중복되게 표현한 반면 중서부와 남부는 금강 하류역을 공백으로 점선화하여 조사가 미진함을 나타낸다.

환저토기권은 구연부, 동부, 저부에 서로 다른 문양을 시문하는 토기가 특징인 중·서부지방과, 압인문·태선침선·단도마연토기·이중구연토기들이 출토되는 남부지방으로 뚜렷이 구분된다. 중·서부지방의 토기는 남쪽으로는 남한강 유역의 양평리, 황석리, 진목리에서 출토된 것이 하한선이다. 중·서부에는 삼부위문양 토기 외에도 금탄리 I식과 II식, 시도식 등 여러 유형의 토기를 볼 수 있으나 모두 중·서부지방 내에 분포권을 갖고 있기 때문에 지역차 보다는 같은 지역 안에서의 시기차를 반영한다고 보았다. 남부지방의 환저 빗살무늬토기는 서로는 흑산도, 계화도, 북으로는 오산리까지 퍼져 있어 융기문토기 분포권과 일치한다.

평저 빗살무늬토기가 출토되는 지역은 환저와 같은 뚜렷한 차이점이 없다. 단 후기에는 서포항 5

---

10) 한영희, 1983, 「지역적 비교」, 『한국사론』 12, 국사편찬위원회.

층과 범의구석 1문화층에서처럼 서북지방과 동북지방의 토기가 기형과 문양에서 커다란 차이점이 나타나기 때문에 평저토기권도 동북지방과 서북지방으로 구분이 가능하다.

한영희는 이상의 네 지역군으로 분류된 토기 유형과 각 지역군의 유물상을 토기를 중심으로 상술하여 서로의 특성을 비교한 후 주변지역과의 문화적인 연계성에 대해서도 언급하였다. 중·서부의 암사동식토기는 남한강을 타고 내려가 남부 태선침선문토기 문화 성립에 큰 영향을 주었으며, 서북으로는 청천강유역, 동북으로는 강원도 영동까지 진출하였다. 충청도, 전라도는 조사가 불충분해 확실하지 않으나 무문토기 분포에서 볼 때 충청남도 역시 중·서부지방 토기권 안에 포함되리라 추정하였다(505쪽). 중서부 안에서의 문화전파는 주로 대동강에서 청천강, 대동강에서 재령강을 거쳐 서해도서 및 한강으로 이루어진다. 남부지방의 삼부위 전면시문은 중서부 영향이나, 태선식의 삼각·능형·제형 집선문은 구주 도도로키, 소바다 등과 비슷해 양 지역과의 교류 속에서 이루어진 문화로 파악하였다.

한편 방위, 행정구역이나 강 유역을 지역 분류의 단위로 삼는 다른 연구자와 달리 임효재는 해안을 지역 분류의 큰 단위로 설정하고 있다.[11] 해안은 문화 또는 집단의 가장 빠른 이동 루트이기도 하며 서해안, 남해안, 동해안의 해안 환경도 차별되기 때문이다. 임효재는 신석기시대 토기를 서해안(대동강, 한강 및 인접 도서)의 서한첨저유형(약칭 서한)토기, 남해안(낙동강유역 일대 및 인접 해안지대)의 남한유형(약칭 남한)토기, 동북해안(두만강유역)의 동한평저유형(약칭 동한)토기로 분류하였다. 그 역시 대동강, 한강유역을 동일한 문화유형으로 통합하였으며 남한유형토기는 타 지역과 달리 토기군 상호간에 특징을 서로 달리하는 종류가 각 분기의 주체를 점하는 지역적 특징을 갖고 있다고 보았다.

3) 1990년대 이후 : 새로운 소지역군의 인식

(1) 남부지역의 소지역군

기존의 남부지역 신석기문화에 대한 이해는 동삼동, 영선동, 수가리 등 동남해안의 신석기 자료에 크게 의존하였다. 1980년대 후반부터 합천댐, 남강댐, 용담댐 등의 수몰지구에서 신석기유적이 잇달아 조사되면서 남부지역 내부에서도 소지역군에 대한 인식이 등장한다. 먼저 합천댐 수몰지구 조사에서 임불리, 봉계리, 대야리 등의 신석기유적이 조사되면서 남부 내륙지역 신석기문화에 대한 새로운 자료들이 제공되었다. 봉계리유적을 조사한 이동주는 「한국 남부내륙지역의 신석기시대 유문토기 연구」에서 중기의 수가리 I 식 단계에는 해안과 내륙에 비슷한 토기양식이 분포하지만 후기부터 봉계리식토기로 대표되는 내륙 독자성이 나타난 것으로 파악하였다.[12] 조현복도 「영남내륙지방의 즐문토

---

11) 임효재, 1983, 「토기의 시대적 변천과정」, 『한국사론』 12, 국사편찬위원회.
12) 이동주, 1991, 「한국 남부내륙지역의 신석기시대 유문토기연구」, 『한국상고사학보』 7.

기에 대한 일고찰」에서 외반구연, 문양 공백부 생성, 사질 태토 같은 후기 토기의 독특함을 인정하고 있다.[13]

두 논문 모두 실제로는 남부 내륙과 해안이 아닌 동남부 해안과 중남부 내륙의 지역차를 인지한 것인데 이후 남강댐과 용담댐 수몰지구의 조사에서 내륙과 해안 뿐 아니라 동남부와 중남부에서도 토기 문양의 차이가 존재함이 밝혀진다. 다나카는 「한반도 중·남부지방 신석기시대 토기문화 연구」에서 융기문, 자돌·압인문토기군 단계까지는 남부지방 전체를 함께 검토하였고, 침선문 및 이중구연토기군 단계에서는 남부를 동남부(낙동강 동안지역과 동해안, 낙동강 하류역), 중남부(낙동강 서안에서 섬진강 하류역 및 서백산맥 사이와 그 남쪽의 해안지역 및 도서지역), 서남부(소백산맥 및 노령산맥의 서쪽 지역) 지방으로 구분하였다.[14] 남부에서는 그의 Ⅱ단계(중기 후반)부터 지역차가 조금씩 나타나면서 Ⅲ단계(후기 전반)부터 중남부를 중심으로 봉계리식토기가 확산된다고 파악하였다. 다나카는 둔산, 쌍청리, 갈머리유적을 자료가 부족한 서남부에 넣어 편년하였으나 용담댐수몰지구 조사 결과를 보면 갈머리 등 금강 상류는 남부지역의 중남부에 편입하여야 하고[15] 금강 중류의 둔산과 쌍청리는 중서부지역과 남부지역의 점이지대에 속한다.

(2) 중서부지역의 소지역군

이전부터 점열문과 종주어골문이 우세한 대동강유역과 단사선문과 횡주어골문이 우세한 한강유역의 지역성은 보편적으로 인정되고 있던 상황에서 중서부에서도 신석기유적의 조사예가 증가하면서 소지역은 더욱 세분화되어진다.

임상택은 「서해중부지역 빗살무늬토기 편년연구」란 글을 통하여 중서부를 대동강유역, 서해중부, 한강유역, 충청내륙으로 구분한 후 지역성의 변화 관계를 아래와 같이 편년과 함께 살피고 있다.[16] "신석기시대 전기간을 통해 볼 때 중서부와 그 주변지역은 동일한 지역군을 유지한 것이 아니라 시기에 따라 지역관계가 변화하고 있다 … 신석기 전기에는 아직 서해안 지역은 유적 점유가 … 매우 미미했으며, 이 시기는 황해도지역[17]과 한강유역이 동일지역군을 형성하고 있는 시기이다. 이것은 … 넓은 범위에 걸친 양식적 공통성이 존재하고 있던 시기로 이해된다. 그런데 중기 이후가 되면 이러한 양식적 공통성은 감소하고 각 지역별로 분화되는 모습을 보이게 된다(47쪽)." 후기에는 금탄리Ⅱ식토

---

13) 조현복, 1995, 「영남내륙지방의 즐문토기에 대한 일고찰」, 『고문화』 46.

14) 田中聰一, 2001, 『한반도 중·남부지방 신석기시대 토기문화 연구』, 동아대학교 박사학위논문.

15) 안승모·이영덕, 2004, 「용담댐 수몰지구의 신석기문화」, 『호남고고학보』 19.

16) 임상택, 1999, 「서해중부지역 빗살무늬토기 편년연구」, 『한국고고학보』 40.

17) 대동강유역의 오자로 생각된다.

기와의 관계에서 서해안지역이 대동강유역과 동일지역권을 형성하게 되고 이들 두 지역은 동일지역 군 내에서 세분된 소지역군으로 파악되었다(48~49쪽). 결과적으로 신석기 후기단계에 대동강유역, 서 해중부, 한강유역, 충청내륙은 큰 범주에서의 양식적 공통성을 가지고 있으면서 그 내부에서 각 지역 별로 독자적인 특성을 가지고 전개된 것으로 보았다.

임상택은 횡주어골문의 다치 시문과 단치 시문이 시간적 차이를 반영한다고 보았는데 양자는 지역 성을 반영한다는 반론이 김장석과 양성혁에 의해 제기된다.[18] 그들은 중서부 해안가의 패총은 여러 집단이 병참적 이동에 의해 일시적으로 반복하여 점유하였기에 패총 출토 토기군은 특정 시기를 나타 내는 것이 아니라 지역성을 반영한다고 주장하였다. 단치시문의 동일문계 토기는 경기만 북부, 구분 문계는 경기만 중부에서 출현빈도가 높으며, 다치시문의 동일문계 토기는 경기만 남부지역과 충청권 해안에 분포한다는 점을 지적하였다. 구분문계토기 역시 한강유역은 서해안과 기형과 태토에서 차이 가 있어 두 지역 집단의 차이를 보여준다고 해석하였다. 기원전 4천년기 후반을 경계로 하여 중서부 지역에서는 새로운 양식의 토기가 등장하고 지역성이 발생하며, 한강유역과 그 이북지역과의 관계단 절이라는 물질문화상의 변화, 해안으로의 유적 확산 및 패총점유가 시작된다고 본 것이다. 여기서는 서해 중부 자체에서도 다시 소지역권을 분리한 점이 주목된다.

임상택은 그의 박사학위논문을 단행본으로 발간한 『한반도 중서부지역 빗살무늬토기문화 변동과 정 연구』에서 중서부의 지역권을 더욱 명확히 밝히고 있다.[19] 중서부의 북쪽 한계는 평저토기 전통의 청천강이며, 남쪽 경계는 "지형적으로는 태백산맥 이서, 차령산맥 이북에 해당되는 것으로 볼 수도 있 지만 그 이남의 금강 및 남한강 유역권에서도 중서부지역 전통의 토기문화가 확인되고 있어 이 지역 까지 포괄해야 한다. 그러나 금강 및 남한강 유역권은 시기에 따라 남부 내륙지역 토기문화와 전통을 공유하는 지역으로도 나타나기 때문에 점이적 성격을 띠는 지역이다(20쪽)." 중서부는 지형적으로 "i) 묘향과 멸악산맥, 서한만 사이의 평양, 재령평야 일대, ii) 그 이남에서 차령산맥 이북, 경기만 지역 일 대, iii) 차령 이남, 소백 이북의 금강 및 남한강 유역으로 구분할 수 있다(20쪽)." 이러한 지형적 구분은 각기 평남·황해, 서울·경기, 충청지역의 고고학적 유적 분포상과도 거의 일치하며, 이러한 소지역 들은 서로 간에 일정한 물질문화상의 차이를 보이고 있다고 한다(21쪽).

임상택은 이 책에서 중서부지역 4기편년안을 제시하였는데 중서부 II기(기원전 4천년기 전반)는 평 남·황해, 서울·경기 이남의 두 지역으로 나누어 편년하였으나 중서부 III기(기원전 3천년기 전반)는 평 남·황해의 내륙 지역군과 해안 지역군, 중부의 내륙 지역군과 해안지역군(내부에서 다시 인천·강화 이북

18) 김장석·양성혁, 2001, 「중서부 신석기시대 편년과 패총 이용전략에 대한 새로운 이해」, 『한국고고학보』 45 ; 양성혁, 2001, 「서해안 신석기문화에 대한 일연구」, 서울대학교 석사학위논문.

19) 임상택, 2008, 『한반도 중서부지역 빗살무늬토기문화 변동과정 연구』, 일지사.

지역군, 시흥·평택 이남지역군으로 세분), 그리고 충남(또는 충청) 내륙지역군의 소지역으로 나누었다. 남부처럼 중서부도 내륙, 해안을 분리한 것으로 김장석·양성혁의 단치, 다치시문 지역성 주장도 일부 수용하였다.

한편 다나카는 앞서 언급한 그의 박사학위논문에서 중서부를 대동강유역과 한강유역·경기만지역으로 구분하였으며, 두 지역 사이에는 몽금포, 백령도, 우도, 용당리, 연평도패총과 같이 양 지역 토기 특징들이 혼재해서 출토되는 중간적인 지역이 존재한다고 보았다(32쪽).

(3) 주거지, 생업유형과 지역권

남한 학자들에 의해 이루어진 지역권 설정은 거의 전적으로 즐문토기에 바탕을 두고 있었는데 최근 구자진은 주거지 자료를 이용하여 신석기시대 한반도를 두만강유역, 압록강유역, 대동강·황해도지역, 한강·임진강유역, 중동부지역, 금강유역(충청내륙지역), 중부 서해안지역, 남부내륙지역, 남해안지역의 9개 지역권으로 구분한 후 각 지역별, 시기별 특징과 변화양상을 확인하였다.[20] 기원전 4천년기 후반에 들어서면 중부 서해안지역에서는 느들식[21] 주거지, 금강유역에서는 대천리식 주거지, 남부내륙에서는 송죽리식 주거지가 등장한다.

한편 최종혁은 신석기인들의 생업유형을 석기조성과 동물유체를 중심으로 유형화한 뒤 한반도를 남부·동해안·동북·서북·중서부 지방으로 구분하여 시기별, 지역별 생업형태의 특징과 변화를 살펴보았다.[22]

4) 북한학자들의 지역성 연구

북한에서는 1970년대부터 지역성에 대한 언급이 이루어지는데 남한과 달리 지역권보다는 문화유형이란 용어를 선호하며, 또한 남만주까지 포함하여 지역권을 설정한다. 이하 북한에서 신석기시대 문화유형이 설정되고 개념과 분포권이 수정되어가는 양상을 소개한다.

(1) 문화갖춤새의 유형 : 〈조선고고학개요〉[23]

북한에서는 동북아시아 신석기시대 주민의 기원은 단일하나 정착생활이 시작되면서 조선옛유형의 단일민족이 출현하고 신석기시대 후기에는 지역적 특성이 완성되었다고 본다. 그들은 집자리와 유물

---

20) 구자진, 2007, 「우리나라 신석기시대 집자리의 지역권설정과 변화양상」, 『한국신석기연구』 13.

21) 구자진, 2008, 「중부 서해안지역 신석기시대 마을의 생계·주거방식 검토」, 『한국상고사학보』 60.

22) 최종혁, 2006, 「신석기시대 어로민의 생계유형」, 『신석기시대의 어로문화』, 동삼동패총전시관.

23) 사회과학원 고고학연구소, 1977, 『조선고고학개요』, 과학, 백과사전출판사.

갖춤새에서 서로 다른 특징적 요소들로 하여 문화의 지역적인 발전의 양상을 볼 수 있다고 주장한다. 지역성의 출현과 관련되는 글을 인용하여 보자. "그러나 한 고장에 머물러 살면서 농사를 짓기 시작한 우리나라 신석기시대의 여러 씨족-종족은 각기 그곳 자연환경에 맞는 살림을 꾸려나갔으며 그 결과 지역에 따라 얼마간 고유한 문화와 풍습이 생겨났다. 즉 매개 씨족-종족집단은 오랜 기간 자연과의 투쟁 속에서 새로운 문화를 창조하는 과정에 고유한 씨족-종족적인 특성을 나타내게 되었다." "지금까지 알려진 기원전 3000년기의 유적과 유물은 … 그들에 의하여 창조된 물질문화의 지역적 특성을 어느 정도 알 수 있게 한다. 특히 기원전 3000년기 후반기의 유적과 유물을 종합적으로 본 문화갖춤새의 류형들은 신석기시대 여러 지역에 분포되어 산 씨족-종족들과 결부되어 있는데 그 지역을 보면 아래와 같다. 첫째 궁산유적제4기층류형의 유적들이 분포된 평안남도, 황해북도, 황해남도, 경기도 일대의 지역. 둘째 당산, 청동말래 및 쌍타자유적 제1기층류형의 유적들이 분포된 평안북도, 료동반도 일대의 지역. 셋째 토성리류형이 알려진 압록강 중상류일대의 지역, 넷째 서포항유적 제4기층 및 제5기층, 범의구석류형의 유적들이 알려진 함경북도 연해주일대의 지역, 다섯째 영선정류형의 유적이 알려진 남해안일대의 지역." "이 밖에도 최근에 발굴된 함경남도 신포시 강상리유적의 유물갖춤새에 다른 지방과 차이나는 특징들이 있는 것으로 보아 동해안 중부일대에 하나의 문화유형이 있었으리라고 인정되며, 아직 … 조사발굴이 진행되지 못한 남반부지방들과 중국 동북지방에 몇 개 류형의 문화갖춤새가 있었을 것이라고 짐작된다(이상 58쪽)." 결과적으로 문화갖춤새 유형이란 용어로 설정된 지역군은 중서부, 압록강 하류-요동, 압록강 중상류, 함북-연해주, 남해안의 다섯 곳에서 설정되었는데 압록강 하류 유역을 요동반도와 같은 문화권으로 통일시키고, 압록강 중상류는 독립시킨 점이 주목된다.

(2) 궁산문화의 설정 : 〈궁산문화에 대한 연구〉[24]

김용남은 신석기시대의 "여러 시기에 걸쳐 공통한 특성을 지닌 집자리들과 유물갖춤새들이 포함되여있는 서해안일대의 문화갖춤새를 가리켜 그것을 처음으로 발굴한 유적의 이름을 따서 궁산문화라고 부르기로 하였다(3쪽)." 그는 이 글에서 궁산문화의 집짜임새, 질그릇갖춤새, 석기갖춤새의 특징과 변천과정을 논하고 생활모습까지 복원하였다. 궁산문화에는 암사동, 미사리 등의 한강유역 유적도 포함되었다.

(3) 유적유형 : 〈조선의 신석기시대〉[25]

앞에서 본 지역구분과 궁산문화 설정을 그대로 수용하면서 서국태는 신석기시대 후기부터 지역성

---

24) 김용남, 1983, 「궁산문화에 대한 연구」, 『고고민속론문집』 8.
25) 서국태, 1986, 『조선의 신석기시대』, 사회과학출판사.

을 언급한다. "이 시기의 문화갖춤새는 몇 개의 지역적 단위로 묶이여진다. 첫째는 궁산문화주민이 살고 있던 평안남도, 황해남북도, 경기도 지방이며, 둘째는 평안북도, 료동지방이며, 셋째는 압록강 중상류 및 송화강이남 지방, 넷째는 연해주지방을 포함한 조선반도 동북부지방, 다섯째는 경상남도 지방을 비롯한 남부조선 일대이다(51쪽)." 서국태는 해당지역에서 알려진 대표적인 유적의 이름을 붙여 앞에서부터 궁산문화유형, 청동말래유적유형, 토성리유적유형, 서포항유적유형, 동삼동유적유형으로 명명하였다.

⑷ 문화유형 : 〈질그릇을 통하여 본 우리 나라 신석기시대의 문화류형〉[26]

서국태는 시기별, 지역별로 볼 때 신석기시대 유적들이 드러난 전형은 많은 차이를 가지기에 문화유형을 시공간적으로 자세히 구분하여 그 분포범위를 확정하는데 적지 않은 문제점이 있다는 점을 인식하고 있다. 문화유형의 분포범위가 시기에 따라 일정한 변화가 있었겠지만 가장 이른 시기의 자료들을 기본으로 하여 문화유형을 설정하고, 해당지역에서 처음 알려졌고 시기적으로도 가장 오랜 유적의 이름을 따서 이름을 붙였다. 인접한 지역 또는 문화유형들 사이에 절충적인 문화현상이 나타나는 것은 이웃한 집단들 사이의 깊은 문화적 관계를 반영하는 것이기에 별개의 문화유형으로 설정하기보다는 보다 친연관계에 있는 문화유형에 소속시키는 것이 타당하다고 주장한다(2쪽). 이 글에서는 우리 나라 신석기시대 문화를 궁산-동삼동유형, 미송리-소주산유형, 서포항-앵가령유형으로 분류하였다.

기존에는 청천강에서 한강 유역에 이르는 문화갖춤새를 궁산문화로, 함경남도 강상리유적의 유물갖춤새는 강상유형으로, 남부지방의 유물갖춤새는 동삼동 또는 동삼동-영선정유형으로 구분하였다. 그런데 이들 문화유형의 토기는 모두 둥근바닥이라는 공통점이 있어 궁산-동삼동유형으로 통합하였다. 평안북도의 세죽리, 당산 유적도 둥근바닥 토기가 주류를 이루고 있기에 궁산-동삼동유형의 북쪽 분포한계로 설정하였다.

압록강 하류역과 요동지역의 신석기문화는 짧은 이음구불무늬[지자문]가 시문된 화분형 평저토기를 기준으로 미송리-소주산유형으로 설정되었다. 요하 이서의 흥륭와문화는 주거지 구조와 유물갖춤새의 유사성에서 미송리-소주산유형으로 포함시켰으나 홍산문화는 토기가 많이 달라 제외시켰다.

서포항-앵가령유형은 모래를 바탕흙으로 사용한 납작바닥의 화분형단지가 특징으로 서포항과 앵가령유적은 반움집 구조, 토기 기형과 무늬, 산형과 주산알 모양의 가락바퀴, 곰배모양의 괭이 등에서 공통성을 갖고 있다. 기존의 토성리유적유형 역시 깊은 화분형단지, 산형 가락바퀴, 흑요석기 등의 존재에서 서포항-앵가령유형에 통합시켰다. 그라드까야 1유적 등 연해주 남부의 신석기 유적 역시 여기에 포함된다. 따라서 서포항-앵가령유형은 두만강유역, 남연해주지방과 송화강 이남지역에 분포

---

26) 서국태, 1990, 「질그릇을 통하여 본 우리 나라 신석기시대의 문화류형」, 『조선고고연구』 1990-3.

하였다.

(5) 문화와 유형 : 〈조선신석기시대문화의 단일성과 고유성〉[27]

서국태의 1990년도 글과 내용이 거의 동일하지만 유형을 문화로 바꾸면서 명칭만 달라지고 있다. 이 단행본 역시 앞의 북한 글들과 마찬가지로 조선옛류형사람들이 조선반도를 중심으로 하는 동북아시아 넓은 지역에 펴져 살면서 자기들이 살고 있는 구체적인 환경과 조건에 따라 지역적 특징을 지니게 된다고 본다. 신석기시대 집단은 뚜렷한 지역적 경계 없이 종족 또는 씨족을 이루고 살았기에 문화유형의 분포범위를 확정하는 것은 매우 어려운 문제로 개략적으로 밝힐 수밖에 없다는 것을 전제로 한다(6쪽). 여기에서는 우리의 신석기문화를 중서부와 남부의 운하문화, 서북부의 미송문화, 동북부의 서포항문화로 분류하였다.

① 운하문화 : 청천강 이남으로부터 한강유역에 이르는 중서부지역 신석기문화인 궁산문화 토기의 중요한 특성인 둥근바닥이 함경남도 강상리유적이나 평안북도 당산유적 뿐 아니라 남한 전역에서도 나타나기에 둥근바닥토기가 분포되어 있는 지역을 기존의 궁산문화와 구분하기 위하여 운하문화로 명명하였다(8쪽). 즉 이전의 궁산-동삼동유형을 운하문화로 바꾼 것이며 궁산문화는 운하문화의 한 유형이 된다. 운하문화의 서북쪽 한계는 세죽리와 당산의 달천강일대, 동북쪽 한계는 강상리의 북대천유역이며, 전자는 요동-압록강유역, 후자는 두만강유역의 신석기 요소도 공유한다.

② 미송문화 : 압록강유역으로부터 요하유역에 이르는 지역에 짧은 지자문의 화분형토기를 특징으로 하는 유물갖춤새를 가진 유적들이 분포하여 이 일대의 문화를 미송리유적의 이름을 따서 미송문화라고 명명하였다(10쪽). 미송문화의 서쪽한계는 요하 서쪽의 고대산유적을 넘어 대릉하유역(흥릉와유적)까지 이른다. 토기는 지자문을 기본으로 하면서도 그물무늬, 삿자리무늬, 평행선띠무늬 등 여러 가지 도안의 무늬가 서로 배합되어 장식된 화분형단지가 주류를 이룬다(11쪽). 동쪽 및 북쪽은 제2송화강 이서지역(좌가산유적)까지 분포하며, 제2송화강 이동지역에서는 아직 알려지지 않았다(12쪽).

③ 서포항문화 : 두만강유역을 중심으로 한 서포항문화의 남쪽 한계는 북대천 이북의 김책시, 서쪽 한계는 자강도 중강군(토성리, 장성리유적)이며, 동북쪽은 남연해주, 북쪽은 흑룡강성 경박호(앵가령유적)까지 분포한다(12~16쪽).

3. 신석기토기문화의 전개와 지역성 출현

신석기시대 지역권 또는 문화권은 기본적으로 토기를 기준으로 설정된다. 집단의 확산과 주변 집

---

27) 서국태, 1998, 『조선신석기시대문화의 단일성과 고유성』, 사회과학출판사.

단과의 상호작용 속에서 지역성, 지역권은 가변성을 띄게 된다. 토기는 집단의 정체성과도 관련된다. 집단이 정착하였을 때는 처음에는 가능한 原鄕의 토기 양식을 충실히 계승하다가 자신들만의 정체성을 부각시키기 위하여 토기에 차별성을 부여한다. 그러나 정체성을 토기를 통하여 표현할 필요가 없어지면 문양은 퇴화, 생략된다. 이 단계에서는 더 이상 토기를 지역성 연구의 기초로 삼을 수 없게 된다.

동북아시아에서는 세석인문화의 마지막 흐름 속에서 토기가 출현하는데 우리나라에서는 고산리식토기가 이에 해당한다. 고산리식토기는 제주도에 한정하여 분포하며[28] 아무르강 하류역 오시포프카문화의 조흔문토기와 유사성이 지적되고 있다.[29] 고산리식토기를 남긴 집단은 여전히 수렵채집민으로 정착생활을 하였다는 증거는 보이지 않는다.

동북아시아 전역에 토기가 확산되는 것은 기원전 6천~5천년기로 청천강 이남의 한반도를 제외하면 신석기시대 토기는 동시베리아의 첨·환저토기군, 남방의 繩文 환저토기군, 극동의 평저토기군으로 크게 나누어진다.[30] 大貫은 기원전 3500년 이전의 극동평저토기를 아무르강 중류역의 융기문토기권, 흑룡강 하류역과 연해주 및 삼강평원의 아무르편목문토기문화권, 요하유역의 지자문토기문화권으로 분류하고 있다. 또한 연해주 남단에서 두만강 하류역에 걸친 지역에는 러시아에서 보이스만문화로 불리는 패총문화가 확산된다.

이 시기의 한반도는 두만강유역은 보이스만문화권, 압록강유역은 지자문토기문화권에 편입되며, 동해안과 남해안에서는 융기문토기 또는 압문(자돌·압인문)토기를 사용하는 어로 중심의 집단이 확산된다. 중·서부에도 늦어도 기원전 4000년 무렵에는 즐문토기 집단이 정착하기 시작하였을 것으로 생각된다.

한반도의 융기문토기는 남해안에 집중적으로 분포하며 영동지역에서도 출토되었다. 영동지역의 융기문토기는 송눈평원과 아무르중류역에 분포하는 융기문토기와 유사하나, 남해안을 따라 확산하면서 세침선·자돌의 결합, 횡대구획의 소멸, 시문면적의 확대, 소평저와 원저의 출현, 일본 융기문토기의 영향 등의 지역성이 가미된다.[31]

---

28) 오진리 하층, 비봉동 제4패층에서 출토된 오진리식토기는 융기문토기보다 선행할 가능성은 인정되나 원저의 기형과 석기 조성도 달라 고산리식토기문화로의 편입 여부는 미정이다.

29) 이동주, 1998, 「우리나라 초기 신석기문화의 원류와 성격」, 『전환기의 고고학』I , 학연문화사 ; 이헌종, 1998, 「우리나라 후기구석기 최말기와 신석기시대로의 이행기의 문화적 성격」, 『전환기의 고고학』I , 학연문화사 ; 강창화, 2008, 「제주 고산리 초기신석기문화의 형성과 전개」, 『남해안지역의 신석기 문화』, 2008년 한국신석기학회 추계학술대회 발표자료집.

30) 大貫靜夫, 1998, 『東北アジアの考古學』, 同成社.

31) 이상균, 1996, 「융기문(신암리식)토기의 제문제」, 『호남고고학보』 3 ; 하인수, 2002, 「한국 융기문토기의 성립과 전개」, 『한국 신석기시대의 환경과 생업』, 동국대학교 매장문화재연구소.

아가리무늬토기로도 불리는 압문토기는 영동지역의 오산리식 평저토기와 남해안의 영선동식 환저토기로 나눌 수 있다. 오산리식토기는 앞서 언급한 보이스만문화와 자돌계 문양의 평저토기 뿐 아니라 작살·결합식 낚시 등을 이용한 어로 중심의 생계 양식에서 공통점이 보이나 세부적인 토기의 기형과 문양에서는 지역적 차이가 나타난다. 따라서 융기문토기와 오산리식토기 단계까지 한반도의 동해안은 극동평저토기권에 포함되며, 영선동식토기가 출현하면서 남해안은 독자적인 환저토기권으로 전자와 분리된다고 볼 수 있다.[32]

남해안에서 침선문토기가 등장하는 시기가 되면 한반도는 압록강·두만강유역의 평저토기권과 그 이남의 환저토기권으로 완전히 분리된다. 환저토기권은 전통적으로 첨저 중심의 중서부와 원저 중심의 남부의 두 지역권으로 크게 구분되어 왔다. 중서부의 즐문토기문화는 잡곡 재배가 시작되면서 정주성이 증가하고 아울러 지역성도 강화되었다. 그리하여 중서부 자체도 대동강유역과 한강유역이 서로 다른 문양 구성과 변천을 나타나게 되었다. 중서부에서 지역성은 후기에 들어 더욱 두드러지기 때문에 최근에는 대동강유역과 한강유역을 다시 각기 내륙과 해안의 소지역권으로 세분하고 여기에 충청지역을 새롭게 추가하려는 경향이 보인다.[33]

남부지역은 태선침선문의 중기에 중서부로부터 잡곡재배가 도입되면서 내륙으로의 진출이 본격화된 결과 남부내륙에 남해안과 구분되는 지역성이 나타나기 시작하였다. 그런데 남해안은 다시 부산·김해의 동남부 해안과 통영에서 여수로 이어지는 중남부 해안, 기타 서남부 해안으로 세분되기도 한다. 따라서 남부 내륙도 각기 동남·중남·서남해안과 연결되는 소지역성이 존재할 가능성이 높다. 전체적으로 남부지방은 중서부 즐문토기의 영향을 받아 침선문토기 단계에 들어서면서도 기형과 삼각·능형집선문 등의 문양에서 이전 시기의 융기문·영선동식토기적 전통이 남아 있다. 남부지방 중에서도 특히 경상남도 해안은 한반도 전체에서 조기부터 후기까지 문화가 연속되면서 일관된 지역성을 유지하고 있는 유일한 지역이기에 여러 학자들에 의해 신석기문화가 박사학위논문으로 종합될 수 있었다.[34]

강원도 동해안의 침선문토기문화는 중기 전반은 중서부와, 중기 후반은 남부와 가까운 모습을 보인다. 앞에서 보았듯이 북한에서도 한때 함경남도 신포시 강상리유적의 조사를 계기로 동해안 중부 일대에 별개의 문화유형이 있었을 가능성을 제시한 적이 있기 때문에 앞으로의 연구 결과에 따라 환

---

32) 안승모, 2003, 「고고학으로 본 한민족의 계통」, 『한국사 시민강좌』 32.

33) 세부적인 토기 문양의 차이는 이 책에 실린 지역별 개별 논문을 참조하기 바란다.

34) 신숙정, 1994, 『우리나라 남해안지방의 신석기문화 연구』, 학연문화사 ; 이동주, 1996, 『한국 선사시대 남해안 유문토기 연구』, 동아대학교 박사학위논문 ; 하인수, 2006, 『영남해안지역의 신석기문화 연구』, 부산대학교 박사학위논문.

저토기문화권 속에서 함경남도에서 강원도에 이르는 동해안 중부를 중서부와 남부에서 분리하여 독자적인 지역성을 부여할 것인지 논의할 필요가 있다.

4. 과제

이상 한반도 신석기시대의 지역성과 지역 분류와 관련된 남북한의 연구를 소개하고 신석기시대 토기문화의 전개와 지역성에 대한 요약을 덧붙여 보았다. 이 글을 쓰면서 필자가 혼란을 느꼈던 부분과 앞으로 고려되어야 할 사항에 대한 언급을 하면서 글을 마무리하겠다.

본고에서도 지역성, 지역권, 토기권, 문화권, 문화유형이 혼용되고 있는데 이들 용어에 대한 개념을 명확히 할 필요가 있다. 참고로 우리나라에서는 이러한 기본 개념에 대한 연구가 거의 이루어지고 있지 않아 일본 繩文文化 연구 동향을 인용하여 보자.[35] 일본에서는 집단내부의 전통성과 집단간의 공통적 성격을 감안하여 공통된 토기형식으로 맺어진 복수의 유적군이 분포하는 범위를 지역권으로 하였다. 예를 들어 동해지방 繩文 만기 전엽에는 4개의 토기형식이 반경 30~40km의 범위로 지역권을 이루고 있다. 또한 각 토기형식은 緣帶文系土器라고 하는 동일계보의 토기로 연결되기에 4개의 지역권을 합친 광역지역권이 설정되었다. 상기 기준은 토기분포권을 중심으로 이루어진 개념이고 문화활동이란 측면에서는 교류권과 문화권이란 용어가 사용된다. 교류권은 地區共同體_{유적군이나 취락군}로 지칭되는 각 지구 특산의 자원과 생산물이 서로 물물 교환되는 지역, 즉 地域共同體로 앞의 지역권에 상당한다. 단 지구공동체는 복수의 지역공동체에 속할 수 있다는 점이 다르다. 문화권은 여러 개의 교류권이 얽혀서 밀접한 관련성과 공통의 문화양상을 지닌 포괄적인 지역으로 앞의 광역지역권에 상당한다. 戶澤은 동질의 생태권으로 보이는 지역에, 공통의 생업·주거·토기형식·제사형태를 갖고, 일정기간 그 토지에 전통을 유지하는 지역과 그 문화를 지역문화로 취급하였다.[36] 繩文文化를 다양한 특징을 갖고 각 지역, 각 시기에 존재한 지역문화의 모자이크狀 구성체로 파악한 것이다.

우리나라에서는 일본의 광역지역권을 지역권, 지역권을 소지역권으로 부르고 있지만 지역에 대한 명칭도 통일이 이루어지고 있지 않다. 지역과 지방이 혼용되고 지역(권)과 소지역(권)을 어떠한 기준으로 나눌 것인지도 생각해 볼 문제이다. 지역을 경상남도 같은 행정 단위로 분류하면 경계는 명확하나 선사시대의 지역성이 오늘날의 행정 단위대로 집합되는 것은 아니다. 그리하여 동북, 남부 같은 방위명이 선호되나 모호함은 여전하다. 서북지방이 혹자에게는 평안북도나 압록강유역을 의미하고, 혹자

---

35) 필자가 일본고고학에 대한 이해와 정보가 크게 부족하여 戶澤充則이 소개한 내용만 인용한다.
　　戶澤充則, 1986, 「總論-考古學における地域性」, 『日本の考古學』5 文化と地域性, 岩波書店.
36) 위의 글, 20쪽 ; 戶澤充則, 1986, 「繩文時代の地域と文化」, 『日本の考古學』5, 63~66쪽.

에게는 평안도, 황해도 전체를 의미한다. 신석기 전공자들은 중서부를 중부의 서부와 평안남도·황해도를 포함한 개념으로 받아들이지만 다른 시기 전공자들이나 일반인들에 중서부는 중부의 서부일 뿐이다. 대동강, 두만강 등의 큰 강을 분류 단위로 이용하기도 하나 한반도가 큰 강만으로 분류되지는 않으며 금강의 경우 중·하류는 중서부, 상류는 남부로 통합된다. 압록강 역시 하류는 요하유역과 통합되나, 중·상류는 두만강유역과 연결된다.

신석기문화의 지역성은 지역 환경에 대한 적응 과정에서도 발생하기 때문에 문화적 개념의 지역권을 지리적 기후구와 비교해 볼 필요가 있다. 기후는 1월 평균 기온 −3℃의 등온선을 기준으로 냉대기후 지역(북부동안형, 개마고원형, 북부내륙형, 북부서안형, 중부서안형)과 온대 기후 지역(중부내륙형, 중부동안형, 남부서안형, 남부내륙형, 남부동안형, 남해안형)으로 구분된다. 한반도에서 식물의 성장에는 강수량보다 기온의 영향이 크기 때문에 한랭 지수와 온량 지수를 기준으로 개마고원·북부·중부·남부·남해안의 5개 기후구로 나누어진다. 또한 삼림을 기준으로 냉대림(개마고원), 온대림(온대 북동부·북서부·중부·남부), 난대림(남해안)의 삼림대로 분류된다.[37] 고고학적인 지역권, 소지역권을 이러한 기후구와 비교하여 보면 흥미로운 결과가 도출될 수 있지 않을까 싶다.

유적의 조사가 고르지 않은 현실에서 지역권, 문화유형의 설정과 경계 확정은 여전히 어려움이 많다. 특히 각 지역권의 접변 지역에 대한 정밀한 조사가 여전히 부족하다. 예를 들면 북한쪽 강원도와 함경남도, 북한강과 남한강의 상류 지역, 황해도 남부와 경기도 북부의 예성강·임진강·한탄강 유역 등을 들 수 있다. 전체적으로 경상북도, 전라남도(도서를 제외한) 역시 신석기 유적의 보고가 드물다. 원래 신석기시대 사람들이 살기에는 주변 지역이라서 유적이 드문 것인지 조사가 미진하여서 그런 것인지 현재로서는 결론을 내리기 어렵다.

끝으로 이 글에서는 토기형식을 중심으로 지역성에 대한 연구사를 소개하였는데 그것이 석기조성, 생업형태, 주거구조에 의한 지역성과는 어떠한 차이가 나타나는지 까지는 살펴보지 못하였다. 다른 연구자들의 몫으로 남겨둔다.

---

37) 박삼옥 외, 2002, 『공통사회(하) 한국 지리』, 두산.

제4장 한국의 선사고고학과 내셔널리즘

1. 머리말

세계의 많은 나라에서 고고학은 민족주의적 전통에서 시작되었다(Trigger 1984, p.358; Atkinson et al. 1996). 브루스 트리거는 국가는 국민 통합을 위한 수단으로 고고학을 후원하였으며, 민족주의 고고학은 정치적으로 위협받고 자주권을 강탈당한 사람들, 또는 계급갈등에 의한 국가적 통합이 위협받고 있는 나라에서 가장 강력하게 작동한다고 보았다(위의 글, p.360). 우리나라 고고학 역시 일제의 피동적, 정체적인 식민사관을 극복하기 위해 구석기 · 신석기 · 청동기 · 철기시대로의 보편적 발전과정 도식인 '삼시대법'을 수용하는 한편, 남북한 모두 체제 유지에 적합한 내셔널리즘이 상고사 해석에 영향력을 발휘하여 민족적 정체성, 우월성과 독자성을 강조하게 되었다. 특히 단일 민족으로서의 상고성과 광역성을 선전할 수 있는 고조선이 국민적 관심거리가 되었다. 삼국유사의 '기자' 조선과 '위만' 조선은 고고학적 시대 구분으로는 청동기시대와 초기철기시대에 해당되고 '단군' 조선은 삼국유사에 언급된 개시 연대를 그대로 수용하면 신석기시대 후기에 해당한다(김정배 1973). 그러나 최근에는 남북한 모두 고조선을 청동기시대로 편년하면서 고고학계에서는 선사시대인 청동기시대를 역사학계에서는 고대로 인식하고있나.

민족주의적 색체가 가장 두드러진 분야가 민족 기원과 강역에 대한 연구이고, 단일 민족으로서의 기원을 고조선 또는 그 이전에서 찾다보니 선사고고학과 마주친다. 민족의 기원과 형성과정에 대한 연구는 그동안 무수히 있어 왔으며 솔직히 대중의 관심을 끌기에도, 연구비 지원을 받기에도 좋은 주제였다. 민족 기원에 대한 민족주의적 연구의 始發과 그 문제점은 이미 다른 학자들에 의해 詳論된 바 있으며(Pai 2000; 이성주 1995), 2008년에는 한국고대사학회에서 〈민족주의사학과 한국고대사연구〉라는 주제로 세미나를 개최하여 민족 기원과 고조선 문제를 다룬바 있다. 더욱이 필자는 신석기시대 전공자라 청동기시대와 고조선에 대한 심도 깊은 지식도 갖고 있지 않다. 따라서 이 글에서는 민족주의적 해석이 가장 두드러진 시기이기는 하여도 청동기시대를 논의의 핵심으로 다루지는 않는다. 다만 이 글에서는 역사 기록이 기록을 남긴 자에 의한 1차적 왜곡과 기록을 해석하는 자에 의한 2차적 왜곡이 발생하는 것과 마찬가지로 고고학자료 역시 자료 형성과정에서의 1차적 왜곡과 자료를 이용하는 자에 의한 2차적 왜곡이 발생한다는 점을 '最初', '最古', '최대'의 소위 '3최'(김종일 2008, 95쪽)에 집착하는 몇 가지 사례를 들어 설명하고자 한다.

2. 고고학 자료와 민족적 정체성

고고학자들이나 고대사 연구자들이 부지불식간에 저지르는 오류는 고고학적 문화, 유물·유구복합체, 심지어는 비파형동검 같은 개별유물의 분포권을 혈연적 의미의 종족이나 사회·역사적 의미의 민족(또는 그 영역)과 결부시키는 것이다. 역사적으로 알려진 부족집단을 특정한 고고학적 문화로 확인할 수 있다는 코신나의 100년 전 주장은 이제는 인종주의적,제국주의적 환상으로 비판되고 있다(트리거 1997, 213~218쪽). 영국에서 고고학 교재로 가장 널리이용되는 『현대 고고학의 이해』(렌프류·반 2006)를 보면 고고학적 문화와 종족 같은 인간집단의 등식화는 이제 극도로 위험하다고 여겨지고 있으며(175쪽), 고고학자들은 종족 구분의 상징물들을 고고학적 기록 속에서 분간하고 그것들을 정확하게 읽어내는 신뢰할만한 방식을 찾아내지 못하고 있다(206쪽).

사실 고고학적 문화가 특정 종족이나 민족과 연결된다는 어떠한 과학적 증명도 한국에서는 이루어진 바 없다(이성주 1995·2006; 안승모 2003; 김종일 2008). 고고학과 민족성(ethnicity)의 관계를 이론적으로 분석한 외국 학계의 동향은 2008년에 들어서야 처음 소개되고 있다(시안 존스 2008). 여기에서도 고고학적 분포를 민족이나 종족의 영역과 결부시킨 20세기 전반의 문화역사적 접근방법에 대한 비판과 더불어, 물질문화의 어떤 측면의 변이와 민족 집단의 경계 사이에 일대일 대등관계가 존재한다는 가설뿐 아니라 고고학적 문화의 실제 자체에 대한 의문도 소개되고 있다(59~160쪽). 고고학자들은 물질문화의 유사성과 상이성 정도가 상호작용의 직접적인 지표를 제공한다고 가정할 수 없으며(170쪽), 고고학적 분포가 반드시 과거의 자의식적 민족 집단의 범위와 경계를 지도로 그려내는 것은 아니기 때문에(180쪽), "아비투스와 민족성 사이의 고도의 상동성에 의해 특징지어지는 상황에서 조차, 고고학자들은 물질문화 분포에 반영되어 있는 '민족적 실체'를 찾지 못할 수 있다는 사실을 인식하는 것이 중요하다(181쪽)."

따라서 고조선의 영역이 大·小凌河, 赤峰 일대까지 확장되는지, 十二臺營子類型·夏家店上層文化가 夏家店下層文化, 紅山文化의 주민과 동일한 종족인지에 대한 논란은 고고학적 자료로는 검증되기 어려운 성질이라고 하겠다. 실제 夏家店上·下層文化, 紅山文化가 직접적 계승관계에 있다는 신뢰할 만한 고고학적 증거가 결여된 현 상태에서 紅山文化까지 고조선의 선행문화로 파악하는 일부 국수주의적 민족주의자들의 견해는 학문적이라기보다는 정치적 또는 종교적 주장에 불과하다.

3. 국가 이데올로기로서의 내셔널리즘: 북한의 '대동강문화'

북한에서는 1990년대에 들어서면서 고조선−고구려−고려−북한정권으로 이어지는 계승성과 주체사관을 한층 강화하기 위해 '단군릉'을 발굴하고 청동기시대와 고조선의 연대를 대폭 상향하면서 세계5대문명의 하나로서 '대동강문화'를 상정한다(서국태·지화산 2009). 그들은 대동강유역이 인류와 인류문화의 발상지, 신석기·청동기시대문화의 발원지, 중심지이며 세계 최초의 고대국가의 발상지의 하나라고 주장한다. 대동강유역이 인류와 인류문화의 발상지라는 주장은 너무나 터무니없어 반박할 가치도 없다. 승리산, 만달사람을 비롯한 한반도의 신인들로 이루어진 인류학적 집단이 신석기시대의 '조선옛유형사람'과 이후의 '조선사람'으로 이어진다는 주장에 대해서는 이미 이선복(1991)의 비판이 있다. 대동강유역이 신석기·청동기시대문화의 발원지, 중심지로 상정된 것은 '단군릉' 발굴로 단군조선 건국연대를 서기전 30세기 초로 끌어올려 만들어진 주장이다. 그들은 단군조선시대를 비파형동검문화 단계로 파악하므로 청동기시대 시작연대도 서기전 4천년기 후반으로 올라가고 덩달아서 신석기시대 연대도 올라가면서 궁산문화 1기 상한도 서기전 7천년기로 상향된 것이다. 이렇게 연대를 올리니 "이렇게 신석기시대 이른 시기부터 마제석기를 널리 쓴 사례를 다른 지역에서 찾아볼 수 없다(42쪽)"거나 타래무늬의 기원도, 조의 원산지도 대동강유역이라는 황당한 주장이 나오는 것이다.

대동강유역 팽이형토기문화 1기는 청동기시대로, 2~4기는 고조선 전기로 설정하면서 청동기시대를 서기전 4천년기 후반으로 편년하니 대동강유역이 황하유역보다 이른 "동방최초의 금속문화의 발원지(67쪽)", "벼농사, 오곡농사의 발상지의 하나(69쪽)"가 되는 것이다. 단군조선은 서기전 3천년기 초에 세워진 우리나라 최초의 첫 고대국가로 청동무기, 토성, 특대형 고인돌, 순장에서 국가적 성격이 나타나며, 세계에서 유일하게 단일 민족에 의해 창조된 문명임을 강조한다. 비파형동검의 고조선 전기문화는 서기전 3천년기 초~2천년기 말, 세형동검의 고조선후기문화는 서기전 2천년기 말에서 서기전 108년까지의 연대를 부여하였다. 따라서 대동강유역은 세계 최초의 고대국가의 발상지의 하나로 중국 龍山文化도 고조선보다 수백 년 뒤지며, 세계적으로 제일 먼저 청동기를 생산한 청동기문화의 발상지이고 중심지라고 선전한다(190쪽).

북한학자들이 그들의 주장을 뒷받침하기 위해 제시한 핵심은 전자스핀공명법(ESR), 열형광법(TL), 핵분열흔적법(FT)으로 얻은 연대 측정값이다. '단군릉' 인골은 전자스핀공명법으로 5011±267BP, 청동기시대 표대 8·12호 집자리는 핵분열흔적법으로 5283±777BP, 5206±696BP가 측정되어 청동기시대 상한을 서기전 4천년기 후반기로 올린 것이다. 잘 알려진 바와같이 전자상자성공명법과 핵분열흔적법은 정확도가 떨어져 1만년 전 이후의 시료에는 거의 적용되지 않는 방법이다(최몽룡

1997). 국제적으로 가장 신뢰성을 인정받고 널리 이용되는 것은 방사성탄소연대 측정법이다. 이미 북한에서도 남경 36호 주거지(팽이형토기문화 1기)에서 2890±70BP, 구룡강 6호(팽이형토기문화 2기) 2740±80BP의 방사성탄소연대 측정치가 보고된 바있는데 이 연대치는 남한의 청동기시대유적에서 측정된 수많은 방사성탄소연대 측정치와도 일치한다. 팽이형토기문화 2기부터 출토되는 비파형동검의 경우 요령지방의 紀年銘을 가진 청동기와의 교차연대에서 상한이 서기전 1천년 전후한 시기로 밝혀지고 있다. 따라서 대동강유역의 팽이형토기문화 상한은 기원전 2천년기 후반기에, '고조선문화'는 기원전 1천년기에 한정된다.

결과적으로 '대동강문화'는 잘못된 편년에 근거하였기에 성립될 수 없다. 북한 고고학자들이 방사성탄소연대 측정법의 중요성, 인접 국가와 구미에서의 고고학 연구 성과를 전혀 모르고 있었다고는 생각하기 어렵다. 정치적 압박 때문에 어쩔 수 없이 학자적 소신을 접지 않았나 싶다.

4. 고고학 자료의 자의적 인용과 내셔널리즘 : 직물의 기원

정상적으로 고고학을 연구한 전공자라면 너무나 명약관화한 북한의 왜곡 사례를 군이 언급한 것은 북한의 비학술적 주장이 고고학 비전공자에게 그대로 수용되는 경우가 종종 있기 때문이다. 특히 고고학 비전공자들이 저지르기 쉬운 실수가 편년의 문제이다. 예를 들어 방사성탄소연대측정법은 통계적으로 해석되어야 하며, 표본추출이나 부주의한 해석을 함으로써 오류의 주된 원인이 되기도 한다(렌프류·반 2006, 141쪽). 그러나 비전공자들은 고고학적 편년 원리에 대한 이해가 부족하여 고고학 보고서에 발표된 방사성탄소연대를 액면 그대로 신빙하는 경향이 있다. 북한 논문의 무비판적 수용과 연대 비정의 오류를 보여주는 사례로『한국 고대 복식 ─그원형과 정체─』(박선희 2002)를 선택하였다. 한국 복식의 원형을 찾고자 하는 노력이 참작되어 대한민국학술원 2003년도 기초학문분야 우수학술도서로 선정되었겠지만 최초, 최고에 대한 해석은 고고학적으로 받아들일 수 없는 억측이 많기 때문이다.

책의 제1장 〈고대 한국의 가죽과 모직물〉에서는 고대 한국이 중국보다 가죽과 모직물을 앞서 생산했고, 가공 및 직조 기술 수준도 발달하였다고 주장한다. 중국에서 가장 오래된 돼지 자료는 서기전 5100년의 河姆渡에서 출토되는 반면, 한국에서는 서기전 6천년기의 미송리 제1문화층에서 집돼지 뼈가 출토되기 때문에 한반도에서 돼지가 중국보다 앞서 사육된 것으로 본 것이다(46쪽). 그러나 미송리 1문화층의 연대, 집돼지로의 동정은 북한 주장을 그대로 인용한 것으로 양자 모두 회의적 견해가 많다. 또한 중국에서는 河姆渡에 앞서 甑皮岩, 磁山, 裴李崗 등지에서 돼지 가축화의 초기 양상이 나타나고 있다.

제2장 〈고대 한국의 마직물〉에서 중국에서 가장 오래된 가락바퀴가 출토된 磁山遺蹟은 서기전 5900년, 한반도 서포항 1기층은 서기전 6000년이므로 한국과 중국은 거의 비슷한 시기에 마직물을

생산하였으며, 서포항 1기층에서 가락바퀴와 함께 수직식 직기의 씨실넣기에 쓰인 뼈로 만든 갈구리가 출토되었고 중국 河姆渡에서는 수평식 거직기에 사용된 나무로 만든 위도가 출토되었는데 서포항 1기가 河姆渡보다 연대가 이르기 때문에 마직물 생산도 한반도가 당연 중국보다 앞섰을 것이라고 주장한다(93~94쪽). 그런데 서포항 1기층의 뼈 갈구리는 어로도구로 알려진 유물인데 왜 이것이 직기의 갈구리인지에 대한 구체적 논증 없이 북한에서 발간된『조선기술발전사』의 내용을 그대로 인용하였을 뿐이다. 또한 서포항에서 가락바퀴는 3기층부터 출토되었다. 유적의 연대 인용도 문제인데 북한에서도 서포항 1기층을 서기전 6000년이 아닌 서기전 6천년기로 편년하였다. 서포항 1기층이 磁山보다 선행한다는 증거는 없으며, 최근에는 磁山 연대가 서기전 8000년까지 소급되고 있다(Lu et al. 2009).

제3장〈고대 한국의 사직물〉에서 고대 한국은 중국과 같은 시기인 서기전 2700년경에 누에고치 실로 짠 사직물을 독자적으로 생산하였다고 주장한다. 서기전 2700년은 사직물이 출토된 錢山漾의 연대인데 실제 유적의 연대는 제2장(94쪽)에서 서기전 2620~3370년이라고 하였으면서도 제3장에서는 가장 늦은 연대인 서기전 2700년을 취하였다. 한국의 예로는 신석기시대 유적인 평양시 호남리에서 출토된 토기 바닥에 뽕잎으로 추정되는 무늬가 새겨져 있다는『조선기술발전사』(171쪽)의 언급을 인용하고 있다. 그러나 호남리의 정식발굴보고서인『남경유적에 관한 연구』에서는 뽕잎으로 추정되는 무늬는 전혀 보고되고 있지 않으며, 토기 바닥에 도식화된 나뭇잎 줄기만 있을 뿐이다. 중국에서는 河姆渡, 仰韶, 良渚문화에 걸쳐 누에가 이용된 증거가 발견되지만 현재까지 한반도 신석기·청동기시대 유적에서는 애매한 호남리 예를 제외하면 그러한 증거가 전혀 발견되지 않았다.

제11장〈고조선의 갑옷 종류와 특징〉에서 고조선 영역에서 출토된 骨甲片 가운데 가장 이른 것은 신석기시대 후기유적인 흑룡강성 望海屯, 大牡丹屯패총에서 출토된 것으로 한민족이 적어도 청동기시대가 시작되는 서기전 25세기보다 앞서 뼈로 만든 갑옷을 생산하였음을 입증한다고 주장한다(549~551쪽). 그러나 상기 두 유적은 서기전 1천년기의 청동기시대 유적이기에 상기 주장은 성립될 수 없다. 저자는 청동기시대 시작연대를 서기전 2500년으로 보면서 그 근거로 윤내현의『고조선연구』에 인용된 夏家店下層文化의 蛛蛛山遺蹟(서기전 2410±140년), 양수리 고인돌(서기전 2325년), 영암 장천리 주기지(서기전 2630년, 2365년)의 언대를 제시히고 있으니(550쪽의 주 8), 이는 夏家店下層文化는 서기전 2천년기 전반기, 남한의 고인돌과 송국리형문화 연대는 서기전 1천년기로 보는 현재의 고고학적 편년과 방사성탄소연대에 내재된 문제점을 제대로 인식하지 못한 상태에서 나온 주장이다. 고조선의 청동기가 중국보다 발전하였다는 주장(694쪽) 역시 고조선과 청동기시대 개시 연대를 지나치게 상향하였기 때문에 생긴 오류이다. 역시 결국 민족주의적 고대사학자인 저자의 최초, 최고에 대한 집착이 연대 비정의 오류와 맞물리면서 엉뚱한 해석이 도출된 것이다.

5. 고고학자의 '3최주의'와 내셔널리즘 : 소로리 볍씨

　청원 소로리패총의 토탄층은 충북대학교박물관(조사책임자 : 이융조)이 1차(1996~1997), 2차(2001)에 걸쳐 조사하여 볍씨(껍질) 18립을 찾아내었다. 조사단에서는 볍씨가 검출된 중부 토탄층에서 12,500~14,620BP의 방사성탄소연대 14건이 측정되어 퇴적층위가 매우 안정적이며, 중부 토탄층의 맨 위에서 출토된 유사벼 측정값(12,500±200BP)과 볍씨가 포함된 토탄 시료의 측정값(13,920±200BP)을 근거로 볍씨 연대에 대한 의문을 일소시켰다고 주장하였다. 또한 조사단은 소로리 볍씨가 副護穎의 離層部位에서 재배벼의 특성이 관찰되므로 앞의 방사성탄소연대를 보정하면 늦어도 15000년 이전부터 소로리 일대에서 벼가 재배된 것으로 파악하면서 소로리 볍씨를 한국 재배벼의 조상으로, 소로리를 재배벼의 기원지로 상정하였다(박태식·이융조 2004). 필자는 중국와 일본에서의 만빙기 화분분석, 그리고 중국에서의 야생벼 출현과 재배벼 순화 과정에 대한 최근 연구 성과를 검토한 결과 상기 주장을 수용하기 어렵다는 결론에 도달하였다(안승모 2009). 소로리 중부 토탄층은 만빙기의 Oldest Dryas 빙기에 해당되어 아열대 원산인 벼가 서식하기 어려운 한랭한 기후이며, 장강유역과 동중국해에서도 야생벼는 14,000년 전 이후에 출현하고 벼의 순화는 홀로세에 시작되기 때문이다. 벼의 순화형과 야생형을 구분하는 결정적인 기준은 볍씨의 탈락부위인데 고고학적 볍씨유체에서는 순화형, 야생형, 미성숙 볍씨의 탈립형 세 종류가 나타난다. 이러한 기준을 장강유역 신석기유적에 적용할 경우 서기전 4900~4600년의 절강성 田螺山 출토 볍씨에서도 순화형은 27~37%에 불과하며, 완전한 재배벼로의 전이는 서기전 4000년 무렵에야 완료된다(Fuller et al. 2009).

표 1. 중국에서의 재배벼 출현 과정

야생벼 식량 획득	야생벼 식량 생산	半(semi) 순화단계	농경사회로의 전이
수렵채집인 야생벼 이용	야생벼 관리 및 서식지 확장	개간, 체계적 경작	벼 주식, 인위적 수전 등장
13000BC 야생벼 초출, 11000BC 야생벼 후퇴, 9500BC 야생벼 재출현	9500~6000BC 야생벼 재배 시작 토기태토 왕겨 혼입	6000~4000BC 4600BC까지도 순화형 50% 미만	c. 4000BC 이후 순화형 고착과 확산
장강 : 仙人洞, 弔桶環 동중국해 : DG 0603	장강 : 上山?, 회하/산동 : 賈湖? 月莊?	장강 : 跨湖橋, 河姆稻, 羅家角, 田螺山	장강 : 龍虯庄, 草鞋山

　따라서 야생벼 서식처에서 멀리 떨어진 청원 소로리에서 15000년 이전에 재배벼가 등장할 가능성은 희박하다. 설령 소로리 볍씨가 15000년 이전의 식물유체라고 하더라도 소로리 토탄층에서 식물규산체를 포함한 다른 벼 유체는 전혀 검출되지 않았기 때문에 벼가 현지에서 채취되었다고 볼 증거도 없다. 또한 소로리 볍씨를 제외하면 한반도에서 가장 오래된 볍씨는 5000년 전 무렵의 일산 가와지 출토 볍씨이기에 1만년의 공백이 있는 소로리 볍씨가 한국 재배벼의 직접적 조상이 될 수는 없

는 것이다.

사정이 이러함에도 소로리 조사단에서는 소로리 볍씨를 필리핀, 중국, 폴란드, 프랑스, 미국 등지에서 개최된 각종 학회에 발표하여 BBC 홈페이지에도 소개되고 그 결과 세계적인 고고학 교재(렌프류·반 2006, 181·635쪽)에 소로리 볍씨가 중국 자료를 제치고 세계에서 가장 오래된 볍씨로 언급되기에 이른다. 소로리 조사단은 2002년에는 청주문화방송과 함께 소로리 관련 스페셜 프로그램을 제작하였으며, 2003년에는 청원군과 함께 〈세계에서 가장 오래된 소로리 볍씨 사이버박물관〉(www.sorori.com)을 만들어 2004년에 정보통신부에서 청소년권장사이트 최우수상을 수상하기도 하였다. 이렇게 적극적인 홍보활동을 통하여 각종 매스컴에서도 소로리와 관련된 기사나 칼럼이 많이 실리게 되었다. 문제는 아직 검증이 완료되지 않은 가설 단계의 내용을 마치 국제학계에서 공인된 것처럼 홍보하면서 대중의 자민족중심주의적 경향과 결부되어 일종의 역사 왜곡까지 발생할 수 있다는데 있다. 예를 하나만 들어보면 2005년 5월 10일 한겨레신문에 실린 곽병찬 논설위원 칼럼(유레카 : 소로리 볍씨)에서는 "벼농사가 한반도에서 시작돼, 이것이 인도·중국 등으로 이동했다는 가설이 가능해진 셈이다 … 최초 여부를 떠나 … 쌀은 1만 5천여 년 동안 한반도의 생명을 키웠다"고 하였다. 소로리 볍씨를 인터넷에서 검색하여 보면 많은 일반인들이나 단체들이 세계에서 가장 오래된 볍씨로서의 소로리 볍씨에 대한 자부심을 표명하고 있는 것을 알 수 있다(cf. Minkoo Kim 2008). 심지어 민속학자인 임동해는 전곡리유적의 주먹도끼와 더불어 소로리 볍씨를 고대에도 한류열풍이 있었다는 증거로 인용하기까지 하였다(조선일보 2006년 12월 11일 신형준 기자의 '고대에도 한류가 있었다?'). 또한 소로리 분석 결과가 국내에서는 처음으로 소개되었던 한국작물학회를 비롯한 자연과학 분야에서도 소로리 볍씨의 보고를 액면 그대로 신빙하고 있다. 결국 고고학계에서는 대부분 불신하는 소로리 볍씨를 고고학자를 제외한 다른 전공자들이나 일반인들은 사실 그대로 믿고 한국이 재배벼 기원지의 하나임을 자랑스럽게 여기는 결과가 초래된 것이다.

6. 맺음말

지금까지 국가 주도의 초(super)국가주의적 내셔널리즘이 작동한 예, 고대사학자가 고고학자료(특히 편년)의 자의적 이용으로 내셔널리즘을 부추긴 예, 무의식적이건, 의도적이건 고고학자 스스로 내셔널리즘 조장에 한몫을 한 예를 들어 선사고고학에서 내셔널리즘이 작동하는 현상을 소개하였다. 선사고고학 전공자가 일반인을 대상으로 한 글이 아닌 전문적 논문에서 민족주의적 색체를 나타내는 경우는 드물지만 문제는 아마추어, 비전공자들이 고고학 자료를 자의적으로 이용하면서 일종의 '역사 왜곡'이 발생하는 현상이 우려된다.

앞서 인용한 조선일보의 기사에서는 문화관광부가 추진 중인 '민족문화 원형 발굴 및 문화정체성 정립 기본 10개년 계획'이 편향된 민족주의의 색채로 왜곡됐다는 비판을 받고 있다고 언급하면서 2006년에 문화부가 후원한 〈고대에도 한류가 있었다〉 학술대회를 대표적 사례로 들고 있다. 비교민속학회와 한국구비문학회가 공동으로 〈고대에도 한류가 있었다 −민족문화의 원형과 정체성 정립을 위한 학술대회−〉를 개최하면서 "고대에는 우리 문화가 중국이나 일본 등 주변 문화보다 상대적으로 앞서 당시 이미 '한류'가 존재했다"는 주장을 폈다는 것이다. 2007년도의 〈민족문화 원형 발굴 및 정체성 정립을 위한 학술대회 II〉는 한국고대학회가 주최하면서 〈오르도스 청동기문화와 한국의 청동기문화〉를 주제로 하여 민족주의적 요소를 피해 가려고 하였으나 민족문화 원형 발굴이란 한국의 국가적 과제에 중국학자들이 참석할 수 없었음은 당연한 결과라고 하겠다.

중국의 동북공정과 일본의 역사왜곡에 위기를 느껴 고구려연구재단과 동북아역사재단이 설립되면서 고조선 및 청동기시대에 대한 연구 지원이 증가하고 있다. 이들 기관의 설립으로 고조선과 선사고고학 연구에도 민족주의적 경향이 짙어지지 않을까 하는 우려는 있으나 지금까지 두 기관 명의로 발간된 논문집과 단행본을 뒤져보니 다행히도 과도한 민족주의적 해석을 드러낸 글은 보이지 않는다. 선사시대, 특히 청동기시대 연구에서는 오늘날의 정치적 영역이나 민족 관념에서 벗어나 동북아시아 전체, 나아가서는 유라시아 전역을 포함한 광역적 연구, 지역간 비교 연구를 앞세워야 학문도 발전하고 인접 국가와의 공동 연구도 가능할 것이다.

끝으로 조선총독부 건물이었던 구 국립중앙박물관의 민족감정을 앞세운 철거, 용산에서의 새로운 국립중앙박물관 선사실에 고조선이 누락되었다고 들끓었던 여론, 국립박물관 큐레이터가 고조선 문제로 국회에서 질타를 받거나 재야사학자들에 의해 매국노로 비난받는 현실도 박물관 전시에까지 민족주의적, 국가주의적 외압이 작용하는 진풍경이다. 이제 다시 국립중앙박물관에서 중국의 동북공정에 대응하기 위하여 고조선 등 상고사 관련 전시실을 신설한다는 소식을 접하니 중국이나 한국 모두 내셔널리즘의 광풍이 박물관 전시에서 더욱 강력한 영향을 미칠 모양이다. 제국주의적 고고학, 고대사 연구에 저항하려고 하였던 민족주의적 고고학, 고대사 연구가 오히려 전자의 경향을 드러내는 모순된 현상이 중국과 일본과의 '역사전쟁'을 통하여 강화되는 느낌이다.

제5장 한국 선사고고학의 방법론적 전망
-주제어 비교를 중심으로-

1. 머리말

　2000년도에 개최된 제24회 한국고고학전국대회 〈21세기 한국고고학의 방향〉에서 발표자인 이건무 선생은 선사 부분의 방향으로 선사고고학의 '정보화', '과학화'와 '세계화', 선사고고학과 '환경' 그리고 '통일'이란 다섯 가지 방향을 제시하였다. 또한 고고학이론, 인식론적과 과학철학적 논의, 각종 이화학 분석의 적극적 활용, 권력관계 · 불평등 · 젠더 · 생업 · 교역 · 고인지 등을 포함한 서양 고고학의 연구 흐름도 소개하였다. 상기 발표에서 제시한 방향, 그리고 당시 필자가 토론문에 실었던 전망과 갈망은 현재도 15년이 지난 현재도 여전히 유효하다. 따라서 이글에서는 우리나라 고고학의 수준을 대표하는 『한국고고학보』(이하 고고학보)와 『한국상고사학보』(이하 상고사학보)에 최근 5년간 발표된 논문의 주제어를 구미권의 저명 고고학 전문 학술지에 실린 주제어와 비교하는 것으로서 방법론적 전망을 갈음하고자 한다. 구미권 고고학이 세계 고고학의 흐름을 주도해 나가고 있기에 주제어를 비교하면 우리 고고학이 지향하여야 할 방향도 보인다고 생각해서이다. 유럽에서는 학술지 발간 역사가 가장 오래된 Antiquity와 상대적으로 최근에 간행되었으나 후기과정주의 고고학의 흐름을 잘 대변하는 European Journalof Archaeology(이하 EJA), 아메리카에서는 가장 규모가 크고 역사가 오래된 The Society for American Archaeology가 발간하는 American Antiquity(이하 AA), 인간 사회의 조직, 작동과 진화를 연구하기 위한 방법론에 초점을 맞추어 1982년에 창간된 Journal of Anthropological Archaeology(이하 JAA)를 선택하였다.

2. 주제어 비교

한국에서는 구석기~초기철기시대, 구미권에서 유럽은 로마정복 이전, 아메리카는 원주민과 관련된 논문을 선별하여 주제어를 비교하였다. American Antiquity에서는 주제어가 실리지 않아 제목 중심으로 필자가 임의로 주제어를 만들었다. 다른 학보에서도 주제어가 저자마다 제공하는 기준에 차이가 있어 필자가 제목과 내용을 보고 일부 추가한 경우도 있다. 구미권 학보의 주제어에서 시기(신석기시대 등), 지역 명칭과 문화(예 : Lapita 문화)는 비교에서 생략하였다. 주제 분류는 전 세계적으로 가장 널리 읽히고 있는 고고학 교과서인 콜린 렌프류와 폴 반의 〈Archaeology : Theories, Methods and Practices 제3판〉(이희준 역, 『현대 고고학의 이해』, 사회평론)의 챕터를 기본으로 하였으나 비교의 편의를 위해 '분류'와 '연구법(모델·이론·분석·세부학문분야)'을 추가하였다. 시간성, 공간성에서 항목 분류가 어려운 주제어는 '시·공간' 항목을 따로 만들었는데 공간과 관련되는 주제어는 사회, 경관, 접촉과도 관련되는 주제어이다. 이 밖에도 주제어가 여러 항목에 걸쳐서 중복되는 경우가 빈번하나 필자가 임의로 가장 가깝다고 생각되는 곳에 배치하였다. 통일성이 결여되어 있기는 하여도 방법론적 전망이라는 발표 주제에는 크게 어긋나지 않을 것이라고 본다. 국내 학술지는 2000년도 발간호부터, 구미 학술지는 수록된 논문 수가 많은 저널은 2012년 이후, 적은 저널은 2011년 이후 논문을 대상으로 하였다.

• **고고학적 증거** : 한국에서 유물은 토기, 석기, 청동기의 인공유물이 중심이며, 목탄, 압흔, 탄화미, 종자유체, 화분, 동물화석도 등장한다. 주제어로 나타나진 않았으나 인골은 안정동위원소 분석으로 논문에서 이용되고 있다. 구미에서도 다양한 종류의 인공, 자연유물이 주제어로 등장하는데 사람유체와 동물뼈는 인류학적 고고학을 표방하는 JAA에서 가장 많이 다루어졌다. 유적은 『고고학보』에서는 분묘와 취락, 『상고사학보』에서는 지석묘를 중심으로 분묘가 주제어 중심이다. 구미에서도 취락과 분묘 중심이나 유럽에서는 특히 스톤헨지 등 거석기념물이 많이 연구된다. 화석환경학을 포함한 유물·유적 형성과정은 한국에서는 「종자와 방사성탄소연대」(안승모, 『고고학보』 83) 한 편에서만 다루어지고 있다.[1] 구미에서는 관련 논문이 많으며 특히 EJA에서는 파편화, 마모, 의도적 폐기도 주제어로 나타난다.

• **탐사와 발굴** : 한국에서는 탐사와 발굴을 주제로 한 논문은 없다. AA를 제외한 구미 학술지에서는 원격탐사, 공중탐사, 위성측량, 사진측량, 지도제작(mapping) 등이 주제어로 자주 선정되며, 특히 Antiquity에는 위성사진이 많이 출현한다. 방법론에 포함하였으나 GIS도 탐사와 발굴에 적극 이용되고 있다.

• **고고학적 문화** : 『상고사학보』에는 청동기시대 논문에서 유형이 많이 사용되고 있다. 표에는 수

---

1) 화석환경학과 유적형성과정과 관련된 논문은 한국구석기학보에 종종 게재되고 있다.

록하지 않았지만 구미에서는 Vinca, Naska, Catacomb 문화 등이 간혹 주제어로 이용되고는 있으나 드물며, assemblage는 토기, 석기 등 유물군에 한정하여 이용한다.

· 분류 : 한국에서는 분류(classification)에 형식, 형식학이 많이 이용되고 있으나 구미는 그렇지 않다. 구미 학술지 분류에서는 속성 수치를 이용한 형태측정(morphometric)과 통계학적 분석이 등장하며, 미국 학보에서는 형식이란 주제어가 없다.

· 연대 측정과 편년 : 『상고사학보』에는 속성배열법(안재호, 『상고사학보』 73)을 포함한 상대편년이, 『고고학보』에는 방사성탄소연대가 많이 출현한다. 방사성탄소연대는 「해양리저버효과」(이창희, 『고고학보』 75), 「방사성탄소연대측정법의 원리와 활용 Ⅱ」(이창희, 『고고학보』 81), 「종자와 탄소연대」(안승모, 『고고학보』 83), 「14C연대 분석을 통한 중서부지방 신석기시대 편년 연구」(소상영, 『고고학보』 89) 등에서 그 효용성이 다시 부각되었다. 구미 논문에서는 상대편년은 보이지 않으나 AMS를 포함한 방사성탄소연대가 주제어로 가장 많이 등장하며, JAA에서는 주제어로 선정되지는 않았으나 논문 본문에서는 편년, 인구 증감을 비롯한 문화변동 연구의 수단으로 이용되고 있다. 방사성탄소연대의 방법론으로는 bayesian model, chronometric hygienes가 보인다.[2]

· 시공간성 : 시간성은 연대, 공간성은 사회, 접촉, 경관에서 다루어지고 있으나 분류가 여러 항목에 중복되거나 애매한 것을 필자가 임의로 항목을 만들어 넣었다. 한국에서는 시간성에는 동시기성, 점유기간, 축조속도, 공간성에는 공간분화, 광역분포, 군집양상, 전개과정, 지역성이 있다. 구미에서는 시간성에서 isochrones(等時線), continuity, discontinuity, persistence, transition의 주제어가 나타나는데 전이에서는 신석기시대로의 전이가 주요 주제이다. 과거 사회 진화의 연속성, 비연속성은 Journal of Archaeological Method and Theory Vol 20-2(2013년)의 공동 주제로 선정되기도 하였다. 이 주제는 전이, 지속성과 더불어 설명 항목에 포함할 수도 있다. 공간 관련 주제어는 경관에 포함할 수도 있으며 행동 영역도 사회와 중복된다. 가시권 분석(viewshed)은 경관, 또는 사회조직의 공공성 활동 연구에 포함할 수도 있다(『현대 고고학의 이해』, 204~205쪽).

· 사회구조 : 한국에서는 구제발굴의 증가로 신석기, 청동기시대 취락이 많이 발견되면서 주거양상과 취락구조에 대한 연구가 유행하고, 사회구조와 관련된 다양한 주제가 다루어지고 있다. 주제어에서도 사회적 복잡화, 계층, 위계, 갈등론, 재편론 등 전통적 주제와 더불어 개인성, 공동체성, 평등성, 남성성, 여성, 여성성 등 탈과정주의적 주제어도 보인다. 가구의 활동, 가내집단, 가구형태, 가내저장 등 가구고고학 관련 주제어도 있다. 잉여, 잉여공공화, 생산전문화는 경제와 관련된 주제이기도 하다. 주제는 다양한 것처럼 보여도 개인, 정체성, 젠더, 아동기 같은 탈과정주의적 연구는 여전히 드물다. 젠더의 경우 2011년에 발표된 「한국 선사시대 여성과 여성성」(김종일, 『고고학보』 78) 이외에는 후

---

2) 방사성탄소연대 방법론은 2014년 한국고고학전국대회 자유패널 '방사성탄소연대의 융합적 이해' 참조.

속 논문이 없다. 2013년도 한국고고학전국대회 주제였던 가구고고학은 김범철이 「청동기시대 가구 변화의 사회경제적의미」(『상고사학보』 76), 「호서지역 청동기시대 가내저장양상변화의 의미」(『상고사학보』 83), 「'住居址'에서 '居住者'로」(『고고학보』 90) 등 관련 논문을 지속적으로 발표하고 있다. 구미에서는 수렵채집민의 이동과 토지이용 전략에 대한 연구가 많아 정주성보다 이동성(mobility)이 주제어로 많이 등장한다. 또한 부족, 족장 사회에서는 취락 유형, 사회적 복합성과 불평등이 자주 등장하며 사회적 통합(integration)과 협상(negotiation), 노동 조직, 공예전문화도 보인다. 정체성, 젠더와 더불어 우리에게는 다소 낯선 모유 키우기(breastfeeding), 행위 생태학(behavioral ecology)도 주제어로 자주 나타나며 어린이(child), 유년(childhood), 영아(infant), 개성 같은 주제어도 있다. 출계에 대한 연구도 구미에서는 인골의 스트론튬(Sr) 동위원소와 DNA 분석을 통해 활성화되고 있다.

• 경관, 환경 : 한국에서 경관은 유적 입지에서 많이 다루어지며 GIS도 활용되고 있다. 경관을 제외하면 환경과 직접적으로 관련되는 주제어는 없다.[3] 구미, 특히 유럽에서는 경관이 주요 주제어이고 경관 조직, 경관 관리 관습, 사회적 경관, 정비(aménagement : the re-shaping of a material space or of elements within it)도 나타난다. 환경에서는 고환경, 해수면변동, 기후변화, 환경변화, 멸종, 재해, 생물지리학, 고생태학 등이 Antiquity, AA에 등장하며 EJA와 JAA에서는 환경 관련 주제어가 드물다. 상기 구미 학술지에서 환경 관련 논문이 적은 것은 Journal of Archaeological Science, Archaeological and Anthropological Sciences, Environmental Archaeology, Vegetation History and Archaeobotany, Geoarchaeology, Quaternary Research, Holocene 등 자연과학 및 환경과 관련된 다양한 전문 학술지가 별도로 존재하기 때문이다.

• 생업, 경제 : 한국에서는 생업, 작물화, 벼농사, 벼농사집약화, 화전농경, 가축, 계절성, 저장이 주제어로 나타나고 식생활과 토기용량도 생업에 포함시켰다. 작물화는 팥의 기원(이경아, 『상고사학보』 75), 벼농사와 농경집약화는 탄화미와 화분 분석을 같이 활용하거나(김민구 외, 『고고학보』 75·79), 토양고고학적 관점(이희진, 『고고학보』 82)에서 다루어졌다. 가축은 안정동위원소 분석을 통한 집돼지 사육 연구(김헌석, 『고고학보』 84)가 있다. 참조기, 이석, 성장선, 연변부지수는 어류 이석(안덕임, 『고고학보』 76)과 바지락(안덕임, 『상고사학보』 69)의 계절성 연구에서 추출된 주제어이다. 동삼동, 대포, 안도 등의 신석기인골 안정동위원소 분석 자료를 이용하여 시대별 식성변화를 살핀 논문(이준정, 『고고학보』 73)도 있다. 구미에서는 식단(diet, paleodiet)이 가장 빈번한 주제어이며 특히 JAA에서 안정동위원소 분석을 통한 식단 연구

---

3) 『한국구석기학보』, 『한국신석기학보』, 『호서고고학보』 등의 시대별, 지역별 학보에 선사시대의 환경을 다룬 논문이 가끔 실린다. 환경 분석 대부분은 발굴보고서 부록에 실려 있으며, 식생과 환경 변화 논문은 『대한지리학회지』, 『지질학회지』, 『한국생태학회지』, 『한국지형학회지』, 『고생물학회지』에 주로 발표되고 있다

가 많이 발표되었다. 생업, 생업경제, 생업전략, 생업유형과 계절성도 자주 등장한다.[4] 정치경제, (식량의) 다양화와 집중화도출현 빈도가 높은데『현대 고고학의 이해』에서는 사회조직에서 다루어지고 있다. 기타 기회비용(opportunity costs), 비용거리(cost distance), 위기관리(risk management)도 흥미로운 주제이다. 농경 관련 주제어(agriculture, farming, domestication, cultivation)도 식단 다음으로 많다. 가축에서는 목축(pastoralism, herding)이 중요한 주제이다. 수렵, 채집과 어로, 식료의 채집·저장·가공에 관련된 주제어도 있다. 식료 자체도 다양한 종류가 나타나는데 Antiquity에서는 중국 고고학에 대한 관심을 반영하듯 근동작물보다 벼가 더 많이 보인다. 이밖에 복식도 선사고고학의 연구 주제이다.

• 기술 : 한국에서는 제작기술, 제작방법, 삭감과정·작업연쇄·제작공정·작업관리역량, 기능, 석재가 주제어로 등장한다. 삭감과정, 작업연쇄, 제작공정, 작업관리역량은 인지에서, 석재는 접촉에서 다루어지는 주제이기도 하다. 주먹도끼 모의 제작을 통한 시현을 통해 구석기 유물의 변이와 개인의 작업 관리 역량을 다룬 논문(유용욱,『상고사학보』80)이 집단성보다 개인성을 강조하는 유럽의 최근 연구동향에 가장 근접하다. 구미에서는 기술 자체보다 사회조직, 접촉, 인지 연구를 위한 기초로서 기술을 연구하는 경우가 많다. 주제어는 석기제작기술과 사용흔분석이 많고, 직조기술, 기술의 행위·양식·조직·선택, 숙련도, 복제오차(copying error), 제조비용(manufacturing cost), object biographies도 나타난다. 후자는 작업연쇄와 관련된 개념이고 복제오차는 유물, 또는 형식의 변이 발생 요인으로도 연구된다.

• 접촉 : 상호작용, 특성 변별(산지 분석), 분포, 생산, 소비, 교환과 상호작용이 해당한다.『고고학보』에서는 연결망, 상호작용, 물질자원 분포가, 상고사학보에서는 산지, 원산지분석이 주제어로 나타난다. 산지는 흑요석 산지분석(조남철 외,『상고사학보』70·78)과 토기 원산지 분석을 통한 남해안 유통 양상에 대한 연구가 있다(조대연 외,『상고사학보』83). 이밖에 유물의 형식학적 비교로 본 문화교류 연구도 게재되었다. 구미에서는 교환과 상호작용이 가장 빈번하게 등장하며 연결망(network)도 주요 주제어이다. 후자에는 social graphical network analysis도 이용되었다. 또한 산지, 생산, 분포와 소비, 경쟁, 상호의존, 제휴(affiliation)도 주제어로 나타난다. 축제와 음주, 가무는 사회통합, 인지와도 연결되는 주제어이다.

• 인지 : 이 항목은 상징, 미술, 의례와 종교도 포함한다. 고고학보에서는 주먹도끼의 대칭(유용욱,『고고학보』75) 외에는 인지와 관련된 글이 없다. 상고사학보에는 의례(장송, 동물희생, 천신), 표준화, 복합인지체계, 그리고 부장유물, 부장양상, 의도적 매장이 주제어로 등장한다. 의도적 매장과 동물 희생은

---

4) 한국학자로는 김장석의 중서부 신석기 생업전략 관련 논문이 JAA에 수록되었다(Jangsuk Kim, 2000, Opportunistic versus target mode: prey choice changes in central-western Korean prehistory, Journal of Anthropological Archaeology 29, pp.80~93).

사육종 개의 의도적 매장(이준정, 『상고사학보』 81)에서, 복합인지체계는 현생인류의 석기제작(이헌종·장대훈, 『상고사학보』 67)으로 논의되었으며, 표준화는 동검의 생산전문화(조대연·이동희, 『상고사학보』 75)에서 유추되었다. 구미에서는 의례, 상징(symbolism, symbol), 관습(practices), 희생, 샤머니즘 등 종교, 동굴벽화 등 미술, 축제, 기념비성(monumentality)이 주요 주제이며, 기타 전승 등 사회적 기억과 도상학도 보인다.

• 인류 : 옛사람의 고고학을 의미하는데 한국에서는 연구가 미진하다. 현생인류, 인류화석이 주제어로 등장하나 신체 특성의 식별, 질병, 영양수준, 인구와 DNA 분석은 이루어지고 있지 않다. 후기 구석기의 인류혁명은 인지와 관련된 주제이기도 하다. 구미, 특히 JAA에는 인골을 비롯한 사람유해를 분석한 논문이 많고 안정동위원소 분석 역시 그러하다. 주제어로는 인류 진화, 체질, 질병과 영양상태, 신체 변형, 인구(demographic oscillations, demographic profiles 포함)와 유전적 다양성 등 다양하며, 개인 생애사(individual life histories)도 중요한 주제이다. 이밖에 Antiquity는 언어, EJA는 신체(body) 관련 특집호가 발간되기도 하였다.

• 설명 : 사물과 문화는 왜 변화하였는가에 대한 설명이다. 한국에서는 이주론, 전파론적 관점으로 본 기원과 계통이 여전히 중요한 연구과제이다. 탈과정주의적 주제어인 작주(agency)는 구석기 유물의 변이와 개인의 작업 관리 역량을 다룬 논문(유용욱, 『상고사학보 80)에서 유일하게 다루어졌다. 현생인류 진화의 행위·문화적 배경(성춘택, 『고고학보』 77)과 송국리형 무덤의 거시적, 미시적 전통(우정연, 『고고학보』 79)을 다룬 논문도 변화의 원인을 찾고 있다. 그러나 전체적으로 한국에서 탈과정주의적, 인지과정주의적 설명을 다룬 논문은 드물다. 구미에서는 colonization, migration 등 이주, 전파의 전통적 설명과 함께 작주, 물질성(materiality)이 주요 주제이며, 연쇄(enchainment), 유생성(animacy), 다중은유(polyvalent metaphors), 체현(embodiment)도 보인다.

• 고고학과 대중 : 한국에서는 고고학의 대중화에 관한 비평논문(최성락, 『고고학보』 90) 한 편 뿐이나 외국, 특히 유럽고고학에서는 문화유산, 도굴, 윤리, 고고학자와 유물수집가의 협력, 박물관학 등 공공(public) 고고학 관련 논문이 꾸준히 발표된다. 구미에서는 고고학 대학원 과정에 문화유산관리, 박물관학 전공도 포함되어 관련 연구가 많이 이루어진다.

• 방법론에는 가설, 모델, 이론과 분석 방법을 포함하였다. 한국에서는 가설, 모델, 이론이 주제어로 선정되지 않아 상기 주제에 대한 관심이나 이해 부족을 드러낸다. 분석방법으로는 공간 분석과 관련된 가시권분석, 공간분포, 점유표면분석, 분류와 관련된 속성분석, 연변부지수, 대칭지수, 특성 변별 연구를 위한 미량성분분석, 중성자방사화분석, 토기암석학분석, 식성 연구와 관련된 안정동위원소분석이 나타난다. 모델과 이론은 연역적 가설검증을 중시하는 과정주의 고고학의 발생지인 미국 고고학자들이 주로 이용하는데 core area model, distributional model, dispersal model, fluid-dynamics model, pilgrimage model, technological investment model; diet breadth models, front-back loaded model, exchange expansion model, hydrological modelling, inductive predictive modelling, spatial modeling; species distribution modeling; computational model 등 인류학 외에도 다양한 타 학문 분야의 모델을차용하여 고고학 논문에 활용하고 있다. 이론 역시 localized critical theory, new urban design theory, central place foraging, foraging theory, optimum foraging theory, costly signaling theory, niche construction theory 등이 주제어로 등장한다. 유럽에서는 모델과 이론이 논문에서는 사용되어도 주제어로 선정되는 경우는 많지 않다. Antiquity에서는 가설, 모델 주제어가 없고 EJA에서는 core-periphery theory, world systems theory, forager-farmer contact models에 불과하다. 분석에도 다양한 주제어가 나타나는데 안정 동위원소분석이 가장 많고, GIS도 출현 빈도가 높다. Antiquity에서는 Bayesian 분석도 많이 보인 다. 고고학 하위 학문으로는 민족지고고학, 동물고고학, 생물고고학, 실험고고학이 자주 등장한다. 식물고고학은 Vegetation History and Archaeobotany와 식물학, 유전학 관련 학술지에, 지질고고 학도 Geoarchaeology, Environmental Archaeology와 지질, 제4기학 관련 학술지에 주로 투고되 어 본고에서 취급한 구미 학술지에는 논문이 드물다. 고고학 모델과 가설을 검증하고 해석하는 가장 유력한 수단인 실험과 민족지적 유추가 구미에서는 활발히 이용되는 데 반해 한국에서는 그렇지 못하 다. 한편 고고학 방법론의 최근 동향은 전문적 학술지(Journal of Archaeological Method and Theory)를 보면 되는데 세부적 소개는 생략하고 최근 2년간 논문 제목만 표 7에 수록하였다.

• 기타 : 표 2를 보면『고고학보』와『상고사학보』발표자의 거의 대부분이 대학 소속이고 국공립 박 물관 · 연구소와 발굴전문법인 소속 발표자는 드물다. 시대는 청동기시대가 가장 많고 통사적 연구는 드물다. 지역은 호서를 포함한 중서부와 영남에 집중되며 호남은『상고사학보』한 편뿐이다. 외국은 아프리카, 인도네시아 각 한 편을 제외하면 중국동북지방 위주의 중국이며 주로 한반도와의 교류나 비교연구를 위해 연구되었다.

3. 미국고고학회에서 선정한 고고학의 도전 과제

미국고고학회에서는 고고학이 과학과 사회에 기여할 수 있는 주요 연구 과제를 유럽과 아메리카 고고학자 위주로 설문조사를 2012년에 실시한 결과를 바탕으로 인간과 환경의 상호작용 속에서 문 화과정의 메커니즘에 초점을 맞춘 25개의 핵심 과제("grand challenges")를 선정하여 학술지에 발표하였 다(Kintigh et al., 2014, Grand Challenges for Archaeology, AmeircanAntiquity 79-1). 전 세계에 보편적으로 적용될 수 있는 주제이기에 한국 고고학자들도 관심을 가져야 한다고 생각되어 아래에 과제 제목만 소개한다.

A. 출현, 공동체, 복잡성(emergence, communities, and complexity)

A1: 지도자는 어떻게 출현하여 지위를 유지하며 사회를 변형시키는가?[불평등, 권력, 사회적복합성의 기원 과 정도, 문화적 정체성과 국가의 출현과 관련되는 주제]]

A2: 사회적 불평등은 어떻게 그리고 왜 출현하고 성장하며 지속하고 감소하는가?

A3: 시장 체계는 왜 출현하고 지속하며 진화하고 때로는 실패하는가?

A4: 다양한 규모의 인간 공동체 조직은 어떻게 출현하고 공동체 구성원의 행동을 제약하는가?

A5: 소규모 인간 공동체는 어떻게 그리고 왜 공간성과 인구 규모에서 보다 크고 정치적으로 보다 복잡한 통일체(entities)로 성장하는가?

A6: 도시 경관의 체계적 연구는 어떻게 도시화를 촉진한 사회, 인구학적 과정과 그 결과에 대한 설명을 돕게 하는가?

A7: 내부적, 외부적 갈등의 역할은?

B. 회복력, 지속성, 변형, 붕괴(resilience, persistence, transformation, and collapse)

B1: 사회의 차별적 지속성에는 어떠한 요소가 작용하는가?

B2: 회복력(탄성)을 창조하는 데 사회적, 환경적 다양성과 복합성의 역할은 무엇이며 어떻게 그 영향력이 사회 규모에 따라 달라지는가?

B3: 사회적 붕괴나 쇠퇴를 범문화적으로 적용할 수 있는 방식으로 규정할 수 있는가? 붕괴나 심각한 쇠퇴가 근접하였음을 알리는 경고 신호는 있는가?

B4: 이데올로기가 어떻게 경제적, 정치적, 의례적 체계를 구축하는가?

C. 이동, 이동성과 이주(movement, mobility, and migration)

C1: 현생 인류의 세계적 확산은 어떠한 과정에서 야기된 것인가?

C2: 환경, 인구 역학, 취락 구조와 인간 이동성 사이의 관계는?

C3: 인간은 어떻게 극한 환경을 점유하였으며, 그 결과 어떠한 문화적, 생물적 적응이 발생하였는가?

C4: 이주는 왜 발생하였으며, 이주 집단은 왜 어떤 상황에서는 정체성을 유지하고 다른 상황에서는 새로운 정체성을 채용하는가?

D. 인지, 행동과 정체성(cognition, behavior, and identity)

D1: 현생 인류의 행동이 출현한 생물물리학적, 사회문화적, 환경적 상호작용은?

D2: 사람은 어떻게 정체성을 형성하였으며, 정체성 형성 과정의 장기적이고 대규모인 총 효과는?

D3: 경관과 경험적 장(場)의 공간적, 물질적 재구성은 어떻게 사회적 발달에 영향을 미쳤는가?

E. 인간과 환경의 상호작용(human-environment interactions)

E1: 인간의 행위는 어떻게 지구의 생물적, 물리적 체계를 형성하였으며, 인간은 왜 그들 체계의 지배적 동인이 되었는가?

E2: 인구 성장을 촉진하거나 제한한 요인은?

E3: 인간의 건강과 행복을 촉진한 요인은?

E4: 수렵채집민은 왜 동식물 관리에 관여하였는가? 동식물 관리가 순화로 유도된 상황은?

E5: 농업경제가 출현, 확산, 강화된 이유는? 생산능력, 인구와 혁신 사이의 관계는?

E6: 인간은 급격한 환경변화에 어떻게 반응하였는가?

E7: 인간은 기후와 자연환경의 단기적, 장기적 변화를 어떻게 인식하고 반응하였는가?

4. 지속 발전 가능한 고고학을 위한 전제 조건

1) 야외고고학의 기본 준수

과거 인간이 남긴 물질은 다양한 문화적, 자연적 요인으로 변형되고 왜곡되는데, 최종적 변형과 왜곡은 고고학자들에 의해 발생한다. 발굴은 법적으로도 기록보존임에도 고고학자들이 지표조사, 발굴과 보고서 작성 과정에서 임의로 유구와 유물을 선별, 즉 파괴하기 때문이다. 19세기 말, 20세기 초에 걸쳐 현대적 야외조사 방법의 확립은 출토된 모든 유물의 충실한 수습과 기록에서 비롯되었다. 피트리버스는 아무리 하찮은 것일지라도 모든 유물들을 수습하는 데 노심초사하였으며 전면적인 기록 작성을 역설하였다(『현대고고학의 이해』, 33쪽). 플린더즈 페트리도 발견되는 훌륭한 유물뿐만 아니라 모든 것을 채집하고 기술해야 함을 역설하였다(앞의 책, 34쪽).

한 유적에서 벌어진 과거 인간 활동을 복원하기 위해서는 발견물의 정황(맥락)을 이해하는 것이 가장 중요하며, 맥락은 기질, 출토위치와 다른 발견물들과의 공반관계로 구성되어 있다(앞의 책, 54쪽). 상기 내용은 대학교의 고고학입문이나 개론 수업시간에서 배우는 가장 기초적인 사항으로 이러한 기초를 모르거나 방기한다면 발굴조사원이나 고고학자로서의 자격이 없다. 그런데 현실은 전혀 그렇지 않다. 누가 고고학자에게 고고학적 기록을 파괴하거나 선별할 권리를 부여하였는가? 선별하였다면 그 기준은 고고학자 누구나 수긍할 수 있는 합리적 기준에 의한 것인가?

유물은 인공유물, 자연유물 모두를 포함함에도 출토위치도 제대로 기록되지 않은 발굴보고서가 허다하다. 방사성탄소연대에 측정된 목탄 시료의 맥락을 도면과 기록으로 남긴 발굴보고서가 얼마나 되는가? 더 심각한 문제는 유물의 임의적, 선별적 수습과 기록이다. 토기가 발굴자에 따라 선별적으로 보고서에 기록된다면 한국 고고학자들이 많이 이용하는 형식학적 분류나 속성배열법도 무의미해진다. 발굴보고서에 동일한 유적임에도 지표조사, 시굴, 발굴 과정에서 출토된 유물들이 같이 기록되지 않는 경우가 아예 일반화되어 있다. 소위 지표수습 유물, 문화층 출토유물도 당연히 수습된 공간적 위치가 기록으로 남아야 한다. 유물을 남긴 인간의 행위는 기본적으로 유물 분포의 공간적 분석에서 추론되기 때문이다.

층위를 무시한 전면발굴의 문제점은 이미 김장석(『상고사학보』 83)이 지적하였기에 재론하지 않는다. 유럽에서도 단일 유적의 표토층을 각기 포클레인 같은 장비와 꽃삽으로 조사한 실험 결과가 최근 발표되었는데 당연한 결과이지만 후자에서 유물 출토 양이 엄청나게 증가하였다(Evans et al, 2014, Making time work: sampling floodplain artefact frequencies and populations, Antiquity 88–339). 상기 논문은 포클레인으로 유구 어깨면 상부까지 흙을 걷어내면 취락 밀도와 인구 수 추정에 왜곡을 가져오고 과거 인간의 행위를 보여 주는 유물의 산포 상황이 파괴될 수 있음을 증명하였다 한국 고고학자들은 대부분 발굴에서 그들이 추정한 유구의 어깨면까지 인부나 장비를 동원하여 벗겨내고 유구 내부의 유물만 수습한다.

그러다보니 유구 바깥에서 발생한 과거 인간의 행위에 대한 흔적은 말끔히 고고학자에 의해 파괴되는 것이다. 어깨면, 바닥면이라는 것도 실제로는 고고학자가 발굴의 편의를 위해 만들어낸 인공적 면이다. 따라서 필자는 모든 출토유물(돌 파편까지 포함하여)의 위치를 기록하는 구석기유적 발굴 방식을 다른 시대에도 적용하여야 한다고 본다. 그래야만 후대의 고고학자들이 다양한 방법론을 동원하여 연구할 수 있는 자료들을 '기록보존'하게 되는 것이다.

2) 고고학 자료의 공유

머리말에서 언급하였듯이 2000년도 한국고고학전국대회에서 고고학의 정보화를 21세기 고고학의 한 방향으로 설정한 바 있다. 그러나 정보화는 여전히 미진하다. 매장문화재를 문화재보호법에서 개인 소장이 아닌 국가귀속으로 한 것은 매장문화재의 공공성을 강조하기 때문이다.

그렇다면 발굴보고서, 그리고 발굴성과를 이용한 고고학 연구논문 역시 공공성이란 맥락에서 누구나 공유할 수 있어야 한다. 문화재청, 또는 한문협의 홈페이지에서 모든 발굴보고서를 다운로드 받을 수 있도록 하여야 하고, 필요한 자료를 쉽게 찾을 수 있게 데이터베이스화되어야 한다. 수많은 발굴보고서를 개인이 모두 받아 볼 수 있는 시대도 아니고 연구에 필요한 자료를 일일이 보고서를 한 페이지씩 뒤져 가며 찾는 시대도 아니다. 현재는 정보화의 시대가 아닌가.

『한국고고학보』뿐 아니라 고고학과 관련된 대부분의 학회 학술지는 홈페이지에서 논문 목록만 제공하고 있다. 대부분의 대학 도서관에서 제공하는 전자저널이나 학술지 데이터베이스에도 고고학 관련 학술지는 빠져 있다. 발굴정보가 고고학자들만을 위한 것이 아니기에, 발굴이란 공공성 때문에 설립된 발굴조사기관의 후원으로 학회가 운영된다면 학보 역시 일반에 공개되어야 한다. 회비감소에 따른 재정적 적자가 걱정된다면 요약문과 주제어라도 공개하여야 한다. 외국의 유수 학술지 거의 대부분이 요약문과 주제어는 공개하고 있는 것을 보아도 우리 고고학회의 폐쇄성을 엿볼 수 있다. 고고학 관련 정보를 공개함으로써 역사학을 포함한 다른 학문분야 연구자들도 고고학 자료를 보다 적극적으로 이용할 수 있게 되고 고고학이란 학문의 중요성을 공유하게 할 수 있다. 고고학 자료와 논문의 검색어 기능이 강화되면 고고학 논문의 질적 향상도 이루어질 것이다. 학술지에 실린 논문뿐 아니라 석·박사학위논문과 학술기관과 정부기관의 회의자료, 중국 신문에 실린 기사까지 망라하여 중국어와 영어로 동시에 제공하는 중국학술정보원(CNKI)의 디지털학술정보가 부러울 뿐이다.

3) 소통의 고고학

고고학 자료와 연구결과가 자유로이 공유되면 고고학자들 사이, 고고학자와 타 학문 연구자, 나아가 대중과의 소통도 원활해질 수 있다. 익히 알고 있듯이 고고학은 다양한 분야의 학문과 연계된 총합적 학문이다. 과정주의 고고학은 인류학, 지리학, 통계학, 물리화학, 자연과학 등 여러 학문분야의 방법론을 고고학에 도입함으로써 발전하였다. 탈과정주의와 인지과정주의 고고학을 이해하기 위해서도 철학, 역사학, 심리학, 사회학을 비롯한 인문사회과학의 지식이 필요하다. 총합적 학문으로서의 고고학으로 자리하려면 타 학문분야와의 보다 적극적인 학제 간 교류와 소통이 한국의 고고학자들에게 요구된다. 앞 장에서 외국 학술지의 주제어를 정리하는 과정에서 우리는 지속적으로 낯선 용어들에 접하게 된다. 『현대 고고학의 이해』에서 언급되고 있는 푸코, 헴펠, 데리다, 기든스의 사상을 제대로 이해하고 있는 한국 고고학자가 얼마나 될까? 필자도 잘 모른다. 그만큼 우리들이 무식한 것이다. 자료를 다루는 기초 수단인 통계학도 우리들은 버거워한다. 고고학에서만큼은 한국은 후진국이다. 선진 고고학을 따라가기 위해서는 그들의 최신 연구동향을 쉽게 접할 수 있어야 하고, 영어에 능통한 고고학자가 많지 않은 현실에서 보다 적극적인 번역 작업이 진행되어야 한다. 물론 단순한 번역보다 한국 사례를 덧붙여야 독자들의 이해가 빨라질 것이다. 방법론을 쉽게 익힐 수 있는 교과서도 많이 만들어져야 한다. 그래야 우리도 세계와 소통할 수 있다. 대중과 소통할 수 있는 공공고고학도 지역 주민과 행정가, 정치인을 위한 일회용 심포지엄이 아니라 학문 자체로서도 연구되어야 한다. 국공립 박물관 소장 유물의 상당수가 매장문화재인 점을 감안하면 전시를 포함한 매장문화재의 교육적 활용도 고고학자의 주요 연구과제가 되어야 한다.

5. 맺음말로서의 전망

21세기 들어서 구석기, 신석기, 청동기의 시대별 학술지가 발간되고 학회 자체의 연구 활동도 활발하다. 시대별 사전도 편찬되었으며 구석기학회는 외국 구석기학자와의 교류도 적극적으로 진행되고 있다. 그러나 본고에서는 논문의 질이 고르지 못한 시대별 학회지 대신에 논문인용 빈도가 높은 『한국고고학보』와 『한국상고사학보』의 주제어를 구미권 저명 학술지의 주제어와 비교함으로써 선사고고학의 학문적 방향을 제시하고자 하였다. 그럼에도 표 1 · 2에서 보듯이 주제 분류도 일관성이 없는데 이것이 한국고고학의 현실이기도 하다.

이번 발표 주제가 방법론적 전망임에도 방법론 자체에 대한 논의는 거의 하지 않았다. 고고학의 방대한 방법론을 나열하기에는 지면의 한계가 있고 무엇보다 최근에 구미고고학에서 어떠한 새로운 방법론이 출현하였는지는 필자도 잘 모른다. 현재는 정보화의 시대인지라 고고학자들은 본인이 연구하고 하는 주제에 어떠한 새로운 방법론이 있는지는 직접 인터넷에서 검색하면 찾을 수 있다. 다만 고고학 자료의 해석과 관련된 필자의 생각을 맺음말에서 간략히 언급해 본다. 고고학과 대중이라는 관점에서는 공공고고학뿐 아니라 과거 문화의 복원이라는 전통적인 문화사적 고고학도 국내에서는 여전히 중요하다. 일반인들은 선사시대 사람들의 삶의 모습, 특히 의식주와 관련된 부분을 궁금해

한다. 반면 선진 고고학 내지 타 학문과의 소통을 위해서는 과정주의의 과학적 방법론, 탈과정주의와 인지과정주의의 인문학적 방법론에 익숙할 필요가 있다.

끝으로 우리 고고학이 지속적으로 유지 또는 발전하기 위해서는 앞에서 언급한 전제조건이 충족되어야 한다. 지하의 문화유산이 각종 개발로 지속적으로 파괴되는 현실에서 그나마 기록보존마저 기본을 지키지 않는다면 우리 고고학과 고고학자의 미래는 암울하다. 조사기관의 과열경쟁과 담당 정부기관의 방관, 몰이해로 발굴단가와 조사기간이 계속 줄어드는 현실이 과연 개선될 수 있을까? 매장문화재 조사와 발굴은 고고학 학문이 아닌 기능으로 보는 현실에서 대학의 교육과 연구 기능이 개선될 수 있을까? 학령인구 감소를 핑계로 한 대학구조조정과 발굴조사원을 학술적 야외고고학자가 아닌 학력과 무관한 조사기능인으로 보는 제도가 맞물리면서 대학에서의 고고학연구 미래도 다소 암울하다. 충북대, 부산대, 영남대 등 여러 대학에서 구석기 전공교수직이 사라지고 있다. 고고학자의 대부분은 발굴기관에 종사하는데 전국규모 학술지 투고자는 대학에 편중되는 현실에서 선진 방법론을 번역한다고, 방법론 교재를 발간한다고 고고학 연구의 질적 향상이 지속적으로 이루어질 수 있을까? 고고학의 미래는 젊은 고고학도의 열정과 기득권 고고학자에 대한 용감한 도전에 달려 있다.

표 1. 주제어 분류

분류	『한국고고학보』	『한국상고사학보』
학사	도유호, 한흥수, 비엔나학파, 변증법적 발전사관, 유물사관, 학술논쟁, 행적	고고학사, 등전량책, 금석병용기, 일제강점기
유물	나이프형석기, 주먹도끼, 첨두기, 아슐리앙; 석부, 굴지구; 토기(융기문, 오산리식, 두형, 점토대2; 심발형 2, 외반구연호, 적색마연발); 청동기, 엽맥문청동기, 한국식동과, 요녕식동과, 세신형동모, 거마구; 칠기, 금속제이식, 장신구, 패식, 토우; 명기 - 목탄, 압흔, 탄화미, 종자유체, 화분2, 동물화석	주먹도끼; 흑요석; 마제석촉2, 지석; 석제공구세트; 토기(검단리식, 돌대문3, 봉계리식, 수가리III식, 이중구연3, 흔암리식, 즐문계 무문; 자비용); 동검, 비파형동검, 세형동검, 선형동부, 다뉴경, 조문경, 조세문경, 세문경
유구, 유적	- 무덤1, 석관묘, 지석묘2, 옹관, 토광묘, 송국리형무덤, 전기분묘 - 주거지(송국리형, 휴암리, (장)방형); 집석유구, 야외노지, 저장시설	- 석관묘, 지석묘6, 옹관묘, 무덤군, (유아묘, 소아묘, 성인묘 =>사회적 신분?); -거석기념물, 고지성환구, 매납유구, 의례유구
증거	고고학적증거, 맥락	-
문화	세형동검문화; 송국리문화3; 위영자문화, 십이대영자문화, 하가점상층문화,	돌날석기전통, 자갈돌석기전통; 유형(문화, 토착; 가락동유형, 미사리, 백석동, 송국리, 역삼동, 흔암리; 쌍방); 연문화, 하가점상층문화2, 야요이문화
분류	형식분류	형식2, 상위형식, 중위형식, 하위형식, 형태변이, (검신, 검병),
연대	시기구분, 편년, 상대편년; 절대연대값, 방사성탄소연대측정법, 14C연대6, 교정곡선, 교정연대2, 실연대, 고목효과, 해양리저브효과	시기구분2, 상대편년2, 형식학적 편년법, 교차편년, 병행관계
시공간	시공간성, 동시기성, 거시적, 미시적, 점유기간, 축조속도; 공간, 광역분포, 군집양상	변천 공간성, 공간분화, 배치, 지역적 전개
사회	주거, 주거양상; 취락, 취락구조, 취락점유양상; 갈등론, 위계화, 재편론; 가내집단; 개인성, 공동체성, 평등성, 남성성, 여성, 여성성	주거양상; 취락2, 취락구조2; 부장유물, 부장양상; 계층, 사회복잡화, 사회정치적발달; 가구발달주기, 가구의 활동, 가구형태, 가내저장; 잉여2, 잉여공공화, 생산전문화
경관, 환경	고도, 경사면 향, 입지요인, 하천유역, 취락입지	입지, 삼림제거
생업	참조기, 이석, 성장선, 연변부지수, 계절성; 농경2, 벼, 수도작, 작물재배적지; 집돼지, 사육; 식생활	팥, 새팥; 경작, 경작지조성, 농경방식, 농업생산성, 농업집약화, 작물화, 화전농경; 동물사육, 사육종개; 생계경제, 토기용량
기술	제작기술, 제작방법, 삭감과정, 작업연쇄 기능	검신검병조립, 제작과정, 석기제작기술체계, 석재, 접합석기
접촉	물질자원분포, 연결망, 상호작용방식	산지2
의례,인지	대칭2	부장유물, 부장양상, 의도적매장; 의례(장송, 동물희생, 천신); 동물문, 표준화, 복합인지체계
사람	인류혁명, 인류화석, 현생인류	현생인류
설명	기원, 북방기원론, 계통4, 문화계통, 전통, 문화변화, 진화	기원, 남방기원설, 계통3, 이주집단, 출자집단, 재지인; 내적 조건, 외적 조건, 작주; 조성배경·맥락; 사회경제적 기능, 주체사상
대중	대중고고학, 대중, 소통, 고고학자	-
방법론	가구고고학, 실험고고학, 민족지자료 가시권, 토기, 동위원소, 안정동위원소분석	실험, 민족지사례, 동물고고학 미량원소, 중성자방사화분석, 토기암석학 주요성분, 미량성분, 복원수식, 잔차

표 2. 저자, 시대, 지역, 주제 분류

분류	『한국고고학보』	『한국상고사학보』
연구자	대학30, 국공립4, 발굴기관3, 외국1	대학32, 국공립1, 발굴기관5, 외국6
시대	통사3, 선사2, 구석기4, 신석기5 청동기12, 초기철기5, 중국2	통사1, 구석기4, 신석기4 청동기23, 초기철기8
지역	한반도1, 북한1, 남한4, 중부5, 호서4 영남3, 동해안1, 중국5, 아프리카1	한반도1, 북한2, 남한4, 중부4, 호서4 영남4, 호남1, 제주1, 동북아3 중국 6(동북5), 인도네시아1
학사	도유호/한흥수1	시기구분2, 금석병용기1
증거	고고자료형성과정1	–
야외조사	–	–
분류	형식1, 형식분류1	형식(분류1, 변천2, 분포1)
연대	시간성2, 연대1, 탄소연대4	상대편년6, 교차편년1, 절대연대1
시공간	공간성3, 분포2	분포2, 전개과정3
사회	주거(생활1, 양상1); 취락구조2; 위계 2, 위신1; 여성성1	가구2, 취락구조3; 가내저장양상1 계층성1, 사회복잡화1, 사회경제적의미1 사회적 역할1, 사회경제적 기능1
환경, 생업	입지1, 식생1; 생업1, 가축1, 벼농사1, 벼농사집약화1, 계절성1, 저장1, 식생활1	작물화1, 화전농경1, 토기용량1
기술	제작(석기2, 토기1, 이식1), 용도1, 기능1	제작공정1, 석기제작기간1, 작업관리역량1
접촉	생산/소비1	산지추정3, 유통1, 생산전문화1 문화교류2, 상호작용1
인지	–	의례2, 복합인지체계1
설명	현생인류진화1	기원1, 유입경위1, 작주1
대중	대중화1	–
방법론	가시권분석1, 공간분포1, 점유표면분석1 속성분석1, 연변부지수1, 대칭지수1 안정동위원소분석3; 가구고고학1	미량성분분석1, 토기암석학분석1

표 3. American Antiquity 77/1(2012)~79/3(2014) 주제어 분류

Subject	Key words
History	Paul Sydney Martin
Evidence	- bifaces 2, ceramic(pottery) 9, cherts, clovis, coiled basketry, copper 2, darts 5, flake, headdress, needle, obsidian, points 8, pre-clovis 2, scarper - acorns, asphaltum, botanical data 2, faunal data 5, cooking residues 2 - communal mourning features, earth oven, human occupation, mud wasp nests, pit-feature, -burial 2, community 3, settlement 3, village 3, shellmiddens - absence of evidence, evidence of absence, context, compositional patterning, formation process, preservation, taphonomy 2
Classification	archetype, dart-arrow index 5, geometric morphometric, size and shape variation
Dating	AMS dating 3, bayesian model, chronology, chronometric hygienes, radiocarbon database, **radiocarbon dates(dating)** 5, reservoir effect 2
temporal-space	isochrones, spatiotemporal, temporal change, persistence, transition 3, Neolithic transition
Society	- household, house change, house structure, settlement aggregation - **mobility** 3, sedentary settlement, sedentism 2, shifting communities - organization of work, social complexity, social institution, social integration, social negotiation, social process, socio-economic organization, polity - conflict, communalism, **gender** 2, healing, **identity** 3, **inequality** 3, status, violence, war, wealth 2, woman's activity
Environment	cold stress, environmental change, extinction 2, landscape, landscape management practise, paleoenvironment, sea-level fluctuation, quaternary overkill; paleoecology,
Economy	adaptive discontinuity, agriculture(maize), agricultural production, clothing, **diet(paleodiet)** 3, dispersed caching, exploitation of mammals, farmer, farming, food(nut) processing 2, forager, foraging, foraging strategy, hunting, human-shark relationships, **gendered** economy, hunter-gatherer, land-use, opportunity costs, political economy 2, seasonality, storage 2, subsistence, subsistence pattern
Technology	-bow & arrow, clovis technology, heat treatment, lithic technology 3, mobile cores -copying error, cut mark, economization, material traditions("additive" vs. "reductive") -tool design, use, utility, sewing
Contact	acquisition contact, consumption(pottery), distribution, **exchange** 4, asymmetrical exchange, exotic, **interaction** 4, prestige, production, quarries, source 2
Cognitive	animism, ceremonialism, iconography 2, monumentality, mortuary symbolism, musical instrument 1, **ritual** 6, ritual variability, perspectivism, pictographs, spirit, sign, tree of life
Human	biological relationship, demographic oscillations, demographic profiles, population 2, non-metric dental traits, death, disability, diseases, hand stensil, sexual dimorphism
Explanation	archaeological paradigm, colonization 2, colonialism, cultural evolution 2, innovation, diaspora, missionary, materiality (enchainment and animacy), polyvalent methaphors
Public	archaeologist-artifact collector collaboration, ethics,
Analysis Model Theory	- core area model, computational model, dispersal model, fluid-dynamics model, pilgrimage model, technological investment model; localized critical theory, optimal foraging theory - microwear, social network analysis, spatial analysis, - **stable isotope analysis** 5, thin section petrographic analysis - Archaeomolluscs 1, archaeobotany, geoarchaeology, ethnoarchaeology, **experiment** 4
Etc	Eurocentrism, gripability, homogeneity, heterogeneity, Neolithic frontier, oral tradition, risk mitigation and future-discounting concept

표 4. Journal of Anthropological Archaeology 31/1(2011)~36(2014) 주제어 분류

Subject	Key words
History	-
Evidence	- artifacts, beads, blade, body ornaments, clovis, folsom, debitage, flake 2, ground stone 2, microblage, microburin, microlith, obsidian 3, pendants, point 2, pottery(ceramics) 13, querns, shell beads, stone axes; brass, copper, metal, gold; flake assemblage - remains: human 20, animal 12, charcoal; organic residues, - architecture 7; aggregation site, burial 6, earth works, enclosure complex, moated sites, monument 2, ritual structures, rock shelter, shellmidden 2, site function, - community 3, **household** 4, settlement 4, village - contextual taphonomy, site formation process
Field	archaeological survey, excavation method, remote sensing, satellite imagery
Classification	Cladistics; Classification 2, **morphometrics** 4, shape, style
Dating	chronology 2, Luminescence dating
temporal-space	activity areas, latitude, macro-region, political boundaries, space
Society	- band, chiefdoms, complex chiefdoms, complex polities, **complex society** 3, small-scale urbanism; state origin; farmers, **complex hunter-gatherers** 7, herders, hunter-gatherers 5 - anticipated mobility, **mobility** 6, mobility strategies, winter mobility, - **behavioral ecology** 3, borderlands, hearth-related activities, hollow ways, human activity, **inequality** 4, integration 2, intermediate area, land tenure, labor organization, persistent -death places, public space, road, urban space, sweat house, space syntax - developmental cycle, dependency ratio, family size, polygeny, - community diversity; settlement(dispersal, nucleation, **pattern** 4), site structure, village longevity; secondary burial; political centralization, political strategy, hierarchy, urbanism - complex system, **identity** 5, economic organization, occupational specialization - social(identity 3, boundary defense, **complexity** 6, complementarity, differentiation, **organization**, status, stratification), socio-economic(activities, choice, differentiation; **organization** 2), socialization, socio-political collapse, tribal territorial organization, sovereignty 2, status; violence, warfare, defense - **breastfeeding** 3, child, infant, **gender** 3, maternity, weaning, personhood, sex differences
Landscape Environment	- biome, fauna, plant, Normalized Difference Vegetation Index, population(개체군) density; built environment, climate, climate change, climatic variability, drought, environmental change 2; ecology; historical ecology, paleoecology; hunting landscape, **landscape** 4, sacred landscape, land use 2, mobile landmark, persistent place, place, social geography, spring environment; site location preference, viewshed, visibility 2, territoriality; - soil micromorphology
Economy	- dairying, farming, mobile pastoralism 2, pastoralism 2, paleoeconomy, **political economy** 3 - acorn 3, cotton, millet; Camelids, dog 2, goat, pig, sheep; abalone, fish, mollusc, salmon, - agriculture 4, animal husbandry, domestication, domesticates(adoption), fiber, herd management 3, livestock, salmon fishing, swidden argiculture, viticulture - alcohol, animal by-products, bone modification, broad-spectrum revolution, butchering, cost distance, cutmarks, exploitation(antler, lake, resource), foodways, grinding technique, wood gathering areas, processing sequence, risk management, secondary products, seasonality, seasonal occupations, social hunting - **diet(paleodiet)** 8; diversification 2, **intensification** 5, specialization; residential storage, storage, **subsistence** 3, subsistence economy, subsistence strategy 2

Technology	- atlatl/dart, bow/arrow 2, blase technology, ceramic technology, **lithic technology** 6; metallurgy, motor skill 2; weaponry production; clothing - copying error, cultural learning niche, expertise, function, life-history, manufacturing cost, serial specialist, specialization 2, technical behavior, technical style, technological organization 2, technological choice, technology 3, tapestry, textile, tool, **use-wear** 4
Contact	- functional interdependence, **interaction**(household, social, interregional) 5, inter-polity competition, practices/discourses of affiliation - distribution, consumption, **exchange** 4, exchange system, long distance exchange network, networking, pottery circulation, production 2, source 2, social exchange, social interaction 2, social **network** 3, social network layers, political network, trade 3, market 2
Cognitive	- planning depth, standardization 2, uniformity - commemoration; iconography, **feasting** 4, monumentalization, **practices** (butial, dietary, domestic, funeral 2, mortuary 3), political subjectiveness, public ceremonies, religion, religious life, **ritual** 3, ritual slaughter, ritual power, ritual site location, sacrifice, symbol, **symbolism** 2, symbolic material culture - ornamentation, ornamental tradition, red ochre, rock art 2
Human	- cranial morphology, musculoskeletal markers, osteology, size, stature, vertebral dimension; dental avulsion, dentition, tooth ablation, tooth enamel 2 - ancient DNA, biocultural, body(manipulation, modification), demography, depopulation, genetic diversity, **individual life histories** 3, life course, physical activity, **population**, population aggregation, population density - handedness, laterality, health, nutrition, Old World disease, **paleopathology**(osteomalacia; osteoporosis; rickets; vitamin D deficiency), pathology, - Neanderthal 3, Modern humans, Modern human behaviour, species status, taxonomy
Explanation	analogical explanations, **colonization** 3, cultural contact, cultural transmission 3, diaspora 2, diffusion 2, innovation 3, immigration, **migration** 4, pilgrimage, random evolution, sociocultural change; **agency** 3, embodiment, **materiality** 3
Public	site maintenance
Analysis Model Theory	- analogy, archaeological imferences, archaeological narratives, **ethnoarchaeology** 6, ethnohistory 2, experiment 2, historical analogy, relational ontology - archaeothanatology, archaeometallurgy 2, archaeomalacology, **bioarchaeology** 4, human bioarchaeology, biosocial archaeology, evolutionary archaeology, geoarchaeology, landscape archaeology, **zooarchaeology** 5 - central place foraging, foraging theory, optimum foraging theory, costly signaling theory, new urban design theory, niche construction theory - computation modelling, distributional model, diet breadth models, front–back loaded model, exchange expansion model, hydrological modelling, inductive predictive modelling, spatial modeling; species distribution modeling; Monte Carlo simulation - elliptical fourier analysis, functional analysis, microanalysis, multi-criteria decision analysis; trend surface analysis(kriging) - instrumental neutron activation analysis, pXRF 2, dental micro-wear 2, **GIS** 5, **vstable isotopes** 18, petrographic analysis, faunal analysis
Etc	borrowing, enclaves, interpolation, material culture, non-utilitarian, risk, smell

표 5. Antiquity 331(2012)~341(2014) 주제어 분류

Subject	Key words
History	Gordon Childe, M.R. James; antiquarian
Evidence	- amber, arrows, beads, biface, burin, daggers, handaxe, obsidian, querns, stone harvesting knives, lithics 3; pottery 6; bronze, bronze mirrors 2, copper, gold bowl, razors 2, tin; plough; bark shield, worked timber; perishable artefacts; pottery assemblage; **textiles** 2; animal bone 2, human remains 2; ceramic impression 2, parenchyma, pytholith, starch - architecture, burials 5, cave, cemetery 2, enclosure 2, fortresses, kiln, lake-dwellings, **megalith** 3, monuments, pit deposition, reservoirs, rock-shelter, sanctuary, stele, **stonehenge** 4, shell midden 2; community 2, household, settlement 7; waterlogged sites - taphonomy 2
Field	- airborne survey, **aerial photography** 5, bathymetric survey(수심측량), geophysical survey 2, landscape survey, phosphate survey, remote sensing 2, topographic survey; photogrammetry, photographic recording, 3D digital imaging, eflectance transformation imaging; chemical mapping, geomorphological mapping, remote mapping 2 - excavation methods; arfifact frequency, distribution maps, geo-referencing, sampling
Classification	ascending hierarchical clustering, coefficient of variation, correspondence factor analysis, multivariate regression; ceramic typology, pottery type
Dating	chronology 5, **AMS** 4, **radiocarbon dating** 8, OSL 3, sampling; Oxygen Isotope Stage
temporal-space	Neolithic transition 3, territory
Society	- earliest farmers, early farmers, herders, **hunter-gatherers** 4; causewayed camps, elite residence, household cluster, early village, primary pastoral community - centralisation, urbanisation, **urbanism** 4, state formation 2, state origin - settlement(change, density, patterns, system), clustered, dispersed settlement hierarchy - community organization, social(change, **complexity** 3, control, hierarchy, identity, status 2) - **craft** specialists, craft specialization, household craft, - armour, fortification, **warfare** 2, war, warrior graves, weaponry, wheeled vehicles - human individualism, identity, **masculinity**(남성성) 2, **personhood** 2
Landscape Environment	- aménagement*; biographic barriers, cultural biography; **landscape** 5, agro-urban landscapes, sacred landscapes, tectonic landscape; coastal, inland, palaeolakes, rift valley, snow patches; pathways, use of space, soilscape, terrestrialization, topography, - archaeoseismology(고고지진학), catastrophe, disaster, flax wilt, salinisation - climate change 2, coastal change, environment 2, environmental change
Economy	- cereals, barley 2, broomcorn millet, foxtail millet, **rice** 5; hazel nut, olive; cattle, elk, gazelles, horse, pigs; birds, freshwater mussel, tortoises - **agriculture**(3, intensification, origin, spread 2), pre-domestic agriculture, cultivation, cultivation system, domestication 3, farming, arable farming, horticulture, irrigation 2, raised field, terrace agriculture; archery, falconry, wrist-guards; archery, leopard traps, mass kill, mammoth hunting; early herding, herding strategy, pastoralism 2; boating, fishing -cereal processing, salt working; broad-spectrum, dietary change; food globalization, food production system, marine consumption, plant foods, production, storage, wine making
Technology	bone technology, copper smelting, metallurgy 2, lithic technology, military technology, pottery kiln, pottery technology; **weaving**; chemical composition, source, provenance; ceramic vessel volume, tool-using; compositional analysis, macrofracture analysis
Contact	- production 2; exchange 2, exchange **networks**, long-distance maritime networks, social network graphical analysis; competition, emulation, **interaction**, regional interrelation, social interaction; beach market, boat, canoe, port, sailing, seafaring; **trade** 3, trade route; Eurasian connections; alcohol, bear, congregation 2, dancing, feasting 2

Cognitive	- personal ornaments 2; **art**, cave art 3, imaginary creatures, mobiliary art, painted caves, Palaeolithic art 4, palpation, portable art, rock art 6, stylistic analysis; figurines, figurative art, human representation 2, nautical procession; plastered skulls; geoglyph, Nazca line - cult, human cognition, **monumentality** 3, practice(burial, mortuary), religion 2 - human sacrifice 2, infant sacrifice 2, **sacrifice**, offerings; burial rites, **funerary ritual**(burial, center, community, funerary, mound, practices, vessels), ritual use of feathers; birdman ceremony, healing, shamanism 2, trance dance 2, transhumance; social memory; acoustics, soundscape; mask, **symbolism** 3, symbolic artifacts;
Human	- bipedalism 2, hand stensil, mortality, new-born twins; palaeo-osteology; dental prosthesis, dentin, prehistoric dentistry; disease, self-medication; Austronesian linguistic prehistory, Indo-European, language prehistory, phylogenetics; peopling of America 3 - hominin 2, Homo erectus, Modern human, Neanderthal 2; modern behaviour
Explanation	farming/language dispersals, colonializm, colonization 2; human dispersal, immigration 2, pilgrimage; origin 5, spread; cultural continuity, systems collapse
Public	cultural property, heritage, looting
Analysis Model Theory	- Archaeothanatology*, archaeobotany 3, archaeomorphology, ethnoarchaeology, ethnography 2, geoarchaeology, zooarchaeology 2; Pseudoarchaeology - DNA analysis, faunal analysis, lipid analysis, residue analysis; assemblage analysis, **Baysian analysis** 6, statistical analysis; -cost surface analysis, **GIS** 3, instrumental neutron activation analysis, risk surface analysis, viewshed 2; SEM; **stable isotope** 6
Etc	civilization, cultural package, lamps, marine oils, micromorphology, recycling

* Aménagement: the re-shaping of a material space or of elements within it.

* Archaeothanatology is the method in mortuary archaeology which is based on using taphonomy to infer unknowns about burial context. The method requires detailed recording during excavation including the identification of skeletal elements in situ, anatomical orientation, and spatial relationship to other elements. Archaeothanatology aims to identify and account for taphonomic processes which alter the original characteristics of the funerary deposit in order to determine the original burial context.

(http://bonesdontlie.wordpress.com/2012/01/31/archaeothanatology-burial-containers)

표 6. European Journal of Archaeology 2011−2014(13/1−17/3) 주제어

Subject	Key words
History	Arthur Evans, Gero von Merhart, John Evans, Thor Heyerdahl, Paul Jacobsthal,
Evidence	- amber, axes, beads, brooches, copper, daggers, ivory, pottery 4, stone 2, **textiles** 3; artifact assemblage, object combinations; human remains 4; cereal, pollen - burials 7, **megalithic** 8, stelae 2; architecture 2, enclosures, farms, houses 2, mega-site, monuments, off-site, oppidum, sanctuaries, settlement 4
Field	- excavation practices, field survey, High Resolution Geophysical Surveys(multi-channel magnetometer), metal detector, metal finds, surveying methods - abrasion, deposition, fragmentation, planned abandonment, site formation processes, taphonomy
Classification	typology
Dating	chronology 2, odonto(=tooth)chronology; **AMS/radiocarbon dating** 4, Baysian analyses
temporal-space	Neolithic transition; change, continuity; special density
Society	- maritime social world; Neolithization; agglomeration, urbanization, urban layout - **mobility** 3, sedentism; settlement dynamics, settlement refuse management - social(categories, complexity 2, inequality 2, order 2, significance) - burial(cremation 2, deviant, fragmentation, secondary, inhumation) - craft specialization, stratification, war canoes - collective, domestic activities, ethnicity, ethnic markers; **identity**(2, fashioning, social 3) boundary objects, childhood, gender 2, individual
Environment	landscape organization, social landscape; environmental change
Economy	- cattle, deer, horse, sheep 2, goats, pig; fish - cattle herding, cultivation, farming 2, gathering, hunting 2, husbandry practices, pastoralism; clothing 2, dye, textile tools; ceramic economy -diet; seasonality 2, age at death, season of death;
Technology	copper metallurgy, craft production
Contact	object biographies, **festival**(stonehenge free festival), provenance; consumption, production, exchange, import, market system; **network** 2, social network, trade, long-distance trade
Cognitive	- anthropomorphic figurines 2, personal ornaments; pottery style; rock-art 3, cup-mark, human representation, ship depictions - fragmentation, **practices**(1, burial 2, funerary 2, hoard) - cosmology, communication, memory, social memory, representation 2; **ritual** 2, maritime initiation rites, animal sacrifice; symbolism
Human	- perforated crania, posture, tattoo; health; ageing, **body** 5, life course -origins of Homo sapiens,
Explanation	innovation, materiality, migration, naturalism
Public	cultural **heritage** 2, cultural identity, cultural policy; heritage industry, heritage management, heritage modernization, heritage practice; protection laws; citizen-based research; museology
Analysis Model Theory	- ethnoarcheology, experiment archeology, household archaeology, landscape archaeology 2, osteo-archaeology, underwater archaeology, zooarchaeology; cross-cultural analogy, method -core-periphery theory, world systems theory; forager–farmer contact models -correspondence analysis -GIS 2; FTIR, optical microscopy; petrographic analysis; **stable isotopes** 3
Etc	material culture

* 'boundary objects'– things which bridge social boundaries, allowing people with different backgrounds to recognize similar values and ways of life in each other's cultures and which, consequently, facilitate communication and exchange, in this case of metal and of the technological concepts which were part of its adoption (Vol 15-3).

* Review topic: 항공사진, 원격탐사; 신석기화, 국가 기원; 패류의 비식용 이용; 가구, gender, 상징, 꿈, exotica, 표현과 소통(그림), 신화와 물질; 물질성(materialitas), sense, 해양상호접촉; 고고학이론, 비교고고학, 해양고고학.

표 7. Journal of Archaeological Method and Theory 2013~2014 논문목록

Vol 21-3 (2014)
- Using enthesis robusticity to infer activity in the past: a review [skeletal modification]; Forty thousand arms for a single emperor: from chemical data to the labor organization behind the bronze arrows of the terracotta army; Accurate measurements of Low Z Elements in sediments and archaeological ceramics using Portable X-ray Fluorescence (PXRF); Landscape construction and long-term economic practices: an example from the Spanish Mediterranean Uplands through rock art archaeology; Microarchaeological approaches to the identification and interpretation of combustion features in prehistoric archaeological sites; Reconsidering raw material selection

Vol 21-2 (2014)
- Simulating the Past: exploring change through computer simulation in archaeology 특집호

Vol 21-1 (2014)
- Processes of formation and alteration of archaeological fire structures: complexity viewed in the light of experimental approaches; declaration on behalf of an archaeology of sexe [social identity and embodiment]; (Re)assembling communities: cooperation and collective action in the cultural evolution of complex societies; the archaeology of cosmic impact: lessons from two mid-Holocene Argentine case studies; The pottery informatics query database: a new method for mathematic and quantitative analyses of large regional ceramic datasets

Vol 20-4 (2013)
- The adoption of agriculture in Ireland: perceptions of key research challenges; Ritualized middening practices; Shipwreck identity, methodology, and nautical archaeology; Thinking through networks: a review of formal network methods in archaeology; Other people's data: a demonstration of the imperative of publishing primary data; The origins of the concept of 'Palaeolithic Art': Theoretical roots of an Idea

Vol 20-3 (2013)
- Zooarchaeological Method and Theory 특집호

Vol 20-2 (2013)
- Discontinuities and Continuities: An Historical and Sociological Approach to Evolution of Past Societies 특집호

Vol 20-1 (2013)
- Invisible culture: the use of Soft X-ray Radiography in perishable research; The information animal and the super-brain; Another dating revolution for prehistoric archaeology? [OSL]; Mapping the Political landscape: toward a GIS analysis of environmental and social difference; What was brewing in the Natufian? an archaeological assessment of brewing technology in the Epipaleolithic; Lithic modes A–I: A new framework for describing global-scale variation in stone tool technology illustrated with evidence from the East Mediterranean Levant

참고문헌

甲元眞之, 2001, 『中國新石器時代の生業と文化』, 中國書店.

甲元眞之, 2004, 「東アジアにおける農耕の起源と擴散」, 『國立歷史民俗博物館研究報告』 119.

甲元眞之 外, 2002, 「先史時代の日韓交流試論」, 『青丘學術論集』 20.

강릉대학교박물관(백홍기 · 고동순 · 심상육), 2002, 『襄陽 地境里 住居址』.

姜炳華 外, 1997, 「우리나라 野生食用資源植物의 種類 및 發芽 特性에 관한 研究」, 『韓國作物學會誌』 42(2).

강봉원, 2012, 「반구대 암각화에 표출된 육지동물의 재인식 −동물사육 문제와 편년의 재검토−」, 『한국신석기연구』 23.

강원고고학회, 2004, 『강원지역의 신석기문화』 제6회 강원고고학회 학술발표회.

강원종, 2001, 「장수 월곡리유적 신석기시대 유물」, 『韓國新石器研究』 2.

강창화, 2008, 「제주 고산리 초기신석기문화의 형성과 전개」, 『남해안지역의 신석기 문화』, 2008년 한국신석기학회 추계학술대회 발표 자료집.

계명대학교박물관, 1994, 『金陵松竹里遺蹟 特別展圖錄』.

郭長根, 1999, 『湖南 東部地域 石槨墓 研究』, 書景文化社.

郭鍾結 외, 1995, 「신석기시대 토기태토에서 검출된 벼의 plant-opal」, 『韓國考古學報』 32.

곽진선, 2006, 「군산 노래섬유적의 신석기시대 석기 연구」, 원광대학교 석사학위논문.

廣瀨雄一, 1985, 「櫛目文土器前期の研究」, 『伽耶通信』 13 · 14.

구자진, 2005, 「신석기시대 帶狀反復文土器에 대한 검토」, 『한국신석기연구』 9.

구자진, 2007, 「우리나라 신석기시대 집자리의 지역권설정과 변화양상」, 『한국신석기연구』 13.

구자진, 2008, 「중부 서해안지역 신석기시대 마을의 생계 · 주거방식 검토」, 『한국상고사학보』 60.

구자진, 2012, 「대전 둔산 신석기유적의 재검토」, 『한국신석기연구』 24.

구자진, 2013, 「중서부지역 신석기시대 집자리와 마을의 운용방식 연구」, 『한국신석기연구』 26.

구자진, 2013, 「신석기시대 토기의 기종분류에 대한 비판적 검토」, 『야외고고학』 16.

구자진, 2013, 「신석기시대 대천리식 집자리의 성립과정에 대한 소고」, 『야외고고학』 18.

국립광주박물관(신상효 · 이종철 · 윤효남), 2006, 『신안 가거도 패총』.

국립광주박물관(조현종 · 양성혁 · 윤옥신), 2009, 『안도패총』.

국립광주박물관(지건길 · 조현종), 1989 · 1990, 『돌산 송도』 Ⅰ · Ⅱ.

국립광주박물관, 2009, 『안도패총』.

국립김해박물관, 2008, 『비봉리』.

국립김해박물관, 2012, 『비봉리』 Ⅱ.

국립문화재연구소, 2000, 『러시아 아무르강 하류 수추섬 신석기시대 주거유적 발굴조사보고서』.

국립전주박물관, 1999, 『扶安 海岸一帶 遺蹟地表調査 報告』(附錄: 任實 섬진댐 水沒地區 遺蹟地表調査 報告).

국립중앙박물관, 1994, 『암사동』, 국립박물관고적조사보고 26책.

국립중앙박물관, 1995, 『암사동』, 국립박물관고적조사보고 26책(Ⅱ).

국립중앙박물관, 1999, 『암사동 Ⅱ』.

국립중앙박물관, 2006, 『암사동 Ⅲ』.

국립중앙박물관, 2007, 『암사동 Ⅳ』.

국립중앙박물관, 2008, 『암사동 Ⅴ』.

국립진주박물관(김양희), 1999, 『牧島貝塚』.

국립진주박물관(한영희 · 임학종), 1989, 『欲知島』.

국립진주박물관(한영희 · 임학종), 1993, 『煙台島 1』.

국립청주박물관(신종환), 1993, 『淸原 雙淸里 住居址』.

국사편찬위원회, 1973, 『한국사 1 -한국의 선사문화-』.

국사편찬위원회, 1997, 『한국사 2 -구석기문화와 신석기 문화-』.

宮本一夫, 2003, 「朝鮮半島 新石器時代の農耕化と繩文農耕」, 『古代文化』 55(7).

宮本一夫, 2005, 「園耕과 繩文農耕」, 제6회 한일신석기시대 공동학술대회 발표자료집.

吉奉燮 · 金正彦, 1996, 『全羅北道의 自然環境』, 원광대학교 출판국.

김건수, 1998, 「호남지방의 신석기시대 생업」, 『호남고고학보』 7.

김건수, 2000, 「원시 및 고대인의 식생활」, 『國史館論叢』 91, 국사편찬위원회.

김건수, 2001, 「군산 노래섬 패총 식료자원의 계절성 검토」, 『한국신석기연구』 2.

김건수, 2004, 「전남의 패총현황과 연구방향」, 『전남문화재』 11, 전라남도.

김건수, 2005, 「우리나라 선사 · 고대의 함정어업 -패추(貝錘)를 중심으로-」, 『호남고고학보』 21.

김건수, 2008, 「신석기시대의 원도권 패총의 성격」, 『섬과 바다』, 목포대학교 도서문화연구소.

김건수, 2011, 「쿠로시오와 남해안지방 신석기문화」, 『한국신석기연구』 21.

김건수, 2011, 「식생활」, 『한국 신석기문화 개론』, 중앙문화재연구원 편, 서경문화사.

김건수, 2012, 「섬진강유역의 신석기문화」, 『호남고고학보』 42.

김건수, 2012, 「소복기도 출토 즐문토기 고찰」, 『한국신석기연구』 24.

김건수, 2014, 「민족지고고학의 적용과 한계」, 『한국신석기연구』 27.

김건수 · 이순엽, 1999, 「여수 거문도와 손죽도의 신석기시대 패총」, 『순천대학교박물관지』 창간호.

김건수 · 이승윤, 2007, 「여서도패총 출토 신석기시대토기에 대한 고찰」, 『한국신석기연구』 14.

김건수 · 이영덕 · 김영희, 2004, 「호남지방 신석기시대 패총 조사」, 『호남문화재연구원 연구논문집』 4.

김경진 · 김소영, 2012, 「신석기시대 망치형석기의 기능 연구 -인천 운서동 신석기유적을 중심으로-」, 『중앙고고연구』 11.

김규동, 2001, 「부안 계화도의 신석기유적」, 『한국신석기연구』 2.

김상현, 2014, 「가덕도 장항유적 신석기시대 매장유구 연구」, 『문물』 4.

김성욱, 2008, 「사용흔분석을 통한 신석기시대 수확구 시론」, 『한국신석기연구』 16.

김성욱, 2012, 「신석기시대의 역연대」, 『주거의 고고학』, 한국고고학회 제37회전국고고학대회.

김성욱, 2014, 「익산 신용리 갓점유적의 신석기시대주거지에 대한 소고」, 『마한 · 백제문화』 24.

김승옥, 2004, 「용담댐 무문토기시대 문화의 사회조직과 변천과정」, 『호남고고학보』 19.

김승옥 · 이종철, 2001, 『如意谷遺蹟』, 『진안 용담댐 수몰지구내 문화유적발굴조사보고서Ⅷ』, 全北大博物館.

김승옥 · 이종철 · 김은정, 2001, 『農山遺蹟』, 『진안 용담댐 수몰지구내 문화유적발굴조사보고서Ⅸ』, 全北大博物館.

김승옥 · 이종철 · 조희진, 2001, 『豊岩遺蹟』, 『진안 용담댐 수몰지구내 문화유적발굴조사보고서 Ⅹ』, 全北大博物館.

김영준 · 김경진 · 이한주, 2015, 「보령 송학리 조개더미 출토 뗀석기의 기술-기능적 연구」, 『한국신석기연구』 29.

김용간, 1964, 『금탄리 원시유적 발굴 보고』, 과학원출판사.

김용남, 1967, 「우리나라의 신석기시대」, 『고고민속』 67-3.

김용남, 1983, 「궁산문화에 대한 연구」, 『고고민속론문집』 8.

김원용, 1973, 『한국고고학개설』, 일지사.

김원용, 1986, 『한국고고학개설』 제3판, 일지사.

김은영, 2012, 「신석기시대 동삼동 지역의 생계 전략 변동에 대하여」, 『한국신석기연구』 23.

김은영, 2014, 「신석기시대 중기 호서지역 수렵채집 집단의 이동양상 연구: 주거지와 석기조성에 대한 다각적 검토를 통하여」, 『한국상고사학보』 85.

김은영, 2014, 「신석기시대의 한반도와 러시아 연해주」, 『러시아 연해주와 한반도의 역사와 문화』, 부산박물관 국제학술심포지엄 발표자료집.

김은정 · 김선주, 2001, 「진안 진그늘 신석기유적」, 제9회 호남고고학회 학술대회 발표요지.

金子浩昌 · 김성욱, 2007, 「動物遺體」, 『울산세죽유적』 I, 동국대 매장문화재연구소.

金子浩昌 · 徐姶男, 1993, 「연대도패총 가지구 출토의 척추동물유체」, 『연대도』 I, 국립전주박물관.

金子浩昌 · 中山淸隆, 1994, 「동삼동패총과 동물유존체자료」, 『한국고고학보』 31.

김장석, 1995, 「소금, 인류학 그리고 고고학」, 『한국고고학보』 32.

김장석, 2005, 「한국 선사시대의 식량가공과 조리」, 『선사 · 고대의 생업경제』, 제9회복천박물관 학술발표회 자료집.

김장석 · 양성혁, 2001, 「중서부 신석기시대 편년과 패총 이용전략에 대한 새로운 이해」, 『한국고고학보』 45.

金壯錫, 2002, 「남한지역 후기신석기 전기청동기 전환」, 『한국고고학보』 48.

金壯錫, 2003, 「中西部 後期新石器時代의 土地利用戰略과 資源利用權 共有」, 『선사와 고대』 18.

金壯錫 · 梁成赫, 2001, 「중서부 신석기시대 편년과 패총 이용전략에 대한 새로운 이해」, 『한국고고학보』 45.

김재선, 2015, 「인천 운서동유적 주거와 취락구조의 변화」, 『한강고고』 11.

김재윤, 2012, 「신석기 후기 동북한문화권의 시간과 공간범위」, 『한국상고사학보』 77.

김재윤, 2012, 「목단강 유역의 앵가령 하층문화에 대한 검토」, 『영남고고학』 62.

김재윤, 2013, 「평저토기문화권의 신석기후기 이중구연토기 지역성과 병행관계」, 『한국고고학보』 88.

김재윤, 2013, 「환동해문화권의 전기신석기시대 교차편년 연구: 한반도 동해안 · 연해주 · 아무르강 하류를 중심으로」, 『동북아 문화연구』 34.

김재윤, 2014, 「한-중-러 접경지역 신석기 고고문화의 변천」, 『고고광장』 14.

김재윤, 2015a, 「평저토기문화권 동부지역의 6500~6000년 전 신석기문화 비교고찰」, 『한국고고학보』 96.

김재윤, 2015b, 「평저토기문화권 신석기후기 서부지역의 뇌문토기 고찰」, 『한국상고사학보』 89.

金貞培, 1973, 『韓國民族文化의 起源』, 고려대학교 출판부.

김정학, 1968, 「한국 기하문토기문화의 연구」, 『백산학보』 4.

金廷鶴編, 1972, 『韓國의 考古學』, 河出書房新社.

金廷鶴編, 1980, 「幾何文(櫛文)土器의 編年」, 『考古學ジャーナル』 183.

김종일, 2008, 「고고학 자료의 역사학적 해석에 대한 비판적 고찰」, 『한국고대사연구』 52.

김종일, 2013, 「유럽 중기 신석기시대 사회구조의 변화」, 『고고학』 12-1.

김준민, 1980, 「한국의 환경변화와 농경의 기원」, 『한국생태학회지』 3-1/2.

김진희, 2009, 『한반도 신석기시대 주거지 연구』, 원광대학교 석사학위논문.

김헌석, 2010, 「대포패총출토 인골의 연대와 식성에 관해서」, 『한국신석기연구』 20.

김헌석, 2012, 「비봉리유적출토 동물유체 보고」, 『비봉리』 II, 국립김해박물관.

김희찬, 1995, 「신석기시대 식량획득과 저장성」, 『亞細亞古文化』(석계황용훈교수정년기념논총), 학연문화사.

羅家角考古隊, 1981, 「桐鄕縣羅家角遺址發掘報告」, 『浙江省文物考古研究所學刊』, 文物出版社.

內山純藏, 2001, 「繩文에서 암사동으로 -일본에 있어서 동물고고학·민속학적 관점에서의 한반도 서부지역 신석기시대의 생업활동에 관한 고찰-」, 『한국선사고고학보』 8.

大貫靜夫 編, 2001, 『韓國の竪穴住居とその集落』, 日本文化斑資料集 3.

渡辺誠, 1995, 『日韓交流の民族考古學』, 名古屋大學出版會.

동국대학교 매장문화재연구소, 2007, 『울산세죽유적』 I.

동삼동패총전시관(김은영), 2004, 『신석기시대의 토기문화』.

동삼동패총전시관, 2006, 『신석기시대의 어로문화』.

동아대학교박물관(沈奉謹), 1989, 『陜川 鳳溪里遺蹟』.

동아대학교박물관(沈奉謹·李東注·田中聰一), 2001, 『晋州上村里先史遺蹟』(도판·부록).

동의대학교박물관(임효택·조현복), 1988, 『大也里 住居址 II』.

류동기·안덕임, 2013, 「서산 대죽리 패총에서 출토된 말백합 Meretrix petechialis(Lamarck)의 성장 연구」, 『한국패류학회지』 29(2).

목포대학교박물관(김건수 외), 2012, 『광양 오사리 돈탁패총』.

목포대학교박물관(김건수·이승윤·양나래), 2007, 『완도 여서도패총』.

목포대학교박물관(최성락·이헌종), 2004, 『함평 장년리 당하산유적』.

미사리선사유적발굴조사단, 1994, 『渼沙里』 제1~5권.

朴龍安 외, 2001, 『한국의 제4기 환경』, 서울대학교 출판부.

박선희, 2002, 『한국 고대 복식 -그 원형과 정체』, 지식산업사.

박성근, 2013, 「남부지역 신석기시대 석부 연구」, 『한국고고학보』 86.

박양진, 1998, 「북한고고학의 몇 가지 특징」, 『인문과학연구소논문집』, 충남대학교.

박지훈·박윤정·조미순, 2014, 「화분분석으로 본 고성 문암리 유적의 신석기시대 중기 이후 식생변천 및 농경활동」, 『한국신석기연구』 27.

박태식·이융조, 2004, 「小魯里 볍씨 發掘로 살펴본 韓國 벼의 起源」, 『농업사연구』 3(2).

반용부·곽종철, 1991, 「洛東江河口 金海地域의 環境과 漁撈文化」, 『伽倻文化研究』 2.

裵基同, 1997, 「구석기시대 생업과 의식주생활」, 『한국사』 2, 국사편찬위원회.

裵成爀, 2001, 「慶北 金泉 松竹里 新石器遺蹟」, 『新石器時代의 貝塚과 動物遺體』, 第4回 韓日新石器文化 學術세미나 發表資料集.

배성혁, 2013, 「신석기시대 후기 토기요 연구 -김천 지좌리 토기요지를 중심으로-」, 『한국신석기연구』 25.

배영동, 2000, 「五穀 개념의 변천과 중시의 문화적 배경」, 『농경생활의 문화읽기』, 민속원.

백홍기·지현병, 1991, 『강원영동지방의 선사문화연구』, 문화재연구소·강릉대학교박물관

변사성·안영준, 1986, 「강상리유적의 질그릇갖춤새에 대하여」, 『조선고고연구』 86-2.

복천박물관, 2011, 『동삼동패총 정화지역 동물유체 연구보고』.

부산박물관, 2007, 『동삼동패총 정화지역 발굴조사보고서』.

北京大學中國考古學研究中心·浙江省文物考古研究所, 2011, 『田螺山遺址自然遺存綜合研究』, 文物出版社.

브로댠스끼(정석배 역), 1996, 『沿海州의 考古學』, 학연문화사.

브루스 트리거, 1997, 『고고학사 -사상과 이론-』, 학연문화사.

사회과학원 고고학연구소, 1977, 『조선고고학개요』, 과학, 백과사전출판사.

서국태, 1986, 『조선의 신석기시대』, 사회과학출판사.

서국태, 1990, 「질그릇을 통하여 본 우리 나라 신석기시대의 문화류형」, 『조선고고연구』 1990년 3기.

서국태, 1998, 『조선신석기시대문화의 단일성과 고유성』, 사회과학출판사.

서국태 · 지화산, 2009, 『대동강문화』, 진인진(원전: 이순진 · 장수진 · 서국태 · 석광준, 2001, 『대동강문화』, 평양: 외국문출판사).

서국향, 2001, 「장수 남양리유적 수습 신석기시대 유물」, 『한국신석기연구』 2.

西本豊弘 · 金憲奭 · 新美倫子 · 金殷英 · 上奈穗美, 2011, 「동삼동패총의 동물유체」, 『동삼동패총 정화지역 동물유체 연구보고』, 복천박물관.

서울대학교박물관(임효재 · 양성혁 · 우연정), 2001, 『오이도 가운데살막패총』.

서울시립대박물관(박희현 외), 1996, 『영종도 송산 선사유적』.

石諾, 2014, 「先秦時代 환황해 일대 식생활 및 생업방식의 검토 −인골탄소 · 질소동위원소 연구결과를 중심으로−」, 『한국고고학보』 90.

성형미, 2013, 「한반도 신석기시대의 고고지자기 변동: 중서부지역 유적을 중심으로」, 『보존과학회지』 29(3).

소상영, 2012, 「신석기시대 중서부해안 및 도서지역 어로문화연구」, 『한국신석기연구』 23.

소상영, 2013, 「14C연대 분석을 통한 중서부지방 신석기시대 편년 연구」, 『한국고고학보』 89.

소상영, 2013, 「한반도 중서부 지방 신석기시대 취락의 점유 양상」, 『고고학』 12-3.

소상영, 2013, 「신석기시대 토기제작과정의 실험적 연구 Ⅱ −흑반과 토기 단면색조의 관련성을 중심으로−」, 『한강고고』 8.

소상영, 2015, 「시도패총의 재검토」, 『우행 이상길 교수 추모논문집』, 진인진.

小畑弘己, 2013, 「동삼동패총 · 비봉리유적 출토 기장 · 조 압흔의 동정과 그 기준」, 『한국신석기연구』 25.

小畑弘己 · 眞邊彩, 2014, 「韓國櫛文土器文化の土器壓痕と初期農耕」, 『國立歷史民俗博物館研究報告』 187, 國立歷史民俗博物館.

손보기, 1982, 『상노대도의 선사시대 살림』, 수서원.

송은숙, 1998, 「호남 내륙지역 신석기문화에 대한 고찰」, 『호남고고학보』 7.

송은숙, 2001, 「신석기시대 생계방식의 변천과 남부내륙지역 농경의 개시」, 『호남고고학보』 14.

송은숙, 2002, 『한국 빗살무늬 토기 문화의 확산과정 연구』, 서울대학교 박사학위논문.

송은숙, 2012, 「영선동식토기문화의 성립과 전개과정」, 『한국신석기연구』 24.

송현경, 2012, 「신석기시대 남부지역 후 · 말기 이중구연토기의 전개과정」, 『한국신석기연구』 23.

시안 존스, 2009, 『민족주의와 고고학』, 사회평론.

식문화탐구회, 2008, 『취사의 고고학』, 서경문화사.

신숙정, 1994, 『우리나라 남해안지방의 신석기문화 연구』, 학연문화사.

신숙정, 1997, 「신식기시대의 자연환경−식물상과 동물상」, 『한국사』 2, 국사편찬위원회.

신숙정, 1998, 「해수면 변동과 고고학」, 『고고학연구방법론』, 최몽룡 편, 학연문화사.

신숙정, 2001, 「부산지방의 신석기시대 생업경제」, 『港都釜山』 17.

신숙정, 2004, 『강원지역의 신석기문화』, 제6회 강원고고학회 학술발표회.

신숙정, 2004, 「호남지방 신석기문화의 연구: 성과와 전망」, 『호남고고학보』 20.

신숙정, 2013, 「신석기개념과 토기의 발생에 관한 최근의 논의」, 『한국신석기연구』 26.

신숙정, 2013, 「최근 발굴된 신석기유적의 성과」, 『한국고고학저널 2012』, 국립문화재연구소.

신숙정, 2015, 「한국 구석기, 신석기, 청동기 · 초기철기시대 고고학사 토론문」, 『한국의 고고학사 Ⅰ』, 한국상고사학회 제43회 학술대회.

신종환, 1993, 『淸原 雙淸里 住居址』, 國立淸州博物館.

신종환, 1995, 「新石器時代 錦江式土器에 대한 小考」, 『영남고고학』 17.

신종환, 2000, 「錦江式土器考」, 『考古學誌』 11.

신지영 외, 2013, 「부산 가덕도 장항 유적 출토 인골의 안정동위원소 분석을 통해 본 신석기시대의 식생활 양상」, 『분석과학』 26(6).

辻稜三, 1985, 「韓國におけるドングリの加工と貯藏に關する事例研究」, 『季刊人類學』 16-4.

辻秀子, 1986, 「加食植物의 槪觀」, 『繩文文化の研究』 2, 雄山閣.

안덕임, 1993, 「한국선사시대 식생활 –동물성식료–」, 『동아시아식생활회지』 3-2.

안덕임, 1998, 「연대도패총 패각층분석」, 『연대도』 I, 국립전주박물관.

안덕임, 2006, 「동위원소 분석을 통한 식생활 복원 연구 –고남리 패총을 중심으로」, 『한국상고사학보』 54.

안덕임, 2009, 「미량원소(Ba, Sr, Zn) 분석법을 이용한 연대도 유적 출토인골에 대한 고식생활 연구」, 『한국상고사학보』 54.

안덕임, 2011, 「동위원소분석을 이용한 신석기시대의 식생활과 패총유적의 점유 계절성 연구」, 『동방학』 21.

안덕임 외, 1994, 「탄소·질소동위원소를 이용한 선사인의 식생활 연구」, 『고고학지』 6.

안덕임·류동기, 2013, 「서산 대죽리 패총 출토 말백합 Meretrix petechialis(Lamarck)을 이용한 패류 채집의 계절성 연구」, 『한국패류학회지』 29(1).

안덕임·서민·김건수, 2008, 「여서도패총 출토 糞石에 관한 연구」, 『한국상고사학보』 60.

안덕임·이인성, 2014, 「산소동위원소 분석을 이용한 당진 가곡리 패총 굴(Crassostrea gigas)의 채집 계절 연구」, 『한국패류학회지』 30(1).

안덕임·이인성, 2015, 「산소동위원소 분석을 이용한 신석기시대 연대도 패총 굴(Crassostrea gigas) 채집 계절성 연구」, 『한국패류학회지』 31(1).

안승모, 1993, 「韓國先史時代의 食生活–植物性食料」, 『東아시아食生活學會誌』 3(2).

안승모, 1995, 「新石器時代의 江原地方」, 『江原道史–歷史編』(江原道).

안승모, 1997, 「생업」, 『한국사』 2, 국사편찬위원회.

안승모, 1999, 「서해안 신석기시대의 편년 문제」, 『고문화』 54.

안승모, 1999, 『아시아 재배벼의 기원과 분화』, 학연문화사.

안승모, 2002, 「新石器時代의 植物性食料(1)」, 『한국 신석기시대의 환경과 생업』, 동국대학교 매상문화재연구소 편.

안승모, 2002, 「금탄리 I 식토기의 재검토」, 『한국신석기연구』 4.

안승모, 2002, 「신석기시대」, 『한국의 학술연구』 인문·사회과학편 제3집 –고고학(남한 신사시대)–, 대한민국 학술원.

안승모, 2002, 「신석기시대 식물성식료(1)–야생식용식물자료」, 『한국 신석기시대의 환경과 생업』, 동국대학교 매장문화재연구소 편, 애드웨이.

안승모, 2003, 「錦江式土器와 菱格紋의 形成過程에 대한 豫備的 考察」, 『호남고고학보』 17.

안승모, 2003, 「고고학으로 본 한민족의 계통」, 『한국사 시민강좌』 32.

안승모, 2009, 「청원 소로리 토탄층 출토 볍씨 재고」, 『한국고고학보』 70.

안승모, 2012, 「동아시아 조, 기장 기원 연구의 최근 동향」, 『신석기문화의 양상과 전개』, 중앙문화재연구원 편, 서경문화사.

안승모, 2012, 「종자와 방사성탄소연대」, 『한국고고학보』 83.

안승모, 2014, 「호남의 신석기문화 -지난 20년 연구의 성과와 과제-」, 『호남고고학회 20년 그 회고와 전망』, 호남고고학회.

안승모, 2014, 「서기전 6~5천년기 한반도 남해안과 양쯔강 하류역의 생업 비교」, 『한국신석기연구』 27.

안승모, 2014, 「한국 선사고고학의 방법론적 전망」, 『한국고고학의 신지평』, 제38회 한국고고학전국대회, 한국고고학회.

안승모 · 유혜선, 2002, 「진안 갈머리 적석유구에 대한 잔존지방산분석」, 『한국신석기연구』 3.

안승모 · 이영덕, 2004, 「용담댐 수몰지구의 신석기 문화」, 『호남고고학보』 19.

안승모 · 이영덕 · 김대성, 2003, 「갈머리유적」, 『진안 용담댐 수몰지구내 문화유적발굴조사보고서Ⅷ』, 湖南文化財硏究院.

안재호 · 이창희, 2013, 「울산 세죽유적의 상대편년과 탄소14연대」, 『고고광장』 13.

安田喜憲 外, 1980, 『韓國における環境變遷史』, 日本文部省海外學術調査 中間報告書.

安春培, 1989, 「居昌 壬佛里 先史住居址 調査槪報(Ⅰ)」, 『영남고고학』 6.

楊麟錫, 1954, 『野生食用植物과 그 食用法』, 韓國出版社.

양성혁, 2001, 『서해안 신석기문화에 대한 일연구』, 서울대학교 석사학위논문.

양성혁 · 박승원, 2014, 「동삼동패총 출토 그물무늬 토기 고찰」, 『고고학지』 20.

楊虎 · 譚英杰, 1979, 「密山新開流遺址」, 『考古學報』 79-4.

廉庚和, 2000, 「永宗島 松山遺蹟 빗살무늬토기의 特性」, 『선사와 고대』 15.

영남고고학회, 1997, 『영남지역의 신석기문화』 제6회 영남고고학회 학술발표회.

吳建煥, 1991, 「完新世 후반의 낙동강삼각주 및 그 주변해안의 고환경」, 『한국고대사논총』 2.

吳建煥 · 郭鍾喆, 1989, 「김해평야에 대한 고고학적 연구」, 『고대연구』 2.

龍虯庄遺址考古隊 編, 1999, 『龍虯庄』, 科學出版社.

원광대학교 마한 · 백제문화연구소(최완규 · 김종문 · 이영덕), 2002, 『노래섬(Ⅰ)』.

袁靖, 2005, 「論長江流域新石器時代居民獲取肉食資源的方式」, 『新世紀的中國考古學』, 中國社會科學院考古研究所 編, 科學出版社.

有光敎一, 1962, 『朝鮮櫛目文土器の硏究』, 京都大學文學部考古學叢書第3冊.

劉莉 · 楊東亞 · 陳星燦, 2006, 「中國家養水牛起源初探」, 『考古學報』 2006-2期.

유병일, 2012, 「영남지역에서 출토된 교류 관련 동물유체(조가비)」, 『영남고고학보』 61.

유지인, 2012, 「신석기시대 중 · 후기 중서부 해안 지역 취락 구조 연구」, 『한국고고학보』 85.

유태용, 2012, 「안성 월정리 신석기시대 주거지의 연구」, 『백산학보』 93.

윤덕향, 1997, 「곡성 유정리 유평유적」, 『호남고속도로확장구간유적발굴조사보고서』, 전남대학교박물관.

윤덕향 · 이상균, 2001, 「雲岩 遺蹟」, 『鎭安 龍潭댐 水沒地區內 文化遺蹟 發掘調査 報告書Ⅱ』, 전북대학교박물관.

윤순옥, 1997, 「화분분석을 중심으로 본 홀로세 후기의 환경변화와 지형발달」, 『대한지리학회지』 33-2.

윤정국, 2006, 『진그늘유적에서 나온 신석기시대 뗀석기의 제작 수법 연구』, 조선대학교 석사학위논문.

윤정국, 2009, 「신석기시대 굴지구의 제작기법에 대한 연구 -진안 진그늘유적과 갈머리유적을 대상으로-」, 『한국신석기연구』 17.

윤정국, 2011, 「남부내륙지역 신석기시대 석기의 변천과 양상」, 『한국신석기연구』 22.

이강승 · 박순발, 1995, 『屯山』, 忠南大博物館.

이경아, 2001, 「상촌리유적 출토 식물유체 분석」, 『晋州上村里先史遺蹟(圖版 · 圖錄)』, 동아대학교박물관.

이경아, 2005, 「식물유체에 기초한 신석기시대 농경에 대한 관점의 재검토」, 『한국신석기연구』 10.

이경아, 2006, 「중국 출토 신자료의 검토를 통한 벼의 작물화에 대한 고찰」, 『한국고고학보』 61.

이경아, 2007, 「植物遺體」, 『울산세죽유적』 I, 동국대학교 매장문화재연구소.

이경아, 2008, 「비봉리유적 출토 식물유체 약보고」, 『비봉리』, 국립김해박물관.

이경아, 2014, 「한반도 신석기시대 식물자원 운용과 두류의 작물화 검토」, 『중앙고고연구』 15.

이경아 · 윤호필 · 고민정, 2012, 「선사시대 팥의 이용 및 작물화에 대한 고고학적 검토」, 『한국상고사학보』 75.

이기길, 1991, 「우리나라 신석기시대 주민들의 생계유형」, 『博物館紀要』 7, 단국대학교 중앙박물관.

이기길, 1994, 「전남 여천군에서 새로이 찾은 신석기시대유적」, 『호남고고학보』 1.

이기길, 1996, 「전남의 신석기문화 −연구현황과 전망」, 『선사과 고대』 7.

이기길, 2001, 「진안 진그늘 선사유적 조사개요」, 제25회 한국고고학전국대회.

李德鳳, 1974, 『韓國動植物圖鑑』 제15권 식물편(유용식물), 문교부.

이동주, 1991, 「한국 남부내륙지역의 신석기시대 유문토기연구」, 『한국상고사학보』 7.

이동주, 1996, 『韓國先史時代南海岸有文土器硏究』, 동아대학교 박사학위논문.

이동주, 1998, 「우리나라 초기 신석기문화의 원류와 성격」, 『전환기의 고고학』 I, 학연문화사.

이동주, 1999, 「빗살문토기 문화의 성격 −발생과 확산과정을 중심으로−」, 『선사와 고대』 13.

이동주, 2000, 「南江流域의 新石器文化와 日本列島」, 『진주남강유적과 고대일본』, 경상남도 · 인제대학교 가야문화연구소.

이동주, 2001, 「중동부 해안지역 빗살문토기문화의 성격」, 『한국신석기연구』 창간호.

이동주, 2003, 「南江流域의 新石器文化와 日本列島」, 『진주 남강유적과 고대일본』, 인제대학교 가야문화연소편.

이동주, 2003, 「빗살문토기 단계의 석기내용과 특징」, 『한국신석기연구』 6.

이동주, 2012, 「동아대박물관 소장 영선동패총 출토 유물의 검토」, 『문물연구』 22.

이동주, 2013, 「울산 세죽유적 일대에서 확인되는 해수면 상승흔적과 그 성격에 대하여」, 『한국신석기연구』 26.

李民錫, 2002, 「남원 대곡리 신석기시대 유적과 유물」, 『한국신석기연구』 4.

李民錫, 2003, 『韓國 上古時代의 爐施設 연구−호남지역을 중심으로』, 전북대학교 석사학위논문.

이상규, 2013, 「신석기시대 골제자돌구의 제작과 용도」, 『영남고고학』 65.

이상규, 2014, 「신석기시대 한반도 해안지역 작살에 관한 검토」, 『한국신석기연구』 27.

이상균, 1996, 「융기문(신암리식)토기의 제문제」, 『호남고고학보』 3.

이상균, 1998, 「호남지역 신석기문화의 양상과 대외교류」, 『호남고고학보』 7.

이상균, 2012, 「여수 안도패총 출토유물의 대외교류 양상」, 『전북사학』 41.

이상균, 2000, 「한반도 신석기인의 묘제와 사후세계관」, 『고문화』 56.

李鮮馥, 1991, 「民族單血性 起源論의 檢討」, 『北韓의 古代史硏究』, 일조각.

이성우, 1992, 『동아시아 속의 고대한국식생활사연구』, 향문사.

李盛周, 1996, 「帝國主義時代 考古學과 그 殘迹」, 『고문화』 47.

李盛周, 2006, 「한국 청동기시대 '사회' 고고학의 문제」, 『고문화』 68.

이승윤, 2008, 「장년리유적의 시간적인 위치에 대한 재고」, 『고문화』 72.

이승윤, 2008, 「전남지역의 신석기문화에 대하여 −해안 및 도서지역을 중심으로」, 『박물관 연보』 17, 목포대학교박물관.

이승윤, 2008, 『신석기시대 봉계리식토기에 대한 연구』, 목포대학교 석사학위논문.

李安軍 編, 2009, 『田螺山遺址-河姆渡文化新視窗』, 杭州: 西泠印出版社.

이영덕, 1999, 「노래섬 가지구 패총 출토 즐문토기」, 『선사와 고대』 13.

이영덕, 2001, 『군산 노래섬 유적의 신석기시대 토기 연구』, 단국대학교 석사학위논문.

이영덕, 2002, 「鎭安 갈머리(葛頭)遺蹟 發掘調査 槪報」, 『韓國 新石器時代의 環境과 生業』, 동국대학교 매장문화재연구소 편.

이영덕, 2004, 「전남 남해안과 제주도 신석기토기의 접촉과 전개양상」, 『한국신석기연구』 8.

이영덕, 2006, 「新石器時代 潛水작살의 可能性」, 『한국신석기연구』 11.

이영덕, 2011, 「생업유형」, 『한국 신석기문화 개론』, 중앙문화재연구원 편, 서경문화사.

이영덕, 2011, 「한반도 남해 서부지역의 신석기시대 패총 검토」, 『호남문화재연구』 11.

이영덕, 2013, 「중서부 해안지역의 어로 양상과 동인」, 『한국신석기연구』 25.

이영덕, 2015, 「신석기시대 연구사 -도구와 생업을 중심으로-」, 『한국의 고고학사 I』, 한국상고사학회 제43회 학술대회.

이영문, 1988, 「보성 죽산리 유적의 성격」, 『博物館紀要』 4, 단국대학교 중앙박물관.

이융조·신숙정, 1988, 「중원 지방의 빗살무늬토기 고찰」, 『손보기박사정년기념고고인류학논총』, 지식산업사.

이은·김건수, 2015, 「호남지방 신석기시대 생업활동에 대한 연구 -패총 출토 유물을 중심으로-」, 『호남고고학보』 49.

이종훈, 2002, 「小延坪島 新石器貝塚 發掘調査」, 『한국신석기연구』 3.

이준정, 2001, 「수렵·채집경제에서 농경으로의 轉移 과정에 대한 이론적 고찰」, 『영남고고학보』 28.

이준정, 2002, 「가도 패총 신석기·청동기시대 생계양식의 변화상」, 『한국신석기연구』 3.

이준정, 2002, 「남해안 신석기시대 생계 전략의 변화 양상」, 『한국고고학보』 48.

이준정, 2002, 「패총 유적의 기능에 대한 고찰」, 『한국고고학보』 46.

이준정, 2005, 「한반도 신석기시대의 생계 양상에 대하여」, 『선사·고대의 요리』, 복천박물관.

이준정, 2011, 「식물섭취량 변화를 통해 본 농경의 전개과정」, 『한국상고사학보』 73.

李昌福, 1964, 『야생 식용식물도감』, 임업시험장.

李昌福, 1979, 『大韓植物圖鑑』, 鄕文社.

이충민, 2013, 「우리나라 신석기시대 동굴·바위그늘유적의 성격 -대형 포유동물화석을 중심으로-」, 『한강고고』 9.

이헌종, 1998, 「우리나라 후기구석기 최말기와 신석기시대로의 이행기의 문화적 성격」, 『전환기의 고고학』 I, 학연문화사.

이헌종, 2000, 「호남지역 신석기시대 타제석기 제작기법 제양상」, 『선사와 고대』 15.

李賢惠, 1995, 「한국농업기술발전의 제시기」, 『韓國史時代區分論』, 한림과학원, 소화.

李賢惠, 1998, 『韓國 古代의 생산과 교역』, 一潮閣.

이형원, 2012, 「중부지역 신석기~청동기시대 취락의 공간 구조와 그 의미」, 『고고학』 11-2.

이혜원, 2015, 「한반도 중서부지역 신석기시대 중·후기 토기의 변화양상」, 『한국신석기연구』 29.

이희진, 2014, 「지질고고학적 연구에 기초한 농경 초현기 경작 방식의 검토 -중국과 근동 및 중·북부유럽을 중심으로-」, 『한국신석기연구』 28.

임상택, 1999, 「湖西 新石器文化의 時空的 位置」, 『호서고고학』 1.

임상택, 1999, 「韓半島 中部地域 新石器時代 中期土器의 樣相」, 『선사와 고대』 13.

임상택, 1999, 「서해중부지역 빗살무늬토기 편년 연구」, 『한국고고학보』 40.

임상택, 2001, 「빗살무늬토기문화의 地域的 展開 −중서부지역과 영동지역을 대상으로」, 『한국신석기연구』 1.

임상택, 2001, 「중서부 신석기시대 석기에 대한 초보적 검토」, 『한국신석기연구』 1.

임상택, 2008, 『한반도 중서부지역 빗살무늬토기문화 변동과정 연구』, 일지사.

임상택, 2012, 「동·남해안 지역의 신석기시대 조기 토기 양식 −죽변 유적을 중심으로−」, 『한국신석기연구』 24.

임상택, 2012, 「신석기시대 중서부지역 상대편년의 종합과 병행관계」, 『한국 신석기문화의 양상과 전개』, 중앙문화재연구원 편, 서경문화사.

임상택, 2014, 「중국 동북 지역과 한반도 중서부 지역 신석기시대 토기 문화의 비교」, 『백산학보』 100.

임상택, 2015, 「남부 내륙 지역 신석기시대 전기 토기 검토 −영선동 양식 내륙 유형의 설정과 의미−」, 『한국신석기연구』 29.

임상택. 1999, 「호서신석기문화의 시공적 위치」, 『호서고고학』 1.

임승경, 2012, 「한반도 출토 결상이식 소고」, 『문화재』 45(4).

林沄, 2009, 「中國北方青銅器研究的回顧與展望」, 제19회 호서고고학회학술대회 발표요지.

임웅규 외, 1996, 『자원식물학』, 書一.

임주훈 편, 1995, 『참나무와 우리 문화』, 숲과 문화 연구회.

林泰治, 1944, 『救荒植物と其の食用法 −一名野生食用植物』, 東京書籍.

任鶴鐘, 1993, 『南海岸 新石器時代 初期의 土器文化에 對한 一考察』, 경북대학교 석사학위논문.

任鶴鐘, 2003, 「남해안신석기시대의 매장유구」, 『선사와 고대』 18.

임학종, 2015, 「소형토제품의 제작과 소성 실험」, 『우행 이상길 교수 추모논문집』, 진인진.

임효재, 1983, 「토기의 시대적 변천과정」, 『한국사론』 12, 국사편찬위원회.

임효재·박순발, 1988, 『烏耳島貝塚』, 서울대학교 박물관.

林孝澤·趙顯福, 2002, 『上村里遺蹟』, 東義大博物館.

張雪蓮, 2006, 「碳十三古和十五分析與古代人類食物結構研究及其新進展」, 『考古』 2006−2期.

張雪蓮·王金霞·洗自强·仇士華, 2003, 「古人類食物結構研究」, 『考古』 2003−2期.

장은혜, 2014, 「남부지역 신석기시대 조·전기토기 전환과정 연구」, 『한국신석기연구』 28.

赤澤威·南川雅男, 1989, 「炭素·窒素同位 に基づく古代人の食生活の復元」, 『新しい研究法は考古學になにをもたらしたか』, 第3回 大學과 科學 公開 Symposium.

전경수, 2001, 「선사문화의 변동과 소금의 민속고고학」, 『한국학보』 72.

전북대학교·목포대학교박물관, 2002, 『비응도 가도 오식도패총』.

全北大博物館, 2001, 『鎭安 龍潭댐 水沒地區內 文化遺蹟發掘調査報告書Ⅱ』(雲岩遺蹟/윤덕향·이상균, 勝金遺蹟/윤덕향 외, 顏子洞遺蹟/김승옥 외).

전북문화재연구원, 2007, 『전주 효자5유적』.

田中總一, 2001, 『한국 중·남부지방 신석기시대 토기문화 연구』, 동아대학교 박사학위논문.

田中聰一, 2013, 「韓半島中東部地域鰲山里式土器に關するいくつかの問題」, 『동아시아의 문물』 2(중헌 심봉근선생 고희기념논선집간행위원회).

浙江省文物考古研究所, 2003, 『河姆渡』, 文物出版社.

浙江省文物考古研究所·蕭山博物館, 2004, 『跨湖橋』, 文物出版社.

浙江省文物管理委員會·浙江省博物館, 1978, 「河姆渡遺址第1期發掘報告」, 『考古學報』 1978−1期.

浙江省博物館自然組, 1978, 「河姆渡遺址動植物遺存的鑑定研究」, 『考古學報』 1978−1期.

정봉찬, 1997, 「올레니1유적과 서포항유적의 호상관계에 대하여」, 『조선고고연구』 97-2.

정우진, 2010, 『신길동유적 즐문토기 문양 연구』, 원광대학교 석사학위논문

정우진, 2013, 「중서부지역 단사선문양에 대한 연구」, 『마한·백제문화』 22.

정철환·오강호, 2010, 「화분분석을 통한 제주도 한남리지역의 홀로세 고식생 및 고기후 연구」, 『한국고생물학회지』 26(2).

조대연, 2013, 「신석기시대 중서부지역 활석혼입토기에 관한 일 고찰 -시공간적 전개과정에 대한 분석을 중심으로-」, 『호남고고학보』 43.

조대연, 2014, 「신석기시대 제주도 토기의 남해안지역 유통 양상에 대한 연구 -자연과학 분석을 중심으로-」, 『한국상고사학보』 83.

조미순·박윤정·좌용주, 2013, 「고성 문암리유적 출토 석기의 원산지 추정」, 『한국신석기연구』 26.

조미순·조은하·신이슬·서민석·小畑弘己·이경아, 2014, 「토기 압흔법을 활용한 중부 동해안지역 신석기시대 식물자원 이용 연구 -고성 문암리유적, 양양 오산리·송전리유적을 중심으로-」, 『한국신석기연구』 28.

조선기술발전사편찬위원회, 1997, 『조선기술발전사(원시·고대편)』, 과학백과사전출판사.

조선대학교박물관(이기길·윤정국), 2005, 『진안 진그늘 선사유적』.

조은하, 2014, 「강원 영동지역 신석기시대 농경수용과 생계양상의 변화」, 『호서고고학』 31.

조태섭, 2014, 「우리나라 중부 내륙지방 신석기시대 동물상과 자연환경」, 『백산학보』 100.

조현복, 1995, 「영남 내륙지방의 즐문토기에 대한 일 고찰」, 『고문화』 46.

조현종·신상효·은화수, 1994, 「여천군도서 지표조사 보고」, 『돌산 구세지유적』, 국립광주박물관.

曹華龍, 1987, 『한국의 충적평야』, 敎學硏究社.

佐木高明, 1991, 『日本の歷史①-日本史誕生』, 集英社.

中川毅人, 2001, 「微小貝からみた海洋植物利用」, 『新石器時代의 貝塚과 動物遺體』, 제4회 韓日 新石器文化 學術세미나 發表論文集, 釜山廣域市立博物館·韓國新石器研究會.

진미은·문성우·류춘길·좌용주, 2014, 「백두산 흑요석과 가덕도 흑요석제 석기에 포함된 미세 결정에 대한 광물학적 연구」, 『한국광물학회지』 27(2).

최경용·문수균, 2013, 「신석기시대 찔개살 제작 및 사용 실험 연구」, 『중앙고고연구』 13.

최기룡, 2002, 「한반도 후빙기의 식생 및 기후 변천사」, 『한국 신석기시대의 환경과 생업』, 동국대학교 매장문화재연구소편, 애드웨이.

최몽룡, 1997, 「북한의 단군릉 발굴과 문제점」, 『도시·문명·국가』, 서울대학교 출판부.

崔楨苾, 1989, 「농경의 기원에 관한 제문제」, 『한국상고사-연구현황과 과제』(한국상고사학회 편), 민음사.

최종혁, 2000, 「新石器時代 南海岸地域 土器編年에 대한 檢討 -中期를 中心으로」, 『考古歷史學志』 16.

최종혁, 2002, 「韓半島新石器文化의 動態」, 『韓半島考古學論叢』(西谷正 編).

최종혁, 2006, 「신석기시대 어로민의 생계유형」, 『신석기시대의 어로문화』, 동삼동패총전시관.

최종혁, 2009, 「동삼동패총인의 생업」, 『한국신석기연구』 18.

최종혁, 2013, 「신석기시대 남부내륙지역 취락 연구」, 『남강유역 선사·고대 문화의 보고 평거동유적』, 경남발전연구원 역사문화센터 학술대회.

추연식, 1993, 「패총의 형성과정」, 『한국고고학보』 29.

추연식, 1994, 「고경제학파와 상용자원잠재력 평가분석」, 『선사문화』.

추연식, 1997, 「고경제학파의 이론적 시각 및 연구방법」, 『고고학 이론과 방법론』, 학연문화사.

충남대박물관(李康承 · 朴淳發), 1995, 「신석기 · 청동기시대유적조사」, 『屯山』.

충남대학교박물관(박순발 · 이준정 · 임상택), 2001, 『가도패총』.

충청문화재연구원, 2006, 『군산 내흥동유적』.

콜린 렌프류 · 폴 반, 2006, 『현대 고고학의 이해』, 사회평론.

쿠로주미 타이지 · 가네코 히로마사, 2007, 「貝類遺體」, 『울산세죽유적』Ⅰ, 동국대 매장문화재연구소.

하인수, 2001, 「동삼동패총 1호주거지 출토 식물유체」, 『한국신석기연구』2.

하인수, 2001, 「新石器時代 對外交流 硏究」, 『博物館硏究論集』8, 부산박물관.

하인수, 2002, 「범방패총 발굴개요」, 『한국신석기연구』3.

하인수, 2002, 「한국 융기문토기의 성립과 전개」, 『한국 신석기시대의 환경과 생업』, 동국대학교 매장문화재 연구소.

하인수, 2003, 「영선동식토기와 암사동식토기」, 한국신석기연구회 정기발표회(2003.1) 유인물.

하인수, 2004, 「동삼동패총문화」, 『영남고고학 20년 발자취 (영남고고학회 제13회 정기학술발표회)』.

하인수, 2006, 『嶺南海岸地域의 新石器文化硏究 −編年과 生業을 중심으로−』, 부산대학교 박사학위논문.

하인수, 2006, 「한반도 남부지역 즐문토기 연구」, 민족문화.

하인수, 2012, 「반구대 암각화의 조성시기론 −동삼동패총 자료를 중심으로−」, 『한국신석기연구』23.

하인수, 2013, 「남부지역 즐문토기의 양식과 형식 문제」, 『한국신석기연구』25.

하인수, 2015, 「문암리유적의 즐문토기 분류와 편년 검토」, 『한국고고학보』95.

하인수 · 小畑弘己 · 眞邊彩, 2011, 「동삼동패총 즐문토기 압흔분석과 곡물」, 『신석기시대 패총문화』, 한국신석기학회 · 복천박물관.

하인수 · 이해련 · 이현주, 1993, 『범방패총』Ⅰ, 부산직할시립박물관.

韓炳三, 1979, 「樹目文土器」, 『世界陶磁全集』17, 小學館.

한서대학교박물관(안덕임), 2001, 『대죽리 유적』.

한양대학교박물관(김병모 · 소상영), 1995, 『安眠島古南里貝塚 −5 · 6次發掘調査報告書』.

한양대학교박물관, 1999, 『永宗島 文化遺蹟』.

한영희, 1978, 「한반도 중 · 서부지방의 신석기문화」, 『한국고고학보』5.

한영희, 1983, 「지역적 비교」, 『한국사론』12, 국사편찬위원회.

한영희, 1994, 「신석기시대 사회와 문화」, 『한국사Ⅰ −원시사회에서 고대사회로(1)−』, 한길사.

한영희, 1995, 「大貫靜夫氏의 質疑에 대한 答辯」, The Second Pacific Basin International Conference on Korean Studies-Archaeology Seminar, 東北亞細亞考古學硏究會.

한영희, 1996, 「신석기시대 중서부지방 토기문화의 재인식」, 『韓國의 農耕文化』5.

한영희, 1998, 「호남지역의 신석기문화」, 『호남고고학보』7.

한창균, 1999, 「최근 북한의 청동기시대 연구 동향」, 『한국상고사학보』30.

한창균 · 김근완 · 구자진, 2003, 『옥천 대천리 신석기유적』, 한남대학교 중앙박물관.

한창균 · 김근완 · 구자진, 2014, 「대천리 신석기유적 탄화곡물의 연대와 그 의미」, 『한국신석기연구』28.

韓昌均 外, 2002, 「沃川 大川里遺蹟의 新石器時代 집자리 發掘成果」, 『한국신석기연구』3.

호남고고학회, 1998, 『호남지역의 신석기문화』제6회 호남고고학회 학술대회발표.

호남문화재연구원(안승모 · 이영덕 · 김대성), 2002, 『갈머리유적』.

호남문화재연구원, 2000.10, 진안 갈머리 신석기시대유적−한국신석기연구회 현장설명회 자료.

호남문화재연구원, 2002, 「망덕유적」, 『진안 용담댐 수몰지구내 문화유적발굴조사보고서ⅩⅣ』.

湖南省文物考古研究所 編, 2006, 『彭頭山與八十壋』, 北京: 科學出版社.

홍은경, 2005, 「신석기시대 야외노지에 대하여」, 서울대학교 석사학위논문.

황상일, 2008, 「창녕군 비봉리 신석기시대 유적지 지형 및 규조분석」, 『비봉리』, 국립김해박물관.

황상일, 1998, 「일산 충적평야의 홀로세 퇴적 환경변화와 해면변동」, 『대한지리학회지』 33-2.

황상일·김정윤·윤순옥, 2013, 「창녕 비봉리 지역의 Holocene 중기 해수면변동」, 『대한지리학회지』 48(6).

황상일·윤순옥, 2002, 「울산시 황성동 세죽 해안의 Holocene 중기 환경변화와 인간생활」, 『한국고고학보』 48.

황철주, 2012, 「한반도 동·남해안지역 융기문토기 편년에 대한 검토」, 『한국신석기연구』 24.

Ahn, Sung-Mo. 2004. The Beginning of agriculture and sedentary life and their relation to social changes in Korea. 文化の多樣性と21世紀の考古學(考古學研究會, Okayama).

Ahn, Sung-Mo, Kim, J., Hwang, J. 2015. Sedentism, settlements and radiocarbon dates of Neolithic Korea. Asian Perspective 54(1):111-143.

Ahn, Sung-Mo and Hwang, Jae Hoon. 2015. Temporal fluctuation of human occupation during the 7th-3rd millennium cal BP in the central-western Korean Peninsula. Quaternary International 384: 28-36.

Aktinson, J. A. et al., 1996, Nationalism and Archaeology, Cruithne Press.

Bae, Kidong, Bae, C.J., Kim, J.C. 2013. Reconstructing human subsistence strategies during the Korean Neolithic: contributions from zooarchaeology, geosciences, and radiocarbon dating. Radiocarbon 55: 1350-1357.

Bale, M.T. 2001. The archaeology of early agriculture in Korea: an update on recent developments. Bulletin of the Indo - Pacific Prehistory Association 21(5).

Barnes, G.L. 1993, The Rise of Civilization in East Asia. Thames and Hudson.

Bender, B. 1978. Gatherer-hunter to farmer: a social perspective. World Archaeology 10(2).

Bogaard, A. 2004. Neolithic Farming in Central Europe. Routledge, London.

Chang, Kwang-chih. 1986. The Archaeology of Ancient China. Yale University Press.

Charles M., Jones G., Hodgson J. G. 1997. FIBS in Archaeobotany: Functional Interpretation of weed floras in relation to husbandry practices. Journal of Archaeological Science 24(12).

Choe, Chong Pil, 1990. Origins of agriculture in Korea. Korea Journal 30-11: 4-14.

Choe. Chong Pil and M.T. Bale. 2002. Current perspectives on settlement, subsistence. and cultivation in prehistoric Korea. Artic Anthropology 39(1-2): 95-121.

Choy, Kyungcheol, An, D., Richards, M.P. 2012. Stable isotopic analysis of human and faunal remains from the Incipient Chulmun (Neolithic) shell midden site of Ando Island, Korea. Journal of Archaeological Science 39(7): 2091-2097.

Crawford, G.W. and Gyoung-Ah Lee. 2003. Agricultural origins in the Korean peninsula. Antiquity 77(295).

Flannery, K. 1969. Origins and ecological effects of early domestication in Iran and the Near East, in The Domestication and Exploitation of Plants and Animals, Peter J. Ucko and G.W. Dimbleby eds., pp.73-100. Chicago: Aldine.

Fuller, D. Q., E. Harvey, and L. Qin. 2007. Presumed domestication? Evidence for wild rice cultivation and domestication in the fifth millennium BC of the Lower Yangtze region. Antiquity 81: 316-331.

Fuller, D. Q., L. Qin and E. Harvey, 2008, An evolutionary model for Chinese domestication: reassessing the data of the Lower Yangtze region,『선사농경연구의 새로운 동향』, 안승모·이준정 편, 사회평론.

Fuller, D. Q. and L. Qin. 2008. Immature rice and its archaeobotanical recognition: a reply to Pan. Antiquity 82(316), on-line.

Fuller, D. Q. and L. Qin. 2010. Declining oaks, increasing artistry, and cultivating rice: the environmental and social context of the emergence of farming in the Lower Yangtze Region. Environmental Archaeology 15(2): 139-159.

Fuller D. Q. et al., 2009, The domestication process and domestication rate in rice: spikelet bases from the lower Yangtze, Science 323(1607).

Gregg, S.A. 1988. Foragers and Farmers. The University of Chicago Press.

Habu, J. 2004. Ancient Jomon of Japan. Cambridge: Cambridge University Press.

Harris, D.R. 1989. An evolutionary continuum of people-plant interaction. in Foraging and Farming (D.R. Harris & G.G. Hillman eds. Unwin and Hyman, London).

Hu, Y., Ambrose, S.H. and C. Wang. 2006. Stable isotopic analysis of human bones from Jiahu site, Henan, China. Journal of Archaeological Science 33: 1319-1330.

Jiang, J. & L. Liu. 2006. New evidence for the origins of sedentism and rice domestication in the Lower Yangzi region in China. Antiquity 80: 355-61.

Kim, Jangsuk. 2014. From labour control to surplus appropriation: Landscape changes in the Neolithization of southwestern Korea. Journal of World Prehistory 27: 263-275.

Kim, Minkoo, 2008, Multivocality, multifaceted voices, and Korean, In Evalutating Multiple Narratives -Beyond Nationalist, Colonialist, Imperialist Archaeologies, edited by J. Habu, C. Fawcett & J. M. Matsunaga. Springer.

Kim, Minkoo etc. 2014. Population and social aggregation in the Neolithic Chulmun villages of Korea. Journal of Anthropological Archaeology 40: 160-182.

Lee, Gyoung-Ah. 2013. Archaeological perspectives on the origin of azuki (Vigna angularis). The Holocene 23(3): 453-459.

Lee, June-Jeong. 2001. From shellfish Gathering to Agriculture in Prehistoric Korea: The Chulmun to Mumun Transition. Ph.D. Thesis, University of Wisconsin.

Lee. R. 1968. Man the Hunter. Aldine.

Li Liu, Lisa Kealhofer, Xingcan Chen, Ping Ji. 2014. A broad-spectrum subsistence economy in Neolithic Inner Mongolia, China: evidence from grinding stones. The Holocene 24(6): 726-742

Liu, L., G.-A. Lee, L. Jiang & J. Zhang. 2007. The earliest rice domestication in China. Antiquity 81:

http://www.antiquity.ac.uk/ProjGall/liu1/index.html.

Lu, Houyang et al., 2009, Earliest domestication of common millet in East Asia extended to 10,000 years ago, PNAS 106(18): 7367-7372.

MaCorriston, Joy. 1994. Acorn eating and agricultural origins. Antiquity 68.

Nakamura, S.I. 2010. The origin of rice cultivation in the lower Yangtze region. Archaeological and Anthropological Sciences 2(2): 107-113.

Nelson, S., 1975, Han River Chulmuntogi, Western Washington State College.

Nelson, S., 1975, The Subsistence Base of Middle Han Sites of the Chulmun Period, Asian Perspectives 18-1.

Nelson, S., 2001, Western approaches to the Neolithic and their appication to Amsadong, 『한국선사고 고학보』 8.

Nelson, S. M. 2000, The Questions of agricultural impact on sociopolitical development in prehistoric Korea. 한국 고대 도작문화의 기원(임효재 편, 학연문화사).

Pai, Hyung Il., 2000, Constructing "Korean"Origins-A critical review of archaeology, historiography, and racial myth in Korean state-formation theories-, Harvard University Asia Center.

Pan, Yan. 2008. Immature wild rice harvesting at Kuahuqiao, China? Antiquity 82(316).

Rafferty, J.E. 1985. The archaeological record on sedentariness. In Advances in Archaeological Method and Theory(ed. M.B. Schiffer) 8.

Rillardon, M. and J-P Brugal. 2014. What about the broad spectrum revolution? Subsistence strategy of hunter-gatherers in Southeast France between 20 and 8 ka BP. Quaternary International 337: 129-153.

Rindos, D. 1984. The Origins of Agriculture: an Evolutionary Perspective. Academic Press.

Rosch, M. et al. 2002. An experimental approach to the Neolithic shifting cultivation. Vegetation History and Archaeobotany 11(1): 143-154.

Rowley-Conwy, P. 1981. Slash and burn in the temperate European Neolithic. In Farming Practice in British Prehistory(ed. R. Mercer).

Sample, L.L. 1974. Tongsamdong: a contribution to Korean Neolithic culture history. Artic Anthropology XI(2): 1-110.

Shin, Sook-Chung, Rhee, S.-N., Aikens, C.M. 2012. Chulmun Neolithic intensification, complexity, and emerging agriculture in Korea. Asian Perspective 51(1): 68-109.

Smith, B.D. 2001. Low-level food production. Journal of Archaeological Research 9(1).

Stiner, M. 2001. Thirty years on the 'broad spectrum revolution' and paleolithic demography. PNAS 98(13): 6993-6996.

Trigger, B., 1984, Alternative archaeologies: nationalist, colonialist, imperialist, Man 19.

Weiss, E. et al. 2004. The broad spectrum revisited: evidence from plant remains. PNAS 101(26): 9551-9555.

Zhao, Z. 2010. The origin of rice cultivation in the Lower Yangtze region, China. Journal of Archaeological and Anthropological Sciences 2(2): 99-105.

Zolitschka, B. & Negendank J. F. W. 2002. Late Glacial and Holocene paleoenvironmental changes and the origin of agriculture in central Europe, in The origins of pottery and agriculture (Yoshinori Yasuda ed. International Research Center for Japanese Studies. Lustre Press & Roli Books, New Delhi).

한국
신석기시대
연구

부록

• 제주도(1990년대 말)

• 익산 모현동유적(2009년)

1. 학교

• 강원지역 답사(2012년)

• 춘천중도(2012년)

• 공주 마곡사(2012년)

• 충남지역 답사(2015년)

• 학과 실습장 오픈식(2015년)

• 실습장 수업 중(2016년)

• 교내 특별학술상(2015년)

2. 마한·백제문화연구소

• 마한·백제문화연구소 이전 현판식(2006년)

• 익산 오룡리유적(2010년)

• 마한 · 백제문화연구소 학술회의(2011년 고궁박물관)

• 익산 연동리유적(2011년)

• 익산 신용리 갓점유적(2012년)

• 함열 와리정동유적(2012년)

• 마한 · 백제문화연구소 창립 40주년 특별전(2013년 교내박물관)

• 마한 · 백제문화연구소 식구들과(2016년 중국 산동성)

3 . 호남고고학회

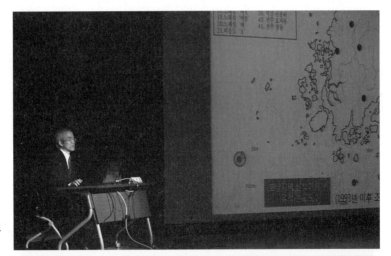

• 호남고고학회 20년 주제발표
　(2013년 국립광주박물관)

• 호남고고학회 20년 주제발표
　(2013년 국립광주박물관)

• 2014년 원광대학교

• 호남고고학회 개회사(2014년 원광대학교)

• 호남고고학회 답사(2016년 중국 산동성)

• 최완규교수와 (2016년 중국 산동성)

4. 기타

• 익산 영등동(1995년)

• 완주 용흥리유적 자문회의(2006년 12월 20일)

• 익산 기산리유적(2010년 5월)

• 전주 원장동유적(2011년 9월)

• 김제 벽골제(2014년)

• 장흥 탐진댐(갈두)

퇴임식(2016년 11월)

부록2. 인연

- 나의 영원한 동지, 안산

최완규

내가 안승모 선생님을 불러야 할 때 즐겨 쓰는 호칭이 있다. '안산'이다.

원불교의 높으신 성직자들은 법호가 모두 '산'자 돌림인데, 나는 안승모 선생님을 '안산'이라 부른다. 다정함을 곁들인 애칭이기도 하지만, 나름 속내는 고고학계에 우뚝 선 학자 안승모선생님에 대한 나 나름의 존경의 표시이기도 하다.

안 선생님과의 본격적인 인연은 20년 전으로 거슬러 올라간다.

진짜로 공부 열심히 하는 고고학자 안승모의 명성은 이미 오래전부터 듣고, 알고 있었지만, 아침저녁으로 얼굴 맞대며 구수회의를 마다하지 않기 시작한 것은, 선생님께서 원광대학교 고고미술사학과 교수로 부임하신 1998년부터이다.

그보다 5년 전인 1993년에 이 학과에 자리잡았던 나는 나름 그의 선배교수이기도 하다.

대학의 꽃을 '공부'라는 한단어로 축약할 수 있다면, 여기에 가장 잘 어울리는 사람으로 나는 주저없이 안승모 교수를 꼽는다. 예나 지금이나.

하여 안승모 교수가 고고미술사학과로 오게 된 일은, 당신의 명성으로 봐서는 아쉬운 면이 없지 않았겠지만, 우리 학과와 거기에 몸 담고 있던 내가 얻을 수 있었던 가장 큰 행운이었다고 생각한다.

어울리지 않게 유머러스하고, 너무나도 어울리게 냉철했던 학자 안승모, 공부하는 당신에게는 끊임없이 담금질을 멈추지 않았으며, 가르치던 제자들에게는 서슬퍼런 엄부(嚴父)가 되었다가, 유머 넘치는 자모(慈母)가 되었던 우리시대의 사부(師父)였다.

안교수와 나는 여러 면에서 다른 점이 많은 편이다. 그럼에도 우리는 서로 통하는 구석이 참 많았다. 그러기에 학과에서 함께하는 동안 우리는 자칭 환상의 파트너였다.

어려움이 있었을 때는 누구보다도 앞장서 주었고, 기쁜 일이 있을 때는 어떤 이보다도 흐뭇해 하였던 나의 짝꿍이었다.

20년 세월을 함께 하면서, 안 선생님과는 신기하리만치 생각이 통하는 때가 많았다. 서로 의견을 나눈 적도 없는데 같은 결론에 도달하는 것이다.

특히 마한백제문화연구소장을 맡으셨을 때에는, 바깥에 있는 나와 안에 있는 안교수가 어떻게 이리도 생각이 같을까 할 정도로 깜짝깜짝 놀랄 때가 한 두번이 아니었다.

그런데 어느새 세월이 흘러 안교수님의 퇴임 회고담을 쓰게 되었다.

사실 안승모 선생님을 생각하면 아무 것도 생각나지 않는다. 그저 '안승모다' 이것뿐.

그 단어 한마디에 그의 모든 것이 함축되어 있다. 그리고 많은 사람들이 거기에 공감할 것이다.

지금까지 그랬던 것처럼 학교라는 울타리를 나왔더라도 우린 생각을 공유하고 행동을 공유하는 영원한 짝꿍이다.

아니 정확하게 말하면, 내가 그의 혜안(慧眼)을 방향타 삼아 한발한발 앞으로 가고 있는지도 모르겠다. 언제까지나 그러기를 희망한다.

안승모는 안승모다.

● 전설을 떠나보내며…

김정희 원광대학교 고고미술사학과

며칠 전 학생들과 전라남도로 고적답사를 다녀왔습니다. 언제 가도 좋은 곳이지만 막 단풍이 들기 시작한 가을 산사와 유적지, 고즈넉한 바닷가는 그야말로 최고의 힐링이었습니다. 그런데 답사 내내 왠지 허전하고 뭔가 미완성된 듯한 느낌을 지울 수가 없었습니다. 항상 함께 하던 안승모교수님의 부재였습니다. 오랜 기간 동안 전국을 함께 누비며 답사를 다녔던 안교수님이 함께 하지 않았다는 사실이 아직은 실감나지 않습니다. 돌이켜 생각해보면, 참으로 긴 시간이었습니다. 18년하고도 6개월을 함께 했으니 말입니다. 처음 안교수님을 만났을 때로 돌아가면 거의 30년에 가까운 시간이 흘렀습니다.

정말 좋은 동료, 존경스런 학자와 함께 한 저는 참 행복한 사람이었던 것 같습니다. 언제나 모범답안같은 모습에 조금은 답답할 때도 있었지만, 안교수님은 늘 학생을 사랑하고 학생 편에 서서 생각하시는 진정한 스승이셨습니다. 어려운 학생을 도와주시기 위해, 또 그 학생들이 비굴한 마음을 갖지 않도록 하기 위해 연구실 청소를 시키며 장학금을 주기도 하셨고, 때론 목돈을 들여 해외답사의 기회도 만들어 주셨습니다. 때론 엄한 아버지처럼, 때론 자상한 엄마처럼 학생들을 참으로 사랑하셨습니다.

무엇보다 안승모교수님의 참모습은 진정한 학자이셨다는 점입니다. 6권의 단행본 및 2권의 역서, 90여 편의 학술논문을 발표하신 것을 보면 그가 얼마나 욕심 많은 연구자이며, 능력있는 연구자인가를 알 수 있습니다. 재직 동안에는 원광대학교의 교육업적상(2009년)과 특별학술상(2015년)을 수상하셨고, 한국고고학회 제1회 올해의 논문상(2012년 「종자와 탄소연대」)을 수상하셨으며, 국내외에서 많은 논문들을 발표하셨습니다. 안경 너머 반짝이는 눈빛과 작은 체구에서 뿜어져 나오는 카리스마와 열정은 진정한 연구자의 모습을 보는 듯 했습니다. 또 불의를 보면 핏대를 내고 참지 못하는 모습에서 진정한 지식인의 모습을 보는 듯 했습니다.

아무런 준비없이 안교수님을 떠나보내고 나서 늘 마음 한 구석이 무거웠습니다. 이번에 제자들이 안교수님의 연구업적을 모아 책을 낸다는 얘기를 듣고 내심 부끄러우면서도 기뻤습니다. 허례허식을 싫어하셨던 안교수님에게 드리는 가장 소중하고 아름다운 선물이 아닌가 싶습니다.

안교수님은 전설이셨습니다. 아무리 소중한 것이라도 손닿는 곳에 있으면 소중함을 모르듯이, 떠나시고 나니 안교수님의 빈 자리가 더욱 크게 느껴집니다. 책으로 둘러싸인 연구실에서 컴퓨터에 앉아 자판을 두드리던 모습을, 어린아이처럼 수줍게 웃으시던 모습을 이제는 볼 수 없지만, 언제나 우리 마음속의 영원한 전설로 남아 있으시기를 바랍니다.

안승모 선생님과의 인연

김규정 전북문화재연구원장

안승모 선생님과 인연은 1993년 본인이 군 제대를 하고 선생님께서 전주박물관 학예연구실장으로 계실 때 처음 뵈었던 것으로 기억한다. 그때만 하더라도 전라북도에 고고학을 하는 사람들이 많지 않아 선생님들과 학부생인 우리가 같이 마주앉아 소주한잔 기울이며 이야기할 수 있었던 시절이만, 선생님과 마주할 기회는 많지 않았다.

현장조사를 할 때도 국립박물관, 대학박물관, 대학연구소 등 서로 교류가 활발한 시기였는데 1994년 서해안고속도로 발굴조사는 국립전주박물관, 군산대학교박물관, 전북대학교박물관, 원광대학교박물관이 연합으로 조사를 하게 되었으며, 국립전주박물관은 군산 여방리 남전패총을 우리는 여방리 기린마을 고분군 조사를 진행하였다. 당시만 해도 국립전주박물관은 이호관 관장님의 카리스마로 현장은 마치 군대처럼 정리정돈이 잘 되어 있었고 잔뜩 군기가 잡혀 있었지만, 상대적으로 우리 박물관은 자유스러운 분위기에서 일을 했었다. 이후 선생님께서 국립대구박물관장으로 자리를 옮기면서 대구박물관에 세미나가 있을 때 가끔 뵌 것을 빼고는 선생님을 만날 수가 없었다.

선생님과 다시 인연이 시작된 것은 선생님께서 1998년 원광대학교 고고·미술사학과로 자리를 옮기면서다. 당시 본인이 고고·미술사학과 실습조교를 맡고 있어서 선생님의 수업을 직접 들을 수 없었지만, 항상 학생들에게 따뜻하게 대해주시고 고고학이라는 학문을 하는 자세와 기초부터 세심하게 가르쳐주셨던 것으로 기억한다.

1999년 본인이 목포대학교대학원 석사학위논문을 작성하고 있을 때 마한·백제문화연구소에서 서해안고속도로(군산–고창간) 고창구간에 대한 발굴조사를 진행하고 있었다. 따로 선생님을 찾아뵐 수 있는 시간이 없었던 관계로 선생님께서 현장에 오셨을 때 논문을 보여 드린 적이 있다. 선생님께서 꼼꼼하게 교정을 봐주셨는데 특히 우리가 아무 생각 없이 일반적으로 사용하는 표현 가운데 일본식 조사와 일본식 표현이 많이 들어간 부분에 대해서 지적하여 주셨다. 그리고 문장은 항상 단문위주로 작성하고 지나치게 많은 접속사가 들어가지 않도록 해야 한다는 논문지도를 받았던 것이 가장 기억에 남는다. 또한 논문에 수정할 부분과 오탈자에 대해서 한자 한자 꼬박꼬박 눌러쓴 선생님에 글씨는 –당시는 좀 알아보기 힘든 글씨체였지만– 지금도 잊혀 지지 않는다.

선생님께서 원광대학교 고고·미술사학과에 재직하시는 동안 정말 학자로서 많은 업적을 남기셨다. 1998년 학교로 오신 해에『동아시아 선사시대 농경과 생업』이라는 단행본을 시작으로 1999년『아시아 재배벼의 기원과 분화』등 농경과 관련된 저서와 공저, 편저, 역서 등 농경이나 환경관련 저서

들을 많이 쓰셨고, 우리들에게는 항상 연구하시는 모습을 보여주셨다.

2000년 석사학위를 받고 얼마 되지 않아 본인이 호남문화재연구원으로 자리를 옮기면서 선생님을 뵐 기회가 많지 않았다. 그리고 본인이 대학원 박사학위과정을 입학하면서부터 선생님의 배려로 '한국의 선사문화' 강의를 맡기셔서 직접 후배들을 가르칠 수 있는 기회를 주셨다. 지금 돌이켜 생각해 보면 본인이 비록 석사학위는 받았지만, 본인 혼자만의 공부였지 누굴 가르쳐 본다는 생각을 해보지 않아 과연 본인이 후배들을 가르칠 수 있는 실력이 될까 하는 의구심도 들었다. 지금 돌이켜 보면 오히려 내가 후배들을 가르치게 되면서 후배들이 선생님께 배울 수 있는 기회를 빼앗은 건 아닌가 하는 미안한 생각이 들기도 한다. 어쨌든 강의가 있는 날에 선생님을 뵐 수 있었고, 바쁘신 와중에도 선생님께서는 수업과 관련된 많은 자료들을 꼼꼼하게 챙겨주셔서 그나마 후배들에게 열심히 강의를 할 수 있었던 것 같다. 선생님의 배려에 항상 감사할 따름이다.

본인이 박사학위를 취득 할 수 있었던 것 또한 대학에서 한국의 선사문화를 강의하면서 틈틈이 공부할 수 있었던 것이 큰 힘이 되었던 것 같다. 박사학위가 『호남지역 청동기시대 취락연구』로 본인이 호남지역 청동기시대 이외에 다른 시기에 대해서는 깊이 있게 공부를 하지 않았다. 그런데도 선생님께서는 본인에게 대학원 석사과정 수업을 맡기셔서 본인이 후배들과 더 열심히 공부할 수 있도록 많은 배려를 해주셨는데 본인이 게으른 탓에 선생님의 기대에 부응하지 못한 것 같아 선생님께 죄송한 마음이 든다.

선생님께서는 지금까지 강단에서는 오직 제자들을 가르치시는 일에 전념하셨고, 연구실에서는 항상 학자로써 연구에만 전념하셨다. 한편의 논문을 쓰시기 위해서 논문과 관련된 책을 책상위에 가득 쌓아놓고 연구에만 전념하셨던 선생님의 모습을 보면서 본인 또한 선생님의 흉내는 내보지만, 정말 쉽지 않다는 것을 깨닫게 된다. 선생님께서는 항상 우리들 곁에서 학문하는 사람의 자세가 무엇인지 몸소 실천으로 보여주셨는데, 우리가 아무리 노력해도 선생님의 명성에 미치지 못한다는 것을 너무 잘 알기에 선생님께서는 정말 높으신 산과 같다.

선생님께서 이제 강단에서, 그리고 연구실에서 모든 것을 정리하시고 편안한 마음으로 사시는 모습을 보며 한편으로는 서운한 생각이 든다. 정년이 아직 몇 년 남아 있는데 미련 없이 명예퇴직을 신청하신 것을 보면서 선생님께서 하셨던 말씀이 빈말은 아니라는 것을 알면서 좀 더 오랫동안 우리들과 함께 하시면서 우리들을 다그치고 열심히 할 수 있도록 이끌어 주셨으면 하고 바랐는데 이제 아쉬움과 서운한 마음이다. 하지만, 선생님께서 몸소 실천으로 보여주셨던 연구하는 연구자의 자세는 앞으로 우리가 살아가는데 있어 본보기가 될 것이다. 비록 선생님께 직접 강의를 받아본 적은 없지만, 선생님은 항상 우리의 스승이자 영원한 우상입니다. 선생님 항상 건강하십시오, 감사합니다.

• 안드로메다의 安下無人 선생님

이영덕 호남문화재연구원

또 다른 은하계인 안드로메다의 安下無人 선생님.

오로지 한길만 보고 뚜벅뚜벅 걸어오신 선생님.

그리고 늘 그랬듯이 가벼운 발자국만 남기고 묵묵히 가실 선생님.

참 많은 시간을 뵈었던 것 같은데 막상 선생님과의 기억을 되새기려고하니 뚜렷한 것이 떠오르지 않습니다.

노래섬 유물 정리과정, 진안 갈머리유적 발굴과 보고서, 그리고 잠시 외도하신 호남문화재연구원 에서의 기억.

돌이켜보니 선생님께는 한 번의 수업도 받은 적이 없는 것 같습니다. 학교로 오셨을 때는 이미 학부를 마친 대학원생으로 그리고 이후는 사회 직장인으로서 모교의 선생님으로, 또 한국신석기학회의 선생님으로…

마치 먼발치에서 계셨던 것처럼 보일지 모르지만 저에게는 신석기시대 연구를 하게 만드신 선생님 이셨습니다. 아무것도 모르고 겁도 없이 덤벼댔던 노래섬 유물에 대한 생각을 묵묵히 들어주셨습니다. 그리고 '영덕씨 생각이 맞긴 한데 좀 더~'라고 숙제를 내 주셨습니다.

삼십대 초반에 한 유적에 대한 생각을 할 수 있는 여유를 주셨습니다. 진안 갈머리유적, 아마 선생님과 처음부터 끝까지 함께 했던 유적이었던 것 같습니다. 충분히 틀릴 수도 있었던 좌충우돌의 생각을 선생님은 들어주셨고 또 더해주셨습니다.

고고학의 위기라고 했던 2007년 저는 선생님의 또 다른 모습을 보았습니다. 많은 분들께 욕먹을 각오를 하고도 당신의 생각을 굽히지 않으셨던 모습을 보았습니다.

그리고 선생님은 몇 년전부터 조용한 준비를 하셨습니다. 연구실의 책을 나누고 집으로 돌아갈 준비를 하셨습니다. 다들 말렸건만 역시 선생님께서 걸어오신 그 걸음이었습니다. 늘 그러하셨듯이.

저는 아직 선생님께서 떠나신다는 생각을 하지 않습니다. 그냥 계시던 자리를 비우고 다른 곳에서 많은 가르침을 주시리라 생각합니다. 또 그렇게 해 오셨기 때문입니다.

고맙습니다.

• 변함없는 그분에게

오승환 원광대학교

1995년 가을

강의실에 여학생들이 서로 다른 모양의 상자를 하나씩 가지고 들어왔다. 궁금한 생각에 힐끗 보니 그 안에는 흙이 가득 채워져 있었다. 갑자기 강의실 미화라도 하려나 싶었지만 어째 저리도 투박하고 엉성한 것을 가져왔는지 의아스러웠다.

그런데 아니란다. 이건 그냥 수업준비물이라며 귀찮은 표정이다. 대체 이걸로 뭘 하려는지 물었지만 더 설명이 없다. 뒤늦게 과대표가 다음 수업의 교수님께서 지난주에 내주신 과제란다. "자기 주위의 흙을 담아 와서 한 학기동안 뭐가 자라나는지 함께 관찰해보자"고 하셨다며, 뒤이어 "식물", "농경"이란 단어가 어렴풋이 들렸다.

하지만 저걸로 과연 무얼 알 수 있다는 건지? 그리고 그 강사가 누구인지 관심이 생겼다. 당시 나는 취업준비를 위해 가급적 최소한의 전공만 수강하고 외부강사의 과목에는 아예 관심조차 두지 않던 때였다. 그럼에도 내 수업이 끝난 뒤 한참을 더 머뭇거렸다. "다음 강의도 여기서 하니까 그냥 남아서 청강이라도 해볼까?"하는 마음이었지만, 막상 후배 틈에 끼어 왠지 어색한 생각에 그냥 나왔다. 하지만 마음만은 여전히 강의실 밖을 벗어나지 못했던 것 같다. 급기야 도서관 앞 호수까지 갔다가 궁금증을 이기지 못한 채 다시 발걸음을 되돌렸다.

강의가 끝나길 한참이나 기다린 끝에, 마침 그분이 인문관 앞 벤치에 앉자마자 잽싸게 쫓아가 내 소개를 했다. "비록 선생님의 강의를 듣지는 않지만 제가 그 수업에 관심이 있어 꼭 청강을 하고 싶다"고 했던 것 같다. 쉬이 그러라 하실 줄 알았는데 의외로 "꼭 그럴 필요는 없다"면서 "관심이 있으면 누구의 어떤 책을 꼭 읽어보라"며 몇 권 추천해 주셨다. 그러곤 뭔가 더 많은 이야기를 나눠보기도 전에 그분과 함께 돌아갈 차량이 이윽고 도착하면서 간단한 눈인사를 끝으로 돌아서야했다.

내 성격이 그리 적극적이지 못한 터라 그래도 수업을 청강하고 싶다는 용기를 차마 내지 못한 채 "그래, 차라리 그 시간에 공부나 더 하지 뭐!"라며 스스로를 자위했다. 물론 그래봐야 도서관에서 흐릿한 마음으로 얼마나 더 책을 뒤적였을지는 모르겠지만… 결국 먼 길을 돌고 돌아 내가 다시 고고학의 길로 접어들었을 때 가장 후회한 것은 그래도 그 수업을 청강했었더라면 하는 아쉬움이었다.

"만나야 될 사람은 반드시 만난다"는 영화대사 마냥 결국 인연이란 그런 것인가 보다.

고고학을 업으로 삼고 뒤이어 대학원 진학을 앞두었을 때, 나는 평소 관심이 많았던 '선사농경'과 '재배작물의 역사'를 공부하고 싶었다. 당시만 해도 고고학분야에서 이를 지도해 주실만한 교수나 학교가 없었기에, 대신 '민속학과'나 '농대'쪽으로 진학을 고려하고 있었다. 물론 예전의 그분이 떠오르긴 했지만 당시 지방의 국립박물관에 매어있는 상황이라 녹록치 않은 일이었다. 약 일년 가량을 고민하다 "고고학을 하려면 아무래도 관련학과를 다녀야 하지 않겠느냐"는 충고를 받아들여 진학하게 되었다. 그러나 한동안 전공에 대한 방향을 잡지 못한 상태에서 별다른 뜻 없이 한 학기를 보내게 되었다. 그러던 어느 날 후배로부터 "그분께서 원광대에 부임하셨다"는 뜻밖의 이야기를 들었다. 내겐 마치 가뭄의 단비와도 같은 소식이 아닐 수 없었다. 다급한 마음에 다음날 연락도 없이 익산으로 불쑥 찾아가 다짜고짜 지도교수가 되어달라 간청했다.

이미 나에 대한 기억이야 없을 거라 짐작했기에, 몇 년 전의 인연을 상기시키며 이를 무기삼아 억지를 부렸던 것 같다. 晩時之歎으로 "그나마 예전에 청강을 하면서 안면이라도 터놓았더라면 나았을 것을…"하는 생각이 들었지만 이제와 어쩌랴.

조용히 나의 이야기를 들으시면서 한참 동안 난감한 표정을 지으시더니 너무도 감사하게 승낙을 해주셨다. 그러나 사람이란 늘 감사의 기간이 짧은 동물이다.

그리고 채 몇 년이 지나지 않아 그분께서 전주예수병원에 입원하셨다는 소식을 접하게 되었다. 한 달음에 서울에서 내려왔건만 인사가 채 끝나기도 전에 "어서 논문이나 쓰지 여긴 쓸데없이 왜 왔느냐"며 나무라셨다. 물론 내 걱정에 하신 말씀이지만, 그것은 마치 수료생의 숙명처럼 다가왔다. 이제부터 부지런히 마음을 다잡고 논문을 쓰는 대신, 지도교수의 눈을 피해 다녀야겠다는 나만의 방식으로 말이다. 그토록 간절히 원하던 분이 제자를 許해주니 이제는 행여라도 뵐까 두려워 투명인간으로 살아야겠다는 이 아이러니라니… 그러나 얼마 뒤에는 더 이상의 '벼랑 끝 전술'도 먹히지 않자 발버둥 끝에 그분의 본교 지도제자들에 앞서 타교에서 첫 졸업제자가 되었다

그분과의 만남은 비록 나의 억지에서 시작되었지만, 그 뒤로 이십여 년을 스승과 제자의 인연으로 이어오고 있다. 처음 뵐 때나 지금이나 그분의 눈에 한참 못 미치는 부족한 제자이건만, 그래도 늘 이해하시고 보듬어 주신 덕에 내가 이렇게나마 설 수 있게 되었으니 그 은혜는 이루 헤아릴 수 없다.

또한 우리 학계에서 보이는 대개의 사제지간과 달리 그분은 내게 언제나 격의 없이 대해주셨기에 나 또한 어찌 보면 무례하다 싶을 정도로 유친할 수 있었다. 어느덧 오십이 다 되어가는 제자이건만 그래도 늘 나의 앞길을 걱정해주시고 또한 현실적인 조언과 방향도 제시해주셨다. 시간을 돌이켜 보건데, 나는 그분께 크나큰 학은을 입었고, 또한 너무도 많은 배려와 사랑을 받았지만 그러한 이야기들은 굳이 여기에 쓰지 않으련다. 그러나 머지않아 제자로서 이것 또한 반드시 쓸 일이 있으리라 생각한다.

모두가 짐작하셨겠지만 그분은 바로 나의 스승 안승모 교수이다. 나의 스승이라 말하기에 내가 너무도 부족하여 스스로 제자라고 말하기 부끄럽지만, 그래도 누구에게나 나의 스승이라 자랑할 수 있는 분이다.

나에게 "안승모 교수님 하면 떠오르는 것이 그리 많지 않다"라고 하면 혹여 서운하실지 모르겠다. 그것은 단지 함께한 추억이 많지 않기 때문만은 아닐 것이다. 지금껏 연락도 없이 불쑥 연구실을 찾아 문을 두드릴 때마다, 한창 컴퓨터 자판을 치시다 말고 문을 열어주던 그 모습이 거의 전부였기 때문이다. 내가 찾아뵐 때마다 늘 그 자리에 같은 모습으로 뵈었다 해도 틀린 말이 아니다. 교수님은 바로 그런 분이셨다. 우리에게 굳이 말하지 않으셨지만 늘 학자로서 연구에 정진하는 한결같은 자세를 오롯이 보여주신 것이다. 그런 모습을 이십여 년이나 지켜보았으니 더 무엇이 떠오르랴.

너무도 갑자기 교수님께서 교단을 떠나셨지만, 그래도 그 모습이나 자세는 계속 그대로일거라 생각한다. 마치 우리 곁에서 지난 이십여년간 변함없이 보여주셨던 그 삶처럼 말이다. 그런 생각에 나는 벌써부터 교수님의 바뀐 책상에서 나오게 될 새로운 논문과 흥미진진한 번역서들이 기다려진다.

그리고 새로 시작하는 교수님의 제2막 인생은 오히려 이전보다 더욱 멋지실 거라 생각한다. 교수님의 전공이 농경이니만큼 지금부터 시작하는 인생의 이모작만큼은 누구보다 더 알차고 풍성하게 가꾸실 테니 말이다.

"공부 개미" 안승모(安承模)

이문형 원광대학교 마한·백제문화연구소

조우(遭遇), 형식적인 '만남'

선생님을 처음 뵌 것은 본인이 중앙문화재연구원에 재직하고 있던 2001년으로 거슬러 올라간다. 당시 논산 원북리유적을 조사하는 과정에서 탄화미와 복숭아 씨앗이 출토되어 선생님께 분석을 의뢰하면서 부터이다. 물론 전영래선생님 후임으로 학교로 오신 것을 알고는 있었지만 백제 고분을 전공하는 본인으로서는 특별히 뵐 기회가 없었다. 따라서 유물 분석하는 과정에서 몇 차례 연구실을 방문해서 형식적인 대화만 했던 것으로 기억한다. 또한 선생님의 첫 인상 역시 누구나 쉽게 다가설 수 있는 그런 인상은 아니었다. 지금은 많이 부드러워 지셨지만… 그 후로도 학과에 시간강의를 하면서도 선생님과 만남의 기회는 많지 않았던 것도 사실이다.

그렇게 세월은 흘러 쌓였다.

2008년 12월 중앙문화재연구원을 퇴사하고 학교 연구소로 옮기면서 선생님을 연구실로 찾아뵈었다. 하시는 첫 말씀이 "경력도 인정되지 않는 학교 연구소로 왜 왔냐!"면서 별로 달가워하지 않으셨다. 뛰쳐나오듯 연구실을 나와 '선생님하고 나하고는 안 맞는 것 같으니, 되도록 마주치지 말자'고 생각했다. 그리고 실제로 될 수 있으면 선생님과 마주치지 않으려 했고, 만난다 해도 그냥 형식적인 대화만을 주고 받았다. 그렇게 선생님과의 인연은 "형식적인 관계"로 일단락되는 듯 했다.

師弟 아닌 師弟가 된 '만남'

2010년 3월 김삼룡-최완규 선생님에 이어 안승모 선생님이 제3대 연구소장으로 임명되셨다. 그리고 소장-책임연구원과의 관계는 7년이 지난 올해 2016년 3월에서야 끝났다. 그 중간에 선생님이 12대(2013~2014년) 호남고고학회장에 선출되면서 본인은 학회 총무위원 감투까지 받았다. 그 형식적인 관계가 지금은 師弟 아닌 師弟之間이 되어버렸다.

신석기를 전공자인 선생님께서는 2012년 연구소에서 조사한 익산 신용리 갓점유적에서 신석기시대 주거지 중 소위 '대천리식 주거지'가 확인되자 큰 기대를 가지셨다. 주거지 규모도 초대형이었지만 토층 조사 결과 주거지 퇴적층이 두껍게 확인되어 중요유물이 출토될 가능성이 높았기 때문이었다. 그러나 기대는 곧 실망으로 이어져 정작 내부에서 조사결과 주거지 규모에 비해 유물은 몇 개체의 토기편이 전부였다. 그러시면서 하시는 말씀이 신석기를 전공하는 연구소 소장으로써 그래도 전공 관련유적을 조사하여 나름 면목이 선다며 애써 쓴 웃음을 지으셨다.

선생님을 지척에서 뵈면서 선생님에 대한 많은 생각이 바뀌었다. 선생님은 매우 합리적인 분이시다. 선생님은 어떠한 결정을 내리실 때 한 번에 내리시지 않고 심사숙고 하신다. 결정하신 것도 타인에게 피해가 우려되면 생각을 바꾸신다. 올 2월 호남고고학회에서 국외답사로 중국 산동성으로 간다기에 우리 연구소에서도 선생님을 모시고 5일간의 여정에 참여하기로 결정하였다. 얼마 후에 학교 일정상 선생님이 같이 출발 못하시고 4일째에서야 참석한다고 하여 답사를 취소하려 하였으나 선생님께서 약속을 강조하시며 그대로 추진하였다. 답사 4일째 오후 늦게 중국 위해에서 합류하시어 다음날 오후에 한국으로 돌아오셨으니, 선생님의 몸은 어떠셨을까.

학문에 관해서는 우리나라 고고학계가 인정하는 분이니, 새삼 무슨 말이 필요할까… 사실 선생님은 특별한 용무가 없는 한 연구소에는 오시지 않으셨다. 당신으로 인해 연구소가 부산해지는 것을 원치 않으셨다. 그래서 대부분 본인이 선생님 연구실로 찾아뵈었다. 그때마다 매번 선생님은 컴퓨터를 응시하시며 안경 너머로 무언가를 타이핑하시고 계셨다. 한번은 왜 이렇게 바쁘시냐고 여쭤 봤더니 모니터 옆의 메모를 보여주셨다. 거기에는 1년의 월 별로 작성할 논문의 리스트 목록이 적혀 있었다. 최소 기본적으로 분기별 1~2편 이상의 논문을 발표 혹은 기고하신 것이었다. 두툼한 안경너머로 그것도 독수리 타법으로… 순간 선생님의 악필을 생각하니 컴퓨터는 선생님을 위한 발명품이라는 생각이 든다. 이번 논문집을 준비하면서 대략 선생님이 쓰신 논문을 헤아리니 단행본을 제외하더라도 무려 100편이 달하며, 영어는 물론 일본어, 중국어 논문까지 새삼 놀라움을 금할 수 없다. 논문의 주제 역시 신석기시대 총론을 비롯하여 도작문화, 종자분석, 생업과 환경 등 광범위하게 다루셨다. 이번 논문집을 준비하면서 선생님의 석사논문의 주제가 '반월형석도'라는 사실도 새롭게 알게 되었다.

몇 해 전부터 전주에 조그만 텃밭을 마련하여 농사를 지으신다. 사모님을 위해 친환경으로 각종 채소를 심으신단다. 그러시면서 가뭄 때문에 텃밭에 물을 길어 뿌리는 것이 힘들다, 옆에 농사를 지으시는 할아버지가 농약을 사용해 당신의 작물에 영향을 미친다며 투덜거리신다. 또 얼마 전에는 대전에서 강의 후 저녁을 드시고 식당을 나서는데 당신의 신발이 사라졌단다. 식당의 슬리퍼를 빌려 신고 전주 집에 와 보니 현관 앞에 신발이 먼저 와 있다더라, 당신의 기억력을 탓하시며 이제는 농을 건네신다.

작년 말 퇴임을 결정하시고 본격적으로 연구실을 정리하시는 모습을 보면서 몇 번이나 만류를 하고 싶었으나 선생님의 성정을 알기에 그만두었다. 그 후로 학계에서는 안승모 선생이 벌써 퇴임을 했다는 둥, 고별 강연을 했다는 둥 많은 이야기가 있었다. 그 소문의 진원지는 다름 아닌 안승모 선생님이셨다. 당신 스스로에게 당부하듯 퇴임에 대한 배수진을 친 것이 아닌가 싶다.

근자에 들어 가끔 어깨가 아프다. 늘 어깨가 아프시다던 선생님이 생각난다. 그도 그럴것이 매일 컴퓨터를 독수리처럼 치셨으니 어련할까…

선생님의 논문집을 준비하면서 전화를 드리면 "네, 안승모 입니다." 선생님이 밝은 음성이 들린다. 그러시면서 오늘은 어디를 가고 누구를 만나고 시시콜콜 말씀하신다. 행복해 보이신다.

"선생님! 이제 '공부 개미' 안승모가 아닌 인생을 즐기는 베짱이로 거듭나는 것이 어떠실런지요~?"

• 익산 모현동유적에서(2009년)

• 학교 앞 막걸리집에서(2015년)

新石器에서 種子로

안현중 전북문화재연구원

"선생님 신석기시대를 공부해보고 싶습니다."

이런 말을 스스로 하기 전 일이다. 대학원 수료가 얼마 남지 않은 2007년 가을로 기억한다. 수업을 마친 후 선생님을 모시고 운전을 하던 중에 선생님께서 이런 말씀을 하셨다.

"자네는 전공을 식물로 해 보는 게 어떤가?"

2006년 3월 전북문화재연구원에 입사하고, 그해 겨울 완주 용흥리유적을 조사하면서 다량의 탄화곡물이 원삼국시대 주거지에서 확인되었던 시기와 맞물려 있었다. 유적에서 탄화곡물이 출토되어 직접 눈으로 확인한 경우는 마백연구소에 있던 시절 군산 관원리유적 주거지에서 출토 된 대마와 팥이었다. 흥미로웠다. 하지만 나는 전공에 대한 선택을 진지하게 생각한 시간이 별로 없었다. 입학 전부터 선사고고학이 좋았고, 그중에서 신석기시대에 대해 매력을 느껴왔기 때문에 '신석기를 전공해야지'라는 생각이 나름 머리에 가득 들어찬 상태였다. 지금 생각하면 막연한 호기심이었다고 보인다. 그런데 선생님께서 먼저 그런 말씀을 하시니 당황스러웠다.

"아~~, 저는 신석기를 전공하고 싶습니ㄷ…"라고 말을 흐렸다.

그때 선생님의 얼굴을 살짝 본 기억이 있다. 표정이 좋지 않으셨다. 얼굴에 감정이 잘 나타나지 않는 선생님이시지만 확실하게 '이건 말을 잘 못 뱉었구나!'라고 느껴졌다. 정적이 흘렀다. 다시 말을 이어 화제를 돌리지도 않았다. 머릿속이 깜깜했다.

그 일이 있은 후, 며칠이 흘렀을까. 간간이 선생님의 말씀이 머릿속에 맴돌았다. '왜 그런 말씀을 하셨을까?', '무슨 생각을 하셔서 나에게 이런 말씀을 하실까?' 당시에는 종자(식물유체)를 전공으로 선택한다는 게 전혀 마음에 없었다. '주거지-토기-석기 정도는 공부해야지 식물유체를 전공하는 게 고고학일까?' 당시에는 식물고고학이 하찮게 느껴졌었다.

'이유가 있으시겠지…?'

나는 촌에서 자랐고, 어릴 적부터 농사를 봐왔던 게 있고, 전공하는 사람도 별로 없으니까 다리 걸 사람도 없겠다 싶어 해 볼 만하겠다. 지금 생각하면 참 단순한 생각이었다. 식물고고학이라는 것은 다른 전공 못지않게 복잡하고 넓은 분야라는 것을 잘 알지 못했다. 당시 환경고고학 시간에 간략하게 공부한 것이 내 지식의 전부였던 시절이었다. 그러나 나의 생각과 다르게 식물고고학분야에서 많은 변화가 일어나던 시기라고 할 수 있다. 2000년을 전후로 이전에는 안승모선생님을 비롯한 소수 연구자에 의해 이루어졌던 것이 전부였는데, 1998년 「古民族植物學의 研究方向과 韓國에서의 展望」에서 이경아선생님에 의해 적극적으로 부유선별법이 소개되었고 식물학을 기초한 과학적인 동정, 이를 계량화하는 방법, 한국에서의 전망 등이 알려지게 되었다. 게다가 선생님에 의해 「韓半島 先史 · 古代 遺蹟 出土 作物資料 解題」에서 식물유체 출토유적이 정리 보고되고, 뒤를 이어 수많은 작물분석자료, 작물을 주제로 한 논문, 곡물집성자료가 쏟아졌다. 또한 식물고고학과 관련한 특강이 실시되고, 압흔 분석과 그를 통한 논문이 함께 보고되면서 관심이 높아지고 있던 시작기라고 할 수 있다. 이런 흐름을 알고 계셨던 것이었다.

얼마 뒤 선생님을 다시 찾아뵈었다.

"선생님 전에 말씀하셨던 것을 해보겠습니다"라고 말했다.
"그런가. 알았네! 다음 주에 봐요."

다시 선생님에 얼굴을 다시 봤을 때 입가에 얇은 미소가 느껴졌다. 지금 생각하면 선생님의 권유가 없으면 '난 지금 여기 있었을까?'라는 생각이 든다. 이후로 선생님은 작물과 농경에 대한 글을 집중적으로 발표하셨다. 나를 비롯한 작물, 농경을 공부하는 후학을 위해서였다.

1999년 학부 1기였던 내가 선생님을 처음 뵈었을 때는 선생님의 머리카락 색은 회색 정도 되셨는데, 글 쓰시느라 지금은 하얀 백로가 머리에 앉은 듯 백발이 되셨다. 안타깝다. 그리고 고맙습니다. 선생님의 가르침을 밑거름으로 튼튼하게 자라는 나락이 되겠습니다.

아버지와 같은 그늘아래에서…

정우진

　처음 선생님과 인연을 맺은 2001년, 어느덧 15년이라는 시간이 흘렀습니다. 그 시간동안 '만약에 선생님이 퇴임하신다면~'이란 생각을 여러 번 했었어요. 그런 생각을 할 때면 마치 어릴 적, 아버지가 머나먼 나라로 출장을 가셨을 때와 같은 그리움과 아쉬움이 떠올랐습니다. 그런데 막상 선생님이 퇴임하신 소식을 듣고 나니 머리에서 맴돌던 그 감정은 눈물방울이 보태지고 보태져 차마 그 무게를 견디지 못하고 가을비처럼 주르르 떨어집니다. 그건 아마도 저에게 선생님은 학문이상의 가르침을 주신 아버지와 같은 분이시기 때문입니다.

　2003년부터 매년 개최되는 신석기학회를 비롯해 신석기현장을 선생님과 동행할 수 있었습니다. 그간 가물었던 신석기유적에 관한 조사들이 많아져 값진 유적들을 보고 배울 수 있었습니다. 오산리유적, 비봉리유적, 삼목도유적, 운서동유적, 신길동유적, 능곡동유적 등 그 모든 것들이 지금 저를 있게 하는 밑거름이 되었습니다. 선생님은 비단 신석기라는 시대뿐만 아니라 선사, 동아시아를 아울러 한반도 선사 농경 연구에 힘쓰셨습니다.

　아~가을이 되니 선사고고학시간 준비물이었던 상수리나무잎과 열매를 찾기 위해 학교나무를 샅샅이 찾던 게 생각나네요. 그 덕분에 가을이 되면 저도 모르게 상수리나무가 반갑고 도토리묵을 더 맛있게 먹게 됩니다.

　그러고 보면 선생님과의 추억 속엔 저뿐만이 아닌 진선언니와 함께한 추억이 많네요. 2003년 전곡리유적 학술대회 차 찾았던 저~머나먼 전곡리. 선생님, 언니와 저는 익산에서 버스를타고 동두천에서 경원선 전철을 타고 전곡역까지 만만치 않은 이동을 했었죠. 학회를 듣고 돌아오기 전, 한탄강변에서 석기를 만들어 보겠다고 했지만 쉽지 않았고~ 결국 예쁜 돌만 주어왔는데 아직도 그 돌은 화분을 장식하고 있답니다. 2004년 안식년으로 런던대로 가셨을 때, 언니랑 저는 선생님도 뵙고 유럽의 박물관을 보기위해 첫 유럽여행을 떠났죠. 첫날 일정이 런던이어서 체력 100%와 열정 백배로 2일간 선생님과 런던투어를 하였습니다. Museum of Natural History, Victoria and Albert Museum, Petrie Museum of Egyptian Archaeology, Buckingham Palace, British Museum, Enjoy Evensong at St. Paul's 등 공원 벤치에서 샌드위치 점심을 먹을 때 만 앉고 다시 일어나 걷고 또 걷고~ Tower Bridge, London Bridge, Millennium Bridge, Westminster Bridge를 걷고 또 걷고 에너자이저도 울고 갈만큼 대단한 여정이었어요. 마지막 날 저녁, 모든 일정이 끝나고 템즈강 유람선을 타고 대한항공에서 받은 땅콩봉지를 열어 2~3알씩 세명이 나눠서 냠냠~

어느새 등 뒤로는 템즈강으로 노을이 붉게 드리워져 마치 마네의 명화를 보듯, 그때를 생각하면 아직도 심장이 쫄깃거립니다.

인문대 자판기커피, 춥고추웠던 학군단건물, 고고 · 미술사학과 강의실, 어학원, 난로기름통, 인문대, 하루방 자장면, 함바집 된장찌게, 지금은 추억이 되어버린 OHP자료들까지 추억은 방울방울입니다.

현실로 돌아서기 아쉬워 시간을 거꾸로 걸어봤습니다.

제가 아는 선생님은 항상 밤늦게까지 연구실에서 원고를 쓰셨고, 언제나 처음 대하듯 낮은 배움의 자세, 그리고 글속엔 수술칼로 자른 듯한 섬세함과 냉철함이, 그리고 아이 같은 달콤한 웃음을 지니셨습니다.

저는 선생님의 제자가 되어 너무나 영광스러운데 그 만큼의 영광을 안겨드리지 못해 송구스럽습니다. 학교를 떠나셔도 저희 곁을 아주 떠나시는 건 아니라는 그 하나의 위로로 대신합니다. 선생님과 함께한 시간은 마치 한여름의 태양을 가려주는 아버지와 같은 인생의 그늘과 같았습니다. 아무쪼록 건강하시고 날마다 행복이 가득하시길 기원하겠습니다.

선생님 감사합니다.

완고한 베레모의 신사

전영원 제주문화유산연구원

다른 학교의 학부생이었기에 교수님을 처음 뵌 것은 학교가 아닌 인천 중산동 유적 지도위원회 현장으로 가는 길이었다. 당시에는 신석기시대에 관심을 가지고 기웃기웃 하고 있던 학부생이어서 현장설명회를 놓치고 아쉬워하던 차에 휴대폰이 없으신 교수님 덕분에 연락책을 겸해서 지도위원회에 참석할 기회를 잡을 수 있었다. 책으로만 접했었기에 교수님을 알아볼 수 있겠느냐는 생각을 하면서 내린 역에서 우려와는 달리 이야기를 듣던 것과 너무 흡사한 모습에 한눈에 알아볼 수 있었다. 다른 선배들의 말과 똑같은 베레모를 쓴 영국 이미지가 물씬 풍기는 백발의 신사, 다소 완고해 보이는 모습에 카랑카랑한 목소리는 접근하기 어려운 첫인상을 내게 심어주었다. 기본, 열정, 노력을 이야기하시는 선생님의 어투에는 완고함이 서려 있었다. 현장을 둘러보시면서 기본적인 면들을 강조하시는 모습을 보는 다소 거리가 있는 첫 만남이었다.

두 번째 만남은 충청문화재연구원에서였다. 첫 만남 이후 환경고고학에 관심을 가지고 충청문화재연구원에서 하는 환경고고학강의에 계속 참여하고 있었다. 그 강의 속에 식물고고학을 선생님께서 담당하셨던 것이다. 딱딱했던 첫 만남 때와는 달리 강의하시는 교수님은 시종일관 밝고 재치 있으신 모습이셨다. 자신이 강의하는 것이 직접 정리하신 부분이 아니라 번역한 것을 강의하신다는 것에 부끄럽게 여기시는 모습은 신기하게 느껴졌다. 첫 만남의 딱딱함은 다소 걷혀졌지만 여전히 강의 속에서 식물고고학도 고고학의 한 부분임을 강조하시면서 기본 틀인 맥락을 강조하시는 모습은 여전히 완고하신 모습 그대로였다. 하지만 그것이 식물학에 기웃거리며 중심을 잡지 못하고 있던 나에게는 가장 필요한 부분이기도 하였다. 그래서 후에 어느 학회에서 다시 뵈었을 때 대학교 간에 있는 학생교류프로그램으로 원광대학교에 가서 배우고 싶다고 이야기 드렸다. 당시 선생님은 그런 프로그램이 있으면 본인이 알아서 할 일이라고 신경 쓰지 않는다고 하시고 가셔서 당황스러웠지만 그것이 배려라는 것을 뒤늦게 알게 되었다. 수업을 듣는 와중이나 답사를 갔을 때도 마찬가지였다. 부담스럽지 않게 여느 학생과 똑같이 계속 대해시면서 필요한 부분만 말씀하셨다. 한번은 당시 4학년이었기에 혹시 졸업논문에 대해서 봐주실 수 있냐고 여쭐 때는 자신이 봐주는 것이 아닌 것 같다고 완곡히 거절하셨다. 당시에는 서운했지만, 규정에 있던 것도 아니고 넘어와서도 계속 찾아뵀던 것도 아니면서 당돌하게 여쭌 것을 혼내시지 않은 것만 해도 배려해 주신 것이었다. 정해진 규칙에서 나오는 기본을 지키는 완곡함이 그대로 배어 나온 것이리라. 또 그것은 소홀함이 아니었다. 모든 학생을 똑같은 거리에서 보시면서도 각각 필요한 부분을 신경 써 주시는 것이었다. 수업의 커리큘럼 상에서 환경고고학 수업에서 당시 학기에는 식물고고학 실습부분이 빠지게 되었는데 이 수업 때문에 다른 학교에서 넘어온 것을 배려하셔서 당시 호남문화재연구원의 토탄층을 견학하고 실습할 기회를 만들어 주셨다. 그뿐만 아니라 작업실에서 성욱형과 함께 오룡리 식물유체를 정리하면서 앞으로 전공을 정하는 데 많은 도움을 주셨다.

심지어 대학원을 선택해서 들어올 때조차도 자신이 신경 써 주실 수 없는 부분들을 이야기하시면서 다른 대학원을 가는 것이 어떠냐고 하시는 완고함이 서운할 때도 있었지만, 교수님의 그 솔직한 완고함은 나에게 부담 없는 배려로써 작용하는 기제가 되었다. 항상 자리를 옮기시거나 하실 때 후학들이 자신의 논문을 찾는 번거로움을 덜어주시고자 논문을 정리하여 놓으시는 모습은 기본에서 시작하시고자 하는 완고함에서 나오는 배려가 아닐까?

이러한 완고한 배려가 후배들에게 계속 이어지지 못한다는 게 이제는 못내 아쉬울 따름이다. 하지만 그 수업만큼이나 완곡한 비평들과 논문들이 대신 지침서가 되어 한국고고학의 기본이 될 것이라 생각하면서 이 논집 역시 새로운 길을 가실 교수님의 또 하나의 완고한 배려가 될 것으로 생각하며 이 글을 마친다.

온화함 속에 칼을 지닌 분

신숙현 국립전주박물관

　교수님과 함께해 온 시간보다 곁을 떠나 홀로서기를 했던 시간에 익숙해져 버린지 오래인지라, 추억을 돌이켜 생각해 본다는 것이 참 쉽지만은 않는 것 같습니다. 그럼에도 저에게 교수님은 20대의 8할을 함께해 주신 분이고 제 성장의 바탕이 되어주신 분이기에 결례를 무릅쓰고 한 자 한 자 회상을 남겨볼까 합니다.

　타과 출신인 제가 교수님의 연구실을 방문한다는 것은 꽤나 두렵고 모험적인 것이었습니다. 그때는 학부생이기도 했고, 교수님에 대한 약소한 면식만을 토대로 인상깊은 강의에 감복해서 문을 두드린게 다녔습니다. 새파랗게 어린 것이 얼마나 당돌하다고 보셨을까요?! 추웠던 그 해 연구실에서 교수님은 저에게 손수 자판기 커피를 건네 주십니다. "생각있으면 대학원 진학을 검토해보는 것도 나쁘지 않을 것 같다", "기왕 복수전공으로 우리과를 선택했으면 선사, 역사 가릴 것 없이 주도적으로 체험했으면 좋겠다"고 하셨던 기억이 선명합니다. 그렇게 교수님을 처음으로 알게 되었고 아무것도 잘 모르고 당돌했던 저에게서 온화하셨던 교수님의 첫장면을 기억하게 됩니다.

　혹자들은 그렇게 말합니다. 성품이 온화하시고 매사 상냥하시기 때문에 제자들에게 있어서는 한결 마음이 놓이고 의지할 수 있는 선생님일 것이라고… 그에 대해서는 전혀 다를 것이 없습니다. 저 또한 그 말에 준수하고 절대적으로 따릅니다. 하지만 그 내면에는 무서움과 철두철미함이 자리하고 계십니다. 선생님은 제자들과 사석에서 만날때는 아버지처럼 다정다감하시고 때론 나이차를 못 느낄 정도로 언변을 구사하시면서 인간적인 면모를 보이십니다. 하지만, 수업을 통해서 가르치실 때는 무서움과 냉철함을 지니셨습니다. 때로는 논문을 준비할 마음가짐의 자세에 대해서도 냉소적으로 꼬집기도 하십니다. 혹시라도 긴장이 풀려서 해이해질 때면 작업실까지 찾아오셔서 눈물 쏙뺄 만큼 뼈있는 말을 하고 가십니다. 그만큼 무서운 모습을 지니시기도 했습니다. 온화함 속에 칼이 있는 분, 맞습니다. 저한테 교수님은 그런 분이십니다.

　교수님은 교육자로서의 학술적인 지도만 해주신 분이 아니십니다. 한 제자의 인생관과 가치관을 정립할 수 있게 수시로 다듬어주신 분이십니다. 그것은 비단 논문 한권 뽑아서 공부하는 것에서 받아들여지는 부분이 아닙니다. 그분과 무엇이 되었든 함께한 추억을 되짚어 보면 충분히 알 수가 있습니다. 조교 생활을 마칠 무렵, 일생일대에 제 인생에서 고고학을 포기해야 될까? 라는 생각을 갖었던 적이 있었습니다. 그때 아무런 신경을 써주지 않아도 되는 제자의 사소한 사연까지 새겨 들으시고는 직접 병원까지 찾아와 주셔서 "다 부덕한 내 탓이다. 그래서 너가 병을 얻어 간거야", "나 때문에 고생한 너를 이렇게 돈봉투 하나 쥐어주면서 한다는 소리가 어서 쾌차하렴 이구나 네 부모님 앞에서 얼굴 들 낯이 없다. 많이 미안하다"였습니다. 세상에 과연 어떤 교수님이 가여운 제자 생각에 자신을 낮추는 말씀을 하시면서 위안을 주실 수가 있으실까요? 그당시 백마디 말들의 위로보다도 큰 위안을 받고 용기를 얻었습니다. 정말 그분의 제자라는 것이 너무 자랑스러웠습니다.

비단 이뿐만이 아닙니다. 무능하고 나약했던 제자는 늘 어렵고 힘들때마다 연구실과 자택 근처를 배회하며 해답을 구하려고 했습니다. 지금와서 생각해보니 오죽 답답하지는 않으셨을까… 제가 눈치와 주변머리가 없었다는 생각도 듭니다. 그럼에도 단 한번도 노여워하지 않으시고 늘 매번 기회를 주시려고 하셨습니다. 제가 실수해서 일을 그르칠 때에도, 주눅들고 나약해져서 논문을 안쓰려고 방황할 때에도, 성과를 내보이려고 터무니없는 결과물을 가지고 올때에도, 늘 여전히 제자리에서 제자를 감싸고, 다그치시고, 다듬어주시고 같이 걸어 주셨습니다. 그때마다 저에게 해주신 말씀이 있습니다. "지금 네가 하고 있는 과정이 다 거름이고 자산이니까 자신감을 절대 잃어서는 안돼", "네가 하는 일들이 절대 허투루 되돌아가는 것은 없어 너의 절실함이 그래, 넌 지금 잘해오고 있는거야"그때 그 말들은 용기와 도전이 필요했던 저에게 큰 거름이 되주었고, 제가 일을 진행할 때 가장 중요시 여기는 책임감과 성실함으로 귀결 되어졌습니다. 이제와서 생각해보니, 교수님의 가르침이 제 인생관에 있어 얼마나 중요한 부분을 차지했는지를 알 수가 있습니다.

교수님을 생각하는 제 마음은 교수님이 떠나신 뒤에도 변함이 없는데, 교수님이 주신 사랑과 가르침은 저 또한 어느 누군가에게 변함없이 잘 전달해줄 수 있을지 걱정이 앞섭니다. 이 가르침을 무한히 받았던 저였기에 저도 다른 누군가에게 좋은 해답으로 전달해 줄 수 있는 능력을 키웠음 하는 바람이 있습니다. 정든 박물관 생활을 접으시고 저의 모교에서 고고학 살림을 이끌고 꾸려주셨던 것처럼 저 또한 나중에 누군가로부터 교수님의 사랑과 가르침을 베풀고 싶습니다. 교수님의 빈자리가 더 없이 커지는 거 같아 마음이 편치 않습니다. 때 늦은 후회이고 외침이지만 교수님 진심으로 감사했었습니다. 학교를 떠나 새로운 삶을 시작하셔도 늘 건강하시고 사람들에게 존경과 귀감이 되셨으면 합니다.

출전

제1부

「신석기문화의 성립과 전개」, 『한국 신석기문화 개론』(중앙문화재연구원 편), 서경문화사, 2011, 63~97쪽.

제2부 편년

1장 「서해안 신석기시대의 편년 문제」, 『고문화』 54, 1999, 3~25쪽.

2장 「금탄리 I 식토기의 재검토」, 『한국신석기연구』 4, 2002, 27~43쪽.

3장 「금강식토기와 능격문의 형성과정에 대한 예비적 고찰」, 『호남고고학보』 17, 2003, 5~39쪽.

4장 「용담댐 수몰지구의 신석기문화」, 『호남고고학보』 19(이영덕 공저), 2004, 25~61쪽.

제3부 생업

1장 「신석기시대 식물성식료⑴-야생식용식물자료-」, 『한국 신석기시대의 환경과 생업』, 동국대학교 매장문화재연구소 편, 애드웨이, 2002, 85~107쪽.

2장 「한국 남부지방 신석기시대 농경연구의 현상과 과제」, 『한국신석기연구』 10, 2005, 7~25쪽.

3장 「암사동 신석기시대 주민의 식생활」, 『땅속에서 찾은 옛 흔적들: 암사지구 출토유물 기획전』, 경희대학교 중앙박물관, 2010, 129~141쪽.

4장 「서기전 6~5천년기 한반도 남해안과 양쯔강 하류역의 생업 비교 -융기문토기 문화와 콰후차오 · 허무두 문화를 중심으로-」, 『한국신석기연구』 27, 2014, 1~56쪽.

제4부 성과와 과제

1장 「한국 신석기시대 연구의 최근 성과와 과제」, 『고고학지』 21, 2015, 5~40쪽.

2장 「호남의 신석기문화 -지난 20년 연구의 성과와 과제-」, 『호남고고학회 20년, 그 회고와 전망』(제21회 호남고고학회 학술대회), 2013, 25~51쪽.

3장 「신석기시대 지역성과 지역 분류에 대한 연구사적 검토」, 『한반도 신석기시대 지역문화론』, 동삼동패총전시관, 2009, 7~21쪽.

4장 「한국 선사고고학과 내셔널리즘」, 『동아시아의 고고학연구와 내셔널리즘』(한국고고학회 제52회 전국역사학대회 세션), 2009, 39~48쪽.

5장 「한국 선사고고학의 방법론적 전망」, 『한국고고학의 신지평』(제38회 한국고고학전국대회), 2014, 31~57쪽.